上杭年鉴

（2020）

中共上杭县委员会　上杭县人民政府　主办
中共上杭县委党史和地方志研究室　编

方志出版社
Publishing House of Local Records

图书在版编目（CIP）数据

上杭年鉴. 2020 / 中共上杭县委党史和地方志研究室编. -- 北京 : 方志出版社, 2020.12
ISBN 978-7-5144-4499-5

Ⅰ. ①上… Ⅱ. ①中… Ⅲ. ①上杭县－2020－年鉴
Ⅳ. ①Z525.74

中国版本图书馆CIP数据核字(2020)第208482号

上杭年鉴(2020)

编　　者：中共上杭县委党史和地方志研究室
责任编辑：刘方圆
出 版 者：方志出版社
地址　北京市朝阳区潘家园东里9号(国家方志馆4层)
邮编　100021
网址　http://www.fzph.org
发　　行：方志出版社图书经销中心
电话（010）67110500
经　　销：各地新华书店
印　　刷：龙岩东方彩印有限公司
开　　本：889×1194　1/16
印　　张：23
字　　数：747千字
版　　次：2020年12月第1版　2020年12月第1次印刷
印　　数：0001~1000册

ISBN 978-7-5144-4499-5　**定价：300.00元**

《上杭年鉴（2020）》编纂委员会

《上杭年鉴(2020)》编辑部

主　　任：刘昌发

副 主 任：袁志先　李金昌

责任编辑：黄尔贤　钟梅娇　王冬英　袁发昌　蓝晓东　林流裕　孔敏慧　华　蕾　李荣生　赖兰芳　黄庆平　葛晓源

《上杭年鉴(2020)》撰稿人名单

县情概览

华兆勋　郑春秋　胡发荣

红色传承

葛晓源　叶勇明　邱泉斌

中国共产党上杭县委员会

陈盛华　李林燕　邓捷捷　阙凌锋　高恩堂　李宝辉　李桂香

上杭县人民代表大会

赖雪玲

上杭县人民政府

胡发荣　林素梅　张顺贵　郭穗甜　卜建峰　沈政雄

中国人民政治协商会议上杭县委员会

邹泉生

纪检　监察

罗国鹏　江　劼

外事　侨务　港澳台事务

曹培发　蓝梅芬　罗晓琼

人民团体

傅雪萍　张　茜　刘秀荣　廖丽萍　张振勇　李伟玲

法　　治

郑晓琴　张秋琼　钟燕辉　罗小丽　王嘉衍

军　　事

江晓珍　陈荣康　骆事发　廖伟航　郑　娟

经济管理

李丽红　曾继林　邱武生　赖晓娟　黄磊锋
肖玲英　杨丽芳　罗新武　刘素平

农　　业

郑东升　黄春辉　陈洪祥　吴小霞　陈华明
张桦雍　刘晓琼

工　　业

詹龙飞　蓝云燕　李庆新　王颖华　郑鹏栩
陈卫胜　罗长林　阙琼芳　周福江　周金凤
雷　露　赖平平　张晓妮

信息化建设

邱贺祥　巫振勤　林灵茂　陈添金　赖剑剑

矿产　冶金

邱武生　丘晓辉　赖旭林

交通运输

林建源　郑　鹏　巫跃龙

商贸　服务业

蓝水琼　郭建明　郭子雄　廖　琦　李翠梅
刘素平　谢锋标

金　　融

陈　琳　邹永远　王力锋　袁应松　丘仰文
陈自强　廖建军　黎锦祥　丘福秀　温梦龙
丘腾兴　石晓燕　邱昭玉　钟德志　范　继

城乡规划建设

林　敏　邹红秀　张福新　陈玉英

建筑和房地产业

林　敏

生态环境

刘天祥

科学技术

詹龙飞　刘素平　沈政雄

教　　育

熊永富

文化　体育

邱春华　郭丽珍　黄　榕　葛晓源　袁华贵

卫生健康

王　政　黄钦庚　陈丽娇　李华林

社会生活

曹黎红　张卫珍　陈丽娇　陈美琴　陈红玉
邱盛良　邓开凤　陈晓英　林建英　黄雪英

乡镇概况

伍志鹏　陈晓龙　谢步祥　李春旭　黄任坤
张　津　罗　炜　温菊萍　张进才　廖艳旎
罗何英　廖丹萍　李佩红　张纪锦　丘　钦
袁　鹏　郭可薇　蓝　聪　郑桂兰　莫贤达
巫晓玲　龚松连

人物・荣誉

李友文　李林燕　孔敏慧

上杭县地图

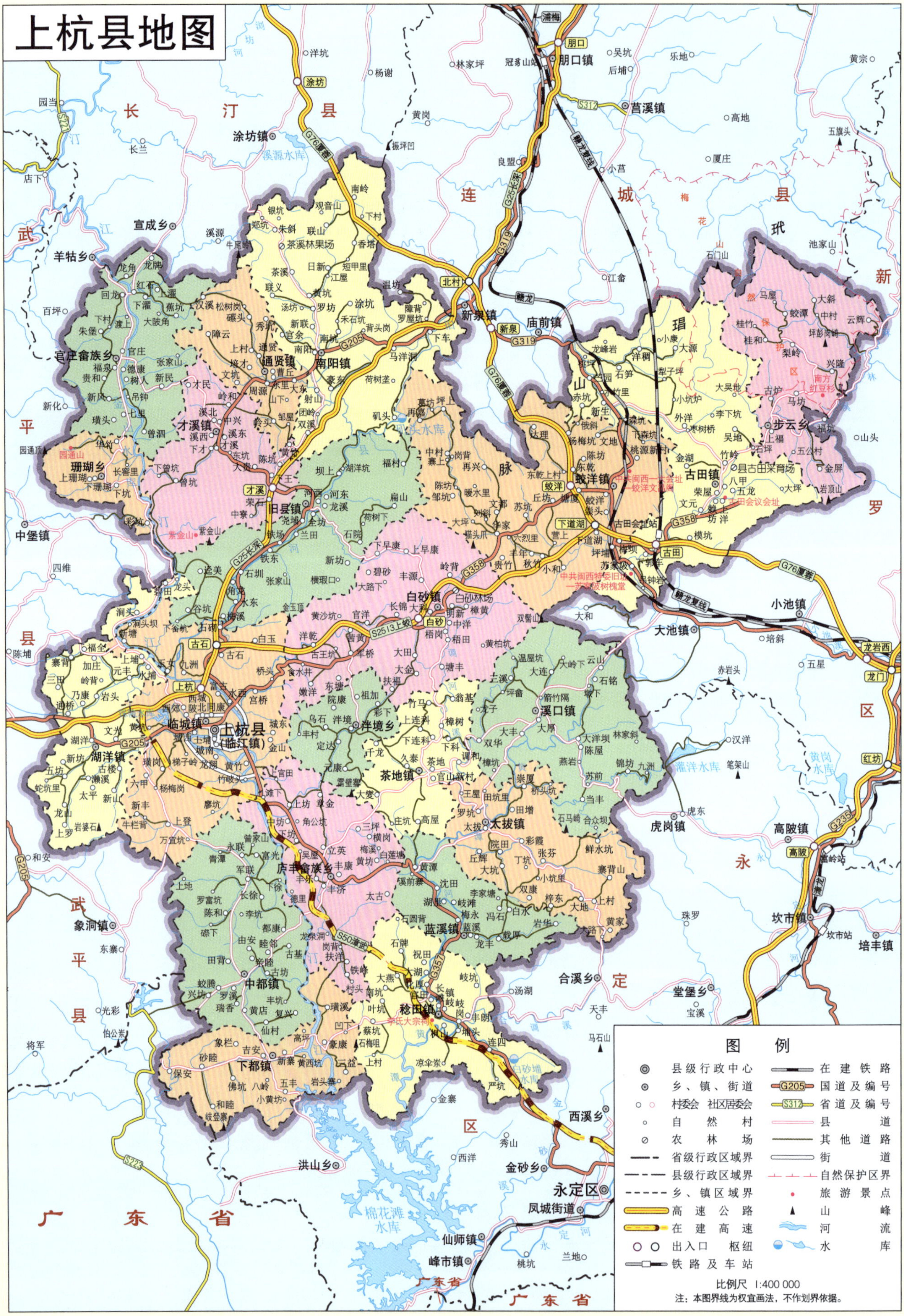

审图号：闽S〔2020〕30号

福建省制图院 编制 资料截至2019年12月

2019年2月13日，上杭县四套班子领导新春谋划推动“古蛟组团”加快发展工作

（县融媒体中心供图）

19年7月22日，县委、县政府领导开展“企业日”走访活动

（县融媒体中心供图）

2019年2月27日，县委书记傅藏荣（前中）带领县直有关单位负责人专题调研重点项目建设情况

（县融媒体中心供图）

2019年12月22日，政协上杭县十二届四次会议开幕 （县政协供图）

2019年12月23日，上杭县十七届人大四次会议开幕 （县人大办供图）

2019年9月12日,上杭县召开“不忘初心牢记使命”主题教育动员会议　（县融媒体中心供图）

2019年9月21日，上杭县处级领导干部在才溪举行“不忘初心、牢记使命”主题教育第二专题集中学习研讨（县融媒体中心供图）

2019年12月28日，纪念古田会议90周年大会在上杭县古田镇召开　　（县融媒体中心供图）

2019年7月25日，中共闽西一大90周年座谈会在上杭县蛟洋镇举行　　（县融媒体中心供图）

2019年，龙岩市暨上杭县新时代文明实践中心文化科技卫生“三下乡”集中服务活动在蛟洋镇举行 （县融媒体中心供图）

2019年11月7日，由上杭县新时代文明实践中心主办，县委宣传部、县委文明办、共青团上杭县委承办的上杭县首届新时代文明实践志愿服务项目评选大赛在县新时代文明实践中心一楼大厅愿·空间举行。图为比赛现场 （县融媒体中心供图）

2019年9月，为庆祝中华人民共和国成立70年，上杭县举办“我和国旗同框旗袍秀”活动

（县委宣传部供图）

2019年9月，为庆祝中华人民共和成立70年，上杭县举办“我和国旗同框”活动

（县委宣传部供图）

上杭县妇幼保键院新大楼（2019年）

（县融媒体中心供图）

2019年2月1日，上杭县汀江大桥建成通车

上杭县医院整体搬迁项目新大楼（2019年4月19日拍摄）

（县融媒体中心供图）

2019年1月5日，福建省第二届梅花节　　（县融媒体中心供图）

2019年1月5日，福建省第二届梅花节在上杭县湖洋镇文光村观音井百果园景区开幕
（县融媒体中心供图）

2019年4月7日，上杭县举办第三届“三月三”畲族文化旅游节暨官庄畲族乡第十届“三月三”畲族文化旅游节。图为庐丰畲族乡分会场　　（县融媒体中心供图）

2019年4月7日，上杭县举办第三届“三月三”畲族文化旅游节暨官庄畲族乡第十届“三月三”畲族文化旅游节。图为官庄畲族乡主会场　　（县融媒体中心供图）

2019年6月29日，上杭县在城区瓦子街举办“壮丽70年·唱响新时代”经典歌曲大联欢晚会

（县融媒体中心供图）

2019年12月13日，“我们从古田再出发”中央广播电视总台“心连心”艺术团赴上杭县古田镇慰问演出。图为演出现场

（县融媒体中心供图）

2019年9月25日，中国·闽西（上杭）第三届世界客属龙舟文化旅游节在上杭开幕。图为开幕式现场
（县委宣传部供图）

2019年9月25—29日，中国·闽西（上杭）第三届世界客属龙舟文化旅游节在上杭举行。图为比赛现场
（县委宣传部供图）

2019年8月6日，上杭县宏达公交公司纯电动公交车投放。图为准备出发的电动公交车

（县融媒体中心供图）

2019年8月31日，上杭县“全闽共舞·礼赞新中国”舞动新杭川暨广场舞大赛在体育馆举行

（县融媒体中心供图）

2019年12月21日，“古田定制公交K101”举行开通仪式　　（县融媒体中心供图）

2019年，上杭人在粤40年联谊会暨光彩事业助学基金启动仪式”在广东省东莞市举行。图为企业家现场捐赠
（县融媒体中心供图）

2019年，市民在新建成的上杭汀江绿道健身
（县融媒体中心供图）

2019年6月5日，上杭县举行2019年“安全生产月”暨骑行宣传活动、“安康”杯竞赛活动

（县应急管理局供图）

2019年6月5日，上杭县开展“安全生产月”宣传活动　（县应急管理局供图）

编辑说明

一、《上杭年鉴(2020)》集中展示上杭县年度发展状况,1995 年开始出版,2020 年卷为第 26 卷。

二、《上杭年鉴(2020)》以马克思列宁主义、毛泽东思想、邓小平理论、“三个代表”重要思想、科学发展观、习近平新时代中国特色社会主义思想为指导,坚持辩证唯物主义和历史唯物主义的立场、观点和方法,翔实记载 2019 年上杭县经济社会发展情况。

三、《上杭年鉴(2020)》记述上限为 2019 年 1 月 1 日,下限为 2019 年 12 月 31 日。除特载、年度关注、大事记、附录外,设 29 个类目、174 个分目、1042 个条目,约 75 万字。类目设计在《上杭年鉴(2019)》基础上作适当调整。内容记述突出上杭县 2019 年全县各行各业实施创新驱动、转型升级、项目带动、城乡建设、民生保障,以及加快实现高质量发展落实赶超所取得的新成就、新经验和呈现的新面貌,并对社会关心的热点问题作专目记述,着力体现时代特征、上杭特色和年度亮点,增强资料性、警示性、可读性和趣味性。彩页和插图,除署名者外,均由上杭县融媒体中心和条目撰稿单位提供。

四、《上杭年鉴(2020)》所采用的统计数字,凡国家有规定范围、口径和计算方法的,均按国家统一规定统计,并经县统计局审核。其他没有列入国家统计范围的统计资料,由有关主管部门审核入鉴。有关保密审查,由县保密局负责。

五、《上杭年鉴(2020)》使用的计量单位,按国家及有关部门规定执行。

目 录

特 载

年度关注

大事记

县情概览

红色传承

中国共产党上杭县委员会

上杭县人民代表大会

上杭县人民政府

中国人民政治协商会议上杭县委员会

纪检 监察

外事 侨务 港澳台事务

人民团体

法　　治

军　　事

经济管理

农 业

工　业

信息化建设

矿产 冶金

交通运输

商贸 服务业

金　融

城乡规划建设

建筑和房地产业

生态环境

科学技术

教　　育

文化　体育

卫生健康

社会生活

乡镇概览

人物 · 荣誉

附　录

索　引

特　载

纪念古田会议90周年大会在古田举行

福建台　上杭县融媒体中心

纪念古田会议90周年大会28日在上杭县古田镇举行。中共中央政治局委员、中宣部部长黄坤明出席并讲话，强调要深入学习贯彻习近平新时代中国特色社会主义思想，大力弘扬古田会议精神，深入贯彻古田全军政治工作会议精神，不忘初心、牢记使命，奋力走好新时代的长征路。中央军委委员、中央军委政治工作部主任苗华主持会议。

黄坤明指出，90年前的古田会议，探索出思想建党、政治建军的光辉道路，新型人民军队由此走上了发展壮大的历史征程。5年前的古田全军政治工作会议，对强军兴军作出新的政治擘画，确立新时代政治建军的方略。两次会议一脉相承、薪火相传，精神相通、主旨相同，在党和军队建设历史上都具有里程碑意义。

黄坤明强调，新征程上，要始终坚持和加强党的全面领导，坚定维护党中央权威和集中统一领导，坚决把维护习近平总书记的核心地位落到实处。始终坚持思想建党、理论强党，打牢坚定理想信念的思想根基。始终坚持发扬彻底的革命精神，以自我革命推动伟大社会革命。

省委书记于伟国在发言中表示，福建各级党组织和广大党员干部一定要大力弘扬古田会议精神，深入贯彻古田全军政治工作会议精神，始终以党的政治建设为统领，增强“四个意识”，坚定“四个自信”，做到“两个维护”；始终以新发展理念为引领，加快推进新时代新福建建设；始终以人民为中心，让老区苏区人民过上更加幸福美好的生活。

中央宣传部、中央党史和文献研究院、人民日报社、教育部、文化和旅游部、退役军人事务部等中央和国家部委、中央军委机关有关部门负责人，东部战区、军事科学院、国防大学等军队单位的负责人，福建省四套班子负责人，老战士、老同志代表和红军亲属、烈属、烈士遗属代表，福建省各界群众和部队官兵代表等1200人参加了大会。

会前，黄坤明瞻仰了古田会议会址、毛主席纪念园，参观了古田会议纪念馆。

古田之光耀征程

——写在古田会议90周年和古田全军政治工作会议5周年之际

解辛平

（一）

飞雪，炭火。中国闽西，小镇古田。90年前，一簇驱逐暗夜的篝火，照亮了一支军队扭转命运的拐点。

秋阳，浴火。还是闽西，仍是古田。5年前，一簇光焰万丈的圣火，照亮了这支军队崭新征程的起点。

古田！古田！

1929年12月，毛主席在这里主持召开古田会议，探索出思想建党、政治建军的光辉道路。从古田出发的红色铁流，在其后短短20年便夺取全国政权，彻底改造了这个古老的国家，彻底改变了中国人民的命运，彻底改写了人类社会的政治版图，一个伟大的新中国巍然屹立在世界东方。

2014年10月，习主席在这里领导召开古田全军政治工作会议，研究解决新的历史条件下党从思想上政治上建设军队的重大问题，鲜明提出人民军队政治工作的时代主题。三军将士不忘初心、牢记使命，重整行装再出发，开启了强军兴军新的伟大征程，向着实现中华民族伟大复兴的中国梦阔步迈进。

古田！古田！

东临彩眉岭，西倚将军山；南踞吊钟岩，北卧梅花山。群山环抱的古田，在历史的磅礴万山中奇峰突起，见证了人民军队两次重要关头、两次革故鼎新、两次凤凰涅槃、两次浴火重生。

历史选择了古田，古田成就了历史。

历史，不是简单的重复，却有惊人的相似。在生死存亡的危急时刻，毛主席定型了工农红军。在走向复兴的历史关头，习主席重塑了人民军队。

历史，往往在经过时间沉淀后可以看得更加清晰。

古田会议后，随着建党建军纲领的确立，中国革命波澜壮阔，相继夺取土地革命战争、抗日战争、解放战争的伟大胜利，奠基共和国大厦，彻底扭转了中华民族近代以来落后挨打的被动局面——一路烽火连天，一路金戈铁马，一路豪迈凯歌。

古田全军政治工作会议后，随着整风整训的深入，新的时代百舸争流，围绕实现党在新时代的强军目标，深入推进政治建军、改革强军、科技兴军、依法治军，聚力备战打仗，国防和军队建设发生历史性变化、取得历史性成就——一路栉风沐雨，一路开新图强，一路砥砺奋进。

"古田是我们党确立思想建党、政治建军原则的地方，是我军政治工作奠基的地方，是新型人民军队定型的地方。"

"我们来到这里，目的是寻根溯源，深入思考我们当初是从哪里出发的、为什么出发的。"

古田！古田！

这就是古田，从拐点到起点，一段用热血和忠诚开辟的光辉历程。

这就是古田，从定型到重塑，一个以初心与使命铸就的光荣梦想。

古田山水作证，古田精神永恒，古田之光耀征程！

（二）

一切历史都是当代史。时间是伟大的书写者。

如同最炽烈的地火，总是奔涌在最狭仄的岩层，这部鸿篇巨制最精彩的段落，往往写就在最严峻的时刻。

在我党我军的历史上，每一次里程碑式的会议，通常都发生在历史的岔路口，决定成败进退、攸关生死存亡。

1929年岁末，一支战伤累累、衣衫褴褛的队伍，离开井冈山跌跌撞撞走来。他们的心头，是大革命失败的阴霾，是革命火种熄灭的忧患，是"红旗究竟还能打多久"的疑问……

"那时候的军队，就像抓在手里的一把豆子，手一松就会散掉。"年仅八岁的中国共产党和年仅两岁的工农红军，走到了悬崖边上。历史上，无数农民起义军，就是这样走向覆灭的。

红军会不会重蹈历史覆辙？共产党人能不能改天换地？我们这支以农民和小资产阶级为主要成分、打着旧军队胎记的队伍，能不能改造成无产阶级领导的新型人民军队？

乌云翻滚，犹如茫茫波涛。中国工农红军的前途命运，乃至中国革命的航向，笼罩在令人揪心的无边暗夜。

历史迎来晨曦，曙光就在古田。

12月28日至29日，漫天飞雪，挥洒苍茫。廖氏宗祠厅堂上一堆噼啪炸响的木炭火，悄悄融解着天井里厚厚的积雪和坚冰。毛泽东、朱德、陈毅等共产党和红军的缔造者们，召开红四军第九次党代表大会，史称"古田会议"。

这次会议，提出了"思想建党、政治建军"的原则，确立了"坚持党对军队绝对领导"的军魂，明确了"中国的红军是一个执行革命的政治任务的武装集团"的性质和宗旨……从此，"我军要建立一支什么样的军队，就定型了"。

正是这次定型，中国共产党前无古人地突破了历史局限，为革命政党领导武装、建设军队、驾驭战争开创了全新境界。

因为这次定型，人民军队前所未有地创造出一种全新的建军治军理念，跨过区别于其他一切古今中外军队的"分水岭"，打开了一往无前的胜利之门。

通过这次定型，中国共产党和人民军队更加坚定了自己的理想信念，更加清晰地标定了"为了谁、依靠谁，从哪里来、到哪里去"的思想路径。

古田的箴言不老，胜利的真理永恒。

人民军队闯过了当年的"雄关漫道"，进入21世纪，遇到了新的"时代峰峦"。

外部，敌对势力发动"颜色革命"暗流涌动，宣扬"军队非党化、非政治化"和"军队国家化"甚嚣尘上，实施"政治转基因工程"步步为营……铸魂与蛀魂、固根与毁根的较量更加激烈。

内部，承平日久，和平病重，军纪废弛，甚至"管灵魂的出卖灵魂，管反腐的带头腐败，管干部的带头卖官鬻爵，讲艰苦奋斗的带头贪图享乐"……全军官兵的信仰高地受到严重冲击。

这支曾经战无不胜的人民军队，走到了一个生死攸关的十字路口。

历史迎来拐点，拐点仍在古田。

2014年10月30日，习主席亲率400余名军队将领重回古田。

在古田全军政治工作会议上，习主席全面总结了我军必须坚持的“十一个优良传统”，深刻指出部队中特别是领导干部中存在的“十个方面突出问题”，严肃指出这些问题已经到了非解决不可的时候，“否则军队就有变质变色的危险”。

如果说古田会议要解决的是一支迷茫的军队“朝哪走”，那么古田全军政治工作会议要解决的，则是处于历史关头的人民军队怎样“再出发”——牢固立起“四个带根本性的东西”，着力抓好“五个方面重点工作”，鲜明提出“军队好干部五条标准”和大力培养“四有”新时代革命军人……

惊雷霹雳，振聋发聩，一段险道从此峰回路转。

扭转乾坤，扶危定倾，强军兴军由此征途如虹。

这个意义，与当年何其相似！

何谓历史长河？波浪宽处常常浊浪翻涌，但回到源头看一看，那些山间的泉水溪流是多么的澄澈。

何谓历史自觉？就是对历史规律的深刻洞察，对历史前景的主动营造，对历史责任的慨然担承。

（三）

古田会议召开前，红四军打下长汀，利用缴获赶制了4000套军装，红军第一次有了统一的服装。

毛泽东诗意盎然地说：“红军军服领口上的两个红领章代表两面红旗。”同样具有诗人气质的陈毅则对军装颜色作了说明：“军装的灰蓝色代表天空、海洋、青黛色的群山和辽阔的大地。”

此前，红军官兵穿的衣服五花八门，有农民的短衫、账房先生的长袍，有地主的马褂、铁匠的坎肩。然而，比服装更混乱的是思想。有人想打进城里大吃大喝享清福，有人想打回老家娶个老婆分块地，有人想劫富济贫当“山大王”……

古田会议对这些形形色色的非无产阶级思想，进行了尖锐批评、全面整肃和深刻改造，使这支军队摆脱了旧军队的历史惯性，使红军官兵成为具有坚定革命理想的无产阶级战士。

正确的思想，如同沧海遗珠，总是来之不易。

90年前走到古田的红军，面临的问题林林总总。但最迫切的，正如毛泽东所言：“我们感觉无产阶级思想领导的问题，是一个非常重要的问题。”

古往今来，揭竿而起的武装力量数不胜数，而最后不是沦为一家一姓之工具，就是变成军阀集团内斗之武装，往往有挫折即哗变，遇失败而溃散。

没有崇高信仰引领的军队，是靠不住、稳不住的。这种天然缺陷的根子，便在于“没有政治灵魂”。

正确的思想一经群众掌握，就会产生无穷的力量，甚至可以改变历史的走向。赖传珠将军这样回忆：古田会议以后，干部、战士的觉悟显著提高，各种不良倾向逐步克服，“同志们都能以决议的精神互相监督，互相帮助，鞭策自己”“每个排都能够独立执行战斗、发动群众等重要任务，部队士气空前旺盛，战斗力有了显著提高，工作异常活跃，面貌焕然一新”。

人员还是那些人员，武器还是那些武器，一支军队却脱胎换骨了。在中国共产党的绝对领导下，这支新型人民军队从古田出发，一路西进，北上，东征，南下，“风卷红旗过大关”，不断在斗争中发展壮大，克服一个又一个困难，战胜一个又一个强敌，打出了一个红彤彤的新中国。

中国近代史的舞台，多少政治力量登台亮相，却终究没能让一个古老大国走出苦难。是什么样的正确思想有如此强大的凝聚力，让一个新兴的无产阶级政党带领人民军队“唤起工农千百万”，完成救亡图存的历史使命？

答案就在——思想建党，政治建军。

“历史从哪里开始，思想的进程也应当从哪里开始。”

5年前的深秋，习主席来到古田会议旧址，凝视着那盆似乎仍在熊熊燃烧的炉火，思考我们的党和军队面临考验之巨、肩头使命之重、身上积弊之痛，用一次“新古田会议”，回答我们党如何在新的历史条件下从思想上政治上建设军队这一重大时代课题。

从古田再出发，思想建党、政治建军的灵魂之火，继续淬炼着这支人民军队的思想纯度和政治品格。

“绿我涓滴，会它千顷澄碧。”整顿思想，整顿用人，整顿组织，整顿纪律……在“反思、反问、反省”中革弊鼎新、回归传统，在“自信、自觉、自省”中正本清源、洗心补钙，把“两面人”“伪忠诚”抛进历史的垃圾堆，全军从上到下、由内而外洗心革面，政治生态重焕天青。

“习近平改变了中国军队的面貌。”这条外电评论，道出了中国的民意军心。三军将士对习近平新时代中国特色社会主义思想和习近平强军思想产生了强烈的政治认同、思想认同、理论认同、情感认同，增强“四个意识”、坚定“四个自信”、做到“两个维护”，贯彻军委主席负责制，成为全军官兵共同的价值取向和理想追求。

（四）

90年前，闽西长汀县，濯田镇水口村，汀江码头渡口。

一面中国工农红军第四军火红的战旗插立船头，迎着江风猎猎飘扬，嘹亮的军号响彻云霄，32条粗壮的胳膊挥动16根丈二长篙，8条乘满红军的木船直指东岸。

此情此景，人们何曾想到20年后“百万雄师过大江”的壮美一幕？

风雨历尽沧桑，苦难迎来辉煌。但“胜利不会向我走来，我必须自己走向胜利”。自己如何走向胜利？无数历史已经证明，在打败敌人之前，首先要战胜自己。

古田会议因战而起、为战而开，为的是红军打胜仗、革命得胜利。但最深刻的革命、最激烈的冲突、最艰难的攻坚，恰恰爆发在革命者自己的思想和灵魂深处。

现在走进古田会议旧址，我们依然能强烈感受到老一辈革命家勇于自我革命的勇气。为了信仰，他们坚持真理，纠正错误，“自己打倒自己”。

如今翻开古田会议决议，我们依然能触摸到当时大火猛烧的炽烈。为了胜利，他们态度鲜明，反对什么，赞成什么，倡导什么，毫不含糊。

古田会议决议深刻指出：红四军党内存在各种非无产阶级的思想，重要根源是“党的领导机关对于这些不正确的思想缺乏一致的坚决的斗争”，若不彻底纠正，“则中国伟大革命斗争给予红军第四军的任务，是必然担负不起来的”。决议坚持马克思主义原则性战斗性，尖锐批评了单纯军事观点、极端民主化、非组织观点、盲动主义残余等八种错误思想，并对“党的组织问题”“士兵政治训练问题”“废止肉刑问题”等作出深刻剖析和明确规范。

沉疴痼疾，非猛药不可除。政治工作要有春风化雨的真情，也要有壮士断腕的决然、雷霆万钧的力度。

在古田全军政治工作会议上，习主席发表重要讲话，尖锐指出困扰我军多年的沉疴积弊，充分体现了我党我军敢于刀口向内、勇于解剖自己的战略胆识和政治品格。

此后 5 年，人民军队的铸魂重塑，是一场前所未有的大变革，更是一次政治上的大检阅。

始终不渝铸魂。加强思想政治引领，坚持用习近平新时代中国特色社会主义思想和习近平强军思想武装官兵，深化“不忘初心、牢记使命”主题教育和“传承红色基因、担当强军重任”主题教育，推进红色基因代代传工程，打牢听党话、跟党走的思想政治根基。

驰而不息纠风。贯彻中央八项规定和中央军委十项规定精神，深化党的群众路线教育实践活动，开展“三严三实”专题教育、“两学一做”学习教育，狠抓“四个整顿”，大抓“八个专项清理整治”，集中火力纠治“四风”积弊，部队风气日益清朗。

从严从紧肃纪。调整组建军委纪委、军委政法委，向军委机关部门和战区派驻纪检组，编紧扎实制度法规笼子，综合运用监督执纪“四种形态”，坚持挺纪在前、纪严于法，发现问题露头就打，党风军纪为之一振。

高压严治惩贪。全面彻底肃清郭伯雄、徐才厚、房峰辉、张阳流毒影响，一批“老虎”“苍蝇”被绳之以法，政治生态明显好转，反腐败斗争形成压倒性态势。

短短几年，人民军队临绝地而再造、浴烈火而重生、逢生机而勃发。“原来以为部队问题积重难返，没想到这几年变化这么大”“现在环境变了、空气好了，要撸起袖子加油干！”群众的话最实在，也最有说服力。

“看似寻常最奇崛，成如容易却艰辛。”中国共产党带领人民军队进行自我净化、自我完善、自我革新、自我提高的决心和力度，在国外的军事经典里是很难见到的，它只存在于自己创造的历史里。

群岚之中，古田像一个时间老人，看风云际会，数风流人物。“只有在斗争中无所畏惧，才能在追求真理的过程中把自己雕塑成器。”风起云涌的大时代，磨砺和见证着一支有大胆略、大气魄、大担当的军队的羽化蜕变。

（五）

2019 年金秋，北京天安门广场。

一场盛大的阅兵仪式，将庆祝中华人民共和国成立 70 周年盛典推向高潮。

新方队、新力量、新装备，新风采、新面貌、新气派……这是共和国武装力量改革重塑后的首次整体亮相。此时，恰是人民军队重回古田、从古田再出发的第 5 个年头。

新，是“挽住云河洗天青”的结果，是“重整行装再出发”的必然，是“物华又与岁华新”的缩影。

习主席力挽狂澜，及时清除军队存在的严重隐患，化解了党面临的严重政治风险，保证人民军队始终沿着正确的航向前进。人民军队回归传统、回归本色，重塑思想、重塑作风，立起革命军人新标准、立起人民军队好样子。全军官兵传承红色基因，担当强军重任，接力走好属于自己这一代人的新长征。

毛主席说：“我们不但善于破坏一个旧世界，我们还将善于建设一个新世界。”习主席指出，“我们正在进行具有许多新的历史特点的伟大斗争”。

百舸争流，奋楫者先；中流击水，勇进者胜。

——“怪圈”被打破了。在习主席引领下，军队政治工作开始走出自我设计、自我循环、自我检验的怪圈，适应新体制、担当新使命，与时俱进拥抱新时代，积极推进思维理念、运行模式、指导方式、方法手段创新，提高信息化、法治化、科学化水平，焕发新的勃勃生机。

——“标准”立了起来。古田全军政治工作会议后，全军更加坚定地“坚持按战斗力标准审视和改进政治工作”，推动战斗力标准全面贯彻落实，使生命线的生命力，集中贯注在保持和提升战斗力上。

——“积弊”正在纠治。当年走出古田，清除了非无产阶级思想的红军官兵，“团结得像一个人”。如今，全军官兵着力破除思想上的“和平锈蚀”、工作上的“和平套路”、能力上的“和平功夫”、作风上的“和平灰尘”，迎来了主责主业的真回归、打仗能力的新提升。

——“变革”风起云涌。正是得益于古田全军政治工作会议所做的政治整训、思想动员和理论准备，新一轮深化国防和军队改革全面开启，聚焦破解体制性障碍、结构性矛盾、政策性问题，大刀阔斧，蹄疾步稳，人民军队体制一新、结构一新、格局一新、面貌一新。

“合乎时代的事物，必然会发生。”亲历“解决了许多长期想解决而没有解决的难题”“办成了许多过去想办而没有办成的大事”，我们深刻认同那句名言：“把历史变为我们自己的，我们遂从历史进入永恒。”

这就是古田——它是原点、是新生，是立场、是方法。它像一枚棋子在中国广袤版图的“棋盘”上轻轻落枰，迸发出改天换地的伟大力量。

（六）

今天的“00后”官兵来到古田寻根，让他们感慨的，不只是90年前那场具有伟大意义的会议，还有那群参加会议的人——陈毅、罗荣桓、伍中豪……他们很多都是生于1900年后的“00后”。

当21世纪的“00后”，在古田遇上了20世纪的“00后”，这场跨越时空的相遇意味深长。

对于一支军队而言，那些曾经征战之地，特别是那些曾付出巨大牺牲、浴火而生的地方，就如同其灵魂深处的故乡。每当它的后继者回到这里，内心所激起的不仅是深深敬仰，更是前行路上坚定的方位感和永恒的力量源泉。

“一切向前走，都不能忘记走过的路；走得再远、走到再光辉的未来，也不能忘记走过的过去，不能忘记为什么出发。”

“唯有不忘初心，方可告慰历史、告慰先辈，方可赢得民心、赢得时代，方可善作善成、一往无前。”

古田全军政治工作会议以来，在一大会址、在南湖红船、在于都河畔、在井冈山八角楼……在这些中国革命的原点、摇篮、圣地，习主席一次次带领全党全军重温初心，担当不忘初心、牢记使命的“第一主讲人”。

知所从来，思所将往。这就是一个政党、一支军队初心的力量。回望古田，我是谁？为了谁？依靠谁？最为寻常而又朴素的3个问号，连着人民军队从哪里来的“基因原点”和“价值原点”。

我军的红色基因，归根到底是由我们党植入和培育的。

这些红色基因，就是党的绝对领导下所形成的一整套建军治军原则、人民战争的战略战术、人民军队特有的光荣传统和优良作风。让这些红色基因历久弥新、永不褪色的保证，就是党领导的革命军队的政治工作，这是我军的生命线。

行程万里，不忘初心。90年来，古田会议精神熠熠生辉，永放光芒。正如叶剑英同志多年之后所说的：“从古田会议到现在，我军的政治工作有很大的发展，但是它的根本原则，它的基础，还是古田会议奠定的。”

越是伟大的思想，越能经得起实践的检验。古田会议不仅使人民军队实现了浴火重生、凤凰涅槃，而且使政治工作真正成为我军的看家本领、最大特色和最大优势。从此，我军各个历史时期的精神宝藏，都传承着古田会议的基因、体现着古田会议的神韵。

历史，是一面映照现实的镜子，也是一把开启未来的钥匙。

亨利·基辛格在其著作《世界秩序》中写道：“评判每一代人时，要看他们是否正视了人类社会最宏大和最重要的问题。”

在那个风雨如晦、国运飘摇的年代，红军将士就是关注着这样一个“最宏大和最重要的问题”——“只为民族与人民求福利”。

在这个走向复兴、实现梦想的时代，红军传人也在关注这个“最宏大和最重要的问题”——“为中国人民谋幸福，为中华民族谋复兴”。

2019年，张富清、杜富国，这一老一少、年龄相差67岁的军人感动中国，也让我们看到了共产党人、革命军人的政治本色，看到了人民军队薪火相传、逐梦前行最深沉的精神力量。

我们可以告慰历史、告慰先辈——今日之中国，正如你们所愿：你们点起的革命火炬，依然在熊熊燃烧；你们为之奋斗的梦想，正在变为现实。

（七）

古田会议旧址，是建于1848年的万源祠，原为廖氏宗祠。

抑或是历史的巧合！1848年，《共产党宣言》在欧洲发表，而中国闽西的山沟，则为中国共产党预备了一个理论创新的摇篮。

今天，到古田探访的不仅有中国军人，还有外国军人。国防大学防务学院的外军学员说：“在我的印象里，中国军队始终是谜一样的存在。要想了解这支军队，古田是一定要去的地方。”

这一年，一篇《中共——中国最牛创业团队》的网文，在互联网上不胫而走——“这是一支90多年前的创业团队。1921年公司注册，资本金接近于0……1949年10月1日在主板市场上市……目前市值突破11万亿美金，居全球第二……”

“中国共产党为什么能？解放军为什么能？”一些西方史学家在研究中共党史和人民解放军军史时，普遍有“他们善于从困境中崛起”的深刻感悟。

回望古田，这既是在陈述事实，也是在表达疑惑——为什么中国共产党及其领导的人民军队每每能够走出危局险境，选择一条正确的道路，创造新的奇迹？

90年前，古田会议召开前夕，打下长汀的红四军战士们，曾面对一大堆缴获的罐头发愁——该怎么打开这些“铁皮家伙”？

那时，面对马克思主义的普遍原理，一个关于“如何在中国打开”的问题，也困扰着这支军队的缔造者——

解决这个问题,比打开铁皮罐头难多了。正是为了解决这个问题,我们这支军队的缔造者们围坐在古田的篝火旁。

古田会议决议,是中国共产党的“原创”,在中国历史上没有答案,在世界共产主义运动中也没有先例。直到今天,重温这部文献,仍让我们由衷感慨:虽然那时缺枪少炮、缺吃少穿,但我们的前辈不缺思想、不缺精神,尤其是极强的创新精神。

人民军队90多年波澜壮阔的发展史,既是一部艰苦卓绝的奋斗史,更是一部敢为人先的创新史。中国共产党领导人民军队经历无数次风险挑战、生死关口,却每一次都能转危为安,彰显了非凡的创造力。

脚踏着祖国的大地,背负着民族的希望,极具创新精神的中国共产党人带领人民军队,创造了数不清的“第一次”:把支部建在连上,实行“三大民主”,提出政治工作“三大原则”……

“创新”“创造”,就是那个时代人民军队生机和活力的关键词。败退到台湾的蒋介石曾如此反思:共产党军队的优长是“主动创造”,以我为主,兼收并蓄,形成了一套自己的东西;国民党军队的劣势是“被动适应”,东抄西袭,各鸣其是。

“传统不是守住炉灰,而是热情火焰的传递。”红色传统是历史的,也是时代的。今天我们弘扬优良传统,不是把传统高高地供起来,而是要直面具有许多新的历史特点的伟大斗争,汲取精髓精华,用于指导实际工作、解决现实问题。

新时代、新使命,人民军队踏上了建设世界一流军队的新征程。过去是由小到大,现在是由大向强,尽管条件好了,环境变了,但面临的困难和问题仍然不小不少,既有看得见的“雪山”“草地”,更有无形的“思想障碍”“观念沟壑”。战争样式的变化、军队结构的变化、兵员成分的变化、官兵思想的变化、高新技术的变化、时代环境的变化,既为政治工作提供了更加广阔的舞台,也提出了更为严峻的挑战和考验。

当年的古田,只有3条石板路与外界相通,红军交通员传递军情犹如古人驿马传书。毛泽东曾这样问红军战士:站在黄洋界能看多远?红军战士说:能看到江西、湖南。毛泽东却对他们说:站在这里能看到全中国,看到全世界。

这,就是先辈们的开阔视野和博大胸怀,就是共产党人穿越历史、走向未来的精神通道。

问题是时代的声音。传承古田会议精神,面对时代考题,我们比以往任何时候都更需要唤起改革的勇气,弘扬创新的精神。

(八)

古田会议召开的1929年的冬天,有史以来最大的一次经济危机在美国爆发,印证了马克思对资本主义社会矛盾的预言。随着危机的蔓延,漫天风雪中,西方世界对未来充满了恐惧和迷惘。

而此时,在东方古国的群山中,一群马克思主义的信徒与民众一起,以面貌一新的阅兵式度过20世纪30年代的第一个元旦。军民联欢,人声鼎沸。人们都相信,在古田经过思想洗礼而脱胎换骨的这支队伍,必然会拥有光明而伟大的未来。

没有谁比毛泽东更知道这个未来的壮美。1930年1月5日,即古田会议一周之后,在离廖氏宗祠仅一公里之遥的“协成店”二楼厢房,毛泽东夜不能寐,思接千古,神游万仞,挥毫写就了著名的《星星之火,可以燎原》。

在这篇震古烁今的雄文中,毛泽东满怀革命浪漫主义激情,热情讴歌即将到来的中国革命高潮——

“它是站在海岸遥望海中已经看得见桅杆尖头了的一只航船,它是立于高山之巅远看东方已见光芒四射喷薄欲出的一轮朝日,它是躁动于母腹中的快要成熟了的一个婴儿。”

革命的星火,在闽西的山林中燃起,终成燎原之势;思想的火炬,照耀着革命的征途,指引着前行的方向。

哈佛大学研究员罗斯·特里尔如此评价,古田会议之后,“党便由一个抽象的概念转化成了一个每日都在的实体,党便来到了夜晚营地的篝火边,来到了每个战士的身旁。”

古田会议之后,红军气势如虹。其情其状,正如毛泽东在马背上所吟诵的:“宁化、清流、归化,路隘林深苔滑。今日向何方,直指武夷山下。山下山下,风展红旗如画。”

时代场景的转换,往往意味着历史使命的交接。

90年前,面对国家风雨飘摇、革命陷入低潮的困境,以毛泽东为代表的中国共产党人开创性地以思想建党、政治建军原则为人民军队定型,为劳苦大众打下了红色江山。

5年前,面对世界战略格局深刻调整的挑战,面对实现中国梦对人民军队建设发展提出的新要求,习主席领导人民军队重整行装再出发,在改革重塑中演绎着“如旱天惊雷”般的巨变,让我们越来越接近全面建成世界一流军队的目标,越来越有信心有能力担当起新时代使命任务。

历史的天空,总有相似的星光交相辉映。历史的发展,远比任何宏大的叙事更发人深省。90年弹指一挥,5年更是一瞬,我们从古田的两次出发所经历的与所收获的,都将汇成人民军队不同寻常的历史跨越,标注上一段征程的辉煌,等待开启下一段更加壮丽的征程。

日月经天,江河行地。再过几天,21世纪20年代的第一个元旦即将到来。

古田之光,照耀征程。从古田再出发,让我们在新时代的壮阔天穹下扬帆远航,向着实现党在新时代的强军目标、全面建成世界一流军队,写一路壮歌,载一船星辉。

(原载2019年12月28日《解放军报》2版)

坚守初心，从古田再出发

——写在古田会议召开90周年之际

张 辉 林宇熙 潘园园

冬日的闽西大地，山峦含黛、层林尽染。白墙青瓦的古田会议会址庄重古朴，“古田会议永放光芒”8个大字熠熠生辉。

90年前，一条思想建党、政治建军的光辉道路从这里启程，军号愈发嘹亮，星火从此燎原。5年前，全军政治工作会议在这里召开，习近平总书记出席会议并发表重要讲话。“我们当初是从哪里出发的、为什么出发的”，总书记的提问振聋发聩，引人深思。

早在福建工作期间，习近平同志先后7次来到这里，大力倡导和弘扬古田会议精神。

初心和使命，源自于马克思主义政党的政治基因，铸就于红土地上血与火的斗争，激励着共产党人开拓进取、不懈奋斗。

叩问初心，知所从来。

越过岁月年轮，重温辉煌历史，领会古田会议精神的真谛：坚定革命理想和信念，不怕任何艰难险阻，不怕一切牺牲的精神；坚持独立自主、实事求是，一切从实际出发的精神；紧紧依靠人民群众，始终践行群众路线，同人民群众患难与共、艰苦奋斗的精神；严守纪律、紧密团结的精神。

筑牢使命，明所将往。

古田会议精神，穿越时空，光照千秋，激励着我们在新时代阔步向前。福建党员干部牢记总书记嘱托，按照新时代党的建设总要求，始终以鲜明的政治立场、自觉的责任担当、扎实的工作措施，坚定不移地推动高质量发展落实赶超，推动新福建建设迈出新步伐。

党建领航 思想铸魂

90年岁月，弹指一挥间。

如今，中国面貌发生了翻天覆地的变化，但古田会议提出的建党建军光辉思想，对党和人民军队建设仍然具有根本的指导作用。新形势下继承和发扬古田会议精神，要始终坚持思想建党原则。这是古田会议最为突出的历史贡献，也是古田会议精神的核心所在。

古田会议决议如思想火炬，照耀着我们党砥砺前行，不断发展壮大。

在古田会议精神光芒照耀下，福建党员干部坚定理想信念，践行初心使命，坚定不移地推动高质量发展落实赶超。

——坚定政治立场，坚决做到“两个维护”。

省委始终把政治建设摆在首位，紧盯管党治党的重点领域和关键环节，鲜明提出并落实“八个坚定不移”，以永远在路上的执着把全面从严治党引向深入，推动“四个意识”“四个自信”“两个维护”发自内心、成为自觉。

省委把学习贯彻习近平总书记重要讲话重要指示批示精神和党中央决策部署，作为践行“两个维护”最经常、最直接的重大政治责任、第一责任，构建贯彻落实的“三四八”机制，提高贯彻落实的质量和实效。在去年底对86件总书记重要讲话重要指示批示的贯彻落实进行“回头看”的基础上，今年省委又对24件总书记重要讲话重要指示批示的贯彻落实进行全面部署，8月初又对贯彻落实进行再推动，确保一件件抓到位。特别是贯彻落实总书记在参加十三届全国人大二次会议福建代表团审议时的重要讲话精神，召开省委十届八次全会，研究提出4份实施意见、145项具体措施，细化分解330小项工作清单，并由4个工作组专门推动逐条抓好落实。

——把稳思想之舵，聚焦深入学习贯彻习近平新时代中国特色社会主义思想这个根本任务。

党的十八大以来，根据党中央部署，我省先后开展党的群众路线教育实践活动、“三严三实”专题教育、“两学一做”学习教育以及“不忘初心、牢记使命”主题教育，引导广大党员干部筑牢信仰之基、补足精神之钙、把稳思想之舵。

省委常委会从自身抓起严起，以身作则、以上率下，推动党员干部特别是领导干部充分发挥示范表率作用，带头深入学习习近平新时代中国特色社会主义思想，围绕“践行初心使命、坚定理想信念、加强政治建设、牢记为民宗旨、主动担当作为、严守纪律规矩”六个专题，一个一个专题进行集中学习研讨，接受思想政治洗礼，带头增强“四个意识”、坚定“四个自信”、做到“两个维护”，带头不忘初心、牢记使命，带头运用批评和自我批评武器，带头坚持真理、修正错误，引领全省始终保持风清气正的良好政治生态。

——践行群众路线，始终保持与人民群众的血肉联系。

福建传承弘扬习近平总书记在

闽工作期间倡导的“四下基层”、密切联系群众优良作风，坚持把组织力量挺在脱贫攻坚、乡村振兴最前沿，把加强基层党建、引领基层治理作为重要任务，促进基层党建整体提升。

据统计，2004年以来，全省连续选派5批1.8万多名机关党员干部驻村担任第一书记，推动人才、技术、资金等要素向农村倾斜，累计投入省级扶贫开发工作重点村帮扶资金达29.7亿元，实施项目8114个。深入实施发展壮大村级集体经济三年行动，连续三年扶持2201个建档立卡贫困村发展壮大村级集体经济。

今年以来，通过“不忘初心、牢记使命”主题教育，福建紧紧围绕解决群众的操心事、烦心事、揪心事，找准摸清了一些老问题老症结，化解了一批群众关心关注的难题积案，老区苏区脱贫奔小康等工作扎实稳步推进，民生社会事业短板得到有力补齐，群众得到了更多可触可感的实惠。

饮水思源　勿忘老区

抚今追昔，饮水思源。

2014年10月31日，在古田召开全军政治工作会议期间，习近平总书记专门把10位老红军、军烈属和“老地下党员、老游击队员、老交通员、老接头户、老苏区乡干部”代表请到会议驻地，与大家忆往昔、话传统、唠家常。“长征出发时，红军队伍中有两万多闽西儿女。担任中央红军总后卫的红34师，6000多人主要是闽西子弟，湘江一战几乎全师牺牲。”他语重心长叮嘱在座的军地领导，要永远铭记老区人民为革命作出的贡献，永远不要忘记老区，永远不要忘记老区人民，要一如既往支持老区建设。2019年3月10日，习近平总书记参加十三届全国人大二次会议福建代表团审议时，再次要求做好革命老区、中央苏区脱贫奔小康工作。

殷殷嘱托，情深义重。

吃水不忘挖井人。新时期，老区发展怎么样，人民生活过得怎么样，始终牵动着党中央、国务院和省委省政府的心。尤其是党的十八大以来，省委省政府牢记嘱托真抓实干，把老区苏区脱贫奔小康作为重大的政治任务和第一民生工程，采取有力措施支持老区发展，奋力把“短板”变成“潜力板”，让老区苏区人民有更多获得感。

一条条利好政策陆续出台——

2012年12月1日起，《福建省促进革命老区发展条例》正式施行；2014年，省委、省政府出台《关于贯彻落实〈赣闽粤原中央苏区振兴发展规划〉的实施意见》；2016年，《关于加大脱贫攻坚力度支持革命老区开发建设的实施意见》出台；2019年，《关于做好革命老区中央苏区脱贫奔小康工作的实施意见》出台。2012年起，省政府成立革命老区扶建领导小组，由分管副省长担任组长，省发改委、民政厅等25个部门为成员单位，建立老区扶建单位联席会议制度，明确各成员单位职责和工作要求，推动各成员单位在政策、资金和项目安排上加大对老区的扶持力度。各市、县（区）相应成立了老区扶建领导小组，加大对老区工作的统筹协调和指导。

一笔笔真金白银助力振兴——

2013—2018年，我省累计下达原中央苏区和革命老区转移支付资金58.84亿元，支持相关县（市、区）急需解决的社会事业和城乡基础设施建设项目。设立专项补助资金，从2015年起设立原中央苏区财力补助资金，每年安排7.96亿元补助全省37个原中央苏区县（市、区）、4个视同原中央苏区的县（即安溪、南安、永春、德化）以及11个闽东苏区县。

经过不懈努力，我省老区苏区建设取得明显成效，经济实力显著增强，产业结构日益优化，城乡发展日趋协调，人民生活水平显著提升，各项社会事业快速发展。2013—2017年，原中央苏区GDP增速（49.7%）超过全省平均水平（48.4%），人均GDP老区（45.99%）、苏区（49.97%）增速超过全省平均水平（43.4%），三大产业结构逐步优化，城镇居民人均可支配收入、农村居民人均可支配收入、规模以上工业利税总额增速达到或超过全省平均水平，最低生活保障人数显著下降。2018年，全省老区县地区生产总值超过2.6万亿元。

如今的老区苏区，天堑变通途。2005年4月，全长290.1公里、总投资63.3亿元的赣龙铁路全线通车；2012年6月，龙厦铁路通车运营，老区龙岩迈进动车时代，融入特区厦门“1.5个小时经济圈”；近年来，衢宁铁路、兴泉铁路、莆炎高速……立体交通架起老区苏区腾飞之翼。全省老区苏区实现了市市通快铁、县县通高速、镇镇通干线、村村通客车，所有老区县城15分钟内都能上高速。

如今的老区苏区，产业发展旺。通过制造业升级和实施“互联网+”，培育宁德新能源及汽车、三明金属及深加工、南平林产加工及浆纸、龙岩工程机械及专用设备等一批老区千亿级产业集群、百亿级品牌企业和十亿级品牌企业。围绕“清新福建”品牌，加快老区旅游重点项目建设，目前全省已有9个全国红色旅游系列经典景区，红色旅游景点46个，红色旅游已成为带动我省老区发展的重要增长点。为深化山海协作对口帮扶，2012年开始，我省实行省领导挂钩指导，省直单位和沿海经济较发达县（市、区）对口帮扶重点县制度。沿海经济较发达县（市、区）每年落实对口帮扶资金不少于1200万元，2018年共落实帮扶资金3.27亿元，重点用于老区苏区贫困户脱贫增收项目。目前，全省共认定32个山海协作共建产业园区，其中23个省级扶贫开发工作重点县全部与对口帮扶的沿海较发达县建立了共建产业园区。

如今的老区苏区，民生增福祉。为促进教育均衡发展，2013年以来，我省累计下达安排老区县中小学校舍安全长效补助资金33.25亿元，占全省90.21%。安排老区县全面改善贫困地区薄弱学校基本办学条件补助资金41.51亿元，占全省的

96.36%。2015年起，按县(市)300万元、区100万元标准，每年给予老区1.81亿元的公立医院综合改革补助，积极推动老区公立医院综合改革。加强老区县社会福利中心和农村幸福院建设，全省建有69个县级社会福利中心，62个在老区县。2018年，新建农村幸福院468个，老区村252个。农村贫困人口从2012年底的110万人降到2018年底的465人。2185个老区苏区建档立卡贫困村已有2034个实现退出摘帽。

锤炼作风 展现担当

12月14日，屏南县甘棠乡梅花地村第一书记黄子建，一大早便来到村里的高山茶园，了解茶产业基地建设进度。

去年以来，在他引导下，多位乡贤重返故里，投资2000多万元，兴建600多亩标准化生态茶园，引种肉桂、瑞香、金牡丹等适合高山生长的耐寒高优品种。3500平方米的茶叶生产加工标准化厂房已投入使用。百余村民因此获得了家门口就业的机会。

当天是黄子建驻村满两周年的日子。2017年，来自省农业农村厅农产品加工推广总站的他，以第五批省派驻村干部的身份，来到梅花地村。进村后，黄子建首先开展了一番田野调查。

“屏南是革命老区县，梅花地村则是第五轮省市扶贫重点村，全村人口600多人，常住人口仅百余人，人均年可支配收入1.1万元，是典型的人口老化、乡村空心的薄弱村。”黄子建随即召集村干部与各路乡贤开展头脑风暴，为梅花地村脱贫奔小康出谋划策，“必须坚持党建引领，发展特色优势产业，走三产融合之路”。

两年来，梅花地村的发展风生水起。

乡贤归来，企兴落地，生态茶园兴起，茶叶走向深加工，农旅产品层出不穷，农产品交易市场建设渐入佳境，芙蓉李电商方兴未艾……去年，梅花村顺利脱贫摘帽，村集体收入突破10万元，农民年人均可支配收入提高到1.34万元。

“在新时代，党员干部理应勇于担当，敢于作为、善于作为，奋力建功立业。”在梅花地村的田间地头上，年轻的黄子建奋斗正酣，生动展现八闽党员干部的精气神。

90年前，革命先辈前仆后继、英勇斗争，推动中国革命不断从胜利走向胜利；90年后，历史早已凝聚成强大的精神力量，激励着我们艰苦奋斗、拼搏进取。

赓续荣光，传承圣火。

在古田会议精神光芒的照耀下，八闽广大党员干部坚定理想信念，时刻保持昂扬向上的干劲和艰苦奋斗的作风，在实践锤炼中增强本领，在攻坚克难中鼓舞斗志，在拼搏进取中加快发展，在精诚团结中形成合力，坚定不移地推动高质量发展落实赶超，为新福建建设贡献力量。

放眼八闽，广大党员干部正用实际行动诠释以人民为中心的使命担当和奋进新时代的干事创业激情。

脱贫征途中，宁德市4000多名党员创办领办致富项目5000多个，带动1万多户贫困家庭发展致富。

省委组织部派驻寿宁县下党乡下党村第一书记采取“互联网+传统农业+合作社”模式，建设扶贫定制茶园，助力农民增收400多万元，村集体收入增长10多万元。

省商务厅派驻平和县九峰镇澄溪村第一书记带领村民们扩大蜜柚销路，51名贫困群众实现脱贫。

“红旗越过汀江，直下龙岩上杭。”原中央苏区县上杭，立足“红”，着眼“绿”，做足经济发展和生态保护相协调相促进的文章，脱贫奔小康的路上迈出了新步伐，连续三年入选“福建经济实力十强县”。

……

激发干事创业热情，需要榜样的力量。

“不忘初心、扎实工作、廉洁奉公，身体力行把党的方针政策落实到基层和群众中去，真心实意为人民造福。”2017年以来，习近平总书记号召广大党员、干部要向廖俊波同志学习的深切寄语，萦绕于心。

福建坚持把向廖俊波同志学习活动，作为“不忘初心、牢记使命”主题教育、“两学一做”学习教育常态化制度化的重要内容。广大党员干部对标先进，扑下身子做实事，以行动挥就一曲昂扬的时代颂歌。

12月20日，为弘扬廖俊波同志不忘初心、心系群众、无私奉献的崇高精神，“廖俊波乡村教育基金”正式成立。廖俊波同志亲属带头捐赠；广大党员干部和企事业单位、商会及政和乡亲们踊跃捐赠、慷慨解囊，目前已筹集善款908万元。基金将覆盖政和县400多名建档立卡贫困小学生，开展希望工程一堂课和乡村教师、返乡青年培训等公益活动。

激发干部实干担当，需要更多机制创新，形成褒优贬劣、激浊扬清的正向激励，让奋斗者不舍昼夜，让实干者奋力图强。

福建树立鲜明用人导向，全面推行蹲点调研、一线考核、专项考核，为广大干部提供广阔舞台，及时选用敢担当、善作为的优秀干部，树立了鲜明用人导向。在生活上，则坚持严管厚爱，设立省级关心关爱专项资金，让基层干部安心、安身、安业。去年，福建在全国率先成立省委新时代新担当新作为工作领导小组，实行纪委书记、组织部长双组长制，我省激励干部担当作为做法被中央列为2个省级典型之一。

90年的实践证明，古田会议精神是伟大民族精神的重要组成部分，是引领党和军队不断发展壮大的重要法宝，是推动党领导的伟大事业不断取得胜利的强大动力。穿越历史时空，古田会议精神正照亮前行的方向，释放不竭精神动力。

（原载2019年12月28日《福建日报》）

纪念中共闽西“一大”90周年座谈会在上杭召开

张锋育　王如强　林财堂　林斯乾

缅怀先辈忆历史、不忘初心跟党走。7月25日，由龙岩市委、市政府主办，龙岩市委宣传部、龙岩市委党史和地方志研究室、闽西红色文化研究中心和上杭县委、县政府承办的纪念中共闽西“一大”召开90周年座谈会在蛟洋镇举办。福建省人大常委会原党组副书记、副主任、省关工委常务副主任袁锦贵，沈阳军区空军政治部原副主任严源昌，中央党史和文献研究院第二研究部副主任卢洁，福建省委宣传部部务会成员、省委讲师团团长陈辉宗，福建省委党史研究和地方志编纂办公室副巡视员钟健英，福建省委党校副校长、福建行政学院副院长刘大可，邓子恢的女儿邓小燕、女婿李良津，谭震林的孙子谭景，中央党校科社教研部副教授、社会主义发展史教研室副主任徐浩然，福建省委党校教授蒋伯英，福建省革命历史纪念馆研究员吴明刚，龙岩市委常委、秘书长、宣传部长詹昌建，龙岩市政协副主席赖招源及上杭县领导傅藏荣、梁八生、林英峰、张北阳、蓝玉华、张邓平等出席座谈会。

座谈会上，部分特邀嘉宾代表、老一辈革命家亲属代表、党史专家代表等作了发言，重温这段历史，重读这份经典，深切缅怀革命先辈的丰功伟绩，一致表示要进一步传承闽西红色基因，继承和弘扬伟大革命精神，加快推进闽西老区经济社会各项事业全面发展。

卢洁在讲话中指出，历史证明，中共闽西“一大”对闽西革命根据地的巩固和发展有着重要作用，同时对中国革命具有深远的影响。纪念中共闽西“一大”召开90周年，就是为了“不忘初心、牢记使命”，深入总结我们党开展革命道路的艰辛历程和宝贵经验，学习毛泽东等老一辈无产阶级革命家的精神风范、对革命必胜的理想信念，学习他们可贵的敢于斗争，敢于胜利的精神，为实现中华民族伟大复兴的中国梦，提供不竭的精神动力。

陈辉宗在讲话中指出，中共闽西“一大”是毛泽东同志唯一一次亲自指导并参加地方召开的党代会，是福建人民革命斗争史上一次非常重要的会议，也是中央革命根据地创建史上一次很重要的会议。当前，我们要结合正在开展的“不忘初心、牢记使命”主题教育，深入学习贯彻习近平总书记关于传承红色基因、弘扬革命精神的重要论述，大力传承弘扬红色文化，广泛开展理想信念和革命传统教育，激励人们奋力走好新时代的长征路。

詹昌建代表龙岩市委、市政府对活动的举办表示热烈的祝贺。他表示，我们将以此次座谈会为契机，进一步认真学习贯彻习近平新时代中国特色社会主义思想，结合当前正在开展的“不忘初心、牢记使命”主题教育活动，深入挖掘闽西对全国的解放、新中国的建立和党的建设作出的重大贡献，提升其历史定位，更好地传承和弘扬闽西苏区的光荣传统，不断增强全市干部群众推动闽西发展的责任担当，为实现龙岩高质量发展落实赶超作出新的更大贡献，以优异的成绩迎接新中国成立70周年。

傅藏荣在致辞中代表上杭县委、县人大常委会、县政府、县政协向当年参加中共闽西“一大”的革命先辈先烈表示敬意和怀念，向出席纪念活动的革命先辈先烈亲属代表致以慰问，向各位来宾表示欢迎。他说，全县上下将以此次活动为契机，传承好红色基因，听党话跟党走，勇于担当作为，牢记初心使命，全力补齐民生事业短板，扎实推进“四个上杭”建设，努力让老区人民过上更加幸福的生活，以优异的成绩告慰革命先烈，以实实在在的工作业绩向新中国成立70周年献礼。

座谈会前，与会人员还参观了蛟洋文昌阁。

（县融媒体中心供稿）

“早康会议”召开90周年纪念活动举行

上杭县融媒体中心

为深入学习贯彻习近平新时代中国特色社会主义思想和党的十九大精神，进一步传承和弘扬光荣革命传统和优良作风，加强党的建设，推进苏区、老区经济社会各项事业加快发展，6月6日，由上杭县委、龙岩市委党史和地方志研究室主办；上杭县委宣传部，县委党史和地方志研究室，县文体旅游局，白砂镇党委、政府共同承办的“早康会议”召开90周年纪念活动在白砂镇隆重举行。省人大常委会原党组副书记、副主任、省关工委常务副主任袁锦贵，原沈阳军区空军政治部副主任严源昌少将，李平将军后代李华利夫妇，省委党史研究室和地方志编纂办公室副主任、研究员王盛泽，县领导傅藏荣、梁八生、林英峰、张北阳、肖光喜、阙生华及省内外知名党史专家学者，省、市、县有关单位负责人等参加相关活动。

据了解，“早康会议”为古田会议的召开奠定了思想和理论基础，被称为古田会议的奠基石和前奏。参加活动的人员先后参观了“早康会议”会址、白砂籍将军事迹陈列展、碧沙红色交通站丁正昌号商铺，共同缅怀在革命战争年代为党和人民的伟大事业英勇牺牲的革命先辈先烈，感受他们追求真理、为国为民、不畏牺牲、敢为人先的革命精神。在随后召开的座谈会上，县委书记傅藏荣代表上杭县委、县人大常委会、县政府、县政协和53万上杭老区人民向各位领导、专家学者的到来表示欢迎和感谢。傅藏荣说，今年是新中国成立70周年，也是决胜全面建成小康社会的关键之年，还是古田会议召开90周年、古田全军政治工作会议召开5周年，我们举行“早康会议”召开90周年纪念活动，重温这段光辉的革命历史，让红色基因融入血脉，薪火相传，代代相传，将革命传统和优良作风发扬光大，与新时代创新创业创造紧密结合起来，集全县之智，聚全县之力，加快推动上杭高质量发展落实赶超。

傅藏荣表示，通过“早康会议”召开90周年纪念活动，牢记习近平总书记要求饮水思源、决不能忘记老区苏区人民的殷切嘱托，激励全县广大党员干部群众听党话、跟党走、感党恩，始终在思想上、政治上、行动上同与习近平同志为核心的党中央保持高度一致，切实增强“四个意识”，坚定“四个自信”，坚决做到“两个维护”。同时，还要激励大家敢担当，重实干，加快推动“四个上杭”建设，认真落实省委、省政府坚持高质量发展落实赶超战略任务，和市委、市政府“一市两区三组团五基地六产业七景区”发展思路，深入开展产业发展项目建设年活动，始终筑牢以人民为中心的发展思想，最大程度调动人民群众积极投身改革发展稳定，共建共享美好生活。

严源昌在讲话中指出，“早康会议”为古田会议的顺利召开提供了重要的思想基础，是古田会议的前奏曲。我们重温这段历史，缅怀革命先辈，弘扬光荣传统，不忘初心，牢记使命，就是要对革命先烈心怀敬意，传承好、发展好他们留下宝贵精神财富，不畏艰险，勇于担当，砥砺前行，在新长征中继续奔跑，努力开创更加美好未来。

袁锦贵在讲话中强调，今天美好的幸福生活是中国共产党领导下实现的，是无数革命先烈流血牺牲换来的。举行“早康会议”召开90周年纪念活动就是要缅怀革命先烈，珍惜现在来之不易的美好生活。我们要不忘初心，牢记革命先辈为中国人民谋幸福，为中华民族谋复兴的艰苦奋斗历史，以中国共产党人自建党之初就树立的奋斗精神和赤子之心严格要求自己，集中所有精力做好所有工作。要职尽所能，继承革命先烈的遗志，脚踏实地地去战斗，去工作，去干实事，去做实事，把纪念活动激发出来的热情化为实际行动，在以习近平同志为核心的党中央领导下守初心，担使命，找差距，抓落实，把革命老区建设得更加美好，让老区人民过上更加美满幸福的生活。

李平将军后代和王盛泽也在会上作了讲话。

古田种福 福满古田

刘少雄

迎着冬日的暖阳,沿刚刚建成通车的新罗小池直达上杭古田的快速通道来到圣地古田,刚出岩下山隧道,满眼红彤彤的"福"字扑入眼帘,到处洋溢着浓浓的福文化氛围。

这些福字,由上"古"下"田"构成。"古田有福",既融入了传统民间吉祥如意的愿望,又恰到好处、自然而然地融入当地的红色文化中,堪称文创典范。

2019年,是新中国成立七十周年,古田会议召开90周年和古田全军政治工作会议召开5周年。福满古田,喜事连连:

12月13日,中央广播电视总台"心连心"艺术团第四次来到古田,为闽西人民带来一场《我们从古田再出发》的盛大演出;

12月28日,纪念古田会议90周年大会胜利召开;

还有,电影《古田军号》在全国上映,电视剧《绝境铸剑》在央视黄金时间播出……围绕古田会议召开90周年开展的一系列活动,让古田成为全国关注的热点,吸引着来自四面八方的目光。

上篇:万福攸同 古田有福

福文化,是中华文化的共同基因。来过古田的人都说,这是一个有福的地方。这片位于上杭东北部的山间盆地,地处有"北回归线荒漠带绿色翡翠"之誉的梅花山腹地,早在新石器时代后期,就有人类在此生息繁衍。

相传,一千多年前,客家先民为避战乱从北方向南方迁徙,来到福建西部这片古老的山坳,发现这里山清水秀,很适宜开基创业和繁衍生息,于是就在这里扎下了根。古田境内,开门见山,推窗见山,抬头见山,低头见山。这里的山,有着独特的个性和风采,有的如笔架,有的如发髻,有的如彩眉,有的如拓荒牛……一位叫张九仪的人,攀上笔架山山顶,更是赞不绝口。他俯瞰山下,但见层叠起伏的山峦,如飞腾的五条龙并驱而下。他相中了这块风水宝地,便在此建房安居,并取名五龙村。

据村里的老人介绍,五龙村的黄龙口,有一块古怪的田。1000多年前,客家先民最初来到这里时,种的还是高粱、小麦,只有这片怪石嶙峋的田地里居然天然长出了谷子,有人试着把谷子碾成米煮着吃,居然很可口。有位叫"五谷子"的人,发现了这怪田的奥秘,就将这种谷子的种植技术教给南迁的客家人,于是家家户户都改种谷子吃大米了。从此,这里就成了富庶之地。古田,也由此而得名。

都说"衣食是福",而"田",则是"福"的重要基础。民以食为天。福字的本义,就是"一口田,衣禄全"。数千年前,我们祖先最初的愿望,就是祈求衣食无忧的生活。如今,这里的百姓依然延续着信奉"五谷神"的风俗。"五谷神"的传说虽然已无法考证,但是,从中却体现了古田人的一种情怀,那就是:为大家造福的人,人们永远不会忘记他。

古田,自古以来就是一块宝地、福地。这里平均海拔690米,森林覆盖率达80.1%,年均气温17.2℃,自然资源丰富,素来盛产木材、毛竹、土纸、香菇、笋干、茶叶等。清朝嘉庆年间,汉口、上海等城市的商店就曾悬挂"古田清明斜背茶""下隔名茶""古田岩茶"等招牌,可见其销售之广。五龙村的酒曲也是扬名100多年,名满华夏的闽派黄酒代表——龙岩沉缸酒,就是用五龙的酒曲酿制的。

得益于得天特厚的地理条件,这里的气候温润,雨水充沛,汀江、九龙江、闽江的源头都汇聚于梅花山。在陆路交通不便,依靠水运的年代,古田木材、茶叶、靛青、土纸、药材以及造船必需的桐油等土特产品,便源源不断通过三条水路地销往漳州、厦门、泉州、潮汕一带,甚至远销海外。这就不难理解,在这高山连绵、层峦叠嶂的山坳里,为什么当年会有不少青砖黛瓦的大宅深院。

由于地理位置特殊,古田,自古就是屯兵之地。清顺治十一年(1654年),郑成功部总兵万礼,统领所部驻扎古田,计划从这里出发去攻打上杭城。同治四年(1865年),驻守古田的太平军曾全军东上支援退出龙岩城的太平军汪海洋部,后因清军阻击,被迫转移适中。

最让古田人难忘的,是1929年5月22日这天,毛泽东、朱德率领的红四军来到了古田。让古田人醒悟到,只有暴动、革命、建立工农自己的政权,才能过上自由幸福的新生活。

也许,在今天许多人看来,古田之所以能光耀史册,不过是因为1929年年底在这里召开了一次举世闻名的"红四军第九次党代表大会"。但是,当我们深入地了解它时,就会发现,古田会议之所以会选择古田召开，看似偶然，其实蕴含着历史的必然。

物产丰饶的古田，百姓的粮食基本上能自给自足。当年红四军 4000 多人，最多的时候有 6000 多人进驻这里，当地人都能为他们提供物资，很多老百姓把多余的粮食都送给了红军。

青砖黛瓦老屋后，茂密树林掩映下，"古田会议永放光芒"这八个红色大字熠熠生辉，数里之外便赫然跃入眼帘。这就是廖氏宗祠——90 年前，著名的建党建军的纲领性文件《古田会议决议》诞生的地方。

这座气势恢宏的建筑，始建于清朝道光二十八年（1848 年），又名"万源祠"。它坐东朝西，背靠参天古木林，为单层歇山四合院式建筑，砖木结构，面阔 5 间，进深 5 间，建筑面积 826 平方米，占地总面积两万多平方米；依次分大门、庭院、中门、前厅、天井、大厅，左右两侧是厢房。祠堂建构完美，飞檐翘角；中门门厅的横梁、天花板上彩绘了龙凤呈祥图案以及三国演义故事，色彩艳丽、绘制精美、气韵生动。

在前厅两侧的窗户上各有一个窗花，从外面看是一个"福"字，而从里往外看，却是"古田"两个字。我们不禁深深为古田人的智慧所赞叹。

福藏古田，古田有福；千年智慧，泽被万代。古田人不仅把"福"字贴在家家户户的屋门上、墙壁上、门楣上，更是做成雕塑永久地镶嵌在窗户上。

而在廖氏宗祠大门上，存留者这样一副对联：

万福攸同祥绵世彩，

源泉有本派衍义溪。

万福攸同，也就是幸福多多，大家同享幸福，体现了古田廖氏家族乃至整个古田人的价值理念。

可以说，不同时代、不同族群、不同阶层，对"福"的内涵的理解也有所差别。《礼记》有曰："福者，百顺之名也。"也就是说，"福"有顺利、诸事如意的含义。《尚书·洪范》曰："五福：一曰寿，二曰富，三曰康宁，四曰攸好德，五曰考终命。""五福"是多层面的福观念，以贯穿一生的幸福为目标，讲求长寿、富裕、安康、有德行，老年无疾而终，认为这样的人生才是完美的。而宋朝著名的文学家和政治家欧阳修在《纪德陈情上致政太傅杜相公》一诗中表达了他对福德看法："事国一心勤以瘁，还家五福寿而康。"

古田人的"万福攸同"，追求的是有福同享的理念，更具推崇价值。它和中国工农红军倡导的"民权革命、帮助工农""打倒军阀、打倒列强""解放全国被压迫阶级""为人民谋幸福"的宗旨无疑是十分合拍的！

源泉有本，万福攸同；敬天法祖，唯公有福。于是，当 1929 年，毛泽东带领红军从井冈山下来，走进古田大地，古田人倾其所有迎接红军，支援红军，用自己的心血和汗水无私地喂养着还显得羸弱的中国革命，并成就了彪炳史册的"古田会议"，使古田永远闪耀于中国革命史册。

今天，人们常常会问起：古田会议为何会选择在古田这个小小山坳召开？

根据党史专家的分析，这里有几个很重要的因素，一是地利上的因素。当时红四军攻打广东梅县后，蒋介石就开始筹划对闽西革命根据地的第二次"三省会剿"，而古田是一个高山上的盆地，位于闽西龙岩、连城、上杭三县交界处，群山环绕，地势险要，非常有利于军事上的防守及会议消息的封锁。二是从政治上看，自 1928 年张鼎丞、邓子恢等领导龙岩、永定、上杭等县农民暴动之后，古田便成了闽西革命根据地的中心之一。1929 年，红四军来古田时，这里已经建起了区、乡苏维埃政府，以及工会、妇女会、赤卫队，区、乡少先队等。党的组织，则有区委员会，团有团区委员会，党团各乡有支部。群众条件极好。三是当时的古田、蛟洋一带还较为富庶，盛产稻米、芋头等作物，红四军的许多后方机关当时都住这里。

俗话说，天时不如地利，地利不如人和。古田的"人和"——良好的群众基础，无疑是古田会议召开的重要条件。

正是古田人真心拥护红军，支援红军，才成就了"中国在古田拐了个弯"的历史奇迹。1929 年 5 月，红四军首次进入古田时，五龙村的廖启然、廖启时等 20 多位青壮年组织起了"五龙担架队"，担架队跟随朱毛红军三克龙岩城、攻打铁上杭，出生入死，不怕牺牲，英勇地为红军部队带路、送粮食、运物资、抢救伤员。他们把红军当亲人，对来不及转移的伤员，就藏在自己家中保护起来。1931 年，国民党军队扑向古田，时任八甲乡苏维埃主席的廖启然等 3 名五龙村的优秀子弟被捕牺牲，廖启然时年 23 岁。五龙担架队为中国革命作出了巨大的牺牲和贡献。

据史料记载，当数千红军进入古田时，这里的老百姓，纷纷主动腾出自家的房子迎接红军到来，大家把家里的门板、草席、谷笪，全部让给红军住：

溪背——古田会议会址，也是三纵队驻地；八甲——红四军司令部、政治部驻地，朱德、毛泽东也住在这里；下塘——一纵队驻地；竹岭——二纵队驻地；荣屋——四纵队驻地。

红军来到古田，青壮年男子个个踊跃参军参战、站岗放哨、当好后勤，妇女们也不甘落后，为红军煮饭、洗衣、纳草鞋，洋溢着浓浓的拥军爱、鱼水情。

距离万源祠十多米的黄龙口，有户人家叫廖逢源，他家有个叫张兰娣的童养媳，红军来的那年她才 15 岁，大家叫她"兰子"。兰子家里的下厅和右边横屋都让给了红军部队住宿，家里六七个房间住了一百多名红军。兰子把平时挑回家里的稻草全部搬出来给红军御寒，还把家中的谷笪给红军遮风挡雨，卸下门板为战士铺床。古田会议召开那天，正下着大雪,兰子帮忙找来松光、竹片和柴火送到会场,为代表们生火取暖,被大家称赞为“小勤务员”。

“红军来自老百姓,俺做草鞋送红军,穿着新鞋上前线,冲锋陷阵杀敌人。”家住万原祠附近的傅乙莲,是古田区第一个女党员和首任妇女主任。红军来时,她想到的第一件事就是组织妇女赶做一批红军鞋去慰问红军战士。傅乙莲的想法得到五龙、溪背、八甲、赖坊等村妇女们的积极响应。姐妹们赶紧准备好布料、苎麻、剪刀、钻子、枚针等,汇聚在傅乙莲家中,夜以继日赶制红军鞋,短短十来天,就做了几百双鞋送到红军手中。

古田八甲村的松荫堂,始建于清嘉庆十二年(1807年),历时8年才建成,砖木结构,分前后两厅起楼,左右两侧是厢房,占地1235平方米。

据金花饭店的店主罗金花介绍,1929年12月中旬,毛泽东来的时候,就住在松荫堂,那是她外公的家。外公把主卧室给毛先生住。毛先生经常通宵在房子里写东西。那时候没什么东西吃,就用地瓜丝煮稀饭给毛先生吃。有几天,毛先生身体不好,会咳嗽、气喘,她外公和外婆看到后心里很为毛先生的健康担忧。

那段时间,正是毛泽东最忙碌的时候,他主持召开了红四军纵队、支队、部分大队的党代表和支队以上的书记、组织委员、宣传委员的联席会议,开展了为期10多天的学习讨论。为了起草古田会议决议,毛泽东经常通宵达旦地工作,直到听到廖大伯家的公鸡报晓才躺下休息。在这里,毛泽东度过了令他难忘的36岁生日。

就在毛泽东生日这一天,让他感到奇怪的是,天都大亮了,公鸡怎么还没叫呢?当他还没想明白个究竟时,廖大伯已经端了一大钵子鸡汤到他房间。毛泽东闻着鸡的香味就明白了,原来这只天天准时报晓的公鸡,已经成为盘中餐了。

从此,毛主席和廖家人的情谊就随着炖鸡汤的故事流传至今。有意思的是,90年过去,当年松荫堂主人的外孙女罗金花,而今以美味的干蒸猪蹄扬名闽西,她的金花饭店也成了古田餐饮行业的杰出代表。

历史,有很多巧合的地方。从1848年修建“廖氏宗祠”到1929年的“古田会议”,相距81年;从1929年的“古田会议”的到2014年的“新古田会议”,相距85年。

九十年前,在古田这块红色土地上,毛泽东同志主持召开了著名的古田会议,探索出“思想建党、政治建军”的光辉道路,新型人民军队由此走上了发展壮大的历史征程;五年前,全军政治工作会议吹响了新的集结号,人民军队浴火重生,重整行装再出发,开启了强军兴军的新征程。

正可谓:廖家有福,宗祠有福,古田有福,中国有福!

下篇:古田种福 福满古田

草木无声有千言,山风阵阵似万语。一个“福”字,寄托多少家国人生的情怀。岁月如歌,时光流淌,数不清的英雄儿女、光辉事迹都已化作历史记忆。然而,古田人对幸福的追求从未停止脚步。

红色古田,中国革命的圣地。种福古田,时代精神的坐标。

距离古田集镇数公里之遥,有个小盆地叫苏家坡。当年,这里是有名的穷苦村。

“苏家坡可以说是毛泽东的福地,这里记录着他人生的重要转折,他在这里治好了疟疾,身体得到康复,他在这里接到陈毅派人送来的‘九月来信’,政治地位从这里开始恢复。”苏家坡村党支部副书记雷贵兴如是说。

1929年10月下旬,毛泽东随同中共闽西特委机关撤离上杭,就来到这里。他白天藏在山洞,晚上住在树槐堂的小阁楼上,一边指导特委工作,一边养病,一边访贫问苦深入调查研究,关心群众生活,留下很多美谈佳话。

今年101岁的雷耀庚,是毛泽东在苏家坡创办平民小学时14个学生中的唯一健在者。据他回忆,毛泽东来这里时,大家叫他杨先生,那时他才11岁。他经常给毛泽东送饭送药,送到圳背那个岩洞里。毛泽东在树槐堂,教他们识字,学文化,教他们做人的道理。

97岁的下郭车村老红军黄振玉回忆,当年,才七八岁的他,也跟着大人到苏家坡山洞为毛泽东送过信。当时生病的毛泽东,经永定名医吴修山的精心医治,病情已基本好转,转移到苏家坡疗养。11月下旬,毛泽东收到陈毅从上杭官庄派专人专程送来的信件,十分高兴,立即与贺子珍及中共福建省委巡视员谢汉秋一起,从疗养地出发,于26日抵达汀州,回到红四军前委领导岗位。

古田,是中国革命的圣地和福地。

精神就是财富。在上杭古田,当地人看重的就是精神的传承。曾是中共闽西特委机关驻地的苏家坡村就有这样的村规:凡是可以挣钱的工程项目,村干部一律回避,如有参与的,村民可以随时罢免。

苏家陂村村党支部书记雷焕龙说,一心为民、克己奉公,是我们当干部的基本准则。正是靠着一心为公的精神,在历任村干部的带领下,苏家坡村才从一个“出门三步就上坡,有女不嫁苏家坡”的穷村,发展成为远近闻名的富裕生态村、少数民族特色村。

年过八十的老书记雷先春,是改革开放后苏家坡村的第一任村干部。1979年,他刚刚上任时,苏家坡是全县最贫穷、最落后的小山村。一年只有半年粮,村民连饭都吃不饱。为了摆脱贫困,他根据村里地处山沟、阳光不足的现状,大胆提出把双季稻改为种单季稻,并在全县率先引进种植杂交水稻,粮食产量当年就从原来的12万吨提高到28万吨。

填饱了肚子的苏家坡人并不满足于现状,他们想利用当地丰富的石灰石资源引资办厂。1986年,雷先春引资140万元办起了水泥厂,不仅增加了村集体收入,村民们通过进厂打工、跑运输,腰包也开始鼓了起来。

二十世纪八九十年代,靠着丰富的石灰石资源,古田镇曾以“十里长沟百家厂”而闻名遐迩,水泥制造让古田镇成为全国革命老区中首个“亿元镇”。可是,随之而来的污染也越来越严重。走绿色发展之路,就必须停止生产。而关停就意味着放弃到手的利益。第一个站出来的,是当年带头搞水泥产业的老党员、老村长雷先春,他关掉了自己一手创办的水泥厂。

雷先春说:“我是老红军的后代,当年毛委员在苏家坡养病时,是我的父亲雷德才为毛委员站的岗、放的哨。我不带头谁带头呢?”

2013年,在老村长雷先春的带头下,村干部先做通党员的工作,不光关停了各自的“小水泥”,还动员党员带头转型寻找来钱的门道。

2014年3月,国家出台“关于赣闽粤原中央苏区振兴发展规划”,绿色发展的概念在全镇叫响。雷先春的儿子雷游焕,带头办了一家新型化工厂,利用矿山的副产品,发展绿色循环经济。他的弟弟雷游松则来到离家4公里多、地处深山的农庄里研究石蛙养殖技术,办起了上杭县双吉养殖有限公司。经过几年技术攻关,他的仿生态石蛙技术很快获得了国家实用新型专利证书。

更为可贵的是,雷游松拿到专利后,除了自己扩大规模,每年出产商品蛙达二三十万只之外,他还组建了合作社,提供从选址到商品蛙销售的一条龙服务,带领大家共同致富。目前,合作社已经有成员80多位,分布在湘、川、粤、桂、云、赣等10多个省(市、区),年产值达数千万元,让越来越多的当地群众通过石蛙养殖走上了致富之路。

产业兴村奔富路。苏家坡村大力发展林下经济,以发展贵妃鸡为主的市级龙头企业龙岩福欣牧业有限公司,年出栏贵妃鸡200多万羽,不仅通过“公司+贫困户”的方式“授人以渔”,统一提供种苗、技术和统一产品回购,带动上杭7个乡镇的364户贫困户脱贫致富,而且通过在本村开展体验式休闲农业、乡村旅游,每年接待游客5000人次以上,实现社会效益和经济效益双丰收。

今天的苏家坡,通过实施《美丽乡村建设规划》,已成为AA景区和民宿小镇。全村没有一户五保户、低保户和贫困户,村民实现百分之百就业,农民年收入最低的也超过2万元。全村120多户,资产在千万以上的占了5%以上,资产在500万以上的占20%以上、资产在300万元的占70%以上。

福从何来?在古田人的眼里,福不来源于享乐,而是来源于勤俭,和睦,知书达理,大家一起共同创造新的生活。

在古田,有一支由红土女警巡逻服务队、古田义工队、红土巾帼志愿者服务队、义务讲解队、义诊队和慈善茶屋志愿服务队组成的志愿组织,在册志愿者达1946人。他们在环境保护、敬老爱老、核心价值观宣传、扶困助残助学、交通劝导、义务讲解等方面发挥了重要作用,涌现出许多好人好事,成为圣地古田一道最靓丽的风景线。

“尊祖敬宗立典范,勤劳致富树楷模。”廖晓华,是古田廖氏宗亲会会长,他说,万原祠家规族训告诫我们,要“遵纪守法”“勤劳耕种”“读书上进”“为政清廉”“追求理想”。

五龙村的廖祥钦说,《廖氏威武堂族规家训》中,有一句话叫作先公后私,民之职也。我们五龙村的28家农家乐成立了农家乐协会,协会会员互帮互助,共同发展。

廖东钍的爷爷廖美增,曾经是一名赤卫队员、革命烈士。作为烈士后人,他利用古田独特的红色资源,办起了红色培训机构。他说,我们做的工作不仅仅是商业、培训,更是红色文化的传承。

五龙村依托古田红色旅游资源和生态观光农业,充分利用田园风光、自然生态、农村文化等资源,积极发展以体验客家风情为特色的生态型“农家乐”旅游,全村发展“农家乐”旅游接待点28家,接待能力达3000人/次,年实现旅游收入400多万元,人均增收2000多元,被评为“全国生态旅游乡村”“全国乡村旅游模范村”“全国文明村”。

距离古田集镇7公里吴地村,近年来通过建设红军小镇,利用古田红色资源,创立特色“情景教育、体验教学”模式,2019年承接党性教育培训52批3159人次,研学7批次1376人,接待游客1.6万人。通过开展红色培训,发展红色旅游、乡村旅游,吴地村带动了11家农家乐,22户村民的闲置住房租赁给旅游公司统一经营,实现增收40余万元;34名居民成为红军小镇的员工,实现增收100余万元;村里原有闲置的5套住房和村级文化活动中心大楼出租给旅游公司,实现社区集体经济收入每年增加20余万元。

打造成全国知名红色旅游目的地、红色教育培训基地和全国红色文化交流中心。圣地古田,红绿金的交响奏出华彩的乐章。古田景区游客接待量和旅游综合收入呈持续增长态势,全年接待游客500万人次,承接对外培训25万人次,带动旅游综合收入32亿元。2019年1月,古田获评福建首批地名文化遗产“千年古镇”。去年,古田全镇实现财政总收入3700万元。

2020年,是决胜全面建成小康社会之年。展望明天,一个“地上红彤彤、地下金灿灿、山上绿油油、天上蓝湛湛、空气甜滋滋、百姓乐呵呵”的新古田将闪耀屹立于世人面前!

以枝繁叶茂支撑千亿金铜产业

上杭县委书记　傅藏荣

2019年是新中国成立70周年，是古田会议召开90周年和全军政治工作会议召开5周年，也是坚持高质量发展落实赶超、决胜全面建成小康社会的关键之年。上杭县将认真按照市委“一市两区三组团”城乡发展格局和“五基地六产业七景区”产业发展布局，扎实开展“产业发展项目建设年”活动，大力推动金铜产业集群化发展，以枝繁叶茂支撑千亿金铜产业。

着力抓产值增长。深入实施“双培育”计划，继续实行“一业一策”“一企一策”，力争2019年金铜产业实现产值781亿元。一是做大做强铜加工。加快推进紫金铜业铜冶炼技改扩建、志裕铜业年冶炼11万吨废杂铜项目建设，力争新增产值20亿元。加大市场开发力度，推动太阳铜业22万吨连铸连轧低氧铜杆、福建紫金高性能铜合金技改、联福工贸铜杆系列产品、微波通5G通信电缆及物联网终端天线、军工电缆组件生产、福建富鑫达智能家居线束及安防工程电缆生产、泰伦功能性薄膜生产等项目达产，力争新增产值60亿元。二是做大做强稀贵金属加工。加快推进紫金铜业阳极泥综合回收扩建项目，提高稀贵金属产量，力争新增产值15亿元；通过省属国企资源帮助企业对接市场和技术，推动福建紫金贵金属材料金银贵金属加工生产项目、紫金佳博键合金丝生产项目扩大产能，力争新增产值7亿元；全力推动黄金冶炼公司建设贵金属靶材、高纯度金粉等项目建设，力争新增产值25亿元。三是做大做强循环经济。加快推进德尔科技电子级氢氟酸化学试剂生产项目、中物院固体含氟燃料生产项目建设，力争新增产值5亿元；推动瓮福紫金磷石膏综合利用、龙德新能源六氟磷酸锂生产、龙氟化工无水氟化氢扩建、思康化学有机氟硅新型合成材料生产等项目投产，力争新增产值20亿元。

着力抓项目建设。积极融入闽西南协同发展区和粤港澳大湾区，认真研究梳理产业转移趋势和产业配套需求，策划一批铜加工、新材料、新能源等技术高、成长好、带动强的项目。一是全力保障原材料。大力推进紫金矿业集团将在外铜矿石运回上杭电解，使我县铜冶炼能力达60万吨以上，为下游铜加工、稀贵金属加工提供充足的原材料。二是延伸拓展产业链。紧盯深圳、东莞、中山、顺德等铜加工发达地区，重点策划铜丝、漆包线、数据线、电源线、汽车线束、铜端子、电感等劳动密集型、原材料资金占用大的项目。在电线电缆领域，重点推动广州台一铜业高精度漆包线、深港电工漆包线、友惠铜业铜丝项目、深圳众冠线缆安防连接器接头系列产品、建润通讯高端数据线等项目落地；在电子信息和家电卫浴领域，推动中山港利制冷铜配件、深圳康普瑞信光纤放大器、奥杰智能制造铜银合金换相器等项目落地。三是加快发展新材料。把新材料发展作为推动金铜产业转型升级的核心方向，面对闽西南协同发展区，重点引进催化功能材料、电接触材料、钎焊料、硫磷化工、硫氟化工、硅基新材料生产项目。加快推动天津力神锂离子动力电池、深圳众诚达贵金属靶材项目落地，形成以锂电池材料、含氟材料、合金材料、半导体材料为主的新材料产业。

着力抓招商引资。多形式、全方位拓宽招商信息来源渠道，丰富招商引资项目信息库，并加大招商引资力度。一是突出龙头招商。围绕紫金的品牌效应，依托紫金矿业在有色金属行业内的信息、市场和资源优势，紧盯产业链重点缺失环节，推动紫金矿业集团及下属企业参与下游产业链延伸，千方百计引进具有较高知名度的品牌企业及品牌制造业，加快形成较完善的金铜产业链条。二是依托行业协会。积极对接广东省电线电缆协会、广州市总部经济协会、福建省机械联合会、深圳新材料协会、新材料在线等行业协会，开展信息交流、委托招商和企业组团对接等合作，依托协会提供的产业转移意向企业信息，有针对性开展招商引资。三是开展招商推介。积极前往珠三角铜加工发达地区考察对接，2019年适时在广州或顺德开展上杭县金铜产业推介会暨专场招商对接活动，主动承接粤港澳大湾区制造业产业转移。四是借助产业共建。依托我县与海装上海局、电科14所和天津力神的产业共建关系，积极研究共建单位所辖企业的技术、人才、市场优势。精准匹配我县产业基础及政策优势，探索合作式招商，促进优势双向互补、招商选资。五是开展以商招商。加大社会人士招商奖励政策宣传力度，鼓励县内企业家开展产业链招商，吸引上下游意向配套企业来杭投资；依托企业驻外人员成立区域招商分队，精准捕获招商资讯，协助我县招商引资；依托各地商会平台收集产业发展信息、宣传金铜产业，吸引行业内关联项目落户我县。

着力抓服务保障。坚持精准帮

扶，靠前服务，优化营商环境，推动产业高质量发展。一是制定完善各项政策。结合国家相关产业政策，编制《上杭县金铜产业发展指导目录》，参考周边省、市、地区优惠政策，从招商引资、企业落户、原材料保障、市场开拓、运输补贴、产值税收贡献奖励等内容对《中国上杭县委 上杭县人民政府关于打造千亿金铜产业集群工作的实施意见》进行完善。二是支持企业创新发展。健全完善“政银企校”产学研合作对接平台，不断加强与高等院校、科研院所的科技交流与合作。实施科技型中小企业培育工程，建立动态调整的高新技术企业培育库，扶持紫金佳博、太阳电缆等一批有潜力的企业加速成长为国家级、省级高新技术企业，力争今年新增国家高新技术企业 4 家以上，省级高新技术企业 7 家以上。三是提升园区建设水平。扎实开展产业园区建设升级行动，持续完善园区路网、电网、管网等基础设施，加快建设标准化厂房，加快推进扩园工作，提高园区承载能力。要加强金融政策研究，加大与金融机构沟通对接力度，有效解决园区项目建设资金难题。要持续推动产城融合，完善提升公共服务设施，带动区域整体发展。

在上杭县第十七届人民代表大会第四次会议上的政府工作报告

上杭县人民政府县长 王 波

2019 年工作回顾

2019 年，在市委、市政府和县委的坚强领导下，县政府以习近平新时代中国特色社会主义思想为指导，全面贯彻党的十九大和十九届二中、三中、四中全会精神，落实“六稳”工作要求，坚持高质量发展落实赶超，按照“一市两区三组团”“五基地六产业七景区”发展思路，扎实推进“产业发展项目建设年”活动，“四个上杭”建设迈出新步伐，较好地完成了县十七届人大三次会议确定的目标任务。预计实现地区生产总值 391 亿元，增长 8.6%；财政收入 38.74 亿元，增长 4.26%，其中地方级收入 26.5 亿元，增长 0.9%；固定资产投资增长 13.5%；社会消费品零售总额 105 亿元，增长 11.3%；城镇居民人均可支配收入 42170 元，增长 8.2%；农村居民人均可支配收入 18320 元，增长 9.2%。三次产业比调整为 11.8 : 48.3 : 39.9。

回顾这一年，我们喜事连连，催人奋进，连续第四年被评为“福建省经济实力十强县”；常青新能源一期项目顺利实现投产，引进落地总投资 21.18 亿元的宁德时代新型锂盐研发生产项目；“心连心”艺术团走进古田慰问演出，古田“一台戏”项目取得重大进展；龙岩至龙川铁路项目（上杭段）实现开工，永杭高速（上杭段）建设项目基本完工；汀江大桥建成投入使用；我县殡葬改革模式入选全国殡葬综合改革试点优秀案例；农村人居环境整治、四好农村路、农村饮水安全等工作在全省相关会议上作经验交流，走在全省前列；获评国家生态文明建设示范县、“四好农村路”全国示范县。一年来的主要工作和成效有：

——突出提升发展质量和效益，综合实力显著增强

“双培育”和“三大增长点”行动扎实推进。金铜产业预计实现产值 781 亿元，增长 21%。成功承办龙岩市金铜产业项目对接会，举办投融资“面对面”和产业招商“手拉手”活动。新签约年产 5 万吨磷酸二氢钾、安防线材生产等 8 个项目，开工紫金铜业铜冶炼技改扩建、紫金选矿药剂扩建等 6 个项目，竣工投产智能家居线束及安防工程电缆生产、5G 通信电缆及物联网终端天线等 4 个项目，金铜产业基地加快建设。建筑产业预计实现总产值 551 亿元，增长 8.8%；完成在地产值 210 亿元，增长 15%。新增建筑企业 16 家，现有建筑企业 176 家。才溪建设集团申报国家特级资质企业已通过初步认定。成功举办中欧（龙岩 · 上杭）建筑工业化论坛。“三大增长点”扎实推进。征地拆迁促重点项目落地百日攻坚大会战扎实推进，35 个市、县重点项目完成房屋征收 7.5 万平方米，土地征收 4306 亩，实现净地交付项目 10 个。144 个投资增长点全年预计完成投资 130 亿元；20 个税收增长点预计新增税收 1 亿元。

服务业“三比一看”竞赛行动扎实推进。深化落实并进一步修订完善加快现代服务业发展二十八条政策措施，预计新增规模以上服务业企业 5 家，21 个服务业项目完成投资 10 亿元，实现第三产业增加值 156 亿元，增长 8.3%。金融业稳步发展，支持金融机构拓展业务、扩大规模，金融服务业融资规模有望突破千亿元。供销合作社综合改革持续推进。再次获评全省外贸转型升级示范县。

文化旅游产业发展提升行动扎实推进。出台《上杭县加快文化旅游产业发展五条政策措施(试行)》,加快全域旅游建设工作,预计全年接待游客852.6万人次,增长21.8%;实现旅游总收入68.4亿元,增长24.4%。以“乡约你·来上杭”为主线,策划推出“月月精彩,福游上杭”乡村游活动,顺利承办龙岩市首届文化旅游产业发展大会,成功举办福建省青少年皮划艇(赛艇)锦标赛、龙岩市首届杭梅文化旅游节等。《绝境铸剑》等影视作品在我县主拍,打造《胜利从古田开始》《筑梦才溪》等红色剧,红色品牌影响力进一步扩大。

农业提质增收行动扎实推进。积极落实“藏粮于地、藏粮于技”战略,预计实现粮食播种面积38.4万亩,总产16.3万吨;烤烟生产规模保持稳定。设立农业贷款担保基金,为3家企业提供1300万元担保,龙头企业持续壮大,新增市级农业产业化龙头企业4家,华润五丰农业生态循环产业园、傲农槐猪产业综合开发等项目有序推进。农业标准化力度持续加大,新增“三品一标”产品44个。扎实做好土地流转,新型经营主体不断成长壮大,新增家庭农场659家。全力以赴做好非洲猪瘟防控工作。基本完成农村集体产权制度改革和农村土地承包经营权确权登记颁证工作。深化集体林权制度改革,发放林权证6.5万本,发放惠林卡1393张、完成授信1.3亿元。获评国家绿色畜牧业发展示范县、第二批国家农产品质量安全县;稔田镇入选全国农业产业强镇。

产业招商对接行动扎实推进。坚持精准招商,编制《上杭县金铜产业发展指导目录》《新材料产业招商图谱》,围绕产业方向精准策划招商项目。坚持主要领导带头招商,主动融入粤港澳大湾区、闽西南协同发展区,重点做好强链、补链工作,签约华润五丰“中央厨房”等10亿元以上项目5个。预计新签约项目48个、总投资187.3亿元,实现签约项目开工率81.3%、签约项目竣工率54.2%。

产业园区建设升级行动扎实推进。县工业园区创建省级高新技术产业园区和蛟洋工业区创建国家级循环经济园区工作扎实推进。园区基础设施项目预计完成投资3.4亿元,完成金铜产业园区公共环境应急池、市级环境应急物资储备中心等项目建设,第二污水处理厂工业污水处理项目及配套管网工程等项目有序推进;县工业园区标准化厂房加快建设,龙达路实现竣工验收。

新材料产业培育工作扎实推进。编制《新材料产业发展规划》,出台《促进新材料产业发展十条扶持政策(试行)》《新材料产业引进紧缺专业高校毕业生支持办法》,设立5亿元的创业投资基金和5000万元的担保扶持基金,扶持新材料企业发展壮大。开工建设天甫电子、德尔科技含氟电子材料、思康化学氟碳传热工质扩建生产等项目,常青新能源一期项目实现当年投资、当年开工、当年投产,达产后预计实现年销售收入26亿元、纳税1.5亿元。新材料产业预计实现产值60亿元,增长50%。

——突出深化改革创新,发展活力有效释放

营商环境持续改善。完成县级政府机构改革,政府履职更加高效。81项提升营商环境工作任务基本完成。商事制度改革持续深化,“多证合一”和“证照分离”改革扎实推进,企业开办时间压缩至2个工作日,新增市场主体5209户。推行“互联网+政务服务”,创新开展不动产登记领域和乡镇便民服务中心全科受理改革,完成工程建设项目审批制度改革,打造优质“软环境”。设立惠企政策兑现窗口,已兑现惠企资金6523万元。落实减税降费政策,减免税费2.3亿元,企业负担显著减轻。

创新能力显著增强。抓好创新平台建设,新增省级众创空间2家,建成“6·18”协同创新院金铜产业分院,紫金铜业院士专家工作站被授予“2019年福建省示范院士专家工作站”。强化企业创新主体作用,紫金矿业获评国家知识产权示范企业,新增国家高新技术企业6家、省级科技小巨人领军企业4家、科技型中小企业27家,研究与试验发展经费投入强度居全省前列。加强企业创新能力建设,德尔科技获全国创新创业大赛总决赛二等奖,创我市历史最好成绩。“人才强县”战略深入推进,引进省级以上高层次人才26名,高层次人才总量占全市“半壁江山”。

国资运作持续增效。紫金矿业顺利完成A股增发,募集资金80亿元,积极推进塞尔维亚佩吉下部矿带、加拿大大陆黄金公司100%股权等海外重大项目投资并购,为企业跨越增长、可持续发展夯实基础。兴杭国投公司以较低利率成功发行25亿元公司债;成立兴杭创业投资公司,迈出专业股权投资第一步。兴诚实业和城发公司市场化转型取得显著成效,全县国有资产总量达518亿元。

交流合作更加深入。成功举办中国·闽西(上杭)世界客属龙舟文化旅游节等活动。“台商台胞服务年”活动深入开展,海峡(上杭)两岸农业融合发展创业园项目扎实推进。举办北美华裔青少年“寻根之旅”夏令营福建上杭营等活动。与塞尔维亚波尔市签署了建立友好城市关系意向书。

——突出区域协调发展,城乡建设更有魅力

城市品位显著提升。以“六城同创”工作为抓手,实施99个城建项目,完成投资19.2亿元。城区道路交通畅通工程扎实推进,基本完成8条道路改造工程,永杭高速上杭城区南互通接线项目加快推进,城市道路“中梗阻”进一步打通。汀江生态休闲慢道综合旅游项目加快推进,新增公共停车位420个、公厕16座，加快打造“15分钟生活圈”，城市生活更加舒适。规范住宅小区物业管理，老旧住宅小区增设电梯工作有序推进，城市更加宜居宜业。优化城区公交线网，置换新能源公交汽车27辆，满足群众绿色出行需求。建立城市“网格精细化”管理机制，“大城管”格局逐步形成。汀江城区段获评省级水利风景区；创建国家园林县城通过评审。

“古蛟组团”加快建设。落实市委市政府决策部署，加快建设“红绿”交相辉映、城乡融合发展的现代化文旅康养“小城市”，古田镇被列为全国农村综合性改革试点试验区域、全国乡村治理示范乡镇和福建省森林城镇。开工建设古田山庄二期、全国中小学生研学营地等项目，古田“一个园”等重点项目有序推进。红色教育培训和红色研学产业加快发展，共承接红色教育培训和红色研学培训21.8万人次。配合做好纪念古田会议90周年活动筹备工作。

乡村振兴有序推进。启动29个乡村振兴试点村建设，乡村振兴亮点逐渐显现。扎实推进农村人居环境整治，全面开展危旧房屋拆除整治“清零行动”，共拆除“空心房”、危旧住房等40万平方米。农村“厕所革命”全力推进，拆除旱厕6930座，新建改造三格化粪池、户厕8058户，新建公厕43座。7个最美村落、19个乡镇集镇改造提升项目完成投资1.1亿元，新增3925个农村停车位。启动农村生活垃圾分类试点，垃圾焚烧发电厂项目加快推进，生活垃圾处理“村收集、镇（乡）转运、县处理”机制日益规范，农村环境更加宜居。

生态文明建设扎实推进。认真抓好中央生态环境保护督察组交办信访件及反馈问题的整改。全面落实“河（湖）长制”，争取各类生态补偿资金1.17亿元，大力开展流域水环境综合治理，巩固提升养殖业污染防治成果，国控、省控断面水质达标率100%。扎实开展重点区域大气污染综合治理，城区环境空气质量优良天数比例达99.7%。抓好矿山生态环境恢复治理，完成水土流失综合治理5.6万亩，植树造林2.1万亩，森林覆盖率达77.5%。严格落实生态环境体制改革各项要求，网格化环保监管工作持续推进，环境监测监管应急能力不断提升。世界地质公园创建工作有序推进。

——突出在发展中保障和改善民生，社会更加和谐稳定

基础设施全力推进。上杭高铁站综合交通枢纽、国道205城区过境线等项目前期工作加快推进。“2345”交通圈加快打造，基本完成岩下山至古田公路、金山电站至珊瑚乡公路路面重铺、大中线（溪口段）主体工程等项目建设，基本完成101条“四好农村路”、500个农村公路错车道改造等项目建设；国道205才溪过境线、古田至步云公路改造等项目有序推进。统筹安排4410万元实施96项农村饮水安全巩固提升工程，基本实现水质监测检测全覆盖，基本解决群众高峰期和节假日用水紧张问题。汀江防洪工程二期、旧县片区烟区水源、白砂锦绣水库等项目有序推进。

脱贫攻坚巩固提升。聚焦“两不愁、三保障”，全面提高脱贫质量，扎实推进教育扶贫，受益学生8126人次。完成贫困户住房和易地扶贫搬迁问题整改工作。实现贫困户健康扶贫、医疗商业保险投保和家庭医生签约履约服务全覆盖，贫困人口大病专项救治总报销比例达90%以上。实施激励性产业扶贫项目329个，循环使用小额信贷资金1亿元，产业扶贫保险承保率达97%，产业增收更加稳定。全县建档立卡的4个重点乡镇、50个贫困村和6822户19088人全部实现脱贫摘帽。

社会保障更加有力。推进精准就业，预计城镇新增就业1880人、下岗失业人员再就业1310人，城镇登记失业率2.65%。完成16个乡镇社会保障服务中心标准化建设，基层社保服务水平显著提升。建成农村儿童之家258个。养老服务体系不断健全，在全市率先完成17所乡镇敬老院社会化运营改革试点工作。新建农村幸福院33个，闽西古田光荣院顺利竣工。持续推进殡葬改革，基本实现乡村公益性公墓和骨灰堂全覆盖，规范城区治丧行为成效显著，文明治丧新风逐渐形成。

民生福祉明显增强。19项为民办实事项目基本完成。教育事业加快发展。统筹安排3.5亿元实施18所城乡中小学、幼儿园新建或扩容项目。完成15个农村教职工宿舍“暖心工程”，农村教师生活补助平均每人每月提高到500元，农村教师待遇明显改善；教师教绩专项奖励金提高至3000万元，设立陈丕显教育促进会、兴业证券—上杭县革命老区教育基金、通贤中学教育促进会等，尊师重教氛围更加浓厚。加强引导和监管，校外托管机构经营更加规范。“健康上杭”加快打造。县医院整体搬迁项目稳步推进，新妇幼保健院投入使用，完成县皮防院康复医养中心及3个乡镇卫生院预防接种门诊项目，统筹安排3970万元实施职工周转房建设。新改扩建村卫生室30个，家庭医生签约服务工作有序推进，群众看病就医更加方便。建成“母婴室”33个。上杭县医院胸痛中心通过国家级认证；县中医院通过二级甲等中医医院评审；国家卫生县城创建、省级慢性病综合防控示范区建设分别通过验收。文体事业蓬勃发展。“月月有戏”和“群文十大活动”受到群众好评。加强文化遗产保护工作，《闽西上杭傀儡戏》通过第五批国家非物质文化遗产代表性项目预审。获评福建省体育产业示范基地、第二批福建省科普示范县。

社会环境更加和谐。“七五”普法工作不断深化，获评全国“七五”普法中期先进县。扎实推进“平安上杭”建设，社会保持安定稳定。扫黑除恶专项斗争纵深推进,“治根”取得显著成效。“红土肃毒”专项治理深入推进。电信网络诈骗犯罪专项治理有序推进,实现“两降两升”目标。12345便民服务平台和“e龙岩”随手拍相关工作均居全市前列。严格落实食品安全“四个最严”要求,扎实推进食品安全放心县创建,食品药品安全形势保持稳定。宗教领域和谐稳定,古田苏家坡村入选全国民族团结进步示范区。加强应急管理体系建设,安全生产隐患排查治理专项行动扎实开展,应急能力有效提升。建立健全退役军人服务保障体系,实现县、乡、村退役军人服务机构全覆盖。

精心组织庆祝新中国成立70周年活动,弘扬爱国主义精神,凝聚起奋进新时代的磅礴力量。成功举办纪念白砂早康会议90周年和“中共闽西一大”90周年活动。《上杭年鉴(2018)》获评第六届全国地方志优秀成果(年鉴类)二等年鉴。国防动员和后备力量建设得到进一步加强,被省政府表彰为“征兵工作先进单位”。顺利通过第四次全国经济普查国家事后质量抽查。人防、消防、防震减灾、库区移民、档案、保密、外事侨务、文联、侨联、客联、工商联、老年人、工青妇、残疾人、科协、农机、慈善事业、红十字会等各项工作得到加强。

——突出加强自身建设,加快打造人民满意政府

始终坚持党的领导,把党的政治建设摆在首位,增强“四个意识”,坚定“四个自信”,做到“两个维护”,不折不扣贯彻落实上级各项决策部署。扎实开展“不忘初心、牢记使命”主题教育,解决群众最关心、最迫切问题34件。按照省委“八个坚定不移”的要求,持续加强县政府党组建设,认真落实意识形态工作责任制,推动政府系统全面从严治党向纵深发展,扎实抓好巡视巡察、审计发现问题整改工作。认真落实“基层减负年”各项要求,开展“形式主义、官僚主义”专项整治,文件、会议、督查检查数量大幅下降,基层负担明显减轻。严格落实中央八项规定及其实施细则精神和省市县实施办法,严格执行公务用车、办公用房、公务接待标准,“三公”经费支出下降7.3%。推进法治政府建设,自觉接受人大监督、政协监督、监察监督和社会监督,审计监督进一步加强。抓好220件人大代表建议、180件政协委员提案特别是5件重点督办代表建议和10件重点委员提案办理工作,办理质量明显提升。

各位代表!一年来的成绩来之不易,这是习近平新时代中国特色社会主义思想科学指引的结果,是上级党委政府和县委正确领导的结果,是全县人民团结拼搏、共同奋斗和社会各界大力支持的结果。在此,我谨代表县人民政府,向全县广大干部群众,向人大代表、政协委员、离退休老同志和各界人士,向省市驻杭单位、驻杭部队、武警官兵、公安民警,向关心支持上杭发展的海内外乡亲,表示衷心的感谢和崇高的敬意!

我们也清醒地看到,我县经济社会发展还存在不少问题,主要是:金铜产业发展层次不够高,建筑、农业龙头企业竞争力不强,新材料产业还在起步阶段,部分三产短板仍然存在;财政刚性支出压力大;教育、医疗、养老、交通出行、城乡建设等离人民群众要求还有一定差距;营商环境有待进一步优化;政府系统的会议、文件仍然偏多;个别领域的不正之风和腐败问题依然存在,等等。对此,我们要本着对人民高度负责的态度,坚持问题导向,发扬斗争精神,采取有力措施,认真研究解决。

2020年政府工作安排

各位代表,2020年是全面建成小康社会和“十三五”规划收官之年,做好全年工作意义重大、责任重大。我们要坚持以习近平新时代中国特色社会主义思想为指导,深入贯彻落实党的十九届四中全会精神,推进治理体系和治理能力现代化,按照市委“一市两区三组团”“五基地六产业七景区”发展思路,顺势而为、乘势而上,确保“十三五”规划圆满收官,科学编制“十四五”规划,进一步加快高质量发展落实赶超、建设“四个上杭”步伐。

综合考虑各方面因素,经济社会发展主要预期目标是:地区生产总值增长8%;财政总收入、地方级收入与上年度基本持平;规模以上工业增加值增长10%;固定资产投资增长10%;社会消费品零售总额增长10%;城镇居民人均可支配收入增长8.0%,农村居民人均可支配收入增长8.5%;居民消费价格指数控制在103.5%以内;城镇登记失业率控制在4.2%以内;完成市下达的节能减排降碳任务。主要做好以下几个方面工作:

一、坚持创新引领,加快产业转型升级

1.优化升级金铜产业。支持紫金矿业、紫金铜业、太阳铜业等龙头企业进一步做大做强,策划、落地一批本土生产性大项目。拓展延伸产业链条,重点发展高精铜杆线材、新型铜合金材料、特种线缆、贵金属材料等高附加值产品。加快筹建龙岩市金铜产业专家工作站,吸引高端专家和生产要素集聚,解决产业发展的关键技术问题,助推产业进一步转型升级,力争金铜产业产值突破千亿元。

2.做优做强建筑产业。扎实推进绿色建筑和建筑工业化,加快推进“两基地三中心”项目建设。大力发展装配式建筑,加快装配式建筑示范项目建设。弘扬企业家精神和工匠精神,培养各种层次的优秀人才,夯实建筑业发展支撑。修订完善建筑业扶持政策,培育壮大龙头企业,重点培育杭辉建设、登凯成龙、恒基建设、同源建设等建筑龙头企业,扶持才溪建设加快申报特级资质,推动建筑业转型升级,力争2020年实现建筑业总产值630亿元。

3.培育壮大新材料产业。用好新材料产业扶持政策，拓展延伸产业链条，规划建设新材料产业园，加快构建“3+X”新材料产业体系。含氟材料重点扶持瓮福蓝天、龙氟化工、思康新材料等企业做大做强，加快推动德尔科技含氟电子材料生产等项目建设；锂电池材料重点扶持常青新能源、龙德新能源、金山锂科等企业做大做强，加快推动常青新能源二期、宁德时代新型锂盐研发生产等项目建设；电子化学材料重点推进天甫电子、厦化硫黄制酸及衍生产品生产等项目建设；加快推进总投资21亿元的无卤磷系阻燃剂项目落地，确保实现新材料产值100亿元。

4.做优做精现代农业。认真落实粮食安全行政首长责任制，稳定粮食生产；稳步扩大烤烟生产规模。持续做好非洲猪瘟疫情防控，优化生猪产业布局，稳定生猪生产。实施“十百千万特色农业提质增收工程”，加快打造茶叶、蔬菜、水果、畜禽、水产等5个总产值超亿元的全产业链。大力发展林下经济，重点培育林下种养殖铁皮石斛、贵妃鸡、蜜蜂等示范基地。培育壮大华润五丰、优创农业、擎荣农业等龙头企业，加快推进华润食用菌二期、傲农槐猪等农业新增长点项目，加快落地华润五丰“中央厨房”项目。大力发展农产品产后处理和精深加工业，力争规上农产品加工产值增长10%。提升农业品牌建设能力，加快打造“红古田”农产品区域公用品牌，继续开展省级优质农产品标准化示范基地建设。深化“三农”改革，加快完善集体经济收益分配机制，提高农村发展活力。深入推行科技特派员制度，实现科技特派员服务乡镇主导产业及特色产业全覆盖。

5.做大做强现代服务业。进一步发挥省级服务业综合改革试点县优势，力争全年培育规模以上服务业企业5家以上，完成服务业投资18亿元以上。做大做强商贸物流业，加快培育大型物流企业。推动房地产业持续健康发展。加强“老字号”品牌建设，鼓励发展民宿、客家餐饮等，加快发展夜间经济，重点推进瓦子街历史文化街区保护建设（二期）等项目建设，培育新动能。加快文旅康养产业发展，启动全省全域旅游示范区创建工作，加快推进全域旅游PPP项目、古田华润绿色小镇等项目建设，确保全县接待游客1030.8万人次，增长20.9%，旅游总收入84.5亿元，增长23.5%。大力推动文化遗产保护工作，力争我县国家级非遗项目实现零的突破。

二、坚持项目优先，夯实发展基础

1.完善项目机制。围绕谋划、签约、开工、投产、技改等关键环节，完善项目储备和滚动接续机制。坚持从严管理与正向激励相结合，推行部门项目工作督导机制，营造比学赶超氛围。完善四级协调、乡镇项目会商推进、APP管理、领导干部带头策划项目、企业策划落地项目等工作机制，加强项目积分制管理，着力破解项目建设中存在的困难问题，确保县重点项目完成投资120亿元以上。

2.推动精准招商。面向粤港澳大湾区和闽西南协同发展区，重点对接500强企业、央企、军工企业及国内外知名企业，根据产业图谱和招商路线图开展精准招商。充分发挥紫金矿业、产业基金和原材料的优势，完善提升“一企一策”招商机制，推动更多生产性大项目、好项目落地。力争全年引进亿元以上项目28个，其中10亿元以上项目3个，5亿元以上项目6个。

3.强化要素保障。加快编制国土空间规划，持续开展征迁攻坚，进一步保障项目用地。加快推进园区扩园和标准厂房、蛟洋工业区21号路建设。加快补充耕地开发进度，加大批而未供和低效闲置土地清查处置力度，提高工业用地利用效率。理顺园区企业退出机制，加快盘活园区“僵尸企业”。加快推进生活垃圾焚烧发电厂等PPP项目，积极探索行之有效的项目资金保障机制。继续优化项目建设审批流程，加快项目前期审批进度。继续兑现落实人才引进优惠政策，重点引进教育、医疗、新材料产业等方面人才。

三、坚持统筹协调，推进城乡协同发展

1. 持续提升城市品位。稳步推进全国文明城市创建工作，力争顺利通过全国文明城市核验。落实进一步提升城市化水平的十八条政策措施，吸引人口、人气。加快建设城市商业综合体，进一步完善城市公园绿地、专业市场、休闲健身、教育卫生等配套设施，加快打造“15分钟生活圈”。推动二环西路等一批城市道路交通项目建设，不断完善城区交通基础设施。优化公交服务和运行线路，开通新县医院、客家缘片区等公交线路，改善城区公共交通条件。推进城区垃圾分类试点工作，完善生活垃圾分类、收集、转运、处置设施建设，实现生活垃圾分类和无害化处理。推动智慧城管组件系统建设，探索推进城区停车管理机制，推动城市管理智能化升级。

2. 加快“古蛟组团”建设。落实市委市政府决策部署，推进古田梅花山文旅康养试验区建设。强化要素保障，开工建设古田“一台戏”、古田干部学院二期等项目，加快建设古田干部学院生态文明分院等项目，完成全国中小学生研学营地一期、古田“一河两岸”改造提升一期等项目，力争试验区接待红色旅游游客突破500万人次，旅游综合收入突破30亿元。培育壮大民营培训市场，确保全年承接红色教育培训25万人次以上。力争蛟洋工业区实现产值300亿元，税收突破6亿元。

3.推进美丽乡村建设。重点抓好29个乡村振兴试点村建设，带动乡村全面振兴。深入开展人居环境整治三年行动，推动整治工作从典型示范转向面上推开。加快污水管网配套建设,建立科学合理的污水处理费用收支管理办法,扎实推进乡村垃圾分类,探索市场化、专业化、常态化的建设运行管护机制。继续实施集镇改造提升、最美村落和农村停车场建设,加强古民居、古建筑和传统村落维修保护工作,改善乡村面貌。持续加大少数民族乡村、革命基点村扶持力度。

四、坚持补齐短板,持续保障和改善民生

1. 加强基础设施建设。全力保障龙岩至龙川铁路项目(上杭段)建设顺利推进,同步推进上杭高铁站综合交通枢纽、国道205城区过境线项目建设工作。大力推进铁路高速公路沿线环境整治。继续统筹安排1亿元资金实施"四好农村路",加快探索更加有效的建管养运机制,改善乡村出行条件。围绕"2345"交通圈目标,推动大中线(溪口段)项目建成通车,完成国道205才溪过境线、古田至步云公路项目主体工程。继续实施农村饮水安全巩固提升工程;推进与省水投公司合作,加快城乡供水一体化建设步伐。构建长效运营制度,探索建立合理的农村供水水价形成机制,全面推行有偿用水。完成旧县片区烟区水源项目、白砂锦绣水库工程,加快推进万里安全生态水系项目。

2. 强化社会保障。探索"组团招聘"等模式,推动精准对接、精准就业,确保全年新增城镇就业1800人以上。落实政府差价补贴农副产品平价销售政策,保障困难群众生活需求。提升养老服务水平,加快日间照料中心、社区居家养老服务站、农村幸福院等项目建设,完善城乡社区居家养老服务设施运营管理机制和激励机制,提高社会化运营比例,提升养老服务质量。加快城区集中治丧场所、城乡公益性公墓和骨灰堂建设,完善运营管理机制,巩固提升殡葬改革成效。全面落实拥军优属、拥政爱民政策,扎实开展新一轮"全国双拥模范县"创建工作。做好第七次全国人口普查工作。

3. 推进社会事业发展。统筹安排5.38亿元,实施好10类24项为民办实事项目。坚持教育优先发展。加快城区4所幼儿园、3所小学建设和乡村小学、幼儿园扩容工程,力争黄竹幼儿园、水西幼儿园、水西小学、紫金小学、立新幼儿园建成并实现招生。持续推进教师"暖心工程"、农村小型寄宿制学校提升项目建设,加大乡村教师培养力度,推动教育均衡发展。加快打造"健康上杭"。持续深化医药卫生体制改革,推进"互联网+医疗"模式,完善县域"六大中心"建设,加快建设医疗网络健康数据云平台。扎实开展"医疗服务提升年"活动,重点提升县级医疗机构医疗技术水平和医疗服务质量。全力抓好县医院整体搬迁项目收尾工作,启动县医院和中医院创建三级医院工作,推进城区公立医疗卫生资源整合,优化城区医疗资源布局。扎实推进乡镇卫生院整体提升工程及暖医工程建设,提升乡村医疗水平。加快落地阿米妈妈医院,扎实推进上杭县医院古田分院项目。实施文体惠民工程。持续推动乡村文体设施扶持及"月月有戏""文化上杭""群文十大活动"等工程,实现图书馆新馆开馆,提升文化"软实力"。推动全国全民运动健身模范县创建工作。继续推进国防动员和后备力量建设;依托"上杭艇"等退役武器装备,打造临江楼国防教育基地,加强国防教育和爱国主义教育。打造全省民族团结进步模范县。做好关心下一代工作。

五、坚持深化改革,推进体制机制创新

1.加快政府职能转变。统筹推进事业单位改革,深化综合行政执法改革,有序推进乡镇机构改革。落实"放管服"各项要求,大力推进"互联网+政务服务",逐步构建政务大厅、网上办事大厅、"e龙岩"移动客户端等多种形式相结合的公共服务平台。持续深化工程建设项目审批制度改革,进一步完善惠企窗口运行机制,加快推进"多证合一、一照一码"和"证照分离"、全程电子化等商事制度改革。全面推行乡镇便民服务中心"无差别全科受理"工作标准化建设,创新和完善便民服务机制,增强群众获得感。

2.营造良好营商环境。全力抓好减税降费各项政策落地落细落实。深化落实上级支持民营企业发展的各项政策措施,鼓励金融机构创新金融产品,加大对民营企业特别是中小微企业信贷支持。加快构建"亲清"新型政商关系,进一步完善民营企业挂钩帮扶机制,重点确保各项惠企政策及时足额兑现落实。统筹各类检查、督查,给企业"宁静时间"生产经营。

3.提升创新创造能力。推动县工业园区创建省级高新技术园区、蛟洋工业区创建国家级循环经济园区。加快打造创新平台,确保紫金铜业建成国家级工程技术中心,建成省级众创空间2家以上。积极培育高新技术企业,确保新增4家省科技小巨人领军企业,新增国家高新技术企业4家、省级高新技术企业5家。用好省技改基金惠企政策,扩大制造业企业技改覆盖面,确保技改投资增速保持13%以上。加强正向激励,推进产学研深度融合,力争研究与试验发展经费投入强度达2.87%以上。

4. 加强金融和国资运作。积极推动德尔科技等优质企业股改上市,加快培育一批上市后备企业。持续推进投融资"面对面",帮助企业解决融资难融资贵问题。巩固提升全省农村金融信用县创建成效,加强社会信用体系、农村金融信用体系建设,助力乡村振兴。深化县属国有企业改革,加强高端人才引进和人才梯队建设,进一步激发国有企业发展活力。积极支持兴杭国投公司"走出去"创新业务、开展并购等,支持城发、兴诚实业、古田建发等公司加快市场化运作。着力防控风险，稳妥有序推动国有资产盘活处置，着力解决部分国有企业债务问题。

六、坚持精准治理，打好三大攻坚战

1. 打好防范重大风险攻坚战。严格地方政府债务限额管理，有效防范和化解金融风险。借鉴“枫桥经验”，提升社会治理水平，深化“平安上杭”建设，完善社会治安防控体系，加快构建基层社会治理新格局。争创“七五”普法全国先进县。围绕“治本”目标，建立长效机制，确保扫黑除恶专项斗争圆满收官。持续开展涉麻制毒、电信网络新型违法犯罪等专项打击治理，确保社会安定稳定。加快理顺县乡应急管理体制机制，突出抓好紫金山金铜矿、蛟洋工业区等重点区域的安全生产监管，确保安全生产形势稳定好转。盯紧校园、农村、网络销售食品等重点部位和薄弱环节，健全食品安全监管机制，保障人民群众舌尖上的安全。积极创建省食品安全社会共治示范县。

2. 打好精准脱贫攻坚战。围绕“两不愁、三保障”，脱贫攻坚期内，保持扶贫开发政策不变、支持力度不减。健全扶贫开发与农村低保有效衔接机制，加强监测户和边缘户的风险防控与帮扶工作。做好脱贫攻坚与乡村振兴的工作衔接，扎实抓好激励性产业扶贫和技能培训，确保每户贫困户有 1 个以上稳定增收产业或岗位。持续跟踪解决贫困户因灾造成住房不安全问题。完善医疗保障体系建设，将贫困人口目录内年内自付住院费用控制在 2900 元以内，降低因病致贫风险。重抓小额信贷风险防范和逾期催收工作，加强存量贷款规范管理。

3. 打好污染防治攻坚战。扎实做好中央生态环境保护督察反馈问题整改工作。打好蓝天保卫战，抓好工业企业大气污染综合治理，完成“散乱污”企业及集群整治等工作，确保细颗粒物（PM2.5）浓度进一步下降，空气质量优良天数比率继续保持全市前列。打好碧水保卫战，全面落实“河（湖）长制”，突出抓好饮用水源保护、农村生活污水和畜禽养殖污染治理，确保“一江两河”流域水质稳定达标、37 个乡镇水质交接控制断面综合水质达标率 90% 以上。打好净土保卫战，突出抓好土壤污染管控和修复、土壤污染风险防控试点等工作，有效防控土壤环境风险。

加强政府自身建设

各位代表！习近平总书记指出，“行百里者半九十”“一切伟大成就都是接续奋斗的结果”。奋斗才能幸福，行动才有成绩，决胜方能小康。我们要以“我将无我，不负人民”的为民情怀，继续发扬斗争精神，增强斗争本领，以坚如磐石的信心、只争朝夕的劲头、坚韧不拔的毅力，不断创造新业绩、书写新辉煌，加快建设服务型政府。

加强党的领导。习近平总书记指出，“党政军民学，东西南北中，党是领导一切的”。我们将进一步增强“四个意识”，坚定“四个自信”，做到“两个维护”。传承好红色基因，不忘初心、牢记使命，把县委的各项决策部署转化为政府抓落实的具体行动，一步一个脚印抓好各项工作落地落实。

坚持依法行政。习近平总书记强调，“依法治理是最可靠、最稳定的治理”。我们将始终坚持秉公用权、依法用权，严格执行政府工作规则，用法治思维和法治方式解决问题。自觉接受人大监督、政协监督、监察监督和社会监督，发挥好审计监督作用，使各项政策更符合上杭实际、更接地气、更合民意。

提升治理效能。习近平总书记要求，“要把抓落实作为推进改革工作的重点，真抓实干，蹄疾步稳，务求实效”。我们将牢固树立正确的政绩观，既要做让人民群众看得见、摸得着、得实惠的实事，也要做作铺垫、打基础、利长远的好事。自觉尊崇制度，严格执行制度，坚决维护制度，确保高标准、高效率、高质量完成政府各项工作。

确保廉洁从政。习近平总书记强调，“各级党委（党组）要切实把党风廉政建设当作分内之事、应尽之责，进一步健全制度、细化责任、以上率下”。我们将坚决落实全面从严治党各项要求，严格执行党章党规党纪，一体推进不敢腐、不能腐、不想腐。不断转变工作作风，巩固提升“基层减负年”实效，力戒形式主义、官僚主义。牢固树立过“紧日子”思想，持之以恒落实中央八项规定及其实施细则精神和省市县实施办法，严格控制“三公”经费支出，塑造勤俭节约、清正廉洁的政府形象。

各位代表！使命担当在肩，实干创造未来。让我们更加紧密团结在以习近平同志为核心的党中央周围，不忘初心、牢记使命，锐意进取，顽强拼搏，奋力谱写新时代“四个上杭”建设新篇章！

年度关注

全国人大重点督办建议专题调研组到上杭调研

林财堂　郑嘉雯

2019年6月13日，全国人大重点督查办专题调研组到上杭调研

2019年6月13日，农业农村部国家首席兽医师李金祥一行到上杭县开展全国人大重点督办建议专题调研。省农业农村厅党组成员、总畜牧兽医师梁全顺，市委常委、副市长柳军，县领导傅藏荣、梁八生、邱伟勤、王尧华等参加相关调研活动。

调研中，李金祥一行先后前往临城镇六甲村土地整理项目、中都镇聚胜家庭农场高标准农田建设项目和庐丰畲族乡丰康村三丰片土地整理项目现场，通过实地察看、听取汇报等方式，详细了解上杭县土地整治、土地流转、项目用地等情况。在了解情况后，调研组对上杭县土地整理和高标准农田建设取得的成效和做法给予高度评价。

调研组指出，高标准农田建设是农业农村工作的重中之重，有利于改善农田基本生产条件，提升农业生产水平，提高土地产出率，增加村集体和农民收入，各级各部门要像抓项目建设一样，切实抓好高标准农田建设。要加强统筹协调，高起点规划，高效益开发，按照集中连片、旱涝保收、稳产高产、生态友好的要求，积极引导专业大户、家庭农场、农民合作社和农业龙头企业等新型农业经营主体流转土地、承包经营，切实将高标准农田建设和推进适度规模经营、推进农业产业供给侧结构性改革、土地后备资源开发利用相结合，加快推进高标准农田建设高质量发展。

省人大常委会原党组副书记、副主任袁锦贵在上杭调研“中央苏区红色交通线”挖掘保护工作

袁华贵

2019年6月18日，省人大常委会原党组副书记、副主任袁锦贵在上杭县调研“中央苏区红色交通线”挖掘保护工作，县领导王波、张北阳一同参加相关调研活动。

袁锦贵一行先后察看稔田镇闽

西工农通讯社遗址、溪口镇大洋坝红色交通线旧址、白砂镇碧沙村红色交通线旧址，详细了解上杭县关于“中央苏区红色交通线”的史料留存、旧址保护和开发利用工作情况。

调研中，袁锦贵对上杭县“中央苏区红色交通线”挖掘保护工作给予充分肯定。他指出，“中央苏区红色交通线”在当年党中央和中央苏区的内外联系中发挥着不可替代的重要历史作用，是弥足珍贵、不可再生的文化资源。当前，我们要不忘初心、牢记使命，切实保护好红色革命遗址，挖掘好光辉历史故事；要认真挖掘已有资料史实，不断完善“中央苏区红色交通线”挖掘保护工作；要加大宣传力度，切实在全社会营造传承红色基因、保护好革命旧址遗址的良好氛围。

中央广播电视总台“心连心”艺术团走进古田慰问演出

张锋育　林斯乾　杨国鑫　邓婕婕

心手相牵，情暖杭川。2019 年 12 月 13 日下午，上杭县古田会议会址外广场歌声飞扬、掌声雷动。在古田会议胜利召开 90 周年之际，中央广播电视总台“心连心”艺术团带着党中央的亲切关怀，走进红色圣地古田，为老区苏区人民奉献一场主题为“我们从古田再出发”的精彩演出。省委常委、宣传部部长梁建勇，中宣部副秘书长汤恒，省直有关部门领导，市委书记许维泽、市人大常委会主任张天洲、市政协主席黄福清等市委理论学习中心组成员，县委书记傅藏荣、县人大常委会主任梁八生等县委理论中心组成员与 3000 余名老区苏区干部群众一起观看演出。

冬日暖阳照耀下，“古田会议永放光芒”八个大字熠熠生辉。一曲歌舞《在灿烂阳光下》拉开演出的序幕，瞬间点燃现场的欢乐气氛。古田演出由中央广播电视总台著名主持人康辉、董卿、尼格买提、李思思联袂主持。整场演出群星荟萃，节目丰富出彩。成龙、张国立、阎维文、孙楠、廖昌永、凤凰传奇、刘烨、刘涛、肖战、朱一龙、宋祖儿、江疏影等众多知名艺术家和青年歌手、演员纷纷登台献艺。

90 年前，毛泽东同志主持召开著名的古田会议，探索出“思想建党、政治建军”的光辉道路，新型人民军队由此走上发展壮大的历史征程。情景音诗画《古田会议永放光芒》、歌曲《苏区干部好作风》《古田，血脉永恒》和诗朗诵《古田，我回来了》，把大家的思绪带回到“古田 1929”，重温光辉历史，再次感悟伟大的古田会议精神。

5 年前，习近平主席亲自决策和领导召开古田全军政治工作会议，吹响新的集结号，人民军队重整行装再出发，开启强军兴军的新征程。一曲《强军战歌》，铿锵有力、荡气回肠，让人们领略到强军路上中国军人的万丈豪情。

家是最小国，国是千万家。今天的中国繁荣昌盛，社会和谐安宁，人民幸福自豪。八闽红旗展，老区焕新颜。今天的红土地上幸福的歌声回荡，《国家》《山水相恋》《感到幸福你就拍拍手》等一首首动听的歌曲唱出人们对家国的热爱、对幸福的满足；客家歌曲《谜语山歌》、龙岩民歌《采茶扑蝶》更是唱响龙岩声音、散发出龙岩魅力。

这是“心连心”艺术团第四次走进古田。奥运冠军石智勇、张湘祥和来自龙岩各行各业的奋斗者代表一起登台参演，闪耀舞台；《我们都是追梦人》《新的天地》《再一次出发》等音乐依次响起……歌声、掌声、欢呼声如同响亮的号角，激励着上杭人民在习近平新时代中国特色社会主义思想的指引下，带着新时代奋斗者的信心和决心，向着未来出发！

整场演出在歌曲《歌唱祖国》中圆满落幕。据了解，此次《我们从古田再出发》——中央广播电视总台“心连心”艺术团赴福建龙岩慰问演出节目将于 12 月底在央视播出。

中国·闽西(上杭)第三届世界客属龙舟文化旅游节在上杭开幕

陈喜英　邱晓龙　蓝建珍

2019年9月27日上午,由福建省体育局、福建省文化和旅游厅、福建民族与宗教事务厅、福建省海峡文化研究会、福建省客家研究联谊会、龙岩市人民政府共同主办,龙岩市体育局、龙岩市文化和旅游局、龙岩市民族与宗教事务局、龙岩市商务局、闽西客家联谊会和中共上杭县委、上杭县人民政府承办的中国·闽西(上杭)第三届世界客属龙舟文化旅游节在上杭城区盛大开幕。福建省体育局副局长唐佑明,福建省客联会副会长黄勇,福建省客家研究院副院长邱海鸥,龙岩市政协副主席、闽西客联会会长刘友洪,上杭县领导傅藏荣、梁八生、罗小洪、蓝玉华、黄晓兰及来自加拿大、菲律宾以及中国台湾、澳门、广东、福建等地的18支龙舟队邀请赛代表队等近千人参加开幕式。

福建省体育局副局长唐佑明在开幕式上致辞。他说,上杭是著名的革命老区,革命战争年代上杭的先辈们抛头颅、洒热血,为新中国的诞生树立不朽的历史丰碑。改革开放后,上杭人民一如既往地继承革命先辈的光荣传统,为福建经济社会发展做出了重要的贡献。上杭是"第二批全国体育先进县""全国群众体育先进单位""国家高水平后备人才基地",长期以来一直把推动体育事业发展作为重大民生工程,群众体育、竞技体育齐头并进,取得骄人的成绩,希望上杭县委、县政府一如既往地关心支持体育事业的发展,也希望上杭广大体育工作者努力在今后的工作中再接再厉,奋勇争先,为上杭、龙岩乃至福建体育事业的繁荣发展作出新的更大的贡献!

同时,唐佑明也表示,龙舟赛具有十分悠久的历史,是中国特有的民俗体育活动,体现中华民族同舟共济、团结拼搏、奋勇争先的精神。上杭县已成功举办两届世界客属龙舟邀请赛。此次活动将龙舟竞技与文化艺术交相辉映,并与上杭旅游事业发展充分结合在一起,是新时代体育、文化与旅游融合发展的一次成功探索和具体实践。希望广大参赛选手能充分利用这次比赛机会互相学习,增进友谊,展示龙舟运动风采,共同弘扬中华民族龙舟文化的传统,促进群众性体育运动的蓬勃发展。

县委书记傅藏荣也在开幕式上致欢迎辞,向前来参加本届文化旅游节的各位领导、来宾表示欢迎。他说,上杭境内资源禀赋独特、史迹文化突出、山水风景宜人,先后荣获"中国优秀旅游县"、全国十大"县域旅游之星""全国休闲农业与乡村旅游示范县"等称号。客家文化、红色文化和生态文化资源丰富。近年来,我县紧紧抓住省市加快发展文化旅游产业的契机,立足资源优势,把文化旅游产业作为重点发展方向,上杭"圣地红、生态绿、客家彩、黄金梦、乡村美"的品牌进一步打响。2018年,共接待游客700万人次,增长20.3%;旅游总收入55亿元,增长22.2%。

同时,傅藏荣也指出,在海内外华人华侨共迎新中国成立70周年之际,此次相聚上杭盛大举行中国·闽西(上杭)第三届世界客属龙舟文化旅游节,对于进一步弘扬客家文化、增进同胞感情,具有十分重要的意义,也希望各位来宾在尽情观赛事、赏美景、品文化、尝美食之余,多在上杭走走看看,多给上杭指导帮助、多为上杭宣传推介、多帮上杭牵线搭桥。开放、包容、多彩的上杭热忱地欢迎海内外各界人士前来观光旅游、投资兴业。

开幕式还举行客家米酒封坛仪式,运动员和裁判员代表进行宣誓,并举行龙舟点睛仪式。龙岩市政协副主席、闽西客联会会长刘友洪宣布开幕。

全市新时代文明实践中心建设工作现场推进会在上杭召开

龙岩台　上杭县融媒体中心

2019年10月10日,全市新时代文明实践中心建设工作现场推进会在上杭县召开。市委书记许维泽主持会议并讲话。市委常委、秘书长、宣传部长詹昌建,县委书记、县新时代文明实践中心主任傅藏荣,县委常委、宣传部部长、县新时代文明实践中心副主任兼办公室主任张北阳,县委常委蔡铭泉及市、县有关部门、各县(市、区)相关负责人参加会议。

会前,许维泽等现场察看上杭县新时代文明实践中心、才溪镇新时代文明实践所,并到才溪镇溪北村、临城镇城西社区察看农村、社区党建工作情况,推动基层党建与新时代文明实践中心建设工作同频共振。会上,上杭县通过播放宣传片和现场汇报的形式,介绍相关经验做法;与会人员进行讨论发言。

许维泽在讲话中指出,上杭县自2018年9月被列入全国新时代文明实践中心试点县以来,做了大量的工作,探索出一条以志愿服务为主线的新时代文明实践之路,打造了“上杭样板”。龙岩市要借助上杭探索出来的样板,在全市全面推广新时代文明实践中心建设,更好地凝聚群众、引导群众、服务群众,让党的宣传思想工作在基层实起来、强起来,不断增强广大群众贯彻落实习近平新时代中国特色社会主义思想的情感认同和理性自觉。

许维泽强调,一要搭好平台。各县(市、区)要尽快研究部署新时代文明实践中心(所、站)建设事宜。县一级中心要坚持规范化、实用性、有特色,着力打造多功能一体化综合服务中心;乡镇、村一级所(站)可采取试点先行,再逐步推广的模式。二要建立机制。各县(市、区)要加强组织领导,配强工作队伍,完善具体的工作内容、工作流程,做好相应的经费保障,确保新时代文明实践中心建设各项基础工作落到实处、取得实效。三要整合力量。以开展主题教育为契机,以群众需求为根本,以志愿服务为基本形式,积极发动党员干部群众都参与进来,进一步整合志愿服务资源力量,提升志愿服务的精准化和精细化水平。四要营造氛围。宣传部门、新闻媒体要积极宣传新时代文明实践中心建设的好经验、好做法,让广大群众都了解关心这项工作,拥护、支持中心的建设。同时,要在实践中不断总结经验、探索做法、完善提升。五要抓实工作。各县(市、区)既要聚焦老百姓普遍关心的教育、环保、医疗等共性问题,开展内容丰富的志愿服务活动,也要找准本地区的个性问题,根据实际创新活动方式、丰富活动内涵,更好地服务群众,满足群众精神文化生活新期待。

上杭县组团赴榕参加第十七届中国·海峡项目成果交易会

林财堂　廖厚槐

2019年6月18日,第十七届中国·海峡项目成果交易会在福州海峡国际会展中心举行,县委书记傅藏荣率上杭县招商团参加本届“6·18”展会,县委常委、副县长阙生华及县直有关单位负责人分别参加交易会相关活动。

一年一度的“6·18”是福建省一次项目对接、成果交易的盛会,借助这一平台,上杭县招商团积极开展项目、技术、资本、人才融合等方面的对接。在此次展会上,上杭县共邀请参会专家、嘉宾代表8名,参会企业30家,实现对接项目147个,总投资89.3亿元,并选送了侦察排爆特种机器人、氟碳冷却液FCM-47、织物三防整理剂GA350、六氟磷酸锂、三元前驱体、C7025铜镍硅合金、超级磷青

2019年6月18日，县委书记傅藏荣（前左三）率上杭县招商团参加第十七届中国·海峡项目成果交易会

铜、PET基底石墨烯薄膜、自个村妈妈酿的酒、一苇杭之系列精品米酒、上杭都瑞康米业有限公司越光米、红米、紫米、四色米等系列产品进行参展和展销。

活动期间，傅藏荣等县领导还向前来上杭县展区观展的全国政协副主席、全国工商联主席高云龙，省委书记于伟国、省长唐登杰等中央、省、市领导及企业家、专家介绍上杭县推介项目和技术对接项目，全方位、宽领域、多视角地宣传推介上杭。此外，在龙岩市新材料新能源产业发展对接会上，上杭县也有6个项目上台签约，总投资45.85亿元，占全市签约项目总投资的30%。这6个项目分别是：总投资30亿元的车载废旧锂电池资源化利用的关键技术、总投资1.95亿元的闪速炉精矿喷嘴仿真优化技术暨铜冶炼资源综合利用项目、总投资1亿元的新型矿物质防火纤维材料生产技术、总投资12.6亿元的年产36万吨半导体电子材料、总投资0.2亿元的微细粒复杂难选硫化铜矿浮选机理研究与创新工艺开发、总投资0.1亿元的紫金山铜矿的生物选择性浸出动力学研究。

据了解，2019年“6·18”，龙岩市突出“创新驱动、绿色发展”主题，围绕锂电新能源研发应用、智能制造、生物科技等方面，筛选一批铝塑膜、高纯度硫酸锰、高储能锂电池、生物制剂等创新产品集中展示，并设有“区域协同山海协作”专题展位，着重展示山海协作开发区建设发展及对接项目情况。在参观指导过程中，各级领导都对上杭县的项目技术、展示内容和参展人员的精神风貌给予充分肯定。

全省首家“雷锋学校”在上杭授牌

胡国玉　赖贵升　邓婕婕

雷锋塑像揭幕仪式现场　（邓婕婕摄）

2019年12月3日，雷锋塑像揭幕暨“雷锋学校”“学雷锋争做美德少年教育践学基地”授牌仪式在县实验小学举行，原省军区司令员、省委常委熊安东少将，雷锋杂志社总编、原解放军报社副总编陶克少将，首都师范大学出版集团总编助理、期刊社社长姜钰，中国教师杂志社社长曹巍，雷锋杂志社文教事业部主任、原解放军报社管理局局长宋绍甫大校，县委书记傅藏荣，副县长卢家荣，县人武部政委周超及学校师生、家长代表参加活动。

据了解，2018年雷锋杂志社和中

国教师杂志社启动“创建100所新时代雷锋学校，献礼建党100周年”活动。上杭县实验小学通过校园雷锋文化的植入、校本教材的制定、雷锋班级的设立等活动和方法，弘扬雷锋文化，践行雷锋精神，成为全省首家获此荣誉的学校。

仪式上，参加活动的领导、嘉宾分别为由雷锋杂志社捐赠的雷锋铜像揭幕、向学校颁授“雷锋学校”“学雷锋争做美德少年教育践学基地”。熊安东、曹巍分别作讲话，雷锋杂志社顾问朱剑平代表杂志社向学校捐赠书法作品，陶克作《告诉你一个真实的雷锋》主题报告，县实验小学师生共同表演《学习雷锋好榜样》《少年中国说》等节目。

熊安东表示，雷锋精神的核心要义是全心全意为人民服务，雷锋精神是中华民族传统美德和共产主义精神的结合。作为当代的青少年，更需要学习雷锋，以雷锋精神武装自己，扣好人生第一颗扣子，树立正确的世界观、人生观、价值观。学习雷锋是一个永恒的课题，要持之以恒，要见行动，不要走形式。县实验小学作为上杭革命老区的百年老校，要以“雷锋学校”授牌为起点，以更大的热情，更高的标准，再创辉煌，争创更多“雷锋式好学生”“雷锋式好教师”“雷锋式好班级”，争创全国一流的“雷锋学校”，要成为全国全省全市知名小学，培养出更多又红又专的人才苗子，以雷锋精神铸造灵魂，培养高尚的品德，为实现中华民族伟大复兴中国梦作出贡献。

县委书记傅藏荣在致辞中代表县委、县政府对县实验小学雷锋铜像揭幕与“雷锋学校”授牌表示祝贺，向前来参加揭幕与授牌仪式的领导、嘉宾表示欢迎，对雷锋杂志社、中国教师杂志社关心支持上杭教育事业发展表示感谢。他表示，深入开展向雷锋同志学习活动，是新时期加强社会主义精神文明建设的重要任务。多年来，上杭县以立德树人为目标，深入挖掘雷锋精神与时代契合的德育教育资源，以雷锋精神引领校园文化，形成践行雷锋精神、争当时代先锋的生动局面。希望全县上下大力传承红色基因，用自己的实际行动，不断充实学雷锋活动的内容，拓展活动的领域，创新活动的形式，努力营造学习雷锋、弘扬雷锋精神的良好氛围。

近年来，上杭县积极培育和践行社会主义核心价值观，大力弘扬奉献、友爱、互助、进步的志愿服务精神。特别是2018年以来，新时代文明实践中心的建设，促进学雷锋志愿服务常态化、制度化，涌现了一批如“素爱行动，让爱回家”关爱流浪人员、蛟洋镇夜间流动讲堂等志愿服务品牌项目，在全社会营造了向上向善、德行天下的良好风尚。

全县征地拆迁促重点项目落地百日攻坚大会战推进会召开

蓝建珍　阙磊鑫　林斯乾　邓婕婕

2019年10月31日，上杭县召开全县征地拆迁促重点项目落地百日攻坚大会战推进会

2019年10月31日，全县征地拆迁促重点项目落地百日攻坚大会战推进会召开，总结前一阶段经验做法，分析当前存在的困难和问题，号召全县上下持续掀起征地拆迁促重点项目落地百日攻坚大会战的高潮，保质保量完成目标任务。县委书记傅藏荣出席会议并讲话，梁八生、胡长松、徐峰、张毓章、张北阳、蔡铭泉、阙生华等县四套班子在家领导出席会议。

傅藏荣在会上指出，要敢拼敢赢，营造干事创业氛围。要咬定目标，周密组织，主动加压，进一步提振干事创业精气神，继续以克难攻坚、一往无前的精神状态，以不打胜仗不收兵的决心和愈难愈进的勇气，一鼓作气，踔厉前进，坚决打好打赢这场大会战。要进一步加大宣传，营造浓厚氛围，全力做好百日攻坚大会战期间的新闻报道，及时宣传报道各片区、各乡镇征迁动态及涌现出的感人事迹，在全县持续掀起干事创业的浓厚氛围。

傅藏荣强调，要用心用情，真抓实干抓好工作。要结合开展“不忘初心、牢记使命”主题教育，带着感情深入基层、深入一线、深入企业发现问题、协调问题、解决问题，设身处地和群众沟通交流，以春风化雨润人心争取群众更多的理解、支持和配合。要做实做细，把责任扛在肩上，把工作抓在手上，一个环节一个环节抓好落实，确保征迁工作按序时进度推进。

傅藏荣要求，要趁势而上，推动工作上新台阶。要对标年初目标任务，逐项对标对标找差距，扎实做好主题教育、项目建设、产业发展、招商引资、安全生产、安定稳定、“四好农村路”、农村饮水安全、殡葬改革等当前各项工作，为上杭高质量发展落实赶超、加快建设“四个上杭”奠定坚实的基础。

县委常委、组织部长徐峰宣读《关于对上杭县征地拆迁促重点项目落地百日攻坚大会战工作成绩突出个人进行专项表扬的通报》；县委常委蔡铭泉总结金山湖片区收储用地项目工作开展情况；县委常委、常务副县长阙生华部署全县重点项目征地拆迁工作；参与重点项目征迁的3名干部代表也作经验交流发言。与会人员还观看金山湖片区项目指挥部与县融媒体中心联合策划制作的纪录片《上杭：用心用情创造“金山湖速度”》，并实地察看金山湖片区征迁现场。

一城如画紫翠中

——上杭汀江绿道建设纪实

南　河

“汀江绿道漫步，千年文化随行；山水诗画美景，风雅杭川多情。”

正是追梦好时节，不负春光绿道行。迎着习习春风，穿行在蜿蜒于上杭汀江两岸的绿道上，不时可见市民或跑步，或骑行，或推着童车、牵着幼童漫步，一种“人在路上走，宛若画中游”的美好感觉由然在心中升腾。

新建成的汀江绿道，成为上杭市民和游客休闲健身、体验慢生活的好去处，赢得广大市民的交口称赞。“这条绿道太美了！”来到这里的外地客人也纷纷点赞。作为百分之百的民生工程，这条从旧县河与汀江河交汇处的临城镇九洲村至庐丰畲族乡中坊村的绿道，沿上杭汀江两岸缓冲带主脉，迎山接水，辐射周边3个乡镇、12个村居，恰似一条绿色长龙，串联起散落在上杭城内外的名胜古迹、自然美景、城市新貌，桥接起一江、两岸、四带、十二景、多节点的慢行系统结构，让人边走边看，风光无限！

绿道美，汀水蓝（2019年）　　（李艺爽摄）

一位80多岁的摄影家抑制不住满心喜悦，吟诗赞颂：

托起汀江舞绿龙，
罗星宝塔傲苍穹。
九州始起摩陀转，
万众乐游赞政功。

一城如画绿梦中。每天清晨和傍晚，这里成为大家休闲锻炼、享受野趣的乐园；到了晚上8点，汀江音乐喷泉和水幕电影绽放出千姿百态的梦幻诗境，更是令人流连忘返，如醉如痴……

决策篇

高起点、高标准、高要求，构建“品质绿道”

百里汀江，三折回澜；江天寥廓，

上杭南江滨，七里绿廊架（2019 年）（蓝善祥摄）

人文荟萃。

“天下水皆东，唯汀独南。”（《汀州府志》）悠悠汀江，孕育了中华民族的一支独特民系——客家。

“谁谓河广，一苇杭之。”（《卫风·河广》）滔滔汀江，孕育了一座福建西部的千年古城——上杭。

“东南山豁大河通，汀水南来更向东。四面青山三面水，一城如画夕阳中。”这是一座山、水、城、人和谐共生的江滨园林城市。

“绿水青山就是金山银山。”上杭县牢固树立绿色发展理念，充分发挥自然资源禀赋优势，注重人与自然和谐共生，有力推动经济高质量发展和生态环境高水平保护。2016 年、2017 年连续两年获得福建省“县域经济实力十强县、县域经济发展十佳县”双项荣誉，并入选全国投资潜力百强县；成功创建省级文明县城，并被中央文明委确定为新一届全国文明城市提名城市。

“人民对美好生活的向往，就是我们的奋斗目标。”2017 年 7 月，上杭县第十三次党代会，作出了“打造上杭县城 15 分钟生活圈”的重要部署。

新时代，新征程，新使命。与“15 分钟生活圈”相融合的汀江绿道项目，作为打通上杭城区“一带一轴”中的“一带”最重要组成部分，就是“为了让上杭老百姓生活得更安逸、更舒适”，很快被列入省、市、县的重点民生工程。

县委书记傅藏荣从工程的立项、规划到建设的全过程高度重视，多次调研，现场办公，反复强调要“切实做成让群众真正满意的民生、民心工程”，并提出要打造成“三个样板”，即高品质高档次上杭人民拍手称好的民生项目样板，高效率高质量干部群众学习称赞的项目推进样板，高素质高水平项目队伍学习模仿的项目干部样板。

在设计上，要求通过各种渠道广泛搜集、归纳社会各界人士的意见、建议，突出环保、文化、安全、智慧、“五化”（绿化、花化、香化、美化、亮化）、特色等方面内容，设计出符合上杭建设发展的汀江绿道建设方案，努力把汀江绿道工程真正建设成为一条高标准、充满特色的人性化工程。

汀江河很美，是大自然赋予的一笔宝贵财富。在建设中，傅藏荣要求突显生态、环保、绿色等特点，不大挖大填，充分结合汀江两岸现有的地貌特征、自然和人文景观，在尽量不破坏原有地貌的前提下，把汀江绿道建设成为一个上杭文化的纽带、公园的纽带、民俗风情的纽带、休闲娱乐的纽带及乡镇形象展示的纽带。同时，还要考虑行车、行人和行洪的安全，做到人性化，尊重自然，不过于工程化，将绿道建成汀江河城区段一道新景观。

在功能和作用上，要求不仅把汀江绿道作为民生工程、作为上杭市民休闲健身的重要场所、作为市民一种新生活方式的载体，更重要的是要把汀江绿道打造成上杭未来经济发展的新的发动机、新的引擎，要以建成汀江绿道为契机，实施“绿道+”，打造新兴产业，发展全域旅游。

县长王波也一直关注着工程建设的质量和进度，多次强调“要更加切合上杭的实际，整个绿道工程的线路也要进行再细化；要坚持高标准、低成本的理念，让这个工程更贴近自然、贴近生态，从而把这项工程做成一个让人民群众真正满意的民生、民心工程。”

县委、县政府提出，总投资 4.98 亿元（其中工程造价 3.8 亿元）的汀江绿道要以打造国家 AAAA 级景区为目标，力争实现“福建第一、全国一流”，项目包含慢行系统、绿廊系统、服务设施系统、标识系统、交通衔接系统和音乐喷泉、水幕电影等，力争在一年时间内把它建设成为一条集休闲游憩、运动健身、文化体验、观光旅游为一体的绿色纽带。

美好蓝图，就此铺开；使命荣光，重任在肩。

规划篇

传文脉、承文心、结文缘，打造“文化绿道”

汀江绿道的建设，对于延伸生态文脉，提升城市品位，改善市民生活环境，带动文旅康养产业发展、推动产业转型升级等，无疑有着十分重大的现实意义。

在项目规划之初，上杭的决策者就十分注重自然与人文景观融合，注重生态保护和文脉传承，“让乡愁变成现实的诗意”，赋予绿道鲜明的上杭元素，彰显地方特色和“基因”。

他们在规划设计中坚持做到“四化”，即建设模式高效化、设计理念生态化、文旅融合特色化、园林景观规模化。

绿色生态，是绿道的底色。上杭

县强调绿道的规划建设必须遵循尊重自然、因地制宜的设计施工理念，按照“生态化、人性化、本土化、经济化”的设计原则，因势利导，利用汀江沿岸缓冲带，结合现状地形、植被、水系等自然资源，加强对绿道沿线山体、水体、林木等自然生态资源的保护，在线路选择上最大限度尊重原生态环境，倡导亲水近耕，塑造城市内部的开放空间，尽量做到“不砍树、不拆房、不迁坟、少征田”，最大限度保护现状原貌生态环境，在不破坏现有植被、树木、水景，不破坏原有地形的基础上，充分利用当地自然景观、原生态条件，坚持因地制宜、因循就势、因陋就简的原则，坚持人与自然和谐发展，构建和谐绿道生态环境。

文化，是城市之魂，也是绿道之魂。千年上杭，文化底蕴深厚。这里的奇山秀水孕育了影响深远的客家文化、别具风情的畲族文化、红色激扬的老区文化、神秘灵光的汀江文化、追求卓越的建筑文化、光芒四射的金铜文化等等。上杭县要求汀江绿道在规划建设中，必须结合上杭历史文化和产业基础，深度融合红色、金铜、客家等文化元素，分为田园瓜果带、红色古韵带、金色映像带和山水风光带4个文化带，让游客在绿道游玩的同时体验上杭浓厚的红色文化、客家文化、工业文化和农耕文化，开启汀江休闲文旅“慢生活”。

绿道在草花种植上结合原有生态地形地貌，追求个性化、规模化和视觉冲击力，形成“123456”特色园林景观，也就是“1公里河滩护坡粉黛乱子草，2公里防洪堤边坡炮仗花，3公里果树林下空间格桑花，4公里河岸空置地矮化美人蕉，5公里原城区带状公园紫藤花，6公里架空廊道三角梅”，从而一年四季实现“绿化、花化、彩化、香化”！

为确保工程的科学性、可行性，县领导多次带领交通、住建、水利、文体广新、旅游等县直有关部门负责人到汀江两岸实地踏勘，并专门组织人员就如何更好地规划建设和运营管理上杭汀江两岸“慢道”工程赴浙江、湖南、贵州等地进行旅游慢步道建设专项考察。

县委、县政府通过各种渠道广泛征求社会各界意见。2017年春节前认真征求县人大代表、县政协委员意见建议；抓住春节期间，外出人员返乡过年的时机，通过上杭广播电视台、上杭报、上杭广电微信公众号等媒介向社会广泛征求意见建议，同时成立规划方案、园林风景、文化创意顾问组，征求成员单位和专家学者的意见建议。为保证项目招标的公平公正，尽量避免投标单位违规操纵专家，本次工程招标将评价专家人数设定为19人，主观分评分办法采用去掉3个最高和去掉三个最低分进行评标打分，施工标从挂网到中标公示未有一件投诉件，打破了“逢标必诉”的怪圈，赢得了社会各界的高度好评。

迷人的音乐喷泉和水幕电影(2019年) （蓝善祥摄）

征迁篇

用真心、暖人心、聚民心，共筑“同心绿道”

在城市建设中，土地征迁涉及利益调整，是一项艰难工作，更是一门科学。需要“走心”，更要“用情”。

“走心”就是不做表面文章，而是学会换位思考，站在群众角度找准问题、解决问题。“用情”就是带着感情，投入真情在暖人心上下一番功夫。对于群众的合理诉求，千方百计解决好，维护好。对于非合理诉求，也耐心引导，贴心关爱，用法治的温暖、政策的温暖和感情的温暖消释矛盾、化解风险。

汀江绿道项目一期约45公里涉及临江、临城、庐丰3个乡镇12个村居，需用地947.39亩，可谓任务重、范围广，且情况复杂，时间紧迫。

面对如此艰巨任务，三个乡镇的镇村(居)干部没有退缩，勇于担当，坚持领导率先垂范，创新工作模式。临城镇党委、人大、政府“三驾马车”齐上阵，以情动人细宣传，秉持公平公正，严明廉政纪律，为项目建设营造了良好的干事创业氛围。他们清醒地认识到汀江绿道工程是全县重中之重的惠民工程、德政工程，必须按照时间节点倒计时开展工作，绝对不能给工程建设拖后腿。他们发扬革命老区干革命走在前，搞建设争上游的精神，为快速推进汀江绿道用地交地和工程建设，克服重重困难，付出了辛勤汗水。

汀江绿道工程一期途经临城镇九洲村约6公里，涉及480多户农户的切身利益，正所谓“人多口杂”。如何做通村民的思想工作，确保在时限内交地？这是一大难题。为打开突破口，村主任林志兴率先把自家的老宅基地让出来，无偿捐献给了绿道项目。他说："这片地是我家的风水宝地，我的爷爷父亲姐姐都出生在这里。我无偿捐献出来，是为汀江增加一道美丽的风景线！"

头雁高飞群雁跟。"领头人"的无私举动，感染了当地的群众，在镇、村工作组干部进村入户宣讲项目建设意义后，汀江绿道建设得到了当地群众的一致支持！

九洲村的一名老党员，自费出钱制作了多条宣传标语，悬挂在各村路口。他说，为推进绿道项目建设尽自己的一份力，是应该的！

在征地拆迁中，临城镇党委创造了1+2+X的工作模式，即1个副科领导+2个镇干部+若干个村组干部组成，有力地促进了项目的征迁进程，仅用19天就基本完成了各村居土地面积的测量、地类的认定和果树苗木的清点工作，为绿道项目提供了坚强的用地要素保证。为加速做好九洲村绿道征地近6公里490亩和大量的地面构筑物补偿，镇干部邱天福毫不计较个人得失，晴天蚊子咬、雨天一身泥，与村组干部一起圆满完成了征迁任务。镇干部龚荣香，和水西村的兄弟姊妹们一道，也通过耐心细致的工作，如期完成了280亩土地的征迁。

正是得益于镇村两级干部用真心、暖人心、聚民心，筑就"同心绿道"，在征地、测量期间，整个项目的实施得到了沿线群众的大力支持，当月就完成了5个乡镇16个村居3000多户1114亩土地征收，创造了重点项目当月完成征地任务的奇迹，为汀江绿道工程的快速推进提供了土地要素保障。

建设篇

一体化、统筹化、协同化，成就"高效绿道"

党的十九大报告指出，我们要建设的现代化是人与自然和谐共生的现代化，既要创造更多物质财富和精神财富以满足人民日益增长的美好生活需要，也要提供更多优质生态产品以满足人民日益增长的优美生态环境需要。

汀江绿道工程，正是"美丽中国"所需要的"优质生态产品"。

县委、县政府成立了以县委副书记为组长的汀江绿道工程规划建设领导小组，下设办公室，为工程的强力推进提供了组织和力量保障。

为了全力推进汀江绿道的规划建设工作，县委、县政府多次召开县委常委会议、县政府部署常务会议、专题会议；市、县领导前往汀江绿道建设现场开展调研达40次，其中县委书记傅藏荣参加专题调研就达17次。

只争朝夕，时不我待；特事特办，高效推进。为了加快推进汀江绿道建设，上杭县直有关部门打破常规，简化流程，容缺审批，用时两个月完成项目前期工作。他们始终坚持问题不过夜，办事开绿灯的工作原则，打破常规，简化流程，全力配合。绿道办安排工作统筹兼顾，交叉作业，原本需要半年才能完成的前期工作只用两个月时间就顺利完成。

县住建局、城发公司在规划设计、选址、评审、出具红线图、代理机构比选和招投标等前期工作方面做了大量工作。

发改局在可研评审和立项、财政局在资金拨付、国土局在土地预审和用地补偿方案拟定、林业局在绿廊建设和林地报批、土地收储中心在土地征收、水利局和移民局在沿江项目对接等方面给予了大力支持。

县公安局、执法局专门抽调人员成立汀江绿道警务室和移动警务平台，有力打击了各种破坏、阻挠工程建设的违法行为，为工程"无障碍"施工提供了坚强后盾。

其他成员单位也结合本单位特点，在人员、政策、资金等方面给予大力支持，为项目前期工作和建设实施提供强有力的保障。

规划长度60公里的上杭汀江绿道工程，线路长、内容多、工期紧、要求高，如何如期保质完成这一功在当代、福泽千秋的民生工程？

上杭县以改革创新精神，在该县首次采取了勘测、设计、采购、施工一体化工程总承包模式(EPC模式)，目的是让整个项目能统筹规划、协同运作，有效克服设计、采购、施工相互制约、相互脱节的矛盾，实现设计与施工、建设各环节无缝对接，让主体责任更明确，项目实施更高效，使业主方从具体事务中解脱出来，专注影响项目的重大因素，把握项目管理的大方向，从而实现保质保量如期完成工程建设总目标。

福建省第五建筑工程公司作为牵头企业，与上海千年城市规划设计股份有限公司、耀华园林股份有限公司组成联合体共同承建汀江绿道工程。工程建设者们针对项目施工任务重、征地拆迁情况复杂等情况，整个工程作业面全面铺开，全方位无缝对接，从白天到黑夜，从盛夏到寒冬，他们风雨无阻，连续作战，在汀江绿道工程的"战场"上创造了一个个奇迹。

为了克服项目工期紧、战线长、地形复杂等困难，福建省第五建筑工程公司由公司领导亲自挂帅并派出了经验丰富的工程管理班子和过硬的专业技术团队，通过多点分段作业、流水穿插施工、加大人员机械投入、加强工程质量管控等手段，科学施工。在工程进展最关键的时候，每一天都保持有13支施工队伍400多人、机械设备100多台、运输车250多辆日夜奋战在施工现场。所有工程分项均由该公司亲自组织实施，他们加班加点，攻坚克难，压实肩上的国企责任，用辛勤与汗水书写着满腔民生情怀。福建省第五建筑工程公司高级工程师陈明海感慨地说："上杭县各部门为汀江绿道工程无障碍施工提供了坚强后盾，这是我们公司遇到的施工环境最好的项目！"

负责工程监理的福建盛越建设有限公司采用直线制组织形式，做好统一管理组织协调，并根据该项目的专业类型，安排专业能力强、经验丰富的专业监理工程师负责现场专项监理工作，组织监理人员在参与地勘工作、分段审查施工图纸、审批施工方案的同时，组织完成施工现场巡视、平行检验、见证取样，以及审核竣工图和竣工结算等工作。

正是由于各级各部门和各参建单位齐心协力，敬业担当，联动配合，确保了汀江绿道工程持续顺利推进。从2017年6月底开工建设，到2018年4月进入试运营，仅用短短10个月的时间就完成绿道一期45公里的工程建设任务。不仅仅体现了“汀江绿道速度”，更体现了一种“汀江绿道精神”。

运营篇

新平台、新地标、新景区，成就“产业绿道”

“回澜三折映新天，绿道相拥七彩鲜。铁索高悬牵玉带，廊桥峻耸醉杭川。”汀江绿道建设，树起了上杭城市环境优化和提升的巍巍丰碑，也给了有“一城书画半城诗”之誉的上杭的骚人墨客们以汩汩奔涌的诗兴与灵感。

汀江绿道的开放、运营，给市民带来实实在在的“绿色福利”，吸引了无数市民和游客前往游玩休闲，康体健身，体验慢生活。每天，人们三五成群行走在绿道上，或骑行，或漫步，累了就在休闲凳椅上歇息，听听音乐广播，呼吸清新空气，体验着慢时光。汀江绿道还为社会各团体、组织开展比赛健身、团体协作、社会公益、爱国主义教育、校园亲子、摄影采风等各类主题活动提供良好平台，大大提高了市民幸福感、获得感，成为外界了解上杭的新窗口。

走进九洲“田园瓜果带”，这里有九洲驿站、七峰山驿站以及榕荫古渡、高架桥下穿节点等8个节点，人们将体验到现代化的设施农业、蜜雪梨基地、蔬菜基地等田园美景的绰约风姿，那粲然绽放的千亩格桑花，更是惊艳了四面八方的赏花者。

走进城区河岸的“红色古韵带”，右岸——“客家古韵”段分布着东江滨公园节点、旧城区北江滨公园节点、太平门码头节点、西江滨公园节点、驷马桥节点、罗星塔公园、旧张滩大桥节点，形成颇具特色的客家古韵之旅；左岸——“红色文化”段则分布着军民情缘、折水廊节点、南江滨公园、乐耕亭节点、水南段节点、水南驿站等，这里串联起国家级文物保护单位临江楼、省级文物保护单位孔庙、古城墙、历史文化街区瓦子街片区以及红四军八大会址太忠庙等红色景点，让市民在漫步中重温光荣的革命历史，缅怀先辈的丰功伟绩。

走进南郊的“金色记忆带”，这里沿江段拥有生态护岸综合慢行道、土埔驿站、李家坪大桥下穿节点、绿竹之韵节点、绿岛欢洲等9个节点，分布着以千亿金铜产业为主体的县工业园区，串联起县行政服务中心、太阳铜业、福建紫金铜业等，形成个性鲜明的工业文化之旅。

走进下游河段正在规划建设中的山水风光带，这里拥有以国家森林公园摩陀寨、九鲤过江、添福山庄等为主体的山水风光景点，让人们开启别具风情的自然山水之旅。

杭川千古联屏障，百里漫行紫翠中。如今，建成后的汀江绿道给美丽的杭城增添了一道靓丽的风景线，已成为“展示实力新平台、体现活力新地标、休闲健身好去处、旅游观光新景区”，已成功创建国家AA级旅游景区，目前正在申报AAA级旅游景区。去年汀江绿道共计接待游客18.9万人次。

打造“文化杭城”新亮点，展现千年古邑新魅力。旅游、文化、体育、健康、养老，被并称为“五大幸福产业”。面向未来，上杭的决策者提出：要把汀江绿道打造成上杭未来经济发展的“新的发动机、新的引擎”。“南北景观映衬、两岸渔歌互答、江中舟楫往来、水面大鹏起落”，上杭将利用汀江绕城‘三折回澜’的自然美，做好‘水’文章，紧紧扣住“产城融合”，让城市建设与经济社会同步、协调、持续发展。

金瓯一片花开锦绣，绿道双行画映山河。令人欣喜的是，继2017年5月上杭入选中国候鸟旅居小城榜并成为福建唯一的“候鸟小镇十佳”和2018年10月上杭被中华诗词学会授予“诗歌之乡”之后，2019年1月，以“谋新·智变”为主题的娱乐养老发展论坛又在上杭县举行，来自全国近40家文旅康养企业参加了此次论坛。美丽的山水、良好的生态、诗意的绿道，使上杭成了闻名全国的旅居养老的目的地，前来上杭旅居养老的外地来客从2014年的两位数，到现在已经发展到四位数，并持续呈快速增长之势。文旅康养产业正成为上杭勃然兴起的新兴产业。

百世苏区红，千年汀江绿，万古客家风。如今，汀江绿道已成为上杭的一张名片：自行车赛、彩跑赛、乐跑赛等大型活动在这里频频举办，市民们纷纷爱上这块“风水宝地”。

爱上杭城，一座小城筑在心上，美丽了江天，托起了金色梦想。

爱上杭城，诗词歌赋风雅了小巷，琴棋书画浪漫了时光。

爱上杭城，新城如画灯火辉煌，绿道榕荫呵护快乐安康。

漫步在由1.5米宽的人行道和3米宽的自行车道构成的汀江绿道上，耳旁仿佛响起著名诗人舒婷那首美丽的《寄杭城》——

只要你还记得那沙沙的足音：
那草尖上留存的露珠儿，
是否已在空气中消散？
江水一定还那么湛蓝湛蓝，
杭城的倒影在涟漪中摇荡。
那江边默默的小亭子哟，
可还记得我们的心愿和向往？
榕树下，大桥旁，
是谁还坐在那个老地方？
他的心是否同渔火一起，
漂泊在茫茫的江天上……

诗人描绘的意境犹在，汀江的魅力更加迷人。

“碧水无波云外渡，锦城如画雨中春。”

生活在这座小城的人，无疑是有福的。

爱上杭城。上杭绿道张开怀抱拥抱八方宾朋！

打造世界知名的金铜产业生产基地

林斯乾

习近平总书记在参加十三届全国人大二次会议福建代表团审议时说,实实在在、心无旁骛做实业,这是本分;要营造有利于创新创业创造的良好发展环境。

近年来,龙岩老区人民发扬"干革命走前头、搞生产争上游"的优良传统,以敢为天下先的精神和气魄,勇于创新,干事创业,全力推动高质量发展落实赶超。上杭县更是在打造金铜产业为主导产业的道路上,奋力争先,金铜产业从无到有,从粗放到精细,探索出一条令人瞩目的发展之路。

到目前,以上杭县为主,龙岩市落户金铜产业企业52家,其中规模以上企业30家,产值亿元以上企业17家,2018年实现产值645亿元。金铜产业成为龙岩市三大主导产业之一、福建省冶金工业重点培育扶持的五大产业集群之一,也成为上杭县主导优势产业。正是金铜产业的发展壮大,支撑起老区的高质量发展,2016—2018年上杭县连续三年获得福建省"县域经济实力十强县",并入选全国投资潜力百强县。

龙头带动,产业链条拉长做细

蛟洋循环经济园区,龙岩市最大的铜冶炼生产项目紫金铜业公司,第二次铜冶炼技改扩建工程正式开工。技改项目完成后,该公司铜冶炼产能将从目前的28万吨提升到40万吨,为下游铜精深加工企业提供更多原材料保障。

在上杭南岗工业园区,去年竣工投产的上杭太阳铜业年产22万吨连铸连轧铜杆生产项目现场,上杭铜加工产业链的第一个"百亿车间"整条生产线只有12个人在监控设备运作,该条生产线引进美国南线公司生产技术,采用世界上最先进的生产工艺水平,具有较高的自动化程度。据公司负责人介绍,目前该公司产品从普通的电工类用铜向高端的漆包线用铜转变,"我们有信心让公司的产品在未来比较短的时间内能够提供给世界一流的企业,达到他们产品的质量要求。"

地处上杭县城北的紫金山金铜矿是紫金矿业集团股份有限公司的发祥地,这座国家级特大型金铜矿床,除了已探明可利用的黄金资源外,铜资源储量400万吨以上,被中国黄金协会命名为"中国第一大金矿"。经过近二十年发展,紫金矿业已形成以金为主,铜、铅锌、钨、铁等金属并举的产品格局,是中国主要的黄金生产企业、第二大铜矿生产企业。如今,它的足迹基本覆盖全国并延伸至塔吉克斯坦、吉尔吉斯斯坦、俄罗斯、刚果(金)、澳大利亚、秘鲁、巴布亚新几内亚等多个国家,是中国控制金属矿产资源最多的企业之一。

在紫金矿业龙头带动下,上杭县金铜产业链条中正涌现越来越多"大块头"企业,为打造有色金属基地打下坚实基础。

按照"抓龙头、搭平台、铸链条、建集群"的发展思路,龙岩市采取一系列改革措施,支持紫金矿业从一个县级矿产公司发展成高技术、效益型特大国际矿业集团,成功跻身"中国500强""全球有色金属企业第14位""全球黄金企业第1位"。在紫金矿业集团龙头引领作用下,其投资建设的紫金铜业铜冶炼项目,以年产40万吨阴极铜,附产18吨黄金、400吨白银、100万吨硫酸,吸引瓮福集团、中化蓝天、中国建材、中国信达、南平太阳电缆等一大批国内知名企业落户,构建起以紫金山为主的采选区、以蛟洋循环经济园区为主的冶炼区、以县工业园区为主的精深加工区、配套服务区等四大产业区,形成了省级高新技术产业园区——上杭县工业园区、省级循环经济园区——蛟洋工业集中区二大工业产业园。上杭县大力实施"建链、延链、补链、强链",不断延伸拓展金铜产业链条,形成了以电力、电子信息、轻工、机械、交通运输、建筑、新能源汽车等应用领域为主的铜加工产业链,以黄金、白银、铂、钯、铑等精深加工为主的稀贵金属产业链,以氟化工、磷化工、建材等资源综合利用为主的循环经济产业链。目前,稀贵金属产业链产值达320.9亿元,铜加工产业链产值达300.1亿元,循环经济产业链产值达24.2亿元。

乘势而上,产业体系深度融合

蛟洋循环经济园区,常青新能源三元前驱体生产项目厂房正紧张施工。这个首期投资66亿元、总投资超百亿元的又一个"金娃娃"项目,从今年1月22日签约开工以来,各方面正全力加速推进。

该项目由世界500强企业吉利集团、中国500强企业杉杉能源、紫金矿业共同投资建设,建成后可实现每年15万吨锂电池资源化利用和10万吨三元前驱体生产的产能。据项目负责人介绍,该项目采用自主研发、具有自主知识产权的多金属共融不分离与直接对接技术及定向绿色智能合成技术,处于国内领先水平,对促进我国锂电池行业的技术进步以及资源循环回收具有巨大的推动作用。首期项目建成后年销售收入预计达130亿元,可带动下游相关项目落地,为龙岩市发展新材料产业奠定坚实的基础,也有利于进一步促进上杭老区高质量发展。

同样在蛟洋循环经济园区的天甫电子也是该县刚引进的一家是专注于半导体级电子材料研发、生产和销售的高新技术企业。该项目引进台湾半导体级电子材料专家作为技术团队,项目建成投产后将打破国外在此领域的垄断局面。其主要产品电子级硫酸、氢氟酸、氟化铵也是园区循环经济下的产业升级项目,将进一步完善蛟洋工业区循环经济氟化工产业链。

近年来,龙岩市紧跟时代脉搏,抢抓国家战略性新兴产业发展机遇,紧盯国内新能源汽车、电子信息两大产业,着力培育发展以锂电新材料、电子化学材料、含氟气体材料为主的新材料产业,建设规模较大、特色鲜明、具有区域竞争力的新材料新能源产业体系。上杭县充分贯彻落实市委、市政府决策部署,依托金铜产业基础,把新材料产业作为上杭产业转型升级的重要突破口,重点发展以含氟电子气体、电解液、有机氟聚合物、含氟湿电子化学品、液晶材料、制冷剂、含氟中间体为主的含氟新材料;以锂离子正负极材料、隔膜、锂电铜箔、锂电池为主的锂电新材料;以湿电子化学品、半导体电子化学品、电子气体、电子蚀刻液为主的电子化学品。吸引吉利集团、杉杉能源等国内知名新材料企业投资上杭,近年新开工投资常青新能源、龙德新能源、德尔科技、天甫电子等一系列新项目,成为上杭经济发展新引擎,预计新材料产业到2020年产值破百亿。下一步,龙岩市、上杭县将加快融入粤港澳大湾区、闽西南协同发展区,逐渐形成较为完善的金铜产业、新材料产业集群。

服务先行,创业平台越走越宽

走进蛟洋循环经济园区内的龙德新能源公司,崭新的生产车间内,技术人员正在进行生产调试。据该公司总经理华祥斌介绍,这里生产的六氟磷酸锂纯度超过99.9%,居国内领先,可应用于电子产品、新能源汽车等领域。项目全部达产后预计实现产值40亿元以上,为上杭锂电新材料产业布局填入一块重要拼图。

这家公司投资初期也曾遇到过烦恼。据介绍,经估算,项目一期启动资金就要1亿元。当时该项目的投资方德尔科技公司的主要精力放在技术攻坚和市场开拓上,难以承受项目资金压力。第一时间了解到企业困难和项目前景后,上杭县政府立即协调该县兴杭国投公司出资2250万元,并引入具有下游市场资源的龙岩市工发集团出资2250万元,三方共同成立了龙德新能源公司。既解了德尔科技的燃眉之急,又促进项目很快上马。

不可否认,一些成长性良好的项目往往缺少启动资金和行业资源而失去良好的发展机遇。上杭依托金铜产业基础,充分发挥国有资本优势,全力补齐企业短板。上杭兴杭国投公司成为国内首家县域AAA评级的国有公司。为培育高精尖企业,上杭还设立了首期规模5亿元的产业发展基金,重点支持产业转型升级、重大研发平台建设等。

2019年年初,龙岩市规划出台了"一市两区三组团""五基地六产业七景区"建设工作方案、推动工业高质量发展十八条措施等。上杭县延伸出台了《上杭县促进新材料产业发展十条扶持政策(试行)》,除设立了5亿元的新材料产业基金外,还设立5000万元新材料产业担保扶持基金,用于解决新材料企业在研发、生产、流通、服务等环节资金短缺问题;出台了科技人才政策,新材料企业引进化学类、化工与制药类、材料类专业等紧缺专业人才政策;同时,在创业初期扶持、厂房租赁补贴、设备采购补助、洁净车间补助、研发资金补助、银行贴息贷款等方面给予企业实实在在的支持。

上杭县还建立政府与企业的常态化沟通机制和县四套班子领导挂钩联系企业制度,推行银行抽贷定期报告制度、企业缺工申报制度,帮助企业解决生产经营中遇到的困难和问题。目前,两个工业园区路网、电网、管网、安全环保等基础设施和住宿、教育、医疗等配套设施建设正加快完善。蛟洋工业园区启动扩园工作,力争扩园5000亩,园区承载能力将进一步提升。

上杭县还重点打造了国家重点实验室、有色金属研究院、博士后工作站、福建省有色金属产品质量检测中心、龙岩市金铜产业集群窗口等服务平台,以及争取到中国证监会、中电科集团的对口帮扶等。同时,该县还积极促进园区企业与厦门大学、福州大学、龙岩学院等高校院所开展"产学研"合作,为园区企业提供人才和技术支撑,把南岗工业园区、蛟洋循环经济园区打造成高校技术企业的孵化区、产学研用深度融合区、先进产业的聚集区。

红色圣地,生态福地,客家祖地,创业宝地,这是龙岩的靓丽名片。成功从古田开始,胜利从这里走来。老区人民将不忘初心,牢记使命,以更加奋发有为的精神状态,全力打造全国具有重要影响力和区域特色鲜明的金铜材料供应基地、金铜制品加工基地、金铜技术研发基地和金铜材料供应中心,奋力谱写新时代新篇章!

大事记

1月

5—7日，由福建省文化和旅游厅、福建省农业农村厅指导，龙岩市文化和旅游局、龙岩市农业农村局、龙岩市商务局与上杭县人民政府共同主办的“多彩上杭　印象梅花”为主题的福建省第二届梅花节在上杭县湖洋镇文光村观音井百果园AAA级景区举行。省、市、县领导及县直有关单位、湖洋镇负责人，各地游客、摄影爱好者、媒体记者参加开幕式。

12日，由县委统战部、县工商联（总商会）主办，广东上杭商会承办的“上杭人在粤40年联谊会暨光彩事业助学基金启动仪式”在广东省东莞市举行，广东上杭商会会长孙灿金，香港闽西联会会长江全孚，县领导及县直有关单位负责人，上杭籍在粤企业家、乡贤近1600人出席启动仪式。“光彩事业助学基金”由广东上杭商会倡议成立，以资助贫困学生为主，该基金现场认捐超过1500万元。

17日，县妇幼保健院新院举行挂牌仪式。新院位于临城镇利民路106号，占地202公顷，总建筑面积约2万平方米，建有门诊病房综合楼、婚育中心楼各一栋及其他附属楼，设置床位150张。

17日，中共上杭县委党史和地方志研究室举行揭牌仪式。上杭县委常委、宣传部部长张北阳出席仪式，并与县委党史和地方志研究室主任刘昌发共同为新组建的研究室揭牌，县委党史和地方志研究室全体干部参加揭牌仪式。该研究室由县委党史研究室与县地方志编纂委员会整合设置，作为县委直属相当正科级事业单位。

21日，由龙岩市人民政府主办，龙岩市住房和城乡建设局、上杭县人民政府、中欧云建科技发展有限公司、福建绿科建设集团有限公司、德国可持续建筑委员会（DGNB）承办的中欧（龙岩·上杭）建筑工业化论坛在上杭开幕，德国可持续建筑委员会主席约翰尼斯·克雷西格，中国工程院院士张杰，省、市、县有关领导及中外专家、企业家代表及行业嘉宾近500人出席开幕式。该次论坛的主题为“红色历史，绿色未来”。

22日，上杭县项目集中签约开工竣工暨上杭常青新能源三元前驱体生产项目开工仪式在蛟洋循环经济工业园区举行。此次签约开工竣工项目共有13个，总投资100.98亿元，涉及新材料、环保、民生等领域。

22日，2019年龙岩市暨上杭县新时代文明实践中心文化科技卫生“三下乡”集中服务活动在蛟洋镇举行。市、县有关领导，县直有关部门负责人参加活动。

23日，全国政协副主席、交通运输部党组书记杨传堂率调研组到上杭县就重点项目建设、“四好农村路”建设管理和交通扶贫等工作开展调研。

是月，上杭县龙岩安心农产品有限公司的大米、花生、百香果和龙岩龙嶂山实业开发有限公司的古田缘矿泉水等4种产品被纳入军委国防动员部采购商品名录，这2家企业可接受全国28个省级军区采购订单。

是月，上杭县获“国家农产品质量安全县”称号，成为龙岩市首个获得该称号的县（市、区）。

2月

14日，上杭县蛟洋镇在集镇举办龙岩市首个乡镇级新春招聘会，来自蛟洋工业园区、上杭县城等地的26家企业面向大学生、返乡农民工、贫困劳动力、复员转业退役军人和随军家属、下岗失业人员等各类求职者提供就业岗位700多个。

16日，省委常委、统战部部长、省社会主义学院院长邢善萍一行到上杭县官庄畲族乡调研，指导基层统战工作，关注民族乡村脱贫攻坚工作，先后深入福泉村，树人村，了解少数民族乡村建设情况，看望慰问少数民族贫困户。

18日，上杭县在汀江大桥西侧桥头举行新时代新担当新作为“大督查大落实”2月项目集中签约开工竣工仪式。招商引资项目签约双方代表共同上台签署项目投资合同，潭头大桥及接线工程（一桥两路）项目、福建紫金铜业高性能铜合金与节能技术改造项目业主代表分别作表态发言。

3月

1日，至4月7日，古田旅游区开展以“战地黄花分外香”为主题的“古田油菜花开”文化旅游节，举办以汉服周、研学周、非遗周、快闪周、文创集市周等为专题的系列活动。该次活动吸引省内外游客达10万人次。

4日，“上杭县陈丕显教育促进会”成立，县委副书记、县长王波等县领导及县直有关单位负责人、全县各中、小学校负责人参加成立仪式。该会由陈丕显之子陈小津及上杭县政府、南阳镇政府共同倡议发起，于2018年10月开始组建筹备工作小组。基金会原始基金1000万元全部到位，其中陈小津募集350万元、上杭县政府募集550万元、南阳镇政府募集100万元。每年将利用基金收益奖励品学兼优学生和教育教学业绩突出教师，资助贫困学生。

13日，福建师范大学地理学院博士后工作站揭牌仪式在上杭白砂林场举行。

16日，国家烟草专卖局党组书记、局长，中国烟草总公司总经理张建民一行到上杭县调研烟草工作。他们一行先后察看上杭庐丰畲族乡烟田、三丰烟叶烧烤工场、三丰烟叶综合服务专业合作社，与县乡村干部和专业合作社人员交谈，听取县烟草部门领导情况汇报等。

29日，由中共上杭县湖洋镇党委、湖洋镇政府主办的“八闽将军风采录、郭义为烈士纪念室”开馆仪式在湖洋中学举行。王直将军之子王和炎、翁祥初将军之子翁继成、熊兆仁将军原秘书李新德、郭义为烈士后代郭荣方、张元寿烈士后代张榕忠等作为嘉宾共同出席活动。

31日，红色革命历史题材电影《毛泽东在才溪》在才溪镇开机拍摄。该影片由八一电影制片厂、福建上杭才溪文化传播有限公司联合摄制，才溪镇政府、上杭古田建设发展有限公司、紫金矿业共同出资，以毛泽东第三次到才溪为主线，以革命战争为主要矛盾展开，通过展现革命艰辛实践过程，力求弘扬老一辈无产阶级革命家深入群众、调查研究、求真务实、一心为民的革命精神。

31日，福建警察学院战术系主任张兵与上杭县政府副县长、公安局局长徐卫清在古田派出所签署《福建警察学院战术系、公安部警务实践训练福建基地、上杭县公安局古田派出所警务共建协议》，并就警务共建展开座谈。

是月，上杭县退役军人服务中心成立，核定财政核拨事业编制3名，同时成立乡镇退役军人服务站，核定事业编制27名，全县344个村（居）成立退役军人服务站，工作人员由乡镇或村两委指定专人负责。

4月

2日，古田派出所举行“全国学雷锋活动示范点”揭牌仪式。

7日，由龙岩市民族宗教事务局，县委、县政府主办；县委统战部，县民宗局，文体旅游局，农业农村局及官庄畲族乡党委、政府承办；庐丰畲族乡党委、政府协办的上杭县第三届“三月三”畲族文化旅游节在官庄畲族乡举行。

17日，是日至18日，全国人大常委会副委员长吉炳轩到上杭县开展革命老区苏区脱贫攻坚专题调研。全国人大常委会委员、农业与农村委员会副主任委员杜德印，全国人大农业与农村委员会委员张沁荣，省人大常委会党组副书记、副主任黄琪玉等省市县有关领导参加相关活动。

18日，是日至5月4日，在上杭县观音井百果园举办“喜上梅梢　福游上杭”龙岩市杭梅文化旅游节，此次活动发挥千亩梅园的特色，推动上杭乡村旅游发展，为上杭假日旅游经济做宣传推广。

26日，上杭县举行“劳模展馆”开馆仪式。该馆是龙岩市首家多媒体劳模展馆，配14面可滚动播放的液晶显示屏，收录全县277名各级劳模（先进工作者）名单、事迹以及205个各级先进集体名单。

29日，由中共龙岩市委、共青团福建省委主办，中共龙岩市委宣传部、中共上杭县委、共青团龙岩市委承办的福建省各界青年纪念“五四”运动100周年主题会演活动在古田会议会址前广场举行。中共龙岩市委书记许维泽，共青团福建省委书记肖华鑫等省市领导、龙岩市各县（市、区）、市直有关部门领导出席活动，全省各界青年2000多人参与和观看主题会演。

30日，由福建省文化和旅游厅、龙岩市委、市政府主办，市文化和旅游局、上杭县委、县政府承办的“全福游·有全福”系列活动——福建省龙岩市首届文化旅游产业发展大会在上杭县古田镇开幕。省人大常委会副主任、省总工会主席黄琪玉，文化和旅游部产业发展司领导，省直有关部门领导，龙岩市委书记许维泽、市人大常委会主任张天洲、市政协主席黄福清等龙岩市四套班子领导，县委书记傅藏荣、县长王波等县领导以及全国文化旅游领域知名专家学者、文旅产业投资商代表、重要旅行社代表，龙岩籍奥运冠军代表，港澳台文化旅游企业代表，境内外媒体记者等出席开幕式。该届大会持续至5月4日,以“红色圣地　客家祖地　养生龙岩”为主题,是福建省“全福游·有全福”品牌系列活动之一,大会活动分为红色魅力、客家神韵、畅游龙岩和文旅融合四大篇章,包含中国(龙岩)红色文化旅游高峰论坛、龙岩民俗展演狂欢节、龙岩市首届文旅康养产业博览会、闽西旅游美食文化节、抖音区域互动赛、“红古田”龙岩风情全国摄影大展、文旅康养项目现场点评、千名“红军”徒步越野行军等子活动。

同日,在龙岩市首届文化旅游产业发展大会开幕式上,龙岩市举行文旅康养产业投资项目签约仪式,共有35个项目集中签约,总投资150.3亿元,其中,上杭县5个〔汀江摩托艇运动基地项目、蓝家渡(步云)葡萄产业综合体项目、阿米妈妈文旅康养基地建设项目、上杭普陀山文化生态园项目、新民农业生态观光基地建设项目〕文旅康养项目上台集中签约,总投资16.7亿元。

同日,出席龙岩市首届文化旅游产业发展大会活动的市、县领导及嘉宾一同触摸“启动球”,为中央苏区文化园(古田馆)开馆,中央苏区文化园(古田馆)是由中汇融(龙岩)旅游发展有限公司投资兴建的省级民营博物馆,已建成开放2个主题馆,展厅面积2000平方米,主要以中央苏区的开辟发展为脉络、以文物承载的革命故事为线索,反映中央苏区革命史。

同日,中国(龙岩)红色文化旅游高峰论坛在古田举行。该次论坛以“红绿融合,交相辉映”为主题,分为主题演讲和圆桌对话两个阶段进行。

同日,龙岩市首届文化旅游产业发展大会民俗展演狂欢节在上杭县客家缘文化广场举行,来自龙岩市7个县(市、区)的民俗表演队轮番上演,集中展示民俗文化。

5月

7日,国家发改委副主任兼国家统计局局长、党组书记宁吉喆带领调研组到上杭县调研,省委常委周联清,市领导许维泽,县领导傅藏荣、王波等市县有关领导陪同或参加有关调研活动。调研组一行前往古田干部学院参加全国统计干部教育培训党性教育基地挂牌仪式,慰问古田镇统计站基层统计干部,了解基层统计工作开展情况。其间,瞻仰古田会议会址、并深入紫金铜业实地察看。

11日,大型革命题材电视剧《绝境铸剑》在上杭县古田镇举行开机仪式,福建省委常委、秘书长、宣传部部长梁建勇,中宣部文艺局副局长王强,国家广电总局电视剧司原司长、中国广播电影电视社会组织联合会副会长李京盛,国家广电总局电视剧司副司长杨铮,中国电视艺术委员会副秘书长易凯,福建省人大常委会原副主任、省老促会主任谢先文,福建省人大常委会原副主任、省关工委主任刘群英,福建省人大常委会原党组副书记、副主任、省关工委常务副主任、电视剧《绝境铸剑》总策划袁锦贵,市领导许维泽,县领导傅藏荣等市县有关领导及省、市有关单位负责人等参加开机仪式。该电视剧由福建省委宣传部、浙江省委宣传部、福建省广播电视局联合摄制,讲述一支初创的红军队伍在古田会议精神引领下,在三年游击战的绝境之中,不断克服和清除各种非无产阶级思想,淬火成钢、铸就军魂,最终成长为一支听党指挥、信仰坚定、英勇无畏的红色铁军故事。该电视剧从2019年12月26日开始,每晚8点左右,在央视一套综合频道播出,每天2集,共36集。

11日,省委常委、秘书长、宣传部部长梁建勇到上杭县调研新时代文明实践中心建设情况,省市县有关领导一同参加调研。调研组先后深入古田镇吴地社区新时代文明实践站、蛟洋镇新时代文明实践所和上杭县新时代文明实践中心,通过实地考察和观看专题片,与基层干部、文明实践志愿者和群众亲切交流,详细了解新时代文明实践中心(所、站)的建设和运行情况。

13日,副省长李德金率省政府办公厅、省农业农村厅、省住建厅、省卫健委等相关负责人到上杭调研农村人居环境整治工作。调研组先后前往古田镇吴地村(华润希望小镇)、苏家陂村、蛟洋镇蛟洋村,实地察看农户污水收集、三格化粪池处理、沿河污水处理、污水净化池等有关情况,听取基层干部情况介绍,详细了解所取得的成效和存在的短板,并就存在的问题提出有针对性的意见和建议。

13日,白砂林场被认定为国家级“福建龙岩现代林业科技示范园区”。

16日,《福布斯》发布“2019年全球上市公司2000强榜单”,紫金矿业集团股份有限公司(简称紫金矿业)位列889位,比上年上升58位,进位上榜的全球有色金属企业第十位,全球黄金企业第一位和中国有色金属企业第一位。

16日,中华全国供销合作总社党组成员、理事会副主任王伟一行到上杭县调研基层供销合作社工作开展情况,实地察看上杭供销特产古田直销长廊等。

19日,以中华人民共和国成立70周年及古田会议召开90周年、古田全军政治工作会议召开5周年为契机,由省文化和旅游厅举办的以“文旅融合,美好生活”为主题的中国旅游日福建分会场主题活动在上杭县古田会议会址景区举行。

24日，上杭县首家“红古田爱心扶贫超市”揭牌仪式在古田会议会址景区古田游客中心商业街举行。古田镇党委政府、县供销社、县脱指办、古田管理中心等单位领导出席揭牌仪式。

24日，由中国人民银行福州中心支行指导，中国人民银行龙岩市中心支行主办，中国人民银行上杭县支行承办的2019年福建省“红古田”现金服务示范区创建活动在上杭县古田镇古田会议纪念馆广场启动。

26日，是日至27日，由八一电影制片厂、福建电影制片厂有限公司出品的重大革命历史题材电影《古田军号》全国路演专场活动分别在上杭县古田、蛟洋等地举行。《古田军号》对古田会议精神进行深刻的挖掘和展示，是发扬和传承古田会议精神的重要载体。

30日，上杭县启动“党建+金融助理驻百村”工程，省农信联社龙岩办事处负责人苏顺金等参加启动仪式。上杭农商银行将选派100名金融助理到全县100个集体经济薄弱村、社区和乡村振兴示范村，挂职担任村党支部书记或村委会主任金融助理，开展农村（社区）金融政策宣传，提供金融帮扶和金融助农服务。

6月

6日，由中共上杭县委、龙岩市委党史和地方志研究室主办；上杭县委宣传部，县委党史和地方志研究室，县文体旅游局，白砂镇党委、政府共同承办的“早康会议”90周年纪念活动在白砂镇举行。省人大常委会原党组副书记、副主任、省关工委常务副主任袁锦贵，原沈阳军区空军政治部副主任、少将严源昌，李平将军后代李华利夫妇，省委党史研究室和地方志编纂办公室副主任、研究员王盛泽，县领导傅藏荣等及省内外知名党史专家学者，省、市、县有关单位负责人等参加相关活动。

12日，中央宣传部副部长、中央广播电视总台台长慎海雄率调研组到上杭县调研，省、市、县有关领导一同参加调研。慎海雄一行先后前往主席园、古田会议会址、古田会议纪念馆等地，与基层干部、老区群众深入交流，了解文化遗产保护、红色文化传承等方面工作情况。

13日，农业农村部国家首席兽医师李金祥一行到上杭县开展全国人大重点督办建议专题调研。省市县有关领导参加相关调研活动。李金祥一行先后前往临城镇六甲村土地整理项目、中都镇聚胜家庭农场高标准农田建设项目和庐丰畲族乡丰康村三丰片土地整理项目现场，通过实地察看、听取汇报等方式，详细了解上杭县土地整治、土地流转、项目用地等情况。

18日，省人大常委会原党组副书记、副主任袁锦贵在上杭县调研“中央苏区红色交通线”挖掘保护工作。他们一行先后察看稔田镇闽西工农通讯社遗址、溪口镇大洋坝红色交通线旧址、白砂镇碧沙村红色交通线旧址，详细了解上杭县关于“中央苏区红色交通线”的史料留存、旧址保护和开发利用工作情况。

23日，是日至24日，由中央网信办指导，北京市委网信办、福建省委网信办、首都互联网协会主办，福建日报东南网承办的“2019北京网络媒体红色故土福建行”代表团到上杭县参访，搜狐、360、字节跳动、58同城等45家北京地区知名互联网企业的CEO、党组织负责人，北京市委网信办主任韩昱，福建省委网信办副主任叶德盛及市、县有关领导等也参加活动。代表团一行先后前往古田会议会址、主席园、古田会议纪念馆，毛泽东才溪乡调查纪念馆、毛泽东才溪乡调查旧址、光荣亭等地进行瞻仰、参观，并通过听讲解、悟初心，详细了解老一辈无产阶级革命家在闽西那段艰苦卓绝的斗争，并感受他们大无畏的革命精神。

25日，省人大常委会党组书记、副主任张广敏到上杭县调研县乡人大工作。

29日“乡约你　为‘荷’而来”——2019上杭县才溪荷花文化旅游节在毛泽东才溪乡调查旧址景区举办，活动当天接待游客3000余人。

30日，为庆祝中华人民共和国成立70周年，纪念古田会议召开90周年、古田全军政治工作会议召开5周年，由县委、县政府主办，县新时代文明实践中心、县委组织部、县委宣传部、县直机关党工委、县委文明办、县文体旅游局、县总工会承办的“壮丽70年·唱响新时代”经典歌曲大联欢晚会在瓦子街举行。晚会分为“红色情怀”“追梦路上”“祝福祖国”3个篇章。

7月

1日，县公安局举行“110”勤务机制改革暨社会面防控新机制启动仪式。

1日，上杭县工程建设项目审批系统正式上线，工程建设项目审批流程划分为立项用地规划许可阶段、工程建设许可阶段、施工许可和竣工验收等4个阶段。房建和市政工程建设项目工程质量安全监督手续与施工建设项目工程质量安全监督手续与施工许可证合并为“施工许可证核发”，申请材料精简至9项，实行全流程网办，不收取纸质申请材料、无需现场踏勘，核发后同步安排质量安全监督。

2日，中共上杭县委审计委员会召开第一次会议，会议由县委书记、县委审计委员会主任傅藏荣主持，会议听取上杭县2018年审计工作开展情况，审议通过《中共上杭县委审计委员会工作规则》《中共上杭县委审计委员会办公室工作细则》《上杭县2019年度审计项目计划》《关于深化上杭县国有企业和国有资本审计监督的实施意见》。

6日，中共中央政治局委员、中宣部部长黄坤明一行到上杭调研，其间，考察上杭县新时代文明实践中心，了解基层宣传文化工作情况，深入社区、农村、企业和宣传文化单位，听取基层干部群众意见建议。赴才溪参观才溪乡调查旧址及才溪乡调查纪念馆。

9日，是日至22日，2019年福建省青少年皮划艇静水、赛艇锦标赛在上杭县举办，来自福建省9个赛区共500多名选手参赛。

10日，2019《财富》中国500强排行榜揭晓，紫金矿业凭借1060亿元的营业收入位列总榜第87位。2019《财富》中国500强排行榜根据企业2018年营业收入进行排名，涵盖中国境内外上市的所有中国公司。

11日，在北京召开的全国构建和谐劳动关系先进表彰会上，紫金矿业获“全国模范劳动关系和谐企业”称号。该奖项由人力资源与社会保障部、全国总工会、全国工商联等5家单位联合颁布。

13日，是日至20日，“乡约你来上杭”2019年上杭蜜雪梨文化旅游节在临城镇九洲村蜜雪梨基地举行，活动期间接待游客1.5万人次。

19日，上杭纯电动出租车投放仪式在公交首末站举行，9辆蓝白主色的纯电动出租车准时出发巡游。

19日，县政府与中国农业发展银行龙岩分行举行服务乡村振兴战略框架合作协议签约仪式。中国农业发展银行龙岩分行作为服务上杭县乡村振兴战略的合作伙伴，在未来五年意向对上杭县乡村振兴战略有关项目、建设等提供100亿元授信额度。

20日，北美客家上杭同乡会上杭联络站成立仪式暨北美—上杭回馈家乡工作座谈会举行。北美客家上杭同乡会会长梁瑞凤向与会人员介绍成立上杭联络站目的和经过，并宣布余德桢、张东红、梁礼荣成为首批联络站成员。

22日，上杭蛟洋工业区与中国电信上杭分公司携手打造的福建省首个“智慧园区”大数据平台上线。

25日，由龙岩市委、市政府主办，龙岩市委宣传部、市委党史和地方志研究室、闽西红色文化研究中心和上杭县委、县政府承办的纪念中共闽西一大90周年座谈会在蛟洋镇举行。省人大常委会原党组副书记、副主任、省关工委常务副主任袁锦贵，沈阳军区空军政治部原副主任严源昌，中央党史和文献研究院第二研究部副主任卢洁，省委宣传部部务会成员、省委讲师团团长陈辉宗，省委党史研究和地方志编纂办公室副巡视员钟健英，省委党校副校长、福建行政学院副院长刘大可等省市县有关领导专家学者，以及邓子恢的女儿邓小燕、女婿李良津，谭震林的孙子谭景等出席座谈会。

26日，县政府主办的“乡约你，来上杭”——2019上杭县客家木偶文化艺术节暨“观客家木偶戏，品金丰盛夏果”葡萄采摘节活动在白砂镇大金村举行，弘扬民族传统优秀文化，挖掘、抢救客家木偶艺术及田公信俗宝贵文化遗产，推动“上杭傀儡戏”“田公元帅信俗”国家级的“非遗”申报工作。

是月，紫金铜业院士专家工作站被省委组织部、省科协、省财政厅、省科技厅联合授予“2019年福建省示范院士专家工作站”称号，成为福建省10家获评院士专家工作站之一。紫金铜业院士专家工作站于2015年6月获批设立。

是月，ACCA（特许公认会计师公会）前任全球会长李志明为紫金矿业颁发ACCA证书，并确定紫金矿业为培训生发展类黄金级（ACCA是全球广受认可的国际专业会计师组织），成为ACCA认可雇主企业，可以获取最新、最专业的全球财会行业信息，还可以获得ACCA定期定向的人才推荐。

是月，农业农村部、财政部批准开展2019年农业产业强镇建设，上杭县稔田镇被列入强镇建设名单，这是龙岩市唯一入选的乡镇。

8月

2日，致公党中央常委、福建省委会主委，省政协副主席薛卫民带领调研组到上杭县开展“提升福建省基层中医药服务能力”调研。

5日，上杭县举行“上杭县社会主义学院”揭牌暨开班仪式，省市县有关领导参加相关活动。

8日，由龙岩市委、市政府，福建省工业和信息化厅联合主办，市工业和信息化局，县委、县政府承办，紫金矿业支持，瓮福紫金股份有限公司、上杭太阳铜业有限责任公司、北京安泰科信息股份有限公司、深圳市赛瑞产业研究有限公司、龙岩市金铜产业协会等协办的龙岩市金铜产业项目对接会在上杭县举行。中国工程院院士、中国瑞林工程公司有色金属冶金专家、江西科技学院名誉校长张文海，中国有色金属工业协会副会长尚福山，国务院发展中心国际技术经济研究所一室副主任宫学源等科研院校专家和金融投资机构代表、新闻媒体记者，省、市、县有关部门领导以及行业企业负责人共450余人出席大会开幕式。

23日，国务院副总理、国务院医改领导小组组长孙春兰到上杭县古田镇中心卫生院和上郭车卫生室实地察访，详细了解基层医疗卫生情况，对进一步推进医改工作作出指示要求。

23日，由省林业局和市政府指导、市林业局、市文化旅游局和县政府主办、县自然资源局（林业局）承办的主题为“乡约你来上杭”2019龙岩市（上杭）森林旅游节在步云乡梅花山自然保护区中国虎园森林人家举行。

25日，“上杭县郭福安文化研究会”在省级文物保护单位——上杭文庙成立。郭福安是入闽汀州郭氏始祖，也是上杭矿业先驱、开县功臣。

是月，上杭县被评为第二批2016—2020年度福建省科普示范县。

9月

9日，塞尔维亚共和国能源和矿业部部长阿莱克桑达尔·安蒂奇一行到上杭县考察，县委书记傅藏荣等县领导及紫金矿业有关负责人陪同相关考察活动。他们一行先后实地考察紫金铜业有限公司、紫金山金铜矿、紫金矿业总部，通过实地考察、听取介绍和观看视频等形式，详细了解上杭县金铜产业发展情况。

12日，上杭县“不忘初心、牢记使命”主题教育工作会议召开。会议以习近平新时代中国特色社会主义思想为指导，学习贯彻落实中央关于开展第二批“不忘初心、牢记使命”主题教育决策部署和省委、市委有关部署，对上杭县开展第二批主题教育进行动员部署。县委书记傅藏荣主持会议并作动员讲话，市委第三巡回指导组组长林振辉出席会议并讲话。

19日，上杭县人大常委会在临城镇召开乡镇重大民生实事项目人大代表票决制工作现场推进会。22日，中共上杭县委印发《上杭县乡镇重大民生实事项目人大代表票决制工作实施办法》，标志着在福建省率先铺开此项工作。

21日，是日至22日“乡约你　来上杭”——2019龙岩市农民丰收节在庐丰畲族乡麻子坝围屋举行，畲族传统民俗表演、畲乡风味集市、畲族文化体验、农民趣味运动会、稻田艺术节受到游客青睐。

25日，是日至28日，由福建省体育局、福建省文化和旅游厅、福建省海峡文化研究会、福建省客家研究联谊会、龙岩市政府主办，龙岩市体育局、龙岩市文化和旅游局、商务局、闽西客家联谊会、中共上杭县委、上杭县政府承办的“中国·闽西（上杭）第三届世界客属龙舟文化旅游节”在上杭县举行。此次龙舟文化旅游节包括第三届世界客属龙舟邀请赛、第二届东南地区海峡两岸（上杭汀江）公开水域游泳邀请赛、首届客家米酒文化博览会、客家美食节、欢动杭川大联唱、客家武林大会、客家民俗（非遗）展演、祭孔大典、“客韵悠悠千年梦”客家民俗文艺演出等系列活动，邀请上级领导嘉宾、参赛队伍等近600人参加。

10月

1日，庆祝中华人民共和国成立70周年大会在北京天安门广场举行，上杭县先进模范代表实验小学老师温金娥受邀晋京参加国庆观礼活动。

4日，中共龙岩市委书记许维泽一行到上杭参观临江楼。

15日，原县纪委办案点改建的县委巡察集中驻点启用。

17日，省委第八巡回指导组组长黄子曦、副组长汤俊生一行到上杭县指导“不忘初心、牢记使命”主题教育工作。市、县主题教育领导及相关工作人员参加活动。在座谈会上，傅藏荣首先汇报全县“不忘初心、牢记使命”主题教育工作进展情况及下一步安排，与会人员围绕开展主题教育的特色做法、个人收获体会和对开展主题教育的意见建议进行发言。

18日，全省乡镇人大工作推进会在上杭县召开。省人大常委会副主任潘征；市、县有关领导及省人大常委会办公厅、研究室、人事代表工作室相关负责人；各设区市人大常委会、平潭综合试验区人大工委有关负责人；各设区市所辖的部分县（市、区）人大常委会有关负责人；部分乡镇人大主席等参加会议。会议由省人大常委会秘书长刘道崎主持。会议的主要任务是深入贯彻习近平新时代中国特色社会主义思想和习近平总书记关于坚持和完善人民代表大会制度的重要思想以及对地方人大及其常委会工作作出的重要指示精神，总结推广上杭县才溪镇人大主席团“1479”工作法，促进福建省乡镇人大工作再上新台阶。与会人员观看介绍上杭县才溪镇人大主席团“1479工作法”的电视专题片，县人大常委会主任梁八生及连江县人大常委会、南安市人大常委会、莆田市荔城区西天尾镇人大主席团、寿宁县下党乡人大主席团负责人等依次作交流发言。

20日，国家发改委联合调研组到上杭县开展赣南等原中央苏区规划评估调研工作。联合调研组一行到蛟洋工业区实地察看21号路、物流园等项目建设，详细了解闽西苏区振兴发展有关情况，并召开座谈会，听取省发改委、龙岩市、三明市、南平市有关贯彻落实国务院支持赣南等原中央苏区振兴发展的若干意见情况、存在的困难问题及新时代原中央苏区高质量发展的政策建议。

22日，省人大常委会副主任、省总工会主席黄琪玉一行到上杭调研，其间，他们一行参观才溪乡调查旧址。

23日，是日至24日，住建部创建国家园林县城现场核查专家组到上杭县，就国家园林县城创建工作进行现场核查。专家组一行听取县委书记傅藏荣代表县委、县政府所作的关于上杭县创建国家园林县城创建工作情况汇报，观看汇报片，并分园林和市政两个考查组，现场考评上杭县部分公园、广场、绿地、绿化达标单位、绿化达标小区、市政基础设施管理单位及企业等。在反馈会上，专家组对上杭县创建国家园林县城工作进行现场点评，还从生态优先、道路绿化、精细化管理等方面对上杭县园林县城创建工作提出很多建设性的意见、建议。

29日，副省长林宝金带领省直有关部门负责人到上杭县蛟洋循环经济示范园区，专题调研上杭县重点产业集群及工业园区龙头企业。

11月

2日，由上杭县政府主办的“乡约你　来上杭”——“文化中都　探寻之旅”在中都镇兴坊村举行。

2日，第二届国家农产品质量安全县与农产品经销企业对接活动在江苏徐州启动。上杭县被命名为第二批国家农产品质量安全县，并被评为第三批国家生态文明建设示范县拟命名名单。

4—7日，福建省社区矫正工作现场会暨业务培训班在上杭县召开，省、市、县有关领导，全省各设区市司法局、平潭综合实验区司法办公室分管领导及社区矫正局(处、科)负责人，各县(市、区)社区矫正机构负责人等参加培训。

7日，上杭县获评2019年“四好农村路”全国示范县称号，成为龙岩市首个获此殊荣的区县。

10日，县委书记傅藏荣主持召开县委常委会(扩大)会议，会议传达学习中共十九届四中全会精神和省委、市委常委会(扩大)会议精神，并提出贯彻意见。

12日，学雷锋和志愿服务座谈会在辽宁省抚顺市召开。上杭县作为福建省唯一、全国十五个之一的新时代文明实践中心代表参会，县委书记、县新时代文明实践中心主任、县新时代文明实践志愿服务总队总队长傅藏荣参加会议。

14日，位于临江路段的临江镇居家养老服务中心投入运营。

16日，第三批国家生态文明建设示范市县和“绿水青山就是金山银山”实践创新基地命名表彰大会在湖北省十堰市召开，上杭县等84个市、县获国家生态文明建设示范市、县命名表彰。

21日，是日至22日，全国工商联党组副书记、副主席樊友山一行到上杭县调研。他们一行实地察看古田干部学院并协调对接拟建立“全国非公有制经济人士理想信念教育基地”事宜；走访紫金铜业有限公司、福建德尔科技有限公司、上杭太阳铜业有限公司、福建紫金铜业有限公司等企业，并主持召开民营企业及商会负责人座谈会和政策宣讲会，听取上杭县工商联(总商会)工作情况汇报及企业、商会代表的意见建议。

22日，福建省委党史研究和地方志编纂办公室、龙岩市人民政府、福建省农村信用社联合社在红色圣地古田联合举办“纪念红色农信　践行初心使命”座谈会暨红色农信诞生地展览馆开馆仪式。福建省政府副省长郭宁宁，中国银保监会农村银行部副主任洪小平，中国银行业协会顾问王哲，福建省政府副秘书长詹志洁，福建省委党史研究和地方志编纂办公室主任黄誌，福建省农村信用社联合社主任张镇雄，龙岩市委副书记、常务副市长王龙，原中共中央党史研究室第一研究部主任蒋建农，以及福建省有关厅局领导、各省区联社(农商银行)领导、福建省67家行社董(理)事长、龙岩党史研究部门相关专家和新闻媒体代表共计200余人参加活动。

30日，福建省政府发展研究中心发布2019年度福建省县域经济实力“十强”县(市)名单，上杭再次上榜福建省县域经济实力“十强”县(市)，上杭县连续四年获此称号。

30日，由上杭县政府主办的“乡约你，来上杭”——上杭溪口温泉旅游文化节暨“K口”牌芦柑推介活动在溪口镇厚德公园广场拉开帷幕。为当地的果农和贫困户解决芦柑销售难问题，助力乡村振兴。

是月，上杭县被全国普法办表彰为“全国‘七五’普法中期先进县”。

是月，工业和信息化部办公厅公布工业产品绿色设计示范企业（第一批）名单，包括紫金铜业在内的4家有色企业通过验收，成功入选国家绿色设计示范企业。

12月

2日，上杭选送的2个志愿服务项目“素爱行动·让爱回家”关爱流浪人员项目和“蛟洋镇夜间流动讲堂志愿服务项目”在2019年福建省志愿服务大赛中分别获得金奖和银奖。

3日，福建省首家“雷锋学校”在上杭实验小学揭牌，原福建省军区司令员、福建省委常委、将军，雷锋杂志社总编、原解放军报社副总编、将军陶克，北京师范大学出版集团总编助理、期刊社社长姜钰，中国教师杂志社社长曹巍等嘉宾，以及市县有关领导出席揭牌仪式。

10日，是日至11日，古田山庄召开“三省四地”金融改革试验区启动交流活动及普惠金融创新发展座谈会，中国人民银行总行副行长陈雨露、中国人民银行福州中心支行行长单强、龙岩市常务副市长王龙及国家各部委有关人员参加会议。

13日，中央广播电视总台“心连心”艺术团到上杭县古田镇慰问演出。

18日，是日至28日，由上杭县新时代文明实践中心、共青团上杭县委、县文体旅游局指导，华嵒书画社和秋竹峰书画社主办的纪念华嵒诞生337周年暨庆祝华嵒书画社成立——秋竹峰书画周年闽籍当代书画名家作品邀请展在上杭文庙举行。

21日，龙岩市畲族文化研究会成立大会在上杭县召开。该研究会办公地址设在上杭，组成人员80%以上是上杭籍，主要活动范围在上杭。

25日，毛泽东才溪乡调查纪念馆组织开展庆祝建馆60周年系列活动：建馆60周年成果图片展；“讲好红色故事、传承才溪精神”红色故事讲解比赛；“栉风沐雨六十载，守正创新铸辉煌”主题道德讲堂。

26日，中华全国供销合作总社主任喻红秋一行到上杭调研深化供销合作社综合改革、助力脱贫攻坚、服务乡村振兴等相关工作。

28日，纪念古田会议90周年大会在福建龙岩上杭古田召开。中共中央政治局委员、中宣部部长黄坤明出席并讲话，中央军委委员、中央军委政治工作部主任苗华主持会议。中央宣传部、中央党史和文献研究院、人民日报社、教育部、文化和旅游部、退役军人事务部等中央和国家部委、中央军委机关有关部门负责人，东部战区、军事科学院、国防大学等军队单位的负责人，福建省四套班子负责人，老战士、老干部代表和红军亲属、烈属、烈士遗属代表，福建省各界群众和部队官兵代表等1200人参加大会。

29日，“兴业证券—上杭县革命老区教育基金”成立，并举行第一次颁奖仪式，15位教师获“优秀园丁”奖共计30万元。

30日，是日至31日，古田镇吴地、苏家陂村，通贤集镇率先启动垃圾分类试点工作。

是月，数字上杭地理信息公共服务平台公众版、政务版域名挂接上线，完成360全景、2.5维电子地图服务、公交线路及兴趣点查询等子项目并接入福建天地图7-17级电子地图服务。

是月，由客家族谱博物馆与上杭县政协文史委、上杭县客联会共同编纂的《祖宗的叮咛：客家族规家训选》一书由华南理工大学出版社出版。

是年，上杭古田被列为全国农村综合改革试点试验区域，从2019年起3年内每年将获财政部补助资金2500万元，3年共计7500万元。这是龙岩市唯一被列入全国农村综合性改革试点试验区域的县（市、区）。

是年，上杭县公安局4个集体获龙岩市厅级表彰、6个集体获省部级表彰，古田派出所女警巡逻服务队获“全国三八红旗集体”“全国五一巾帼奖状”“全国学雷锋活动示范点”3个“国字号”荣誉，全年有40个集体，98人次受到县处级以上表彰。

是年，上杭县新时代文明实践活动以“爱满杭川”为总品牌，开展“一月一主题”志愿服务活动，全年开展活动3884场次，参与志愿者10万多人次，直接受益群众达106万人次。

责任编辑：钟梅娇

县情概览

自然环境

【地理位置与面积】 上杭县地处北纬24°46′~25°26′，东经116°16′~116°57′。位于福建省西南部，闽西中部，武夷山脉南端东侧，汀江中游。东靠龙岩，东南接永定，西邻武平，北连长汀，东北与连城为邻，西南与广东蕉岭接壤。东西宽69千米，南北长78千米，总面积2879平方千米。

【地质】 地层 上杭县境内地层发育较齐全。从元古界至新生界均有出露，出露较大的有前震旦系楼子坝群、泥盆系南靖群和白垩系沙县组地层，其次为侏罗系南园组地层。

境内侵入体主要发生在燕山运动的早、晚期阶段。侵入岩面积约占全县总面积的48.4%，主要分布在步云、古田、蛟洋、白砂、溪口、泮境、湖洋、中都、下都、才溪、通贤、南阳等乡镇。成土母岩以岩浆岩为主，砂质岩和泥质岩次之，石灰岩在局部地区有分布。岩浆岩中又以花岗岩为主，其次是闪长岩。成土母岩质多为残积；耕地土壤则以坡积、洪积和冲积母质为主。

构造 上杭的大地构造位于松（溪）、政（和）—大埔（广东）断裂带的北西侧。处于新华夏体系的西部隆起带内和南北向构造体系的西南部。新华夏体系和南北向构造体系是境内最强大、最活跃的构造，是县域地质构造的主要体系。其次，还有华夏系构造、东西向构造、北西向构造和龙岩山字构造，相互复合，彼此干扰，导致地质构造复杂。

【地貌】 上杭县群山绵延，丘陵起伏，河流交错。地势从东北向西南倾斜。山脉以旧县河—汀江为界。分东、西两侧。西侧属武夷山脉南段的延伸分支，县境山脉系武平县梁野山脉分支，呈北—西南走向，由梁野山入官庄、湖洋的为回龙山、圆通山、腊石山、龙障山；紫金山山脉呈西北—东南走向，自长汀县大息岭入南阳、通贤、才溪、旧县的为大瓯山东、紫金山。东侧为玳瑁山脉，其延伸分支为南岗山脉，呈北—西南和东北—西南走向，从连城县东郊入步云、古田、蛟洋、白砂的为梅花山、黄连盂、石门山、双髻山。全县地势东、北、西三面高，中、南部低，盆地、夹谷相同，排列成串珠型。

蓝溪、稔田、临江、临城、庐丰、中都、下都、湖洋、官庄、珊瑚、旧县大部分及才溪、太拔一部分地区，海拔140~300米，切割深度10~50米，丘陵起伏，山低坡缓，坡度15~20度，地势较开阔，沿江河两岸为河谷盆地。

全县地貌属高丘、低山类型。以高丘为主，占42.05%；其次为低山，占24.83%；再次为中山，占17.92%；第四为低丘，占8.77%；盆地占3.31%；浅丘仅占3.12%。步云乡金屏村的岩顶山海拔1815.2米，为闽西南最高山峰；最低处为稔田镇黄屋背，海拔140米。全县千米以上山峰有91座。

【资源】 上杭县耕地面积2.91万公顷，林地面积22.79万公顷，森林覆盖率77.5%。重要矿产资源有金、铜、铀、钼、铁、锰、铅、锌、稀土、石灰石、白云岩、萤石、瓷土、矿泉水和地热等矿种43个，查明矿点355处。金、铜及稀土资源量在全省具有较大的优势。全县开发利用矿种6个，主要有金矿、铜矿、建筑用花岗岩、建筑用砂岩、制灰用灰岩、萤石等。全县生态旅游资源丰富、史迹文化突出、山城风光秀丽、山水风景宜人，主要旅游景点有古田会议旧址、毛泽东才溪乡调查旧址、梅花山国家自然保护区、上杭国家森林公园、紫金山国家矿山公园、城区汀江绿道等国家级旅游品牌。

【水文】 雨情 2019年，上杭南岗城区降水量1993毫米，与多年平均降水量均值1621毫米相比偏多22.9%。其中与各月同期相比，1月雨量4.5毫米偏少91.3%；2月雨量106毫米偏多16.9%；3月雨量344毫米偏多120.2%；4月雨量205毫米偏多12.6%；5月雨量314毫米偏多21.8%；6月雨量439毫米偏多56.8%；7月雨量324毫米偏多110.7%；8月雨量178毫米偏少8.8%；9月雨量73毫米偏少42.1%；10月雨量2毫米偏少96%；11月全月无降雨偏少100%；12月雨量3.5毫米偏少90.6%。

水情 2019年，上杭县主要降水和水情特点：一是气候异常，降水不均，与多年均值相比偏多22.9%，主汛期4—7月降水达1282毫米偏多46.7%，非汛期10—12月几乎无降水。二是7月10日出现年最高水位179.81米，接近警戒水位，相应流量

2830立方米/秒。受上游金山、矶头二座电站蓄水影响,12月6日出现年最低水位173米,最小流量12.7立方米/秒。

旱情　2019年1月、8月、9月、10月、11月、12月降水偏少8.8%~100%,9月15日至12月31日期间只降雨2天,连续无降雨天数达60天。2—7月降水偏多12.6%~120.2%。根据干旱评判指标评定;河道来水量距平百分率与多年同期均值相比,1—6月偏多31%,7—12月偏多17%,降水距平百分率1—6月偏多38.7%,7—12月偏少3.7%。总体属正常年份,但时空分布不均,年径流量比多年平均偏多26.6%。

【气候】 2019年,上杭县受厄尔尼诺事件影响,天气气候形势复杂,持续性暴雨、高温、强对流、干旱等灾害性天气频发,因气象灾害造成的损失较重,气候年景较差。年平均气温异常偏高、降水偏多、日照正常。

气温　2019年,年平均气温21.2℃,较常年偏高1℃,属异常偏高,突破历史极值(原极值为2018年21℃)。年极端最低气温2.9℃(1月23日),年极端最高气温38.2℃(7月17日)。年内日最高气温≥35℃高温日数36天,较常年偏多12天,年高温日数分布:6月3天,7月8天,8月14天,9月9天,10月2天。

冬季(2018年12月至2019年2月)平均气温13.3℃,较常年偏高1.5℃,属显著偏高。其中12月平均气温13℃,较常年偏高1℃,属正常;1月平均气温12.4℃,较常年偏高1.7℃,属偏高;2月平均气温14.5℃,较常年偏高1.9℃,属正常。

春季(3—5月)平均气温20.6℃,较常年偏高0.5℃,属正常。季内各月平均气温与常年比较均属正常。

夏季(6—8月)平均气温27.9℃,较常年偏高0.6℃,属显著偏高。其中6月平均气温26.8℃,较常年偏高0.5℃,属正常;7月平均气温28.3℃,较常年偏高0.2℃,属正常;8月平均气温28.6℃,较常年偏高1℃,属偏高。

秋季(9—11月)平均气温22.9℃,较常年偏高1.2℃,属异常偏高。其中9月平均气温26.8℃,较常年偏高1℃,属偏高;10月平均气温23.5℃,较常年偏高1.2℃,属偏高;11月平均气温18.3℃,较常年偏高1.2℃,属偏高。

初冬季(12月)平均气温13.9℃,较常年偏高1.9℃,异常度为1.6,属显著偏高。

降水　2019年,年总雨量1902.2毫米,较常年偏多16%,属偏多。年雨日(日雨量≥0.1毫米)137天,较常年偏少13天;日雨量≥50毫米暴雨日数9天,较常年偏多4天。年暴雨日数分布:3月2天,5月1天,6月3天,7月2天,8月1天。其中最大日雨量为97.9毫米(6月10日)。

冬季(2018年12月至2019年2月)雨量104毫米,较常年偏少46%,属偏少。其中2018年12月雨量11.9毫米,较常年偏少66%,属显著偏少;1月雨量3.4毫米,较常年偏少94%,属异常偏少;2月雨量88.7毫米,较常年偏少16%,属正常。

春季(3—5月)雨量768.2毫米,较常年偏多25%,属正常。其中3月雨量312毫米,较常年偏多75%,属显著偏多;4月雨量196毫米,较常年偏少6%,属正常;5月雨量260.2毫米,较常年偏多14%,属正常。

夏季(6—8月)雨量968.6毫米,较常年同期偏多54%,属显著偏多。本季多以分散性对流降水为主,时空分布不均、局地性强,其中6月雨量474.2毫米,较常年偏多73%,属显著偏多;7月雨量321毫米,较常年偏多125%,属异常偏多;8月雨量173.4毫米,较常年偏少18%,属正常。

秋季(9—11月)雨量70.4毫米,较常年显著偏少66%,属显著偏少。其中9月雨量68.6毫米,较常年偏少49%,属偏少;10月雨量1.8毫米,较常年偏少95%,属异常偏少;11月雨量0毫米,较常年偏少100%,属异常偏少。

初冬季(12月)雨量2.9毫米,较常年偏少92%,属异常偏少。

日照　2019年,年总日照时数1803小时,较常年偏多42小时,属正常。

冬季(2018年12月至2019年2月)日照总时数259.2小时,较常年偏少110.4小时,属偏少。其中12月日照时数90.4小时,较常年偏少68.8小时,属显著偏少;1月日照时数119.5小时,较常年偏少4.4小时,属正常;2月日照时数49.3小时,较常年偏少37.2小时,属正常。

春季(3—5月)日照时数241.1小时,较常年偏少60.7小时,属偏少。其中3月日照时数84.7小时,较常年偏多1小时,属正常;4月日照时数87.8小时,较常年偏少4.7小时,属正常,5月日照时数68.6小时,较常年偏少57小时,属显著偏少。

夏季(6—8月)日照时数490.2小时,较常年偏少17.9小时,属正常。其中6月日照时数125.2小时,较常年偏少9.2小时,属正常;7月日照时数155.5小时,较常年偏少62.6小时,属显著偏少;8月日照时数209.5小时,较常年偏多5.2小时,属正常。

秋季(9—11月)日照时数739.7小时,较常年偏多206.9小时,属异常偏多。其中9月日照时数265.7小时,较常年偏多85.1小时,属异常偏多;10月日照时数222.9小时,较常年偏多35.4小时,属正常;11月日照时数251.1小时,较常年偏多86.4小时,属异常偏多。

初冬季(12月)日照时数163.2小时,较常年偏多4小时,属正常。

【重大及异常天气气象事件】 强冷

空气　2019年1月21日，受强冷空气南下影响，气温明显下降，过程降温幅度9.4℃，极端最低气温2.9℃(23日)。

1月23—24日早晨，上杭县部分乡镇有霜或霜冻。

2月8—11日，受强冷空气南下影响，气温下降，过程降温幅度12.7℃。18—24日，受低层切变南北摆动和冷空气共同影响，出现持续较强降水过程。22—25出现连续4天日平均气温低于12℃不利春播的低温阴雨天气。

强对流　2019年3月3日凌晨，受地面冷空气和低层切变东移影响，上杭县局部乡镇出现大雨、局地伴有明显强对流天气，大风以紫金山24.8米/秒(10级)为最大。

3月29日，受切变东移南压和冷空气南下的影响，上杭县局部乡镇出现暴雨、局地伴有明显强对流天气，小时雨强以县站40.9毫米为最大，大风以紫金山26.9米/秒(10级)为最大。

6月6日，受高空槽东移影响，上杭县出现中雨、局地伴有明显强对流天气。据区域自动站资料统计，5日20时至6月20日20时，有16个站点出现6级以上大风，以珊瑚乡26.1米/秒(10级)为最大。

8月18日，上杭县局部乡镇出现暴雨，小时雨量以溪口镇50.4毫米为最大。

8月29日—9月1日，上杭县午后多雷雨天气，局部乡镇出现大暴雨。据区域自动站资料统计，8月29日20时至30日20时，累积雨量以临城镇六甲村118.3毫米为最大，小时雨量以六甲村64.9毫米为最大。

暴雨　2019年3月5—10日，受西南急流和切变东移南压影响，上杭县出现持续性强降水过程，县站5日雨量62.6毫米、9日雨量57.3毫米。据区域自动站资料统计，4日20时至9日20时全县26个站点降水均超过100毫米，以步云乡211.7毫米为最大。

5月26—29日，上杭县出现强降水过程，28日出现暴雨，县站雨量81.1毫米。

6月1—3日，受南风急流和低层切变影响，上杭县出现强降水过程。据区域自动站资料统计，5月31日17时至6月3日17时全县18个站点雨量超过100毫米，以泮境乡199毫米为最大。

6月9—13日，受高空槽和低层切变东移南压影响，上杭县进入雨季以来最强的降水集中期，降水时间长、累积雨量大，县站10日雨量97.9毫米、11日雨量51.7毫米。据区域自动站资料统计，9日8时至14日8时，上杭县全部站点雨量均超过150毫米，以白砂镇264毫米为最大。

6月23—25日，受高空槽和低层切变影响，上杭县出现持续性强降水过程，24日出现暴雨，县站雨量94.5毫米。据区域自动站资料统计，23日20时至25日20时，全县24个站点雨量超过100毫米，以南阳镇150毫米为最大。

7月2—3日，受南海低值系统影响，上杭县出现强降水过程，2日出现暴雨，县站雨量97.6毫米，县站1小时最大雨量为96.2毫米，突破历史极值(原极值为1996年8月8日86.8毫米)。据区域自动站资料统计，2日8时至3日20时，全县共有5个站点雨量超过50毫米，以县站102.1毫米为最大。

7月10日，受低层切变影响，上杭县出现暴雨，县站日雨量87毫米。据区域自动站资料统计，9日20时至10日20时，全县共有20个站点雨量超过50毫米，其中2个站点超过100毫米，以临城镇六甲村109.4毫米为最大。受高空槽东移和低层切变影响，8月30日出现暴雨，县站日雨量77.6毫米。

台风　2019年7月19日，受第5号台风“丹娜丝”外围气流影响，上杭县部分乡镇出现大雨到暴雨。据区域自动站资料统计，18日20时至19日20时，全县4个站点雨量超过50毫米，以溪口镇75.5毫米为最大。

8月24日8时至26日8时，受第11号台风“白鹿”影响，上杭县出现较明显风雨天气。据区域自动站资料统计，全县17个站点雨量超过30毫米，以庐丰畲族乡53.6毫米为最大；局地出现6~8级大风，以紫金山18.7米/秒(8级)为最大。

高温　2019年，35℃以上高温日数36天，较常年偏多12天。6月下旬起至9月，出现阶段性35℃以上高温天气，其中9月35℃以上高温日数9天，较常年偏多6天。

干旱　2018年12月10日至2019年2月17日，晴好少雨，降水偏少，日降水量≤2毫米的连旱日数70天，达秋冬旱中旱。(2019年2月18—24日出现明显降水过程，气象干旱解除。)

9月中旬起，降水持续偏少，上杭县出现秋冬气象干旱，截至12月下旬，大部分乡镇达气象重旱标准。

建置区划

【建置沿革】　上杭历史悠久，早在四千多年前的新石器时代后期，境内已有人类劳动生息。先秦时期属闽越地，西汉初年属闽越国，汉武帝以后至东汉属会稽郡，三国属吴建安郡，晋属新罗县。唐大历四年(769年)割龙岩湖雷下堡置上杭场，隶汀州。宋淳化五年(994年)升场为上杭县，直至元、明、清三代均隶汀州，民国时先后隶第六、第七督察专员公署。1949年8月27日上杭县城解放后，此后一直隶属龙岩专区专员公署(1970年起改为地区，1978年称龙岩地区行政公署，1997年为龙岩市)。

表 1

上杭县建置沿革情况一览表

朝代	年号	公元	名称	驻地	隶属
唐	大历四年	769 年	上杭场	湖雷下堡(今永定县下湖雷)	汀州长汀县
南唐	保大十三年	955 年	上杭场	秫梓堡(今永定县高陂北山)	汀州长汀县
宋	淳化五年	994 年	上杭县	秫梓堡	汀州
	至道二年	996 年	上杭县	鳖沙(今白砂镇碧沙村)	汀州
	咸平二年	999 年	上杭县	语口市(今旧县镇全坊村)	汀州
	天圣五年	1027 年	上杭县	钟寮场(今才溪镇荣石村)	汀州
	乾道四年	1168 年	上杭县	郭坊(今临江镇)	汀州
元	至元十四年	1277 年	上杭县	在城里	汀州府
明	洪武元年	1368 年	上杭县	在城里	汀州府
清	顺治三年	1646 年	上杭县	在城里	汀州府
中华民国	民国 3 年	1914 年	上杭县	在城里	福建西路汀漳道
	民国 16 年	1927 年	上杭县	在城里	直属福建省
苏区	民国 18 年	1929 年 10 月	上杭县苏维埃政府	县城、白砂	1930 年 3 月闽西苏维埃政府成立后直属闽西苏维埃政府
	民国 21 年至 23 年	1932 年至 1934 年	上杭县苏维埃政府	白砂、通贤等地	直属福建省苏维埃政府
中华民国	民国 22 年 12 月至 23 年 2 月	1933 年 12 月至 1934 年 2 月	上杭县	城厢镇(今临江镇)	龙漳省
	民国 23 年 7 月至 24 年 9 月	1934 年 7 月至 1935 年 9 月	上杭县	城厢镇	福建省第七行政督察专员公署(龙岩)
	民国 24 年 10 月至 29 年 7 月	1935 年 10 月至 1940 年 7 月	上杭县	城厢镇	福建省第六行政督察专员公署(龙岩)
	民国 29 年 8 月至 36 年 3 月	1940 年 8 月至 1947 年 3 月	上杭县	城厢镇	福建省第七行政督察专员公署(长汀)
	民国 36 年 4 月至 38 年 5 月	1947 年 4 月至 1949 年 5 月	上杭县	城厢镇	福建省第七行政督察专员公署(龙岩)
中华人民共和国		1949 年 9 月 17 日至 1950 年 3 月	上杭县	城关镇	福建省第八专区专员公署
		1950 年 4 月至 1968 年 10 月	上杭县	城关镇	龙岩专区专员公署
		1968 年 10 月至 1979 年 11 月	上杭县	城关镇	龙岩专区革命委员会、龙岩地区行政公署
		1979 年 12 月至 1997 年 4 月	上杭县	城关镇、临江镇	龙岩地区行政公署
		1997 年 5 月至今	上杭县	临江镇	龙岩市

【行政区划】 2019年，上杭县设22个乡镇，其中17个镇、5个乡（含2个畲族乡）；全县村、社区委员会总数344个，其中村民委员会331个，社区居委会13个；村（居）民小组3704个。

表2

2019年上杭县行政区划情况表

单位：个

乡镇	乡镇驻地	所辖村居委会	村居民小组数
临江镇	镇南	镇东、英明、天山、镇中、镇南、镇西、东南社区居委会(7)	80
蓝溪镇	厚里岗	黄潭、沈田、湖里、歧滩、梅永、觉坊、蓝溪、龙丰、栽厚、岩华、白水、冯石(12)	171
古田镇	八甲圩	苏家陂、下郭车、上郭车、横坑、文元、荣屋、五龙、溪背、新生、赤坑、苎园、石笋、洋稠、大源、八甲、竹岭、外洋、上洋、赖坊、金湖(20) 古田华润希望小镇吴地社区居委会(1)	142
南阳镇	沙下坝	双溪、射山、豪东、砚头、下车、涂坑、马洋洞、南坑、南阳、官余、新联、罗坊、黄坑、茶溪、联义、日新、朱斜、联山、香塔、南岭(20)	270
临城镇	城北	石砌、白玉、古石、新塘、玉女、九洲、宫桥、水西、富古、同康、新丰、龙翔、黄竹、土埔、西郊、西南、西陂、六甲、上登、璜岗(20) 城东、城北、城南、城西、金山社区居委会(5)	332
才溪镇	上才中兴	才民、溪北、岭和、中兴、溪西、溪东、才溪、曾坑、大贵、下王、荣石、陈坑、下才、黄竹(14)	167
稔田镇	镇歧渡上	大湖、化厚、祝田、石牌、大燕、南坑、叶坑、蔡坑、官田、梅镇、长滩、埔头、连四、丰朗、楼岗、枫山、镇歧、歧坑(18)	189
白砂镇	朋新	中洋、梧岗、梧田、塘丰、大田、大金、扶福、樟黄、朋新、岭背、上早康、下早康、丰源、碧砂、大科、长锦、官洋、茜黄、洋乾、军桥、东塘、嫩洋(22)	280
中都镇	饶坊	永联、富光、军联、长徐、陈和、田背、罗溪、蛟腾、兴坊、饶坊、亲睦、由安、睦邻、都康、古基、仙村、复兴、古坊、瑞香、黄店(20)	142
湖洋镇	湖洋排下	碧田、涧头、水埔、上埔、元丰、加庄、福全、寨背、三田、通桥、乃康、岩头、湖洋、文光、古楼、濑溪、新坊、五坊、龙山、上罗、太平、新山(22)	272
旧县镇	大岗尾	新坊、石院、扁山、福村、河东、龙溪、全坊、坝上、河西、尧埔、兰田、铁场、铁东、石圳、角龙、迳美、谷坑、梅溪、水东、新坑(20)	205
通贤镇	枫云岗	上村、通贤、周源、培才、东里、曹丘、大东、岭头、文坑、秀坑、礤头、障云、汉溪(13)	126
茶地镇	店前	千龙、久泰、大燮、高屋、官山、茶地、调和、下科、樟树、翁基、竹马、上连科、下连科(13)	78
下都镇	吉安	砂睦、保安、和睦、佛坑、象栏、吉安、新寨、豪康、璜溪、三益、五丰(11)	103
太拔镇	太拔	崇厦、田增、罗坑、太拔、丘辉、院田、大坑、彩霞、张芬、鲜水坑、梓东、双康、上村、黄家、寨背山、大地(16)	200
溪口镇	大厚	锦坊、当丰、陈屋、大洋坝、云山、石铭、大连、大厚、大丰、三溪、双华(11)	99
蛟洋镇	蛟洋	下道湖、坪埔、崇头、蛟洋、塘厦、东乾、陈坊、文地、杨梅坑、桃源、达理、丘坊、苏坑、梅坝、小和、秋竹、丰年、贵竹、华家、文都、再兴、邹坑、中村、坪上、再嘉(25)	285
泮境乡	泮境	彩下、泮境、祖加、院康、乌石、定达、元康(7)	57
步云乡	上福	上福、金屏、古炉、马坊、兴隆、梨岭、贵和、蛟潭、大斜、云辉(10)	43
珊瑚乡	下珊瑚	上珊瑚、下珊瑚、下坑、彩坑、华竹(5)	51
官庄畲族乡	冒峡湖	上濯、下濯、龙牌、龙角、红石、回龙、朱堡、官庄、福泉、贵和、新风、七里、璜头、德康、树人、新民、曾洒、蕉坑(18)	190
庐丰畲族乡	丰济	章全、上坊、中坊、下坊、立英、丰康、丰乐、丰济、扶洋、铁峰、太古、黄坊、横岗、三坪(14)	222
合计22个乡镇	—	344个村、社区居委会	3704个村(居)民小组

县情特色

【思想建党政治建军纲领确立地】 1929年12月红四军党的第九次代表大会在上杭县古田召开(又称古田会议),开启马克思主义建党理论同中国共产党的自身建设实践相结合的先河,开辟一条思想建党、政治建军的成功之路,确立党对人民军队绝对领导的原则,找到党和人民军队建设的正确方向。成功从古田开始、人民军队从这里走来。2014年10月,全军政治工作会议又在上杭县古田召开,这是习近平总书记亲自决定在上杭古田召开的围绕贯彻整风精神,研究新的历史条件下,党从思想上、政治上建设人民军队重大问题的一次重要会议(又称新古田会议)。上杭古田是中国共产党中国人民解放军确立思想建党、政治建军原则的地方,是中国人民解放军政治工作奠基的地方,也是新型人民军队定型的地方。

【党的群众路线重要发源地】 1929年9月,党中央写给正在上杭活动的红四军前委的指示信("九月来信")中三次提到"群众路线"。这是中国共产党的文献中首次提到"群众路线"这个概念。《古田会议决议》也强调群众工作的重要性,批评主观主义,要求党员注意调查研究,这对党的群众路线形成产生重大影响。1930—1933年,毛泽东三进上杭才溪乡开展调查研究,指导革命实践,写下著名的《才溪乡调查》,为全党树立党的群众路线的光辉典范。

【著名苏区】 上杭县是全国第一批公布的21个原中央苏区县之一,是著名的革命老区。境内有彪炳史册的古田会议和才溪乡调查旧址,才溪是当年中央苏区"第一模范乡",素有"九军十八师""将军之乡"的美誉。毛泽东曾九次到上杭调查研究指导革命实践,写下《星星之火、可以燎原》《才溪乡调查》《采桑子·重阳》等光辉著作;周恩来、朱德、陈毅、贺龙、谭震林等老一辈无产阶级革命家都在上杭留下伟大革命实践的史迹。当年,全县有1.5万人参加革命队伍,有9000多人为国捐躯,在册烈士5900多人。上杭籍开国将军有27人,是福建省将军最多的县份(占全省1/3)。习近平、江泽民、胡锦涛、李克强、温家宝、贾庆林、贺国强等国家领导人均亲临上杭视察。

【客家祖地】 上杭县是名扬海内外的客家人的重要祖籍地之一,文化底蕴深厚,有丰富的客家文化资源,也有灿烂的诗画文化传统,素有山歌之乡、书画之乡、木偶之乡的美称。志书和族谱记载,一千多年前有30多个客家姓氏的始祖,在上杭这块土地上开基创业,他们的裔孙从这里出发播向海内外。上杭客家族谱博物馆收藏有客家145个姓氏2900多部数万册族谱及部分家族文书契约、客家祖图等文物,是全国收藏客家族谱最多的公共图书馆之一。上杭县因此被誉为"客家祖地"。

【建筑之乡】 上杭县的建筑业历史悠久,建筑技艺早在明清时代就声名远扬。改革开放以来,建筑业成为上杭县重要的支柱产业,整体水平和企业竞争力不断提升。全县有建筑施工资质企业176家,其中一级34家,二级115家,三级27家,有60多家企业在省外承接施工项目,4家企业走出国门参与国际工程建设。2011年,上杭县被中国建筑业协会授予"中国建筑之乡"称号。

【黄金宝地】 上杭县是中国黄金十强县(市)之一。境内自然资源丰富,已探明的矿产有金、铜、银、铀、大理石、石灰石、稀土、瓷土等30多种,查明矿点100多处,其中紫金山金铜矿属国家级特大型金铜矿床,被中国黄金协会命名为"中国第一大金矿"。

【旅游胜地】 上杭县旅游资源丰富,具有生态资源优秀、史迹文化突出、山城风光秀丽、山水风景宜人的特点。境内有古田会议会址、毛泽东才溪乡调查旧址、梅花山国家自然保护区、上杭国家森林公园、紫金山国家矿山公园、全国工业旅游示范点——紫金工业生态旅游区等国家级旅游品牌,先后获"中国优秀旅游县"、全国十大"县域旅游之星"、全国"休闲农业与乡村旅游示范县"等称号。

【冠军摇篮】 上杭县是第二批"全国体育先进县"。先后为国家队输送周金灿、余立志、林丹、刘麒鹏等一批优秀运动员,获得奥运冠军2人次,世界大赛冠军78人次,亚运会冠军3人次,全国大赛冠军67人次,省赛冠军186人次。县少体校是国家级羽毛球、体操项目高水平体育后备人才基地。

经济社会发展

【概况】 2019年,上杭县实现地区生产总值402亿元,比上年增长8.6%。其中,第一产业增加值55.2亿元,比上年增长3.7%;第二产业增加值

上杭全城夜景(2019 年)　　(县融媒体中心供图)

171.7 亿元,增长 9.4%;第三产业增加值 175.6 亿元,增长 9.1%。财政收入 39.2 亿元,比上年增长 5.6%,其中地方级收入 27.4 亿元,增长 4.3%;固定资产投资增长 14%;规模以上工业总产值 828.16 亿元,增长 23.3%。农林牧渔业总产值 92.4 亿元,比上年增长 3.7%。社会消费品零售总额 104 亿元,比上年增长 10.6%。外贸企业实现出口 40.3 亿元,实际利用外资 589 万元。一般公共预算总收入 39.24 亿元,比上年增长 5.6%,其中地方一般公共预算收入 27.38 亿元,增长 4.3%。城镇居民人均可支配收入 42288 元,增长 8.5%;农村居民人均纯收入 18444 元,增长 9.9%。

【第一产业】 2019 年,上杭县实现粮食播种面积 2.56 万公顷,总产 16.3 万吨;烤烟生产规模保持稳定。设立农业贷款担保基金,为 3 家企业提供 1300 万元担保,新增市级农业产业化龙头企业 4 家,推进华润五丰农业生态循环产业园、傲农槐猪产业综合开发等项目建设。加大农业标准化力度,新增"三品一标"产品 44 个。做好土地流转,新增家庭农场 659 家。基本完成农村集体产权制度改革和农村土地承包经营权确权登记颁证工作。深化集体林权制度改革,发放林权证 6.5 万本,发放惠林卡 1393 张、完成授信 1.3 亿元。

【第二产业】 2019 年,上杭县金铜产业实现产值 781 亿元,比上年增长 21%。新签约年产 5 万吨磷酸二氢钾、安防线材生产等项目 8 个,开工紫金铜业铜冶炼技改扩建、紫金选矿药剂扩建等项目 6 个,竣工投产智能家居线束及安防工程电缆生产、5G 通信电缆及物联网终端天线等项目 4 个。建筑产业实现总产值 551 亿元,比上年增长 8.8%;完成在地产值 210 亿元,比上年增长 15%。新增建筑企业 16 家,至年底有建筑企业 176 家。推进征地拆迁促重点项目落地百日攻坚大会战,35 个市、县重点项目完成房屋征收 7.5 万平方米,土地征收 287.07 公顷,实现净地交付项目 10 个。144 个投资增长点全年完成投资 130 亿元;20 个税收增长点新增税收 1 亿元。

【第三产业】 2019 年,上杭县新增规模以上服务业企业 5 家,21 个服务业项目完成投资 10 亿元,实现第三产业增加值 156 亿元,比上年增长 8.3%。金融业稳步发展,支持金融机构拓展业务、扩大规模,金融服务业融资规模有望突破千亿元。文化旅游产业全年接待游客 852.6 万人次,比上年增长 21.8%;实现旅游总收入 68.4 亿元,增长 24.4%。

责任编辑:蓝晓东

红色传承

■ 综述

【红色资源保护】 红色文化遗存普查 2019年,上杭县开展不可移动的红色文化遗存进行全面普查,调查核实全县不可移动红色文化遗存的名称、地址、级别、现状类型、产权、管理机构等信息,至年底,经初步普查全县有不可移动的红色文化遗172处,相关资料数据汇总上报。

上杭籍开国将军故居维修保护 2019年,完成白砂丁甘如将军故居维修,启动才溪王香雄将军故居维修,白砂袁子钦、丁甘如、李平将军生平事迹陈列布展工作。维修(重建)完成袁子钦等将军故居17处,并对外开放;成为上杭县重要的爱国主义和革命传统教育基地。

党史教育基地建设 2019年,上杭县以革命遗址遗迹、重大党史事件和重要党史人物纪念场馆等红色资源为载体,开展党史教育基地授牌创建工作。至年底,上杭县获省级党史教育基地授牌6处,市级党史教育基地授牌16处,在全县形成一批富有特色的党史教育基地群。

【党史研究】 党史二卷编写 2019年,上杭县完成《中国共产党上杭历史第二卷(1949—1978)》初稿编写,根据评审会意见建议进行数次讨论和修改。中央党史出版社完成样书的审核,县委党史和地方志研究室组织人员根据专家和出版社审稿意见进行修改完善,报中央党史出版社出版。

地方党史研究 2019年,县委党史和地方志研究室与白砂镇党委、蛟洋镇党委编辑出版《红色白砂》《中共闽西"一大"史料汇编》。该书较全面反映白砂镇、蛟洋镇厚重的红色文化,内容丰富、资料鲜活、图文并茂,具有很强的史料价值。年内,审读《白砂记忆》《全国革命老区县发展史丛书·福建卷——上杭县革命老区发展史》《才溪"九军十八师"画册》等,并出具审读意见,力促党史书籍的可读性、史料性。

做好"中央红军村"征编 2019年,县委党史和地方志研究室深入旧县镇新坊村、通贤镇障云村、白砂镇碧沙村等3个行政村,对"中央红军村"村情、革命活动、重要历史事件、经济社会发展等方面进行调查研究,形成研究成果上报省、市党史研究室,编入《福建"中央红军村"》。

【党史宣传】 开展、参与重大党史事件的纪念活动 2019年,上杭县委党史和地方志研究室围绕古田会议、中共闽西"一大"和旱康会议召开90周年等重大党史纪念活动,主动靠前,参与筹划纪念活动。向50多位省内外专家学者教授发放中共闽西"一大"理论研究约稿函,及时与约稿对象联系,跟踪论文撰写情况,负责收集、整理理论研究成果,汇编《纪念中共闽西"一大"召开90周年论文集》。收集专家学者到上杭参加纪念活动信息,做好"一对一"领导专家服务等各项筹备工作,确保纪念活动的顺利进行。12月28日,县委党史和地方志研究室主要负责人受邀出席纪念古田会议90周年大会并参加理论研讨会。

举办红色文化讲坛 2019年,上杭县先后邀请龙岩学院科研处副处长、马克思主义学院教授杨玉凤作《启航新时代,践行新思想——进一步深入学习〈习近平谈治国理政〉第一卷、第二卷》,福建省革命纪念馆馆长、研究馆员杨卫东作《红色文化的传承与发展》等6场次专题讲座,紧扣闽西、上杭红色文化特色,多角度阐述红色文化的内涵,推进红色文化传播弘扬,取得良好社会效果。

办好党史方志内刊 2019年,编印《上杭党史方志》和《上杭红色文化》,内容包括弘扬实践习近平新时代中国特色社会主义思想、纪念旱康会议召开90周年、纪念中共闽西"一大"召开90周年以及最新史志理论研究成果、上杭历史党史特色、红色资源的保护传承等相关内容,内涵丰富、特色鲜明,扩大史志宣传的影响力,社会反响强烈。

建好党史方志网站 2019年,整合上杭红色文化网和上杭地方志网,组建上杭党史方志网。及时更新党史方志内容,全年上传信息量达100条,内容包括工作资讯、重要党史人物、史海钩沉、史志研究、志鉴编纂、革命旧址、红土地文学等内容,内涵丰富、特色鲜明,较好地发挥史志宣传教育、传播史志文化、引领政治思想正面舆论的作用。

红色基因传承志愿活动 2019年,县委党史和地方志研究室组织党史研究人员到上杭一中、福建省高速公路车辆通行费上杭征管所、才溪中学作传承红色基因相关主题宣讲。组织志愿者进社区、小区,到公园、街道,参与"三下乡"活动,向干部、群众发放《上杭人民革命史》《上杭革命基点村》《上杭党史概览》《上杭年鉴》《上杭县志》等10余种史志刊物,全年发放2000余册。把上杭红色故事、红色文化、红色精神讲精彩、讲响亮，让广大干部群众、学生接受红色故事的洗礼、红色文化的教育、红色精神的熏陶，争做时代新人。县委党史和地方志研究室红色故事汇志愿服务项目获首届上杭县新时代文明实践中心志愿服务项目大赛优秀组织奖。

■ 古田会议纪念馆

【概况】 2019 年，古田会议纪念馆围绕迎接中华人民共和国成立 70 周年、古田会议 90 周年，抢抓机遇，开拓创新，真抓实干，扎实推进党的建设和文物保护、资料编研、陈列展览、宣传教育、旧址保护等各项工作。2019 年，获全省“人民满意的公务员集体”称号，成为全市唯一获此殊荣的单位。全年接待入馆参观人员 358 批 8406 人次。

【古田会议 90 周年】 2019 年，古田会议纪念馆配合中央广播电视总台“心连心”艺术团进古田开展慰问演出以及主题党日活动。参与打造纪念古田会议 90 周年主旋律歌曲《血脉永恒》。参与纪念古田会议 90 周年纪念大会、纪念古田会议 90 周年理论研讨会论文评审、第四届全国“红地标党校”理论研讨会前期协调等工作。开发一批以“用文创承载历史　以匠心传播星火”为主题的简单精美的文创产品，用人们更喜闻乐见的方式传递古田会议精神，在潜移默化中达到传播红色文化、传承古田会议精神的作用。

【社会交流】 2019 年，古田会议纪念馆与火箭军工程大学、江南大学、中国人民解放军某部队、国网福建省电力有限公司、中建海峡发展有限公司等单位在古田设立教学基地。与综合能源服务公司、国网上杭县供电公司营销部、上杭农商银行、上杭县古田镇赖坊村等单位党支部签订党建“三级联创”项目协议书和“双基联动”共建协议书。研发出“行走的课堂”系列社教课程，利用“5・18”国际博物馆日、“六一”儿童节、国庆节等时间节点，通过“看一段视频、打一段快板、听一个故事、诵一首诗词、唱一首红歌”等形式，让红色文化走进校园。结合主题党日活动，在共建街道、社区开展古田会议精神宣传，有效搭建起与公众沟通互动的平台，让更多群众认识古田、了解古田。

【宣传展览】 2019 年，古田会议纪念馆推进“古田会议精神万里行”活动，在新疆昌吉、呼图壁举办古田会议专题展览，受到广大观众一致好评。按照“生态办馆、节俭办展”的原则，实施陈列馆陈列展览更新提升工程，完成古田会议旧址群 7 处旧址 12 个陈列展览的更新提升工作。举办张鼎丞、张宗逊、陈士榘等古田会议与会代表生平事迹展。与中国人民解放军某部队政治工作部、澳门闽西同乡总会、茅山新四军纪念馆签订举办“古田会议——党和军队建设史上的里程碑”展览的协议。举办“客家精神文化展”“畅游魅力古田　安全牢记心中”“红色家风孝道展”“古田会议 90 周年——红色文化展览”“人民军队新里程”等各种特色展览。全年完成中央、省、市各级各部门安排的讲解接待 358 批次 8406 人，其中省部军级以上 46 批次 1014 人。接待讲解党性教育培训班 2083 批次。

【文物收集旧址保护】 2019 年，古田会议纪念馆全年征集文物藏品资料 24 件。启动馆藏一、二级濒危纸质文物抢救性保护和文物库房门改造项目。完成芦园乡苏维埃旧址修缮项目和协成店周边环境整治项目二期，较好改善芦园乡苏维埃旧址和协成店周边环境。启动红四军第二纵队司令部旧址（瑞吉堂）修缮项目和红四军第一纵队政治部旧址（树滋堂）修缮项目前期工作，是年，“古田会议旧址群——中共闽西一大旧址文昌阁修缮”案例被评为全国革命文物保护利用优秀案例。

【红色史料研究】 2019 年，古田会议纪念馆完成古田会议简明读本《走进古田会议》的编纂出版。参与《闽西中央苏区文献资料丛编》之土地革命时期（1927—1934 年）部分资料编辑整理。收集整理古田全军政治工作

2019 年 8 月，古田会议纪念馆获福建省“人民满意的公务员集体”称号。图为奖牌

（古田会议纪念馆供图）

会议资料以及建馆以来学术研究成果和藏品保护情况资料。完成馆藏“红色口述档案”资料扫描整理工作。完成闽西红军标语生命史、古田会议纪念馆红色文化遗存现状及存在问题的撰稿工作。推进《古田军号》编辑出版工作。组织业务研究人员撰写理论文章,在人民网、《福建党史》等媒体上发表,学术研究成果较为丰硕。

【安全保卫】 2019年,古田会议纪念馆坚持“安全第一、预防为主”“谁主管谁负责”的宗旨,通过齐抓共管,营造安全环境。加强安全保卫人员的安全责任意识教育,定期派送安保人员到省、市外出学习,开展消防演练演习和集中军训,提升队伍的应急处置能力和精神面貌。加强安全巡查,及时督促安防、消防设施维保单位每月对设施进行安全检查。加强自身的巡查力度,做到一周一小查,一月两大查,对于安全隐患,发现一处整改一处。做好重要接待安保及重要活动期间的秩序维护工作。实施古田会议旧址群安防系统工程,实现全方位、多功能、不留死角的实时监控。全年无安全事故发生。

【主题宣传】 2019年,古田会议纪念馆加强与中央、省、市媒体以及“学习强国”等平台的交流合作,“借势借力”宣传古田好经验、好做法和先进典型。通过美篇、微信公众号等媒介推出一拨拨切合时代主题、宣扬红色文化的新闻报道,“古田会议旧址群介绍”“古田会议代表介绍”“文物背后的故事”“最美古田人”“红色故事”“古蛟视线”“现场教学点介绍”等栏目收获大量网友点赞。全年,古田融媒体中心微信公众号共推送文章信息263次912篇,向上级媒体推送图文信息52条,其中被“学习强国”平台刊发16篇。同时,协助配合上级宣传部门以及各级媒体做好中华人民共和国成立70周年、古田会议90周年相关纪念活动的宣传工作。协助中央电视台“壮丽70年·奋斗新时代——记者再走长征路”对古田系列直播活动,参与制作《直播红土地》走进古田,配合拍摄电影《绝境铸剑》、“闪光的足迹——我在爱国主义教育基地等你”大型网络文明传播等活动。与市纪委宣传部、上杭县纪委宣传部联合推出微视频《寻味古田立规矩》《问道上杭守纪律》以及古田会议会址VR。

■ 毛泽东才溪乡调查纪念馆

【概况】 2019年,毛泽东才溪乡调查纪念馆作为全国爱国主义教育基地、福建省廉政教育基地、革命传统教育基地,发挥教育基地培训教育作用。全年接待讲解2022批次,其中党校培训班1200多批次,占全部讲解业务的60%,其余为各类培训机构、旅行社的参观团,占全部讲解业务的40%。接待各类观众208万人次。

【专题展览】 2019年,毛泽东才溪乡调查纪念馆以中华人民共和国成立70周年、“五四”运动100周年、建馆60周年等为契机,前后推出“红色通贤”“那些年、那些人、那些事——连环画中的红色经典”“开国中将刘忠图片展”“张鼎丞同志生平事迹展”“庆祝建馆六十周年成果图片展”“2019年福建第六届全国道德模范候选人事迹展”等6个专题展览。同时,发挥纪念馆社会教育职能,结合“5·18”国际博物馆日、世界文化遗产日等深入校园、社区进行巡回展出。做好新时代妇女从这里再出发——才溪妇女专题展”的前期准备工作。经县委专题会议研究确定以固定展览方式举办,选址在旧址原红色影视展播馆。

【《毛泽东在才溪》《绝境铸剑》拍摄服务】 2019年4月1日与5月18日,电影《毛泽东在才溪》与电视剧《绝境铸剑》分别在毛泽东才溪乡调查纪念馆旧址搭设场景,开机拍摄。拍摄期间,为更好地协助电影拍摄,同时保护好旧址群,纪念馆特指定专人进行全程协助、监督。并借出国

4月24日,中央党史和文献研究院第二研究部主任李颖率调研小组成员一行到才溪参观调研,图为李颖(前排右一)一行参观才溪乡调查纪念馆陈列展览。福建省委党史方志办副主任王盛泽,龙岩市委党史方志办主任苏俊才,上杭县委常委、宣传部部长张北阳及各相关部门领导陪同调研

(毛泽东才溪乡调查纪念馆供图)

裙、相关图书资料等。4 月 28 日、5 月 25 日电影《毛泽东在才溪》与电视剧《绝境铸剑》完成拍摄。

【文旅融合推动】 2019 年，毛泽东才溪乡调查纪念馆为促进才溪 AAAA 景区文化与旅游融合发展，丰富才溪红色旅游资源内涵，扩大红色旅游空间，共同推动才溪景区升级发展，7 月，才溪纪念馆与县文旅公司双方就景区游客管理模式、景区讲解服务管理模式、文创产品开发合作模式及“想当年”小剧场使用等进行研究探讨，达成初步合作意向，双方就合作细节进行深入细致的讨论，确保合作顺利开展。

2019 年社科普宣传周期间，开展“送展进校园”活动

（毛泽东才溪乡调查纪念馆供图）

【文物档案建设】 2019 年，毛泽东才溪乡调查纪念馆做好可移动文物建档工作。根据国家文物局发布的《文物藏品档案规范》，对所珍藏的珍贵文物，按照要求，重新建档，至年底文物电子档案建设全部完成。

2019 年 8 月 25 日，央视《音乐公开课—与新时代同行》节目录制小分队到才溪馆录制节目。图为著名军旅歌唱家金波、刘一祯在纪念馆展厅内的录制现场

（毛泽东才溪乡调查纪念馆供图）

【对外宣传】 2019 年，毛泽东才溪乡调查纪念馆运用新兴媒体加强宣传力度。在微博、微信公众号上及时播报纪念馆及行业新闻大事，全年发图文 200 余篇，其中包括省部级以上重大接待活动类 10 篇、电视报纸类新闻媒体宣传采风类 15 篇，馆内外临时展陈类 12 篇，其他社会教育宣传类 160 余篇，扩大纪念馆的社会影响力。

【旧址安全保卫】 2019 年，毛泽东才溪乡调查纪念馆做好日常值班、巡查工作。做到纪念馆和旧址群值班 24 小时 365 天不出现空档；每周 2 次定期巡查各革命旧址，发现破损及时上报维修。做好消防、安防的日常检查、维护工作。为确保馆内消防、安防设施设备正常使用，排查安全隐患，每日早晚检查一次消防、安防设备，确保所有安全设施设备正常，及时发现和排除一切安全隐患，全年未出现安全事故。

责任编辑：蓝晓东

中国共产党上杭县委员会

■ 综述

【习近平新时代中国特色社会主义思想学习推动】 *贯彻落实习近平总书记在参加十三届全国人大二次会议福建代表团审议时的重要讲话精神* 2019年，上杭县委组织全县上下学习领会习近平总书记重要讲话精神和省委十届八次、市委五届九次全会精神，广泛宣传发动，开展工作调研、征求各方意见，研究制定贯彻落实具体措施。召开县委十三届十二次全会进行全面部署，出台落实《中共上杭县委关于深入学习贯彻习近平总书记在参加十三届全国人大二次会议福建代表团审议时重要讲话精神的决定》和《关于贯彻落实习近平总书记重要讲话精神，奋力推进新时代“四个上杭”建设的实施意见》、70条具体措施，营造创新创业创造环境、探索两岸融合发展新路、打好打赢脱贫攻坚战役。贯彻落实9月10日全省推进会议精神，持续推动各项任务落深落细落实。

学习贯彻党的十九届四中全会精神 中共十九届四中全会召开后，上杭县委及时召开县委常委会（扩大）会议进行传达学习，研究部署学习宣传贯彻工作。依托新时代文明实践中心、站、所，县委常委带头开展调研宣讲，带动掀起学习宣传贯彻热潮，推动中共十九届四中全会精神进企业、进农村、进机关、进校园、进社区、进网络。贯彻落实省委十届九次、市委五届十次全会精神，筹备县委十三届十三次全会，研究制定上杭县实施意见，确保中共十九届四中全会精神在杭川大地落地生根、开花结果。

持续兴起“大学习、大普及、大践行”热潮 对习近平总书记重要讲话重要指示批示精神和党中央决策部署，县委严格落实省委“三四八”工作机制，及时传达学习、研究部署、贯彻落实、督查问效，推动新思想的学习贯彻往深里走、往实里走、往心里走。聚焦“大学习”。结合“不忘初心，牢记使命”主题教育和“两学一做”学习教育常态化制度化，县委常委将个人自学与集中学习研讨、县委学习中心组学习、支部“三会一课”学习等紧密结合起来，学习习近平总书记重要讲话重要指示批示精神等，示范带动全县各级党组织开展各类学习活动5600余场次。将新思想列入县委党校各主体班次学习课程，集中组织党员干部开展专题轮训。聚焦“大普及”。县处级领导结合挂钩工作，深入基层一线宣讲新思想80余场次，受众1200多人次；组织县委“星火讲师团”等宣讲队伍，深入机关、乡镇、农村、学校、企业等宣讲新思想2300余场次，受众超过10万人次。用好用活“学习强国”“上杭理论学习在线”等平台，在全县广大党员干部中形成比学赶超的良好学习氛围，全县“学习强国”注册人数26662人，覆盖率97.7%。在县内各新闻媒体和各乡镇、县直各单位官方网站、微信公众号设立理论学习专栏，推出12期新思想“学习微手册”H5，编印《党员干部应知应会知识》，组织文艺轻骑兵志愿服务队开展百村巡演，以分众化、融媒体“大宣传、大宣讲”模式，真正让党的创新理论“飞入寻常百姓家”。聚焦“大践行”。按照中央和省委、市委部署要求，立足上杭县实际，及时召开县委全会、常委会会议等，传达学习、研究部署新思想的学习贯彻工作，并持续跟踪落实、推动落地见效，确保贯彻落实深入具体、持之以恒、全面到位。全年，对标新思想和党中央决策部署，梳理确定36项工作任务，持续推进落实。

【重大活动】 *完成上杭县庆祝中华人民共和国成立70周年活动* 2019年，上杭县委学习贯彻习近平总书记在庆祝中华人民共和国成立70周年大会上的重要讲话精神，把办好国庆各项庆祝活动作为服务党和国家中心工作、展现上杭形象的重大政治任务。以“红”为主题，在城区主干道、各乡镇集镇悬挂国旗和70周年活动标志，建设庆祝中华人民共和国成立70周年主题街道、主题公园，设置“我与国旗同框”照相台等；以“歌”为主题，举办“同庆70华诞，共谱时代新曲”文艺晚会、“壮丽70年·唱响新时代”经典歌曲大联唱等活动；以“乐”为主题，举办第二届农民丰收节、庆祝中华人民共和国成立70周年灯光文化节、“祝福祖国”书画笔会等活动；以“育”为主题，组织县委“星火讲师团”等深入基层广泛开展“我和我的祖国”百姓宣讲活动，组织各中小学学生参加“我和国旗同框”活动，上好“开学第一课”；以“颂”为主题，制作《伟大历程，辉煌成就》专题画册，并在县广播电视台、县内各媒体网站开设“壮丽70年，奋斗新时代”“庆祝新中国成立70周年”等专题专栏，集中宣传报道和歌颂中华人民共和国成立70周年取得的伟大成就，营造浓厚的庆祝氛围，激发全县上下爱党爱国爱家乡、同心共筑中国梦的巨大热情。

开展“不忘初心，牢记使命”主题教育 学习贯彻习近平总书记关于“不忘初心，牢记使命”主题教育的重

要讲话重要指示批示精神，落实中央《关于开展第二批“不忘初心·牢记使命”主题教育的指导意见》和省委、市委《关于开展“不忘初心·牢记使命”主题教育的实施方案》要求，聚焦深入学习贯彻习近平新时代中国特色社会主义思想这个根本任务，全面落实“十二字”总要求、“五句话”具体目标和“四个贯穿始终”重点措施，坚持“四个到位”“四个注重”，以“红土地上悟初心、新时代里做模范”为载体，从严从实开展好主题教育。召开工作会议、下发实施方案，派出15个县委巡回指导组加强督促指导。围绕“践行初心使命”“坚定理想信念”“加强政治建设”“牢记为民宗旨”“主动担当作为”“严明纪律规矩”“学习党史、新中国史”“学习贯彻党的十九届四中全会精神”等专题，县委常委班子带头深入古田、才溪等地开展集中学习研讨，全县123个参加单位普遍开展一周以上集中学习研讨，带动党员干部学习984场次。坚持开门搞教育，县委常委带头开展“四走进四服务”活动，带动全县党员干部开展调查研究2598场次，走访群众7850户次，现场解决问题1663个，收集意见建议2332条，并召开调研成果交流会158场，形成调研报告790篇。带头抓好中央8个方面突出问题专项整治和省委7个方面难题积案化解工作，梳理621个整改问题，完成整改525个，长期坚持整改77个，正在整改19个。

筹备纪念古田会议90周年系列活动 按照市委、市政府部署要求，完成古田及周边环境综合整治工作，完成古田“三个入口”绿化、夜景、红色文化元素提升工程，推进“一河两岸”改造提升等项目。推进文物旧址保护工作，实施纪念馆陈列展览更新提升工程，完成古田会议会址、政治部、司令部、文昌阁等12处革命旧址和陈列馆的修缮。出版发行古田会议和古田全军政治工作会议的通俗读本《走进古田会议》，编排演出大型历史情景剧《胜利从古田开始》，配合《古田军号》、电视剧《绝境铸剑》等以古田会议为题材的文艺精品创作。策划对接开展央视“壮丽70年奋斗新时代——记者再走长征路”及湖南卫视“连线红土地：古田会议铸军魂”“古田会议新疆行”等活动，与火箭军工程大学、省电力公司、解放军某部队等开展共建，营造浓厚的纪念氛围。

【新时代“四个上杭”建设】 *加快产业转型升级，提升“实力上杭”* 2019年，上杭县委坚持以习近平新时代中国特色社会主义经济思想为统领，以供给侧结构性改革为主线，按照“抓龙头、搭平台、铸链条、建集群”的发展思路，实施“双培育”计划和“千百十亿”产业培育计划，打造产业升级版。主导产业不断壮大。金铜产业方面，编制金铜产业发展指导目录，全面、精准规划14个重点发展方向，承办龙岩市金铜产业对接会；全县有金铜产业企业52家，全年实现产值781亿元，比上年增长21%。建筑产业方面，举办中欧(龙岩·上杭)建筑工业化论坛，推进“两基地三中心”建设；全县有建筑资质企业176家，才溪建设集团申报国家特级资质企业通过初步认定；全年实现建筑业总产值551亿元，比上年增长8.8%，其中在地建筑业产值210亿元，增长15%。重点产业加快发展。现代农业方面，华润五丰农业生态循环产业园、傲农槐猪产业综合开发等项目有序推进，新增家庭农场659家、农民专业合作社33家；全年实现农林牧渔业总产值77亿元，比上年增长3.5%。商贸物流业方面，新增规模以上服务业企业8家，总数达54家，全年实现服务业增加值155.4亿元，比上年增长8.2%。旅游及文化创意方面，出台加快文化旅游产业发展五条政策措施，以古田红色文化旅游区为龙头打造全域旅游；举办、承办龙岩市首届文旅产业发展大会、第三届世界客属龙舟文化旅游节，以及“乡约你·来上杭”乡村旅游等活动，“圣地红、生态绿、客家彩、黄金梦、乡村美”品牌进一步打响；全年接待游客852.6万人次，比上年增长21.8%，实现旅游总收入65.6亿元，增长24.4%。新兴产业势头良好。大力发展以含氟材料、锂电池材料、电子化学材料为三大方向的新材料产业，出台促进新材料产业发展十条扶持政策、新材料产业引进紧缺专业高校毕业生支持办法等，设立鼎峰兴杭创业投资基金、新材料产业担保扶持基金，扶持新材料企业发展壮大；常青新能源一期项目建成投产，天甫电子、德尔科技含氟电子化学品等项目开工建设，总投资21.18亿元的宁德时代新型锂盐研发生产项目顺利落地；全年实现产值60亿元，比上年增长50%。项目支撑有力有效。持续深化领导干部带头策划项目工作机制，全年策划项目345个，计划总投资1087亿元，其中亿元以上项目110个。精心组织开展征地拆迁促重点项目落地百日攻坚大会战，35个重点项目房屋征收6.8万平方米，土地征收254.93公顷，拆除房屋6.7万平方米。省“五个一批”新增项目433个，其中，谋划一批230个，签约一批130个，开工一批35个，投产一批30个，增资一批8个。35个省市重点项目，完成投资71.9亿元，占年度计划的105%。

全面深化改革创新，打造“活力上杭” 加快建设古蛟组团。按照“市区合作、市场运作、公司运营、封闭运行、自求平衡”的运行机制，成立古蛟组团建设管理委员会，推进“一台戏”“一个园”、古田山庄二期、全国中小学生研学实践教育营地、古田红色宾馆等重点项目。按照市委、市政府决策部署，整合古田、步云资源，成立古田梅花山文旅康养试验区，由市、县出资整合提升龙岩市古田圣地旅游投资开发建设有限公司，采取公司化运作模式推进试验区建设。发挥红色资源丰富优势，依托第二批全国党员教育培训示范基地——古田干部学院，发展红色教育培训产业，全年承接培训20万人次以上。古田镇被列为全国农村综合性改革试点试验区域、全国乡村治理示范乡镇、

第一批福建省地名文化遗产“千年古镇”，古田苏家坡村被列为全国民族团结进步示范区、龙岩市垃圾分类试点村。深化重点领域改革。加强对全面深化改革的统筹谋划、整体推进，召开7次县委深改委会议，审议通过3个改革相关文件，推出35个大项221个子项的改革举措，其中重点突破改革事项40项，具有上杭特色改革项目8个。统筹推进上杭县党政机构改革，县级党政机构改革完成，事业单位改革、综合行政执法体制改革正加快推进。推进新时代文明实践中心试点建设，开展以“爱满杭川”为主题的文明实践志愿服务活动，“人人参与、从我做起”的文明实践氛围逐渐形成，“以文化人、成风化俗”的文明实践成效日益凸显，获得中宣部和省、市有关领导的充分肯定。持续深化“放管服”，全面推进商事制度改革，企业开办时间压缩至2个工作日，“一趟不用跑”“最多跑一趟”事项超过80%；设立惠企政策兑现窗口，用好产业发展扶持基金，全年兑现扶持企业各项优惠政策奖励资金4.05亿元；落实减税降费政策，减免企业税费2.3亿元。推行“互联网+政务服务”，行政审批事项网办率60%，便民服务事项网办率89%；推进工程建设项目审批制度改革，在全市创新开展不动产登记领域和乡镇便民服务中心“无差别全科受理”，实现81%的行政审批事项“一窗”分类受理。深化集体林权制度改革，基本完成农村集体产权制度改革和农村土地承包经营权确权登记颁证工作。国资国企、财税金融等改革向纵深发展。激发创新创造活力。深化“人才强县”战略，落实重点产业人才“一事一议”制度，引进省高层次ABC类人才35人，占全市总量一半以上；从重点高校签约引进优秀毕业生30名，充实教育、卫生人才储备。抓好创新平台建设，新增省级众创空间2家，市级众创空间1家，建成“6·18”协同创新院金铜分院，紫金铜业院士专家工作站被授予“2019年福建省示范院士专家工作站”称号。持续深化科技企业培育工作，全县新增国家高新技术企业5家、省级高新技术企业9家、省市级科技小巨人领军企业4家。企业研究与试验经费投入强度居全省前列，获2018年度省科技进步奖3项。科技计划项目取得新突破，获国家科技项目立项1个、市级工业科技计划项目立项7个，成功申报省级农业星火项目3个。加强“三资”运作，以较低利率发行兴杭国投公司25亿元公司债，截至11月底，国有资产总量达510亿元。持续扩大交流合作。持续深化杭台交流合作，开展“台商台胞服务年”活动，切实为台商台胞办实事好事，营造良好台商营商环境；推进海峡（上杭）两岸农业融合发展创业园项目。开展第二届东南地区海峡两岸（上杭汀江）公开水域游泳邀请赛、北美华裔青少年“寻根之旅”夏令营福建上杭营、“杭川学子回乡看”主题实践等活动。与塞尔维亚波尔市签署建立友好城市关系意向书。出版发行省内第一部区县级信息化方面志书——《上杭县信息化志》。

推进城乡融合发展，建设“魅力上杭”　主动融入区域协调发展战略和乡村振兴战略，用好用足国家新型城镇化综合试点地区、特色小镇、美丽乡村等政策，加快推动城乡融合发展。加大基础设施建设。龙岩至龙川铁路（上杭段）实现开工；永杭高速（上杭段）建设项目基本完工。岩下山至古田五龙公路（古蛟快速通道一期）、101条“四好农村路”、500个农村公路错车道改造等项目基本完成，古田至步云公路改造、国道205才溪过境线等项目有序推进，上杭北站综合交通枢纽、国道205城区过境线、茶太线等项目前期工作扎实开展，县、乡（镇）、村三级路长制和农村公路管养进一步加强，“2345”交通圈加快形成。启动农村饮水安全巩固提升三年行动，全年实施的96个项目年底前建成使用，实现农村饮水水质监测检测全覆盖，基本解决农村“季节性缺水”和饮水安全问题。汀江防洪工程（二期）、铁东水库、白砂锦绣水库等水利项目有序推进。提升城市功能品位。扎实推进“六城同创”工作，其中“四好农村路”全国示范县、国家生态文明建设示范县已获命名，国家园林县城完成专家组现场核查，国家卫生县城通过省爱卫会评估评审，全国文明县城和全国“双拥模范县”创建推进。完善公园绿地、娱乐购物、休闲健身、教育卫生、公共交通等配套服务设施，紫金公园森林生态景观提升工程和西环路一二期、双拥路、和平路等道路改造工程完成建设，永杭高速上杭城区南互通接线等项目加快推进，城区新增公共停车位420个、公厕16座，“15分钟生活圈”加快形成。规划建设城区治丧场所，城区治丧行为得到进一步规范。99个城建项目完成投资19.2亿元，与万达集团达成来杭投资建设新型“万达广场”合作协议。推进乡村振兴。与农发行龙岩分行签订服务乡村振兴战略框架合作协议，未来5年将向上杭县提供100亿元授信额度。乡村振兴试点建设卓有成效，上杭县被列入全省50个乡村振兴重点县，古田镇、湖洋镇被列入全省100个乡村振兴特色乡镇，古田镇苏家坡等28个村被列入省、市乡村振兴试点村。农村人居环境整治，拆除“空心房”、危旧住房等30万平方米。农村“厕所革命”，拆除旱厕6930座，新建改造三格化粪池、户厕8058户，新建公厕43座。7个最美村落、19个乡镇集镇改造提升项目完成投资1.1亿元，新增3925个农村停车位，农村环境更加宜居。“疏、堵”结合推进殡葬改革工作，建成240座骨灰堂和10座公墓，基本实现乡村全覆盖，在全省民政工作会议和全省殡葬工作业务培训班上作交流发言。稔田镇被农业农村部、财政部批准为2019年农业产业强镇。持续攻坚生态环保。完成第二轮中央生态环保督察迎检、配合及边督边改工作，做好第一轮反馈问题、第二轮信访问题的整改落实工作。完成县主要领导干部经济责任审计暨自然资源资产管理和生态环境责任审计迎检、配合工作，开展县对乡

镇、县直部门自然资源资产管理和生态环境保护专项审计。落实环保体制改革各项要求，网格化环保监管工作持续推进，环境监测监管应急能力不断提升。落实“河(湖)长制”，开展流域水环境综合治理，养殖业污染防治成果得到进一步巩固提升，国控、省控、市控断面水质达标率100%；争取各类生态补偿资金1.17亿元。开展重点区域大气污染综合治理，城区环境空气质量优良天数比例达99.7%。加强固体废物处理处置，全县一般工业固体废物综合利用率达99%。抓好矿山生态环境恢复治理，完成水土流失综合治理3786.67公顷，植树造林1400公顷，森林覆盖率77.5%。

加快补齐民生短板，构建“和谐上杭” 始终坚持以人民为中心的发展思想，既尽力而为、又量力而行，补社会事业短板、强民生福祉弱项，着力解决人民群众的操心事、烦心事、揪心事，不断增强群众获得感、幸福感、安全感。脱贫攻坚更有成效。聚焦“两不愁、三保障”，实施激励性扶贫项目329个，覆盖行政村323个、覆盖率56%，受益贫困户4123户13948人、覆盖率达73%；做好小额信贷发放和风险防范工作，全年新发放1203万元，贷款余额3353万元。加大教育、医疗、住房安全保障力度，发放教育资助金545万元，受益学生9566人；强化健康扶贫保障，实现贫困户健康扶贫医疗商业保险投保和“家庭医生”签约履约服务全覆盖，贫困人口大病专项救治总报销比例90%以上，全年医疗补助4338人3052万元；全覆盖完成贫困户住房安全鉴定。剩余的1个贫困乡镇、5个贫困村和11户贫困户实现脱贫摘帽。民生事业更有温度。统筹安排3.5亿元实施18所城乡中小学、幼儿园扩容项目，建成黄竹小学、进修学校附属小学紧急扩容项目和2所乡镇幼儿园。安排1000万元完成15个农村教职工宿舍“暖心工程”项目建设，农村教师人均月生活补助提高500元；教师教绩专项奖励金提高至3000万元，设立兴业证券—上杭县革命老区教育基金、陈丕显教育促进会等，激励广大教师安心从教，教育教学质量得到提升。上杭一中被确定为福建省示范性普通高中建设校。县医院整体搬迁项目稳步推进，完成县皮防院康复医养中心及3个乡镇卫生院预防接种门诊项目，统筹安排3970万元实施职工周转房建设。县医院胸痛中心通过国家级认证；县中医院通过二级甲等中医医院评审；县医院、中医院入选国家卫健委全面提升县级医院综合能力单位。“月月有戏”和“群文十大活动”有序推进，受到群众好评，《闽西上杭傀儡戏》通过第五批国家非物质文化遗产代表性项目预审。社会保障更加有力。推动校企招生一体化，实现高效精准就业，实现城镇新增就业1880人、下岗失业人员再就业1310人，城镇登记失业率2.65%。完成16个乡镇社会保障服务中心标准化建设，提升基层社保服务水平。养老服务体系不断健全，在全市率先完成17所乡镇敬老院社会化运营改革试点工作，新建农村幸福院33个，推行农村幸福院运营补贴政策，推动农村幸福院运行长效化。2个社区日间照料中心成功运营，闽西古田光荣院和金秋医养服务中心顺利竣工。建立健全退役军人服务保障体系，实现县、乡、村退役军人服务机构全覆盖。社会治理更加有效。“平安上杭”建设扎实推进，“七五”普法深入开展，“一村一法律顾问、一社区一法律诊所”日趋完善，“12345”便民服务热线管理中心稳步运行，“e龙岩”随手拍办件质量和群众满意率居全市前列。深入开展扫黑除恶专项斗争和涉麻制毒、电信网络诈骗、农村赌博等专项整治行动，“警+N”社会治理模式不断完善，全县社会治安形势持续好转。落实“枫桥经验”，开展矛盾纠纷排查化解，将矛盾化解在基层、化解在萌芽状态。社区矫正对象得到有效监管和矫正教育，全省社区矫正工作现场会在上杭县召开。落实食品安全“四个最严”要求，推进食品安全放心县创建，食品检验检测中心项目扎实推进，食品药品安全形势持续向好。加强应急管理体系建设，实现安全生产隐患排查治理常态化，全县安全生产形势稳定向好。民族工作和谐发展，成功举办第三届“三月三”畲族文化旅游节。做好中央宗教督查整改“回头看”工作，建立宗教工作长效机制。县法院被评为全省优秀法院、全省破解“案多人少”试点法院；县司法局被评为全省人民调解工作先进单位。

【党的政治建设】 2019年，上杭县委贯彻落实中央关于加强党的政治建设的意见，遵守党章和准则、条例等党内法规，推动“四个意识”“四个自信”“两个维护”发自内心、成为自觉。贯彻落实中央和国家机关党的建设工作会议、省委机关党的建设工作会议精神，召开县直机关党务干部培训班，加强和改进机关党建工作质量。推行全面从严治党暨县域综合治理形势分析会制度，开展全面从严治党主体责任落实情况检查，拧紧管党治党责任链条。举办纪念旱康会议90周年、中共闽西“一大”90周年系列活动，引导全县广大党员干部群众不忘初心、牢记使命，大力继承、弘扬光荣传统和优良作风。

【意识形态工作责任制落实】 2019年，上杭县委全面落实意识形态工作责任制，定期召开县委常委会会议、意识形态工作分析会、意识形态领域形势综合分析专题会等，加强意识形态安全预警监测、分析研判和风险防控，持续提升意识形态工作水平。压紧压实属地管理和主管主办责任，制定实施重要事项请示报告制度，加强对论坛、报告会、学校课堂、理论刊物、网络平台，以及公共领域宣传载体的建设和管理。实施“6+N”网信管理模式，加强网络宣传管理创新，提升管网治网用网水平，守好网络意识形态阵地。推进县融媒体中心建设，建成融媒体中心指挥调度平台，做强做大主流思想舆论。

【基层党建】 2019年，上杭县委落实党支部工作条例，实施党支部“达标创星”工程、党建工作“一体化”模式、“党员回家”工程、“书香党旗红”党建品牌创建等，完成19个软弱涣散基层党组织的整顿转化工作，基层党建规范化、科学化水平进一步提升。实施“领头雁”培养工程，组织各领域基层党组织书记轮训。强化城市基层党建系统建设，统筹推进国企、学校、两新组织等党的建设。发展壮大村级集体经济，消除1万~5万元的“薄弱村”，10万元以上的村达到188个，占56.8%。实施“红土先锋”基层党建典型培育行动计划，重点培育打造才溪溪北、临江镇南、古田派出所、才溪建设集团等各个领域“红土先锋”基层党建典型示范点，其中中都镇兴坊村等7个示范点被列为市级党建综合示范点。

【干部队伍建设】 2019年，上杭县委贯彻落实新时代党的组织路线，坚持新时代“好干部”标准，执行新修订的党政领导干部选拔任用工作条例，持续健全完善正向激励事业干部、一线考察干部、推动干部担当作为等制度机制，竞争性选拔12名乡镇、县直事业单位领导班子副职，调任2名事业编制领导干部为乡镇领导班子副职，提任35名实绩突出的干部为主任科员、副主任科员，有效激励广大干部新时代新担当新作为。落实关心关爱基层干部二十条措施，探索推进乡镇“暖心工程”和偏远乡镇干部交流机制，推动乡镇干部安心安业。用好加强县管职级干部管理九条规定，以定岗定责的方式用好职级干部，在百日攻坚大会战中，170名县管职级干部冲锋一线、攻坚克难，展现出良好的精神面貌。

【党风廉政建设】 2019年，上杭县委落实中央“八项规定”及其实施细则精神，省、市、县实施办法，开展集中整治形式主义、官僚主义问题专题调研，严肃查处顶风违纪行为和“四风”隐形变异问题，切实为基层减负。全年查处违反中央“八项规定”精神问题32起45人次，查处不良习气问题183起217人次，查处群众身边腐败和作风问题41起65人次，查处形式主义、官僚主义问题29起40人，清理“一票否决”和“责任状”32项。坚持把纪律和规矩挺在前面，综合运用监督执纪“四种形态”处理820人次，其中第一、二种形态占比93.7%，实现由“惩治极少数”向“管住大多数”拓展。深化国家监察体制改革，完成对乡镇监察组授牌授印及监察组组长、副组长的任命工作，实现监察权向基层延伸。做好中央巡视福建和省委巡视龙岩、上杭等各类巡视巡察检查反馈问题的整改落实，完成对20个单位的巡察，推动被巡察党组织建立完善制度303项。持续保持反腐败高压态势，全年，全县立案143件，涉及科级干部5人，采取留置措施2人，移送检察机关审查起诉3人。

■ 重要会议

【县委十三届十一次全会】 2019年1月28日，中共上杭县委十三届十一次全会召开。会议主要任务是：全面贯彻落实习近平总书记在庆祝改革开放40周年大会上的重要讲话精神，以及省委十届七次全会、市委五届八次全会的部署要求，从改革开放40周年的伟大实践中汲取力量、坚定信心，进一步动员全县人民以习近平新时代中国特色社会主义思想和党的十九大精神为指导，坚持高质量发展落实赶超，在更高起点上推动上杭新时代改革开放再起航、再出发，加快建设“四个上杭”。县委书记傅藏荣代表县委常委会向全会作报告，县委副书记、县长王波作有关文件说明，县委副书记邱伟勤，县委常委黄和芳、胡长松、徐峰、张毓章、罗小洪、张北阳及县委委员、候补委员出席会议。县委常委会向全会报告一年来工作情况。全会讨论《关于进一步深化改革扩大开放的若干措施》，表决通过《中国共产党上杭县第十三届委员会第十一次全体会议决议》。

【县委十三届十二次全会】 2019年6月28日，中共上杭县委十三届十二次全体会议召开。全会主要任务是，以习近平新时代中国特色社会主义思想为指导，深入学习贯彻习近平总书记在参加十三届全国人大二次会议福建代表团审议时的重要讲话精神，全面落实省委十届八次全会、市委五届九次全会决策部署，结合上杭县实际，对营造有利于创新创业创造的良好发展环境、探索海峡两岸融合发展新路、推进老区苏区脱贫奔小康和加强新时代党的建设等工作进行安排部署，动员全县广大干部群众大力继承、弘扬光荣传统和优良作风，不忘初心、牢记使命，顽强拼搏、奋勇前行，坚定不移推进高质量发展落实赶超，谱写新时代“四个上杭”建设新篇章。县委书记傅藏荣代表县委常委会向全会作报告，县委副书记、县长王波，县委副书记邱伟勤，县委常委胡长松、徐峰、张毓章、罗小洪、张北阳、肖光喜、蔡铭泉、阙生华及县委委员、候补委员出席会议。全会审议通过《中共上杭县委关于深入学习贯彻习近平总书记在参加十三届全国人大二次会议福建代表团审议时重要讲话精神的决定(草案)》和《中共上杭县第十三届委员会第十二次全体会议决议(草案)》，讨论《关于贯彻落实习近平总书记重要讲话精神，奋力推进新时代“四个上杭”建设的实施意见(讨论稿)》。

【县委十三届十三次全会】 2019年12月16日，中共上杭县委十三届十三次全会召开。全会主要任务是：以习近平新时代中国特色社会主义思想为指导，深入学习贯彻中共十九届四中全会和省委十届九次全会、市委五届十次全会精神，研究部署上杭县坚持和完善中国特色社会主义制度、推进国家治理体系和治理能力现代化工作，动员全县广大干部群众不断增强“四个意识”、坚定“四个自信”、做到“两个维护”，不忘初心、牢记使命，开拓创新、锐意进取，推进新时代

2019 年 6 月 28 日，中共上杭县委十三届十二次全体会议召开

（县融媒体中心供图）

新上杭治理现代化。县委书记傅藏荣代表县委常委会向全会作报告，县委副书记邱伟勤，县委常委胡长松、徐峰、张毓章、罗小洪、张北阳、蔡铭泉、阙生华及县委委员、候补委员等出席会议。全会讨论县委常委会工作报告，审议通过《中共上杭县委深入贯彻〈中共中央关于坚持和完善中国特色社会主义制度、推进国家治理体系和治理能力现代化若干重大问题的决定〉的实施意见》和全会决议。

■ 组织

【“不忘初心、牢记使命”主题教育】 2019 年，上杭县委按照中央部署和省委、市委要求，在市委第三巡回指导组全过程精心指导下，围绕“守初心、担使命，找差距、抓落实”的总要求，坚持把学习教育、调查研究、检视问题、整改落实贯穿全过程，用好红色资源，传承红色基因，基本实现理论学习有收获、思想政治受洗礼、干事创业敢担当、为民服务解难题、清正廉洁作表率的预期目标，为加快“四个上杭”建设营造风清气正、人和业兴的良好氛围。全县参加主题教育单位 123 个、班子成员 821 人，党组织 803 个、党员 26403 名。主要做法：一是坚持对标对表、精心精准，确保主题教育不虚不偏、走深走实。主题教育开展以来，县委围绕主题教育的总要求、具体目标、工作重点和重点措施，抓细抓深抓实各项工作。省委巡回指导组和市委主题教育办、市委第三巡回指导组以高度负责的态度、严实的作风，倾心指导、严格把关，强化外力推动和引领，确保全县主题教育扎实有序开展。二是坚持发挥优势、弘扬传统，确保主题教育更接地气、更富成效。上杭把用好红色资源、传承红色基因作为一条红线贯穿主题教育全过程，引导党员干部自觉接受红色传统教育。三是坚持敞开大门、解决问题，确保主题教育有的放矢、成效真实。依靠群众抓教育，盯着问题抓整改，在回应群众关切中践行初心使命，既解决工作上的问题，又解决思想上的问题，让群众切身感受到主题教育的成效。四是坚持统筹兼顾、学用结合，确保主题教育融入大局、服务全局。县委把主题教育过程变成推动工作的过程，使主题教育的每项动作、每条措施、每个步骤都为全县的中心工作服务，引导党员干部把焕发出来的热情和动力转化为攻坚克难、干事创业的实际成果，创造百日攻坚的“金山湖速度”、殡葬改革的“上杭样本”、新时代文明实践的“上杭模式”，获第三批国家生态文明建设示范县、“四好农村路”全国示范县称号，连续四年获“福建省县域经济实力十强县”称号。

【党员教育管理】 开展“两优一先”表彰　2019 年，上杭县结合庆祝建党 98 周年，组织开展“两优一先”表彰评选，褒奖一批在贯彻落实习近平新时代中国特色社会主义思想、推动高质量发展落实赶超、推进新时代“四个上杭”建设中涌现出来的先进典型，全县表彰 100 名优秀共产党员，50 名优秀党务工作者和 50 个先进基层党组织。

开设《红土先锋·上杭榜样》栏目　为表彰先进，树立典型，县委组织部与县融媒体中心联合推出《红土先锋·上杭榜样》栏目。通过采访报道 2019 年市委、县委表彰“两优一先”的先进事迹，激励和引导全县各级党组织和广大共产党员、党务工作者不忘初心、牢记使命，新时代展现新担当新作为。至年底，在上杭广电、上杭党旗红等媒体播出 18 期。

【农村基层党建】 持续实施发展壮大村集体经济攻坚行动　2019 年，上杭县落实《上杭县发展壮大村级集体经济实施意见（试行）》和《上杭县发展壮大村级集体经济三年攻坚行动实施方案》，争取省级坚持农村基层党组织领导扶持壮大村集体经济试点村 15 个、扶持资金 900 万元，启动村集体投资入股县工业园区标准厂房项目，实施“党建+金融助理驻百村”工程，督促指导全县各村因地制宜实施村级集体经济发展项目，不断增强村集体经济“造血功能”。在龙岩市率先消除经营性收入 1 万~5 万元的“薄弱村”；经营性收入 10 万元以上的村达到 188 个，占比 56.8%，位居全市第一。

村党组织带头人队伍建设　严格执行村党组织书记县委组织部备案管理制度，严把村干部特别是村主干入口关，全县调整备案村党组织书记8名。清理受过刑事处罚、存在“村霸”、涉黑涉恶问题的村干部2人。通过组织参加市级以上培训、县乡分级集中培训等方式，抓好村干部年度教育培训，不断提高新一届村干部的思想政治素质和抓脱贫攻坚、乡村振兴、扫黑除恶、基层治理的履职能力。

村干部日常管理 严格落实村干部定岗定责、坐班值班、请销假、年度考评考核等制度，加强对村干部在防汛等特殊时期的履职监督管理，督促村干部在岗在位履职尽责，着力解决村干部“走读”问题，树立从严管理的鲜明导向。对12名不履职、不作为、不称职的村干部进行免职等组织处理。

村（社区）党群服务中心规范化建设 从功能完善、标识牌匾、制度上墙等方面规范和提升村（社区）党群服务中心综合服务功能，全县21个试点村已先行一步基本完成规范化建设。

【党支部建设】 *基层党组织整顿* 2019年，上杭县确定19个软弱涣散党支部作为集中整顿对象，落实“五个一”整顿工作机制，下派整顿工作组19个、第一书记（党建指导员）19名，协调解决人居环境整治、美丽乡村建设、村财发展基金筹集、村级组织活动场所修缮建设等各类问题27个，至年底，19个软弱涣散基层党支部全部完成整顿转化。

基层党支部达标创星活动 2019年，围绕基本组织、基本队伍、基本活动、基本作用、基本制度、基本保障“六个基本”建设，分类推进各领域党支部标准化规范化建设。全县评定先进党支部217个，占25.38%，一般党支部589个，占68.89%，后进党支部49个，占5.73%。

基层党支部书记集中轮训 结合“不忘初心、牢记使命”主题教育，采取专题辅导、交流讨论、现场观摩演练相结合的方式，对全县各领域900多名基层党支部书记进行为期3天的集中轮训，有效提升基层党组织书记履行岗位职责和教育管理党员的素质能力。

【基层党建典型培育】 2019年，上杭县实施“红土先锋”基层党建典型培育行动计划，重点培育提升古田镇苏家坡村党支部、吴地社区党支部、中都镇兴坊村党支部、才溪镇溪北村党支部、临江镇镇南社区党总支部、紫金矿业集团党委、志成电子公司党支部、才溪建设集团党支部、古田派出所党支部、烟草专卖局机关党委、林堂洲“3S林业技术推广”红土先锋党员工作室等一批各领域“红土先锋”基层党建示范点。启动实施“红色战斗堡垒集群”培育打造。以138个革命基点村和乡村振兴试点村党组织为重点，着力培育打造一批新时代上杭革命老区红色战斗堡垒，其中通贤镇通贤村、才溪镇下王村被新增确定为市级党建综合示范点，白砂镇碧沙村、蛟洋镇贵竹村、南阳镇官余村等党建示范点建设取得新的较好成效。

【城市基层党建】 2019年，上杭县发挥社区“大党委”作用，以签订共建协议、落实“大党委”联席会议、评先评优征求“大党委”意见等为抓手，推动各级党组织的工作重心向基层群众倾斜，以为民服务为落脚点，优化社区党组织的软硬件设施，提高社区党组织的服务能力和服务水平。全年，全县207个机关企事业单位与社区签订共建协议，召开联席会议36次，开展271次共建活动。实施“党员回家工程”，社区党组织主动作为，深入社区、小区，摸排整理社区、小区亟须解决的问题以及居民群众的所需所求，列出清单，供共建单位和在职党员认领解决。同时搭建服务平台，组织共建单位和在职党员开展组织群众、服务群众、凝聚群众的活动，提升党组织和党员在社区、小区、群众中的影响力。据统计，全县5547名在职党员开展志愿服务活动22881人次，人均服务次数全市第一。“红土幸福小区”建设。以构建“红色业委会”（鼓励具备业主身份的优秀党员通过法定程序进入业委会）和引进“红色管家”（通过实行小区物业考评机制等手段，依法依规选择真正为居民服务的物业企业）为抓手，提升小区的自治管理能力，增强居民获得感和幸福感。至年底已建成紫金财富（中心）小区、临江楼网格小区、解放路网格小区、帝豪时代广场小区、登凯豪庭小区、瓦子街2号楼小区等一批“红土幸福小区”。

【非公企业党组织建设】 2019年，上杭县非公企业党组织把党建工作融入生产实践中，促进党员在生产经营、技术攻关等方面发挥先锋模范作用。9月，德尔科技公司党支部在参加第八届中国创新创业大赛，获福建赛区第一名，晋级参加全国比赛。针对“两新”组织党组织人员流动快、业务不熟的情况，7月，县委非公党工委组织县工业园区党委、蛟洋工业区党委和县建筑企业党总支的党务干部及所属非公企业党支部书记前往新罗、长汀两地参观学习，提升业务素质。9月，举办全县“两新”组织党组织书记轮训班，特邀厦门市非公党建领军人才王小平讲解如何开展非公党建工作、主题党日和组织生活会现场模拟、党规党纪知识专题辅导，进一步提升全县“两新”组织党组织书记党建意识和工作能力。

【干部队伍建设】 2019年，上杭县委组织部把政治素质考察作为选人用人工作的重中之重，聚焦干部政治忠诚、政治定力、政治担当、政治能力、政治自律和斗争精神，实行政治素质综合测评和正反向民主评议考察，让政治素质测评更加具体化、形象化。综合用好任职考察政治素质民主测评和评议、日常了解、调研谈话、年度考核、任期考核、民主生活会、巡视巡察、“不忘初心、牢记使命”主题教育等情况，结合考察对象自查自评、单位党委（党组）审查鉴定、干部考察组核查情况，全面、深入综合分析研判选拔任用人选的政治素质表现。落实“凡提四必”制度，前移审核关口，动议即审、该核早核，对政治上不合格的"一票否决"，廉洁上有硬伤的坚决不用，切实把忠诚干净担当的干部选出来、用起来，把"两面人"识别出来、挡在门外。坚持"能力在一线培养、业绩在一线创造、人才在一线识别、干部在一线选拔"，完善一线考察选任干部机制。将一线考察干部融入"大督查大落实"中，推动督事和察人深度结合，在落实赶超、项目落地、脱贫攻坚、生态环保、防范社会风险、殡葬改革、征地拆迁等一线工作发现敢于负责、勇于担当、善于作为、实绩突出的优秀干部。2019 年，提拔重用 42 名一线工作表现优秀的干部。注重激发事业干部活力，将"年度考核评优""表彰奖励""基层工作经历"等作为事业干部交流调任和竞争性选拔的重要因素，通过量化评分、严格考察，把日常表现优秀的事业干部"选出来"。全年竞争性选拔 10 名乡镇领导班子副职、2 名县直(参公)事业单位领导班子成员，7 名事业单位领导干部(含市级党政类引进生)调任为乡镇领导班子成员。坚持"凭实干凭实绩"选调乡镇事业干部的机制，引导乡镇干部扎实肯干出成绩，33 名事业干部凭借获得年度考核评优次数、县级及以上表彰次数选调进入县直事业单位。

【干部考核管理】 2019 年，上杭县改革年度考核方式方法，重点围绕"比分工、比业绩、比作风、比业务、比认同、比廉洁"六个方面开展考核，领导干部优秀等次评定向"三大战役"及其他专项重要工作取得明显成效的乡镇和单位倾斜。抓好县管职级干部定岗定责管理，引导县管职级干部发挥经验丰富、人脉关系广的优势，在征地拆迁一线展现新担当新作为。全年，选派 170 名县管职级干部参与征地拆迁"百日攻坚大会战"，推进 11 个土地房屋征收重点项目和古蛟组团重点项目的征迁工作。制定出台《关于规范机关事业单位股级及以下工作人员交流调配的暂行规定》，由组织统筹调配干部调动，让职责重的单位多进人、让空编多的单位先进人、让专业人才往专业岗位流、让"冷门"单位及时补充人。全年 68 名干部被统筹调剂到县委巡察办、县应急管理局、县退役军人局及其他职责重、人员紧缺的乡镇或县直单位。

【关心关爱干部政策落实】 2019 年，上杭县实行"月月表扬"制度，分批次对"三大战役"及专项重要工作中敢于担当、勇挑重担、实绩突出的 72 个单位、171 名干部予以通报表扬，增强干部荣誉感，培育、树立、宣传一批政治强、敢担当、善作为的好集体、好干部。建立偏远乡镇干部交流机制，对夫妻双方同在偏远乡镇工作、家庭确实困难且表现优秀的干部，给予适当安排照顾，将长期在偏远乡镇工作 39 名干部交流到县直部门、离城区更近或籍贯所在乡镇。健全容错纠错机制，考核考察"不戴有色眼镜"，将干事创业因缺乏经验造成失误、错误的或者被诫勉、问责处理影响期满的，能切实改正、表现突出的 11 名干部予以提拔重用。注重减轻干部思想包袱，关注干部心理健康。将心理健康教育纳入干部教育培训重要内容，开设《压力疏导与情绪管理》《说服人心的力量》《领导干部阳光心态塑造》等课程，缓解基层干部工作压力和思想包袱。本年，申报关心关爱资金 10 万元、惠及 27 人。

【干部"预备队"建设】 2019 年，上杭县坚持严把政治关、品行关、作风关、廉洁关，在各条战线、各块领域、各个行业中发现优秀年轻干部，储备一批综合素质高、发展潜力好的年轻干部，先后将 16 名 80 后优秀年轻干部选派到乡镇挂职担任党政领导班子成员，选派一批年轻干部到征地拆迁促项目落地百日攻坚大会战中历练，其中县委全委会推荐的 18 名优秀年轻科级干部担任金山湖片区收储用地项目征迁组长，仅用 14 天就完成 109 栋房屋 21 万平方米土地的征收签约任务，创造上杭"金山湖速度"。健全年轻干部管理办法，重抓选调生、新录用公务员等年轻干部和大学生村官的培养教育和管理监督，推广"红色故事我来传""青年干部读书会""青年发展论坛"等活动载体，引导年轻干部积极向上，培养健康情趣，锤炼过硬党性。

【干部调训】 2019 年，上杭县委组织部春秋两季举办主体班培训 6 期，其中 2 期科级干部培训班、2 期股级干部培训班、1 期与县委统战部联合举办的统战人士培训班和 1 期与县委宣传部联合举办宣传干部培训班，选派 245 人次参加县委党校 2 个月脱产学习。选派各级各类干部 106 人次参加市级以上党校、行政院校、高等院校及业务主管部门举办的主体班次和专题班次学习培训。其中处级干部 24 人次，科级及以下干部 82 人次。开展异地培训，组织主体班学员分赴赤水、无锡、南平、宁德等地开展异地培训，开阔视野、转变发展理念，提高党员干部思想政治素质和推动科学发展的能力。县委人才办与县工业信息与科技局联合举办上杭县企业创新驱动高质量发展专题培训班，共 46 人赴深圳参加此次培训班。年内，落实《干部教育培训工作条例》，制定《上杭县 2019—2022 年干部教育培训工作方案》。

【"人才强县"战略实施】 党管人才，政治引领人才优先发展战略 2019 年，上杭县高起点谋篇布局，县委常委会、县政府常务会议全年 2 次听取人才工作汇报，将全县重大发展战略结合人才工作同研究、同部署。全方位构建体系，制定出台《新材料产业引进紧缺专业高校毕业生的支持办法(试行)》《进一步提升城市化水平的政策措施(试行)》的毕业生就业政策，促使上杭县人才政策与省、市人才政策既错位又叠加。多维度协调联动，定期召集成员单位召开专题会议 5 次，通报工作进展，协商解决问题、交流工作经验，对乡镇、成员单位开展人才工作目标责任制考评，增强各单位在人才工作中的积极性、主动性和创造性。

守正创新，深耕厚植优质人才发展生态 2019年，紫金铜业有限公司张文海、邱定蕃院士专家工作站获评省级示范院士专家工作站，紫金铜业有限公司获批组建福建省铜冶炼伴生资源综合利用工程研究中心，福建紫金测试公司确定为省级技术转移机构，蛟龙创业基地确认为福建省众创空间。全年，上杭县争取省、市人才政策补助资金2000余万元，县财政配套补助1000万元，为企业发放“助保贷”贷款1492万元；开设《点赞新上杭人》栏目宣传引进的创业创新人才典型事迹，弘扬科学精神、工匠精神，福建电视台综合频道《八闽人才县域篇》《福建日报》等媒体先后对上杭县人才工作做法进行宣传报道。战略性储备，做好规划，走进省内外众多高校开展“智联四海·才荟杭川”专场校园招聘活动，全方位展示、宣传上杭，暑期组织80名上杭籍大学生参加“杭川学子回乡看”主题实践活动，让青年学子更加感受到家乡独特魅力及澎湃的发展活力。

开放揽才，强化平台支撑提升聚智能级 上杭县双创引擎驱动成为样本，顶尖人才取得重大突破，引进人才蒋开喜，紫金矿业集团有限公司王乾坤博士是顶尖人才，董事长陈景河在全市首次增选中国工程院院士进入最后一轮入选人。高层次人才数量增长继续保持强劲势头，2019年新增省高层次人才ABC类人才30名，占全市增量近四成；创新创造活力竞相迸发，获省科技进步一等奖1项、三等奖2项。人才招商模式拉开架势，5个高层次人才项目入围第八届中国创新创业大赛决赛，占全省参赛企业的五分之一，其中福建德尔科技有限公司获全国总决赛二等奖，参赛成绩创造全市历史，福建振杭机器人装备制造有限责任公司获初创组市赛第二名、省赛第五名。社会民生人才提档升级，从重点高校引进教育、医疗人才17名，吴思禄被评为全国“模范教师”。组织新型职业农民培训并认定470人，23人取得社会工作职业水平证书，增长率居龙岩市前列。

■ 宣传

【新思想学习走深走实走心】 2019年，上杭县宣传思想文化战线持续深入学习宣传贯彻习近平新时代中国特色社会主义思想和中共十九大及十九届四中全会精神，在全县上下营造浓厚学习氛围。全年举办18场县委中心组学习（扩大）会，在县内各新闻媒体开设理论学习专栏，推出新思想“学习微手册”H5，开展“新思想进基层”百场巡回宣讲、中共十九届四中全会精神集中宣讲、文艺轻骑兵百村文艺巡演、红色故事巡回演讲等活动，以分众化、融媒体“大宣传、大宣讲”模式，真正让党的创新理论“飞入寻常百姓家”。用好用活“学习强国”“上杭理论学习在线”等学习平台，在全县广大党员干部中形成比学赶超的良好学习氛围。持续打响县委“星火讲师团”基层理论宣讲品牌，通过“菜单式”服务方式深入基层一线开展宣讲活动130多场次。

【主题宣传活动】 2019年，上杭县开设庆祝中华人民共和国成立70周年特别专题，举办“壮丽70年·歌唱新时代”经典歌曲大联唱等50多场群众性主题宣传教育活动，唱响礼赞新中国、奋进新时代的昂扬旋律。组织旱康会议90周年、闽西“一大”90周年、古田会议90周年等重大主题系列纪念活动，配合中央广播电视总台举办“心连心”艺术团到古田慰问演出活动。全年，上级媒体刊发上杭县稿件2100多篇（条），其中，央视《新闻直播间》推出的2场融媒体直播点击量达20万次，湖南卫视直播连线红土地节目并通过“芒果TV”客户端推送点击量达25万次。

【网络舆情管理】 2019年，上杭县强化并创新网络宣传和管理，实施“6+N”网信管理模式。全年编发《舆情日报》360期、网下督办43件，处置涉上杭突发网络舆情，处置一批不良信息，净化网络环境。加强对网站、微信公众号等管理。抓好“345”千人红土网军队伍建设，组织网评员队伍开展主题网络宣传146次，大力唱响网上主旋律，不断汇聚网络正能量。

【对外宣传】 2019年，上杭县制作拍摄《多彩上杭》《汀江绿道》等专题宣传片，策划“喜迎龙岩市首届文旅产业发展大会”6集系列报道，编辑发行《上杭乡讯》6期，在南京市举办“清新福建·全福游·有全福”系列之2019龙岩上杭（南京）旅游推介会。配合上级主流媒体到上杭采访报道以及专题纪录片《客家人》《永恒的血脉》的拍摄工作，借势借力唱响上杭声音。

【新时代文明实践中心建设】 2019年，上杭县围绕打造“爱满杭川”志愿服务总品牌，策划生成100多个志愿服务项目，按照“一月一主题”深入基层开展志愿服务活动4760多场，参与活动的志愿者8万多人次，直接受益群众100多万人次。新时代文明实践中心建设先后得到中央政治局委员、中宣部部长黄坤明等中央、省、市相关部门领导的肯定，中宣部《党建》杂志、《思想政治工作研究》和省委办公厅《八闽快讯》等先后对上杭县的试点建设工作经验做法进行498次宣传报道，全国81个县市区先后到上杭考察学习，新时代文明实践“上杭样板”“上杭经验”已逐步在全省乃至全国得到推广。

【精神文明建设】 2019年，上杭县落实落细创城保障机制、责任分解定期反馈机制、网格化管理机制等13项长效机制，策划开展“十项整治”“十大提升”工作，利用“12345”便民服务平台，发动干部群众“随手拍”，优化城市精细化管理，市容市貌得到有效整治、市民素质得到较大提升。2019年，在全国文明城市县级提名测评中成绩名列全省第三。开展公益广告“十进”活动以及道德讲堂、“我们的节日”主题文化系列活动，多种载体、多种形式、多种渠道深入开展社会主义核心价值观宣传教育，在杭川大地传递向上向善强大正能量。

【社会宣传】 2019年，上杭县实施爱国主义教育“一乡一基地”工程，推进临江楼、蛟洋红军医院旧址等红色旧址维修，做好226处红色文化遗存调查登记、17处革命旧址文物保护单位维修方案编制以及文庙、红色交通线史迹共5处17点文物申报第八批全国重点文物保护单位。每季度开展新时代文明实践志愿服务项目“乡村行”暨科技文化卫生“三下乡”“月月有戏”文化惠民工程以及“文化上杭2019群文十大活动”，深入基层开展文化文艺演出、书画作品展等“送文化下乡”志愿服务活动200余场次，完成农村电影放映2600多场次。加强文艺精品创作，拍摄电影《毛泽东在才溪》，协助拍摄电视剧《绝境铸剑》，红色历史情景剧《胜利从古田开始》坚持常态化演出。承办龙岩市首届文旅产业发展大会，举办世界客属龙舟文化旅游节活动，策划推出“乡约你，来上杭”文化旅游新品牌。红色教育培训、红色旅游产业势头强劲，文旅产业实现产值137亿元。

统一战线

【概况】 2019年，中共上杭县委统战部坚持把学习宣传贯彻落实习近平新时代中国特色社会主义思想和中共十九大和十九届历次全会精神作为当前和今后一个时期的头等政治任务，特别是在全县统战系统内进一步兴起习近平新时代中国特色社会主义思想“大学习、大普及、大践行”热潮，广泛凝聚思想政治共识。自“不忘初心、牢记使命”主题教育开展以来，在县委第12巡回指导组的悉心指导下，县委统战部学习贯彻习近平总书记关于主题教育的重要讲话和重要批示精神，严格落实中央和省委、市委、县委的部署要求，提高政治站位，把开展主题教育作为首要的政治任务和推动统一战线事业高质量发展的重要契机，围绕“守初心、担使命，找差距、抓落实”的要求，突出抓好“学习教育、调查研究、检视问题、整改落实”四个环节，“规定动作”有特色，“自选动作”有亮点，主题教育取得明显成效，达到预期目的。

【意识形态工作责任制全面落实】 2019年，中共上杭县委统战部按照“一岗双责”要求，部主要领导为第一责任人，分管意识形态工作的领导是直接责任人，着力推动意识形态领域统战工作的和谐与稳定。根据新形势下意识形态工作的特点和规律，正确分析和准确把握意识形态领域的新形势，将意识形态工作列入党风廉政建设责任制责任范围，列入民主生活会、述职述廉报告、干部年度考核和二级绩效管理考评的重要内容，列入《上杭县2019年乡镇统战工作目标管理办法》，坚持每半年研究一次意识形态工作，总结上报一次工作情况，及时解决工作中出现的困难和问题。同时，有效管理运营“同心上杭”微信公众号。加强对“自媒体”的正面引导，推动新媒体人士在意识形态领域主动发声，传播社会正能量。全年，研究部署意识形态工作4次，召开意识形态工作专题学习会2次，解决意识形态方面问题2件，向省、市、县报送各类信息300余条。

【党外代表人士队伍建设】 2019年，中共上杭县委统战部加大对党外代表人士的发现、培养、使用、管理的工作力度，将物色、培养、选拔、使用党外代表人士的工作纳入乡镇各级党建工作年度目标考核内容，进行量化考核。落实县委、县政府党员领导与党外代表人士联谊交友制度，及时调整县委、县政府党员领导联系党外代表人士安排。全县有副科级以上党外领导干部48人，其中县处级党外领导干部3名，正科级17人，副科级28人。24个县政府组成部门按三分之一的规定比例，8个部门配备9名党外领导干部，2个县政府工作部门配备党外正职领导。同时，加大对党外代表人士的政治安排力度，有意识选拔优秀党外代表人士在人大、政协等组织中作适当政治安排，重点做好增补非中共党员、非公经济人士人大代表、政协委员的提名推荐、考察审查工作。全县人大代表225名，党外人大代表83名，占36.89%，其中人大常委会委员30名，党外代表人士8名，占26.27%，有2名党外干部担任县人大专委副主任。县政协委员有218名，党外人士131名，占60%，其中政协常委35名，党外人士23名，占65.7%，有1名党外干部担任县政协专委主任。

【党外代表人士的教育培养】 2019年，中共上杭县委统战部贯彻落实《2019—2022年福建省干部教育培训规划》，首次将统战人士培训列入县委党校培训主体班次，用“同心思想”和社会主义核心价值体系武装统战人士头脑。3月，举办第一期统战人士培训班暨第三期党外干部培训班，全县党外代表人士、新的社会阶层人士及少数民族干部37人参加培训。8月，推送多名党外代表人士和新的社会阶层人士前往上海复旦大学、浙江大学学习培训。同时，创建县级社会主义学院，8月5日举行社会主义学院成立揭牌仪式，省委统战部部务会成员、省社会主义学院党组书记、副院长李韧出席仪式并为学院揭牌，期间还作题为《画出最大同心圆—新时代新思想与统一战线》专题讲座。

【新的社会阶层人士队伍建设】 2019年，中共上杭县委统战部做好新阶联工作，吸收优秀人士加入联谊会，年初新吸收15名新会员。打造新的社会阶层人士实践创新基地，1月中旬，组织召开“上杭县新的社会阶层人士实践创新基地”揭牌仪式暨“迎接新时代，做出新贡献”迎新春茶话会。4月底，组织联谊会会员开展“深入劳模工作岗位，学习新时代工匠精神”活动。6月，组织联谊会律师志愿者，开展法律服务进社区活动，为广大群众提供法律咨询服务。“七一”期间，组织全县党外代表人士和新的社会阶层人士拍摄“祖国您好”MV活动。国庆期间，开展“向祖国致敬·升起心中国旗”升国旗、挂国旗、插国旗、贴国旗、摆国旗等活动。

【非公经济发展】 2019年，中共上杭县委统战部组织全县112名非公经济企业家代表召开上杭县2019年新春企业家座谈会；参加2019年“龙岩企业日”活动，县委主要领导就如何做好项目对接和签约工作作出重要批示，县四套班子领导分别带队深入民营企业调研，收集到问题和意见建议15条，均得到落实反馈；组织全县民营企业家参加“民企同心·歌颂祖国”龙商大合唱活动，获三等奖；开辟“民企诉求直通车”网络专栏，引导民营企业合理反映诉求，每月定期梳理汇总建议意见上报县领导批示后转相关部门办理，全年，收集到60多条民企诉求，大部分诉求得到解决。建立完善民营企业服务机制，制定《上杭县贯彻实施龙岩市千名干部挂千企帮扶服务活动方案》《县领导挂钩联系重点商会制度》，帮助异地商会、基层商会、企业解决实际困难；与县人民检察院联合建立沟通联系机制，为民营企业健康发展提供有力的司法保障和服务；与县司法局联合成立“上杭县总商会人民调解委员会”，主动为会员企业免费提供法律咨询、帮助解决纠纷等服务。据统计，全年调解非公经济组织纠纷153件，调解成功率100%，有效地维护会员企业合法权益。与中国人民银行上杭县支行联合开展上杭县金融服务民营小微企业“双百”行动，制定《关于开展上杭县金融服务小微企业民营企业“双百”行动的通知》，开展“一对一”结对帮扶。至年底，全县金融机构对25家民营企业办理贷款融资4170万元，办理授信额度6050万元、用信5650万元，为民营小微企业发展增添新动力。

【商会建设】 2019年，中共上杭县委统战部制定出台《关于促进工商联所属商会改革和发展的实施意见》，成立“四好”商会创建工作领导小组，推进工商联所属商会改革，实现统战工作向基层商会组织全覆盖，基层商会建成率100%。做好所属商会党建工作，引导和支持商会建立党支部或建立“兼合式”“联合式”党支部，不断扩大党的组织和党的工作在商会的覆盖面。至年底，成立党组织13个，其中，稔田商会被福建省工商联评为“2019年度基层四好商会”。建立基层商会统战工作联络制度，由商会党支部书记或秘书长担任统战工作联络员，负责在商会宣传统一战线等党和国家方针政策，定期向县委统战部和工商联汇报商会工作，推动统战工作向商会有效覆盖。推动上杭县商会企业回归创业园项目建设，做好项目设计方案的研究及送审工作，该项目土地收储工作已基本完成。同时，实施“杭商回归工程”，引导杭商回杭投资兴业。全年，引导AI人工智能教育教学机器人项目、汽车配件制造生产项目、江洪通信科技营运项目等7个项目回归，投资总额约为6亿元。

【光彩事业】 2019年1月，中共上杭县委统战部举办“上杭人在粤40年联谊会暨光彩事业助学基金启动仪式”，1600名在粤企业家、乡贤踊跃认捐“光彩事业助学基金”；8月，举办2019年度“红土同心·光彩助学”资金颁发仪式，98名贫困学子获得助学金27.5万元；9月底，广东上杭商会捐赠3万元帮扶上杭三新康复医院残疾儿童；12月20日，泉州上杭商会副会长李永钟先生捐赠上杭县光彩助学基金30万元。同时，杭籍企业家和各异地商会组织响应县委、县政府关于参与汀江绿道认捐认养活动号召，有8个企业（商会组织）认捐7座汀江绿道驿站。

【民族宗教】 2019年，中共上杭县委统战部承办龙岩市2019年中国农民丰收节暨第12个民族团结进步宣传月活动；举办第二届东南地区海峡两岸公开水域游泳邀请赛；第三届“三月三”畲族文化旅游节活动。庐丰畲族乡党委书记钟加樟获全国民族团结进步模范个人称号；5所民族中小学命名挂牌龙岩市民族团结进步创建示范学校；古田苏家陂被命名为全国民族团结进步示范区；闽西畲族馆正在申报全国民族团结进步教育基地。指导官庄畲族乡七里村、朱堡村，庐丰畲族乡丰济村，湖洋镇文光村、中都镇古坊村等5个新列入第四批特色村寨试点的民族村相关项目建设。开展官庄畲族乡福泉村、古田镇苏家陂村、太拔镇坵辉村等3个第三批中国少数民族特色村寨命名挂牌申报工作。首次编印《闽西畲乡》画册，对闽西51个少数民族村进行首次集中展示。全年申报少数民族项目55个，争取2019年中央和省、市民族补助资金659万元，比上年增加63万元。健全完善宗教工作长效机制，在全市率先实施宗教团体绩效考评；建立省、市、县三级民间信仰管理新机制；调整干部挂钩宗教活动场所帮扶机制。强化宗教界服务引导，指导宗教活动场所开展“四进”活动，有21家宗教活动场所竖起国旗；指导县佛教协会、县基督教“三自”爱国会顺利完成换届；协助宗教场所争取修缮经费等，处理产权纠纷30多起；引导宗教正能量有效释放，募集资金近10万元开展放生、高教助学、敬老助残等公益慈善活动。

【港澳台及海外交流合作】 2019年3月，上杭县委常委、统战部部长罗小洪赴香港、澳门开展专项工作，引导香港大学中国制度研究中心到上杭创建古田研究及培训基地。3月下旬，香港大学中国制度研究中心代表到上杭开展调研，就合作挂牌成立古田研究及培训基地进行洽谈。11月初，香港上杭同乡会第六届理事会二次会议召开，200多名乡亲参加联谊活动。深入开展港澳乡情普查工作。结合2018年乡情普查信息和香港上杭同乡会、澳门闽西同乡会会员资料，再次组织深入乡镇摸排，完善全县港澳乡情数

2019 年 7 月 20 日，北美客家上杭同乡会上杭联络站成立仪式暨回馈家乡座谈会召开　（县委统战部供图）

据库，夯实港澳工作基础。通过摸查和沟通，香港上杭同乡会会员从换届前的 30 余人增加至近 300 人。加强与海外侨胞的团结引导、联络联谊，促进海外侨心凝聚。1 月，组织美国、加拿大、新加坡等地社团及华人华侨通过网络形式参与“上杭春晚”。2 月上旬，举办北美上杭同乡会亲友新春茶话会，北美上杭同乡会会员代表及在上杭亲属等 60 多人参加，同时组织返乡的美国俄亥俄州立大学医学院生物信息系生物学博士莫晓葵在《客家讲坛》作主题为“癌症的免疫疗法”专题讲座。6 月 22 日，北美客家上杭同乡会在加拿大多伦多圆满完成会员大会暨第二届理事会就职典礼。7 月 12—21 日，2019 年北美华裔青少年“寻根之旅”夏令营福建上杭营活动在上杭县举办，21 名华裔青少年与 12 名随行家长到上杭参加活动。7 月 20 日，召开“北美客家上杭同乡会上杭联络站成立仪式暨回馈家乡座谈会”，25 位北美乡贤参加座谈会，县长王波出席会议并作重要讲话。9 月 25—28 日，中国闽西（上杭）第三届世界客属龙舟文化旅游节在上杭县举办，海外参赛嘉宾 116 人、台湾参赛嘉宾 70 多名。全年，接待杭台经济文化和民间社团等 30 批次 579 人次到上杭参访交流。有 8 名台湾青年入选福建省引进高层次 B 类人才。引进 3 家台资企业，总投资 2565 万美元，其中新落地企业有福建邦胜泰达科技有限公司、福建龙机工贸有限公司，增资扩产企业有大地生机（福建）农业发展有限公司。广泛宣传动员在上杭台胞申办台湾居民居住证。配合做好“闽台农业合作推广示范县”申报工作。与海峡卫视联合拍摄大型客家人文纪录片《寻根客家》，后期将争取入岛播出。

■ 县直机关党建

【概况】 2019 年，上杭县直机关党工委负责管理县直机关（企业）29 个党委（含直属），12 个总支，389 个党支部，6678 名党员。其中直属管理 2 个党总支，39 个支部，769 名党员。全年，县直机关党的建设开展“不忘初心、牢记使命”主题教育，围绕县委县政府中心工作，全面推进抓党建促脱贫攻坚，促乡村振兴，做好“三个表率”（努力在深入学习贯彻习近平总书记系列重要讲话精神上作表率，在同以习近平为总书记的党中央保持高度一致上作表率，在贯彻落实党中央各项决策部署上作表率），建设模范机关。

【习近平新时代中国特色社会主义思想的学习宣传】 2019 年，上杭县直机关党工委把学习贯彻习近平新时代中国特色社会主义思想和党的十九届四中全会精神情况列入县直机关党建目标管理考评（党建绩效考评）内容，加大分值权重，发挥导向功能，推动上级各项决策部署在县直机关落地生根、开花结果。7 月，举办学习习近平总书记在中央和国家机关党建工作会议上的重要讲话精神专题培训班，提升机关党务干部理论水平，加强和改进机关党的建设质量。引领县直党组织扎实开展“不忘初心、牢记使命”主题教育，及时向机关党员赠阅《习近平关于“不忘初心、牢记使命”论述摘编》等主题教育必读书目，组织机关党员观看历史情景剧《胜利从古田开始》、电影《古田军号》等。“七一”期间，组织县直各党委参加“不忘初心跟党走·牢记使命保平安”综治平安建设知识竞赛活动。

【“建设新上杭·机关作表率”主题实践活动】 2019 年，上杭县直机关党工委围绕县“产业发展项目建设年”活动，推动党员干部参与、主动融入新时代文明实践活动，发挥县直机关新时代文明实践志愿服务支队作用，打好“双城同创”攻坚战，助力脱贫攻坚、乡村振兴战略。深化开展“建设新上杭·机关作表率”“在职党员学急救·危难时刻当先锋”等主题实践活动。为庆祝纪念建党 98 周年、中华人民共和国成立 70 周年，“七一”前，举办全县乡镇党委和县直党委参加的“壮丽 70 年·唱响新时代”经典歌曲大联唱活动；元旦期间，以古田会议召开 90 周年、新古田会议召开 5 周年为契机，组织 1000 多名干部职工参加首届汀江绿道长跑比赛。

【“两学一做”学习教育常态化制度化】 2019 年，上杭县直机关党工委增强抓党建意识，把意识形态工作责任制落实情况列入党委工作报告、基层党组织书记抓党建述职评议考核、党员领导干部民主生活会等的重要内容。定期研判意识形态领域情况和党员干部思想动态，按时向县委专题汇报意识形态工作责任制落实情况。全面厘清新形势下各级党组织履行机关党建工作责任清单，发挥工委编印的《机关党建工作指导手册》功能，着力提升基层党建规范化、科学化水平。5月，联合县财政局出台《上杭县县直机关基层党组织党建活动经费管理办法（试行）》，进一步规范党建活动经费管理，深入推进“两学一做”学习教育常态化、制度化建设。

【机关基层党组织建设】 2019年，上杭县直机关党工委落实县委有关党务业务领导“一肩挑”工作部署，推进59个县直机关事业单位、24家国企和54所学校行政负责人兼任党组织书记。修订“县直机关事业单位落实党建工作责任制评分细则”，把党建工作纳入县对县直机关事业单位绩效管理考评指标。9月下旬，举办为期3天的“不忘初心、牢记使命”主题教育机关党支部书记集中培训班，推进600名机关党务干部参加各级集中培训。

【巡视、巡察、整改】 2019年，上杭县直机关党工委做好省、市2018年度全面从严治党主体责任落实情况检查迎检和发现问题涉及任务整改工作，完成涉及县直机关党工委的4类7项11个问题的整改工作。针对抓党建述职评议考核县委点评指出的问题，主题教育自身检视查摆的问题和县委巡察二组巡察工委期间指出的问题，制定整改落实方案，列出整改清单，坚持即知即改，立行立改。同时，结合机构改革，以提升组织力为重点，不断调整优化机关党组织设置，指导机关党组织的换届选举工作。开展形式主义、官僚主义专项整治，实施机关党建问题“晒单制”，着力解决群众最急最忧最盼的紧迫问题3个。

【“红土先锋”党建品牌拓展】 2019年，上杭县直机关党工委着力培育“红土先锋”机关党建品牌，重点培育县烟草专卖局临城烟草站、县公安局古田派出所、城郊派出所、县城市管理局、县行政服务中心、县移动分公司、白砂国有林场、县气象局等一批综合型党建示范点。同时，深化开展支部达标创星工作，做好2019年度171个机关党支部“红土先锋”达标创星初评、复评工作，深化星级评定、加强分类指导。

■ 老干部工作

【概况】 2019年，上杭县有老干部97人。其中，离休干部45人，1949年10月1日至1950年5月12日参加革命工作，享受供给制的退休干部（简称“5·12”退休干部）14人；曾担副处以上实职（含军转地副团级以上）退休干部38人。

【离退休干部党的建设】 2019年，上杭县加强离退休干部思想建设。教育引导离退休干部牢固树立“四个意识”，坚决维护习近平总书记在党中央的核心、在全党的核心地位，坚决维护党中央权威和集中统一领导。组织引导离退休干部在思想上政治上行动上自觉与党中央保持高度一致。强化学习培训。用好老党员之家、老干部党校，重点抓好“六个一”（每年举办一次活动、开展一场培训、赠阅一本好书、组织一次调研、召开一次座谈、上好一堂党课）制度建设。采取召开专题会议、参观考察、座谈讨论等多种形式深入领会，切实提高离退休干部理论学习自觉性和思想教育针对性，做好经常性思想政治工作。全年全县组织离退休干部召开各类学习、讨论会议16场次，参学党员人数达1500人次。成立上杭县老干部党校，开展离退休干部党支部书记暨在职联络员培训班，邀请党校老师作专题报告。突出榜样引领，树先进典型。引导广大离退休党组织和党员不忘初心、牢记使命、永葆本色，向市委推荐县离退休干部优秀党员1人，向市离退党工委推选出优秀党员3人，优秀党务工作者1人，先进基层党组织1个，向县委推荐离退休干部优秀党员1人；县关工委在纪念成立30周年活动中推荐表扬一批在关心下一代工作中作出突出贡献的先进集体和先进个人。

【老干部服务管理】 2019年，上杭县把政治建设摆在老干部工作首位，开展“送学上门传党情　主题教育不落下”专题实践活动，集中采购90余本主题教育书籍送到老同志手中，向他们传达习近平总书记主题教育重要讲话精神和各级文件精神。以中华人民共和国成立70周年走访慰问为契机，把主题教育检视问题贯穿其中。借助走访慰问、调查研究等时机，面对面向老同志征求意见建议，详细了解他们的生活情况和身体健康状况，帮助解决他们的实际困难。走访慰问离休老干部、“5·12”退休、副处级以上退休和本局退休老同志119人，节日慰问金3.57万元，为55位离休老同志颁发“庆祝中华人民共和国成立70周年”纪念章。推行老干部挂钩联系制度，做到“分片包干、责任到人”。落实特困家庭离休干部和离休干部无工作遗偶帮扶补助政策。及时出台政策并落实提高离休干部高龄护理费标准。在医疗服务保障、日常生活照料、社区养老服务等方面探索服务项目对接，采取“一人一策”帮扶措施，提升个性化服务水平。开展居家养老线下实体援助工作，为离休干部购买日间照料、助餐、助洁、助浴、助行、助购、康复护理、精神慰藉等八大项服务内容，全年，服务离休干部165人次。加强老干部活动中心、老年大学活动学习场所建设。县老干部活动中心发挥各活动团队积极性，组织开展形式多样的文体活动。县老年大学秋季学期，开设30门课程50个教学班，有舞蹈类课程7门，器乐类课程6门，声乐唱歌类3门，招收学员960人，学员报学科1539人次。

【离退休干部增添正能量活动】 2019年，上杭县以中华人民共和国成立70周年、古田会议召开90周年为契机，围绕“增添正能量·共筑中国梦”“我看新中国成立70周年新成就”主题和上杭县加快建设“四个上杭”等中心工作，开展“助力新上杭·增添正能量·共筑中国梦”主题活动，引导离退休干部为建设新上杭聚智助力、点赞加油。建立科技教育、理论宣讲等6个类别19位老干部组成的“银发人才库”，发挥他们专业特长优势。组织开展“关爱老干部”走访调研，动员老战士、老干部、老专家、老教师、老劳模等讲述亲身经历；举办“助力新上杭·喜迎新中国70华诞”诗书画影展；制作《初心不忘感党恩》红色微视频，宣传5位交纳大额党费的离退休老同志的先进事迹；县关工委开展“传承红色基因，争做时代新人”主题教育活动。以县老年大学成立30周年为契机，国庆前夕举办“同庆七十华诞，共谱时代新曲”文艺晚会，组织策划一系列主题鲜明、丰富多彩、喜闻乐见的文艺节目。继续开展“不忘初心、助力新上杭”志愿服务活动，参与全县新时代文明实践中心建设试点工作，融入全省“十百千万”志愿服务工程，健全完善12支离退休干部志愿服务队，首次招募122名老干部志愿服务者，建立组织完善、主题突出、特色鲜明、上下联动的离退休干部志愿服务体系。本年，组织志愿者们走进养心园敬老院；组织志愿者们走进西普陀进行环保志愿活动；组织红色剧场文艺轻骑兵志愿者们走进红色才溪敬老院，为老人们献上精彩文艺演出，为老人们带去欢乐和幸福。

【老干部工作规范化、信息化、精准化建设】 2019年，上杭县运用信息化推动资源共享。学习浙江省和成都市等地关于信息化的好做法、好经验，把“上杭离退休干部”微信公众号内容充实起来，及时更新新闻信息和其他各类信息，完善县老年大学微信公众号报名系统；推进“学习强国”“e龙岩”APP和各级“离退休干部”微信公众号在离退休干部手机终端中使用；主动对接用好“福建省精准服务离休干部”信息系统，用好省委组织部“党员e家”网站“离退休干部党建”模块，推广福建电信“福建老年教育新媒体电视平台”、老年远程教育、“福建终生教育服务平台”网站等信息化资源，推动信息化与老干部工作深度融合。运用e龙岩、“12345”平台、信访系统等平台，做好老干部信访工作、政策解释和心理疏导。2019年，运用“12345”平台及时解决老年人活动中心路面破损影响出行问题。本年，挂牌成立“红土桑榆·老党员工作室”、老干部党校。

■ 党校教育

【主体班学员培训】 2019年，上杭县委党校完成春、秋两季主体班培训工作，培训6个班次学员244人次。集中培训期间，组织春季主体班全体学员参加“上杭县委党校庆祝中华人民共和国成立70周年‘我和我的祖国’主题活动”；为庆祝中华人民共和国成立70周年，联合县委组织部、老干局等单位，组织秋季主体班学员及党校教职工，举办“壮丽70年，奋斗新时代”文艺晚会。

【专题培训班】 2019年，上杭县委党校为加强对发展对象入党前培养教育，提高新发展党员的质量，全年举办三期入党积极分子培训班，县直各单位、各乡镇438名入党积极分子参加学习培训。

【科研咨询】 2019年，上杭县委党校教研人员撰写论文18篇，其中在省级以上刊物发表1篇，市级刊物发表7篇，入选龙岩市社科联、龙岩市委党校主办的“古田会议精神与新时代中国特色社会主义”学术研讨会10篇。围绕“党史党建、经济学、文化学”等科研项目参与省、市课题的立项申报工作，其中，省委党校课题立项6篇、市委党校课题立项4篇。2019年，由党校承担的1项2018年度福建省党校、行政学院系统中国特色社会主义理论体系研究基地课题通过验收结项，并评为优秀成果。全年申报8个县重点课题，同时利用好学员的调研文章为党委政府提供决策参考，共提炼总结5篇决策咨询专报件呈送县委县政府，得到县委傅藏荣书记的批示。

【对外培训】 2019年，上杭县委党校结合中华人民共和国70周年、古田会议召开90周年和新古田会议召开5周年及中央开展的“不忘初心、牢记使命”主题教育开展红色教育培训。全年承接138个对外培训班次，培训人数约7000人次，创收900多万元。

【送教下基层活动】 2019年，上杭县委党校组织教师结合“不忘初心、牢记使命”主题教育和新时代文明实践活动，深入县直、乡镇、村（社区）以及企业等地，宣讲习近平新时代中国特色社会主义思想、中共十九届四中全会精神及古田会议精神等红色文化专题。全年，党校教师下基层宣讲47场次，培训基层党员干部5000余人次。其中，结合新时代文明实践活动，发挥“红心志愿服务宣讲队”作用，下基层宣讲中共十九届四中全会6场次，培训310人次。

【乡村振兴远程教学站建立】 2019年9月，上杭县委党校与清华大学合作，建立乡村振兴远程教学站，实现资源共享。

责任编辑：蓝晓东

上杭县人民代表大会

■ 综述

【概况】 2019年,上杭县人大及其常委会学习贯彻习近平新时代中国特色社会主义思想,特别是习近平总书记关于坚持和完善人民代表大会制度的重要思想,学习贯彻中共十九大及十九届二中、三中、四中全会精神,全面贯彻落实党中央关于加强县乡人大工作和建设的若干意见,继承和弘扬古田会议精神、毛泽东才溪乡调查精神,围绕全县改革发展稳定大局,行使宪法法律赋予的职权,全年举行常委会会议11次,听取和审议专项工作报告14项,作出决议决定17项,开展视察、调研、执法检查21项,配合省市人大到上杭开展视察、调研、执法检查23项,依法任免地方国家机关工作人员14人次、人民陪审员70名,为坚持高质量发展落实赶超、加快“四个上杭”建设贡献新时代人大智慧和力量。

【工作创新】 才溪镇人大主席团“1479工作法”在全省推广 2019年,上杭县人大常委会结合人大工作新要求,再次提升、完善才溪镇人大主席团“1479工作法”,丰富“加强党的政治建设”“开好一年两次乡镇人代会”“主席团成员联系代表”“组织代表初步审查预决算”“代表联系群众全覆盖”等内容,使之更加富有实践特色和时代特色。10月,全省乡镇人大工作推进会在上杭县召开,在全省推广才溪镇人大主席团“1479工作法”。《福建日报》刊发《才溪镇人大主席团“1479工作法”在全省推广》一文,评价“才溪镇人大主席团‘1479工作法’(围绕镇党政中心工作这一条主线,处理好与镇党委、政府、上级人大及代表等四种对象的关系,开展代表学习日、代表小组、调研视察、执法检查、部门评议、代表述职、苏区新模范评选等七项活动,做好人代会组织、依法行使监督权、狠抓代表建议督办、宣传基层民主法制、接待群众来信来访、促进政府倾听民意、提供代表履职保障、执行党委决定、加强自身建设等九项工作)为2015年修改地方组织法有关乡镇人大主席团闭会期间的法律地位和工作职责提供鲜活的地方样本参考,也为福建省2016年制定乡镇人大主席团工作规定,推进乡镇人大工作规范化建设提供实践参考。”才溪镇人大主席团获全省人大系统先进集体,并在表彰大会上作典型发言。

2019年10月18日,全省乡镇人大工作推进会在上杭召开,在全省推广才溪镇人大主席团“1479工作法” (县人大办供图)

开创乡镇人大工作新局面 2019年,上杭县人大常委会总结临城镇重大民生实事项目人大代表票决制试点经验,提请县委出台《上杭县乡镇重大民生实事项目人大代表票决制工作实施办法》,得到市人大常委会肯定并转发至各县(市、区)作工作参考。召开乡镇重大民生实事项目人大代表票决制工作现场推进会,在全省率先全面铺开此项工作,支持和保证人民通过人民代表大会行使国家权力。召开“不忘初心、牢记使命”主题教育推进全县乡镇人大工作问题整改座谈会,以再次提升后的“1479工作法”为蓝本,推广“有事找代表”服务平台,制发“有事找代表”联系卡,推行乡镇人大代表网格化全覆盖联系群众机制,打通人大代表联系服务群众“最后一公里”。开展代表工作室运行情况调研,发挥代表工作室作用,把代表工作室建设成为提高代表素质的“学习平台”、代表服务群众的“联系平台”、掌握民情民意的

"收集平台"、推动解决问题的"服务平台"。

【服务大局】 推动经济高质量发展 2019年，上杭县人大常委会开展县属企业国有资产管理情况调研，首次审议县政府关于2018年度国有资产管理情况综合报告（书面）、2018年度县属企业国有资产管理情况专项报告，推动党中央《关于建立国务院向全国人大常委会报告国有资产管理情况制度的意见》精神在上杭县贯彻落实，加强对国有资产的监督，推动国有资产保值增值。开展新材料产业发展情况调研，提出规划引领、政策扶持、环境营造、人才支撑等建议。县政府高度重视，出台《促进新材料产业发展十条扶持政策（试行）》《新材料产业引进紧缺专业高校毕业生支持办法（试行）》，设立新材料产业创业投资基金和产业担保扶持基金，有力推动产业结构转型升级、集聚高质量发展新动能、再造高质量发展增长极。开展县财政专项资金预算绩效管理、县财政教育专项资金使用情况调研，找准问题，提出建议。县政府高度重视，制定全面实施预算绩效管理工作方案，促进财政专项资金管理水平和使用效益有效提升，切实管好人民的"钱袋子"。

聚焦城乡区域协调发展 贯彻县委关于加快城区人口集聚、促进"人产城"融合发展的决策部署，作出关于进一步提升上杭县城市化水平的决议。开展公益性骨灰堂和公墓建设情况视察，针对存在问题，要求县政府加大政策宣传、完善服务设施、加强上下联动、完善制度建设。县政府及相关部门高度重视，制定一系列措施，加快殡葬改革进程，推动文明新风建设。开展家庭农场发展情况调研，要求县政府及相关部门破解农村土地流转瓶颈、完善政策扶持机制、引导家庭农场加快联合、加强品牌创建和营销，推动家庭农场做大做强，保障群众增产增收。

回应人民群众重大关切 听取和审议"一府两院"关于开展扫黑除恶专项斗争工作情况的报告，督促"一府两院"强化政治责任意识、动员群众参与、加强案件线索摸排、依法严惩黑恶势力、健全完善工作机制，推进扫黑除恶专项斗争深入开展，着力增强人民群众的安全感。听取和审议县政府2018年度环境状况和环境保护目标完成情况的报告，开展城区园林绿化工作情况调研，加强对生态文明建设工作的监督，推动习近平生态文明思想在上杭县全面贯彻落实，推动"六城同创"工作扎实深入开展。开展永杭高速公路（上杭段）建设情况视察，推动重点项目加快建设。开展全县民族工作情况调研，巩固发展平等、团结、互助、和谐的社会主义民族关系。开展提升乡镇卫生院医技质量和水平情况调研，促进提高全民健康水平。

参与重点项目建设 县人大常委会领导班子成员挂钩龙龙铁路、永杭高速（上杭段）及城区南互通接线工程、高铁站片区综合开发、县医院整体搬迁、体育路等重点项目，主动靠前，在一线发现问题、解决问题，在一线落实任务、推动建设，在服务重点项目建设中发挥示范带头作用。

【代表履职】 提升代表履职能力 2019年，上杭县人大常委会加强代表素质建设，组织90名代表赴浙江人大培训基地参加履职培训；组织123名代表开展异地视察活动。摄制播出6期《代表关注》电视专题节目，反映群众呼声、宣传法律知识、提出代表建议、推动相关工作。

强化代表履职管理 健全常委会组成人员联系代表、代表联系群众、代表上下联系工作机制，丰富代表小组活动，规范代表工作室运行，加强代表履职管理。组织86名代表回原选区向选民述职，1324名各级人大代表参加"代表联系月"活动，收集人大代表和群众建议意见550多条。

优化代表履职保障 2019年，邀请68名代表列席县人大常委会会议，注重吸纳代表意见。依据监督选题，组织代表参加专题视察、调研、执法检查、听证会和测评会等各类履职活动426人次，有效拓宽代表知情知政渠道。出台《上杭县人大代表活动经费管理使用的意见》，提高代表履职保障水平，增强代表履职积极性。

深化建议督办机制 县十七届人大三次会议以来，代表提出建议220件，办理结果满意和基本满意率93.4%。年初，研究确定加大农村人

2019年11月5日，上杭县人大常委会开展永杭高速公路（上杭段）建设情况视察
（县人大办供图）

2019 年 9 月 27 日，县人大常委会机关一支部开展主题党日活动。图为参观稔田镇刘永生将军事迹陈列馆 （县人大办供图）

居环境整治力度、加强校外托管机构监管、加快实施农村饮水水质提升工程、推进殡葬改革提升城市文明、规范物业管理等 5 件重点督办代表建议。年底，组建 4 个视察小组开展专题视察，听取县政府及牵头承办单位有关办理情况的报告，组织开展办理工作满意度测评，经无记名投票，5 件重点督办建议办理工作均获“满意”等次。及时通报测评结果，分别提出审议意见，要求县政府及承办单位进一步落实建议办理工作，有效提升社会治理效能。对 2 件 2018 年度测评“基本满意”等次的重点督办代表建议，继续跟踪监督，推动重点督办建议持续办理、办出成效。

【自身建设】 着力提升依法履职能力 2019 年，上杭县人大常委会举办常委会组成人员履职培训班，组织部分人大专委会组成人员到广东学习预算联网监督工作先进经验，举办“新材料产业发展的思考与对策”专题讲座，印发新材料产业政策汇编。有计划安排政治、经济、文化、科技、法律等方面知识的学习，不断增强依法履职能力。

开展“不忘初心、牢记使命”主题教育 按照党中央和县委的部署，及时召开常委会党组暨机关“不忘初心、牢记使命”主题教育工作会议，制定工作方案，按照“守初心、担使命，找差距、抓落实”的总要求，把学习教育、调查研究、检视问题、整改落实贯穿全过程，立说立行，立行立改，以实实在在的主题教育成效推进人大工作。

加强人大制度研究宣传 组织开展“地方人大工作与时俱进”课题调研，全县上报论文 30 篇，其中《古田会议精神对新时代加强人大工作和建设的现实启示》获省人大论文评选二等奖。常委会被省人大制度研究会吸收为第三届单位会员。中国人大杂志社记者到上杭延伸采访，《福建日报》、福建电视台、《人民代表报》人民政坛等刊播一批反映上杭县人大工作的新闻。2019 年度全市人大研究宣传与人事代表工作座谈会在上杭县召开。

■ 重要会议

【县十七届人大四次会议】 2019 年 12 月 23—25 日，县十七届人民代表大会第四次会议在县城召开。大会应到代表 224 人，实到代表 213 人，符合法定人数。会议期间，代表们听取和审议县人民政府县长王波作的县人民政府工作报告、县人大常委会主任梁八生作的县人大常委会工作报告、县人民法院代院长曾学明作的县人民法院工作报告、县人民检察院检察长戴宇明作的县人民检察院工作报告。审议 2019 年县国民经济和社

2019 年 11 月 12 日，上杭县人大常委会在才溪镇召开“不忘初心、牢记使命”主题教育——推进全县乡镇人大工作问题整改座谈会 （县人大办供图）

会发展计划执行情况与2020年县国民经济和社会发展计划草案的报告、2019年县预算执行情况与2020年预算草案的报告、县政府关于县十七届人大三次会议代表建议意见办理落实情况的报告，通过关于县政府、县人大常委会、县法院、县检察院、预算、计划等6个报告的决议。大会选举李德强为上杭县人大常委会副主任；选举曾学明为上杭县人民法院院长；表决通过李维广等7人为上杭县人民代表大会社会建设委员会组成人员。县人大常委会副主任李德强、县人民法院院长曾学明、县人民代表大会社会建设委员会主任委员李维广带领社会建设委员会组成人员分别举行宪法宣誓仪式。大会期间，收到代表书面建议、批评和意见210条。

【县十七届人大常委会会议】 2019年，上杭县十七届人大常委会召开会议11次。分别是：

第十九次会议 3月15日召开。会议举行“上杭县新材料产业发展的思考与对策”专题讲座；听取和审议县政府2018年度环境状况和环境保护目标完成情况的报告；审议通过个别县人大代表辞职事项。

第二十次会议 5月7日召开。会议听取和审议并表决通过县人大常委会关于进一步提升城市化水平的决议；审议并表决通过人事任免事项。

第二十一次会议 6月6日召开。会议审议并表决通过人事任免事项；举行宪法宣誓仪式。

第二十二次会议 6月27日召开。会议听取和审议县政府关于2018年县本级决算的报告、县政府关于2018年县本级预算执行和其他财政收支审计结果的报告、县人大财政经济委员会关于2018年县本级决算草案的审查报告，批准2018年县本级决算；听取和审议县政府关于2019年县本级预算调整方案的议案、县人大财政经济委员会关于2019年县本级预算调整方案的审查报告，批准2019年县本级预算调整方案；审议并表决通过县人民法院人民陪审员名额事项；审议并表决通过人事免职事项。

第二十三次会议 8月30日召开。会议传达学习习近平总书记对地方人大及其常委会工作作出的重要指示精神；传达学习全国人大常委会委员长栗战书在纪念地方人大设立常委会40周年座谈会上的讲话精神；听取和审议县政府关于2019年上半年全县国民经济和社会发展计划执行情况的报告和县人大财政经济委员会的审查报告；听取和审议县政府关于2019年上半年预算执行情况的报告和县人大财政经济委员会的审查报告；听取和审议县法院关于生态环境审判工作的报告，审议并表决通过县人大常委会关于县法院生态环境审判工作报告的审议意见草案；听取和审议县检察院关于公益诉讼工作的报告，审议并表决通过县人大常委会关于县检察院公益诉讼工作报告的审议意见草案；审议并表决通过人事任职和辞职事项；举行宪法宣誓仪式。

第二十四次会议 9月19日召开。会议审议通过个别市人大代表辞职事项。

第二十五次会议 10月31日召开。会议传达学习习近平总书记的重要文章《在庆祝全国人民代表大会成立六十周年大会上的讲话》精神、全省乡镇人大工作推进会会议精神；书面审议县政府关于2018年度国有资产管理情况综合报告；听取和审议县政府关于2018年度县属企业国有资产管理情况专项报告和县人大常委会县属企业国有资产管理情况调研组的调研报告，审议通过县人大常委会关于2018年度县属企业国有资产管理情况报告的审议意见草案；听取和审议县政府、县法院、县检察院关于扫黑除恶专项斗争工作情况报告，审议并表决通过县人大常委会关于全县扫黑除恶专项斗争工作情况报告的审议意见草案；听取和审议县人大常委会关于教师法及省实施办法执行情况检查的报告；审议并表决通过关于许可对个别县人大代表采取刑事强制措施的决定草案；审议并表决通过人事任免事项；举行宪法宣誓仪式。

第二十六次会议 11月20日召开。会议听取和审议县政府关于2019年县本级预算调整方案草案的议案、县财政局关于2019年县本级预算调整方案草案的说明及县人大财政经济委员会关于2019年县本级预算调整方案草案审查结果的报告，批准2019年县本级预算调整方案；听取和审议县政府关于2018年和2019年土地储备专项债券资金用途调整方案草案的议案、县财政局关于2018年和2019年土地储备专项债券资金用途调整方案草案的说明及县人大财政经济委员会关于2018年和2019年土地储备专项债券资金用途调整方案草案审查结果的报告，批准2018年和2019年土地储备专项债券资金用途调整方案；表决通过个别县十七届人大代表辞职事项；表决通过补选个别县十七届人大代表事项；表决通过上杭县人大常委会关于召开上杭县第十七届人民代表大会第四次会议的决定；听取2019年县人大常委会重点督办代表建议办理情况的报告，并进行满意度测评。

第二十七次会议 12月5日召开。会议审议并表决通过县法院人民陪审员任职事项；审议并表决通过个别县十七届人大代表辞职事项；审议并表决通过补选个别县十七届人大代表事项。

第二十八次会议 12月18日召开。会议听取和审议县政府关于县十七届人大三次会议代表建议办理工作情况的报告；听取和审议县政府关于2018年度县级预算执行和其他财政收支审计工作报告反映问题整改情况的报告；听取和审议县政府关于上杭县2019年国民经济和社会发展计划执行情况与2020年国民经济和社会发展计划草案的报告、县人大财政经济委员会的审查结果报告；听取和审议县政府关于上杭县2019年预算执行情况与2020年预算草案的报告及2020年预算草案具体编制情况说明、县人大财政经济委员会的审查结果报告；审议上杭县第十七届人民代表大会财政经济委员会2019年工作报告；听取和审议县人大常委会代表资格审查委员会关于县十七届人大代表资格审查和代表变动情况的报告；审议上杭县人民代表大会常务委员会工作报告(稿)；审议决定县十七届人大四次会议有关事项 。

第二十九次会议 12月31日召开。会议审议并表决通过县人大常委会法制委员会更名事项；审议并表决通过人事任免事项；审议并表决通过个别县十七届人大代表辞职事项；举行宪法宣誓仪式。

■ 依法履职

【重大事项决定】 2019年5月7日，上杭县第十七届人民代表大会常务委员会第二十次会议通过《上杭县人民代表大会常务委员会关于进一步提升上杭县城市化水平的决议》。

2019年6月27日，上杭县第十七届人民代表大会常务委员会第二十二次会议通过《上杭县人民代表大会常务委员会关于批准2018年县本级决算的决议》《上杭县人民代表大会常务委员会关于批准2019年县本级预算调整方案的决议》。

2019年11月20日，上杭县第十七届人民代表大会常务委员会第二十六次会议通过《上杭县人民代表大会常务委员会关于批准2019年县本级预算调整方案的决议》《上杭县人民代表大会常务委员会关于批准2018年和2019年土地储备专项债券资金用途调整方案的决议》。

【依法监督】 推动宪法法律实施 2019年，上杭县人大常委会加强对法律实施情况的监督，开展教师法及福建省实施办法执行情况检查，督促县政府及相关部门加大贯彻实施力度、加强师德师风建设、加大政策保障力度、完善教师管理体制，推动“一法一例”全面贯彻落实。与省市人大联动开展水污染防治法实施情况检查，推动水环境质量明显改善。配合市人大常委会做好龙岩市中小学校幼儿园规划建设条例、河长制条例、城市绿化条例等立法调研，提出合理化意见建议，增强地方立法工作参与感。

加强计划和预算监督 听取和审议全县国民经济和社会发展计划执行情况的报告，促进计划有效执行。审查批准2018年县本级决算，听取和审议2019年上半年预算执行情况的报告，批准2019年县本级预算调整，促进预算资金使用更加规范高效、预算管理更加严谨科学。听取和审议县政府关于2018年县级预算执行和其他财政收支审计结果的报告、审计工作报告反映问题整改情况的报告，推动审计发现问题的整改。听取和审议县政府关于2019年新增县级地方政府债务限额和举借计划及相应调整预算的报告，批准举借计划，推动债务管理更加规范。审查和批准2018年和2019年土地储备专项债券资金用途调整方案，保障重点项目征拆资金，促进项目加快落地。

加强对司法机关的监督 听取和审议县法院关于生态环境审判工作的报告，要求县法院发挥生态环境审判职能作用、完善生态环境保护工作机制、加强生态环境审判队伍建设、加大生态环境司法保护宣传力度，推动生态环境保护法律体系和执法司法制度的完善。听取和审议县检察院关于公益诉讼工作情况的报告，要求县检察院加大宣传力度、完善体制机制、抓好重点领域、加强队伍建设，扎实推进公益诉讼工作，有效维护国家利益和社会公共利益。开展审判员、检察员和人民陪审员2018年度述职报告审查，督促“两院”加强队伍建设。依照人民陪审员法规定，依法确定123名人民陪审员名额。

加强备案审查制度和能力建设 对县政府报送的涉及经济发展、社会治理、民生事业等方面30件规范性文件进行备案审查，切实维护国家法制统一。开展生态文明建设和环境保护规范性文件全面清理“回头看”活动，督促县政府及职能部门开展专项清理“回头看”工作，对不符合不衔接不适应法律规定、中央精神、时代要求的规范性文件，及时进行废止或修改。至年底，县政府保留执行的涉及生态文明建设和环境保护的规范性文件49件，废止18件，拟修改1件。

促进社会和谐稳定 开展人民调解工作情况调研，推动上杭县社会矛盾纠纷预防调处和多元化解机制不断完善。开展全县未成年人保护工作情况调研，保障未成年人权益。强化涉法涉诉信访督查，督促司法机关着力提高涉法涉诉信访件办理质量，切实维护人民群众合法权益。发挥人大信访工作优势和作用，依法妥善处理信访件，促进社会和谐稳定。全年受理群众来信来访45件次，其中省、市人大转交办信访件13件。

【人事任免】 2019年6月6日上杭县十七届人民代表大会常务委员会第二十一次会议决定任命张邓平为上杭县人民政府副县长。接受袁静辞去上杭县人民政府副县长职务的请求。

2019年8月30日上杭县十七届人民代表大会常务委员会第二十三次会议任命曾学明为上杭县人民法院审判员、审判委员会委员、副院长。接受洪炳龙辞去上杭县人民法院院长职务的请求。决定上杭县人民法院副院长曾学明代理上杭县人民法院院长职务。

2019年12月31日上杭县十七届人民代表大会常务委员会第二十九次会议决定任命邱禄炎为上杭县人民政府副县长。接受张跃龙辞去上杭县第十七届人民代表大会代表职务的请求，其代表资格终止。

责任编辑： 蓝晓东

上杭县人民政府

综述

【概况】 2019年,上杭县实现地区生产总值402亿元,比上年增长8.6%。其中,第一产业增加值55.2亿元,比上年增长3.7%;第二产业增加值171.7亿元,增长9.4%;工业增加值增长10.9%;第三产业增加值175.6亿元,增长9.1%。财政收入39.2亿元,比上年增长5.6%,其中地方级收入27.4亿元,增长4.3%;固定资产投资增长14%;规模以上工业总产值828.16亿元,增长23.3%。农林牧渔业总产值92.4亿元,比上年增长3.7%。社会消费品零售总额104亿元,比上年增长10.6%。19家外贸企业实现出口40.3亿元,实际利用外资589万元。一般公共预算总收入39.24亿元,比上年增长5.6%;其中地方一般公共预算收入27.38亿元,增长4.3%。城镇居民人均可支配收入42288元,比上年增长8.5%;农村居民人均纯收入18444元,增长9.9%。三次产业比调整为11.8∶48.3∶39.9。连续第四年被评为“福建省经济实力十强县”;获评国家生态文明建设示范县、“四好农村路”全国示范县。

【农业经济】 2019年,上杭县实现粮食播种面积2.56万公顷,总产16.3万吨;烤烟生产规模保持稳定。设立农业贷款担保基金,为3家企业提供1300万元担保,龙头企业持续壮大,新增市级农业产业化龙头企业4家,华润五丰农业生态循环产业园、傲农槐猪产业综合开发等项目推进。农业标准化力度持续加大,新增“三品一标”产品44个。做好土地流转,壮大新型经营主体不断成长,新增家庭农场659家。做好非洲猪瘟防控工作。基本完成农村集体产权制度改革和农村土地承包经营权确权登记颁证工作。深化集体林权制度改革,发放林权证6.5万本,发放惠林卡1393张、完成授信1.3亿元。获评国家绿色畜牧业发展示范县、第二批国家农产品质量安全县;稔田镇入选全国农业产业强镇。

【工业经济】 2019年,上杭县金铜产业实现产值781亿元,比上年增长21%。承办龙岩市金铜产业项目对接会,举办投融资“面对面”和产业招商“手拉手”活动。新签约年产5万吨磷酸二氢钾、安防线材生产等8个项目,开工紫金铜业铜冶炼技改扩建、紫金选矿药剂扩建等6个项目,竣工投产智能家居线束及安防工程电缆生产、5G通信电缆及物联网终端天线等4个项目,金铜产业基地加快建设。建筑产业实现总产值551亿元,比上年增长8.8%;完成在地产值210亿元,增长15%。新增建筑企业16家,至年底有建筑企业176家。才溪建设集团申报国家特级资质企业通过初步认定。举办中欧(龙岩·上杭)建筑工业化论坛。征地拆迁促重点项目落地百日攻坚大会战扎实推进,35个市、县重点项目完成房屋征收7.5万平方米,土地征收287.07公顷,实现净地交付项目10个。144个投资增长点全年完成投资130亿元;20个税收增长点新增税收1亿元。

【服务业】 2019年,上杭县新增规模以上服务业企业5家,21个服务业项目完成投资10亿元,实现第三产业增加值156亿元,比上年增长8.3%。金融业稳步发展,支持金融机构拓展业务、扩大规模,金融服务业融资规模有望突破千亿元。供销合作社综合改革持续推进。再次获评全省外贸转型升级示范县。文化旅游产业全年接待游客852.6万人次,比上年增长21.8%;实现旅游总收入68.4亿元,增长24.4%。以“乡约你·来上杭”为主线,策划推出“月月精彩,福游上杭”乡村游活动,承办龙岩市首届文化旅游产业发展大会,举办福建省青少年皮划艇(赛艇)锦标赛、龙岩市首届杭梅文化旅游节等。《绝境铸剑》等影视作品在上杭县主拍,打造《胜利从古田开始》《筑梦才溪》等红色剧,红色品牌影响力扩大。

【产业招商】 2019年,上杭县围绕产业方向精准策划招商项目。主动融入粤港澳大湾区、闽西南协同发展区,重点做好强链、补链工作,签约华润五丰“中央厨房”等10亿元以上项目5个。新签约项目48个、总投资187.3亿元,实现签约项目开工率81.3%、签约项目竣工率54.2%。

【产业园区建设】 2019年,上杭县工业园区创建省级高新技术产业园区和蛟洋工业区创建国家级循环经济园区工作推进。园区基础设施项目完成投资3.4亿元,完成金铜产业园区公共环境应急池、市级环境应急物资储备中心等项目建设,第二污水处理厂工业污水处理项目及配套管网工程等项目有序推进;县工业园区标准化厂房加快建设,龙达路实现竣工验收。

【新材料产业培育】 2019年,上杭县编制《新材料产业发展规划》出台《促进新材料产业发展十条扶持政策(试行)》,设立5亿元的创业投资基金和5000万元的担保扶持基金,扶持新材料企业发展壮大。开工建设天甫电子、德尔科技含氟电子材料、思康化学氟碳传热工质扩建生产等项目,常青新能源一期项目实现当年投资、当年开工、当年投产,达产后预计实现年销售收入26亿元、纳税1.5亿元。新材料产业预计实现产值60亿元,增长50%。

【营商环境】 2019年,上杭县完成县级政府机构改革,政府履职更加高效。81项提升营商环境工作任务基本完成。商事制度改革持续深化,"多证合一"和"证照分离"改革扎实推进,企业开办时间压缩至2个工作日,新增市场主体5209户。推行"互联网+政务服务",创新开展不动产登记领域和乡镇便民服务中心全科受理改革,完成工程建设项目审批制度改革,打造优质"软环境"。设立惠企政策兑现窗口,兑现惠企资金6523万元。落实减税降费政策,减免税费2.3亿元,企业负担显著减轻。

【创新能力增强】 2019年,上杭县抓好创新平台建设,新增省级众创空间2家,建成"6·18"协同创新院金铜产业分院,紫金铜业院士专家工作站被授予"2019年福建省示范院士专家工作站"称号。紫金矿业获评国家知识产权示范企业。新增国家高新技术企业6家、省级科技小巨人领军企业4家、科技型中小企业27家,研究与试验发展经费投入强度居全省前列。德尔科技获全国创新创业大赛总决赛二等奖,创龙岩市历史最好成绩。"人才强县"战略深入推进,引进省级以上高层次人才26名,高层次人才总量占全市"半壁江山"。

【国资运作】 2019年,上杭县紫金矿业完成A股增发,募集资金80亿元,推进塞尔维亚佩吉下部矿带、加拿大大陆黄金公司100%股权等海外重大项目投资并购,为企业跨越增长、可持续发展夯实基础。兴杭国投公司以较低利率成功发行25亿元公司债;成立兴杭创业投资公司,迈出专业股权投资第一步。兴诚实业和城发公司市场化转型取得显著成效,全县国有资产总量达518亿元。

【交流合作】 2019年,举办中国·闽西(上杭)世界客属龙舟文化旅游节等活动。"台商台胞服务年"活动深入开展,海峡(上杭)两岸农业融合发展创业园项目扎实推进。举办北美华裔青少年"寻根之旅"夏令营福建上杭营等活动。与塞尔维亚波尔市签署建立友好城市关系意向书。

【城乡建设】 2019年,上杭县实施99个城建项目,完成投资19.2亿元。城区道路交通畅通工程,基本完成8条道路改造,永杭高速上杭城区南互通接线项目加快推进,城市道路"中梗阻"进一步打通。汀江生态休闲慢道综合旅游项目加快推进,新增公共停车位420个、公厕16座,加快打造"15分钟生活圈",城市生活更加舒适。规范住宅小区物业管理,老旧住宅小区增设电梯工作有序推进,城市更加宜居宜业。优化城区公交线网,置换新能源公交汽车27辆,满足群众绿色出行需求。建立城市"网格精细化"管理机制,"大城管"格局逐步形成。汀江城区段获评省级水利风景区;创建国家园林县城通过评审。启动29个乡村振兴试点村建设,乡村振兴亮点逐渐显现。推进农村人居环境整治,开展危旧房屋拆除整治"清零行动",拆除"空心房"、危旧住房等40万平方米。农村"厕所革命"全力推进,拆除旱厕6930座,新建改造三格化粪池、户厕8058户,新建公厕43座。7个最美村落、19个乡镇集镇改造提升项目完成投资1.1亿元,新增3925个农村停车位。启动农村生活垃圾分类试点,垃圾焚烧发电厂项目加快推进,生活垃圾处理"村收集、镇(乡)转运、县处理"机制日益规范,农村环境更加宜居。

【"古蛟组团"建设】 2019年,上杭县古田镇被列为全国农村综合性改革试点试验区域、全国乡村治理示范乡镇和福建省森林城镇。开工建设古田山庄二期、全国中小学生研学营地等项目,古田"一个园"等重点项目有序推进。红色教育培训和红色研学产业加快发展,承接红色教育培训和红色研学培训21.8万人次。配合做好纪念古田会议90周年活动筹备工作。

【生态文明】 2019年,上杭县抓好中央生态环境保护督察组交办信访件及反馈问题的整改。全面落实"河(湖)长制",争取各类生态补偿资金1.17亿元,开展流域水环境综合治理,巩固提升养殖业污染防治成果,国控、省控断面水质达标率100%。开展重点区域大气污染综合治理,城区环境空气质量优良天数比例达99.7%。抓好矿山生态环境恢复治理,完成水土流失综合治理0.37万公顷,植树造林0.14万公顷,森林覆盖率77.5%。严格落实生态环境体制改革各项要求,网格化环保监管工作持续推进,环境监测监管应急能力不断提升。世界地质公园创建工作有序推进。

【基础设施建设】 2019年,上杭县上杭高铁站综合交通枢纽、国道205城区过境线等项目前期工作加快推进。"2345"交通圈加快打造,基本完成岩下山至古田公路、金山电站至珊瑚乡公路路面重铺、大中线(溪口段)主体工程等项目建设,基本完成101条"四好农村路"、500个农村公路错车道改造等项目建设;国道205才溪过境线、古田至步云公路改造等项目有序推进。统筹安排4410万元实施96项农村饮水安全巩固提升工程,基本实现水质监测检测全覆盖,基本解决群众高峰期和节假日用水紧张问题。汀江防洪工程二期、旧县片区烟区水源、白砂锦绣水库等项目有序推进。

【脱贫攻坚】 2019年,上杭县推进教育扶贫,受益学生8126人次。完成贫困户住房和易地扶贫搬迁问题整改工作。实现贫困户健康扶贫、医疗商业保险投保和家庭医生签约履约服务全覆盖,贫困人口大病专项救治总报销比例达90%以上。实施激励性产业扶贫项目329个,循环使用小额信贷资金1亿元,产业扶贫保险承保率达97%,产业增收更加稳定。全县建档立卡的4个重点乡镇、50个贫困村和6822户19088人全部实现脱贫摘帽。

【社会保障】 2019年,上杭县城镇新增就业1880人、下岗失业人员再就业1310人,城镇登记失业率2.65%。完成16个乡镇社会保障服务中心标准化建设,基层社保服务水平显著提升。建成农村儿童之家258个。养老服务体系不断健全,在全市率先完成17所乡镇敬老院社会化运营改革试点工作。新建农村幸福院33个,闽西古田光荣院竣工。持续推进殡葬改革,基本实现乡村公益性公墓和骨灰堂全覆盖,规范城区治丧行为成效显著,文明治丧新风逐渐形成。

【民生福祉】 2019年,上杭县19项为民办实事项目基本完成。教育事业统筹安排3.5亿元实施18所城乡中小学、幼儿园新建或扩容项目。完成15个农村教职工宿舍"暖心工程",农村教师生活补助平均每人每月提高到500元;教师教绩专项奖励金提高至3000万元,设立陈丕显教育促进会、兴业证券—上杭县革命老区教育基金、通贤中学教育促进会等。"健康上杭"加快打造,县医院整体搬迁项目稳步推进,新妇幼保健院投入使用,完成县皮防院康复医养中心及3个乡镇卫生院预防接种门诊项目,统筹安排3970万元实施职工周转房建设。新改扩建村卫生室30个,家庭医生签约服务工作有序推进,群众看病就医更加方便。建成"母婴室"33个。上杭县医院胸痛中心通过国家级认证;县中医院通过二级甲等中医医院评审;国家卫生县城创建、省级慢性病综合防控示范区建设分别通过验收。文体事业蓬勃发展。"月月有戏"和"群文十大活动"受到群众好评。《闽西上杭傀儡戏》通过第五批国家非物质文化遗产代表性项目预审。获评福建省体育产业示范基地、第二批福建省科普示范县。

【社会环境】 2019年,上杭县"七五"普法工作获评全国"七五"普法中期先进县。推进"平安上杭"建设,社会保持安定稳定。"红土肃毒"专项治理深入推进。电信网络诈骗犯罪专项治理有序推进,实现"两降两升"目标。"12345"便民服务平台和"e龙岩"随手拍相关工作均居全市前列。落实食品安全"四个最严"要求,推进食品安全放心县创建,食品药品安全形势保持稳定。宗教领域和谐稳定,古田苏家陂村入选全国民族团结进步示范区。加强应急管理体系建设,安全生产隐患排查治理专项行动扎实开展,应急能力有效提升。建立健全退役军人服务保障体系,实现县、乡、村退役军人服务机构全覆盖。精心组织庆祝中华人民共和国成立70周年活动,弘扬爱国主义精神,凝聚起奋进新时代的磅礴力量。举办纪念白砂旱康会议90周年和"中共闽西一大"90周年活动。《上杭年鉴(2018)》获评第六届全国地方志优秀成果(年鉴类)二等年鉴。国防动员和后备力量建设得到进一步加强,被省政府表彰为"征兵工作先进单位"。通过第四次全国经济普查国家事后质量抽查。

【政府督查】 2019年,上杭县政府督查室围绕全县中心工作和县委、县政府的重大决策部署,完善工作机制,着力强化督办落实,促进县政府各项决策部署。全年参加由县领导召开的各种会议45场,并做好会风督查。会同县委督查室、效能办及有关单位对全县22个乡镇及县直各单位开展督查和调研3次。规范政府系统部门的督查检查工作。2019年,县政府召开常务会议13次,议定事项177项,落实办结152项,正在办理25项,完成率85.8%;召开县长专题会议18次,议定事项102项,落实办结82项,正在办理20项,完成率80.4%。本年,县政府督查室对县政府工作报告工作等进行分解下发,明确目标任务和承办单位,开展不定期督促检查,每季度通报一次进展情况,全年72项主要工作任务得到落实。对全县重点为民办实事项目每个月开展一次督查,编发《督查通报》4期,呈县领导参阅,及时解决项目进展过程中出现的问题,19项为民办实事项目基本完成年度目标任务。对县长在周例会中要求的办理事项进行分解,按要求抓好落实，每周汇总一次。2019年，召开县长周例会16次，办理事项99件。督办县政府领导批办事项1061件，其中，上级来文96件（办结83件，在办13件）、部门请示报告298件（办结281件，在办17件）、资金类763件，做到件件有着落。全年县政府承办县人大代表建议220件和县政协提案215件全部办复，满意率分别为95.9%和98.3%，代表和委员满意率逐年提升。完成3件国务院"互联网+督查"平台留言办理工作，帮助群众解决实际问题，主动回应公众重大关切，拓展督查工作的社会效益。

【行政服务】 2019年，上杭县行政服务中心实现授权率99.28 %，办件197.79万件，当日办结率99.65%，预约办件数2664件，办理绿色通道办件数3818件，按时办结率100%，满意度100%。

"互联网+政务服务" 2019年，全县有县直31个单位1278个审批服务事项进驻e龙岩网上办事大厅，全面深化网上审批服务工作，推动电子证照的应用，推广手机端个人账号办理法人事项，提高e龙岩手机端网办事项比例。通过举行"岗位练兵、技能比武"手机网办推广大赛、举办行政审批电子档案管理培训，加大"e龙岩"手机端网办宣传力度，网办逐渐成为群众办事的主流。2019年，实现行政审批事项网办率60.33%，便民服务事项网办率88.85%，通过手机端网办的审批事项办件量累计14333件。

工程建设项目审批制度改革 2019年4月，贯彻落实中央和省、市关于工程建设项目审批制度改革工作的有关要求，围绕既定目标，逐项落实改革任务。7月1日，县工程建设项目审批管理系统运行，全县房屋市政工程政府投资项目减至84个工作日以内、社会投资项目减至65个工作日以内、小型投资项目减至45个工作日以内、交通、水利工程项目审批时间压缩至90个工作日以内。至年底，县工程建设项目审批综合服务窗口受理344个办件。

惠企政策兑现窗口运作 2019年5月30日，县惠企政策兑现窗口在县行政服务中心设立并对外服务，设置2个受理前台，涉及14个惠企政策兑现单位共132个惠企事项进驻，按照"一窗受理、分流转办、部门办理、统一反馈"的运行模式，受理中央、省、市、县的优惠政策补助资金，让企业申报"只进一扇门"。至年，底受理办件166件，涉及惠企资金7380.87万元，其中已办结165件，兑现资金7350.32万元，兑现率达99.59%。

创新推广审批服务"一窗受理" 2019年1月，县行政服务中心在全市率先实现不动产登记领域"无差别全科受理"，打造"前台综合受理、后台分类审批、统一窗口出件"的政务服务新模式，由单人受理部分事项向单人受理全部事项转变，改变办事窗口忙闲不均的现象，在方便群众和企业办事同时，大幅度提高办事效率。县不动产登记中心设全科受理窗口10个，其中个人房地产登记全科受理窗口5个、企事业房地产登记全科受理窗口3个、林权类登记全科受理窗口2个。创新推动乡镇便民服务中心"无差别全科受理"。加强乡镇便民服务中心建设，制定出台《上杭县推进乡镇便民服务中心"无差别全科受理"工作实施方案》，按照"试点先行，全面推进"的原则，2019年先行创建古田、南阳、临江、临城、稔田5个示范乡镇，2020年全县推广。4月1日，古田镇便民服务中心"无差别全科受理"服务"上线"运行，在全市率先开展乡镇便民服务中心"无差别全科受理"工作。行政审批"一窗通办"。围绕"一窗受理、集成服务"的改革目标，5月，各进驻窗口、分中心实现一窗通办。8月，将窗口分类设置为5个综合服务区（商事登记、社会事务、投资建设、经济管理、其他综合服务区）和2个无差别受理服务区（不动产交易、税务），推动从"多窗式"服务向"一窗式"服务转变，实现80.64%进驻事项"一窗"分类受理。

"12345"平台管理中心与数字城管 2019年，县"12345"便民服务平台管理中心收到群众诉求7854件，及时回复率99.99%，群众满意率99.55%；受理e龙岩随手拍5330件，占办件总数68%，及时回复率99.98%，群众满意率99.60%；分类转办"政企直通车"企业诉求件2件按时办结。县数字城管监督指挥中心采集上报20947件，其中有效上报办件20699件。快速采集上报1480件，一般采集上报办件19219件，共处置办件19073件，处置率99.3%，按期处置办件18527，按期处置率97%。

■ 主要会议

【县政府全体（扩大）会议】 2018年12月29日，上杭县长王波召开县政府全体（扩大）会议，会议主要任务按照县十七届人大三次会议有关决议的要求，动员组织全县政府系统进一步振奋精神，真抓实干，全面展开、抓紧抓实政府各项工作，加快推进"四个上杭"建设。

会议要求，要牢记历史使命，以对人民负责、对上杭负责的态度，牢牢扛起责任，贯彻落实好十七届人大三次会议确定的各项目标任务，努力做好各项工作。要注重实效抓落实。要突出重点抓落实。要协同配合抓落实，要攻坚克难抓落实。要在县委的坚强领导下，不负重托，扎实工作，在加快建设"四个上杭"、决胜全面建成小康社会的时代舞台上，创造新业绩，续写新辉煌！

〔注：2019年县政府一年一次全

体（扩大）会议提前在2018年底召开〕

【县政府常务会议】 2019年，上杭县政府召开常务会议14次。分别是：

第30次常务会议 2019年1月23日，县长王波在县行政办公大楼三楼县政府常务会议室主持召开上杭县第十七届人民政府第30次常务会议，议定传达学习省十三届人大二次会议、市五届人大三次会议和省十二届政协二次会议、市五届政协三次会议精神。会议研究原则同意《上杭县2018年度“三大战役”、服务业发展“三比一看”和“双培育”工作先进集体和先进个人拟表彰名单（讨论稿）》《上杭县2018年度农业农村工作通报表扬先进集体和先进个人名单（讨论稿）》《上杭县统筹整合涉农资金推进乡村振兴工作实施方案（讨论稿）》及关于取消土地履约保证金有关事宜和2019年第一批7宗土地出让等有关事宜、调整2018年度紫金矿业集团股份有限公司“一企一策”备忘录产值目标有关工作和全县禁毒工作等议题。

第31次常务会议 2019年3月4日，县长王波在县行政办公大楼三楼县政府常务会议室主持召开县政府第31次常务会议，议定决定原则同意《上杭县产业发展项目建设年活动实施方案（讨论稿）》《上杭县深入实施“双培育”和“三大增长点”行动实施方案（讨论稿）》《2019—2021年经营性用地收储计划（讨论稿）》《2019年土地供应收入计划（讨论稿）》《上杭县行政事业单位会计管理体制改革的实施意见（讨论稿）》《上杭县行政事业单位代理记账暂行管理办法（讨论稿）》等议题。

第32次常务会议 2019年3月22日，县长王波在县行政办公大楼三楼县政府常务会议室主持召开县政府第32次常务会议，会议决定原则同意《上杭县全面加强生态环境保护坚决打好污染防治攻坚战的实施办法（讨论稿）》、全县消防工作及《上杭县打赢脱贫攻坚战三年行动计划（讨论稿）》《上杭县2019年脱贫攻坚战实施意见（讨论稿）》《2019年乡镇党委和政府脱贫攻坚工作绩效考评细则（讨论稿）》《上杭县2019年特色现代农业提质增收实施方案（讨论稿）》《上杭县深入实施服务业发展“三比一看”竞赛行动方案（讨论稿）》《上杭县2019年产业招商对接行动方案（讨论稿）》《上杭县2019年产业园区建设升级行动方案（讨论稿）》《上杭县推动金铜产业（生产基地）高质量发展工作方案（讨论稿）》《上杭县2019年文化旅游产业发展提升行动方案（讨论稿）》《上杭县机关事业单位津贴补贴发放方案（讨论稿）》《关于上杭县佳波污水处理有限公司污泥采取深度脱水后污水处理费调整方案（讨论稿）》和县兴杭国投公司提交的紫金矿业公开增发方案等议题。

第33次常务会议 2019年4月12日，县长王波在县行政办公大楼三楼县政府常务会议室主持召开县政府第33次常务会议，会议决定原则同意关于2019年第二批8宗土地出让等方案、《上杭县人民政府关于支持福建才溪建设集团有限公司发展壮大“一企一策”备忘录（讨论稿）》《上杭县人民政府关于支持福建省宏拓机械制造有限公司发展壮大“一企一策”备忘录（讨论稿）》《上杭县2019年招商引资工作方案（讨论稿）》及2018年度招商引资工作考评结果及《上杭县2019年农村公路建设项目实施方案（讨论稿）》、上杭县扶贫旅游交通振兴工程项目采用PPP模式建设有关事宜、《上杭县农业发展贷款担保管理办法（试行）（讨论稿）》、全县减税降费工作、龙岩市首届文化旅游产业发展大会筹备工作有关事宜等议题。

第34次常务会议 2019年5月25日，县长王波在县行政办公大楼三楼县政府常务会议室主持召开上杭县第十七届人民政府第34次常务会议，会议决定原则同意成立上杭县中央生态环境保护督察迎检协调联络领导小组，参照2017年第一轮中央生态环境保护督察的迎检部署，组织实施等各项具体事务、2018年度企业策划落地项目竞赛活动和领导干部策划重大项目工作先进单位和个人评选有关事宜及《上杭县扶贫旅游交通振兴工程包（一期）建设PPP项目实施方案》《蓝家渡葡萄产业田园综合体项目投资合同（讨论稿）》《新型锂盐研发生产项目投资合同（讨论稿）》等议题。

第35次常务会议 2019年6月26日，县长王波在县行政办公大楼三楼县政府常务会议室主持召开县政府第35次常务会议，会议决定，原则同意《关于贯彻落实习近平总书记重要讲话精神 奋力推进新时代“四个上杭”建设的实施意见（讨论稿）》《上杭县2019年“产业发展项目建设年”活动协调推进机制（讨论稿）》《上杭县2019年“产业发展项目建设年”活动绩效管理考评办法（讨论稿）》《上杭县项目积分制管理办法（讨论稿）》《上杭县国有建设用地批后服务与监管实施办法（试行）》和土地利用有关事宜、《上杭县“紫金中学项目及其周边收储用地”等七大片区收储用地和地上附着物（房屋）补偿工作方案（讨论稿）》《上杭县城市建设项目征收集体土地留用地货币补偿实施办法（讨论稿）》《上杭县促进新材料产业发展十条扶持政策（试行）（讨论稿）》《上杭县新材料产业引进紧缺专业高校毕业生支持办法（讨论稿）》《上杭县新材料产业担保扶持基金管理办法（讨论稿）》，设立上杭鼎峰兴杭创业投资基金有关工作、《2018年度县本级预算执行、决算草案和其他财政收支审计工作报告(讨论稿)》《上杭县2018年财政决算的报告(草案)》《2019年县本级财政预算调整方案(草案)》等议题。

第36次常务会议 2019年7月29日,县长王波在县行政办公大楼三楼县政府常务会议室主持召开县政府第36次常务会议,会议决定,原则同意县人大常委会重点督办代表建议、《上杭县乡村振兴战略规划(2018—2022年)(讨论稿)》、全县清理整治专项行动实施方案、《2019年上半年上杭县财政收支预算执行情况的报告(讨论稿)》等议题。

第37次常务会议 2019年8月12日,县政府县长王波在县行政办公大楼三楼县政府常务会议室主持召开县政府第37次常务会议,会议决定原则同意全县应急管理工作实施方案、《中国·闽西(上杭)第三届世界客属龙舟文化旅游节筹备工作方案(讨论稿)》《上杭县进一步提升城市化水平的十八条政策措施(试行)(讨论稿)》《上杭县生活垃圾焚烧发电PPP项目实施方案(讨论稿)》、蛟洋工业区工业污水处理项目(上杭县第二污水处理厂及配套污水管网工程项目二期)建设有关事宜、《上杭县城区"物联网+智慧路灯"项目招标方案(讨论稿)》《上杭县全面实施预算绩效管理工作实施方案(讨论稿)》等议题。

第38次常务会议 2019年9月15日,县长王波在县行政办公大楼三楼县政府常务会议室主持召开县政府第38次常务会议,会议研究全县环保、脱贫攻坚工作及《龙岩至龙川铁路上杭段工程建设项目征迁工作实施方案(讨论稿)》《上杭县加快文化旅游产业发展五条扶持政策(讨论稿)》《2018年度绩效考评情况的通报(讨论稿)》《2019年度上杭县绩效管理工作方案(讨论稿)》《上杭县贯彻落实全国公安工作会议精神推动全县新时代公安工作发展的十条措施(送审稿)》等议题。

第39次常务会议 2019年10月25日,县长王波在县行政办公大楼三楼县政府常务会议室主持召开县政府第39次常务会议,议定研究乡村振兴、土地利用、全县畜禽粪污资源化利用整县推进、蛟洋露灵通采石场拍卖出让、保障性住房利民小区经济适用房和限价商品房市场交易价格、全域旅游PPP项目、上杭县第二污水处理厂项目、时代思康新型锂盐生产项目供地、绿科集团"两基地三中心"项目落地投产奖励政策、2018年度福建微波通通信技术有限公司"一企一策"备忘录政策兑现、众项网络科技有限公司"一企一策"等有关事项。

第40次常务会议 2019年11月10日,受县长王波委托,县政府常务副县长阙生华在县行政办公大楼三楼县政府常务会议室主持召开县政府第40次常务会议,会议研究国资有关工作,原则同意兴杭国投公司以5亿元的额度,参与认购紫金矿业集团股份有限公司本次公开增发的股票,由兴杭国投公司负责,报县委研究。

第41次常务会议 2019年11月19日,受县长王波委托,县政府常务副县长阙生华在县行政办公大楼三楼县政府常务会议室主持召开县第政府第41次常务会议,会议研究全县应急管理工作、全县环境保护工作、《上杭县国民经济和社会发展第十四个五年规划编制工作方案(讨论稿)》《上杭县加快现代服务业发展二十八条政策措施(修订)(讨论稿)》、2019年企业策划落地项目评选、古田镇部分项目用地收储工作、《2019年县本级预算调整方案(草案)》《上杭县2018年和2019年土地储备专项债券资金用途调整方案(草案)》、众项网络科技有限公司"一企一策"等有关事项。

县政府第42次常务会议 2019年12月16日,受县长王波委托,县政府常务副县长阙生华在县行政办公大楼三楼县政府常务会议室主持召开县政府第42次常务会议,会议决定原则同意《政府工作报告(讨论稿)》《2020年县委、县政府为民办实事项目(讨论稿)》《关于上杭县2019年国民经济和社会发展计划执行情况与2020年国民经济和社会发展计划草案的报告(讨论稿)》、全县脱贫攻坚工作、城乡供水一体化建设工作、《上杭县中小学生校外托管机构管理办法(讨论稿)》《关于2019年上杭县财政预算执行情况和2020年财政预算草案的报告(讨论稿)》《2018年度县本级预算执行、决算草案和其他财政收支审计工作报告反映问题的整改情况报告(讨论稿)》《上杭县2020年拟实施政府性投资项目一览表(讨论稿)》、福建紫金贸易、紫金金属资源公司开展金铜贸易业务财政补助有关工作、时代思康新型锂盐生产项目建设等有关事项。

县政府第43次常务会议 2019年12月26日,受王波县长委托,县政府常务副县长阙生华在县行政办公大楼三楼县政府常务会议室主持召开县政府第43次常务会议,会议研究原则同意上杭县禁毒和打击治理电信网络诈骗工作情况汇报、金山湖片区(1号、2号、3号)等3宗土地和年产36万吨半导体级电子材料项目土地出让方案情况的汇报、《龙龙铁路(上杭段)建设项目发行地方政府专项债券项目收益平衡方案(讨论稿)》等有关事项。

■ 重点工作

【重点项目实施】 上杭县汀江绿道工程 项目实施中。

上杭北站交通综合枢纽项目

完成宅基地安置搬迁房屋40幢，土地17.33公顷，项目进行中。

潭头大桥及接线工程（一桥两路） 汀江大桥一期工程验收完成；二期工程桩基全部完成；承台（含梯道）完成36个，完成98%；墩柱（不含梯道）36根完成。江滨路第二联现浇梁混凝土浇筑完成，南匝道第一联现浇梁混凝土浇筑完成。立新路路基填筑完成100%，污水管完成100%，雨水管完成100%，电力通讯管道完成100%。江滨路重力式挡墙施工完成，扶壁式挡墙施工完成江滨路路基完成80米，占比66.7%，污水管道沟槽开挖完成。

古田红色小镇建设项目 古田中心小学华融教学楼完成室内外装修；市委党校体育场馆塑胶跑道、篮球场、羽毛球场等完工；池田快速通道竣工通车；云上境项目一期竣工，完成一期休闲木屋、山宿、餐饮区、观景平台、旅游公厕、多功能活动厅、儿童游乐区等；龙岩市全国中小学研学实践教育营地项目，在进行教学楼基础开挖、混凝土浇筑等工程。

上杭县临城镇远城区（西陂）新村住宅小区建设项目 项目实施中。

永杭高速上杭城区南互通接线工程 高速出口至龙达路具备通车条件。

西环路二期及接线道路改造工程 项目竣工。

三环路市政道路工程二期 项目实施中。

北环路西段道路完善工程 完成总工程量的90%，12月底完成强弱电下地，铺设沥青路面。

上杭县城区二环西路城市道路工程 项目实施中。

城北一路（东至杭川公园、西至金山路供销大厦）道路改造 完成金岗路除交通标线及路灯安装以外的所有施工。城北一路完成全部强、弱电，雨污管道预埋施工及全线碎石、水泥稳定层路基铺设施工。

和平路、和平北路道路改造 完成和平路、和平北路雨污管道、电力通信管道、沥青路面、人行道铺砖、路灯线管及基座、箱变及环网柜基础。

福建省上杭604台迁址工程 值班宿舍楼，行政办公楼，机房楼土建收尾；室内灯具、洁具安装完成；围墙、室外明沟、管道施工中。

环境应急物资储备中心项目 项目竣工。

瓦子街二期改造工程 项目实施中。

城区环卫公共基础设施改造提升工程 项目实施中。

中心城区北部新区供水管网改扩建工程 完成铺设金岗山及驷马桥片区等供水管道6500米。

南部新区污水管网工程 完成莲塘里片区龙达路等铺设污水管网4250米，项目基本完工。

富古片区污水管网配套工程 完成东三环至新建气象局前段、二环路至三环路段污水管道铺设约2600米，完成泵站主体及装修施工，正进行泵房围墙基础处理。

西北片区污水管网工程濑溪污水管网工程 完成污水管道铺设约1.22千米；黄田坝污水泵站提升扩容工程完成泵站主体建设。

东南社区移民提升工程 球楼山安置点岗顶基础设施改造工程、球楼山安置点挡土墙加固等4个子项目竣工。

下道湖整村搬迁项目 80户三层主体结构基本建成，开始房屋室内装修，部分房屋开始外墙统一装修。

中国传统村落中都兴坊村开发保护项目 项目竣工。

上杭（通贤）建筑小镇 完成集镇振兴路三线下地改造和沿街立面改造，种植行道树280棵，夜景亮化82栋，新安装路灯50盏，铺设沥青路1000米，铺设透水砖步道3100米。

上杭一江两河生态环境综合整治及保护工程 上杭县环境信息中心升级改造工程完成设备安装。养殖业环保在线监控工程完成统招分签。上杭县南阳镇下车水质自动监测站建设完工。

上杭县集镇改造提升工程 集镇改造项目完成年度任务。

上杭最美村落建设工程 完成7个村立面改造示范街、裸旧房整治、机制建立、无生猪养殖4个项目。

上杭县农村停车场（位）建设项目 各乡镇完成年度任务，全县新增3987个停车位。

上杭县旧县镇迳美村整村搬迁项目 项目实施中。

上杭县农村人居环境整治提升试点工程 完成年度任务。全县“空心房”危旧住房、旱厕等拆除21.44万平方米，其他基础配套设施在施工。

上杭常青新能源三元前驱体生产项目 3号、4号车间完成整体施工，设备安装进行中；5号车间完成基本施工；6号车间出料间完成基本施工；综合楼完成内墙砌砖，外墙粉刷进行中，办公楼完成结构、一至三层内墙砌砖。

紫金山环境安全整体提升工程 项目实施中。

天甫半导体级电子材料项目 在进行办理工程规划许可证、图纸审查及继续推进场地土石方平整。

紫金铜业铜冶炼技改扩建项目 项目实施中。

蛟洋铜产业循环经济园区建设项目 项目实施中。

上杭工业园区基础设施建设项目 龙达路三期（杭宁路—江南路）完成部分水泥路面铺设，莲塘里土石方平整在稳步推进。

绿科中欧装配式建筑制造实训基地项目 项目实施中。

厦化硫黄制酸及衍生产品项目

项目实施中。

宇恒环保稀贵金属综合回收项目　项目竣工投产，在进行周边基础设施完善。

微波通5G通信电缆及物联网终端天线、电缆组件生产项目　项目基本完成。

紫金选矿药剂迁扩建项目　项目竣工。

紫金铜业铜资源综合利用及无害化处置项目　生产区域：试化验楼、矿化处置车间、固化渣及砷滤饼仓库、矿化剂B储存区域建设完成；室外管桥架安装及厂区绿化完成，设备安装完成并完成单体及联动试车；生产区域厂房完成竣工验收，正在组织进行试生产。二期预中和车间和污酸固砷车间土建施工完成、设备安装完成。堆存库区域：库区边坡开挖与修整完成；1号环保坝坝体堆筑完成（坝顶标高650米）；拦挡坝坝体堆筑完成（坝顶标高665米）；截洪沟开挖与砼浇筑完成（约850米）。边坡绿化1.2万平方米。660~670边坡完成喷浆支护。库内地下水导排施工完成，防渗系统施工完成，2#环保坝堆筑完成。

德尔科技含氟电子化学品生产项目　完成研发楼、甲类仓库、丙类仓库主体；完成内部装修；完成设备安装调试，部分产品已投产。

年产4万支吉他生产项目　竣工验收通过。

富鑫达智能家居线束及安防工程电缆生产项目　项目竣工，腾川环保废弃烟杆综合利用生产项目　项目一期工程竣工投产。

御研纳米生物肥及农用微生物制剂生产项目　项目竣工。

紫盈珠宝（金、银）饰品加工项目　项目竣工投产。

柯宁环保产品研发生产项目　项目竣工投产。

中兴泰纺织机械配件生产项目　完成项目主体工程建设，设备购置；在进行厂房主体工程装修；准备进行设备安装调试。

宏拓机械制造有限公司异地搬迁技改项目　竣工生产。

瓮福紫金磷石膏综合利用项目　项目竣工。

彦晖车业汽车、挂车车厢生产项目　在办理环评及施工许可证。

上杭紫金山金铜矿智慧矿山项目　项目竣工。

德锐年产120万张矿物质防火植物纤维板生产项目　项目竣工。

百科建筑材料加工项目　项目投产。

年产500套除尘环保设备建设项目　项目竣工。

瓮福蓝天AHF配套硅酸盐（钠、铝）联产氟化钠生产项目　项目进行中。

瓮福紫金食品级焦磷酸钾生产项目　主体工程竣工。

铜矿三选厂生产优化工程　铜矿三选厂浮选能力提升子项目完成设计和施工。尼尔森系统技改项目施工图和石灰乳分级系统技改项目，已提交设计方案。

年产500万双航空袜子生产项目　设备安装完成，开始生产。

年产6000万块烧结砖生产项目　投产，在建设办公楼。

振杭机器人研发生产项目　在进行设备调试。

上杭县三丫股份年加工100吨金花茶深加工项目　完成全部装修和设备采购。

龙岩至龙川铁路（龙岩至武平段）建设项目　项目实施中。

永杭高速公路（上杭段）建设工程　项目实施中。

岩下山至古田五龙公路建设工程（古蛟快速通道一期）　完成主体工程；完成隧道照明、配电房设备安装100%，敷设电缆100%，正在办理交工验收。

步云乡至古田镇道路升级改造工程　项目进行中。

茶地至太拔道路升级改造工程　项目进行中。

上杭县国道205线才溪过境线项目（陂下至东坑段）　项目进行中。

农村公路建设及道安工程　项目完工。

璜溪至砂睦道路硬化工程　项目竣工通车。

县通乡二级公路升级改造工程　大中线溪口至大池主体基本完工。稔汤线完成重新立项报批工作。

上杭昆润天然气下游利用工程　坪埔储配站项目完成主体和管道建设；蛟洋气化站项目竣工验收投入使用；坪埔循环经济区到安置房管道敷设完成。

新一轮农村电网升级改造项目　尧埔一白砂35千伏线路改造工程竣工；新建及改造10千伏及以下配网项目竣工。

上杭县110千伏输变电工程建设项目　南阳110千伏变电站2号主变扩建工程竣工；梅坝变电站输变电工程土建完成75%。

华润五丰食用菌生产厂房屋顶分布式光伏发电项目　项目暂缓。

上杭旷远龙翔液化天然气储配综合站建设项目　项目竣工。

华润五丰农业生态循环产业园建设项目（湖洋种鸡扩繁场、有机肥厂）　烤房冻库建设中，蚯蚓，黑水虻养殖场建设正常进行中，有机肥厂竣工。上杭工业园区食用菌二期项目、庐丰农民创业园项目，项目进行中。

古田华润绿色小镇项目　项目进行中。

旧县片区烟区水源工程　南山水库完成蓄水验收。新坊水库大坝浇筑完成至坝顶高程352米。铁东水库完成进水口工程及全线管网接通，主体工程完成。

傲农槐猪产业综合开发项目　白砂项目一期项目建成投产,二期土建部分正在施工;临时用电全部换成永久用电。下都项目一号配电房场地已平整好;挡土墙正在放样,准备施工。

白砂镇锦绣水库建设工程　取水塔钢筋混凝土浇筑完成。完成大坝土方平均填筑至555.8米高程。

上杭县黄潭河治理工程(蛟洋镇集镇段治理工程)　塘下护岸墙身及基础全部完成,压顶完成200多米;秋竹护岸墙身及基础完成487米;丰年护岸完成墙身及基础430多米;袁小平护岸完成墙身及基础370多米;蛟洋庄下护岸完成墙身及基础139米;崇头护岸水沟完成220,栏杆基础及护肩完成462米,步道垫层220米,栏杆安装220米;丰年护岸墙身及基础546米,袁小平护岸416米,蛟洋庄下护岸基础及墙身230米,崇头护岸栏杆全部完成,秋竹步道水沟200米。

上杭县黄潭河治理工程(溪口镇集镇段治理工程)　云山段基本完成,石铭段完成80%,大厚段正在实施中。

上杭县黄潭河治理工程(白砂镇中洋段治理工程)　项目竣工。

上杭县旧县河通贤集镇段治理工程　基本完工,待竣工结算验收。

庐丰乡、茶地镇安全生态水系项目1　项目竣工验收。

庐丰乡、茶地镇安全生态水系项目2　下科村建筑工程完成工程量的95%。翁基村建筑工程完成工程量的80%。樟树村建筑工程完成工程量的86%。

上杭县黄坑溪、双溪、新塘水土流失综合治理项目　项目完工验收。

农业综合开发土地治理项目　完成投资约100万元,其中:溪口高标项目20万元,茶地高标项目20万元,省级高标项目60万元。

上杭县汀江防洪工程　项目完成。

气象局整体搬迁项目　项目进行中。

上杭县粮食产能项目　项目竣工。

造林绿化工程项目　项目竣工。

中都镇杭晚蜜柚种植与开发项目　开垦柚子基地平台10公顷。

禅意茶道野生珍稀植物园建设项目　项目竣工。

客之源客家米酒生产项目　竣工并取得生产许可证。

稔田镇金花茶种植示范及加工基地　项目竣工。

庐丰新德里畲乡柚子湾农旅综合体建设项目　项目竣工。

上杭县旧县镇梅溪村2019年县级土地开发项目　完成70%排水沟、灌溉渠和挡墙基础建设,在进行部分农田填造。

农村饮水安全工程　项目完成。

红古田军民大联欢建设项目(一期)　项目进行中。

步云国家生态旅游示范区提升工程　古田AAAAA景区综合提升项目竣工。

上杭县客家新天地旅游开发项目　完成道路周边辅助设施等。

革命文物旧址维修保护及旅游开发工程　苎园乡苏维埃旧址维修工程竣工验收;协成店周边道路拓宽完工。

蛟洋红色旅游AAA级景区建设项目　在启动游客服务中心项目设计工作。

下都镇龙湖库区山水田园综合体开发项目　在铺设沿库路基建设。

新民农业生态观光基地建设项目　在进行茶籽采摘,推进油茶生产。茶山科研楼完成土地平整,基本完成茶山道路路基建设,在进行道路路面铺设。

古田乡土田园综合体工程项目　项目部分竣工。完成生态停车场、旅游公厕、浪漫花海区、特色果蔬区建设;完成村口道路及进五福沟道路拓宽硬化;部分沿河步道完工;在推进民宿及游客中转站建设。

稔田镇特色农产品电商交易中心建设项目　成立新型农业教育培训基地装修,竣工。

旧县镇小商品农贸市场建设项目　在进行桩基建设。

畲乡田园综合体建设项目　完成0.67公顷泥鳅养殖,30窝蜜蜂养殖。在推进沟渠等农用基础设施建设。

畲族文化传承旅游开发项目　完成蓝庭辉将军馆布展、蓝氏家庙环境综合整治建设,集镇立面改造三期,道路“白改黑”。

世茂荣誉·国宾府建设项目　竣工验收。

紫金顺安综合物流园　完成6号消防水池、4号厂房、5号仓库、和一期项目道路硬化、停车场建设。在进行3号车辆检测中心基础建设。

宏盛园建设项目　1号~10号楼砌体外墙粉刷工程完成,部分外墙底漆实施,外架部分拆除;13号~19号楼砌体粉刷工程完成;售楼部以南店面砌体工程完成、部分外墙石材干挂完成;3号、7号楼店面主体工程完成。

原装饰板厂住宅小区开发项目　项目进行中。

才溪“九军十八师”旅游开发项目　项目竣工。

上杭县“互联网+金铜产业”区域化链条化试点项目　上杭县互联网+金铜产业展厅进场装修建设。

古田红色基因传承基地项目　项目一期竣工,完成2个中央苏区革命史展馆的装修、布展及投入运营;完成展馆全部外墙装修;建成1个可容纳120人的党校现场教学点教室;完成工商馆规划方案设计;完成红色金融馆装修修缮并开馆。

金域中央一期建设项目　补充完善细部构件等。

上杭县医院整体搬迁建设项目　主体工程进行大厅、台面、吊顶等装修总进度完成90%,配套进行暖通、智能化、医气、变配电、室外工程施工,幕墙工程进行收尾。

上杭县体育中心综合体育场建设项目　项目进行中。

青少年水上运动中心建设项目　项目进行中。

紫金中学建设项目　项目进行中。

城区小学提升工程1　竣工并投入使用。

城区小学提升工程2　完成二层梁板。

城区小学提升工程3　主体装修完成75%。

城区小学提升工程4　竣工投入使用。

城区小学提升工程5　在"三通一平",完成地勘。

城区幼儿园提升工程1　开工建设,主体在建。

城区幼儿园提升工程2　主体竣工,室外工程扫尾。

城区幼儿园提升工程3　主体封顶,装修完成75%。

城区幼儿园提升工程4　建筑设计方案通过规委会审查,完成地勘。

上杭县高中教育提升工程项目1　主体装修扫尾。

上杭县高中教育提升工程项目2　主体装修扫尾。

上杭县高中教育提升工程项目3　竣工。

上杭县农村教育基础设施提升工程　主体竣工7个(龙田中学教学综合楼、旧县梅县希望小学教学综合楼、官庄中心小学教学综合楼、南阳豪东小学教学综合楼、蛟洋中学教师周转房、蛟洋中学教南阳豪东小学学生食堂、宿),主体封顶,在装修扫尾2个(官田希望小学教学楼、南阳南坑小学学生宿舍楼)。

教职工暖心工程建设项目　项目竣工。

上杭县医院职工周转宿舍建设　完成主体框架,在外墙、室内装修,项目基本完工。

才溪旧县卫生院整体提升工程　项目实施中。

上杭县革命红色文物维修工程　临江楼、蛟洋红军医院旧址、黄腊坑红军医院旧址完成初验。大洋坝红军医院旧址、朱德旧居(清心楼)、毛泽东才溪乡调查旧址群、才溪暴动旧址(庄背庙)、中共才溪第一个党支部成立旧址(汉章堂)、障云兵工厂旧址、濑溪乡苏维埃政府旧址、被服厂基本完成。

临江镇社区功能性用房提升工程　天山社区整体回迁工程装修完成,5个社区功能性用房提升工程项目竣工投入使用。

上杭县图书馆提升工程　项目竣工。

上杭县农村幸福院建设项目　项目竣工。

立新幼儿园建设项目　项目实施中。

中国移动上杭分公司生产调度楼　项目实施中。

皮肤病防治院康复医养中心建设　项目竣工。

上杭县教育培训基地　项目实施中。

临城镇城南社区老年人日间照料中心及服务中心综合建设项目　项目实施中。

闽西古田光荣院建设项目　主体工程(1号楼、2号楼)已封顶和主体结构验收,完成接待大厅、多功能厅顶板混凝土浇筑,一期项目基本建成。

上杭县殡仪馆建设项目　完成选址、立项、规划设计、征地、用林用地报批等工作,在土方施工中。

上杭县农村公益性公墓建设项目　项目竣工。

上杭县农村公益性骨灰楼堂　项目竣工。

【为民办实事项目】　城区小学、幼儿园扩容工程　完成年度目标任务。

农村中小学校扩容项目　完成年度目标任务。

教师暖心工程　竣工投入使用。

高中教育提升工程　完成年度目标任务。

文化体育惠民工程　完成年度目标任务。

县崇德馆项目　完成年度目标任务。

行政村有线电视分配网和光纤入户项目　23个村完成。

融媒体调度指挥中心数字化建设　完成。

基层医疗卫生机构补齐短板项目　完成。

暖医工程　建设县医院职工周转宿舍用房一栋:完成年度目标任务。中都卫生院职工周转宿舍及其他用房建设、蓝溪中心卫生院职工周转宿舍建设、溪口卫生院职工宿舍建设、通贤卫生院职工周转宿舍建设:中都、蓝溪、溪口卫生院完成;通贤卫生院项目进行中。

农村幸福院项目　完工33个幸福院。

县级公益性公墓项目　完成年度目标任务

农村饮水安全巩固提升工程　完成年度目标任务。

公共安全视频监控"雪亮工程"　完成150路高清监控基础施工、支架安装,完成140路摄像机的安装,并完成140路摄像机的调试联网及后端平台扩容。

城乡公共停车设施建设工程

新增农村停车位3500个以上;各乡镇按序时推进停车位建设,全县新增3925个停车位;实施县医院南大门、驷马桥A区、东二环第二实验小学北侧、3A停车场等停车场建设,新增停车位120个以上;完成216个停车位建设。

农村道路安全畅通工程　完成。

农网改造升级工程　完成。

“三农”综合保险工程　完成。

儿童之家建设项目　建儿童之家254个,在建4个,完成年度目标任务。

■ 机构编制管理

【党政机构改革】 2019年,上杭县按《上杭县机构改革方案》,印发《关于制定县级党政工作部门“三定”规定的通知》,明确“三定”(定职责、定机构、定编制)工作的总体要求、范围、主要内容工作程序等,安排部署“三定”方案草拟、报送和审核等相关工作。至年底,涉改党政部门和县委、县政府直属事业单位“三定”规定全部印发。35个涉改党政机关的总体行政编制控制在总量内没有突破,改革前行政编制503名,改革后514名。改革前35个涉改党政部门科级领导职数241名、内设股室301个。改革后科级领导职数190名,减少51名;内设股室283个,减少18个。

【事业单位改革】 2019年,上杭县事业单位改革坚持分步推进,统筹兼顾,注重与党政机构改革、综合行政执法体制改革等相衔接,确保协同推进、平稳过渡。按照“编随事走、人随编走”的原则,同步实施部门所属事业单位隶属关系调整划转,将职责划出部门所属相关事业单位及人员、编制划转给职责划入部门,涉改的事业单位共56家,其中隶属关系调整49家,编制调整277名,人员已转隶到位。本年,完成县委县政府直属事业单位改革。整合县委报道组、县广播电视台、上杭新闻网、上杭乡讯编辑部职能,组建上杭县融媒体中心;完成县委党史和地方研究室、县档案馆、铁路建设发展中心、水利水电移民开发中心、金铜产业发展中心、毛泽东才溪乡调查纪念馆、教师进修学校、旅游发展中心等事业单位改革工作。

【部门所属事业单位改革】 2019年,上杭县全面梳理事业单位机构名称、职能和人员编制,拟重新规范名称的事业单位共63家、拟重新明确职能的事业单位共101家、应整合的2名及以下编制的事业单位共15家。按成熟一批改革一批的原则,已撤并整合县林权登记中心、农村劳务开发办、城建档案室、电子政务内网管理中心、县保密技术检查中心、县委报道组、上杭新闻网、上杭乡讯编辑部、县金铜产业服务中心、县城区用水办等。生产经营类事业单位改革。上杭县经营类事业单位共计7家全部完成改革。综合行政执法体制改革。完成交通运输、市场监管、农业、文化市场等四大领域综合执法体制改革。

【其他机构编制管理】 2019年,上杭县强化蛟洋工业区安全环保工作,成立“上杭县蛟洋工业区安全环保巡查队”,增加县安全生产执法大队(参公)财政核拨事业编制。做好退役军人管理服务保障工作,设立县乡两级退役军人服务机构和成立县光荣院。调整县委办所属事业机构编制,增加事业编制专门用于总值班室工作岗位和深改办工作岗位。整合县电子政务内网管理中心和县保密技术检查中心职能,组建上杭县机要保密服务中心。适应综治维稳形势的工作需要,增加县委政法委行政编制和县综治中心事业编制。加强巡察机构和队伍建设,成立中共上杭县委巡察保障中心,核定财政核拨事业编制。强化消防建设工程消防设计审查验收、化工建设工程质量监督管理和燃气安全监管工作,成立县消防与化工建设工程中心,核定财政核拨事业编制分别用于消防工程安全岗位和化工工程安全岗位,并增加财政核拨事业编制用于燃气安全岗位。调整县政协办、县委办、县委党校、县公安局等单位所属事业机构编制事项。向上级机构编部门申请,将上杭县农业综合执法大队确认为副科级规格。

【事业单位登记管理】 2019年,上杭县结合机构改革工作,党政群机关赋码新发证8家,变更赋码发证15家,撤销赋码发证8家。事业单位登记6家,变更登记44家,注销登记1家,年度报告公示226家事业单位的工作,公示率100%。开展事业单位法人公示信息“双随机、一公开”抽查工作,按5%的比例随机抽取12家事业单位。通过开展事业单位法人公示信息抽查工作,强化事业单位法人的法制意识、责任意识,确保事业单位登记信息的真实性和准确性。

■ 信访

【概况】 2019年,上杭县信访局受理群众来信来邮来访1704件人次,比上年下降8.1%,其中来信1025件,下降8.9%;来访556批679人次,批次下降6.08%、人次下降6.86%;集体访10批239人次,减少2批6人次。全年未发生“两节”(元旦、春节)、全国、省、市“两会”、中华人民共和国成立70周年及古田会议90周年庆祝活动期间,无到省集体访,无进京越级访,无因信访问题引发的极端恶性事件,实现“三无”县目标。

【信访“访调对接”】 2019年,上杭县信访局贯彻落实全国人民调解工作会议精神及习近平总书记关于坚持发展“枫桥经验”指示精神，协调统筹相关力量，探索“访调对接、调访共济”相融合的化解信访问题及信访矛盾纠纷的新方法、新途径和新机制，多元化解信访矛盾纠纷，努力将汇集于信访机关的矛盾纠纷有效分流至基层、消弭于初始、化解在当地，保障群众合法权益、维护社会和谐稳定。联合上杭县司法局制订开展“访调对接”工作的方案，统筹镇司法所、派出所、综治办、调解中心等力量，建立信访与调解对接的工作体系，在各乡镇设置“访调对接工作室”。

【信访评理室建设】 2019年，上杭县信访局根据县信访工作联席会议办公室《关于深入弘扬新时代“枫桥经验”在全县推行建立信访评理室的指导意见（试行）》精神，在全县各乡镇建信访评理室367个。其中，县级1个，乡镇22个，村（居）344个。各乡镇、村居积极开展信访评理，及时化解信访矛盾，信访评理室建设工作得到市信访局高度肯定，11月22日全市信访评理室建设工作推进会、信访评理观摩会在上杭县召开。

【生态环境保护信访】 2019年，上杭县信访局为配合中央生态环境保护督察组开展工作，第一时间处理好涉及生态环境保护信访问题，解决突出生态环境问题，改善生态环境质量，推动经济高质量发展，夯实生态文明建设和生态环境保护政治责任，根据《中央生态环境保护督察组来杭督察期间信访督导工作方案》精神，上杭县信访局牵头负责信访维稳工作组，做好综合联络组转交信访件的接收、分解、转办、督办、查处、反馈工作，负责安排专人值班，向综合联络组报送工作动态，确保中央生态环境保护督察期间社会安定稳定。

表3

2019年上杭县来信来邮来访情况一览表

项　目	2019年 批次	2019年 人次	2018年 批次	2018年 人次	对比增减 数量（件人次） 批次	对比增减 数量（件人次） 人次	对比增减 比例（%） 批次	对比增减 比例（%） 人次
群众来信、来邮	1025		1126		-101		-8.9	
群众来访	556	679	592	729	-36	-50	-6.08	-6.86
其中集体来访	10	239	12	245	-2	-6	-16.7	-0.24
件人次合计	1704		1855		-151		-8.1	
件批合计	1581		1718		-137		-7.97	

说明：来信来访问题分类：反映建议的40件人次，占2.35%；要求解决问题的831件人次，占48.77%；检举揭发的103件人次，占6.04%；申诉类的122件人次，占7.16%；其他类的608件人次，占35.68%

应急管理

【概况】 2019年，上杭县发生生产安全事故10起，造成8人死亡、4人受伤，未发生较大及以上生产安全事故，全县安全生产形势稳定向好。全年全县因灾倒塌房屋30间、直接经济损失220.1万元，自然灾害因灾死亡失踪人员为零。

【“安全生产月”活动】 2019年，上杭县围绕“防风险、除隐患、遏事故”这一主题，开展全国第十八个“安全生产月”活动，活动期间，开展主题宣讲、安全宣传咨询日、安全警示教育、安全文艺演出、安全文化共建、实战化应急演练、骑行宣传、应急志愿服务进小区、安全生产公众开放日、职工VR安全教育体验、职工“照镜子、正衣冠”等活动。全县设立安全生产宣传咨询点58个，参加活动的机关干部达960余人，发放各种安全生产宣传材料2.6万多份，在各类媒体宣传报道71篇。

【安全生产监管执法】 2019年，上杭县严格落实“四个一律”（对非法生产经营建设和经停产整顿未达标的企业，一律关闭取缔；对非法违法生产单位和责任人，一律按规定上限处罚；对违法生产经营建设的单位，一律依法责令停产整顿，并严格监管；对触犯法律的单位和责任人，依法追究法律责任。）“五个一批”（曝光一批重大隐患、惩治一批典型违法行为、通报一批“黑名单”生产经营企业、取缔一批非法违法企业、关闭一批不符合安全生产条件企业。）要求，开展安全生产执法专项行动，全年组织开展各类安全生产检查7930人次，排查调研单位和场所6187家，下发限期整改通知书662份，要求6家企业停产营业整顿，取缔关闭7家企业，罚款309.63万元，行政处罚18家企业，约谈51家企业，移交公安部门刑事处罚案件3件。

【应急救援基础设施建设】 2019年，上杭县投入26万元完成2个村级自然灾害避灾点提升建设，全县建立24个覆盖城、乡、村的三级自然灾害避灾点及20个地震应急避难场所，面积近4万平方米，可安置人员4500余人。成立紫金山金铜矿矿山救护队和上杭县综合应急救援大队蛟洋分队2支专业应急救援队伍，其中紫金山金铜矿矿山救护队实行军事化管理，在编人员29人，上杭县政府专职消防救援队蛟洋分队救援队员13人。成立县内第一支由50人组成的应急志愿服务队，随时待命对施救对象开展施救工作或配合救援人员开展救援工作。此外还成立交通、卫生、水利、林业等18支不同行业的兼职应急救援队伍，队伍总人数852人，拥有应急救援车辆10辆。

消防

【概况】 2019年，上杭县消防救援大队有执勤战斗车辆14辆，下辖4个执勤消防站（西郊站、古田站、南岗站、蛟洋站），主要担负辖区火灾扑救、应急救援、重大活动消防安全保卫等任务。全年接警199起，出动车辆349辆（次）、出动人员1577人（次），抢救47人，疏散331人，抢救财产价值2113万元，辖区自2008年起连续11年保持未发生人员伤亡及重大影响火灾事故。是年，大队代表支队参加总队队列会操获第一名；在支队“学训词筑忠诚创新业立新功”主题教育第二专题课件制作评比中古田站荣获“一等奖”；三人获得上杭县公安局嘉奖；西郊站党支部获评总队“先进基层党组织”；西郊站在总队第一轮训练监察考核中获得全省第二名；古田站获评部救援局“改革转制教育整训先进中队”。

【抢险救援】 2019年6月13日下午，武平县东门市场西南方向小山坡因持续强降雨突发局部山体滑坡，导致市场南侧道路交通中断，多部车辆被掩埋。上杭县消防救援大队接到求援信息后，立即组织消防指战员火速赶赴现场，支持武平县抢险救援。此次山体滑坡土方量大，现场作业面小，上杭县消防救援大队全体参战人员奋不顾身、全力投入、顶风冒雨、持续奋战。经过3个多小时的救援，抢救出被困人员，并协助以最快速度恢复道路交通，把灾害损失降到最低程度。

【消防排查与整治】 2019年，上杭县消防救援大队联合安监、住建、教育、民政、文体等相关部门开展联合执法检查20次，组织召开消防安全重点单位约谈会议6次，累计检查单位872家，发现火灾隐患661处，督促整改火灾隐患661处，制发行政处罚决定书13份，下发临时查封决定书4份，责令“三停”单位5家，罚款18.77万元。全面推进各行业类别开展消防安全工作，对酒店、宾馆、商场、公共娱乐场所等各行业的消防安全管理人员召开消防安全约谈会，要求各单位要落实好“四个能力”建设和“六个一”要求，结合实际制订有针对性的灭火和应急疏散预案，并通过演练不断强化员工的消防安全意识和自防自救的能力，督促各单位自主完成评估风险、排查隐患、整改隐患工作。

【拥政爱民】 2019年，上杭县消防救援大队结合驻地实际，开展新时代文明实践活动。以“雷锋日”为契机，有计划地开展各类便民为民活动。到驻地敬老院和老人们进行亲切的交谈、与老人拉家常、为老人讲故事，详细询问老人们的生活起居情况。古田站成立“爱民服务小分队”，在爱民服务点为过往游客免费提供休息场所、茶水、常用应急药品，为驻地游客提供红色景点解说，把消防安全常识融入解说词。

【消防宣传】 2019年，上杭县消防救援大队立足“防消结合”机制，联合县教育局推动全县20余所中小学校开展消防进军训活动，抓好“开学消防第一课”，让消防宣传教育“常驻”校园。全年开放消防站35次，为学校、派出所、微型消防站人员开展消防安全培训25余场，主动走出去，为乡镇、部门、企事业单位开展社会化培训58场，张贴和发放各类宣传资料约6万份，开展消防演练90余次，节假日发送消防安全短信约60万条，电视台、LED滚动播放消防安全提示字幕共计2万条。

森林消防

【概况】 2019年，上杭县森林消防大队参加森林消防局“驰援·2019”跨区域地震救援检验性拉动演练3次，累计出动1500余人次，完成灭火作战3次、防火执勤47次，靠前驻防1次，林下可燃物清理1次；参加“安全生产月”活动3次，派出火场观察小组3次，开展重大地质灾害点地形勘察1次，参加抢险救援3次，重点水域隐患排查等其他救援任务10余次，全年转移受困群众32人，清理危房5间，清理屋内及道路淤泥沙石15吨，清理塌方点11处,清理倒木230棵,疏通道路12千米。连续12年保持任务完成好,人员无伤亡的良好态势。

【业务训练】 2019年,上杭县森林消防大队坚持以任务为牵引,结合任务实际,开展各项战备训练工作。采取“走出去、请进来”的方式,开展破拆、顶撑等地震救援装备操作使用培训,培养综合救援专业骨干力量,全面提升队伍综合救援能力。7—9月,上杭县森林消防大队在临城镇九洲村汀江河段开展水上防汛应急救援、城区内涝应急抢险等训练、演练25次,与上杭县相关救援队伍开展2019年水上救援综合演练、与上杭县人民政府防汛抗洪指挥部开展重点水域安全大检查等活动,提升大队水上救援能力。大队以备战冬季大练兵考核、战备拉动考核以及“火焰蓝”训练尖子比武为抓手,提升队员单兵综合素质训练。7月、9月,大队长张贵良、四中队一班长巴图苏荣,先后参加总队、森林消防局首届“火焰蓝”训练尖子比武均取得优异成绩,被总队记个人三等功。

【职业特色文化建设】 2019年,上杭县森林消防大队发挥驻地红色资源优势,发扬古田会议精神和“才溪调查”精神,把学习宣贯习近平新时代中国特色社会主义思想、习近平主席在纪念“五四”运动100周年大会上讲话、在“不忘初心、初心牢记”主题教育工作会议上的重要讲话、在庆祝中华人民共和国成立70周年大会上的讲话等最新系列讲话精神作为“不忘初心、牢记使命”主题教育的主线,切实以理论滋养初心、引领使命、指导实践,不断增强“四个意识”、坚定“四个自信”,做到“两个维护”。教育引导全体指战员不忘初心,继续前进,让红色基因融入血脉,全身心投入消防救援事业。开展唱红色歌曲、讲红色故事、看红色影片、读红色书籍、做红军传人等“五红”活动;组织队员到古田会址和才溪调查纪念馆开展主题教育配合活动,进行重温入党(团)誓词、党性教育,使全体指战员在深入了解红色历史、感知红色历史中,赓续红色基因,传承优良传统,着力培养对党忠诚、纪律严明、赴汤蹈火、竭诚为民的新时代消防指战员。在《闽西日报》《中国绿色时报》《中国应急管理报》等媒体、报刊刊稿127篇,《传承红色基因,守护绿水青山》在《中国应急管理报》整版刊发,展示驻守在古田“革命老区、红色圣地”的森林消防队伍良好风貌。6月,上杭县森林消防大队党委被总队表彰为先进党委;上杭县森林消防大队被中国应急管理报社表彰为应急管理新闻舆论阵地建设暨“学报用报”先进单位;

【双拥共建】 2019年,上杭县森林消防大队协调上杭县宣传部在上杭县门户网开设“森林消防救援大队”专栏;邀请上杭职专医学系老师到大队开展心肺复苏等院前急救常识,音乐系老师到大队教唱“四句话方针”组歌;与上杭县足尖舞蹈艺术中心开展2019年防火灭火安全知识宣传暨欢庆“六一”儿童节联谊活动,与上杭县老体协文体俱乐部开展“端午情谊深,人民爱消防”联欢活动,与上杭县实验幼儿园、天才幼儿园开展消防安全知识宣传普及活动;承接应急救援志愿者培训1次,培训地方扑火队3次;协调上杭县房管所解决2名消防指战员租用公租房,让指战员真切感受到大家庭的温暖,有效激发指战员干事创业的内在动力。

■ 退役军人事务

【军转干部安置】 2019年,上杭县接收安置军队转业干部2名,全部安排到县直机关单位公务员编制,落实军转安置政策规定。贯彻落实国家省、市有关企业军转干部解困政策,做好企业军转干部解困工作,按规定标准发放每月生活补助费,春节、“八一”建军节期间,组织慰问部分生活困难的企业军转干部。

【复退安置】 2019年,上杭县接收符合政府安排工作条件的春季转业士官,其中因战六级伤残1名,其余人员均为服现役满十年以上的转业士官,采取“阳光安置”,按照量化评分排名,实行由高到低公平、公正、公开选岗,均安置在县直全额拨款事业单位。发放退役士兵自主就业一次性补助金612.97万元,其中进藏退役士兵按其他人员的3倍发放。

【优抚工作】 2019年,上杭县审批重点优抚对象个人一次性门诊补助921人、发放补助金16.58万元;审批重点优抚对象个人申请医疗补助91人次,发放补助金13.1万元;审批解决优抚对象生活、医疗、住房“三难”122人次,发放补助金25.62万元;“八一”、春节期间慰问优抚对象2137人次,发放慰问金69.94万元;根据新《福建省拥军优属条例》(2018年11月23日),城镇和农村的义务兵年度优待金均按照户籍所在地上年度城镇居民人均可支配收入50%发放。全年发放义务兵家庭优待金对象322人次;发放大学生入伍一次性奖励金,全年累计发放义务兵家庭优待金及大学生入伍一次性奖励金758.4万元,其中进藏士兵优待金按3倍发放,并给予一次性奖励金10万元,进疆兵优待金按2倍发放、进疆高原兵优待金按3倍发放。发放全县优抚对象定期抚恤金及生活补助3648人,发放资金2641万余元。

责任编辑:蓝晓东

中国人民政治协商会议上杭县委员会

■ 综述

【政协党的建设】 2019年,上杭县政协始终坚持把中国共产党领导作为人民政协必须恪守的根本政治原则,自觉把政协各项工作置于党委的领导之下。按照《中华人民共和国宪法》和新修订的《中国人民政治协商会议章程》开展履职工作,贯彻落实习近平在中央政协工作会议暨庆祝中国人民政治协商会议成立70周年大会上的重要讲话精神和中办《关于加强新时代人民政协党的建设工作的若干意见》精神,修订完善《中共上杭县政协党组工作规则》,健全政协党组主体责任、党组书记第一责任、班子成员"一岗双责"的协同机制,充分发挥好党组把方向、管大局、保落实的重要作用,政协党组的凝聚力和战斗力全面加强。

【政协上杭县第十二届委员会第四次会议】 2019年12月22—24日,中国人民政治协商会议上杭县第十二届委员会第四次会议在上杭县城召开。会议应到委员222人,实到207人,符合法定程序。会议审议并同意林英峰代表县十二届政协常委会所作的工作报告,胡金祥所作的提案工作报告。委员列席十七届县人大四次会议,听取并赞同县长王波所作的县政府工作报告,赞同县法院、检察院工作报告以及计划和预算报告。会议选举傅晓刚为政协上杭县十二届委员会副主席,增补张茜、刘秀娟、刘辉、丁荫鹏、郭兆樟、郑锋、王福平等7人为政协上杭县十二届委员会委员,增补张茜、胡冲、蓝春金等3人为政协上杭县十二届委员会常委,同意接受李立明、林志强、郭丽红等3人辞去政协上杭县十二届委员会委员职务。邱兴旺已故,委员资格自行终止。

【政协文史工作】 2019年,上杭县政协抓住中华人民共和国和人民政协成立70周年、古田会议召开90周年契机,发动文史工作者深入收集上杭解放以来相关史料,其中发现1970年发行的"上杭县古田地区粮票"一组5枚,稔田梅镇李氏"恒裕源选"木制烟丝商标"红方印"1枚,颇有史料价值。县政协文化文史和学习委会同客家族谱博物馆收集整理上杭90多个姓氏约19万字的家规家训,编辑《祖宗的叮咛——客家族规家训选》由华南理工大学出版社出版。县客联会编印《上杭客家第20期·汀江神韵》一书。县政协邹泉生撰写的《华喦艺术思想初考》在《文化龙岩》2019年第1期总第36期上发表,对华喦艺术思想的形成及其对后世的影响进行全面论述。

【委员履职】 2019年,上杭县政协修订《政协上杭县委员会委员履职工作规则》,出台《关于强化履职责任提高提案质量的意见》。8月,组织50名政协委员、乡镇政协工委负责人等赴江苏省昆山市学习考察,委员履职等综合能力进一步提升。本年,政协机关深入开展"不忘初心、牢记使命"主题教育活动,接受县委巡察一组对县政协机关开展为期一个月巡察,按照主题教育和县委巡察组《关于对县政协机关巡察情况的反馈意见》要求,重点开展讲政治、强素质、抓整改、求实效等活动,巩固拓展主题教育和巡察整改成果。组织机关干部赴永春、漳平、本县古田、才溪等地开展学习教育活动,清正廉洁、务实高效的机关作风进一步形成。县政协机关党支部受到县委、县政府"2019年度基层党的建设工作全体嘉奖",被评为"2019年度全县先进基层党组织"。

【乡镇政协工委工作】 2019年,上杭县政协按照《上杭县乡镇政协工委考评办法》要求,加大对乡镇政协工委工作的指导,提升工委履职水平,打通政协协商民主向基层延伸的"最后一公里"。工委围绕当地党委、政府中心工作、服务大局,在助力脱贫攻坚、推动乡村振兴战略实施、推进新时代文明实践等工作中发挥积极作用。

■ 政治协商

【协商机制】 2019年,上杭县政协健全"议题共同确立、计划共同制定、人员共同参与、实施共同推进"的协商工作机制,在原有全会协商、常委会协商、专题协商等协商形式的基础上,推行《委员之声·委员有话说》、乡镇政协工委协商、个别协商等新形式,推进开门协商、开放协商,探索"会场+现场""固定+移动""集中+分散""线上+线下"等协商民主模式,推动协商民主进乡村、入企业、上网络,更接地气更合民意,促进政协协商与基层协商有机融合,真正让政协协商延伸至"最后一公里"。县政协办撰写的《乡镇"小天地"协商"大文章"》在福建省政协主办的《政协天地》和市政协主办的《龙岩政协》上发表。

【专题协商】 2019年，上杭县政协针对全县最美村落打造和文化旅游产业发展现状及存在问题等开展“传统村落保护与开发利用情况”“持续打造最美村落助推乡村振兴”“发挥客家文化优势打造文旅产业”专题协商，提出提升最美村落目标定位、提升最美村落规划建设水平、加快农村危旧房屋整治和落实“厕所革命”等15条具体意见建议被县政府和有关部门采纳。

【提案协商】 2019年，上杭县政协以提升提案质量、办理质量为重点，强化提案征集、转化、办理、监督机制，增强办理实效。十二届三次会议以来收到提案215件，审查立案180件，全部办复，答复初次满意率98.3%。131件(占总数的72.8%)提案所提问题已解决或纳入计划逐步解决，其中关于“提高城区公共停车位利用率”的提案得到落实，新建驷马桥A区、县医院南大门等300多个停车位。关于“弘扬传统文化”提案中提到的“举办世界客属龙舟文化旅游节和祭孔大典”的建议在9月得到落实。

■ 民主监督

【视察监督建议】 2019年，上杭县政协围绕学生课后服务活动、推行河(湖)长制、激励性产业扶贫、妇女儿童服务场所建设、提升教育教学质量、中医药事业、农家书屋等与人民群众息息相关的课题开展深度视察，提出协商式监督建议。县政协在上年度调研的基础上，继续把城区小学、公办幼儿园课后服务活动作为课题开展视察，提出改进工作的建议意见，助推解决家长无法接送孩子放学的“四点半难题”。河(湖)长制得到落实，县政府争取各类生态补偿资金1.17亿元，国控、省控断面水质达标率达100%。

【社情民意】 2019年，上杭县政协发挥专委会的职能作用，主动反映影响经济社会发展的重要问题和各界群众合理诉求，拓宽委员参政议政、民主监督的渠道，促进一些民生问题的解决。全年，政协委员反映的《关于提升我县宜居城市环境的建议》《关于加强我县城区公共体育场地规划建设和管理使用的建议》《关于改善我县城区民办学校办学条件的建议》《关于上杭文庙紫阳书院重开南门的建议》《挖掘上杭禁毒先驱邓瀛精神品牌的建议》等一批社情民意诉求和基层呼声得到县委、县政府重视并推进。

【重点提案督办】 2019年，上杭县政协督促提案承办单位主动和提案人沟通，充分协商、形成共识，使提案办理结果符合民愿。邀请县政府及有关部门召开重点提案办理协商会议，推动提案办理落实。县政府向政协委员通报《关于加大违反食品安全行为打击力度的建议》《关于加强城建规划避免重复建设节约财政资源的建议》等10件重点提案办理工作取得的阶段性成效。将“加大违法食品安全行为打击力度”“提高城区公共停车位利用率”“进一步推进殡葬改革”等提案与《委员之声·委员有话说》电视栏目相融合，面向社会，接受全民监督。

■ 参政议政

【委员视察调研】 2019年，上杭县政协传承和发扬客家优秀文化的工作要求，组织委员和有关专家开展“上杭县宗祠现状及保护利用情况调研”“上杭文庙保护与利用情况视察”等相关活动。组织委员开展县行政服务中心、市场监管局等有关部门和乡镇开展调研，形成《关于我县深化“放管服”改革推动高质量发展》调研报告得到县委、县政府的重视，所提建议分解到相关部门得到落实，县行政服务中心增设“工程建设项目审批综合服务窗口”“惠企政策兑现窗口”，5个乡镇便民服务中心“无差别全科受理”服务正式“上线”运行。针对普法宣传工作事关社会和谐稳定，手段和形式需与时俱进等情况，组织委员深入司法系统和有关乡镇开展集中调研，撰写《进一步健全完善乡村公共法律服务机制的建议》成为市政协五届三次会议唯一由县级政协提供的口头交流发言材料。针对宗教工作存在的问题，开展“全县宗教工作情况视察”。针对百姓关心的热点问题，开展围绕交通管理、小区物业管理、农村集体经济发展等现状进行调研，撰写调研、视察报告，为领导决策提供第一手材料。

【产业转型升级议政建言】 2019年，上杭县政协围绕产业是强县之基、富民之要的要义，组织开展“重点招商项目签约落地情况”调研和“物流产业发展情况”的视察，提出“研究利用好债券资金降低融资成本为项目落地建设提供支撑，利用好‘EPC’‘PPP’等建设模式推进完善园区基础设施建设”等建议意见和发展思路得到重视。县政协办撰写的《紧扣中心大局凝聚智慧力量——上杭县政协助推高质量发展侧记》在《龙岩政协》2019年第3期上发表。

责任编辑：蓝晓东

纪检　监察

综述

【概况】 2019年，上杭县纪检监察系统强化政治理论学习，县纪委常委会旗帜鲜明讲政治，把学懂弄通做实习近平新时代中国特色社会主义思想作为贯穿全年工作的主线，结合开展“不忘初心、牢记使命”主题教育，通过个人自学、集中学习、交流研讨、专题党课、调查研究、知识测试等形式，发挥领学促学作用，带动全系统不断深化对党的创新理论的深刻把握、贯彻落实。强化政治监督，全县纪检监察机关落实省委“三四八”贯彻落实机制，将贯彻落实习近平总书记重要指示批示精神特别是涉及上杭的57件工作任务作为监督的重要内容，开展“减税降费”“违建别墅问题清查整治”“两不愁三保障”“纪念古田会议90周年系列活动”“百日攻坚征迁工作”等专项监督，确保党中央和省委、市委、县委重大决策部署落地见效。严明政治纪律和政治规矩，严肃查处违反政治纪律问题8起8人。履行协助职责，协助县委开展2018年度落实全面从严治党主体责任情况检查。坚持精准规范问责，全年对21名领导干部实施党内问责。深化全面从严治党暨县域综合治理形势分析会制度，4次分析研判，解决42个问题。持续推行《落实全面从严治党主体责任通知书》制度，发出通知书27份，对45名党员干部进行约谈。

【群众身边腐败和作风问题整治】 2019年，上杭县纪检监察系统深入开展“四访”活动，全县纪检监察机关开门接访118批次，带信下访15件，入户走访群众1338人，发现问题线索32条、解决问题59个，查处群众身边腐败和作风问题60起92人。深化扶贫领域腐败和作风问题专项治理，对全县尚未脱贫的建档立卡贫困户实现入户访查全覆盖，对已脱贫的建档立卡贫困户按照不低20%比例进行随机抽访，查处扶贫领域腐败和作风问题25起37人。深化民生领域突出问题专项治理，重点整治教育、医疗、环保、食品药品安全领域突出问题，督促各职能部门在“上杭广电”“上杭党旗红”微信公众号晒出问题清单、整改举措以及治理成效，推动解决公立医院违规收费、特殊困难群体“脱保”“漏保”等一批事关群众切身利益的问题，查处民生领域问题21起35人。深化涉黑涉恶腐败专项治理，聚焦政治责任和“打伞破网”，采取委领导包案、兵团作战等方式，对涉黑涉恶案件和生态环保、“黄赌”案件逐案筛查，如期办结中央督导组移交的28件信访件，立案审查调查12件14人，其中“保护伞”4件4人。推动移风易俗专项治理，整治党员干部及公职人员组织或参与歪风陋习行为，查处违反移风易俗相关规定15起15人。

2019年5月23日，上杭县纪委监委在瓦子街开展纪法宣讲活动

（县纪委监委办供图）

【纪检监察体制改革】 2019年，上杭县推进纪律检查体制、国家监察体制和纪检监察机构“三项改革”。健全乡镇纪检监察组织制度，向22个乡镇派出监察组，建立日常监督、片区协作、量化考评等工作制度。合理调整派驻机构设置，赋予相应监察权。牢固树立“不依规依纪依法就是违规违纪违法”理念，推进纪法贯通、有效衔接司法，探索实践监察程序与司法程序、执法程序有序对接，强化对“12+3”项调查措施使用情况的监督检查，用制度规范纪检监察权力运行。推进检举举报平台和信访举报分级录入扫描试点工作，提升审查调查工作质效。

【监督基本职责第一职责履行】 2019年,上杭县纪检监察系统加强日常监督,制定日常监督清单、“一线”监督工作方案、监督工作谈心谈话办法等制度,监督工作理念和方式方法更加明晰。坚持挺纪在前、抓早抓小,全县运用监督执纪“四种形态”(党内关系要正常化,批评和自我批评要经常开展,让咬耳扯袖、红脸出汗成为常态;党纪轻处分和组织处理要成为大多数;对严重违纪的重处分、作出重大职务调整应当是少数;而严重违纪涉嫌违法立案审查的只能是极少数)处理929人(次),其中,第一种形态778人(次)、占83.7%。落实函询了结情况反馈制度,采信告知函询了结的县管干部46人(次),督促306名被反映或被处理县管干部在民主生活会上说清楚、讲透彻。动态更新领导干部廉政档案,严把选人用人政治关、品行关、作风关、廉洁关,办理评先评优、干部任免等各类资格审查7461人(次)、对15人(单位)提出否决建议。大胆使用推荐表现良好的受处理干部,8名被处理干部在影响期满后获得提拔重用。严厉打击诬告陷害举报行为,为受到不实举报的5名干部公开澄清正名,激励党员干部担当作为。

2019年4月23日,上杭县纪委开展共建社区、政策宣传志愿服务活动
(县纪委监委办供图)

【“四风”问题监督】 2019年,上杭县纪检监察系统持续深化“1+X”工作机制,开展领导干部利用名贵特产、特殊资源谋取私利问题专项治理,查处违反中央“八项规定”精神问题37起50人。协助县委开展形式主义、官僚主义集中整治,县级层面发文、召开会议分别比上年下降48%、46%,督查检查考核下降52.6%,清理“一票否决”及“责任状”32项,查处形式主义、官僚主义问题41起52人。查处不良习气问题198起260人(次),7个“两正两反”典型事例被市纪委采用,推动党风政风持续好转。深化“一镇一孝廉”创建活动,拍摄廉政微视频《问道上杭守纪律》以及古田会议会址、毛泽东才溪乡调查旧址2部VR视频,建成廉政文化主题公园,努力营造崇廉向善氛围。

■ 巡察监督及执纪审查

【巡察监督】 2019年,上杭县围绕落实党的路线方针政策和党中央决策部署、全面从严治党战略部署、新时代党的组织路线、巡视巡察整改要求,精准发现问题,纠正政治偏差。全年巡察28个单位,发现“三大问题”577个,移交各类问题线索209条,给予党纪政务处分18人、第一种形态处理84人。坚持推动改革、促进发展,对殡葬管理整治工作和县医院开展专项巡察,纵深推进移风易俗工作,督促县医院退还违规收费59万余元。协助县委抓好市委形式主义、官僚主义突出问题机动式巡察、扶贫领域专项巡察“回头看”整改工作,推动被巡察单位建立完善制度303项,实现巡察整改常态化、长效化。

【执纪审查】 2019年,上杭县坚持有腐必反、有贪必肃,全年受理检控类信访件392件,立案150件,给予党纪政务处分147人,严肃查处中华人民共和国成立以来上杭个人受贿金额最大案——陇南紫金原董事长贺某非法收受他人财物共587万元,庐丰畲族乡丰济村原党支部书记蓝某贪污17.9万元、职务侵占64.3万元严重违纪违法典型案件。加大追逃追赃力度,2名外逃党员和国家工作人员全部抓捕归案。精准有序惩治腐败,建立健全预审、协审制度,全年预审378起、退回补充完善33件,协审案件120件、纠正定性或量纪偏差10件,有效防止畸轻畸重,确保全县纪法两把尺子标准一致,得到市纪委肯定。开展审查调查安全“全覆盖、无死角”检查,下发整改通知书37份,督促及时整改到位。深化以案促改,及时梳理总结审查调查、县委巡察中发现的突出问题,发出监察建议书8份,推动职能部门健全规章制度。加强思想道德和党纪国法教育,发挥反面典型警示震慑作用,公开通报曝光10期20件典型案例,特别是以视频会议的形式召开陇南紫金原董事长贺某案件警示教育大会,参会人员扩大至紫金矿业母公司及权属企业重点岗位人员1800余人。制作2016年以来上杭县纪委监委新闻宣传报道汇编,开展廉政教育60余场次、受教育党员干部2万余人(次)。

责任编辑: 蓝晓东

外事 侨务 港澳台事务

外事

【概况】 2019年，上杭县贯彻落实习近平新时代中国特色社会主义外交思想，坚持地方外事工作为总体外交服务，突出做好因公临时出国（境）审批、外国人入境服务管理、APEC商务旅行卡办理、友城建设、外事接待等工作。全年审核报批因公出国（境）7批11人次，受理APEC商务旅行卡业务9批9人次，发放《中国领事保护和协助指南》《出境安全小锦囊》等宣传材料200余份。

【涉外活动】 2019年1月，上杭县邀请德国可持续建筑委员会专家9人到上杭参加中欧（龙岩·上杭）建筑工业论坛。4月，新加坡驻厦门总领事馆总领事池兆森一行到上杭县紫金矿业参观考察。7月，东盟官员暨国际友城联络员研修班23人到上杭研修交流。9月，塞尔维亚共和国能源和矿业部部长亚历山大·安蒂奇、波尔市市长阿莱克桑达尔·米利基奇、波尔市议会主席德拉甘·兹基齐等外宾到上杭考察访问。9月7日，中共上杭县委书记傅藏荣与波尔市市长阿莱克桑达尔·米利基奇在厦门“9·8”投洽会签订《中华人民共和国福建省龙岩市上杭县和塞尔维亚共和国波尔市建立友城关系意向书》。9月，菲律宾驻厦门总领事馆总领事付昕伟、泰国驻厦门总领事馆副总领事婉菈葩等外宾到上杭参观考察。9月，中国·闽西（上杭）第三届世界客属龙舟赛共有加拿大多伦多福州大学龙舟队、加拿大魁北克蓬勃·金鹏福建龙舟队、加拿大多伦多枫叶龙龙舟队、菲律宾CGYORO卡嘉岩龙舟队等4支境外参赛队到上杭参赛。

2019年9月7日，塞尔维亚共和国波尔市与上杭县签约

（县外事办供图）

【对外文化交流】 2019年11月，上杭县客家木偶艺术传习中心演员黄妃浣赴菲律宾、马来西亚参加“海丝茶道”对外文化传播活动。

【APEC商务旅行卡办理】 2019年，上杭县助力企业“走出去”，主动为紫金矿业审批办理使用APEC商务旅行卡业务9批9人次，为紫金矿业高管前往俄罗斯、澳大利亚、巴布亚新几内亚、泰国等国洽谈业务提供更加便捷、更加优质的服务，助推紫金矿业集团拓展海外市场。

侨务

【侨务资源涵养】 2019年1月，上杭县组织美国、加拿大、新加坡等地社团及华人华侨通过网络形式参与“上杭春晚”。2月上旬，举办北美上杭同乡会亲友茶话会。6月22日，北美上杭同乡会在加拿大多伦多完成大会暨第二届理事就职仪式。7月12—21日，2019年北美华裔青少年“中国寻根之旅”夏令营福建上杭营活动在上杭县举办，21名华裔青少年和12名随行价值回上杭参加活动。7月20日，召开“北美客家上杭同乡会上杭联络站成立仪式暨回馈家乡座谈会”，25位北美乡贤参加座谈会，县长王波出席会议。7月26日，第七一期海外中青年侨领研习班一行46人到上杭县开展参访工作。9月25—28日，中共闽西（上杭）第三届世界客属龙舟文化旅游节在上杭县举办，海外参赛嘉宾116人。

【侨界民生服务】 2019年，上杭县为侨排忧解难，为归侨、侨眷办实事。落实好退休归侨职工的归侨生活补

2019 年 5 月 12 日，台湾丘氏宗亲总会邱明调一行到上杭参加上杭县丘氏宗亲庆典活动 （县台湾事务办公室供图）

贴以及散居农村建档立卡贫困归侨生活补助发放工作，慰问临时生活困难归侨、侨眷，全年发放贫困归侨、贫困侨眷各类补助金和慰问金 5.23 万元。

■ 港澳台事务

【概况】 2019 年 11 月，中共上杭县委书记傅藏荣带领县委统战部、经信科技局、商务局负责人赴香港开展招商活动，并参加香港上杭同乡会第六届理事会二次会议。

是年，上杭县发挥客家族谱文化的独特优势和国家级“海峡两岸少数民族交流与合作基地”、客家族谱博物馆省级对台交流基地、海峡儿童联谊交流基地示范引领作用，深化杭台经贸、文化等各领域交流合作。9 月 25—28 日，举办中国·闽西（上杭）第三届世界客属龙舟文化旅游节活动，邀请 70 多名台湾嘉宾参赛。通过举办品牌赛事、文化活动，促进世界客属地区文体旅游交流合作，推动海峡两岸融合发展，传播和发扬中华文化。

【杭台交流】 2019 年，上杭县接待台湾省姓氏研究学会顾问王立仁一行、博隆实业有限公司邱永豪一行、彰化县定光佛庙主事黄逸政一行以及台湾李氏、丘氏、张氏、钟氏等姓氏宗亲共计 31 个团组 585 人次到上杭参访交流。组织上杭林氏宗亲会、蓝氏宗亲会、钟氏宗亲会等团组赴台开展宗亲交流活动。经贸、文化、体育等各类交流活动不断增加。副县长王尧华、县疾控中心王寿联、县总工会赖永生、上杭职业中专学校多名教师赴台开展交流活动，7 月上杭才溪景区旅游发展有限公司、上杭汀江绿道文化旅游发展有限公司派员赴台开展“2019 海峡两岸台北夏季旅展”活动。9 月上杭县紫金佳博电子新材料科技有限公司赴台参加第 24 届国际半导体展。

【对台经贸】 2019 年，上杭县引进台资企业 3 家，总投资 2565 万美元，其中新落地企业有福建邦胜泰达科技有限公司、福建龙机工贸有限公司，增资扩产企业有大地生机（福建）农业发展有限公司。支持台资企业转型升级，帮助台资企业做强做大。大地生机（福建）农业发展有限公司是国家诚信企业、市级农产品加工龙头企业，企业选址在工业园区，规划建设更大规模的标准厂房；省重点台企福建天甫电子材料有限公司重视引进台湾高新技术人才，吸引 15 名台湾高科技人员加入公司研发团队，成果显著，年内 3 名台湾青年入选福建省引进高层次 B 类人才，共有 7 名台湾同胞入选，上杭县有 8 名台湾同胞入选；鼓励支持上杭县紫金等大型企业开展对台招聘，吸引台湾青年到上杭就业创业，至 2019 年年底，征集到 16 个就业岗位；12 月福建省农业农村厅、省委台港澳办发文设立上杭闽台农业融合发展（农产品加工）产业园。

【台胞台企服务】 2019 年，上杭县深入贯彻习近平总书记在《告台湾同胞书》发表 40 周年纪念会上的重要讲话精神和参加十三届全国人大二次会议福建代表团审议时的重要讲话精神，落实省、市对台工作会议部署，深入开展惠台政策措施宣传，推进中央“31 条惠台措施”“26 条措施”、省“66 条实施意见”和市“惠台 46 条实施意见”落地见效。加强部门协调联动，为台胞提供便利化服务。组织县委统战部、台港澳办、县法院、公安局、工信局、商务局、农业农村局、人民银行、工商联、侨联等部门深入台资企业宣讲政策、释疑解惑。广泛宣传动员在上杭台胞申办台湾居民居住证，至 2019 年年底，常驻上杭的台胞台商全部办理。建立各项涉台权益保护机制，发挥县台胞权益保障法官工作室作用，全力保障台商台胞合法权益。至年底，法官工作室受理涉台案件 2 件，调处 2 件，组织涉台法律咨询宣传 3 次，接受咨询 100 人次。

责任编辑：钟梅娇

人民团体

■ 上杭县总工会

【概况】 2019年,上杭县总工会以政治思想引领、建功立业活动、工会维权服务、工会改革发展、网上工会建设、基层工会建设、党风廉政建设等为重点,团结动员全县广大职工在实现上杭高质量发展赶超发展中建功立业。是年,上杭县总工会获“全省工会财会工作先进单位”称号,职工服务中心荣获“省工人先锋号”称号,机关工会委员会被评为“福建省模范职工之家”,1人被评为“全国优秀工会工作者称号”,1人被评为“全省工会系统优秀工作者”,1人被评为“省安康杯竞赛组织工作优秀个人”。

【文体活动】 2019年,上杭县总工会先后举办县直机关职工健身活动、庆“五一”职工象棋、围棋、乒乓球、篮球、足球比赛、职工书画摄影比赛、职工抖音大赛、“迎国庆”气排球、羽毛球比赛等文体活动,职工参与人数达2万人。

【宣传引导】 2019年,上杭县总工会进园区、进企业、进班组、进社区宣传习近平新时代中国特色社会主义思想、中共十九大精神、劳动保护以及工会相关常识、扫黑除恶及创城应知应会知识。开展“中国梦·劳动美”主题教育活动。

构建“互联网+工会”新型工作模式,以“上杭工会”微信号和上杭工会网站为切入点,在县电视台开辟《工会之窗》《劳模风采》等专栏,培育和践行社会主义核心价值观。全年,推送微信261条,县总工会官方网站发布信息86条,在县级媒体发表信息35条,市级媒体发表信息92条,省级媒体发表信息38条。省市广播电视台播出16条,县广播电视台播出72条。着力讲好工会故事、传播工会声音。

【基层工会组织建设】 2019年,上杭县总工会坚持党建带工建、工建服务党建,扩大工会工作覆盖面。重点抓好新建企业、“八大员”(施工员、质量员、安全员、标准员、材料员、机械员、劳务员、资料员)、建筑行业的工会组建和农民工、劳务派遣工入会工作。详细核查全县新增企业情况并全力组建,新建工会组织数168个,新增会员数1668人,其中农民工会员数1645人,组建率达100%。推行党建带工建“353”工作机制,建立非公有制企业和社会组织党建带工建培育示范点2家。

深化厂务公开民主管理。全县725家企业建立厂务公开民主管理制度,建制率为98%。198家企业事业单位建立职代会(教代会)制度和开展厂务公开(校务公开、院务公开)制度,224家企业签订平等协商签订集体合同,签订率98%,覆盖职工3万多人。全县有21家企业建立董、监事会制度,董、监事人数81人,其中职工董、监事17人,12位工会主席进入董、监事会。民主管理规范化逐步推进,紫金矿业集团股份有限公司被评为全国企业民主管理先进单位,农业银行、志诚电子等单位被评为省级企业民主管理示范单位。开展“公开解难题、民主促发展”主题活动,共征集职工代表提案38件,选送上报10件优秀提案。

【职工维权】 2019年,上杭县总工会发出集体协商要约书1620份,举办培训班1期、分组分片培训3次,全县签订工资集体协议71份,覆盖企业696家,覆盖职工43782人。开展劳动关系和谐企业创建活动,参与创建活动企业124家。同时,履行依法维权职责,开展矛盾纠纷排查5次,深入工业园区、企业开展法律法规宣传8次,印发宣传材料1万余册。

全年接待职工来访3件,收到来信1件,来电13件,结案率100%。为农民工开辟法律援助绿色通道,实施法律援助2人,为职工挽回经济损失19.3万元。调解劳动争议14件,参与仲裁3件,为职工争取经济利益27.4万元。开展法律咨询、代写诉状等各种法律服务21件次。与人力资源与社会保障局等部门联合开展欠薪专项执法检查1次,检查企业40家,共同追讨欠薪120多万元。

组织开展“安康杯”竞赛和群众性安全生产隐患排查治理活动,共40家企业和2万多名职工参与,排查隐患67处,紫金矿业集团工会被中华全国总工会、应急部评为“安康杯”竞赛先进单位。

【困难职工帮扶】 2019年,上杭县总工会帮扶72户困难职工,发放帮扶资金37.6万元;开展困难劳模慰问活动,慰问15户困难劳模,发放慰问金3万元;开展“金秋助学”活动,资助在档困难职工子女17名、贫困学生11名,共计发放助学资金近10万元;抓好挂钩扶贫工作,共拨付15万元扶持挂钩贫困村和贫困户发展生产,至年底,县总工会干部挂钩的13户贫困户全部脱贫。

组织开展以“情暖上杭　筑梦小康　工会在行动”为主题的关爱返乡农民工系列活动。慰问返乡农民工

339 人,慰问环卫工人 454 人。“两节”送温暖发放慰问物资共计 11 万元。

开展进企业、进园区、进社区“送文化、送法律、送健康”活动。解答职工咨询 800 多人,发放《中华人民共和国劳动法》《中华人民共和国安全生产法》《福建省工会劳动法律监督条例》等书籍 2000 余册;为职工义诊 300 多人次。

开展就业服务活动。与人力资源和社会保障局等部门联合开展新春招聘会 1 场,提供就业岗位 2900 多个,在县职工服务中心、县工业园区、蛟洋工业区等职工服务站建立就业信息 LED 电脑显示屏,发布《用工信息》12 期,刊出就业信息 800 多条,通过“上杭工会”发布就业信息 2900 多条。

开展高温送清凉活动。深入太阳铜业、紫金铜业、紫金山金铜矿、环卫工人爱心服务点为奋战在一线的高温作业人员送去价值 7 万元的防暑降温物品。同时,督促企业做好防暑降温工作。.

争取到职工医疗互助特殊政策。补助标准在全市统一补助政策比例上再上浮 10%,大病补助按 1∶1配套补助。全年全县参加第十二期职工医疗互助活动共计 25077 人,参加女职工特病医疗互助共计 6423 人,补助住院职工 1843 人次,共发放补助金 152.6 万元。

【职工建功立业】 2019 年,上杭县总工会开展“五小”创新竞赛活动,共征集创新项目 157 个,有 4 个项目获省职工“五小”创新大赛一等奖,11 个项目获二等奖,15 个项目获三等奖。上杭县总工会被市总工会授予职工“五小”创新大赛优秀组织单位。

开展矿冶、建筑、电工、电焊工、钳工、烟草、金融、旅游行业、卫计行业、家政行业、一线服务窗口等职工技能大比武和“双争双创”活动等 126 次,参加职工 2 万余人次。收集合理化建议 352 条,实施 193 条;技术革新、技术改造 254 项。

【劳模精神弘扬】 2019 年,上杭县有 12 人获市劳动模范称号,1 人获得省“五一劳动奖章”,共命名表扬 10 个县级“工人先锋号”,6 家企事业单位荣获市“工人先锋号”,3 家企事业单位荣获“省工人先锋号”,1 家企业获“省五一劳动奖状”,紫金山金铜矿三选厂选矿车间技术组获“全国工人先锋号”。培育选树 16 家劳模创新工作室和职工创新工作室,陈进周劳模工作室被中华全国总工会命名为“全国示范性劳模创新工作室”。

弘扬劳模精神,建设市首家多媒体劳模展馆,配 14 面可滚动播放的液晶显示屏,收录全县历年 277 名各级劳模(先进工作者)名单、事迹,以及 205 个各级先进集体名单。成功组织承办全市百名劳模植树活动。召开劳模建功新时代座谈会,组织全县市级以上劳模代表交流工作经验、分享心得体会。4 月,组织“劳模志愿服务队教育小分队”赴溪口中心小学开展支教活动。7 月,劳模志愿服务队农业小分队前往古田镇新生村开展“劳模助力脱贫攻坚振兴乡村”志愿服务活动。与县电视台联合开展劳模事迹展播活动。国庆期间,县全国劳模陈进周受邀参加中华人民共和国成立 70 周年庆典并出席国宴,省劳模梁永英被省委省政府邀请参加福建省庆祝中华人民共和国成立 70 周年大会并作典型发言。

【女职工工作】 2019 年,上杭县总工会开展走访慰问单亲困难女农民工、困难女劳模代表、患较大疾病女职工干部、一线女环卫工活动。开展女职工权益保护法律法规宣传咨询服务,推动全社会对职场孕期和哺乳期的女职工给予呵护关心,建成 6 家“妈妈小屋”,紫金矿业集团“妈妈小屋”获评省“我最喜爱的妈妈小屋”。古田派出所女警巡逻服务队获中华全国总工会表彰为“全国五一巾帼奖状”。联合县妇联、人社局共同举办育婴员(月嫂)职业技能竞赛活动,组织开展女性健康体检和困难单亲女职工健康体检活动,切实提高广大女性健康水平。争取省总工会“四点半”课后服务经费补助 12.37 万元为城区 6 所公办小学提供课后服务,推动中小学课后服务工作,帮助职工群众解决子女课后看护后顾之忧。

■ 共青团上杭县委员会

【概况】 2019 年,共青团上杭县委员会开展“我和我的祖国”主题快闪活动,策划出品《我和我的祖国》快闪视频。10 月 1 日上午,组织上杭一中团员青年在瓦子街青年之家集中观看庆祝中华人民共和国成立 70 周年大会。下午,组织上杭一中青年志愿者在瓦子街广场举办“礼赞新中国 · 我与新时代共成长”文艺会演,用歌舞表达对祖国的赞美之情。

开展志愿服务活动。全年开展各类志愿服务活动 678 场次,总服务时长超过 33305 小时,参加活动 11872 人次。走进步云中心小学、稔田大湖小学、旧县石圳小学开展“大手拉小手 · 我与新时代共成长”关爱留守儿童志愿活动,该活动在 11 月 7 日上杭县首届新时代文明实践志愿服务项目大赛中获“十佳志愿服务项目”称号。1 月 21 日至 2 月 1 日,组织开展“青春志愿行 · 温暖回家路”服务春运志愿服务活动;3 月 4 日,组织开展学雷锋志愿服务“一条街”活动;3 月 12 日,开展“青春护绿 · 最美紫金山”义务植树活动;3 月 23 日,开展“爱满杭川 · 新时代文明实践在行动——节水我先行,护河当先锋”保护环境、节约用水志愿服务活动;6 月 7—8 日,开展“文明实践 · 护航高考”志愿服务、“大拇指”交通劝导志愿服务活动;7 月 1 日,开展“健康人生 · 绿色无毒”禁毒宣传志愿服务活动;8 月 3 日—21 日,在湖洋寨背小学开展暑期支教志愿服务活动;9 月 16 日,开展“青少年网络安全宣传”志愿宣讲活动;10 月 6 日,开展“爱满杭川 · 陪爷爷奶奶过节”敬老爱老志愿服务活动。

开展主题活动。2019 年 3 月 20 日,举办“新时代文明实践我来说”青年干部发展论坛，来自县基层工作的7名青年干部结合工作中的所思所想所悟，针对新时代文明实践活动的开展谈困惑、谈思考、谈观点、谈对策。4—5月，举办上杭县首届天翼杯"声动龙岩·爱满杭川——新时代文明实践在上杭"歌手大赛，通过海选、复赛评选出上杭县十佳歌手及三十强歌手。6—9月，开展"青年大学习·读书点亮生活"主题读书会活动，联合樊登读书走进各乡镇开展22场不同主题内容的青年读书分享会。7月28日，举办"青春心向党·建功新上杭"第三届返乡大学生文艺晚会暨2019年希望工程启动仪式。县委常委、组织部部长徐峰，县政府副县长蓝玉华，各主办单位有关领导以及部分爱心企业、爱心人士、大学生代表到场观看演出。7月28—30日，开展"杭川学子回乡看"主题实践活动，前往古田、才溪开展革命传统教育，走访县重点产业、企业以及重点项目，约90名上杭籍在校大学生、研究生、博士生参加活动。8月14—21日，组织县29名乡村英才前往北京参加上杭县第四届"乡村·中国梦"赴京素质拓展活动。

上级调研。5月17日，团省委副书记陈训明一行到上杭县蛟洋工业园区调研。5月22—23日，团中央书记处书记李柯勇、团省委书记肖华鑫一行到上杭县古田镇考察红色文化。10月18日，中国青基会公众推广事业部部长吴清玲，福建省希望工程办公室主任、福建省青基会秘书长郑小芳到官庄畲族乡调研，并参加官庄南派希望小学揭牌仪式。

评先评优。2019年，临江镇团委书记丘锦元获"全省共青团系统先进工作者"称号，紫金矿业集团团委被评为"全省共青团系统先进集体"，才溪镇团委副书记黄丽琴获2018年度"福建省优秀共青团员"称号，县人民法院古田人民法庭和国网上杭县供电公司古田供电所被评为2018年度"省级青年文明号"，古田(吴地)红军小镇青少年研学基地被认定为福建省红领巾校外体验示范基地。汉晶新材料科技有限公司在第六届"创青春"福建省青年创新创业大赛中荣获二等奖，并在第六届"创青春"中国青年创新创业大赛中荣获商工成长组全国赛铜奖。县5名青年企业家在龙岩市十佳(优秀)青年企业家评选活动中荣获市"十佳(优秀)青年企业家"称号。

【青少年合法权益维护】 2019年，共青团上杭县委员会组建"红土青年法治行"新时代文明实践志愿宣讲队。宣讲队走进上杭一中、上杭三中、茶地中学、旧县中小、湖洋中小等8所中小学开展主题宣讲，受益学生达3000人。联合上杭县民政局、临江镇启动社区、社会组织、社会工作者"三社联动"工作，在东南社区打造"菖蒲塘快乐少先队园地"，组织瓦子街社工服务中心志愿者、部分退休教师、在职党员每周一至周五晚6:30—8:30为社区留守儿童辅导作业、开展相关活动。启动"我与新时代共成长·关爱孤儿"帮扶项目，向团省委争取将该项目列入2019年福建省重点青少年群体社会工作项目，并获得项目补助4万元。

【纪念"五四"运动100周年系列活动】 2019年4月29日，由中共龙岩市委、共青团福建省委主办，中共龙岩市委宣传部、中共上杭县委、共青团龙岩市委承办的福建省各界青年纪念"五四"运动100周年主题会演活动在古田会议会址前广场举行。中共龙岩市委书记许维泽，共青团福建省委书记肖华鑫出席活动并讲话，市领导何明华、詹昌建，共青团福建省委副书记杨溢出席活动。龙岩市各县(市、区)、市直有关部门领导出席活动，全省各界青年2000多人参与和观看了主题会演。4月30日，在才溪镇光荣亭开展"青春心向党·建功新时代"特别主题团日活动，才溪中学团员及才溪镇、毛泽东才溪乡调查纪念馆、才溪派出所、供电所、税务局才溪分局等单位团员青年代表近百人参加活动。

【希望工程公益活动】 2019年，共青团上杭县委员会开展2019"希望工程·圆梦行动"，共筹集助学金76万元，资助贫困大学生215名，于8月30日举行2019"希望工程·圆梦行动"捐赠仪式。与省、市希望办对接，为官庄中心小学争取50万元的希望小学建设项目，于10月18日上午举行"情暖校园·爱满杭川"官庄南派希望小学揭牌仪式，中国青基会公众推广事业部部长吴清玲，南派泛娱有限公司创始人兼CEO陈戴阁，福建省希望工程办公室主任、福建省青基会秘书长郑小芳，中共上杭县委常委、组织部部长徐峰，龙岩市希望工程办公室主任章颜参加此次活动。1月4日，在湖洋寨背小学开展"童心同乐·爱油心生"爱心包裹捐赠活动，对接爱心企业中化石油福建有限公司为寨背小学、濑溪小学捐赠爱心包裹101份。1月22日，在临城中心小学开展"情暖小学·爱满杭川"爱心共建活动，对接爱心企业新发地农贸市场为临城中心小学捐赠体育器材、鼓号队器材、奖教奖学金6万余元。

■ 上杭县妇女联合会

【概况】 2019年，上杭县将妇女工作同步纳入县委党建目标管理考评内容。开展"千村妇代会争先创优"活动，全县有117个村妇联获评"市级优秀村妇联"，并对获评的117个优秀村妇联主席共发放奖励金5.85万元。发放2019年度离任村(居)妇代会主任养老补助资金9.882万元。6月，中共上杭县妇女联合会支部委员会被中共上杭县委县直机关工作委员会评为"先进基层党组织"。

开展"三八"妇女节系列活动。3月4日，上杭县妇联联合县委宣传部、文明办、县总工会、团县委、临江镇等单位在瓦子街广场开展"爱满杭川·新时代文明实践在行动"——学雷锋志愿服务"一条街"集中行动日活动。3月5日，联合县委政法委在湖洋镇开展"送法下乡暨反邪教警示教育专题讲座"活动。3月6日，联合县人社局、县商务局、县总工会举办第二届育婴员(月嫂)职业技能竞赛选拔赛。3月7日,在泮境乡开展"三八"妇女维权周宣传咨询服务活动。3月8日,联合县公安局召开第十七届"十佳警嫂"暨第二届"优秀女民警""优秀女文职"首届"优秀女辅警"表扬大会。3月12日,组织各级妇联开展百名巾帼志愿者义务植树活动;3月20日,召开第十七届七次执委(扩大)会议。联合县新时代文明实践中心、县融媒体中心拍摄"巾帼志愿者的一天"VCR,先后被省、市妇联及龙岩文明网、中国文明网、中国移动新闻网转载。

【家庭教育】 2019年,上杭县妇联开展寻找"最美家庭"活动,共评选县级"最美家庭"30户,推荐获评市级"最美家庭"1户、省级"最美家庭"3户,并按获得荣誉等级分别给予获评对象一次性奖励1000元、2000元、3000元。联合县实验小学举办第五届"书香致远 润泽人生"评选表扬活动。联合县实验幼儿园开展"书香飘万家"家庭亲子阅读月活动,捐赠价值2000元幼儿绘本书籍。联合县关工委、教育局举办家庭教育报告会11场次。举办新时代文明实践"幸福家·智慧爱"家庭教育公益大讲堂活动21场次。

【妇女儿童宣传】 2019年2月26日,上杭县妇联在临江镇开展"我与姐妹拉家常"宣讲活动,邀请第十一届全国五好家庭、全国道德模范温金娥宣讲。4月13日,在古田镇组织各界妇女开展"唱响祖国颂歌"活动。6月1日,联合县新时代文明实践中心、县委文明办、团县委、县总工会、县科学技术协会、县禁毒办、县扫黑办等单位在瓦子街举行上杭县新时代文明实践"爱同行 心奉献"暨庆"六一"禁毒宣传活动。9月17日,推荐杨意林家庭、邱发锦家庭、温金娥家庭等3户家庭参加"悦读 家@万家龙岩地区展演"活动。11月9日,联合县消防救援大队举办"防范火灾风险 建设美好家园"上杭县119消防宣传月文艺会演活动。

【巾帼创业创新】 2019年,上杭县妇联搭建妇女创业就业平台,组织近千名妇女参加县"海西招聘—春风行动"招聘会现场应聘。联合县人社局、民政局、优生活家政公司举办免费美容培训班、首期养老护理员专项技能培训班,培训妇女220人。组织各乡镇妇联举办家政、实用技术、电商培训48期,培训妇女2902人次。1月,上杭县通贤同福源家庭农场被省妇联命名为"福建省巾帼示范基地"。3月,上杭县聚胜家庭农场负责人梁永英被全国妇联授予"全国巾帼建功标兵"。9月,上杭县财政国库支付中心、上杭县临江镇镇中社区居民委员会被省妇联命名为"巾帼文明岗"。11月,福建百果园生态农业股份有限公司被省妇联命名为"福建省重点巾帼示范基地"。

【妇女儿童维权】 2019年,上杭县妇联先后在湖洋、茶地、官庄、旧县开展以"崇尚科学、关爱家庭,珍惜生命、反对邪教"为主题的知识讲座。4月11日,联合临城镇、城郊派出所在城西社区开展防范电信网络诈骗知识宣传活动,发放防范电信网络诈骗宣传手册50份。4月29日,联合中国电信上杭分公司深入紫金小区、镇中社区开展扫黑除恶专项斗争及反通信网络诈骗宣传活动,发放宣传资料200份,发放平安家庭宣传围裙200条。5月30日,联合团县委、检察院、司法局走进茶地中学开展"法治进校园"活动。7月1日,联合县禁毒委员会在县政府门前江滨广场开展以"健康人生 绿色无毒"为主题的2019年上杭县禁毒宣传健身走暨纪念林则徐"虎门销烟"180周年活动。7月17日,联合县妇儿工委办、县消防大队、临江镇东社区在县妇女儿童活动中心举办暑期消防安全宣传教育活动。持续深化"平安家庭"宣传创建活动,完善婚姻家庭类矛盾纠纷预防、排查和化解机制,全年县妇联共接到群众来电来访29件,共摸排矛盾纠纷26件次,已解决17件,持续跟踪9件。全年开展妇女儿童维权志愿服务活动60场次。11月,县法院林新英被全国妇联评为"全国维护妇女儿童权益先进个人"。

【新时代文明实践志愿服务活动】 2019年,上杭县妇联深化"138"工作法,常态化开展"爱同行 心奉献"红土巾帼志愿服务活动,引领妇女为新时代文明实践活动和创建全国文明城市贡献巾帼力量。全年开展"创城姐妹"交通文明劝导204次,服务群众1.5万人;开展"微笑天使"礼仪接待志愿服务3次,服务群众近千人;开展"巾帼护河"志愿服务活动235次,义务植树666.67公顷;开展"女子科技服务"志愿服务180次,服务农民群众数千人;开展公益瑜伽、"儿童之家"等巾帼关爱活动285次,服务妇女儿童数千人;开展"两癌"免费筛查,服务农村妇女和城市已婚低保妇女3900人。2019年,县妇联"爱同行·心奉献"红土巾帼志愿服务项目先后获得上杭县首届新时代文明实践"十佳志愿服务项目"称号和福建省志愿服务项目大赛优秀奖。

【困境儿童关爱】 2019年,上杭县妇联持续开展"精准扶贫·春蕾计划"助学行动,全年资助县"春蕾"贫困女生126名,发放资助金10.52万元。开展贫困儿童慰问活动,全年捐赠书包470个,发放慰问金1200元。1月9日,联合县特殊学校在泮境乡清峰谷红领巾少年教育基地开展"爱你、爱我、爱他(她)我们都拥有一个幸福的家"主题户外活动。1月21日,在旧县中心小学开展2019年春节前"爱满杭川——新时代文明实践在行动"贫困儿童捐赠活动。5月31日,在泮境中心幼儿园开展"六一"慰问活动暨法治宣传活动。9月22日,在县妇儿活动中心举办举办"童心向党 礼赞新中国"活动。11月2日,在县妇儿活动中心举办"垃圾分类益处多,环境保护靠你我"主题活动。

【贫困妇女关爱】 2019年5月17日，上杭县妇联联合县人寿公司在通贤镇举办"关爱女性健康"知识讲座。全年参保"女性安康险"2166人，理赔人数4人，理赔金额19.2万元。10月29日，市妇联在县妇儿活动中心举行李新炎慈善基金会关爱贫困母亲资助金发放仪式，救助贫困母亲12人，发放救助金1.35万元。深入各乡镇开展"送温暖"慰问贫困母亲活动，全年慰问贫困母亲110人，发放慰问金6.75万元。加大"两癌"贫困妇女的救助力度，全年筹集"母亲健康1+1"公益善款23.2万元；救助"两癌"贫困妇女57人，发放救助金24万元。

【两纲工作】 2019年，上杭县妇联完成对2018年度"两纲"指标的统计监测工作，妇女儿童事业各领域发展取得明显成效。《上杭县妇女发展纲要(2011—2020年)》65个可量化指标中，61个指标提前或预计可达标，占总指标数的93.8%。《上杭县儿童发展纲要(2011—2020年)》51个可量化指标中，49个指标提前或预计可达标，占总指标数的96.1%。全面推进儿童之家建设，2019年县委县政府继续将"农村儿童之家"建设列为为民办实事项目，采取部门联建、镇村自筹、争取社会捐赠等方式完成90%的建设目标任务。2019年，全县创建农村儿童之家任务246个，年底全县共建成儿童之家258个，超额完成建设目标任务。

■ 上杭县科学技术协会

【概况】 2019年，上杭县科协做好2016—2020年度第二批福建省科普示范县(市、区)的申报和创建工作，抓好《全民科学素质纲要》实施工作。8月，上杭县被评为2016—2020年度福建省科普示范县。

【县科协第八次代表大会】 2019年11月28—29日，上杭县科协召开第八次代表大会，全县各级学(协)会、科协组织共推荐产生92名代表，大会听取县科学技术协会第七届委员会工作汇报，选举产生县科学技术协会新一届领导机构，伍加禄当选为县科学技术协会第八届委员会主席，李建辉、高四华、曾纪华、唐良丰、梁春来、葛跃华当选为县科学技术协会第八届委员会副主席，马明生等43人当选为县科学技术协会第八届委员会委员。

【"三长制"工作方案】 2019年，上杭县科协出台《上杭县科学技术协会全面推行"三长制"工作方案》，扩大基层科协组织和科协工作覆盖面，推动科协组织向基层延伸，建立"三长"(医院院长、农技站站长、学校校长)进入乡镇科协任职、兼职、挂职制度。至9月底，全面完成乡镇科协组织"三长制"全覆盖，发挥"三长"在健康教育、校园科普、农技推广应用中的独特作用。是年成立上杭县新德里现代农业发展有限公司、龙岩思康新材料有限公司、福建富鑫达电子有限公司等3家企业科协。

【科普服务阵地建设】 2019年9月，上杭县科协完成县科普馆展馆布展工作，并揭牌开馆，向社会公众免费开放。完善科普画廊(宣传栏)、科普活动室，提高农技协、科普示范(教育)基地和科普示范社区(村)的科普功能，推荐福建梅花山华南虎繁育研究所、上杭白砂国有林场等8个科普场所申报龙岩市科普教育基地。

【科普宣传】 2019年，上杭县科协助力创城工作和新时代文明实践中心工作。是年，配合做好国家级文明县城创建相关工作，县科普馆、紫金地质博物馆、社区青少年科学工作室等科普场馆免费向公众开放，举办中国流动科技馆巡展活动。组织百名科技工作者、科技志愿者进校园、进农村、进社区普及环境保护、垃圾分类、安全生产、急救知识、气象知识、防震减灾、食品安全、农业科技、扫黑除恶专项斗争等科普知识。11月，县科协被中国科协评选为全民科学素质网络竞赛县级优秀组织单位；配合新时代文明实践中心工作，开展"科普之光"志愿服务实践活动，成立由三个分队共111人组成的科技志愿服务队，制订科技志愿服务行动计划和志愿服务工作制度，开展志愿服务活动20多场，受益群众1万余人次。同月，"科普之光"志愿服务项目作为30个入选项目之一，参加首届上杭县新时代文明实践志愿服务项目评选大赛，"科普之光"志愿服务项目获评"优秀组织奖"；12月，上杭县科协被福建省科协评选为2019年福建省全国科普日活动优秀组织单位，上杭县科普馆揭牌日活动被评选为2019年福建省全国科普日优秀活动。

【科技服务】 2019年6月，紫金铜业院士专家工作站被评定为福建省示范院士专家工作站，成为2019年全省10家获评示范院士专家工作站之一。上杭县科协鼓励企业科技创新，提高产品竞争能力，加强与企业技术人员的沟通交流，努力发挥院士专家工作站的示范作用。深入龙岩市通贤兔业发展有限公司、龙岩市福欣牧业发展有限公司、上杭县新德里现代农业发展有限公司等企业开展学会创新驱动服务站申报工作调研。11月底，指导县农村专业技术协会召开第二次会员大会，提高农技协服务能力和水平，强化活力，拓展交流，增强农技协的向心力和创造力。

【"最美科技工作者"学习宣传】 2019年，上杭县科协推荐紫金矿业集团董事长陈景河评选为2019年"福建省最美科技工作者"，紫金铜业有限公司教授级高级工程师衷水平被省科协授予第六届"福建省优秀科技工作者"称号，是年中国科协九大代表、全国科普带头人、茶地水稻抗病育种研究会会长陈进周参加祖国70华诞天安门国庆观礼。全年组织全县各学(协)会、各乡镇科技工作者参加全市科协年会论文投稿59篇，获一等奖1篇，二等奖7篇，三等奖17篇。

【青少年科技教育】 2019年3月17日,在上杭县科协、县教育局组织参加的福建省第34届青少年科技创新大赛上,上杭县学子获得2项一等奖,2项二等奖。其中由上杭一中选送的科技创新综合实践活动项目《闽西境内上杭客家围屋现状调查》,被推荐参加2019年7月在澳门举行的第34届全国青少年科技创新大赛,该项目还获得福建省卢嘉锡科学教育基金会颁发的“2018年度福建省卢嘉锡优秀实践活动奖”。4月13—14日,由龙岩市科协、龙岩市教育局共同主办,以“筑梦智能·立志创新”为主题的2019年第三届龙岩市青少年机器人竞赛在龙岩市科技馆举办,上杭县两支队伍分别取得WER工程创新赛第一名和第二名,其余4支FLL机器人工程挑战赛队伍均获得三等奖。11月,在龙岩市第十二届青少年科技创新大赛上,上杭县有6个项目获得一等奖。

■ 上杭县归国华侨联合会

【概况】 2019年,上杭县归国华侨联合会(简称县侨联)春节慰问贫困侨33户,发放慰问金近1.95万元。在侨界群众发生突发困难及归侨去世时,及时对他们的亲属进行慰问。全年,接待来访的归侨侨眷,询问他们及其海外亲属的生活情况,征求他们对侨联工作的建议意见,了解侨情民意,并为他们提供咨询服务。

【爱侨护侨】 2019年2月,上杭县侨联协助省侨联做好“扶老助老科教帮扶”工作,向镇西社区、英明社区等社区老人发放价值500元的“福侨爱心包”50份,计25000元;10月,向10位贫困侨发放由省财政厅、省侨联组织的2019年贫困侨财政救助金1880元,共计1.88万元;12月,向13位贫困侨发放由省侨联组织的“百侨帮百村—联村助户”结对帮扶款2000元,共计2.6万元。

【参政议政】 2019年,上杭县侨联引导侨界政协委员对侨界群众关心的热点难点问题开展调查研究,收集不同意见,在充分酝酿的基础上撰写提案,提交公共环境、休闲娱乐等方面管理提案4件。

【侨界活动】 2019年,春节前夕,上杭县侨联组织美国、加拿大、新加坡等地社团及华人华侨通过网络形式参与“上杭春晚”,向全县人民拜年,送上对家乡和亲人的祝福。春节期间组织北美上杭同乡会返乡乡贤莫晓葵、余德桢、张东红、陈利图参加县委组织的新春企业家座谈会。2月8日(正月初四),举办“2019年春节北美上杭同乡会亲友茶话会”,邀请回乡的北美上杭乡贤、北美上杭乡亲亲属等70余人参加。2月17日,组织返乡的美国俄亥俄州立大学医学院生物信息系生物学博士、高级研究员莫晓葵在《客家讲坛》作主题为《癌症的免疫疗法》专题讲座。7月12—21日,组织来自美国、加拿大等地的21名北美华裔青少年参加主题为“汉语、文化寻根”的2019年“寻根之旅”夏令营——福建上杭营活动。7月20日,协助北美上杭同乡会在上航大酒店成功举行“北美客家上杭同乡会上杭联络站成立仪式暨回馈家乡座谈会”,县委副书记、县长王波,县委常委、统战部部长罗小洪、北美上杭同乡会会长梁瑞凤,来自市、县相关部门17位负责人和23位北美乡贤参与活动。12月26—29日,协助县文化体育和旅游局、客家族谱博物馆等单位做好“华侨旗帜 民族光辉——百国百侨百物展”在上杭的展览工作。

【联络联谊】 2019年,在春节、清明、中秋等传统节日前夕,上杭县侨联主动与华人华侨联络,在他们回乡期间,专程登门拜访,巩固亲情乡谊,全年共接待回乡探亲访友、寻根谒祖的华人华侨27批共400余人次。协助北美客家上杭同乡会做好6月22日在多伦多的换届工作,梁瑞凤担任第二届理事会会长,同时成立芝加哥分会。该会共有会员350余位,设有美国分会7个、加拿大分会2个。邀请加拿大的福州大学校友会龙舟队、魁北克福建龙舟队、多伦多枫叶龙龙舟队及菲律宾的卡嘉岩龙舟队4支队伍共116人参加9月27—28日在上杭举办的中国闽西(上杭)第三届世界客属龙舟文化旅游节,其中加拿大多伦多枫叶龙龙舟队在比赛中荣获500米直道赛二等奖、200米直道赛三等奖的佳绩。12月17日,与江西省赣州市宁都县侨联缔结为友好侨联。

【侨益维护】 2019年3月4日和12月4日,上杭县侨联组织全会干部参与2019年学雷锋志愿服务“一条街”集中行动日活动和国家宪法日宣传活动,发放侨法等法律宣传资料600余份、《闽西乡讯》100份。

■ 上杭县工商业联合会

【概况】 2019年,上杭县工商业联合会(简称县工商联)推荐40名非公经济人士参加社会主义学院非公经济人士培训班和高校专题研修班,帮助企业家开阔视野、拓展思路、提升素质。是年,黄学流获省政府授予“福建省非公有制经济优秀建设者”称号;福建上杭太阳铜业有限公司、龙岩市福欣牧业发展有限公司等7家民营企业和广东上杭商会、泉州上杭商会等3个异地上杭商会获福建省委统战部、省工商联等五个部门联合表扬;李建、陈华明、吴兰玉等被4位企业家被市委、市政府评为“龙岩市劳动模范”;林烽先、王永强、陈华明等5位企业家分别被市委、市政府评为“龙岩市十佳青年企业家”和“龙岩市优秀青年企业家”。

是年,吸纳行业代表性强、年轻的、品质素养高的非公有制经济代表人士13人到商会组织,壮大商会会员队伍。是年,上杭县工商业联合会连续第五次获“全国五好县级工商联”和“全省五好县级工商联”称号;信息调研工作在全省工商联系统信息工作中获评第三名,连续5年在全市工商联系统信息工作中名列前茅，被通报表扬；被县委、县政府评为上杭县领导干部带头策划重大项目成绩突出单位、招商引资工作突出单位。

开展“四好”商会创建工作。重视四好商会建设工作，成立“四好”商会创建工作领导小组，并分组分片深入各乡镇，指导乡镇商会开展“四好”商会创建工作，不断实现统战工作向基层商会有效覆盖。2019 年，全县 22 个乡镇均成立商会，实现统战工作向基层商会组织建设全覆盖，建成率达 100%。其中，成立党组织的商会有 13 个。稔田商会以党建引领会建，引导乡贤回归发展生态旅游、林下种植等产业，成立奖教助学基金会的经验做法被写入省工商联王光远主席发表的署名文章和省工商联工作报告。是年，稔田商会被福建省工商业联合会评为 2018—2019 年度基层“四好”商会。

【工商联服务中心工作】 2019 年，上杭县工商业联合会招商引资取得成效，引进上杭文之舟学校项目、江洪通信科技运营项目和福建龙机工贸有限公司 3 个项目，总投资额约 3.5 亿元。“回归工程”持续发力。发挥基层商会桥梁纽带作用，加强同杭籍企业家的联系沟通，引导他们在做强企业、做大事业的同时，回杭投资兴业，支持家乡发展。2019 年，引导 AI 人工智能教育教学机器人项目和江洪通信科技运营项目等 7 个项目回归，投资总额约 6 亿元。脱贫攻坚有序开展。动员引导各商会组织、民营企业及企业家投身“红土同心 · 民企帮村”精准扶贫行动。至年底，龙岩市福欣牧业发展有限公司、福建虎妈一家生态农业有限公司、广东上杭商会等 23 家企业与商会组织和县贫困村（户）结对帮扶，通过产业扶贫、就业扶贫、捐赠扶贫等方式帮助贫困村（户）脱贫。据不完全统计，帮扶资金 700 万元。

【企业服务】 2019 年，上杭县工商联搭建政企沟通平台，畅通政企交流渠道。牵头组织召开上杭县新春企业家座谈会，县主要领导及相关部分负责人与企业家面对面交流，听取企业家意见和建议。“7 · 8”龙岩企业日期间，通过现场走访企业并了解收集到问题和意见建议共 15 条，均得到落实反馈。举办“不忘初心、牢记使命”——服务企业（商会）发展分享会，会上，稔田商会、南阳商会等 4 家基层商会及安心农产品等会员企业作商会办会、商会党建工作及创业分享。编印《亲清润杭商，促进两健康学习资料》1000 余册分发给各基层商会、异地商会和民营企业，引导广大民营企业家勇担责任，以法治律己，依法律治企。

人民调解活动持续开展。与县司法局联合成立“上杭县总商会人民调解委员会”，聘请专职调解员和兼职调解员参与商会的人民调解工作，主动为会员企业免费提供法律咨询、帮助解决纠纷等服务。据统计，2019 年调解非公经济组织纠纷 225 件，其中合同纠纷 174 件、劳资纠纷 26 件、生产经营纠纷 25 件，调解成功率 100%。

与县人民检察院联合建立沟通联系机制，帮助民营企业家提高法治意识和法律思维为民营企业健康发展提供有力的司法保障和服务。8 月，与县人民检察院共同举办“检察护航民企发展”主题检察开放日座谈会，听取企业家对检察工作的意见建议，营造良好的法治化营商环境。

与中国人民银行上杭县支行、县金融办联合制定《关于开展上杭县金融服务小微企业民营企业“双百”行动的通知》。全年全县金融机构对 25 家民营企业办理贷款融资 4170 万元，办理授信额度 6050 万元、用信 5650 万元。

加强民营企业专业队伍建设。配合县人社局做好非公企业专业技术职称评审工作，为企业特别是建筑企业的转型升级提供源源不断的人才支撑。全年有 96 人申报初级职称，105 人申报中级职称，4 人申报高级职称。

在上杭县总商会网站开通“民企诉求直通车”板块，着力引导广大民营企业家依法依规表达合理诉求。共收集到 60 多条民企诉求，转相关部门办理，使民企诉求得到妥善地落实解决。

【光彩事业】 2019 年，上杭县工商联引导民营企业履行社会责任。在县委统战部、县工商联（总商会）主办，广东上杭商会承办的“上杭人在粤 40 年联谊会暨光彩事业助学基金启动仪式”上，企业家们自发认捐“光彩助学基金”1500 多万元，该基金主要用于资助上杭县贫困学子、孤儿等；泉州上杭商会副会长、晋江鲜之惠食品有限公司总经理李永钟捐赠光彩助学基金 30 万元；杭籍企业家和各异地商会组织积极响应县委、县政府关于参与汀江绿道认捐认养活动的号召，先后有福建省金才源建设工程有限公司、上杭县灿兴矿建有限公司和泉州市上杭商会等 8 个企业（商会组织）认捐 7 座汀江绿道驿站等，价值 215 万元。在 2019 年“同心 · 海西春雨光彩助学”中有 58 名贫困学子受到资助，资助金额 23.5 万元。

【参政议政】 2019 年，上杭县工商业联合会发挥会员人大代表和政协委员参政议政作用，引导会员就社会广泛关注的社会民生、企业发展中的普遍性问题建言献策，反映社情民意。在 2019 年“两会”期间，上杭县工商业联合会及工商界人大、政协委员向县人大、政协提交提案、建议意见等共 80 余件。其中，上杭县工商业联合会撰写的“优化营商环境　推动高质量发展”和执委曾鸣撰写的“关于加强城区公共停车位（场）建设管理的建议”被列为县政协十二届四次会议大会发言，并获得县委书记重要批示。副主席刘文洪撰写的《加大惠企政策兑现力度 增强民营企业获得感》被列为龙岩市政协五届四次会议大会发言材料。

责任编辑： 王冬英

法　　治

■ 政法委及综治

【概况】 2019年，上杭县政法综治系统坚持党对政法工作的绝对领导，在基层所、庭加强党的组织建设，带动全警对标对党忠诚，向政治合格看齐。强化队伍管理，坚持政法队伍建设暨党风廉政建设联席会议制度，严格落实党风廉政建设“两个责任”。加强岗位练兵，将学习贯彻习近平新时代中国特色社会主义思想与业务培训相结合，着力打造既讲政治又懂业务的政法队伍。

2019年，上杭县法院获评为“全省优秀法院”并记集体二等功，古田法庭连续三届被授予“省级青年文明号”，才溪法庭被表彰为“福建省五一先锋号”。上杭县检察院办案质效居全市前列，督促依法履行环境监管职责案件入选典型案例，被编入《最高检公益诉讼指导性案例事务指引》。上杭县公安局被评为国家级节约型公共机构示范单位、全省公安机关执法质量优秀单位，古田派出所女警巡逻服务队获“全国三八红旗集体”“全国五一巾帼奖状”“全国学雷锋活动示范点”三个国家级荣誉。上杭县司法局推动“法治上杭”建设，全力推进“七五”普法工作，上杭县被全国普法办通报表扬全国“七五”普法中期先进县，上杭县司法局被表彰为全省人民调解工作先进单位。上杭县婚姻登记中心被表彰为“全国民政系统先进集体”。涌现出许多先进个人，县法院林新英被授予“全国维护妇女儿童权益先进个人”称号，县公安局傅锦华被评为全国“2018年度刑事案件现场勘查工作成绩突出民警”。是年，全县政法系统共50个集体、110名个人获县处级以上表彰。

2019年6月20日，上杭县“不忘初心跟党走，牢记使命保平安”综治平安建设知识竞赛举行初赛 （县政法委供图）

【安保维稳】 2019年，上杭县政法系统严厉打击各类违法犯罪，全县全年立刑事案件1221件、治安案件2985件，批准逮捕231人，起诉644人，判决530件712人。推进打击电信诈骗犯罪专项行动，坚持严打开路，惩防并举，全年立案120件，抓获犯罪嫌疑人62人，实现“两降两升”（发案数下降、损失数下降、破案数上升、抓获犯罪嫌疑人上升）目标；开展涉麻制毒问题专项整治，全年破涉毒案件19件，抓获涉毒犯罪嫌疑人19人，抓获涉毒逃犯7名；开展打击整治农村赌博专项行动，全年查获赌博刑事案件60件、赌博行政案件475件。推进矛盾纠纷排查化解，全年各级调解组织排查纠纷1812件，调解成功1810件，成功率99.89%，最大限度将矛盾纠纷解决在当地、在基层，全县“四无”（无民间纠纷转化为刑事案件、无非正常死亡、无群众性械斗、无群体性上访）乡（镇）、村（社区）达100%。深化平安乡村创建，做好2018年度平安乡村评选工作，评选出12个平安乡镇、130个平安村（社区），兑现奖励金1268万元，扩大平安乡村创建覆盖面和受益面，上杭县平安三级联创工作再获全市考评一等奖。

【扫黑除恶专项斗争】 2019年，上杭县政法系统推进督导整改，中央、省督导组移交线索63条，市扫黑办移交线索29条，全部办结。推进依法严惩，全县全年收集线索127条，立九类涉恶案件125件，破110件，侦办涉恶团伙案件6件，抓获犯罪嫌疑人

2019 年 2 月 26 日，上杭县颁发 2018 年度见义勇为先进个人荣誉证书（县政法委供图）

102 人，逮捕 68 人，抓获九类涉恶案件在逃人员 59 人，提起公诉 96 人，判决 70 人，查封扣押现金、存款 334 万元。推进深挖彻查，严格执行“两个一律”“一案三查”，涉黑涉恶腐败和“保护伞”问题线索应收尽收，优先处置，全年立案查处 12 件 14 人，其中“保护伞”4 件 4 人、涉恶腐败 5 件 5 人、问责 3 件 5 人。

【基层社会治理现代化】 2019 年，上杭县政法系统推进县乡村三级综治中心规范化建设，建立健全基础数据信息台账，实施县乡综治中心视频会议系统建设，建立县综治中心“四情预警”分类管理机制，综治中心建设工作走在全市前列，在全市信息数据采集竞赛活动中连续名列前茅。推进乡村网格化建设，积极拓展网格化管理在基层综治平安建设中的实战运用，开展群防群治，落实“网格化+寄递安全”管理工作。开展社会心理服务体系建设，完成 30% 的镇、村心理健康服务站室建设，提升改造 17 所中小学校心理健康辅导室，在 2 所神经专科医院和 6 所乡镇卫生院设立心理健康门诊。推进“雪亮工程”建设，全县新增高清监控 200 路、高清治安卡口 20 套、人像卡口 100 路，新联网社会面监控 200 路。

【法治政府建设】 2019 年，上杭县政法系统组织全县村（社区）顾问律师参与指导、调解较大、疑难、复杂纠纷或积案，提升“一村一法律顾问，一社区一法律诊所”工作。全县村居法律顾问入村（社区）了解社情民意 1256 次、提供法律咨询 1773 次、协助息访 113 件、开展法治宣传 700 场次，参与调解纠纷 495 件。推动法律援助专项行动，建立弱势群体权益保护机制，依法维护弱势群体的合法权益，让更多的社会弱势群体享有平等的法律权利，全年受理法律援助案件 357 件。加强法治宣传教育，开展“与法同行·拥抱文明·平安有福”法治宣传活动、“健康人生，绿色无毒”禁毒法治宣传月活动、法治文化基层行等形式多样的普法宣传教育，动员和激励广大干部群众积极融入法治上杭建设。

■ 公安

【概况】 2019 年，上杭县公安局再次获评为“全省公安机关执法质量优秀单位”，才溪派出所入围“全国公安机关示范单位”，全年执法质量考评全市前列，执法工作群众满意率全市第二。4 个集体获市厅级表彰、6 个集体荣获省部级表彰，古田派出所女警巡逻服务队获“全国三八红旗集体”“全国五一巾帼奖状”“全国学雷锋活动示范点”三个国家级荣誉，全年有 40 个集体，98 人次受到县处级以上表彰。

国内安全保卫　2019 年，上杭县公安部门把中华人民共和国成立 70 周年大庆和纪念古田会议 90 周年系列活动等重大安保任务作为全年工作主线来抓，建立完善“四五六”安保机制，强化政治安全领域情报信息收集研判，深化反恐怖斗争，深化打击网络敏感有害信息，严防国家政治安全风险。启动情报指挥和应急值守等级响应要求，全年召开情报专班会商 65 次，核查处置工作指令 46 条，向县委县政府专报信息 11 期。完成“两会”、“三月三”畲族文化节、福建省青少年皮划赛艇锦标赛、第三届世界客属龙舟文化旅游节、中央电视台“心连心”艺术团古田慰问演出等 57 场大型活动安保及 8 场警卫安保任务（其中二级警卫 3 场、三级警卫 5 场），活动安全举办率、领导和群众满意率均为 100%。

强化刑事犯罪打击　全年立刑事案件 1221 件，比上年下降 10.87%；破 898 件，破案率 57.24%。抓获各类违法犯罪嫌疑人 681 人，其中刑事拘留 390 人、逮捕 272 人、移送起诉 643 人。

严打整治和公安行政管理　2019 年，上杭县公安部门保持对“盗抢骗”“涉枪涉爆”等违法犯罪的严打高压态势，全年群众安全感率居全市第一，下半年群众安全感率居全省第四，比上年提升 18 个名次。全年刑事警情比上年下降 9.69%，其中入室盗窃警情下降 38.16%、盗窃电摩警情下降 38.84%、电信网络诈骗警情下降 1.01%、交通亡人事故下降 3.03%，全年破案数比上年增长 1.85%、破案率增长 2.25%，刑拘数增长 2.75%，逮捕数增长 3.58%，移诉数增长 3.76%，命案、“两抢”（抢劫、抢夺）、“八类”（放火、爆炸、劫持、杀人、伤害、强奸、绑架、抢劫）暴力案件全破，在发案持续比降的情况下实现破案打击效能的新提升。成立“云剑”追逃专业队，出台追逃“五项措施”(强化组织领导、成立追逃专班;全面收集线索、开展联合研判;明确工作责任、强化工作措施;上足政策劝投、广辟举报途径;强化督导检查、严格落实奖惩。),抓获各类逃犯186名,比上年增长67.56%,抓获公安部A级逃犯1人、潜逃21年逃犯1人、潜逃11年逃犯1人、潜逃境外的“猎狐2019”目标逃犯1人,“云剑”追逃行动排名全市前列。

严管严控和社会治安环境整治 2019年,上杭县公安部门坚持和发展“枫桥经验”,摸排各类矛盾纠纷893起,调解805起,调解成功率90.15%。强化重点人员管控,下发工作提醒52期,发出协助稳控函12期。以“一体化”安全监管为基础,深入涉枪涉爆重点单位场所开展安全检查,发现并整改治安隐患25处,查处案件67件,收缴各类枪支64支,严防丢失被盗、打响炸响。深入开展护校安园行动,全县167所学校及55个教学点实现封闭式管理率、一键报警安装与公安“110”指挥中心联网率、专职保安员配备率均达100%。开展行业场所整治清查,整治涉黄涉赌现象,破获涉赌刑事案件59件,查处涉赌行政案件475件,破获涉黄刑事案件7件,查处涉黄行政案件54件。

【公安基层基础建设】 *基层社会治理* 2019年,上杭县创建“枫桥式公安派出所”,“一村一警一警务助理”发展“枫桥经验”,先行在60个村居实施60个警务工作站建设,接处警模式改革助力社会面巡防,道路交通安全管理“警长制”筑牢农村交通安防线,全市现场会在才溪召开,把3个派出所业务用房、巡特警反恐训练基地等5个项目列入“十四五”规划构架。

智慧警务建设 2019年,上杭县公安部门提升指挥情报可视化水平,开发“情报、指挥、勤务”融合通信一体化系统,完成第九期红绿灯治安监控、指挥中心大屏、车辆卡口、网安机房和古田网安工作室、蛟洋一号线等项目建设。提升安保科技支撑,接入人流量热力图、车流量热力图、安全监管系统、警员对讲机定位系统、可视化融合通信指挥系统等,制作大型安保工作VR实景图,安保指挥更可视高效。提升大数据运用水平,建设城市安全感知源,整合各类信息资源到指挥中心,情报合成作战机制实行警种“同步上案”和合成作战中心、派出所“两级联动”工作法,以“挖、找、查”为切入点,拓宽打击渠道,提升打击增长点,实现更快破大案、更多破小案。合成作战中心一年研判推送犯罪嫌疑人135人、直接协助破案378件、抓获犯罪嫌疑人115人,打掉犯罪团伙12个,抓获在逃人员3名。

【专项行动】 *扫黑除恶专项斗争* 2019年,上杭县公安部门推进黑恶线索核查、案件攻坚、“打财断血”“打伞破网”,立九类涉恶案件125件,破案110件,侦办涉恶团伙6个,侦办全市唯一砂霸涉恶团伙;抓获犯罪嫌疑人102人,刑拘102人,逮捕68人,移送起诉119人,查封、扣押、冻结黑恶案件财产价值4190万元。

治理电信网络诈骗犯罪 2019年,捣毁诈骗窝点14个、团伙7个,侦办跨境全链条案件2件,实现“两降两升”目标。

“禁毒2019两打两控”“飓风肃毒2019”会战行动 2019年,破涉毒案件19件,抓获涉毒犯罪嫌疑人19人,移送起诉19人,抓获涉毒逃犯7名,破获部目标案件1件、省目标案件1件,查处吸毒人员120人次。

“云端2019”专项行动 2019年,破非法集资案件4件,打击集群战役案件1件,移送起诉8人,查获无合法齐全手续成品油121.13吨,维护经济秩序平稳。

■ 检察

【概况】 2019年,上杭县人民检察院受理各类案件2070件,其中,审查逮捕228件313人,审查起诉541件702人,批准逮捕231人,不批准逮捕和不予逮捕78人,起诉644人、不起诉39人。出庭支持公诉509件,办理刑事、民事、行政诉讼监督案件和公益诉讼案件51件,以检察建议、纠正违法等形式监督741件次。2019年,上杭县检察院从严从快批捕涉黑涉恶犯罪101人,起诉110人,其中,起诉黑社会性质组织1个、恶势力犯罪集团3个、恶势力犯罪团伙9个。以“一个不放过,一个不凑数”的法治精神,追加认定2人,不认定23人。聚力“破网打伞”,及时移送办案过程中发现的“保护伞”线索,配合立案调查3人。强化“打财断血”,监督查封、扣押、冻结涉案资产4000余万元。针对办案中发现的问题,发出检察建议6份,推动有关部门健全管理制度。服务“产业发展项目建设年”活动,起诉破坏生产经营、强迫交易等犯罪14人。与县工商联建立日常联系、联合调研、民主监督等工作机制,制定检察官联系重点企业制度,推动构建亲清检企关系。对走访中发现的某企业分支机构负责人涉嫌职务侵占的线索,依法监督立案,帮助企业挽回损失、堵塞制度漏洞。邀请企业家参加“检察护航民企发展”座谈,通过以案释法,帮助企业防范经营管理风险。依法平等保护民营经济合法权益,审慎办理涉企案件,防止办了案子、垮了企业。主动融入生态文明建设大局,形成打击破坏生态环境资源犯罪的高压态势,努力守护绿水青山。继续深化破坏生态环境资源犯罪专项立案监督活动,突出加强对野生动物资源的司法保护,追诉非法猎捕野生动物犯罪3人,起诉非法狩猎、非法猎捕、杀害珍贵、濒危野生动物等犯罪13人,占起诉破坏生态环境资源类犯罪的39.4%。运用认罪认罚从宽制度,使生态环境有效修复成为该类犯罪案件认罪认罚从宽的必要条件,充实和完善“三位一体”生态检察工作机制内容。

【刑事犯罪打击】 2019年,上杭县人民检察院严厉打击“两抢一盗”、“黄赌毒”、危险驾驶等犯罪，批捕231人，起诉644人，比上年增长8.6%和2.3%。起诉电信网络诈骗犯罪45人，从严惩处一起在境外利用互联网和移动终端，虚构炒外汇指数，骗取被害人180余万元案件。强化提前介入、引导侦查等工作，对重大疑难复杂案件，主动适时介入，引导侦查取证。健全与县监委协调联系机制，推动监检衔接规范化、制度化，起诉职务犯罪案件3件3人，涉案金额660余万元。依法从宽处理轻微刑事犯罪，结合办案促成刑事和解10件，对可诉可不诉的，不起诉35人，推动化解社会矛盾。强化羁押必要性审查，对不需要继续羁押的25名犯罪嫌疑人变更强制措施。

【社会治安综合治理】 2019年，上杭县人民检察院贯彻“群众来信件件有回复”制度，办理群众各类控告、申诉50件，“7日内程序性回复，3个月内办理过程或结果答复”全面落实。设立“12309”检察服务古田联络点，延伸检察服务触角。对因案致贫的刑事被害人或其近亲属发放司法救助金16万元，传递检察温度。坚持打防并举，落实最高检“一号检察建议”，零容忍惩治性侵害未成年人犯罪5人；利用社会资源，完善检校共建机制，护航校园安全。依法对轻微刑事犯罪未成年人“少捕、慎诉、少监禁”，不捕4人，不诉3人；构建关护帮教、心理疏导等多元帮教机制，帮助多名涉罪未成年人改过自新、重返校园。落实检察长担任法治副校长制度，成立“护苗法治宣讲团”，建立各年龄段学生精品课程库，走进18所学校开展专题法治宣传20场次，受教育师生8000余人。

【诉讼活动监督】 2019年，上杭县人民检察院加强刑事诉讼监督。对侦查活动违法情形提出纠正意见4件，追加逮捕、起诉10人，追诉漏罪5起，追加犯罪事实24起。落实检察长列席审委会制度，对多起重大刑事案件证据采信、法律适用等发表意见，打击犯罪，维护司法公正。强化对社区矫正活动的监督，纠正执行违法4件。做好特赦部分服刑罪犯法律监督工作，审查特赦罪犯9名。开展在押人员合法权益保护、判实刑罪犯未交付执行、财产刑执行等专项监督活动，建议4名被强制医疗人员转至省定医疗机构治疗，督促收监罪犯3人。做实民事行政检察。推进“多元化监督格局”，受理各类民事行政监督案件25件。强化对虚假诉讼的打击力度，通过阅卷分析，多方调查核实，对一起损害村集体利益的虚假诉讼案件及时向县法院提出再审检察建议并得到采纳。坚持实体监督和程序监督并重，对民事诉讼活动发出监督检察建议6件，均被采纳，促进规范司法。对行政机关生效处罚决定未申请强制执行的案件，督促履行职责12件，不让生效的行政处罚决定成为一纸空文，维护依法行政的权威性。做好公益诉讼检察。聚焦生态环境和资源保护、食品药品安全等领域主动作为，推动解决群众关注的民生问题。办理的因石场砂石侵占堵塞河道，影响河势稳定，妨碍行洪畅通的检察公益诉讼案件，引起相关部门高度重视并及时进行处置，消除安全隐患。对已办理的公益诉讼诉前检察建议的落实情况部署开展“回头看”，做好跟进监督工作，使检察建议落地落实，以“看得见”的形式提高监督刚性。

【司法体制改革】 2019年，上杭县人民检察院全面完成内设机构改革，按照业务类别、案件罪名、“捕诉一体”等要素，将内设机构整合成“6+2”模式，设置六个业务部门及两个行政管理部门，内设机构数量缩减33.5%，一线办案力量由改革前的54.7%提到80.7%。推进司法责任制改革，严格执行权力清单，由检察官直接行使办案事项决定权，检察官既成为司法办案主体，也成为司法责任主体。入额院领导带头办理各类案件186件，全程办案成为常态。联合县法院、公安局、司法局出台认罪认罚从宽和值班律师制度，形成各部门各司其职、协作配合、齐抓共管的工作格局。发挥检察机关的主导作用，适用认罪认罚提起公诉案件123件165人，认罪认罚适用率逐月提升，至年底适用率达94.7%，促进社会和谐、化解社会戾气。办案质效逐步提高，办案周期明显缩短，司法成本不断降低，量刑建议规范化程度和量刑建议采纳率大幅提升。

【检察队伍建设】 2019年，上杭县检察院开展“不忘初心、牢记使命”主题教育，举办主题党日、专题研讨等活动47场，在主题教育示范基地、红色检察基因传承教育基地开展现场教学6场，兴起“大学习”热潮，强化政治引领，把牢政治方向。组织开展新时代文明实践志愿服务活动38场，选送的“法在身边·护航花季”项目获评县新时代文明实践优秀志愿服务项目。加强和改进意识形态工作，守好管住意识形态阵地。落实从严治检，打造清正廉洁队伍。全面从严治党治检，压紧压实党风廉政建设“两个责任”，切实履行“一岗双责”。把握检察权运行规律，紧盯司法办案的关键岗位、关键环节，健全司法办案廉政风险防控机制。组织开展检察官执行办案权力清单情况专项检务督察，加强对检察官权力行使的约束。严格执行防止干预司法“三个规定”情况报告制度，做到放权不放任，用权受监督。推进内控规范化建设，做到日常管理有章可循。

【司法监督】 2019年，上杭县检察院树立监督者更要接受监督的理念，主动向县人大常委会专题报告扫黑除恶专项斗争、未成年人检察和公益诉讼工作开展情况，向来杭视察的部分全国人大代表报告公益诉讼工作情况，定期向县政协通报工作，听取意见建议。主动“走出去”，联系代表委员 218 人次。坚持“请进来”，邀请代表委员、劳模、师生 72 人次走进检察机关，参加“携手关爱，共护明天”“‘我将无我’奋斗，不负人民重托”检察开放日活动。优化“12309”检察服务中心功能，发布各类案件程序性信息 724 条，公开法律文书 497 份，提供职务犯罪记录查询 5000 余人次。及时回应群众关注热点，依托新媒体平台发布工作动态 650 条，增强司法办案透明度和公信力。

■ 法院

【概况】 2019 年，上杭县人民法院受理案件 8289 件，比上年增长 18.57%，审结 7863 件，增长 20.97%，未结案件 426 件，下降 13.24%，结案率 94.68%。

2019 年，上杭县人民法院以开展“不忘初心、牢记使命”主题教育为契机，增强“四个意识”、坚定“四个自信”、做到“两个维护”。落实中央司法改革部署，完成内设机构改革任务，13 个内设机构精简为 8 个。深化党建提升工程，与最高院刑四庭开展党建联学联建，完成支部换届选举，选优配强党务干部，精细党务管理。持续助力脱贫攻坚，安排帮扶资金 13.8 万元。强化实战实训，常态化开展庭审观摩、文书评查、执行竞赛、记录比武等活动，提升岗位技能。强化文化引领，每季度评选“杭川法苑办案之星”，培树“法律工匠”，塑造红土地法院文化。1 篇调研文章被最高院《人民司法》期刊采用，1 篇学术论文获“中国执行论坛”二等奖，2 名法官入选首批五名“全市审判业务专家”，1 人被授予“全国维护妇女儿童权益先进个人”和“龙岩市劳动模范”称号。推进党风廉政建设和反腐败斗争，落实“一岗双责”“一案双查”，压实主体责任与监督责任。结合落实主题教育“找差距、抓落实”部署要求，开展“突出问题集中整治”活动，深化“大督察大落实”，开展审务督查 17 次，专项督查 2 次，查纠问题 27 个，如就执行案款管理开展专项监察，及时堵塞管理漏洞。强化监督问责刚性，立足抓早抓小，提醒谈话 4 人次，诫勉谈话 3 人，党纪处分 1 人。2019 年，上杭县人民法院获评“全省优秀法院”并记集体二等功，古田法庭连续三届被授予“省级青年文明号”，才溪法庭被表彰为“福建省五一先锋号”。

【刑事审判】 2019 年，上杭县人民法院受理刑事案件 546 件 748 人，审结 528 件 712 人，给予刑事处罚 704 人，免予刑罚 8 人。其中，适用普通程序 190 件，占案件总数的 35.98%；简易程序 338 件，占案件总数的 64.02%。

审结的刑事案件中，盗窃罪 55 件 64 人；抢劫罪 5 件 7 人；诈骗罪 15 件 40 人；敲诈勒索罪 3 件 4 人；交通肇事罪 31 件 31 人；危险驾驶罪 172 件 173 人；涉及枪支、爆炸物犯罪 39 件 39 人；寻衅滋事罪 29 件 81 人；聚众斗殴罪 5 件 21 人；故意伤害罪 26 件 27 人；强奸罪 3 件 3 人；猥亵儿童罪 2 件 2 人，非法拘禁罪 3 件 6 人；涉毒犯罪 10 件 11 人；开设赌场罪 20 件 37 人；信用卡诈骗罪 5 件 5 人；非法经营罪 3 件 3 人；生产销售伪劣产品罪 1 件 1 人；受贿罪 1 件 1 人；放火罪 1 件 1 人；失火罪 4 件 4 人；涉林木刑事案件 11 件 15 人；审结刑事附带民事案件 28 件，涉案标的 752.53 万元。全年审理的案件中，判处 5 年以上有期徒刑 46 人，3 年以上 5 年以下有期徒刑 78 人，3 年以下有期徒刑 324 人，拘役 222 人，判处缓刑 353 人，单处罚金 6 人。

【扫黑除恶审判】 2019 年，上杭县人民法院遵循扫黑除恶专项斗争部署，突出“深挖拔根治乱”阶段性目标，强化立审执衔接，依法从严从快办案。审结恶势力犯罪案件 14 件 59 人，判处五年以上有期徒刑 15 人，重刑率 25.4%。突出“打财断血”，加大财产刑罚力度，没收、追缴违法所得 4500 余万元，判处罚金 879.25 万元，彻底铲除黑恶势力经济基础。加强涉黑涉恶“保护伞”线索筛查，向纪委监委移送线索 3 条。

【民商事审判】 2019 年，上杭县人民法院受理各类民商事案件 3443 件，比上年增长 8.61%，审结 3282 件，增长 6.21%，其中调解、撤诉结案 1658 件，调撤率 50.51%。已结案件中，婚姻家庭、继承纠纷类案件 467 件（其中离婚案件 352 件）；合同纠纷案件 2063 件，权属、侵权纠纷类案件 230 件，诉讼标的 4.78 亿元。

【行政审判】 2019 年，上杭县人民法院审结行政案件 398 件，其中审结行政诉讼案件 39 件，审查行政非诉执行案件 359 件。已结行政诉讼案件中，驳回诉讼请求 14 件，驳回起诉 4 件，撤销行政决定 2 件，确认行政行为违法 2 件。审查的行政非诉案件，裁定准予执行 354 件，准执率 98.61%。

【执行工作】 2019 年，上杭县人民法院受理各类执行案件 3874 件，执结 3633 件，分别比上年增长 48.71% 和 52.31%，执结标的额 2.72 亿元。

全年，巩固提升“基本解决执行难”成果，坚定向“切实解决执行难”目标迈进。推进集约执行，依托执行服务中心打造执行流水线，提供立案分案、财产查控、款项收付、征信审查等“一站式”服务。突出专项集中执行，开展“天网行动”“夏季风暴”“秋后算账”“暖冬执行”等集中攻坚行动，执结涉民生案件 772 件。联合县金融办开展“金融专场”执行，结案 271 件。组建执行警务团队，机动灵活高效出警，拘传 416 人，搜查 68 次，拘留 146 人。强力打击拒执罪，向公安机关移送拒执线索 9 条，判处拒执罪 4 件 4 人。织密执行联动网，争取党委政府支持，在执行兴朝阳公司劳动争议系列案过程中，政府和有关部门大力支持，结案 444 件，发放工资 518.86 万元。织密财产查控网，将社保信息、住房公积金、第三方网络支付账户纳入执行查控系统，查控范围扩大到15项。织密失信惩戒网，公开失信被执行人信息2599人次，限制高消费2658人，限制出境30人。规范财产变现，网拍成交28件3390.07万元，溢价率18.37%，执行综合质效排名全市前列。

【社会治安综合治理】　2019年，上杭县人民法院持续加大涉诉信访矛盾化解力度，集中排查化解风险隐患，接待来访群众218人次，妥善处理信访案件37件。落实"谁执法谁普法"，成立青年干警"审判案例宣讲团"，深化法律"六进"，开展各类法治宣传活动28场次，市级以上媒体宣传报道152条次。针对校园安全、网吧治理、涉稳隐患等突出问题，发出司法建议和风险稳控函5件，助力社会综合治理。

【司法改革】　2019年，上杭县人民法院着力构建"目标管理、过程治理、智慧监理"新型审判管理体系，建立新的分案和绩效考评机制，推进任务均衡、提质增效。提倡均衡结案，收结比98.3%，法定审限内结案率100%，无长期未结诉讼案件。优化业绩量化考评，引导法官多办案、办好案，法官人均结案230.35件，案件平均审理天数42.3天，发改率2.6%，服判息诉率92.72%。落实办案责任制，坚持入额必办案，院庭长办案2838件，占全院结案总数的36.09%。推行以审判为中心的刑事诉讼制度改革，邀请检察长列席审委会5次，回复检察建议5件，决定再审案件1件，维护司法公正。深化"分调裁"机制改革，推进诉源治理减量工程，速裁结案1099件，简易程序适用率95.24%，调解撤诉率42.88%，实现"简案快审、繁案精审"，获省法院主要领导批示肯定，被确定为全省破解"案多人少"难题试点法院，推荐参选"福建法院十大改革创新举措"。

【基础建设】　2019年，上杭县人民法院投资183万元推进法庭基建，庐丰法庭建成投入使用，才溪法庭建设项目稳步推进。联袂邮政送达法律文书，促进办案节能增效。推进智慧法院建设，全面应用新法标审判信息管理、法务通办公云平台、电子签章、执法执勤派车等管理系统和类案智能推送、庭审语音识别、执行文书生成等辅助系统，切实为办案减负增效。

【司法监督】　2019年，上杭县人民法院始终践行坚持党的领导、自觉接受人大监督的政治规矩，确保法院工作的正确政治方向。坚持第一时间传达贯彻党委重大决策部署，重大工作情况及时向县委、县委政法委请示报告。贯彻落实人大及其常委会的决议决定，8月、10月分别向县人大常委会专题报告生态环境审判工作和扫黑除恶专项斗争工作。自觉接受政协民主监督，2次向县政协常委会通报工作。对待代表建议、委员提案，妥善办理人大交办、督办事项4件。拓展监督渠道，主动邀请代表、委员旁听庭审、见证执行，积极听取代表、委员意见建议。深化司法民主，广泛接受社会监督，组织人民法院监督员、人民陪审员调研座谈5场次，协同县司法局新选任人民陪审员70名，陪审员参审案件367件。

■ 司法行政

【概况】　2019年，上杭县司法局贯彻落实县委县政府的决策部署，在依法治县办统筹协调下，发挥好行政执法、刑事执行、公共法律服务职能作用，为平安上杭、法治上杭建设发挥作用。6月，上杭县司法局被福建省司法厅表彰为"2016—2018年度福建省人民调解先进单位"。10月，上杭县司法局被中华全国人民调解协会评为"人民调解宣传工作先进集体"。11月4—7日，全省社区矫正工作现场会暨业务培训班在上杭县召开。11月，上杭县被全国普法办通报表扬为"七五"普法中期先进县。

【法制工作】　2019年，上杭县以依法治县为统领，推进法治政府建设。成立以县委书记为主任的依法治县委员会，9月11日下午召开县委全面依法治县委员会第一次会议，会议听取2018年县委全面依法治县工作情况汇报，审议通过2019年全面依法治县重点工作、县委全面依法治县委员会工作规则等。推进行政执法"三项制度"实施，开展案卷评查，行政执法更加规范。加强规范性文件审查、备案和清理工作。2019年，向市政府及县人大报备县政府或县政府办名义发文的规范性文件39件，对2018年12月以前现行有效的503件规范性文件进行清理，其中继续有效352件、废止131件、限期修改20件。强化复议、诉讼工作，2019年受理处理行政复议案件15件，参与以县政府为被申请人的行政复议案件1件。

【普法依法治理】　2019年，上杭县司法局组织五批次56人参加拟提拔科级干部人员任前法律知识考试，推动领导干部带头学法用法工作。组建"中共上杭县委星火讲师团"，成立"扫黑除恶""依法治县"等系列专题宣讲活动小分队，深入乡镇、村居、机关、企业、学校开展宣讲活动130场，受众超过6.5万人。开展"五个一""12·4"宪法日暨宪法宣传周系列活动，举办《中华人民共和国宪法》专题讲座65场次，开展宪法巡回宣讲400场次，组织124名国家公职人员集体向宪法宣誓，印制宪法宣传册35000余册，悬挂横幅400余条，推发彩信5000多条。

【人民调解】　2019年，上杭县开展人民调解"双争双做"活动，完成"363"工程(用3年时间培育60名金牌调解员和30个品牌调解室)，累计命名品牌调解室34个，金牌调解员60名。健全、拓展人脉调解组织建设，新增"两代表一委员"信访联合对接、婚姻家庭、重大项目纠纷调解室，指导成立各乡镇商会调解委员会。联合广东省梅县区、蕉岭县司法局开展边界协作,落实共建共治共享机制,推进省际人民调解工作协作,11月8日,在梅县区召开粤闽平安边际联席会议,共商打造平安、和谐、稳定的闽粤边际平安和谐环境的措施办法。加大宣传力度,配合省电视台《调解有一套》、龙岩电视台《调解现场》栏目组采编工作,全年《调解有一套》播出3期、《调解现场》播出9期,入选司法部人民调解案例2件,司法厅人民调解案例2件。2019年,全县各级各类人民调解组织调解各类矛盾纠纷1812件,调解成功1810件,调解成功率99.89%。全县所辖22个乡(镇)、344个村居(社区)100%实现"四无"。

【社区矫正】 2019年,上杭县接收社区矫正对象302人,解除矫正305人,年末社区矫正对象300人。完善社区矫正中心标准化建设,将宣告、入矫第一课、训诫、心理测评集中到社矫中心开展。落实全省统一执行模式,加强监管,规范执法。全年给予社区矫正对象警告93人次,撤销缓刑收监执行3人,追回脱逃多年收监对象1人,对35人次采用佩戴"电子手环"方式加强监管。与县检察院联合开展6轮次检查活动。成立闽西监狱上杭社矫大队,对全县社区矫正对象开展行为矫治、警示教育、训诫及其他执法工作,实现刑罚执行一体化全覆盖。加强心理咨询服务,通过政府购买方式组建心理咨询团队,加强对社区矫正对象心理矫治工作,团队成员6人,其中二级心理咨询师3名、三级心理咨询师3名。开展特色教育,利用本地资源,与县客家族谱馆、博物馆、县未成年人心理促进辅导中心、自然资源局等单位建立社区矫正基地,形成以"红色教育、祖训教育、绿色教育、心理健康教育"贯穿社区矫正全过程的特色矫正教育工作法。11月4—7日,全省社区矫正工作现场会暨业务培训班在上杭县召开。

全年,衔接刑满释放和矫正期满人员382名,至年底,在册安置帮教对象2061人。

【法律服务】 2019年,上杭县"一村(社区)一法律顾问"工作持续推进。全县顾问律师为村(社区)、群众解答法律咨询1483次、提供法律意见711条、制定审查修改合同255件、协助息访162件、开展法治宣传780场次、举办法制讲座和培训班547场次,参与指导调解较大、疑难、复杂、久调未结的纠纷案件509件。组织律师义务参与县领导信访接待工作12场次。全县律师事务所办理各类案件1000件,提供法律咨询4921人次。县中心法律服务所代理民事诉讼代理165件,县公证处办理公证案件721件。"律师帮帮"志愿服务队活动不断深化拓展,上杭县"律师帮帮"志愿服务团队被县文明委评选为2019年全县"学雷锋最佳服务组织"。

【法律援助】 2019年,上杭县办理各类法律援助案件369件,其中,民事案件325件,刑事案件43件,行政案件1件。受援人涉及残疾人14人,老年人97人,未成年人34人,妇女116人,农民工78人,各类贫困者148人,少数民族10人。法律援助中心接待来电、来访咨询264人次。

■ 维权仲裁

【劳动关系与劳动监察】 2019年,上杭县严格依法用工,开展各类专项执法检查、日常巡查和"双随机"执法检查。先后开展多项执法检查,开展解决企业工资拖欠问题专项检查、清理整顿人力资源市场秩序专项检查劳动用工与社会保险专项执法检查活动,打击非法用工。上杭县劳动保障监察大队联合县发改、公安、住建、水利、交通运输、铁路建设发展中心、工会等部门开展企业工资拖欠专项检查,检查各类用人单位54家,涉及农民工2091人,为11名农民工协调解决拖欠工资款1.64万元;开展清理整顿人力资源市场秩序专项行动,检查企业11家,涉及劳动者755人,印发宣传资料980份。

年内,完善企业守法诚信管理制度,建立欠薪企业失信联合惩戒机制。开展2019年度企业劳动保障(含工资支付行为)守法诚信等级评价工作,全县评出A级单位50家(工资支付行为信用等级为守信)。开展"无欠薪项目部"创建活动,全县有30个施工项目参与创建活动,涉及农民工1602人。在建工程项目全部实现按月足额支付工资,构建工资支付监控网络,建立工资支付监控预警机制。做好工资保证金收缴工作,全县30个在建项目全部落实工资保证金制度,根据阶段性特点,组织部署专项整治活动,维护劳动者合法权益。全年上杭县劳动合同签订率97%。

年内,建立欠薪案件快审快裁机制,为被欠薪农民工提供法律援助。加强劳动保障监察执法,完善解决企业工资拖欠问题局际联席会议、劳动保障执法监察与司法联动等机制建设,建立监察预防预警机制和快查快处机制,全年受理信访、投诉、举报等案件173件,其中来电来访112件,网络诉求件51件。为劳动者91名劳动者追回欠薪款52.13万元。

【劳动人事争议仲裁】 2019年,上杭县推进调解仲裁机构实体化建设,实现办案场所正规化、调解仲裁队伍专业化。规范案件处理程序,提高劳动人事争议案件处理的质量和效率。全年受理农民工劳动仲裁案件313件,其中裁决265件(其中终局裁决175件),调解40件,经调解撤诉8件,结案率100%,涉及劳动者313人,仲裁金额1159.12万元;各级调解组织案外调(和)解407件,涉及人数407人,金额294.24万元。全年调解成功率63.2%,终局裁决率66.03%。

责任编辑:袁发昌

军 事

人民武装

【主题教育活动】 2019年,上杭县人民武装部(简称县人武部)围绕学习贯彻习近平新时代中国特色社会主义思想和中共十九大精神这条鲜明主线,开展"不忘初心、牢记使命"和"传承红色基因,担当强军重任"主题教育,抓好"规定动作"和"自选动作"落实,发挥"红古田"政治优势,借助驻地红色资源,组织干部职工参观古田会议旧址、重走才溪乡调查之路、重温入党入伍誓词,强化"四个意识",坚定"两个维护"。抓好"两学一做"学习教育常态化制度化落实,增强党员身份认同感,强化党员先锋意识。拟制《民兵政治工作指示》,下发政治教育提纲,规范民兵政治教育计划、内容、时间和要求,推动主题教育向基层拓展、向民兵延伸。

【战备训练】 2019年,上杭县人武部完成机关本级训练任务,3月,组织49名专武干部、民兵营、连长暨信息员集训,提升基层骨干的军事素质。5月,完成民兵训练基地的修建完善;6月,完成军分区赋予的全市49名防汛抗洪专业技术骨干集训任务,在组训过程中,锤炼县人武部的组织指挥能力;为开展"备防、备训、备勤、备战"专项教育,完成国防动员文化墙及国防文化先锋广场的设立,宣扬全国优秀民兵王继才先进事迹,遴选上杭籍现役军人廖其炜、林新祥、江晶虹参加"龙岩好儿女、逐梦强军路"新闻宣传活动,号召广大民兵预备役人员对标立距、见贤思齐。先后遴选18人参加省、市专武干部集训和"四会"教学骨干集训,在全市专武干部集训中,取得"优胜单位",专武干部队伍能力素质得到加强。11月,严格按照大纲规定的训练内容,完成为期12天的民兵应急连集训备勤任务。

【全民国防教育】 2019年,上杭县人武部利用"全民国防教育日""全民国家安全教育日""烈士公祭日"和征兵、整组等时机,开展群众性国防宣传教育活动。注重把正国防后备力量建设方向,深入基层民兵预备役人员中开展学习教育活动,强化国防意识、培植战斗精神,构建全县国防后备力量建设新格局。以纪念古田会议召开90周年为契机,组织预备役战士到瓦子街发放国防教育宣传画册,组织县部分专武干部参加央视"心连心"艺术团赴古田慰问演出,协同县文联开展"书画进军营"等活动,进一步增强全民国防意识。

【民兵组织整顿】 2019年,上杭县人武部推进民兵整组工作,按照"重点突出、平战结合、建用衔接"的要求,3月,完成民兵潜力数据调查,完成基干民兵数据录入工作;着力在编出战斗力上下功夫,构建民兵力量布局,全年编组应急、专业、特殊3支队伍。4月底至5月初,采取分组实施的方式,组织基干民兵点验工作,为推进民兵工作落实打下基础。抓好国防动员潜力调查,4—5月,区分基础数据与重点数据,采取普查与补充相结合的方式,重点对战时"紧缺、急需、管用"的潜力资源进行统计核查,完成近万条数据国防动员潜力数据调查录入工作。

【征兵工作】 2019年,上杭县人武部推进年度兵员征集工作,在抓早抓实上下功夫。加强宣传引导,利用春节、寒假、"五一"、国庆等时机,开展征兵宣传,通过张贴宣传海报、微信公众号转载、电视媒体通告和专武干部、民兵营(连)长走村入户相结合,把好面上宣传同时加强点对点宣传,强化征兵宣传效果。贯彻各级征兵工作会议精神,围绕"两保、一降、一杜绝"(保质、保量、降低退兵率、杜绝责任性退兵)目标和"五率"(报名率、上站率、合格率、择优率、退兵率)考评指标,扭住兵员质量核心、廉洁征兵底线,完善组织领导、持续宣传发动、落实政策激励、严密组织实施,为部队挑选政治可靠、体格过硬的高素质兵员,完成年度兵员征集任务。

武警

【概况】 2019年,上杭县武警大队坚持按照"夯基固本厚底蕴、示范带动整体上、打造精品创特色、精益求精促内涵"的抓建思路,始终秉持"成长在红色摇篮、奉献在将军之乡”的优良传统，时刻牢记“身在古田”这个特殊区位优势，始终坚持用古田会议精神建队育人，传承红色基因，以血脉滋养信念、用信念铸就忠诚，打牢官兵“忠在骨子里、诚在根子上”的思想基础。大队坚持每月最后一个星期五吃“红军饭”，引导官兵牢记革命传统，珍惜美好生活，做到“薪火相传、忆苦思甜”。完成“军事主题日”活动，所属上杭、长汀中队被总队评为“先进基层建设中队”，3名干部被总队评为优秀基层干部，1名干部被总队评为“十佳基层干部”，1名士官被评为总队“十佳尊干模范”，1名士官被总队评为“十佳士官”，3名士官荣立个人三等功，士官刘俊煌被福建省评为“道德模范”，其家庭被泉州市、龙岩市分别评为“最美家庭”，其妻子庄菁菁被总队和福建省妇联联合表彰为“模范军嫂”。

【战备执勤】 2019年，上杭县武警大队围绕“处突有把握、反恐能制胜、维稳保打赢”的目标，全年完成押解勤务14起，参与联勤武装巡逻185天，全程安全无事故。全面推进“智慧磐石”工程建设，大队所属4个中队完成“智慧磐石”工程建设。

■ 人民防空

【人防宣传教育】 2019年，上杭县住建局(人防办)通过赠阅人防杂志，深入项目单位、相关企事业单位以及审批窗口人员面对面向业主、办事群众宣传解释人防法规及收费政策；在局门户网站人防专栏，宣传人防知识、政策、法规，增进社会各界的人防认知度，以“5·12”防灾减灾日、全民国防教育日、“9·18”警报试鸣日和“12·4”法制宣传日为契机，通过多渠道、多方式加大人防宣传力度，形成全社会关心人防、理解人防、支持人防、参与人防建设的良好氛围和环境。

【防空警报建设】 2019年9月18日上午9时30分，上杭县城区警报器按规定鸣放预先警报、空袭警报和解除警报，鸣响率100%，音响覆盖率98%以上。住建局(人防办)全体干部职工参加警报试鸣仪式。通过试鸣检验防空警报设施的完好率和鸣放效果，使市民了解和熟悉防空警报信号的具体规定，提高对防空警报信号的认知能力。同时做好防空警报向乡镇延伸工作，经局党组(扩大)会研究决定，将市人防办配发的防空警报器，优先配置到古田、蛟洋、才溪等3个乡镇，经施工单位安装调试验收后进入战备状态。

【人防工程建设与管理】 2019年，上杭县住建局(人防办)做好城区在建人防工程项目的跟踪服务和质量监督，加强对已投入使用人防工程的监督服务工作。公共人防工程根据《关于委托公共人防工程平时使用管理的函》委托上杭县兴诚实业有限公司平时使用管理，按月监管，确保安全。

【人防专项规划编制】 2019年，上杭县住建局(人防办)抓好《上杭县城市人民防空专项规划(2016—2030)》编制相关工作。该规划经上杭县规委会2019年3月20日第一次全体会议审议通过。按会议要求修改后，请示县政府批准同意依法依规组织实施。

【国防动员能力建设】 2019年，上杭县做好国防动员潜力统计调查工作，以上杭县国动办名义下发《关于开展人防专业队伍和人防志愿者队伍整组工作的通知》，完成人防专业队伍、人防志愿者队伍重新整组和编制上报工作。配合上杭县人武部做好省、市军分区(警备区)对上杭县国防动员能力检查工作。

【人防系统腐败问题及人防易地建设费征管情况专项治理】 2019年，上杭县住建局(人防办)贯彻习近平总书记对人防系统腐败问题重要批示精神和中央、省、市人防系统专项部署，围绕2013年以来上杭县人防建设工程招投标、人防防护设备销售、易地建设费减免缓、指挥通信信息化建设四个重点方面及人防项目资金使用情况，开展全县人防系统腐败问题专项清查和整治。对2013年1月1日至2018年12月31日期间，就规划部门批准办理建设工程规划许可的应依法建设防空地下室民用建筑项目及易地建设费收缴情况，认真做好问题排查、线索梳理工作并汇总上报。

责任编辑：袁发昌

经济管理

宏观经济管理

【概况】 2019年，上杭县发改局围绕实现“四个率先”（率先全面建成小康社会、率先争创福建经济实力十强县、率先实施普通高中教育免费政策、率先实现大病医保“三合一”均衡化）、打造“四个上杭”（实力上杭、活力上杭、魅力上杭、和谐上杭）发展目标，坚持高质量发展落实赶超，发展改革工作取得阶段性成效。2019年3月被市委、市政府评为2018年度项目落地攻坚战役集体三等功；市政府授予2018年度服务业发展竞赛成绩突出单位称号；10月获得2018年度粮食安全行政首长责任制考评全市第一名。7月，县委、县政府授予2018年度领导干部带头策划重大项目成绩突出单位；10月，获得2018年度县直经济社会管理部门绩效管理第一名等称号。2019年，全县地区生产总值实现402亿元，比上年增长8.6%；农业总产值92.4亿元，增长3.7%，全市排名第一；固定资产投资增长14%，全市排名第二；财政总收入39.24亿元，增长5.6%，全市排名第二，其中：地方财政收入27.4亿元，增长4.3%，全市排名第五；社会消费品零售总额104亿元，增长10.6%，全市排名第三；外贸出口总值37.5亿元，增长14%；实际利用外资589万元，大降69%；居民人均可支配收入26817元，增长9.5%，全市排名第四，其中：城镇居民人均可支配收入42288元，增长8.5%；农村居民可支配收入18444元，增长9.9%。

【计划规划编制】 2019年，上杭县发改局编制完成《关于深入贯彻习近平总书记重要指示精神坚持高质量发展落实赶超的意见》《关于进一步深化改革扩大开放的若干措施》《进一步培育商贸流通业限上规上法人企业有关工作》《深入实施“双培育”和“三大增长点”行动方案》《关于印发加快现代服务业发展二十八条政策措施（修订）》《关于进一步做好异地扶贫搬迁后续扶持工作的实施意见》《上杭县2019年“产业发展项目建设年”活动协调推进机制》《上杭县2019年“产业发展项目建设年”活动绩效管理考评办法》《上杭县项目积分制管理办法》《成立上杭县推进政府职能转变和“放管服”改革协调小组》《上杭县2019年审改工作要点暨深化“放管服”改革优化营商环境电视电话会议重点任务分工方案》《上杭县深入实施服务业发展“三比一看”竞赛行动方案》《关于进一步加强和规范招标投标工作的意见》《上杭县2019年重点项目年度工作目标任务安排》《下达2019年上杭县固定资产投资指导性计划》《2019年上杭县领导干部带头策划重大项目工作方案》等一系政策性文件，并报县委、县政府下发执行。

【经济运行分析】 推进高质量发展落实赶超工作 2019年，上杭县制定《关于深入贯彻习近平总书记重要指示精神坚持高质量发展落实赶超的意见》《关于进一步深化改革扩大开放的若干措施》等政策，加快产业转型升级，推进高质量发展，连续第四年被评为“福建省经济实力十强县”。落实经济运行联席会议制度，及时了解经济运行中存在重点、难点问题，提出有针对性的对策建议；创新主要指标任务专项考评奖惩办法，对指标排名在全市前列及末位的单位在全县经济形势分析会上给予表扬或作表态发言，督促相关单位完成赶超目标，全市排名第一。

开展“产业发展项目建设年”活动 制定活动方案和绩效管理考评办法，建立“三晒二督一通报”（晒进度、晒问题、晒整改，县“大督查大落实”办每月开展一次“产业发展项目建设年”活动“靶向式”问题督导，每季开展一次“拉网式”全面督导，了解各项工作进展情况，并将六个行动进展、存在问题及先进典型等情况进行通报）协调推进机制，统筹推进“六大行动”（产业招商对接行动、“双培育”和“三大增长点”行动、产业园区建设升级行动、服务业“三比一看”竞赛行动、文化旅游产业发展提速行动、特色现代农业提质增收行动），2019年，市对县“产业发展项目建设年”综合考评第一名。产业招商对接行动实现签约项目49个，完成市下达任务的175%，总投资187亿元，签约项目开工率81.6%，全市排名第五，竣工率58.6%，全市排名第五。“双培育”（培育支柱产业、培育龙头企业）实现金铜产业实现产值800亿元，比上年增长24.4%；建筑产业产值567亿元，增长12%。“三大增长点”行动中一产增加值增长点新增产值11.3亿元，二产增加值新增产值4.7亿元，服务业增加值增长点新增32亿元。142个投资增长点完成投资139亿元。20家税收增长点新增税收1.27亿元。产业园区建设升级行动园区基础设施完成投资比例217.4%，全市排名第五。上杭工业园区完成基础设施投资23723万元，实现工业总产值

570亿元,蛟洋工业区完成基础设施投资28313万元,实现工业总产值210亿元,规模以上工业增加值比上年增长10%。服务业"三比一看"(比企业培育、比项目建设、比行业发展、看三产增速)竞赛行动完成服务业增加值176亿元,比上年增长9.1%,21个服务业重点项目完成投资13.3亿元。文化旅游产业发展提速行动实现产值137亿元,列入市"七景区"(上杭古田红色文化旅游区、永定客家土楼文化旅游区、长汀历史文化名城旅游区、连城冠豸山绿色生态旅游区、新罗龙岩洞文化旅游区、漳平台创园休闲农业旅游区、武平梁野山生态旅游区)的9个项目完成投资10.2亿元。特色现代农业提质增收行动实现农林牧渔业总产值92.4亿元,比上年增长3.7%,全市排名第一。28个农业重点建设项目完成投资8.3亿元。重点产业对接会方面:4月29日,全市文化旅游产业发展大会召开,签约项目5个,总投资16.7亿元,部分项目开工建设。8月8日,全市金铜产业项目对接会召开,签约项目27个,总投资68.05亿元,有6个签约项目开工建设。

【典型创新】 创新项目策划机制 2019年,上杭县推进领导干部带头策划项目工作机制,率先开展企业策划落地项目竞赛活动,最高可奖励给个人50万元,项目策划质量大幅提升,截至年底,全县策划项目382个,总投资1447亿元,项目转化率30%,评出企业策划金奖项目1个,银奖项目1个,铜奖项目1个,金点子项目6个,奖励资金115万元。

创新项目管理机制 利用项目管理手机APP,集成"产业发展项目建设年"功能模块,形成"提交—转办—办理(督查)—反馈—办结"的工作机制,推进省、市、县重点项目、省"五个一批"项目、赶超发展重大项目等项目建设。截至年底,35个省市重点项目开工12个,竣工13个,完成投资77亿元,完成年度计划的113%;5个列入市"重中之重"(重点项目中的重点)项目完成投资30亿元,完成年度计划的115%。15个列入赶超发展重大项目开工5个,竣工5个,完成投资56亿元,完成年度计划的114%。新增入省"五个一批"项目库项目451个,总数达598个,总投资2450亿元。

创新项目考评机制 制定项目积分制绩效考评办法,以"多劳多得"为考核目标,以"五个一批"为考核载体进行评分,将分值运用到县对各单位的年终绩效考评,引导全县各单位干部职工主动策划、服务和推进项目,形成项目滚动发展良好态势。

创新项目对接方式 以产业对接推进项目对接,第十七届"6·18"对接项目146个,总投资88.3亿元,开工项目125个,开工率85.6%。

【项目策划】 领导干部带头策划项目 2019年,上杭县领导带头策划项目工作机制进一步深化,全县范围内形成策划项目、推进项目建设的良好氛围。全县领导干部带头策划项目382个,超额完成138%,总投资1447.35亿元,亿元以上项目217个项目(30亿元以上6个,10亿~30亿元55个,1亿~10亿元156个)。其中,工业科技领域160个、城建环保35个、商贸服务81个、农业领域34个、社会事业48个、交通领域24个。

企业策划落地项目竞赛活动 2019年,全县有常青新能源、天甫电子、瓮福紫金、紫金铜业、紫金矿业紫金山金铜矿、柯宁环保、胜丰农产品电子商务、思康新材料、三联机械制造、硅纳金新材料、艾斯芸防伪科技、三丫生态农业、渊祥新型环保、钰鹿农业等14家企业申报参加2019年度企业策划落地项目竞赛活动,总投资约100亿元。通过现场走访察看、行业主管部门评分,经过县政府常务会议审议研究,综合考评确定8家企业8个参赛项目获奖。其中,综合考评分值第一名常青新能源项目评为金奖,奖励50万元;第二名紫金铜业项目评为银奖,奖励30万元;第三名紫金山金铜矿项目评为铜奖,奖励10万元;其余5个项目评为金点子奖,分别奖励5万元,奖励资金共计115万元。

【项目建设】 省市重点项目 2019年,上杭县列入省市重点项目35个,总投资348亿元,年度计划投资68.45亿元,全年完成投资77.4亿元,占年度计划的113.11%。计划开工项目12个,实际开工项目12个,占年度计划100%;计划竣工(部分竣工)项目11个,实际竣工(部分竣工)项目13个,占年度计划118.2%。

省"五个一批"项目 2019年,省"五个一批"(谋划一批、签约一批、开工一批、投产一批、增资一批)项目库中预计保留项目598个,总投资2449.71亿元,全年新增项目451个,其中,谋划一批新增237个,签约一批新增131个,开工一批新增53个(不纳入考核项目16个),投产一批新增37个,增资一批新增9个。

赶超重大项目 2019年,上杭县列入赶超重大项目15个,总投资243亿元,年度计划投资49.2亿元,全年完成投资56.25亿元,完成年度计划的114.33%。年度计划开工项目5个,开工项目5个,占年度计划的100%;年度计划竣工(部分竣工)项目1个,完成2个,占年度计划200%。

市"重中之重"项目 2019年,上杭县有5个项目列入市"重中之重"(上杭紫金铜业铜冶炼技改扩建项目、上杭紫金山环境安全整体提升工程、上杭常青三元前驱体生产项目、上杭天甫半导体级电子材料项目、上杭华润五丰农业生态循环产业园建设项目),总投资114.6亿元,年度计划投资25.9亿元,全年完成投资29.67亿元,占年度计划投资的114.6%。

县重点项目 2019年全县计划实施重点项目144个(年初计划实施142个,8月经专题会研究同意后调整为144个),总投资712.5亿元,年度计划投资140.5亿元,全年完成投资126亿元,完成年度计划的89.6%,计划开工77个,实际开工72个,计划竣工77个,实际竣工74个。

第三产业 强化扶持推进服务业提质增效,开展服务业发展“三比一看”竞赛活动,修订完善上杭县加快现代服务业发展二十八条政策措施,重点在文旅康养、交通运输、批发住宿等领域培育限上贸易业和规上服务业,全年服务业(第三产业)增加值完成175.6亿元,占全县GDP总量的43.6%,比上年增长9.1%,比龙岩市平均增速(6.7%)高出2.4个百分点,总量排名居龙岩市第二位,增速排名居龙岩市第一位。新增规模以上服务业企业16家,其中其他营利性服务业企业7家,占比43.8%,规上服务业企业共计48家。实施商贸领域项目21个,总投资67亿元,完成投资13.3亿元,完成年度计划投资的85.3%,开工项目18个,竣工项目3个;商贸领域领导干部策划项目81个;亿元以上招商项目8个,其中文旅康养项目7个,物流项目1个,总投资16.3亿元。兑现服务业政策资金808.3万元。主要经济指标:批发业商品销售额161.4亿元,比上年增长42.7%,龙岩市第一;零售业商品销售额87.1亿元,增长7.9%,龙岩市第五;餐饮业营业额11.9亿元,增长6.8%,龙岩市第七;住宿业营业额2.9亿元,增长21.6%;龙岩市第二;金融机构存贷余额539.3亿元,增长9.1%,龙岩市第五;商品房销售面积25.1万平方米,增长14%,龙岩市第五;财政八项支出合计36.5亿元,增长10%,龙岩市第七;规上其他营利性服务业营业收入完成3.8亿元,增长20%;交通客货运周转量完成6.7亿吨/千米,增长8.64%。

高新技术产业 抓好高新技术产业发展政策支持,促进企业转型升级。筛选上报紫金铜业的“福建省铜冶炼伴生资源综合利用工程研究中心”被列入“国家级企业技术中心”;推动闽烯科技列入福建省石墨烯产业重点企业。抓好重大项目储备,遴选德尔科技、时代思康等上杭县科技含金量高的产业转型升级项目,列入福建省战略性新兴产业集群和新兴产业发展专项储备项目。

“6·18”项目对接 2019年,上杭县第十七届“6·18”(中国·海峡项目成果交易会)征集对接项目146个,总投资88亿元,发布企业技术需求20项。邀请10名参会专家,40多家企业70多人参会。6月18日,6个项目在“龙岩市新材料新能源对接会”现场签约,总投资46亿元。

电动汽车基础设施建设 协调推进省投资集团闽投电力在上杭县充电桩项目的实施;2019年,由闽投电力(省充电设施投资发展公司)、龙岩天元信息科技公司投资建设的充电桩功率达4174千瓦,投资额2287万元。

【特色小镇建设】 2019年,上杭县统筹协调推进新型城镇化进程。推进国家级第三批新型城镇化试点工作,在支持农业转移人口市民化财政保障、准许承租人落户出租房屋户籍制度、县级城市规划委员会、农村垃圾污水处理机制、产城融合融资平台、城乡人才流动体制机制等领域闯出“上杭经验”,至年底,常住人口城镇化率49%,户籍人口城镇化率42.5%。完善城乡基础设施,推进永武高速南阳互通式立交、国道G205线背头岭至湖洋段、电动汽车充电桩等项目建设。开工建设龙岩至龙川铁路龙岩至武平段工程项目,推进与粤港澳大湾区、闽西南协作区的互联互通。推进乡村振兴战略,编制《上杭县乡村振兴战略规划(2018—2022年)》,落实乡村振兴20条措施,整合各类涉农资金,统筹推进高标准农田建设、农村安全饮水巩固提升工程、畜禽粪污资源化利用整县推进等项目建设,加快“千村整治、百村示范”美丽乡村建设。推进特色小镇投资工程包建设,国家级特色小镇古田红色小镇投资工程包7个项目完成投资2.1亿元,完成年度计划的117%。

【争取政策资金】 2019年,上杭县贯彻落实国家、省、市关于扩大有效投资文件精神,建立市场准入负面清单、联合会审、阶段性并联审批等工作机制,对民间资本投资新材料产业、基础设施、社会事业等领域放宽准入条件,加快民间投资项目落地。加强PPP项目策划管理工作,从全县重点建设项目筛选一批符合采取PPP模式的项目进入PPP项目储备库,全年重点推进上杭县生活垃圾焚烧发电项目、蛟洋工业园区污水处理厂、国道G205线上杭县背头岭至湖洋段公路工程、“点亮古田,红动中国”古田“一台戏”项目、龙岩市全国中小学研学实践教育营地项目、古田山庄二期建设工程等项目尝试采用PPP模式。加快推进投资工程包建设项目,全年实施投资工程包33个,全年完成投资30亿元,完成年度计划投资的149%。加强中央、省预算内投资项目管理,2019年,争取中央、省预算内投资补助项目15个,补助资金6684万元,加快2018年度、2019年度中央、省预算内投资项目实施进度,发挥中央、省预算内资金的投资拉动作用。

【体制改革】 2019年,上杭县推进重点领域改革攻坚。牵头协调经济社会事业和生态文明领域体制改革,至年底,80项经济社会事业和21项生态文明体制改革任务全面完成,13项重点改革攻坚事项取得突破。加快工程建设项目审批制度改革,政府投资房建类、市政类项目审批时限压缩至84个工作日以内;社会投资房建类、社会投资生产型工业类项目审批时限压缩至65个工作日以内;带方案出让用地的社会投资类、社会投资小型工程建设类项目审批时限压缩至45个工作日以内,交通工程、水利工程审批时限压缩至90个工作日以内。2019年,受理并办结办件351项,按时办结率100%,所有行政审批事项都严格按承诺在法定时限的40%以内,做到“零超时”。加快构建社会信用体系。健全完善公共信用信息平台建设，全年录入行政许可信息10473条、行政处罚信息243条，双公示率100%。

【营商环境优化】 2019年，上杭县参照世界银行营商环境评价体系，制定《2019年上杭县提升营商环境实施方案》，建立包含20项指标、82项具体任务的工作任务清单，至年底，所有任务均完成。其中，在开办企业、知识产权保护与应用、城市建设、登记财产、纳税、引进人才及劳动力市场监管等方面取得较大成绩。在市营商办委托的第三方评估中，上杭县第三方评分位列第一名。

【民生服务】 2019年，上杭县多措并举落实粮食安全。落实粮食订单惠农政策，全年完成省、市和县政府下达的粮食订单收购计划指标19875吨，发放种粮农民直接补贴资金477万元。经过培育和推荐，10月，上杭县聚胜家庭农场作为龙岩市第一家和唯一一家获福建省粮食和物资储备局、农业农村厅、教育厅、科技厅、妇联等省五部门联合授予的“福建省粮食安全宣传教育基地”称号。加强粮食质量安全监管和农产品质量安全监测，重视部门联动机制，推行“双随机一公开”，加大各个环节的监督检查力度，开展“一品一码”追溯体系建设工作，扎实推进上杭县“国家农产品质量安全县”创建工作，获得“国家农产品质量安全县”称号。

做好城企联动普惠养老专项行动工作，上杭县成功列为全国首批城企联动普惠性养老示范县（全省仅3个县），上杭县金秋医养服务中心项目列入全国城企联动养老服务第一批企业名录，扩大普惠养老服务有效供给。推进才溪镇全民健身中心、体育中心综合体育场、金秋医养服务中心、黄竹幼儿园、溪口镇双华村乡村旅游基础设施建设、镇西社区居家养老服务中心、城南社区老年人日间照料中心等一批社会事业项目建设，补齐养老、医疗、教育等领域短板。加强粮食安全工作，提高粮食应急保障水平。加强价格监测预警，在保障群众生产生活的粮油、水、电、气等领域加强监管调控，保持物价总水平稳定，提升群众幸福感和获得感。

■ 国有资产管理

【概况】 至2019年年底，上杭县国有资产总量588.09亿元，其中：行政事业单位资产88.25亿元，比上年增长33.74%；企业国有资产234.98亿元（含部门管理的企业资产，不含紫金矿业，参股控股企业以国有出资比例计算），增长23.82%；紫金矿业国有股A股市值264.86亿元，增长37.84%（股价上涨）。三项合计583.09亿元。所监管全资、控股国有企业实现主营业务收入5.3亿元，利润总额3.66亿元（不含紫金矿业）。

【国资监管体系】 2019年，上杭县不断完善国有资产监管体系。

落实国资监管机构改革 根据机构改革相关精神，撤销县国有资产监督管理局，将其相关职能划入县财政局。县财政局对接、统筹，确保人心不乱、工作不乱、资产不乱，完成国资机构改革相关工作；学习龙岩市国有资产监督管理工作会议精神，推进县属国企改革进入纵深；健全和宣传国资监管政策法规，完善现代企业制度，印发《企业国有资产监督管理政策选编》。

配合完成首次县人大审议县属企业国有资产管理情况工作 2019年，为贯彻落实《中共中央关于建立国务院向全国人大常委会报告国有资产管理情况制度的意见》《中共福建省委关于建立省政府向省人大常委会报告国有资产管理情况制度的意见》精神，根据《上杭县人大常委会办公室关于开展上杭县县属企业国有资产管理情况调研的通知》，配合县人大县属企业国有资产管理情况调研组完成相关调研工作。根据上级文件及调研内容要求，完成并呈报《上杭县2018年度县属企业国有资产监督管理情况专项报告》。2019年10月31日，专项报告经上杭县第十届人民代表大会常务委员会第二十五次会议通过。

健全国企人员管理措施 做好高管考核工作，掌握县属国有企业公开招聘高管任期工作情况及任期试用期德、能、勤、绩、廉情况，提出高管试用期满考核及相关建议，根据县常委会决议做好相关批复工作；调整、选派部分公司高管人员及监事会成员；根据干部人事档案管理法律法规规定，结合县属国有企业具体实际情况，联合印发《上杭县县属国有企业干部职工人事档案管理办法（试行）》；根据县委组织部要求，以政治任务高度，大力推进县属国有企业全体干部职工的档案管理工作，先后组织各县属国有企业档案管理经办人员前往市国资委、县人社局培训学习，按要求做好企业员工调档、初步建档和企业高管专审的前期工作。

【国企发展壮大】 2019年，上杭县促进国资企业发展壮大。

支持县属龙头上市国企国际化再发展 紫金矿业集团股份有限公司（下称“紫金矿业”）海外并购于2018年取得实质性重大进展，为落实集团发展战略，解决海外并购资金需求，优化集团财务结构，推动集团稳健发展，紫金矿业于2019年3月8日提出申请公开增发A股股票的事项及其方案。根据《上杭县人民政府常务会议纪要》（2019年3月29日）精神及相关法律法规规定，做好紫金矿业申请公开增发A股股票的后续审核、转报市国资委及后续批复工作，确保增发事宜有序进行。11月19日，紫金矿业公告完成A股公开增发，增发23.46亿股，募集资金80亿元。

支持县属主要国企增强综合业务发展 兴杭国投公司作为第一大股东，支持紫金矿业增发股票项目，促进紫金矿业再发展；实现基金专户分红1000万元。投资5570万元的福建福光股份有限公司于6月11日在科创板上市申请无条件通过审核；成立全资子公司"上杭县兴杭创业投资管理有限公司"；武岳峰资本与兴杭国投公司共同发起设立"上杭鼎峰兴杭创业投资基金"，基金总规模5亿元，重点关注新材料及化工、金铜产业链延伸、氢能/储能等相关领域产业。兴诚实业公司稳步推进县教育培训基地建设项目；推进深化行政事业单位会计管理体制改革，规范行政事业单位财务核算行为，成立运作"上杭县兴诚财务管理有限公司"；在做好原有资产运营管理工作同时，有序衔接房屋类经营性国有资产经营管理工作，规范公租房管理，全面提高县房管所所辖公租房信息化管理水平。工贸公司落实"互联网+金铜产业"区域化链条化试点项目，与民营上市公司"南威软件股份有限公司"共同出资3000万元设立"上杭智慧杭川科技有限公司"，优化产业配套；推进汽车租赁业务及钢结构厂房建设项目。城发公司强化项目管理，推进项目建设。2019年，承担项目108个，通过制定标准流程、压实现场管理等方式紧抓进度、质量和安全。严格把好预结算关，有效开展成本控制，提高财政资金使用效率；主动作为，盘活资产。针对历年来各类保障性住房（经济适用房、廉租房）、安置地存在不同程度闲置的情况，组织人员深入调查摸底，主动与相关主管部门沟通协调，制订上报并落实各类房产盘活方案，减轻财政负担，确保建设资金及时收回；突破主业，进行房地产开发。该公司于8月14日竞得原西门市场地块，该地块位于上杭县北环路与西环路交叉口西南侧，宗地面积6437平方米，成交价款8110万元。该地块正在进行地质勘察，施工图设计和造价预算。古田建发公司做好景区资产经营管理，丰富景区业态，促进景区提质升级；推进"一台戏""一个园"、龙岩市全国中小学研学实践教育营地项目、古田山庄二期建设工程、绿色小镇、古田山庄一期改造提升工程、瓦子街二期维修保护工程等重点项目建设；扩宽研学培训市场，加大文创产品开发力度。交建公司2019年在建交通项目有古蛟快速通道一期机电工程、大中线溪口至大池、古步线、矶头大桥、沈田大桥、上村漫水桥等。

【社会职责履行和承担】 2019年，上杭县督促国有企业履行和承担社会职责。

助力脱贫攻坚战役 兴杭国投公司集中统一运营贫困村、革命基点村的部分扶贫资金，于2019年兑现2018年贫困村帮扶资金收益共计313.8万元，至年底，扶贫补助款累计达4180万元，收益额累计达808.2万元，帮助全县53个县定贫困村发展生产；兴诚实业公司对接建立扶贫开发投融资平台，承担全县扶贫开发资金的投融资任务，至年底，承接省、县易地扶贫搬迁地方政府债券资金、专项建设资金、专项贴息贷款等资金总计2214.5万元，及时、合规下拨上述全部资金；兴诚融资担保公司设立1400万元小额扶贫贷款风险担保基金，为发展生产的建档立卡贫困户申请5万元以下、3年以内期限的全额贴息免担保贷款，全年新增581户，金额1261.95万元。

助力县域中小微企业发展 2019年，国企担保企业发挥"应急基金"功能，防范和化解工业企业资金链风险，帮助企业解决融资难问题，维护企业和社会稳定，至年底，兴杭国投公司运作的应急基金为21家企业提供29次应急周转共计额度29323万元；福建兴诚融资担保有限公司为23家企业提供25笔担保共计额度17297万元。

■ 自然资源管理

【概况】 2019年，上杭县以推进国土法治文化建设和法治创建活动为抓手，以"互联网+国土法治宣传"为平台，开展形式多样的主题普法宣传活动，推进生态文明建设。制定印发《上杭县自然资源局2019年度自然资源法治宣传教育工作实施方案》，落实"七五"普法规划和决议，利用"4·22"世界地球日、"5·12"防灾减灾宣传日、6月安全生产宣传月、"6·5"世界环境日、"6·25"全国土地日、"8·29"测绘宣传日、世界野生动植物日、保护野生动物宣传月、爱鸟周、生物多样性月、防治荒漠化与干旱日、湿地日、森林防火宣传月、"12·4"宪法宣传周等宣传节日，围绕节日宣传主题制定宣传活动方案，开展各项宣传活动。全年开展街头法律法规宣传咨询10次，发放宣传材料5500份，悬挂张贴宣传标语60条，发送手机短信3万多条，制作宣传专栏6期。

2019年，开展"大排查、大化解、大走访、大帮扶"活动和自然资源领域突出问题大排查大化解大整治攻坚行动，加强征地拆迁、违法用地非法采矿、历史遗留办证等领域的排查，梳理各类矛盾隐患，落实工作责任，做好信访突出矛盾纠纷化解和疏导说服教育，把矛盾纠纷排查在源头、把信访问题化解在基层，依法维护正常的信访秩序，确保在全国、省、市"两会"、第二届"一带一路"国际高峰论坛、第二届中国首届数字建设峰会、中华人民共和国成立70周年庆典等重要活动期间未发生涉及自然资源问题引发的到市赴省进京的群体性上访和非正常上访事件。全年受理群众来访27批37人次、来信49件，均在规定期限内办结反馈。在已办理反馈的初信初访答复件中，未出现信访复查、复核件。无省、市挂牌督办的信访件。受理龙岩市"12345"便民服务平台转办诉求件188件，其中群众建议8件、求助1件、咨询78件、投诉101件，均在规定时限内办结，无不满意件。

2019年，加强对执法单位的监督管理，强化对行政执法案卷的日常检查，对行政处罚案件、行政许可办件证据的充分性、法律适用的正确性、裁量的合理性、程序的正当性、文书的规范性进行审核把关。完善规范性文件制定程序，落实法制机构事前审查制度，确保规范性文件的质量和合法性。2018年11月1日至2019年10月30日期间，审查行政处罚案件372件，其中县国土资源执法监察大队承办的国土资源行政处罚案件124件、县林业行政执法大队承办的林业行政处罚案件73件、县公安局森林分局承办的林业行政处罚案件175件。全年涉及自然资源领域由县政府作为复议机关的行政复议案件5件，其中涉及请求申请撤销林权证的行政复议案件4件，涉及请求申请撤销《不予受理通知书》的行政复议案件1件。全年行政诉讼案件8件，其中涉及县自然资源局作为被告的自然资源行政管理行政应诉案件3件，涉及县不动产登记局作为被告的自然资源行政管理行政应诉案件2件，涉及县自然资源局和县政府共同作为被告的自然资源行政管理行政应诉案件3件。

【行政审批服务】 2019年，上杭县推进“放管服”和行政审批制度改革，落实精简便民措施，简化办理事项审批程序，规范和改进行政审批行为。推行“无差别全科受理”一窗受理机制，实行前台综合受理、后台分类审批、统一窗口出件的服务模式，所有进驻事项实现“一站服务、一号申请、一窗受理、一网通办”。深化工程项目审批制度改革，牵头负责“工程规划许可阶段”改革，合并审批事项、转变服务方式，主动承接上级部门下放的行政审批事项；整合审批服务事项，优化审批流程；调整审批时序，精减前置审批材料；创新联合技术指导服务工作方式，提高行政审批效率。做好全流程网上办事大厅建设，实现“线上”“线下”统一，推广“e龙岩”全流程网办，实现“网上告知、网上受理、网上审批”，提高网办效率，所有入驻窗口事项均实现网上申报、部门网上审批、纸质材料快递邮寄，网上查询结果和窗口咨询结果一致，切实方便群众办事，让群众办事多走“网路”、少跑“马路”。全年自然资源局行政审批服务窗口办理和受理行政审批申请3064件，现场一次性告知受访单位、群众1000余次，办结率100%，实现“零差错”、零投诉。全年被县行政服务中心评为红旗窗口6次（每2个月评1次），12人次被评为服务标兵。

【土地资源状况】 2019年初，上杭县土地总面积285446.67公顷（约2854.47平方千米）。根据县第二次全国土地调查数据成果和土地分类标准，各类土地面积分别为：耕地29054.75公顷（其中基本农田保护区24161.13公顷，保护率83.16%），占土地总面积的10.18%；园地2304.98公顷，占0.81%；林地219480.13公顷，占76.90%；草地6895.25公顷，占2.42%；城镇村及工矿用地10459.04公顷，占3.66%；交通运输用地4264.37公顷，占1.49%；水域及水利设施用地6528.38公顷，占2.29%；其他土地6459.77公顷，占2.26%。全县人均耕地0.05公顷。

【耕地保护与占补平衡】 落实政府耕地保护目标责任制 2019年，上杭县落实最严格的耕地保护制度和最严格的节约用地制度，守住耕地红线。全年上级下达县补充耕地任务33.33公顷，其中水田20公顷、旱地改造水田8.67公顷。全年完成补充耕地项目完成验收39个，新增耕地56.93公顷，其中水田36.93公顷、旱地改造水田8.8公顷，全面超额完成上级下达补充耕地任务。按照龙岩市《2019年度耕地保护责任书》要求，市政府下达县耕地保有量不低于2.79万公顷、永久基本农田保护面积不低于2.42万公顷，年底全县耕地数量2.91万公顷、永久基本农田2.42万公顷，均超过上级要求。县政府被市政府授予龙岩市2016—2020年期中耕地保护工作成绩突出县（市、区），旧县镇梅溪村、蓝溪镇沈田村被市政府授予龙岩市2016—2020年期中耕地保护工作成绩突出集体。

补充耕地核查与耕地占补平衡项目核查 完成历史补充耕地项目核查项目291个，涉及21个乡镇，其中旧村复垦项目88个、土地整理项目29个、县级土地开发土地整治项目174个，核查面积4135.06公顷，核查地块数2363个，新增耕地866.85公顷，其中水田96.13公顷。问题项目22个，建设占用核减项目9个，核减面积0.8公顷；待整改项目13个，设施农用地1个，面积0.1公顷，抛荒撂荒12个，面积30.22公顷。根据自然资源部核实后下发图斑，按要求逐个督促乡镇整改。完成2017—2018年耕地占补平衡项目生态红线套核与分析，项目数43个。

旧村复垦 2019年，加强宣传引导，做好项目区群众工作，确保每个项目拆除率85%以上，有效推进旧村复垦项目实施，完成溪口镇、才溪镇、蓝溪镇3个2017年旧村复垦项目验收，新增耕地2.72公顷。完成古田镇、太拔镇、蓝溪镇11个2018年旧村复垦项目验收，新增耕地19.46公顷。完成5个2018年旧村复垦项目省级指标核定，产生增减挂钩指标8.15公顷。完成8个2019年旧村复垦项目县级立项，产生增减挂钩指标17.62公顷。

县级土地整治项目 2019年，完成21个土地整治项目立项，立项规模37.76公顷。完成23个土地整治项目县级验收，新增耕地32.84公顷。

高标准基本农田建设 2019年，做好剩余项目完善工作，抓好高标准基本农田建设项目区的土地平整，鼓励实施过程中先开展土地平整。验收高标准基本农田建设项目6个，新增耕地2.47公顷。完成2014年19个土地整理项目审计局备案。结清6个2014年土地整理项目施工费尾款，结清9个2013—2014年土地整理项目监理费尾款，结清2013—2018年18个土地整理项目、县级土地开发项目业主管理费。

增减挂钩和补充耕地指标交易　2019年，交易增减挂钩指标2笔，交易面积25.04公顷，交易价格525万元/公顷，交易总额13138.405万元。交易补充耕地指标5笔，交易耕地数量113.33公顷、水田规模46.67公顷、粮食产能104万千克，交易总额27100万元。完成耕地占补平衡4个批次，累计补充耕地数量4.68公顷，水田规模4.4公顷，粮食产能6.51万千克，缴纳补充耕地补偿费用1233.48万元，为乡村振兴提供资金保障。

实施土地项目助推脱贫攻坚　2019年，做好挂钩帮扶贫困村工作，落实5万元帮扶资金，争取补助资金改善临城石砌村水利设施建设。落实政策帮扶，加强贫困户易地建房审批指导，审批贫困户建房307户、面积11666.72平方米。推进易地扶贫搬迁贫困户办理农村宅基地使用权证，至年底可领证440户。为贫困户占用耕地林地搬迁建房提供政策保障，至年底54户建档立卡贫困户建房用地农转用报批获市政府批准，面积3419.5平方米。推进易地扶贫搬迁拆后旧村复垦，全部开展涉及8个乡镇29户项目，完成旧村复垦县级验收7136.6平方米，预计交易增减挂钩交易指标资金377.3万元。市县挂钩帮扶村补助金、旧村复垦项目补助金、贫困户建房减免补充耕地指标补偿费、贫困乡村土地开发整理复垦资金等扶贫领域资金做到及时拨付、规范使用。

【节约集约用地】　土地利用总体规划调整　2019年，上杭县完成项目规划预审88个，包括红古田军民大联欢剧场建设、国防教育主题园、汀江防洪工程、古田山庄二期项目等。完成项目涉及土地利用总体规划调整15宗，包括古田集镇北部坪上岗商住收储项目、上杭县潭头大桥及接线工程项目、县城区二环西路城市道路工程（一期）等。完成县普陀寺项目修改规划。

土地批供后监管　省自然资源厅在启用"福建省土地市场动态监测与监管系统"基础上，启用动态巡查模块，建立存量土地数据库，对已批已供项目用地全面实施土地利用动态巡查制度，对批而未征、征而未供、供而未用以及闲置土地进行调查核实，采取措施处置和盘活利用。2019年，处置消化批而未供土地面积占20%以上。

闲置土地清查处置　2019年，会同上杭工业园区对近年来出让工业项目用地开工建设情况开展全面调查摸底，向县政府提出处置意见，对全县12宗闲置土地分门别类按无偿收回、延期动工、收取20%土地闲置费等措施进行处置，至年底，福建省土地监测系统显示上杭县闲置土地全部处置到位。

【土地调查与统计】　第三次全国国土调查工作　2019年，上杭县第三次全国国土调查工作初步成果第二次上交国家检查，国家核查结果反馈上杭县检查差错率0.09%，在龙岩市第二次上报县中检查错误率最低。上杭县第三次全国国土调查工作初步成果耕地情况：耕地净面积22964.62公顷+"即可恢复"面积4631.8公顷，占耕地保有量99.08%。图斑核实情况：共计839个图斑，其中一类错误图斑58个，核实图斑1个，二类错误图斑780个。图斑整改情况：839个图斑，其中需内业修改图斑320个，需外业调查核实举证图斑519个。

农村地籍和房屋调查　2019年，推进农村地籍和房屋调查工作。南阳镇、才溪镇、古田镇等10个乡镇153个行政村调查宗数68739宗，其中南阳镇完成11个村，调查户数4557宗，通贤镇完成13个村，调查户数5891宗。才溪镇、官庄乡、珊瑚乡共37个行政村调查宗数20324户，其中才溪镇完成11个村，调查户数4487宗，官庄乡完成18个村，调查户数9436宗，珊瑚乡完成4个村，调查户数2217宗。步云乡、古田镇、蛟洋镇、泮境乡共63个行政村调查宗数18613户，其中古田镇完成5个村，调查户数5372宗，蛟洋镇完成调查户数459宗，泮境乡完成2个村，调查户数344宗。临城镇、中都镇等4个乡镇78个行政村调查宗数320235宗，其中临城镇完成5个村，调查户数983宗，湖洋镇完成19个村，调查户数7807宗，中都镇完成13个村，调查户数5376宗，下都镇完成11个村，调查户数4831宗。蓝溪镇、庐丰畲族乡等6个乡镇84个村调查宗数36735宗。2019年，农村地籍房屋调查成果应用于农村不动产登记涉及3个乡镇17宗，其中古田镇5宗、步云乡1宗、旧县镇11宗（新村规划）。

土地变更调查　2019年，按照《国务院第三次全国国土调查领导小组办公室关于开展第三次全国国土调查统一时点更新调查的通知》精神，按时保质保量完成统一时点更新调查和土地变更调查工作，全面掌握全县2019年度土地利用变化情况，持续更新全县土地调查成果，有力支撑自然资源"一张图"和综合监管平台平稳运行，不断夯实"以图管地"工作基础，加快推进治理体系和治理能力现代化。

【基础测绘与地理信息】　数字上杭地理空间构架建设　2019年，上杭县推进数字上杭地理空间框架建设项目，利用省质检站验收通过的城区野外测量数据和地名地址数据、农经权及其他各时期的影像，经改造后的切片地图数据已在上杭政务网、公众网使用，完成公交线路兴趣点查询任务、软硬件支撑环境建设，项目成果数据的试运行，相关数据已提交保存。数字上杭地理信息公共服务平台公众版及政务版域名挂接上线，完成360全景、2.5维电子地图服务、公交线路及兴趣点查询等子项目并接入福建天地图7～17级电子地图服务。

基础测绘管理　2019年，贯彻执行有关测绘地理信息的法律、法规、规章和上级有关测绘地理信息工作方针政策，监督实施基础测绘专项规划和年度计划，组织开展地理信息公共服务平台建设、管理与应用，建立和维护测绘标志测绘点，加强测绘行业管理和测绘行业信用体系建设，监督测绘单位的测绘成果质量。县政府下发基础测绘成果汇交工作通知，开展已施测的大比例地形图收集工作，完成县城区动车站周围3.49平方千米、蛟洋工业区27.67平方千米地形图基础测绘成果接收。加强基础测绘成果管理工作，提供可用测绘成果，避免重复测绘，减少财政资金支出。向龙岩市工程建设项目审批制度改革领导小组办公室和龙岩市城乡规划设计院提供2010—2017年的土地利用现状图数据、2016年农经权影像、2018年土地变更影像；向县统计局提供县域面积及全县的地类数据；向不动产登记、城乡规划提供数字上杭1∶500地形图，面积35平方千米。

项目用地地类认定　2019年，完成项目用地、矿产卫片图斑、监测违法图斑、临时用地地类认定264宗、398轮次，面积416公顷。主要项目涉及双龙高速铁路、紫金矿业集团迳美尾矿库一期、紫金山金铜矿联合开采、永杭高速公路临时用地、汀江绿道等项目。

【经济社会发展用地保障】　土地利用计划管理　2019年，上杭县制定2019年度国有建设用地和住房用地年度供应计划，县政府批准公布实施。

重点项目用地预审报批　2019年，产业发展项目建设年、“大督查大落实”、征地拆迁促重点项目落地百日攻坚大会战用地需求应保尽保。全年办理建设用地预审60宗，获省、市政府批准项目用地40宗、总面积152.23公顷，包括上杭梅坝110千伏变电站工程、2万吨/年无水氟化氢生产线扩建项目、年处理15万吨废旧锂电池资源化利用及年产10万吨锂电三元前躯体生产一期项目、AHF配套年产3万吨硅酸盐（钠、铝）联产5千吨氟化钠项目、年产36万吨半导体级电子材料项目、年产20万吨电子化学品项目、上杭县城区二环西路城市道路工程一期工程、上杭县城区二环西路城市道路工程二期工程、上杭县南部新区污水管网工程、上杭县金山湖住宅收储项目等重点项目用地。报批面积全市排名靠前。其中，古蛟组团项目17个，面积112.37公顷。县自然资源局被县委、县政府授予上杭县2019年度产业发展项目建设年活动六项行动暨征迁百日攻坚大会战工作成绩突出集体（产业发展项目建设年活动集体嘉奖）、上杭县2019年度产业发展项目建设年活动六项行动暨征迁百日攻坚大会战工作成绩突出集体（征地拆迁促重点项目落地百日攻坚大会战集体嘉奖）。

集体土地征收与房屋拆迁　2019年，县土地收储中心配合开展集体土地和房屋征收，完成金山湖片区收储用地、商会大厦及周边收储用地、商铁安置小区用地、双龙高铁正线项目用地、县医院周边道路项目用地、古田镇五龙村长松亭、古田镇北部坪上岗收储项目用地、远城区住宅小区项目用地等33个城建、交通、民生等重点项目集体土地征收160.25公顷，支付补偿费16836.82万元；完成房屋征收452户（栋），拆迁建构筑面积74916.45平方米，支付补偿金58352.92万元。县土地收储中心被市委、市政府授予龙岩市征地拆迁促重点项目落地百日攻坚大会战集体嘉奖（事业单位集体）。

国有土地收储　2019年，收储原西门市场国有土地1宗，面积7366平方米，支付一期收储补偿金610万元。

土地出让与划拨供应　2019年，合理安排土地出让，依法依规出让土地，严格执行专业评估、集体决策、结果公示制度，及时进行网上办文，全年出让国有建设用地使用权19宗，总面积56.75公顷，土地出让金收入41357.8万元（含2018年度结转）。全年办理建设用地划拨供地20宗，划拨土地使用权用地补办出让200宗。

【土地执法监察】　日常巡查监管　2019年，上杭县健全落实县、乡镇、村三级土地矿产日常巡查责任制和“每周二报”制度，结合实施国土资源手机移动执法，全县组织开展巡查480次，参与人员960名，制止违法用地行为150次；对古田、官庄、稔田、湖洋等重点乡镇开展县级督查巡查20次。健全信访举报制度，对涉及“两违”的信访和举报，及时查处和反馈，使国土资源违法行为“发现在初始、制止在萌芽”。

深化“两违”整治　2019年，深入宣传贯彻土地法律法规，督促落实土地管理共同责任，按照《上杭县开展“两违”整治行动实施方案》《上杭县土地管理共同责任实施办法》等要求，履行职责，深入各乡镇检查督促，指导抓好土地日常巡查、各个专项整治和制违拆违工作落实，开展非法占用耕地、林地、河道以外其他区域的采砂洗砂制砂专项行动，打击占耕地采洗沙违法行为，对禁而不止的违法用地，及时督促乡镇政府组织综合执法或县乡联合执法予以强制拆除。全年支持配合乡镇开展县乡联合执法5次，拆除违法建筑15宗，总面积4892.55平方米。

土地卫片执法　2019年，结合卫片执法及“两违”整治行动，共立案查处违法占地案件236件，占地总面积42.61万平方米。

“大棚房”问题专项清理整治　2019年，根据中央、省、市“大棚房”问题专项清理整治工作统一部署，县自然资源局与农业农村局密切配合，全县排查各类农业大棚数量4700个，各类农业大棚面积317.51公顷，发现上报“大棚房”问题违法违规项目6

个，违法违规面积0.62公顷，全部完成整改并通过上级验收。

违建别墅清查整治专项行动　2019年，根据中央、省、市统一部署，在全县开展违建别墅清查整治专项行动工作。县政府办制定下发违建清查整治专项行动实施意见，成立专项行动推进小组，建立由自然资源局主要负责人任召集人的县直部门协调机制。通过采取分析研判、数据套合、实地核查等手段，排查梅花山国家级自然保护区、西普陀国家森林公园等具有重要生态功能的区域及省、市下发的疑似图斑18个，对2004年以来的违法用林用地案件600余件(含卫片案件)进行再次梳理，核查住宅小区、出让地等20余宗。上报违建问题1个，已完成复绿整改。

【招商引资与重点项目】　世茂荣誉·国宾府住宅小区项目　2019年，由上杭县自然资源局牵头实施的"世茂荣誉·国宾府"住宅小区(东二环住宅小区)项目继续推进、基本完工。项目位于县城区东二环北侧(第二实验小学对面)，总用地面积24796平方米，建筑面积79070平方米，计容建筑面积60750平方米，规划商品房453套、车位525个，总投资4.5亿元。至年底，全面完成1号~8号楼外墙施工、公区精装、消防施工、土方回填、市政景观施工，办理竣工验收手续。

宏盛园住宅小区项目　由县自然资源局牵头实施的宏盛园住宅小区(金山路西侧住宅小区)项目属2019年新开工项目，全年项目进展顺利。项目占地面积57251平方米，建设中高层商品房9栋，低密度单栋建筑8栋，计容建筑面积57251~120227平方米。该宗地土地使用权由温州宏齐置业有限公司竞得，总投资4.2亿元。至年底，1号、2号、5号、6号、8号、9号楼砌体完成至18层，3号、7号、9号楼砌体完成至14层，11号、12号楼砌体粉刷工程完成，13号~19号楼砌体工程完成，售楼部以南店面主体工程完成，中庭局部景观进场施工。

财政

【概况】　2019年，上杭县财政总收入完成39.24亿元，比上年增加2.09亿元，增长5.63%，其中地方级财政收入完成27.38亿元，比上年增加1.12亿元，增长4.26%。全县一般公共预算支出50.39亿元(含省市专项支出12.28亿元)。其中县本级一般公共预算支出34.63亿元。全县政府性基金收入10.12亿元，比上年增加2.27亿元，增长28.94%；政府性基金支出14.54亿元，比上年增加3.27亿元，增长29.02%。

全年乡镇税收总收入完成22849万元，比上年19602万元增收3247万元，增长16.56%。其中：乡镇财政本级收入完成11616万元，比上年9878万元增收1738万元，增长17.59%；中央级收入完成11233万元，比上年9724万元增收1509万元，增长15.52%。

乡镇财政本级一般预算收入11616万元，定额补助5947万元，专项补助11499万元，转移支付补助7230万元(其中：计生税费改革转移支付专项补助241万元，村级各大员补助514万元，村级组织运转和村干部工资补助4723万元，政策性增资补助1752万元)，上年结余995万元，收入总计37287万元。一般预算支出34812万元，上解支出1540万元(其中：定额上解762万元，超收分成上解778万元)，支出合计36352万元，年终滚存结余935万元，当年结余-60万元。

乡镇财政专户资金(原预算外资金)收入3621万元，比上年5086万元减收1465万元，下降28.80%，专户资金(原预算外资金)支出11126万元，比上年12969万元减少1843元，下降14.21%。

表4

2019年上杭县一般公共预算收支情况一览表

单位：万元

预算科目	决算数	预算科目	决算数
一、税收收入	144109	一、一般公共服务支出	40061
增值税	51625	二、外交支出	0
其中：改征增值税	23521	三、国防支出	0
企业所得税	35152	四、公共安全支出	18832
个人所得税	7226	五、教育支出	97185
资源税	20468	六、科学技术支出	41478
城市维护建设税	5454	七、文化旅游体育与传媒支出	10227

续表4

预算科目	决算数	预算科目	决算数
房产税	3366	八、社会保障和就业支出	62178
印花税	4661	九、卫生健康支出	26757
城镇土地使用税	957	十、节能环保支出	17054
土地增值税	5625	十一、城乡社区支出	59213
车船税	1381	十二、农林水支出	72066
耕地占用税	1412	十三、交通运输支出	18272
契税	4133	十四、资源勘探信息等支出	4758
烟叶税	2084	十五、商业服务业等支出	6454
环境保护税	566	十六、金融支出	90
其他税收收入	-1	十七、援助其他地区支出	0
二、非税收入	129665	十八、自然资源海洋气象等支出	5490
专项收入	8076	十九、住房保障支出	1576
行政事业性收费收入	2875	二十、粮油物资储备支出	810
罚没收入	6692	二十一、灾害防治及应急管理支出	1725
国有资本经营收入	100080	二十二、其他支出	12324
国有资源(资产)有偿使用收入	9001	二十三、债务付息支出	7306
其他收入	2941	二十四、债务发行费用支出	40
三、上年结余	15250		
四、上级补助收入	194744		
本年收入合计	483768	本年支出合计	503896

表5

2019年上杭县乡镇财政收支结余情况表

单位:万元

乡镇	收入			缴补数		支出			滚存结余			当年结余		
	一般预算收入	调入资金收入	收入合计	上级补助收入	上解支出	预算内支出	调入资金支出	支出合计	预算内结余	调入资金结余	结余合计	预算内结余	调入资金结余	当年结余合计
合计	11616	3621	15237	24676	1540	34812	11126	45938	935	-47271	-46336	-60	-7505	-7565
临江	1565	404	1969	681	742	1302	543	1846	783	508	1291	202	-139	63
临城	764	1124	1888	1629	61	2258	1292	3550	265	-139	126	73	-168	-95
湖洋	389	28	418	1252	-	1432	483	1915	296	-2017	-1721	209	-455	-246
中都	160	59	220	1060	-	1322	402	1724	-237	-1040	-1277	-102	-342	-444
下都	57	3	60	759	-	853	341	1194	97	-1270	-1173	-37	-338	-375
庐丰	134	379	513	1356	-	1538	809	2347	-276	-789	-1066	-49	-429	-478

续表5

乡镇	收入			缴补数		支出			滚存结余			当年结余		
	一般预算收入	调入资金收入	收入合计	上级补助收入	上解支出	预算内支出	调入资金支出	支出合计	预算内结余	调入资金结余	结余合计	预算内结余	调入资金结余	当年结余合计
茶地	156	308	464	819	-	922	587	1508	110	-1095	-985	54	-279	-225
泮境	74	0	75	559	-	1023	0	1023	-402	-1588	-1990	-390	0	-390
蓝溪	68	-	68	1038	-	1098	812	1910	-1049	-3455	-4504	8	-812	-804
稔田	247	-	247	1027	-	1277	585	1861	120	-1766	-1646	-4	-585	-588
太拔	163	-	163	1012	-	1238	619	1856	331	-1507	-1176	-63	-619	-682
溪口	193	46	239	896	-	1056	752	1808	322	-2613	-2290	33	-706	-673
白砂	435	19	454	1090	-	1509	843	2352	436	-4319	-3883	16	-824	-808
蛟洋	642	36	678	1644	-	2257	28	2285	-22	-841	-864	29	8	37
古田	995	-	995	1417	213	3062	-	3062	-1098	-2886	-3984	-863	-	-863
步云	158	-	158	534	-	676	826	1502	-365	-5340	-5705	16	-826	-809
旧县	554	706	1261	2697	116	3118	476	3594	274	-1457	-1183	18	230	249
才溪	1686	-	1686	1889	359	3077	-	3077	1007	-1838	-831	139	-	139
通贤	1851	-	1851	856	-	2019	-	2019	2807	-1567	1240	688	-	688
南阳	480	35	514	941	49	1563	820	2383	-1425	-6835	-8260	-191	-785	-977
官庄	775	473	1248	917	-	1481	901	2381	-842	-4937	-5779	211	-428	-217
珊瑚	69	-	69	605	-	732	9	741	-196	-480	-676	-58	-9	-67

【减税降费政策落实】 2019年，上杭县成立以县长为组长的减税降费工作领导小组，县政府常务会专门听取减税降费工作情况汇报，定期对减税降费、收入组织等情况进行会商分析，压紧压实减税降费工作责任，确保减税降费落到实处。开展宣传。县委宣传部、县财政局、税务局组织开展减税降费工作新闻发布会、召开减税降费工作专题研讨会、印发减税降费工作宣传册、开展减税降费工作采风活动，通过政府和部门门户网站、微信、微博、移动客户端、“12366”纳税服务热线等方式开展多渠道、广覆盖的减税降费政策宣传，营造良好的减税降费工作氛围。监督检查。2019年5月，对各乡镇政府、县直各行政事业单位及社会团体共80个单位的行政事业性收费情况开展专项检查；7月，对降低社会保险费率工作进行专项检查，确保减税降费工作有效落实。落实减税降费政策。全年减少税收3.24亿元，企业职工基本养老保险因费率降低减轻企业负担1108万元。

2019年3月28日，上杭县委宣传部、县财政局、税务局组织开展减税降费工作新闻发布会 （县融媒体中心供图）

【财政服务“三大战役”】 2019年，上杭县财政拨付政府投资项目资金6.43亿元，保障“三大战役”（项目落地、脱贫攻坚、生态环保）各项目的顺利实施，安排重大项目策划工作经费1000万元。

【财政票据电子化管理】 2019年，上杭县财政局核销129个用票单位的财政票据132561份，其中：电子票据127536份，手工票据5025份。

【会计从业资格人员管理】 2019年，

2019 年 4 月 30 日，上杭县财政局在江滨公园开展减税降费政策宣传活动
（县财政局供图）

上杭县财政局宣传新的会计法及政府新制度、新准则，全县报名会计专业技术资格初、中级职称人数 672 人，其中初级报名 454 人，比上年增长 5.09%，通过 59 人，中级报名 319 人，增长 32.92%，通过 39 人。

【财政投资评审】 2019 年，上杭县完成预算评审项目 127 个，送审金额 13.15 亿元，审定金额 12.41 亿元，净审减 7459 万元，平均审减率 5.67%；根据评审职能划分，自 2019 年 8 月 14 日政府投资建设项目结算职能划入评审中心后，中心完成结算评审项目 2 个，送审投资总额 1025 万元，审定投资总额 1009 万元，审减金额 16 万元，平均审减率 1.61%；完成结算备案项目 34 个，送审投资总额 3845 万元，审定投资总额 3734 万元，审减金额 111 万元，平均审减率 2.9%。

【财政支持工业企业发展】 2019 年，上杭县财政局安排中小企业发展资金 3.77 亿元，设立企业应急专项资金 5000 万元，为 21 家企业应急转贷 29 笔次，周转资金 2.93 亿元，全年实际兑付各项优惠政策款 4.49 亿元；安排科技三项资金 345 万元、中小企业科技创新资金 132 万元、科技专利奖励资金 165 万元，用于科技含量高的技术开发成果的转化。

【财政推进教育事业发展】 2019 年，上杭县一般公共预算教育支出 9.71 亿元，其中安排 9239.42 万元落实义务教育阶段学校生均公用经费、寄宿生生活补助、中等职业学校国家助学金、中等职业学校免学费及生均公用经费资金、城乡低保家庭入园幼儿保教费补助经费、普通高中学生助学金、少数民族学生助学金及特殊教育学校学生“两免一补”（免学费、免教科书、补助寄宿生生活费）经费等；投入 1260 万元用于中小学教育教学设施设备、寄宿制学校生活设施、学校运动场改造建设；加大教师经费投入，保障教师待遇，安排 3000 万元用于教师绩效奖励，班主任专项补贴提高到 600 万元，中小学周末寒暑假护校值班人员补贴 100 万元，发放乡村教师生活补助 1819.12 万元，拨付 1000 万元实施农村中小学教师“暖心工程”改善教师住宿条件；中小学周末寒暑假 650 万元，安排 7463 万元继续实施义务教育薄弱环节改善、学校校舍安全长效机制建设和城区扩容工程项目建设等。

【财政推进文体事业发展】 2019 年，上杭县文化体育与传媒支出 10234 万元，继续改善文化活动场所和设施，提高和丰富全县群众文化体育水平。

【财政推进“平安上杭”建设】 2019 年，上杭县安排公共安全支出 2.36 亿元，其中：安排县政法综治平安经费 1852 万元，兑现平安乡村（社区）综治考评奖励工作经费 1262 万元；筹措资金支持平安上杭建设，安排平安上杭治安监控建设及畅通安防红绿灯工程建设资金 3177 万元，保障为民办实事项目资金支出需要。

【会计制度改革】 2019 年，由上杭县兴诚实业有限公司成立子公司——兴诚财务管理有限公司，承担符合一定条件的县直单位对其进行试行会计代理记账，至年底对全县 23 家单位试行了会计代理记账。2020 年开始对 50 家单位推行会计代理记账。

【财政推进“美丽乡村”建设】 2019 年，上杭县启动实施太拔镇大坑村、通贤镇磜头村、临城镇土埔村等 19 个美丽乡村“千村整治、百村示范”工程，主要实施“三旧”（旧城镇、旧厂房、旧村居）整治、垃圾处理、污水治理、村道硬化美化和村庄绿化，全年下拨美丽乡村“千村整治、百村示范”工程“以奖代补”补助资金 1045 万元；实施最美乡村建设 5 个，投入建设资金 1000 万元；农村生活垃圾转运系统“以奖代补”资金 930.85 万元；建制行政村保洁员补助 358.33 万元；投入汀江—韩江流域工业、养殖业污染整治专项经费 8063.28 万元。全年拨付 2197 万元用于“四好农村路”建设。

【强农惠农政策落实】 2019 年，上杭县兑付各项支农强农惠农政策资金 5509.83 万元，其中含休闲农业示范乡镇、示范点补助 6 万元，乡镇采摘节补助 57 万元；现代农业智慧园建设 5 万元，发展一村一品示范村 100 万元，发展优势特色果品项目 162.57 万元，发展特色畜禽产业 149.1 万元，发展蜜蜂养殖 42 万元，三品认证 55.5 万元，农产品质量安全追溯监管信息平台建设 31.5 万元，设施农业

44.93万元,扶持农产品初加工设备21.5万元,规模农业企业奖励30万元,扶持龙头示范企业20万元,农业项目新增电力设施5.34万元,新型职业农民贷款贴息190万元,大学生回乡创业补助19万元,标准化池塘建设25万元,土地流转(含种粮大户)186.42万元;农产品加工固定资产投资补助20.4万元,农业龙头企业及规模经营贷款贴息400.51万元,标准化果茶园养殖场(水产)主干道硬化补助873.2万元,农产品展示展销补助7.55万元,家庭示范农场171万元,灌区标准化渠道建设784.96万元,灌溉排水泵站建设198.28万元,高效节水100万元,农村饮水安全管护金200万元,其他1603.07万元。加大精准扶贫投入力度,全年县财安排扶贫奖补与贴息、贫困乡镇村帮扶等项目资金9078.62万元。

【农村公路综合保险继续实施】 2019年,上杭县投入农村公路综合保险资金289.86万元,其中争取省、市补助占70%,合计222.97万元,县财政投入占30%,计66.89万元,对全县县乡村道路3269千米实行综合保险,确保县乡村道路发生灾害时能够及时得到修复,保证道路畅通。

【财政支持社会保障】 2019年,上杭县财政预算安排城乡居民养老保险补助基金3552万元,加上上级补助,为全县城乡60周岁以上74581人发放养老补助金14663万元;安排914万元用于社会养老服务支出;安排484万元用于支持残疾人事业。城乡居民养老保险基础养老金从2018年的每人每月143元提高至2019年的每人每月148元(每人每月增加5元),比省定标准高25元,调动参保人员参保缴费的积极性。城乡居民基本医疗保险筹资标准由670元提高到740元,政府补助从每人每年490元提高到520元,2019年县财政通过上下级财政结算上缴城乡居民医疗保险补助资金4263万元。安排县医院综合改革各项补助资金2438.57万元。其中,设备购置250万元、贷款贴息131.59万元、重点学科建设及人才培养和外聘专家50万元、社保经费1830.11万元、药品耗材零差率补助161.87万元,肺结核防治经费15万元。安排县中医院综合改革各项补助资金925.49万元。其中,设备购置150万元、社保经费665.24万元、中医药奖励经费30万元、药品耗材零差率补助30.25万元。重点专科建设和人才培养50万元;安排补助资金8.78万元用于县皮防院、妇幼保健院实施药品耗材零差率政策性亏损补贴;安排基层医疗卫生机构人员经费和提高农村卫生院卫技人员津贴补助5784.03万元;逐步提高基本公共卫生服务经费人均补助标准,将人均补助标准由50元提高到55元;安排30个村卫生所建设补助资金300万元;继续支持新建县医院建设和妇幼保健院整体搬迁建设,安排新建县医院建设5000元,安排县医院整体搬迁配套职工周转房建设1000万元。2019年,继续实行城乡低保一体化,农村低保标准6960元,比省定标准高3260元,年人均补助标准4587元,县财政安排城乡低保补助资金1972万元;按人均400元标准筹集医疗救助资金,2019年县财政通过上下级财政结算上缴城乡医疗救助补助资金421万元。2019年,全县困难残疾人生活补贴标准每人每月90元(高于省定标准20元);一级重度残疾人护理补贴标准每人每月110元,二级重度残疾人护理补贴标准每人每月60元。2019年,县财政安排困难残疾人生活补贴和重度残疾人护理补贴补助资金272万元。特困人员生活补贴2019年分散供养704元/人·月;集中供养905元/人·月,同时,按护理级别,增加发放特困人员护理补贴,2019年县财政安排特困人员生活补助资金517万元。

【城市公交运行和农村客运补贴加大】 2019年,上杭县财政拨补城市公交运行补贴654万元,新能源公交车购置1475万元、智能公交系统建设284.10万元,农村客运补贴238.3万元。

【行政事业单位资产监管】 2019年,上杭县做好全县行政、事业单位国有资产管理,按照国有资产处置程序,完成国有资产转让、报废、调拨等资产处置,督促各单位将处置收入依法上缴国库。办理公务用车转让拍卖8辆,拍卖转让收入共计17.65万元;资产调拨37笔,共计11358.66万元(其中:县检察院资产上划省级统管4344.92万元);报废52笔,共计1703.63万元。采用统一定点方式回收处理批准报废的废旧物资,规范废旧物资回收及残值上缴工作,截至2019年12月回收残值累计6.41万元。规范废旧物资回收工作监管制度,使之有章可循,废旧物资采用统一定点方式回收取得一定的成效,做到既环保又增加财政收入,防止国有资产流失。

【国库集中支付】 2019年,上杭县办理国库支付资金37.38亿元,比上年33.63亿元增加3.75亿元,增长11.15%。其中,直接支付34.68亿元,占支付总额的92.78%。2019年,全县22个乡镇录入一体化信息平台资金4.57亿元。实际办理国库集中支付改革资金3.12亿元,乡镇资金纳入国库集中支付比例达68%。

【政府采购监督管理】 2019年,上杭县各采购单位在福建省政府采购网上公开信息系统登记备案的政府采购项目265批次(其中:公开招标128批次,询价采购103批次,竞争性谈判19批次,竞争性磋商10批次,单一来源采购5批次),网上超市采购登记备案403批次。全年政府采购规模32321万元,实际采购金额30946万元,节约资金1375万元,政府采购综合节约率4.25%(不包含网上超市采购金额)。

【财政资金监管】 2019年,上杭县履行新时代财政工作的职责,加强财政依法监督,根据单位性质将2019年度会计信息质量检查、落实中央“八项规定”精神“1+X”专项督查和财政扶贫政策落实情况专项检查合并开展,对8家行政事业单位和1家企业开展监督检查,发挥会计监督服务宏观调控和财政管理、保障财税政策执行、提升会计信息质量的重要作用、加强扶贫资金监管力度和巩固拓展落实中央“八项规定”精神成果;根据《上杭县人民政府常务会议纪要第33次》精神,会同发改局、审计局、人社局联合开展全县各乡镇、县直各单位及社会团体减税降费行政事业性收费情况专项检查,确保各行政事业单位项目收费行为按收费清单执行。

【预算绩效管理】 2019年,上杭县财政推进预算绩效管理工作。全县批复绩效目标189个,项目金额93482.17万元,并对所有设定绩效目标的财政资金开展绩效监控,作为预算执行的重要组成部分。

【预算绩效评价】 2019年,上杭县财政局完善预算绩效评价指标体系,借助中介机构和专家力量等各种措施提升评价工作水平。全年对城区教育重点工程等185个项目开展绩效自评,项目总金额10.5亿元。

【财政支出重点绩效评价】 2019年,上杭县财政对2018年产业发展扶持资金及强农惠农等6个项目开展财政支出重点绩效评价,项目总金额16871.96万元。

【绩效评价结果反馈应用】 2019年,上杭县财政继续建立绩效评价结果反馈与整改制度,提出问题或改进措施24条,取消预算安排项目1个。及时将绩效评价结果反馈到主管部门和预算执行单位。建立绩效管理与预算编制结合机制,制定《上杭县财政支出绩效评价管理办法》,保障预算绩效管理工作规范、有序开展。推动预算绩效管理工作信息化进程,12月完成绩效管理信息化系统采购及培训工作,系统开始正常运行。

【企业财务信息质量管理】 2019年,上杭县财政组织2018年度企业财务决算汇总和2019年度月份财务快报编制和分析,确保信息质量的时效性和数据准确性。全年完成纳入2018年度汇编的34家企业财务会计报告的审核、编制、上报。

【乡镇财政管理】 2019年,上杭县财政引导乡镇政府改进预算管理,合理安排预算,改变县财政“大包大揽”现状,明确乡镇支出责任,核定乡镇支出总额,将乡镇财政收入和支出纳入预算管理和国库集中支付范围,提高财政资金使用效率。

■ 税务

【概况】 2019年,国家税务总局上杭县税务局(简称县税务局)突出减税降费主题、税费收入主业、执法监管主线,巩固扩大国税地税征管体制改革成果,被国家机关事务管理局、国家发展改革委、财政部联合授予“节约型公共机构示范单位”,被县委县政府评为2019年度新时代新担当新作为促进高质量发展落实赶超等综合性工作“先进集体”。古田税务分局被国家税务总局教育中心确定为党建工作基层联系点,被福建省税务局评为“福建省税务系统担当作为先进典型”。省、市局及县委、县政府领导先后17次批示肯定税务工作,绩效考评居龙岩市第二名。

2019年,上杭县税务局共组织各项收入37.2亿元,比上年增加5.6亿元,增长17.72%。其中,税收收入26.87亿元,比上年增加1.34亿元,增长5.25%;进入县财政盘子收入26.28亿元,比上年增加1.95亿元,增长8.01%;非税收入10.33亿元。增长绝对额居龙岩市第一位,增长幅度居龙岩市第二位。

表6

2019年上杭县税务局组织各项税收收入和非税收入情况表

项　目	全年累计入库额(万元)	比上年度增减(万元)	比增(%)
各项收入合计	372005.82	55985.3	17.72
税收合计	268693	13370	5.24
增值税	107436.57	-2781.67	-2.52
消费税	50.15	5.29	11.81
营业税	-1.31	501.03	-99.74
企业所得税	87962.97	21271.99	31.9
个人所得税	18064.97	-3605.64	-16.64

续表6

项　　目	全年累计入库额(万元)	比上年度增减(万元)	比增(%)
资源税	20467.52	-2663.84	11.52
城市维护建设税	5454.28	-117.7	-2.11
房产税	3366.73	-109.31	-3.14
印花税	4660.41	579.11	14.19
城镇土地使用税	957.74	-193.03	-16.77
土地增值税	5625.09	1870.65	49.82
车船税	1380.81	165.84	13.65
车辆购置税	3422.6	-85.75	-2.44
耕地占用税	1411.75	339.48	31.66
契税	5641.16	-507.29	-8.25
烟叶税	2083.55	-329.57	-13.66
环境保护税	707.93	32.82	4.86
非税收入合计	103312.88	42614.94	70.21
教育费附加	3226.76	-92.42	-2.78
地方教育附加	2151.05	-62.58	-2.83
文化事业建设费	13.3	-11.12	-45.53
残疾人就业保障金	633.01	21.89	3.58
水利建设专项收入	119.05	35.5	42.49
税务部门罚没收入	16.3	-3.12	-16.07
工会经费	848.04	141.76	20.07
企业职工基本养老保险费	29853.51	3492.66	13.25
失业保险费	1057.6	75.76	7.72
基本医疗保险费	25548.2	2159.44	9.23
工伤保险费	1922.4	-9.19	-0.48
生育保险费	1167.19	109.87	10.39
城乡居民基本养老保险费	3692.5	3692.5	—
机关事业单位基本养老保险费	19645.03	19645.03	—
城乡居民基本医疗保险费	9322.78	9322.78	—
机关事业单位职业年金	4096.17	4096.17	—

【减税降费】 2019年,上杭县税务局新增减税降费3.24亿元,其中,增值税1.95亿元,企业所得税3064万元,个人所得税5809万元,房产税154万元,城镇土地使用税66万元,印花税48万元,资源税17万元,耕地占用税481万元,车辆购置税2.77万元,城市维护建设税1010万元,教育费附加602万元,地方教育附加401万元,企业职工基本养老保险1186万元。县税务局通过上杭新闻网、办税服务厅、税企微信群等宣传媒介,及时将减税降费所涉及的税费项目、征缴标准、政策依据、操作指南等向社会公开。通过纳税人学堂、上门辅导、专题宣讲、电视开机画面、骑行宣传、上杭人民政府网在线访谈等方式开展面对面进行政策辅导,点对点进行纳税人精准"滴灌",确保纳税人"应知尽知"。全年制作和印刷宣传单册26项29.66万份;推送微信1189条,受众11.06万户次;推送短信3.57万条,点对点精准辅导纳税人1099人次;举办纳税人学堂34期,培训人数3506人次;对辖区纳税人开展专场培训58场,培训人数4493人次。

【社保费征收】 2019年,上杭县落实国家税务总局"一竿子插到底"培训精神,确保个税政策执行不偏差不走样。贯彻各税种管理规程，强化土地增值税清算和所得税完工结算，加强环保税管理，做好新耕地占用税实施准备，提高各税种管征质量。同时，构建起“政府主导、镇村联动、部门配合、税务征收、多元缴费”的社保费管征模式，推动及时缴费。社保划转后，县税务局简并缴费人缴费程序负担，实现多个费种一网申报，超过50%的居民缴费通过手机支付，45%的居民通过居民所在社区缴费。2019年，上杭县城乡居民基本医疗保险缴费人399917人，占龙岩市税务局目标任务的95%，城乡居民基本养老保险缴费人数143745人，占龙岩市税务局目标任务的94.5%，完成比例龙岩市第三。

【纳税服务】 2019年，上杭县落实“最多跑一次”涉税事项办理清单，即办率98.6%，纳税人平均等待时长3分钟，平均办理时长7分钟。试点上线“版式文件管理系统”，实现涉税纸质资料一次采集、反复利用。落实简易注销相关规定，与工商部门交换简易注销申请信息189条。全面加强办税服务厅建设，通办窗口26个、专业窗口2个，全年办理涉税事项15.88万件，服务人次69258人次，纳税人满意率99.97%。开展大调研大走访活动，召开2次民营企业座谈会，为重点企业、民营企业提供“一企一策”服务；推进“税银互动”，帮助77家企业获得信用贷款1635.3万元；深入对接“e龙岩”建设，完成26项汇聚数据目录提供工作，为265户纳税人解决服务纠纷。

【依法治税】 2019年，上杭县累计清理欠税230户，入库税款2026万元，其中清理陈欠58户，清理税款835万元；清理新欠172户，清理税款1192万元。做好多缴税金清理工作，清理多缴税金1482万元，其中清理企业所得税1039万元、个人所得税190万元、增值税154万元、其他税费99万元。开展纳税评估，共推送9批次10户涉嫌风险疑点企业到相对应的管理分局进行专项评估，评估入库税款331万元。加强综合治税工作，以政府协同办公系统为依托，按期接收有关涉税信息和数据，全年获取各类涉税信息758条，补缴入库耕地占用税996万元、契税10.9万元、环境保护税1.8万元、土地使用税1.5万元。加强内控机制建设，内部控制监督平台上线后，筛查、识别税收执法风险38条，累计接受21条税务机关和税务人员过错申述申辩申请，批评教育2人。

■ 审计监督

【概况】 2019年，上杭县审计局完成审计和审计调查项目42个，审计查出主要问题金额7.13亿元，其中违规金额189万元，管理不规范金额7.11亿元。审计发现非金额计量问题73个。审计促进整改落实有关问题资金9332万元。完成政府投资建设工程竣工结算审计项目160个，审减金额9849.27万元。

审计项目《上杭县铜业局局长任期经济责任审计》获得全省、全市审计项目质量评比第一名，被省审计厅推荐到审计署参加全国优秀审计项目评比；审计统计工作获得全市第一名；审计信息宣传获全市第三名；县审计局获县委县政府“实施乡村振兴战略”表彰单位。

2019年，县审计局在履行审计监督职责的同时，发挥审计服务发展预警防控、规范纠偏、监督保障作用。对审计发现重大违法违纪问题坚决查深、查透、查实，重点关注财政资金分配、重大投资决策和项目审批、政府物资采购和招标投标、国有资产和股权转让、土地出让等重点领域和关键环节，揭露以权谋私、失职渎职、贪污受贿等问题，持续关注部门单位贯彻执行中央“八项规定”情况，部门单位“三公经费”、会议费管理使用情况，开展“1+X”专项督查等，发挥反腐败“利剑”作用，推动建立完善不敢腐、不能腐的制度机制。

【中共上杭县委审计委员会办公室】 2019年7月，中共上杭县委审计委员会成立，县委书记任审计委员会主任，县长、县纪委监委主任任副主任。中共上杭县委审计委员会下设中共上杭县委审计委员会办公室，办公室设在县审计局，审计局局长任办公室主任。县委审计委员会办公室是县委审计委员会的办事机构，直接受委员会领导，负责处理委员会日常事务工作，贯彻落实县委审计委员会及上级审计委员会办公室的工作部署，推动完善党领导审计工作的制度机制，切实履行好统筹协调、督办推进等职责。

【国家重大政策措施落实情况跟踪审计】 2019年，上杭县审计局坚持以推进供给侧结构改革为主线，加大国家重大政策措施落实情况审计力度，将政策措施落实情况贯穿于全年各项审计项目中，持续跟踪检查上杭县落实政策措施情况，监督检查相关部门落实稳增长、促改革、调结构、惠民生、防风险等政策措施具体部署、执行进度、实际效果等情况，开展简政放权和行政审批、地方政府债务和隐性债务、减税降费、普惠金融等政策落实跟踪审计，开展地方政府债务和隐性债务专项审计，清理拖欠民营企业、中小企业账款专项审计，减税降费政策措施落实专项审计，惠民补贴“一卡通”政策措施落实情况专项审计，为民办实事项目跟踪审计（教育类），非户籍人口在城市落户实施方案审计调查，以及省重点项目（含“五个一批”和赶超项目）跟踪审计等。

【本级预算执行情况、决算草案和其他财政收支审计】 2019年，上杭县审计局助力打好“三大攻坚战”，深化财政审计，开展部门预算绩效管理和监督，调整财政审计工作思路，致力护航财政改革，特别是预算管理制度、债务管理制度、事权与支出责任等三项制度改革深入推进。开展上杭县2018年度预算执行、决算草案及其他财政收支审计，对原县旅游局、原县安监局、原县文体广新局、县供销社等单位预算执行、决算草案及其他财政收支进行审计；开展2018年福建省工业企业技改专项资金审计、2018年福建省数字经济发展专项资金审计；立足于"一市两区三组团"(2019年龙岩市委提出："一市两区"即中心城市和新罗区、永定区，主要是要推动新罗区、永定区按中心城市要求同城一体化发展；"三组团"即建设龙雁组团、高坎组团、古蛟组团三大组团，目的是要通过建设"三大组团"，进一步拉开城市发展框架，拓展产业发展空间，做大做强龙岩中心城市，使中心城市成为城市经济核心和重要增长极。)方案，开展上杭古田建发公司闲置资产清查。推动盘活沉淀资金、统筹整合专项资金，促进理好财、用好权、尽好责。

从审计结果看，2018年县财政局等部门执行县人大十七届第二次会议批准的财政预算和县人大常委会十七届第十六次会议批准的财政预算调整，财政运行总体平稳，预算管理情况总体较好，财政改革发展有序推进。财政收入稳步增长。2018年，实现县本级一般预算收入26.26亿元，比上年增加11269万元，增长4.48%；县本级总财力52.03亿元，比上年增加33339万元，增长6.85%。预算管理不断加强。继续完善预算编制工作；挖掘潜在税源，收入按序时完成；推进部门预决算和"三公"经费信息按照规定时间规定方式对外公开。资产和资金存量盘活力度加大。开展清理财政存量资金检查，盘活财政资金，收回县民政局、教育局、住建局、农业局、国土局等县直单位和部分乡镇的存量资金3677.44万元，统筹用于县委、县政府研究确定实施的民生等重点项目，提高财政资金使用效益。审计为财政部门和被审计单位改进和加强管理，提高财政资金使用效益提出针对性意见与建议，得到采纳。依照审计程序依法进行处理处罚，分别出具审计报告或下达审计决定。

【领导干部经济责任审计】 2019年，上杭县审计局开展对县国有资产监督管理局局长、卫生和计划生育局局长、市场监督管理局局长、国土资源局局长、县供销社主任，湖洋镇党委书记、镇长共6个单位7名领导干部任职期间经济责任履行情况审计。审计对上述人员在任职期间经济责任作出客观公正评价，在审计中发现所在单位存在一些违反财经法律法规问题，客观分析问题产生的背景、环境、原因等，听取意见，区别情况，审慎作出定性处理，力求依据准确、结论客观，责令所在单位对存在问题进行整改、纠正。配合、协调省审计厅漳州市审计组开展对上杭县主要领导的经济责任暨自然资源资产管理和生态环境责任审计。

【自然资源资产管理和生态环境保护专项审计】 2019年，上杭县围绕土地资源、森林资源、水资源、矿山生态环境治理等重点审计领域，以被审计领导干部任职前后所在地区自然资源资产实物量和生态环境质量状况变化为基础，以其任职期间履行自然资源资产管理和生态环境保护责任情况为主线，考虑被审计领导干部所在地区的主体功能定位、自然资源资产禀赋特点、资源环境承载能力等，针对不同类别自然资源资产和重要生态环境保护事项分别确定审计内容，突出审计重点，树立和践行绿水青山就是金山银山理念，推动实现经济发展和环境保护双赢。2019年，上杭县审计局开展对县国土资源局局长和湖洋镇自然资源资产管理和生态环境保护专项审计，推动生态文明建设各项改革任务顺利实施。

【专项资金审计和审计调查】 2019年，上杭县服务打好精准脱贫攻坚战，加大"三农"、教育、医疗、社保、保障性安居工程等民生资金和项目审计，聚焦审计重点，维护群众切身利益。组织开展全县民生与扶贫资金专项治理工作，加大"三农"、教育、医疗、社保、保障性安居工程等民生资金和项目审计。2019年，上杭县审计局开展城镇保障性安居工程审计调查，加强基础教育"十条措施"落实情况审计调查，县医院2017—2018年度财务收支审计，县疾病预防控制中心2017—2018年度财务收支审计，薄弱校改造资金"最后一公里"专项督查，精准扶贫资金专项审计等，聚焦审计重点，维护群众切身利益。

■ 统计管理

【概况】 2019年，上杭县统计局抓好第四次全国经济普查现场登记工作，配合接受县委巡察，组织开展统计调查、统计服务、统计法制、统计基础建设及绩效评估等工作，获县2019年度产业发展项目建设年六项行动先进集体、县直机关党工委先进基层党组织，2018年度绩效考核县直经济部门一等奖、2019年GDP增速龙岩市第一。上杭县统计局被国务院第四次全国经济普查领导小组表彰为国家级先进集体，被龙岩市政府记三等功、被县"大督查大落实办"通报表扬，上杭县获省市县经济普查表彰还有省级先进集体1个、先进个人3个，市级先进集体3个、先进个人17个，县级先进集体5个、先进个人35个、先进企业10家。

年内，县统计局在统的"四上企业"有：规模以上工业94家、资质建筑业155家、房地产开发企业22家、限额以上批发零售住宿餐饮业224家、限上产业和个体35家、规模以上服务业46家。在统固定资产投资项目404个。

2019年，国家统计局上杭调查队统筹推进党建引领、数据质量、调查服务、干部队伍建设，各项工作取得新成效。在总队对县队业务考评中名列前茅，7个专业获优秀等次、6个专业获良好等次，被龙岩调查队评为2019年度调查队系统优秀单位，再次被评为市级文明单位，获2018年度“一类二挡平安”单位称号，曾晓珍因拾金不昧入选福建好人榜。

【第四次全国经济普查】 2019年1月1日，上杭县第四次全国经济普查工作进入登记阶段。县第四次全国经济普查办公室(简称四经普办)全力以赴，县、乡、村各级普查机构和全县1300多名普查指导员和普查员共同努力，完成普查现场登记、普查宣传、数据审核修错、汇总评估和上报等工作。6月19—21日，上杭县作为福建省9个县(市、区)之一代表龙岩市唯一一个县(市、区)通过国家事后质量抽查。

第四次全国经济普查全面摸清上杭县第二产业、第三产业的发展规模、布局和效益，普查结果显示：2018年末，全县有从事第二产业和第三产业活动的法人单位5299个，与2013年第三次全国经济普查相比，增长68.9%；从业人员22.5万人，增长2.4%；产业活动单位7915个，增长26.8%；个体经营户4.96万个。

组织领导 县委县政府将普查工作纳入年度对乡镇、县直单位绩效管理考评，纳入高质量发展落实赶超“大督查大落实”范畴，纳入县政府周例会专项议题，县长王波亲自跟踪落实工作进展情况；健全县、乡、村三级普查机构，有针对性调整充实两员；建立普查进度和非一套表企业、个体经营户主要指标快速汇总两项周报制度，不定期开展数据分析，及时发现和研判普查中存在的系统性问题；建立乡级党政领导班子成员挂钩包干制度，在龙岩市率先邀请市四经普办到上杭县举办业务培训会。

明确工作职责 详细说明登记阶段各普查区工作职责和工作流程，分工安排数据登记、审核、上报等任务；结合劳动工资年报，对属劳动工资填报对象的行政事业单位，县四经普办实行统一布置和收集纸质普查表；对普查中自成体系的部门，实行“条条”登记，要求法人单位上报其本部及所有分支机构的经济指标，确保现场登记单位数不重不漏，保证数据质量。

培训演练 重抓一套表单位年报培训，挑选业务骨干结合专业年报进行业务培训，确保填齐报足；做好非一套表单位及个体户抽样调查业务培训，通过大规模集中培训、小范围业务骨干培训、四经普办分组下乡、普查督导员、指导员一对一入户指导等形式多渠道全方位开展培训，提高入户登记调查和指导水平；组织6个小组开展入户试填，分别由县四经普办业务骨干带队进行全过程试操作、试演练，确保培训实效。

宣传发动 上杭广电持续报道经普工作动态和消息，新闻前后滚动播放四经普公益广告、相关知识、宣传标语和告知书；分阶段向全县普查对象及相关人员群发36万条经普短信；在微信朋友圈定制20万条四经普宣传广告；利用上杭统计公众号组织有奖竞答，累计兑现奖品2万元；开展各乡镇全方位宣传活动，在普查小区、人员密集区悬挂横幅、张贴宣传标语，利用墟天在集镇上摆摊设点发放宣传单、海报；在城区主干道和工业园区制作大型户外广告6个；2019年1月1日，县长王波带队开展登记入户宣传发动。

调研督导 县政府主要领导、分管领导、县统计局、县四经普办多层面、多形式、多渠道、多批次经常性深入乡镇、企业和相关行业主管部门开展调研督导，实地了解一套表、非一套、行政事业单位及抽中小区个体户具体情况，现场指导，现场培训，面对面、零距离现场解决各乡镇、各普查对象普查登记过程中存在的困难和问题。

审核查验 实时监控普查数据采集、上报，入户数据核实，开展数据抽查，在龙岩市率先推行数据审核“四级联审”(坚持普查员初审、县四经普办挂钩人员复审、会同部门三审、县四经普办专业人员终审)机制，及时排查问题，消除差错。

部门联动 明确县乡普查办、行业主管部门职责，建立县、乡、部门纵向横向联动机制，县四经普办总牵头，做好业务指导；乡镇普查办负责辖区内所有调查对象的入户登记及数据初审；行业主管部门根据职能，以国民经济行业分类标准中行业门类为基础，对应落实职责，要求各主管部门指定专人对所管理对象的数据进行复审，要求电力、税务、工信、文旅、财政等部门提供经普数据质量评估所需基础资料，作为评估普查对象所报数据依据。

【统计调查】 各项常规统计调查 2019年，上杭县统计局执行各专业统计调查制度，组织、指导统计调查对象完成农业、工业、建筑业、房地产开发、服务业、固定资产投资、贸易、住宿、餐饮、人口、就业、劳动工资、能源消费、社会科技、文化产业等统计调查工作月报、季报、年报工作任务，完成综合统计和GDP核算工作，统全统准各行各业数据。2019年，上杭县GDP突破400亿元大关，达到402.5亿元，比上年增长8.6%，增速龙岩市排名第一，其中第一产业55.2亿元，增长3.7%，增速龙岩市排名第一；第二产业171.7亿元，增长9.4%，增速龙岩市排名第二；第三产业175.6亿元，增长9.1%，增速龙岩市排名第一。固定资产投资增长14%，增速龙岩市排名第二。

其他专项调查和监测统计 2019年，全县完成12个乡镇15个调查小区人口抽样调查工作；完成投入产出调查、能源调查、基本名录库调查、劳动工资调查、企业用工情况、文化产业调查、高新技术产业调查、妇女儿童发展纲要监测等10余项专项调查工作。

【统计服务】 点对点统计数据推送 2019年，上杭县每月数据报送前各专业实行点对点发送预警提醒信息至县分管领导、乡镇主要领导和分管领导及统计人员；月初数据报送期间第三天开始每日汇总各专业指标报送进度，发送给县领导和该局领导，及时掌握情况问题协调解决；每月数据反馈后制作指标月度对比表，开展与其他县市、与上年同期、与上月、与龙岩市平均数的对比，开展横、纵向分析。全年"马上就办"为县委县政府提供大量统计数据服务和为企业做好产值认定工作。

经济形势分析　每月实时跟踪全县国民经济总体运行情况和分领域情况，利用调查掌握和收集、整理的资料，梳理经济运行中热点、难点、亮点问题，发现苗头性、倾向性问题，进行分析、建议，做到各专业每月有进度分析、每季有综合分析、每年有年度分析，撰写的《做好经济普查个体户抽样调查工作的建议》《当前经济运行情况及下阶段工作建议》得到县委书记傅藏荣重要批示。

数据资料收集整理编印　每月20日左右编印月度主要经济指标小册子，发布《2018年上杭县国民经济和社会发展统计公报》，编辑《上杭统计提要2019》《上杭统计年鉴2019》，做好"上杭县人民政府网站统计局网页"内容更新工作。组织各专业开展"新中国成立70周年发展成就系列分析报告"工作，对新中国成立以来全县农业、工业等7个主要领域和经济社会综合发展情况进行认真统计分析，汇编成册开展成果宣传。

【统计法治】　"七五"普法宣传　2019年，上杭县四经普各主题业务培训和各专业年报业务培训会上以会代训开展统计法治宣传教育，第33期全县科级干部培训班上开展统计法进党校宣讲活动，全年培训16场次，培训人数达1500人次，着重加强《中华人民共和国统计法实施条例》《企业统计信用管理办法》《关于深化统计管理体制改革提高统计数据真实性的意见》《统计违纪违法责任人处分处理建议办法》《防范和惩治统计造假弄虚作假督察工作规定》等宣传教育；做好重要时日宣传工作，在第十届"中国统计开放日"、"12·4"全国法制宣传日、"12·8"统计法颁布日等重要时日，通过上街摆摊设点、散发宣传材料、制作成果展板、短信标语口号宣传等形式多样开展统计普法活动；加大典型案例曝光工作，市统计局门户网站曝光1起统计违法典型案件。

统计监督检查　实行县政府发文的统计综合业务执法检查预告制度，全年对32家单位开展统计综合业务监督检查，处罚企业1家罚款3000元。参加"双随机一公开"跨部门联合监管工作，开展"互联网+监管"清单梳理、"信用中国"网站行政处罚信息信用修复等法治和社会信用体系建设工作。

经济普查专项执法检查　3月，安排法规人员参加省统计局举办的经济普查执法培训；4月，组织全县开展经济普查执法检查，抽取部分经济普查对象核查普查数据；6月，配合做好国家统计局对上杭县经济普查数据核查工作；12月，配合做好省统计局对上杭县经济普查数据质量督察工作。

【基层基础】　乡镇统计工作绩效考核　2019年，上杭县开展各乡镇统计工作绩效考核，重点对各乡镇落实基层统计规范化建设和农村统计报表质量进行检查，2019年，县统计局按村级统计员每人每月100元标准下拨各乡镇村级统计工作绩效奖金41.28万元。

企业培育和入库申报　做好每一家新申报企业、项目真实性核查，对新申报单位进行现场拍照和纳税录像，指导企业统计数据取数填报，确保企业入库资料完备提高入库率；加强项目、企业入库业务培训，全年举办5场次业务培训。2019年，全县新入库贸易业23家、服务业16家、工业15家。

基层走访调研　开展重点企业、项目走访调研工作，2019年，走访调研工业企业9家、贸易业32家、服务业2家、农业6家、固定资产投资项目28个，撰写调研报告9篇，为企业解决指导统计工作问题77个。

【居民收支调查】　2019年，上杭县全体居民人均可支配收入26817元，比上年增长9.5%，增速居全市第4位。其中，城镇居民人均可支配收入42288元，比上年增长8.5%；农村居民人均可支配收入18444元，比上年增长9.9%。城乡居民收入差距持续缩小，2019年城乡居民收入倍差为2.29倍，比上年缩小0.03倍。

【畜禽监测调查】　2019年，上杭县印发《上杭县生猪养殖单位信息库建设工作实施方案》，建立完善样本信息库，实现调查样本的动态维护、跟踪、监测。推进电子采集数据，家禽大型养殖户使用"闽农宝"户数占比98%。受非洲猪瘟疫情影响，进一步关注生猪生产与供应形势，做好分析预警工作。加强下点检查指导，严格数据审核，确保畜禽数据上报真实准确。

【劳动力调查】　2019年，国家统计局上杭调查队推进新一轮样本调查工作，配强辅助调查员，强化业务培训，提高基础工作规范化水平。落实入户陪访制度，按月按季入户检查指导，依法依规开展调查。严格数据审核，确保数据质量，为国家统计局发布月度调查失业率提供坚实的数据支撑。

【其他调查】　2019年，国家统计局上杭调查队执行国家调查方法制度，做好居民消费价格调查基期定点、定规格品工作，利用遥感技术开展粮食面积产量调查，完成工业生产者价格调查、采购经理调查、农民工监测调查、新设小微企业及个体户跟踪调查、服务零售结构调查等工作。

【统计优质服务】　2019年，国家统计局上杭调查队利用调查数据，做好数据解读和经济形势分析工作，与统计局联合编印《上杭统计月报》《2019上杭统计年鉴》《2019上杭统计摘要》，满足社会各界统计数据需求。开展农村人居环境整治、政务服务等专题调研，分析被《闽西社科》《福建统计》等媒体刊物采用11篇次，1篇被上杭县委书记傅藏荣批示，1篇获全省调查队系统优秀统计论文三等奖。开展全面从严治党民意调查、上杭县创建全国文明城市调查、上杭县政府绩效公众评议等专项调查，服务高质量发展和落实赶超。重视新闻宣传工作，讲好统计调查故事，文章被国家统计局内网、《中国信息报》等采用19篇次；利用雷锋月、宪法日、统计开放日等重要节点，上街、进企、入户宣传调查指标、统计法律法规，开展中华人民共和国成立70周年主要经济指标宣传解读，接受上杭电视台采访，9月14日在《上杭新闻》播出。

【统计法治建设】 2019年，国家统计局上杭调查队组织学习国家统计局关于重大统计违纪违法案件责任追究情况的通报，举行17场次法律法规学习宣传。执行领导干部违规干预统计工作记录制度，开展统计造假专项整治。贯彻落实全面推行行政执法公示制度、执法全过程记录制度、重大执法决定法制审核制度，执行调查项目审批制度。下发法律义务告知书37份，抽取8家企业开展“双随机”执法检查。1名干部通过国家统计执法资格考试，累计4名干部取得执法资格证。

■ 物价管理

【概况】 2019年，上杭县物价管理工作加强价格调控、维护价格稳定，做好市场价格监测、分析和预警工作。在农贸市场、超市设置7个省、市级价格监测点。加强民生价格信息发布工作，通过县政府信息公开平台及上杭物价微信公众号发布民生价格信息。贯彻落实上级各项收费政策，开展2018年度行政事业性、经营服务性收费报告和统计工作，对58个行政事业性收费单位上报的数据进行审核，录入全国收费系统，在县政府门户网站公布58个有资质的行政事业性收费单位及实行政府定价管理的经营服务性收费目录清单动态管理，对收费进行事中、事后监管。联合市场监管、民政、财政对上杭县政府部门下属单位涉企收费、中介机构收费进行整治，清理规范转供电加价行为，通过清理整治，减轻企业负担取得实效，推动优化营商环境政策的落实。推进农业水价综合改革，促进农业节水减排和可持续性发展。落实社会救助和保障标准与物价上涨挂钩联动机制，适时发放临时价格补贴、失业保险金补贴，保障困难群众基本生活水平不因物价上涨而降低。2019年，完成3个平价商店建设，与润和、永辉、新华都超市签订协议，在3个超市设立农副产品平价专区，在重大节日、民生价格波动异常时开展平价活动。开展农产品成本调查工作，承担全县早籼稻、烤烟、晚籼稻三大品种直报和常规调查工作，农产品购买、农户存粮、种植意向、成本预测四个专项调查工作，形成调研文章10余份，为政府决策提供依据。

【农村公益性公墓价格制定】 2019年，上杭县联合民政部门制定上杭县农村公益性公墓收费项目及收费标准，此项工作率先在福建省开展。

【非营利性民办学校学费及住宿费收费标准制定】 2019年，上杭县通过对上杭县实验中学办学成本的监审，结合社会承受能力及该校实际，制定上杭县实验中学高中学费及住宿费收费标准。

【价格认定业务】 2019年，上杭县价格认证中心受理各类价格认定业务191件，涉及金额3449.45万元，涉税案件6件，涉及金额700万元。

【价格监督检查】 2019年，上杭县组织开展公立医院违规收费问题专项治理，严肃查处自立收费项目、自定收费标准、超标准收费、重复收费等乱收费行为，切实维护群众利益。开展清理政府部门下属单位、行业协会商会、中介机构收费专项治理，转供电环节电价专项检查，落实小微企业优惠减免政策专项抽查和自来水价格、天然气价格等涉企收费检查，减轻企业负担。全年立案查处价格违法案件14件，没收违法所得40.23万元，罚款171.23万元，退还多收金额169.98万元。及时妥善处理价格投诉举报，做到“件件有落实，事事有回音”。全年受理各类价格投诉举报16件，办结率100%。

■ 市场监督管理

【概况】 2019年，上杭县市场监督管理局继续围绕全县发展大局，强化职能运用，服务经济发展。推进商事制度改革，激活市场主体活力；推进质量强县战略，提升上杭县产品质量水平；强化食品药品监管，保障人民“舌尖上的安全”；完善市场监管机制，规范市场秩序，严厉打击各类违法违规行为。全年立案查处各类市场违法违规案件122件，罚没入库330.9万元。完成上杭县纪念古田会议90周年系列活动等重大活动食品安全保障任务。古田市场监管所被国家市场监督管理总局授予“全国市场监督管理系统优秀市场监管所”称号。全年受理消费者咨询、投诉举报611件，办结率100%，涉及争议金额54.1万元，为消费者挽回经济损失30余万元。

【服务经济发展】 *推进商事登记制度改革* 2019年，上杭县市场监督管理局推进“多证合一”和“证照分离”改革，全年办理“证照分离”改革的事项3262件；推进市场主体便利注册和简易退出，全年办理简易注销企业182家，个体工商户388户；推行企业经营范围登记便利化改革，实现申请人自主勾选经营项目，提高申请便利化水平。

提升行政服务效能　2019年，上杭县市场监督管理局简化企业注册登记流程，将企业开办环节减至“企业登记、刻制公章、申领发票”3个环节，压缩时间至2个工作日；推行企业登记注册“一人办结”制度，做到“一口受理、一人通办、一办到底”；公布“一趟不用跑”和“最多跑一趟”办事清单，已对外公示“一趟不用跑”办事清单9个，“最多跑一趟”办事清单75个。

强化事中事后监管　2019年，上杭县市场监督管理局全面落实市场监管“双随机一公开”综合检查，健全完善“双随机一公开”监管方式，推进跨部门联合抽查制度化、常态化，全年召开部门协调会2次，组织抽查市场主体461户次。全县各级各部门归集企业信用信息58984条(不含工商类信息)，全县列入经营异常名录企业875家次，列入严重违法失信企业139家。加强无证无照经营监管工作，落实扫黑除恶督导组反馈问题整改工作，全年立案查处无证无照经营案件43件，向相关部门发出无证经营抄告函10份。

推进2018年度企业年报公示工作　上杭县市场监督管理局利用电视、网络、微信、短信等宣传载体，宣传企业年报公示工作。全县内资企业年报率93.54%，农民专业合作社年报率95.4%，个体工商户年报率97.45%。

【质量发展】　2019年，上杭县市场监督管理局健全质量工作机制，建立“党委领导、政府主导、部门联合、企业主责、社会参与”的质量工作格局，开展“共创中国质量　建设质量强国”为主题的“质量开放日”活动，组织“质量强县”相关单位、社会各界公众和企业代表30多人到紫金铜业有限公司参加活动，推动更多企业导入先进质量管理模式，助力企业实现高质量发展。12月，上杭县紫金铜业有限公司获得2018年度(第六届)福建省政府质量奖。

【标准化服务】　2019年，上杭县指导协调上杭鑫隆蜜雪梨专业合作社开展蜜雪梨栽培省级标准化示范区验收工作。2019年10月，上杭鑫隆蜜雪梨专业合作社以85分的优秀成绩通过省级标准化示范区验收。2019年，指导福建世纪金花科技有限公司建设省级金花茶标准化示范区工作，指导上杭县优生活家政服务有限公司建设省级家政服务业标准化试点终期验收工作，该公司以82分的成绩通过省级家政服务业标准化试点项目终期评估。

【特种设备安全监管】　2019年，上杭县市场监督管理局开展特种设备安全隐患排查治理，共监察各类企业156家次，发出特种设备安全监察指令书26份，查处特种设备案件1件，罚没处罚7万元。开展特种设备安全宣传教育活动3场次，指导开展以企业为主体的应急演练6场次。全县特种设备使用登记率98.61%、定期检验率98.15%、作业人员持证率100%、隐患整改率100%。

【食品药品安全】　建设“一品一码”大数据平台　2019年，上杭县打造上杭县“一品一码”大数据平台，建立覆盖种植养殖、肉品屠宰、生产加工、终端销售、检验检测、政府监管、企业管理、公众查询等各环节的食品安全“一品一码”大数据追溯管理体系。2019年，572家食品生产经营餐饮主体上传追溯数据，累计上传追溯数据115万条。

巩固提升“明厨亮灶”工程　2019年，持续治理“餐桌污染”、建设“食品放心工程”，推进食品安全放心县建设，确保人民群众“舌尖上的安全”。至年底，实现城区公立学校食堂、中型以上餐馆100%“明厨亮灶”，上杭县城东幼儿园和上杭县安澜桥幼儿园分别被评为2019年省级“明厨亮灶”示范单位和市级“明厨亮灶”示范单位。

食品生产流通环节食品安全监管　2019年，加强抽样检测力度，突出抽检与百姓日常生活密切相关的、消费量较大以及曝光的问题食品，全年开展食品安全监督抽检800余批次，涉及粮油、肉制品、水产品、蔬菜等。

药械、化妆品安全监管　2019年，药械经营使用单位日常监管完成率100%。先后组织开展20余次药械流通环节专项检查，上报药品不良反应报告516例、医疗器械不良事件125例。做好新颁布的《中华人民共和国疫苗管理法》和新修订的《中华人民共和国药品管理法》宣传贯彻工作。

【上杭县食品检验检测中心建设】　2019年，上杭县食品检验检测中心开始试运行，开展27个大类食品7个大类农产品包括农残、药残、污染物、真菌毒素、食品添加剂、常规理化、重金属、微生物和非食用物质等300多项指标的检测，承担区域内省市县三级食品和农产品质量安全、风险评估、发证检验任务、接受社会企业和消费者委托的检验。至年底，该中心食品安全快速检测车及专职驾驶员已到位。

责任编辑：林流裕　钟梅娇

农 业

■ 综述

【农村经济】 2019年,上杭县农业农村工作以实施乡村振兴战略为总抓手,以推进农业供给侧结构性改革为主线,以优化农业产能和增加农民收入为目标,坚持质量兴农、绿色兴农、效益优先,加快转变农业生产方式,推进改革创新、科技创新、工作创新,大力构建现代农业产业体系、生产体系、经营体系,大力发展新主体、新产业、新业态,建设"产业兴旺、生态家居、乡风文明、治理有效、生活富裕"的社会主义新农村。全年实现农林牧渔业总产值92.39亿元,比上年增长3.7%,连续两年增速居全市第一;实现农村居民人均可支配收入18444元,增长9.9%,增速居全市第四。

【脱贫攻坚】 2019年,上杭县继续实施脱贫攻坚战役,完善精准扶贫工作机制。把脱贫攻坚列为县对乡镇、对部门、对干部绩效考评的重要内容,把帮扶实效作为对干部考核评价的重要依据,健全完善考评机制。实行乡镇党政主要领导向县委、县市政府作脱贫攻坚工作书面述职报告制度,在贫困进退、扶贫搬迁、数据信息报送等关键环节,实行乡镇党政主要领导签字确认、县级主要领导签字审核制度。制定下发《上杭县2019年脱贫攻坚战役实施方案》《上杭县打赢脱贫攻坚战三年行动计划》,明确县、乡、村脱贫攻坚主体责任和具体责任,及时召开脱贫攻坚有关会议,全面安排部署脱贫攻坚工作和当前重点工作。2019年,全县4个贫困乡镇、50个贫困村、6822户19088名贫困对象全部脱贫摘帽。

全面推进激励性产业扶贫,2019年全县策划实施项目338个,覆盖行政村323个、覆盖率87.16%,受益贫困户4166户14071人、覆盖率73.74%,打造特色种养激励性扶贫项目示范点,户均年增收2000~5000元。产业扶贫理赔74.42万元,有效降低产业发展风险。贫困劳动力就业技能培训1068人,创业致富带头人培训20人、创业贫困农户培训194人、"雨露计划"补助341名;创办4个"扶贫车间",吸纳贫困劳动力31人;全年提供公益性岗位234人次。发放建档立卡贫困家庭子女(含县外就读)学前政府助学金1166人次174.89万元,义务教育营养改善2886人次232.08万元,高中助学金364人次54.6万元,中职助学金174人次17.4万元,大学生学费奖励金694人次131.3万元。全县新发放扶贫小额信贷1267.33万元,还款4011.91万元,截至2019年12月底全县扶贫小额信贷资金未出现逾期资金。贫困人口100%参加医疗保险和健康扶贫医疗商业保险投保;家庭医生签约率达100%,对贫困户目录内自付住院医疗费用按规定给予补助,已发放398人,126.72万元。饮水安全有保障,全县水质检测全部完成,水质合格率100%。2019年,扶贫资金县级投入8712.94万元,比上年增长26%。贫困村集体经济得到壮大,50个贫困村村集体经济收入均稳定超过10万元脱贫标准。

以作风建设为抓手,提高工作实效,全力配合做好市、县"大督查大落实"工作。根据市委"大督查大落实"督查组提供的问题清单,逐项对照,形成责任清单,并要求各责任单位、责任人按时限完成整改,并收集整理相关整改材料。推进"1+X"精准监督,督促行业扶贫部门自我监督、自我约束、自我管理,履行监管责任,担起主体责任。

【农业新型经营主体培育】 2019年,上杭县强化新型职业农民培育,推进农业现代化。

新型职业农民 2019年,上杭县强化新型职业农民培育,引导家庭农场、农民专业合作社等新型农业经营主体带头人、返乡创业大学生、中高职毕业生,返乡农民工等现代创业创新青年从事现代农业建设,着力培养有文化、懂技术、会经营的新型职业农民,全年培训新型职业农民503人(生产经营型472人,收割机驾驶员31人),认定470人。

家庭农场 2019年,全县新增工商登记注册的家庭农场616家;累计工商登记注册的家庭农场2934家,其中县级示范家庭农场219家、市级示范农场27家、省级示范农场24家。

农民专业合作社 2019年,新增工商登记的农民专业合作社33家;累计工商登记注册的专业合作社424个,其中被评为部级示范社11家、省级示范社12家、市级示范社25家、县级示范社29家。

龙头企业 2019年,实施"农产品加工业发展行动计划"和"支柱产业化龙头促进计划",推进亿元企业建设，优创农业、擎荣农业、大地生机等农业龙头加工企业发展态势良好，规划新上一批技改扩容项目。新上福建勐宋天香食品有限公司澳洲坚果精深加工项目、三丫公司有机肥等加工项目，实施农副产品产地初加工项目10余个。新增省级龙头企业1家（龙岩市福欣牧业发展有限公司），新增市级农业产业化龙头企业1家（上杭擎荣农产品有限公司），监测合格农业产业化市级龙头企业8家，新增市级农业示范企业3家。

【美丽乡村建设】 2019年，上杭县出台《上杭县2019年“千村整治、百村示范”美丽乡村建设实施方案》，“千村整治、百村示范”实施19个村，其中省级补助8个村、市级补助3个村、县级补助8个村。新建村庄公厕19座，完成污水管网铺设10633米，集中污水处理设施新建14座。打造建设白砂镇碧沙村、太拔镇院田村、湖洋镇上罗村、旧县镇兰田村、古田镇竹岭村、南阳镇官余村、溪口镇陈屋村等7个最美村落。

【休闲农业】 2019年，上杭县重点打造观音井百果园省级休闲农业与乡村旅游示范点，举办休闲采摘及“乡约你·来上杭”等节庆活动21次，全省第三届梅花节在上杭举行。

【农业生产】 2019年，上杭县扩大粮食、蔬菜、果茶菌、烤烟种植面积，推进农业生产。

粮食生产 2019年，上杭县粮食播种面积2.38万公顷，总产15.44万吨，其中水稻面积2.19万公顷，产量14.46万吨。全年耕地地力补贴资金2690万元。发挥县农技站院士专家工作站的作用，创建水稻产能区高产示范片0.67万公顷，其中13.33公顷以上示范片5个，培育2个稻米知名品牌。建成并投入使用水稻工厂化育秧点累计25个，烘干中心7个。通过开展统防统治、病虫害绿色防控，创建区统防统治或病虫害绿色防控实现100%全覆盖，创建区化学农药使用量较上年下降3%以上。

蔬菜 2019年，上杭县是全国580个蔬菜产业重点县、全省14个蔬菜生产信息监测项目县之一。蔬菜设施农业发展迅速，建成各类设施钢架大棚220公顷，其中高标准智能温控大棚38.67公顷，培育湖洋鑫中合、水西大鹏蔬菜、九洲浩宇、稔田田农、古田绿欣农业等一批示范典型，杭丰蔬菜专业合作的上杭萝卜干签约厦门航空。全年全县蔬菜春种5600公顷、夏种3840公顷。

果茶菌 2019年，全县水果种植面积6873.33公顷，投产面积6646.67公顷，改造低产果园333.33公顷，新植果园286.67公顷。全县茶园面积966.67公顷，其中采摘面积960公顷；全年产量1721吨，改造低产茶园166.67公顷，新植6.67公顷。全县食用菌鲜品总产2.45万吨，产值1.5亿元，分别比上年增长5.2%、7.9%，主要有香菇、木耳、灵芝、平菇、真姬菇等品种。

烤烟生产 2019年，上杭县种植烤烟1827.2公顷，比上年增长4.72%。计划收购烟叶7.4万担，收购烟叶65484.44担，完成计划收购任务的88.5%，实现烟叶税2083万元。上等烟比例比上年增加1.7个百分点，担烟均价比上年增加45.01元，户均收入4.9万元。

畜牧业 2019年，上杭县生猪存栏39.2万头、出栏70万头；家禽存笼738万羽、出笼3056万羽；牛存栏2.3万头、出栏1.3万头；羊存栏2.2万头、出栏1.8万头；兔存笼77万只，出笼150万只；蜂养殖2.08万箱，产蜂蜜222吨。

渔业 2019年，上杭县落实市、县渔业发展规划，转变渔业发展方式，发展产业结构合理、科技装备先进、组织经营高效、目标功能多元、资源持续利用的现代渔业。鼓励、支持利用山坳荒废地和基本农田保护区以外的低产农田新建标准化水产养殖池塘；养鱼面积2098公顷，比上年增长0.96%，其中池塘445公顷、水库1633公顷；鱼产量8051吨，比上年增长6.83%，其中养殖7068吨、捕捞983吨；网箱养殖面积32000平方米，网箱投放量120万尾。渔业产值1.96亿元，比上年增长5.59%，价格稳中有升。新增省级“水乡渔村”二家；养殖品种以草鱼、鲢鱼、鳙鱼、鲤鱼常规品种为主。江河增殖放流以鲤鱼、青鱼、鲫鱼、草鱼、倒刺鲃、鲢鱼、鳙鱼、花骨鱼为主。

【农业项目建设】 2019年，上杭县实施农业领域项目攻坚战役，推进现代农业重点项目建设。

农业领域项目攻坚战役 2019年，上杭县制定下发《上杭县2019年特色现代农业提质增收行动方案》《2019年上杭县农业领域重点项目建设实施方案》。全年计划实施农业领域重点项目建设20个，总投资28.03亿元，全年开工建设项目15个，完成投资7.47亿元。全县列入特色现代农业提质增收的农业重点建设项目28个，完成投资7.58亿元，完成年度计划的101%；新策划招商引资项目56个，超额完成市级下达实施、策划项目50个的任务。完成省、市下达现代农业重点项目9个，总投资4.54亿元，完成投资3.5亿元，完成计划任务数113%。

现代农业重点项目 2019年，上杭县农业农村局用好用活县级现代农业2000万元专项发展资金，完成2017第二批县级现代农业项目批复项目6个，项目补助资金380万元，2018年度第一批批复县级现代农业重点扶持项目6个，项目总资金

267.4万元。实施2018年度市级现代农业产业园上杭乌免现代产业园项目建设,争取市级专项扶持资金125万元,实施2019年度市级现代农业产业园上杭槐猪现代农业产业园项目建设,争取市级专项扶持资金125万元。完成稔田镇10个福建农民创业园(示范基地)2018年现代农业项目验收工作,下拨资金140万元。2019年批复完成12个项目,争取省级专项资金140万元,稔田镇成功申报全国农业产业强镇,争取中央专项资金1000万元。2019年12月,经福建省委、省政府研究同意设立上杭闽台农业两岸融合发展产业园。

【“五新”技术推广】 2019年,上杭县加快农业“五新”(新品种、新技术、新肥料、新农药、新机具)技术推广,重点推广一批高产优质的新品种、节本增效的先进实用新技术、绿色高效的有机新肥料、安全低毒低残留的新农药和便捷适用的新农机具。全年水稻“五新”集成推广示范片40片3866.67公顷、超级稻1万公顷、杂交稻2万公顷、优质稻16666.67公顷、脱毒甘薯866.67公顷,推广免耕栽培3333.33公顷;推广测土配方施肥技术46866.67公顷,推广冬种紫云英绿肥1666.67公顷,建立示范片5个,推广商品有机肥2.5万吨;农作物和畜禽良种覆盖率98%以上;主要农作物耕种收综合机械化水平达71%。强化粮食试验示范基地建设;加强种子市场监管,加大种子打假护权力度,全县良种率99.3%,水稻优质率86.6%,其中高档优质稻品种推广比例达38.6%。

【农业信息服务】 2019年,上杭县创建省级“12316”农业信息服务文明窗口单位。“12316”热线中心配合各专业站开展科技三下乡活动,举办各种形式培训班,根据农事,结合科技下乡咨询活动,印发各种种养技术资料1万多份,农业法律法规材料8000多份,接待来电来访150多人次。全县建成266个村级益农信息社和一个县级运营中心,选聘266名村级信息员。发展农村电子商务,初步建成供销农产品双创孵化园,着力打造适合上杭县域农产品电商创新、创业发展的“互联网+农产品”平台,入驻农产品电商企业24家,农场主23家,建立供销e家县级运营服务中心。

【农产品质量安全监管】 2019年,上杭县成功创建国家第二批农产品质量安全县(全市首个);引导、推广高效、低毒、低残留农药,落实基地监管,加强农产品标准化示范建设,强化农畜水产品监督执法。

农产品“三品一标”认证和质量安全可追溯体系建设 上杭县鼓励和指导生产主体申报“三品一标”〔无公害农产品、绿色食品、有机食品(农产品)、农产品地理标志〕认证和品牌创建工作,加快农产品品牌培育,发展无公害、绿色、有机和地理标志农产品,不断提高“三品一标”产地规模和质量水平。2019年,新增“三品一标”产品44个,其中绿色食品11个、无公害农产品33个,全县累计有154个。推动生产主体积极地应用平台资源推行源头赋码,一品一码,贴码销售,全县纳入可追溯平台内生产主体810家,2019年线上巡查发送问题处置2518个,巡查生产主体23715家次。

农产品质量安全检测检疫 2019年,上杭县明确336名县村级农民技术员履行村级农产品质量安全协管员职责,实现县、乡、村三级监管网络全覆盖。全县果蔬茶样品监督抽查合格率100%,畜禽产品质量安全监测合格率100%(其中上市畜产品检疫率达100%、“瘦肉精”检测合格率100%),水产品样品合格率100%。

农业标准化基地建设 2019年,上杭县有省级优质农产品标准化示范基地4家,其中,果树标准化生产基地1家、畜禽标准化生产基地2家,食用菌标准化生产基地1家。

农业执法 2019年,上杭县加强农资市场执法检查和农资监管平台管理,将全县130余家农药经营企业、47家兽药经营企业、1家兽药生产企业全部纳入福建省农资监管平台管理。全年出动执法车辆110余辆次、执法人员360余人次、检查农资店350余家次;检查水稻(种子)组合70余个、农药产品300余个、肥料产品70余个;抽检农药、肥料、种子产品80余个。依法查处经营假劣农资产品案8家,罚没款2.2万元,没收劣质农药230余瓶(包或盒),劣种子220袋,印发各种有关农业法律法规宣传材料2500余份。

【农业安全生产】 2019年,上杭县农业农村局指导农民防治各种农作物病虫害和动物疫病防控工作,确保农业生产安全。

植物疫病防控 2019年,上杭县农业农村局指导农民防治各种农作物病虫害工作,发布病虫情报5期,科技宣传资料5期1500余份,上传病虫信息30余项;发生病虫草鼠22166.67公顷次,防治52486.67公顷次,挽回损失7217.5吨,仍损失814.35吨。

动物疫病防控 2019年,上杭县农业农村局做好口蹄疫、高致病性禽流感、小反刍兽疫等重大动物疫病的防控工作。组织、指导做好鸡新城疫、狂犬病、布鲁氏菌病、圆环病毒、链球菌等疫病防控。全年调入猪口蹄疫O型、A型二价灭活疫苗75万毫升,牛羊口蹄疫O型、A型二价灭活疫苗11万毫升,重组禽流感病毒(H5+H7)三价灭活疫苗759.25万毫

升,小反刍兽疫活疫苗 4.6 万头份。全县重大动物疫病群体免疫密度常年维持在 90%以上,应免畜禽的免疫密度达 100%。通过落实动物检疫、监测排查(全年检测非洲猪瘟病毒核酸 37917 份)、消毒灭源、生物安全、宣传培训、应急值守与处置等综合性防控措施,强化非洲猪瘟防控工作,确保全县未发生区域性重大动物疫情。

渔业安全监管　2019 年,上杭县人民政府与 14 个渔业重点乡镇签订 2019 年渔业安全生产目标管理责任书,开展全县 58 艘渔业船舶安全生产大检查和专项整治工作,全年开展执法活动 69 次,出动执法人员 255 人次,检查 110 家水产养殖场(户)。对 53 艘渔业船舶开展年度检验工作。联合公安、交通海事、水得安监等部门,现场拆除电鱼设备、设施 65 套,收缴违法违规电鱼设备 8 套,拆除"灯光"等违法违规网具 45 张,立案查处渔业案件 9 件,共罚款 17200 元。2019 年,渔业安全生产工作考评全市第一,被省海洋与渔业局评为"先进单位"。

沼气安全监管　2019 年,上杭县采取定期、不定期方式,对现有沼气池运行管理情况进行检查,未发现重大安全隐患。

【养殖业污染治理与资源化利用】 2019 年,上杭县在巩固原有畜禽养殖污染整治成效基础上,坚持发展畜禽养殖业与生态环境保护并重,以畜禽粪资源化利用工作为抓手,组织开展生猪违规养殖专项整治行动、养殖污染信访核实、保留猪场环保隐患排查、畜禽粪污资源化利用整县推进等工作,着力改善农业农村生态环境质量,推进农业绿色发展。全县清理小散养殖场和反弹复养场户 410 户,完成 528 家建档立卡猪场环保设施的巩固提升,完成 11 件中央环保督察涉生猪养殖方面信访转办件的核查反馈与整改销号验收工作;成功申报国家畜禽粪污资源化利用整县推进项目并获中央预算内投资 3000 万元支持;全县集中无害化处理厂处理病死猪 105035 头。基本实现病死猪集中无害化处理。养殖业污染治理工作获市对县目标管理考评第二名,畜禽粪污资源化利用工作考评取得优秀等次的好成绩。

【农村改革深化】 2019 年,上杭县推进农村土地流转、实施土地承包经营权确权登记颁证、推进农村集体产权制度改革,全面深化农村改革。

土地流转　2019 年,全县土地流转面积 10820 公顷,占承包耕地面积的 45.72%;涉及农户 5.56 万户,占总农户数的 51.77%。

土地承包经营权确权登记颁证　2019 年,上杭县土地确权登记颁证工作完成 338 个行政村权属调查,完成率 100%,除蛟洋镇梅坝村、旧县镇迳美村、临城金山社区 3 个无地村 27 个村民小组不确权外,全县完成审核公示 335 个行政村 3838 个村民小组,10.2 万农户进行土地确权登记,合同签订率 99.8%。打印证书 10.2 万本,颁发证书 10.2 万本。

农村集体产权制度改革　2019 年,全县 22 个乡镇 344 个村居,应开展的村居 338 个,除旧县镇迳美村外 337 个村居全面开展,基本完成村集体经济组织成员身份确认,准备开展第三阶段村集体资产股份改革,并成立经济合作社。

【乡村振兴】 2019 年,上杭县统筹各方力量,实施乡村振兴战略。上杭县被确定省级乡村振兴重点县,古田镇、湖洋镇被确定省级乡村振兴特色乡镇,确定省级乡村振兴试点村 20 个、市级 8 个、县级 5 个、乡镇级 8 个;完成《上杭县乡村振兴战略规划(2018—2022 年)》编制,逐项分解落实年度目标任务;以试点乡村为重点,扎实开展乡村旅游、农村人居环境整治等试点示范活动,建立县处级领导、县直部门挂钩联系特色乡镇、试点村制度,落实"六项责任",试点工作取得阶段性成效。全年拆除"空心房"、危旧住房等 40 万平方米。农村"厕所革命"全力推进,拆除旱厕 6930 座,新建改造三格化粪池、户厕 8058 户,新建公厕 43 座。7 个最美村落、19 个乡镇集镇改造提升项目完成投资 1.1 亿元,新增 3925 个农村停车位。启动农村生活垃圾分类试点,垃圾焚烧发电厂项目加快推进,生活垃圾处理"村收集、镇(乡)转运、县处理"机制日益规范,农村环境更加宜居。

【牲畜定点屠宰管理】 2019 年,上杭县围绕保障上市肉品质量安全开展牲畜定点屠宰监管工作,加强对城区牲畜定点屠宰场的日常监管,完善各项制度建设和生猪肉品追溯体系建设,严格规范经营行为;同时加强对城区牲畜私屠滥宰违法行为的整治和打击力度,规范城区牲畜屠宰管理和经营秩序。2019 年,城区实现定点屠宰生猪 50604 头、牛 4722 头、羊 10638 头,城区牲畜定点屠宰率达 100%。

【农业机械装备】 2019 年,上杭县农业机械总动力 12.65 万千瓦。其中拖拉机 1736 台,微耕机 4522 台、旋耕机 2097 台;插秧 129 台;联合收割机 118 台;田间管理机械 222 台;谷物烘干机 52 台;小型机动脱粒机具、农用排灌机械、农副产品加工机械、畜牧业机械、设施农业设备、山地轨道运输机械等都有不同程度的发展,其中,机动脱粒机 7079 台,农产品加工动力机械 2192 台、农产品初加工作业机械 2515 台,保鲜储藏设备 40 台(套),山地轨道运输机安装4套1166米。

【农机购置补贴政策落实】 2019年，上杭县农机管理站严格按照《2018—2020年上杭县农业机械购置补贴实施方案》落实农机购置补贴政策，全年发放农机购置补贴资金287.92万元(其中中央资金155.03万元，省级补贴资金132.89万元)，用于补贴新购置农业机械1772台，受益农户1436户。

【农业机械化作业】 2019年，上杭县推进农机合作社规范化建设，为农业生产提供产前、产中、产后系列化服务。

农机化服务组织 2019年，上杭县农机部门加快推进农机合作社规范化建设和示范培育，新培育农机专业合作社4家。全县注册成立农机专业合作社19家，有社员368户，机械286台套。10个农机合作社承担全县农业生产社会化服务项目，承担水稻机耕、机育、机插、机收、机烘等环节社会化服务任务，引导小农户、家庭农场接受农机社会化服务。初步形成以农机专业合作组织为龙头，农机大户为主体，农机户为基础，农机中介组织为纽带的新型农机社会化服务体系，为农业产前、产中、产后提供系列化服务。

农机化生产 2019年，上杭县农机部门以农田机械作业为重点，围绕春耕、双抢、秋收冬种等重点农时季节，强化农机作业服务的组织工作，有效引导、组织农机服务组织开展机耕、机收、机灌、农运、信息咨询等社会化服务。全年完成水稻机耕20768.53公顷、机插7028.67公顷、机收19451.2公顷，水稻耕种收综合机械化水平76%，比上年增长4.16%。

【农机新技术新机具推广】 2019年，上杭县农机部门推广农机新技术新机具，提高农业现代化水平。

农机新技术新机具推广应用 2019年，上杭县农机部门积极引进、示范、推广适合当地的农业机械，新增微耕机173台、旋耕机45台、收割机14台、插秧机5台、动力喷雾机172台、割灌机246台、果树修剪机78台、茶树修剪机113台、采茶机3台、挖坑机3台、谷物烘干机2台、果蔬烘干机1台、履带式拖拉机6台、起垄机34台、离心泵20台、稻麦脱粒机228台、田园管理机械192台、铺膜机32台、培土机21台、田间运输机4台、热风炉311台、农用航空器1台、碾米机24台、大米色选机5台、组合米机9台、山地轨道运输机4套1166米。

水稻生产机械化育插秧 2019年，上杭县农机部门鼓励农民进行土地联片作业，通过政府扶持和市场导向相结合，以水稻机插为突破口，抓好水稻生产全程机械化示范点，扶植典型，农机和农艺相配套，强化技术培训和指导服务，实施统一品种、统一播种育秧、统一秧苗管理、统一机耕、统一机插、统一机收。全年完成水稻机械化插秧面积7028.67公顷。

山地轨道运输机推广应用 2019年，上杭县农机部门通过举办山地特色农机推广演示会，组织全县果园、茶园、毛竹等种植大户学习观摩，为有机具需求的种植大户和机具产销企业牵线搭桥，临城镇有4个果园安装轨道运输机。

【农机质量与安全监督管理】 2019年，上杭县农机管理部门重点抓好农机补贴产品质量监督，加强对农机补贴机具经销商(点)的监管，促进农机产品质量和售后服务的改进和提高。对历年享受农机购置补贴机具的使用情况进行跟踪调查并登记造册。开展"科学发展，安全发展"农机安全生产宣传活动，持续开展农机道路交通安全综合整治"三年行动"。全年检查各类农机35台次，田路查检131人次；核发、换发驾驶证250本；注册登记联合收割机和拖拉机25台，注销拖拉机392台，年度检验拖拉机10台。农机安全生产形势总体保持平稳。

【农业综合开发】 2019年，上杭县农业农村局通过项目实施、项目管理等措施，推进农业综合开发。

项目实施 2019年，上杭县国家农业综合开发项目实施完成2018年度茶地镇高标准农田建设项目400公顷(其中土地整理31.33公顷)，财政投资1025.8万元；溪口镇高标准农田建设项目433.33公顷，财政投资1040万元；载丰溪小流域治理项目566.67公顷，财政投资952万元，省级高标准农田建设项目640公顷(其中土地整理14.33公顷)，项目通过县级验收。是年，组织实施2019年度才溪、通贤高标准农田建设项目313.33公顷，财政投资752万元。

项目管理 2019年，上杭县推行工程管理规范化、精细化模式，打造合格工程、精品工程。动工前组织所有承建单位和监管人员集中学习工程技术及质量规范要求、高标准农田建设项目工程施工工序流程、考评办法、验收规程等，要求所有承建单位严格按文件规定和设计方案操作，严格施工标准。施工期间，在项目区每15~20天举行一次由县办、项目乡镇、项目村、村级施工员、监理单位、施工单位参加的定期通报会，各自提出施工管理中存在的权属调整、施工进度、施工工艺、工程质量、工程调整变更等方面问题，共同商讨解决方案，确保项目保质保量完成。按项目片区分别建立项目管理微信群，把每一个片区参与该项目的县办、乡镇、村管理人员以及监理单位、施工单位人员建立1个微信群。在项目实施过程好的经验做法及检查发现的一些问题及时发送到微信群，达到交流、监管的目的。

■ 林业

【森林资源培育】 2019年，上杭县有林地22.13万公顷，占土地总面积的77.50%；全县活立木总蓄积2076.4万立方米。

植树造林 2019年，上杭县完成植树造林1415.07公顷，森林抚育面积6484.2公顷，封山育林面积5434.6公顷。

义务植树 2019年，上杭县完成义务植树24.08万工，完成植树株数96.3万株，完成率96.3%。

省级森林城镇、村庄创建 2019年，上杭县做好福建省"百城千村"绿化美化宜居工程建设工作，创建1个省级森林城镇(古田镇)，5个省级森林村庄(中都镇兴坊村、才溪镇才溪村、才溪镇下王村、湖洋镇加庄村、步云上福村)。推荐申报7个国家森林村庄。

【森林资源与自然保护地管理】 生态公益林保护管理 2019年，上杭县根据《福建省生态公益林管理办法》《上杭县人民政府办公室关于印发上杭县贯彻落实龙岩市人民政府关于深化生态公益林管理体制改革的意见实施意见的通知》有关规定，组织开展生态公益林管护成效和森林生态效益补偿基金使用管理情况自查验收工作，发放生态公益林森林生态效益补偿资金1753.3万元。

森林采伐 2019年，办理林木采伐许可证226件，采伐林木蓄积量5.03万立方米，采伐出材量3.68万立方米。

天然林保护 2019年，上杭县开展天然商品乔木林分补助面积核实工作，发放天然林停伐管护补助资金2518.39万元。

森林病虫害防治 2019年，上杭县开展林业植物检疫检查专项行动，发现松枯死木515株，未发现松材线虫病等检疫性林业有害生物，全面完成松材线虫季度普查和春季越冬代松毛虫防治，防治面积1113.33公顷。

森林防火 2019年，上杭县发生森林火灾2起，受害森林面积2.2公顷，受害率0.01‰，发生率每万公顷0.09起。是年，上杭县被福建省第一护林联防区委员会表彰为2019年度护林联防工作先进单位，上杭县防火办被龙岩市总工会授予"工人先锋号"称号。

林木林地权属争议调处 2019年，上杭县发生山林纠纷11起，调解达成协议9起，行政裁决1起，立案调查1起。

森林资源案件查处 2019年，上杭县林业执法大队查处各类林业行政案件66件，罚款44.77万元，没收木材6.76立方米，没收运费200元。

湿地监测 2019年，上杭县根据《福建省林业局关于开展全省湿地监测工作的通知》要求，组织开展上杭县湿地监测工作，监测成果为：上杭县湿地总面积4656公顷，总湿地斑块133块。其中，永久性河流湿地斑块94块，面积1308公顷；洪泛平原湿地斑块1块，面积15公顷；库塘湿地37块，面积3303公顷；水产养殖场斑块1块，面积30公顷。湿地面积以"人工湿地——库塘"为主，占比70.94%。

野生动物保护管理 2019年，上杭县加强全县53家人工繁育企业的日常监督管理，建立产品的进出仓台账，实行年度养殖情况报备制度，加强野生动物许可证的核发管理。实行猎捕证年度定额管理，对没有办理人工繁育许可证的企业或个人督促其限期办证，对有证但已过期或没有按照副本规定的种类养殖的企业或个人督促其换发新证，逐渐注销实际没有人工繁育野生动物的企业或个人的人工繁育、经营加工许可证。开展野生动植物保护宣传，结合爱鸟周、野生动物保护宣传月大力开展宣传教育活动，散发宣传材料1万余份。全年发放野生动物驯养繁殖许可证13份，野生动物经营加工许可证4件，野生动物运输证6件，办理野猪猎捕许可证2份。

【林业富民产业】 林下经济 2019年，上杭县有林下经济经营面积60033.33公顷，形成林下种植、林下养殖、林下产品采集加工和森林景观利用四大类林下经济发展模式。全年实现产值28.02亿元，比上年增长8.8%。

花卉苗木产业 2019年，上杭县实施省级财政花卉产业发展项目，完成新建薄膜型智能温室2464平方米，连拱钢架塑料大棚0.67公顷，建设地面喷灌系统辐射面积3公顷，项目建设总投入145.7万元，全年花卉苗木产业链产值9.6亿元。

【集体林权制度改革】 林权流转 2019年，上杭县根据《中华人民共和国农村土地承包法》《福建省森林资源流转条例》，按照依法、自愿、有偿的原则，引导林农以多种形式将林地向专业大户、新型林业经营主体规范有序流转，并将林权流转合同范本下发至各林业站，维护流转方和受让方合法权益。是年，全县新增林权流转面积553.47公顷。

新型林业经营主体培育 2019年，上杭县新增新型林业经营主体150家，其中县级示范家庭林场5家，省级新型林业经营主体标准化建设项目单位4家。

林业金融服务 2019年，上杭县自然资源局与上杭农商行联合开展普惠金融—惠林卡业务试点、推广工作。全年新增发放惠林卡1527张，授信金额1.5亿元，用信金额1.01亿元。

【项目用林保障服务】 2019年，上杭县上报审核审批林地项目309个，办件数全省第一，其中永久用地293件，面积212.47公顷；审批临时用地6件，面积4.15公顷；审批内部用地10件，面积7.93公顷。龙龙铁路上杭至武平段控制性工程先行开工点工程项目，从受理到上报省、市审核审批，六个工作日完成，创造省重点项目用时最短纪录。

【商品木、竹生产销售】 2019年，上杭县完成商品木材生产7.01万立方米。按规格分，原木6.59万立方米，薪材0.42万立方米；按权属分，村及村以下商品材产量3.72万立方米，国有林场（古田、溪口、汀江、白砂国有林场）等完成商品材产量3.29万立方米。原木按树种分，杉木3.7万立方米，松木2.16万立方米，其他树种1.15万立方米。

是年，完成商品材销售5.78万立方米（含上年库存），其中销往省内5.64万立方米、省外0.14万立方米；商品材库存5.03万立方米。

是年，上杭县毛竹生产1110万根，篙竹生产810万根，小径竹生产5.1万吨；销售毛竹943万根，销售篙竹772万根。

【林产品加工业】 2019年，上杭县林产品加工业产值9.35亿元，占全县林业总产值的19.4%，比上年增长3.66%。全县林产品加工企业69家，主要以家具类、竹（纸）制品、林产化工及森林食品加工为主，其中规模以上（年产值2000万元以上）林产品加工企业17家。

■ 森林工业

【林产品加工企业】 2019年，上杭县有优创油脂有限公司、汀水源油茶科技发展有限公司、云雾香茶叶发展有限公司、绿鑫农业发展有限公司、儒溪茶叶有限公司、古田镇富康农林发展有限公司、万福林化有限公司、润华纸业有限公司、东兴工贸有限公司、旧县鑫田木业有限公司、华良木业有限公司、兰天木制品家具有限公司、中都三鑫木制品综合加工厂、家友竹竹木有限公司、东顺生物质燃料有限公司、景凤再生能源发展有限公司、浩丰工艺品有限公司等17家规模以上林产品加工企业。

【国有林场】 国有林场改革 2019年10月，上杭县县属国有林场改革工作通过国家林业局抽查验收。

古田分场 2019年，从业人员36人；经营区面积3700公顷，其中林业用地面积3333.33公顷，有生态公益林面积226.67公顷，商品林面积2926.67公顷；林木总蓄积量24.7万立方米；造林更新面积29.73公顷，中幼林抚育面积361.93公顷；全年木材产量2672立方米。

溪口分场 2019年，从业人员46人；经营区面积6160公顷，其中林业用地面积5820公顷，有生态公益林面积386.67公顷，商品林面积5233.33公顷；林木总蓄积量59.9万立方米；造林更新面积50.13公顷，中幼林抚育面积628.53公顷；全年木材产量4778立方米。

汀江分场 2019年，从业人员50人；经营区面积6580公顷，其中林业用地面积6580公顷，有生态公益林面积900公顷，商品林面积5320公顷；林木总蓄积量52.1万立方米；造林更新面积60.73公顷，中幼林抚育面积462.47公顷；全年木材产量1962立方米。

■ 水利

【水利建设】 2019年，上杭县冬春水利建设完成投资1.88亿元，完成小（2）型水库除险加固1座；完成13座小山塘除险加固；完成20座泵站建设；新增、恢复灌溉面积206.67公顷，新增旱涝保收面积73.33公顷，发展节水灌溉面积333.33公顷，改善灌溉面积2926.67公顷。

【防汛减灾】 2019年，上杭县防汛减灾工作立足于防大汛、抢大险、抗大旱、救大灾，及早安排部署，全面落实各项防汛备汛措施，开展防御暴雨洪水工作。根据人事变动情况，对防汛抗旱指挥部组成人员进行调整充实，落实以行政首长负责制为核心的各项防汛责任制。公布全县各类水库2019年防汛保安责任人名单，确定小（二）型以上各类水库防汛责任人，把防汛安全管理工作和安全生产责任落实到工作岗位、落实到个人。制定《上杭县2019年度防汛保安责任书》。深化“预警到乡、预案到村、责任到人”，做好全县乡（镇）、村防汛预案修订及宣传工作，组织各乡镇及时开展预案修订，对人员转移工作实行建档立卡，建立危险区、安置点及相关人员台账。先后开展冲锋舟训练、防汛抢险救生综合演练、乡村危险区域群众转移演练、水库汛期调度运用计划推演水库、防洪预案演练等多项演练工作，提高各级应急抢险队伍的应急抢险能力。汛前、汛中、汛后多次组织水利专业技术人员对全县在建水利工程、水库工程、重要山塘开展安全大检查，对发现的安全隐患及时落实整改措施，对一时无法处理的采取降低水位运行、加强观测巡查等安全度汛措施，确保汛期水库工程安全度汛。在防御“4·19”“5·17”“5·27”“6·1”“6·9”“6·22”“7·9”等强降雨及11号台风“白鹿”过程中，县防汛、气象、水文、自然资源等部门加强监测会商，及时发布雨水情预警预报。县防指严密监测雨情发展态势，及时启动应急响应（启动防汛四级应急响应4次，启动防汛三级应急响应3次），对已出现或预报可能出现强降雨的乡、村实施点对点预警指挥，利用防汛短信平台，向各级防汛责任人发出预警信息，提醒加强防范。县防指各成员单位根据各自职责，有效应对。各乡（镇）根据各自汛情适时启动应急响应，组织乡村干部驻村入户，落实各项防御措施，积极有序有效开展抗洪抢险救灾和水毁修复、灾后重建等各项工作，最大限度减轻暴雨洪水的灾害损失。

【民生水利工程建设】 农村饮水安全工程项目 2019年，上杭县将农村饮水安全工程列入县委县政府三年行动计划和2019年为民办实事项目，出台《上杭县农村饮水安全工程建设与运行管理实施细则》，实施2019年农村饮水安全工程建设项目96个，实施机井工程60座，完成投资4410.7万元。

水库除险加固项目 2019年，实施小干戈除险加固工程，完成16座水库大坝安全鉴定工作。

防洪工程项目 2019年，"五江一溪"汀江防洪工程一期项目右岸工程完工验收和结算审计，待组织竣工验收。左岸防洪主体工程基本完成，组织完工验收。二期项目待省发改委审查批复立项后开展初步设计工作。

高效节水灌溉项目 2019年，回龙重点中型灌区节水配套改造项目总投资2475.15万元，有序推进；2020年黄潭河重点中型灌区节水配套改造项目得到市局批复，进入施工图设计阶段。

万里安全生态水系项目 2019年，全县实施5个安全生态水系项目，完成10.32千米项目建设，完成投资2442万元（其中：①庐丰乡东西溪支流安全生态水系建设项目治理河长8.52千米，完成投资1262万元，完成河道清理8.52千米，新建护岸0.38千米，完成漫步道5.12千米，公园节点3个；②茶地镇调和溪安全生态水系建设项目治理河长8千米，完成投资380万元，完成挡墙1.05千米及部分护岸提升，河道清淤清障；③中都镇中都溪安全生态水系建设项目治理河长8千米，完成投资510万元，湖心岛护岸施工长度400米，观景平台准备浇倒完成，湖心岛厕所主体完成，其他地方清表6千米，亲睦段护岸250米，存耕堂步道施工500米；④汀江干流官庄段安全生态水系建设项目治理河长10千米，完成施工招标，准备签署施工合同，完成投资140万元；⑤旧县河通贤段安全生态水系建设项目治理河长8.1千米，进行施工招标，完成投资150万元）。

中小河流治理项目 2019年，上杭县黄潭河白砂镇中洋段治理工程，综合治理河长4千米，工程总投资2209.76万元，主体工程完工，组织完工验收。上杭县旧县河通贤集镇段治理工程，综合治理河长5千米，工程总投资2845.8万元，主体工程完工，组织完工验收。黄潭河蛟洋集镇段治理工程，综合治理长度5.48千米，工程总投资按2538.21万元，进行主体工程的施工。黄潭河溪口集镇段治理工程，综合治理长度5千米，项目总投资2500万元，施工单位进场进行主体工程施工。

烟草援建水源工程 2019年，上杭县旧县片区烟区水源工程，新坊水库大坝主体工程砌筑至坝顶；南山水库完成下闸蓄水验收工作；铁东水库引水隧洞152米全部完成衬砌，铺设供水管道8.5千米；累计完成投资21600万元。白砂锦绣水库大坝基本完成主体工程；溢洪道、取水塔浇筑完成。推进洋境乌石水库、稔田马岌背水库、蛟洋松光礤水库、南阳源坑里水库项目前期工作。

水土流失治理项目 2019年，上杭县完成水土流失治理面积4813.33公顷，完成投资5886万元。审批水土保持方案19个，登记表备案36个。全年征收水土保持补偿费256.85万元，开展生产建设项目监督检查57次，检查项目46个，发出整改意见36份。自主竣工验收报备5件。

农业水价综合改革 2019年，下达2019年度村级（灌区）水利协会农田水利设施管护县级补助经费及农业水价综合改革精准补贴资金100万元。《上杭县2018—2025年农业水价综合改革总体方案》经市水利局批复。

【水电管理】 实施水电站生态最小下泄流量 2019年，上杭县完成下泄流量核定和整改方案编制232座，完成率100%；完成下泄设施改造和在线监控装置安装的电站186座（不含24座补助退出电站和20座长期未发电退出电站），完成率98.9%。

安全生产和质量管理 2019年，上杭县开展在建水利工程质量监督检查和安全生产监督管理工作，发现安全隐患20余处，发出质量整改通知书5份，督促落实整改。开展水利建设市场主体的监管，督促业主单位基于合同管理约谈参建单位4次，集中约谈1次，处罚施工单位2家，监理单位1家。局主要领导与分管领导，分管领导与分管股室签订《安全生产目标责任书》。开展汛前、汛中、汛后水利安全生产大检查、全国"两会"期间水利安全生产专项检查、水利安全生产大检查、水利安全生产隐患排查、国庆70周年及节假日前后等特殊时期水利安全生产检查。开展汛前和6月汛中专项检查工作，重点检查全县小（二）型及以上水库（含电站水库）、重要山塘、重要堤防、烟区水源南山水库、新坊水库等各类在建水利水电工程。重点做好紫金山金铜矿"四沟八库"防排洪系统的安全运行的监督检查工作。开展以“防风险、除隐患、遏事故”为主题的“安全生产月”活动。构建参建单位质量管理体系、质量行为、工程实体“三位一体”的监督检查，完成在建烟区水源工程、小型农田水利、汀江防洪工程、古田溪、东西溪及汀江城区段安全生态水系建设、水土流失综合治理、电站增效扩容、高效节水灌溉等工程质量与安全监督检查工作。开展在建水利工程全面推进无欠薪项目部创建活动，农民工工资保证金催缴及办理工作，催缴完成工资保证金12家，农民工工资专户2家，成功调解农民工工资纠纷1起。

【水资源管理】 全面推行河长制 2019年，上杭县完善河(湖)长制工作各项规章制度，健全各项工作机制，规范和推进全县河湖长制工作的实施。以才溪镇、旧县镇、官庄畲族乡河长办为乡镇级河长办规范化试点，以点带面推动基层河长办自身能力建设。全县组建22支“巾帼护河队”，开展护河活动181场次。针对河湖“四乱”等突出问题，组织职能部门开展联合督导、专项督导，推动工作落实。继续实施河长制“一月一抽查”工作，通过明察暗访发现问题，督促整改。县河长办开展河长制工作督查55次，下达通报件4件，整改通知3份。实行常态化河湖保洁和突击保洁相结合，实现“一江两河”漂浮垃圾全面清理整治。下发《关于要求做好黄潭河蓝溪段水浮莲等漂浮物打捞清理工作》《关于做好小(二)型以上水电站库区保洁工作》等通知，全年清洁河道漂浮垃圾7.5万立方米、清除河岸违章建筑1769平方米、河道清淤疏浚4.6万立方米。全县专管员巡河率97.3%。结合“生态环保攻坚战役”和乡村环境整治，实施“一河一档一策”，做好生态治理项目的分解落实，推进一批水生态修复项目，全面提升流域水环境质量。在全县范围内对乱占、乱采、乱堆、乱建等河湖管理保护突出问题开展专项清理排查，发现“四乱”问题81个，均完成整改销号。运用河长制微信公众号、河长制管理信息平台、新闻媒体等广泛开展河长制宣传，开展“最美河湖”评选活动，汀江上杭段被市级评为“最美河湖”。鼓励各地创新发动公众力量参与管河护河，营造人人治水护河的良好社会氛围。

水政水资源监管 2019年，上杭县水利局在“3·22”世界水日、“中国水周”期间，会同团县委、环保局等部门联合开展“爱满杭川·新时代文明实践活动——节水我先行，护河当先锋”暨2019年第三十二届“中国水周”保护环境节约用水宣传活动；组织开展扫黑除恶专项斗争、安全生产、水土保持、水生态文明、水法律法规和新时代文明实践中心等系列宣传活动，发放各类宣传材料、节水宣传袋、宣传围裙1万余份。制定印发《上杭县水利局全面推行水利工程项目“双随机一公开”加强事中事后监管实施方案》，全面推行“双随机一公开”抽查，公平、有效、透明地进行事中事后监管，明确工作要求，落实责任，切实履行法定监管职责。进一步规范行政审批服务事项办理，全年受理办件143件，办理办件140件，正在办理3件，所有办件均在承诺期限内提前办结，基本实现“最多跑一趟”的目标要求。按时完成上杭县水利工程建设项目审批制度改革工作。严格执行《上杭县2019年度河道采砂实施方案》，组织开展河道采砂许可和监督管理工作，全年办理河道采砂许可证的砂场23家，比上年下降26%。联合自然资源、交通运输、生态环境等部门完善河道采砂许可审批前、后联动监管机制。督促乡镇加强对申请办理河道采砂许可的采砂场进行全面检查，规范整改，完善安全、环保等相关设施。

综合执法 2019年，上杭县水利局按照“有案必查、有报必到”的要求，全年出动水政执法人员568人次，开展河道巡查138次，下达《责令停止水事违法行为通知书》12份，制止、打击违法砂场(点)8处，拆除、摧毁非法采洗砂设备2台套，立案查处非法围堰1件、非法倾倒石渣1件、非法采砂1件，行政处罚4万元，震慑和打击河道违法行为。结合河道巡查进行安全生产检查60次，下发《河道采砂整改通知书》6份，存在问题均得到整改。

■ 水利水电库区移民开发

【库区移民后期扶持人口管理与直补资金发放】 2019年，上杭县继续做好后期扶持人口管理及直补资金发放工作。精准核定直补移民人口，核增61人，核减120人，全年实际核定直补移民人口19747人，发放移民直补资金1183.98万元。

【移民美丽乡村建设】 2019年，上杭县巩固拓展“美丽库区移民示范村”建设。全县库区累计完成三批12个移民村(安置点)的环境综合整治工作。2019年，以临江镇东南社区菖蒲塘移民安置点为试点，实施以监控中心、视频监控系统、有线基础网络系统、智能家居系统、无线覆盖系统、数字广播系统等为主要建设内容的“智慧库区”项目全面完工。

【资产型生产开发项目】 幼儿园建设 2019年，上杭县水利水电移民开发中心为支持库区社会事业发展，补齐教育设施短板，突出城乡一体化建设，增加移民资产性收益，连续谋划、推进2个幼儿园建设项目，均列入2019年上杭县社会事业领域重点项目。其中，上杭县立新幼儿园项目位于临城镇城东村立新路，规划办学规模12个班，总投资2775万元，由大中型水库移民后期扶持资金投资建设。项目于2019年12月开工建设。上杭县第三实验幼儿园项目位于上杭县城区西部（二环西路以北、规划西陂路以西），规划办学规模12个班，总投资3064万元，由大中型水库移民后期扶持资金投资建设。

购置资产运营　2019年，上杭县将移民后扶的重点由基础设施建设转移到移民产业帮扶，增强移民自身造血功能，库区移民资产型生产开发项目购置的北环路374号商业店面及写字楼1幢、天和国际公馆沿街店面7间全部出租，全年产生租金收益233.84万元。收益反哺移民，实现库区移民后期扶持转型升级。

【民生帮扶工程】　金融帮扶　2019年，上杭县实施开展针对直补移民创业的小额贷款贴息补助项目，全年接受贴息申请99户，贴息资金40.54万元；核实发放往年度贴息申请107户41.14万元。

技能帮扶　2019年，上杭县开展直补移民实用技术培训，提升移民就业能力，解决移民创业“能力弱”问题。全年核实发放移民小车驾驶培训96人24万元。

科教帮扶　2019年，上杭县启动库区科教爱心帮扶工程，以移民大学生为补助对象，资助移民大学生40名，发放助学金12万元。

【棉花滩库区遗留问题处理】　1998年3月，棉花滩水电站开工建设，上杭县涉及6个乡镇36个行政村，搬迁移民2663户11562人。棉花滩水电站经2000年、2004年两次调整概算，仍有许多问题没有解决。2006年，第三次调整概算工作启动，在市委、市政府、县委、县政府的领导和上级移民业务主管部门的关心指导下，第三次调概工作得到有力推进。2019年，将调概资金上杭与永定的分成比例由原来的28:72改为40:60，多争取资金8400万元。

白砂国有林场

【概况】　2019年2月，福建师范大学向白砂林场授牌“生态学博士后工作站”；5月，白砂林场被批准建立国家级“福建龙岩现代林业科技示范园区”；7月，中南林业科技大学向林场授牌“林学院研究生科研创新基地”；10月，被中国林学会评为第二批自然教育基地；11月，被国家林草局评为第四届中国林业产业突出贡献单位；12月，被评为市级科普教育基地。

【国有林场改革】　2018年9月21日，上杭白砂国有林场改革工作通过国有林场改革省级验收。2019年10月，上杭白砂国有林场改革工作通过国家级验收。

【林业科技示范园区建设】　2019年5月，国家林草局下文批准建设“福建龙岩现代林业科技示范园区”。园区按“一区三园”划分，上杭白砂国有林场作为园区核心区，2019年共实施23个项目，落实项目资金1639万元。其中森林资源培育类15个，资源管护类1个，设施设备类1个，科技推广示范类6个。

【资源培育】　2019年，上杭白砂国有林场完成不炼山造林71.93公顷，占计划111.8%；珍贵树种造林完成57.73公顷，占计划100.7%；生物防火林带建设完成15.47公顷，占计划102.7%；中幼林抚育完成1552.2公顷，占计划105.8%；病虫害防治完成364.4公顷，占计划109.3%；林分修复完成168.6公顷，占计划101.2%；国家木材战略储备林完成68公顷，占计划102%；森林质量精准提升（2018—2019）完成59.93公顷，占计划56.2%；森林质量精准提升（抚育）完成150.33公顷，占计划102.5%；森林近自然经营完成95.6公顷，占计划107.3%；“二沿一环”森林景观带建设完成14.2公顷，占计划106.5%。

2019年11月21日，福建师范大学党委书记李宝银、副校长杨玉盛等一行深入上杭白砂国有林场开展为期一天的考察调研，龙岩市林业局局长张田华等人陪同调研　（上杭白砂国有林场供图）

2019年，上杭白砂国有林场完成大田育苗2公顷，其中杉木0.87公顷，阔叶树种完成闽粤栲、云山青冈、米老排等8种阔叶树1.13公顷；容器小苗30万株，其中米老排16万株，杉木6万株，丝栗栲、锥栗、毛锥等10种阔叶树约8万株；容器大苗5.5万株（其中桢楠3.5万株，木荷1万株，枫香1万株）；赤皮青冈、小叶紫薇等绿化大苗培育1.2公顷。

【资源管理】 2019年，上杭白砂国有林场加强森林资源管理，做好森林保护、病虫害防治等工作。

资源“双增” 对冠杭林场329.6公顷山场51%的股份和购买赖跃洪拥有樟黄村的89.67公顷山场进行资源调查和资产评估，达成一致意见，并与冠杭林场及赖跃洪签订购买山场合作协议。做好森林资源“双增”工作，加快稔田等“双增”山场的不动产权证及资源档案过户工作。

森林保护 2019年，上杭白砂国有林场未发生森林火灾事件。

病虫害防治 2019年，上杭白砂国有林场通过施放白僵菌等措施对364.4公顷马尾松林分进行病虫害防治，实现主要林业有害生物成灾率控制在5‰以下，无公害防治率90%以上，测报准确率90%以上，林木种苗产地检疫率100%。

木材产销 2019年，完成木材生产1.03万立方米，占计划的129%。完成销售8823立方米，占计划的110%。

【森林旅游】 2019年，上杭白砂国有林场加强对森林公园提升改造和“一场一景”建设，推进森林旅游。

项目建设 加强对森林公园进行提升改造，完成森林公园马鞍山林相改造72.93公顷，种植枫香、木荷等树种；对马鞍山景区步道进行规划，生成“百园千道”生态产品共享工程建设项目，计划新建森林步道6千米，计划投资177万元。

“一场一景”建设 2019年，上杭白砂国有林场景区规划面积402.47公顷，建设杉木大径材风景游憩林、林下药用植物种植精品园、台湾同源名特优树种基地等10个示范片，景区内建设硬化林区公路3.7千米、生态绿道2.3千米、农综项目循环道路5千米，道路交通建设完备，树立简介牌和宣传牌35块，各示范点悬挂树种二维码识别牌3000余块，景区建设初具雏形。

■ 梅花山自然保护区

【概况】 2019年7月，中共福建梅花山国家级保护区管理局总支部委员会被中共龙岩市委授予“全市先进基层党组织”称号。8月5日，国家林业和草原局授予福建梅花山华南虎繁育研究所“保护森林和野生动植物资源先进集体”称号。12月11日，国家林业和草原局授予福建梅花山国家级自然保护区管理局“2016-2018年度全国森林防火工作先进单位”称号。11月，管理局资源保护管理科科长谢庆祥被福建省人力资源和社会保障厅、福建省林业局表彰为全省林业系统先进工作者。12月，福建省总工会授予林开雄劳模工作室为福建省劳模工作室。

【资源保护】 森林防火 2019年梅花山自然保护区无森林火灾，连续23年无森林火灾。

资源调查 2019年8月，梅花山自然保护区对古田会议旧址风水林开展调查，形成调查报告。通过专项调查，进一步了解掌握该片风水林的树种组成、年龄结构、林分蓄积量、生长变化、演替状况等情况，为制定保护规划、病虫害防治、开展自然教育等提供科学依据。

【科研宣教】 2019年，福建梅花山华南虎繁育研究所开展繁育研究，全年人工繁育成活华南虎仔3只。

2019年3月21日，由福建省林业局、国家林业和草原局驻福州森林资源监督专员办事处、福建省野生动植物保护协会、龙岩市人民政府主办，龙岩市林业局、龙岩市教育局、龙岩文旅汇金发展集团有限公司协办，福建梅花山国家级自然保护区管理局、福建华南虎繁育研究所承办的“福建省第37届爱鸟周启动仪式暨华南虎幼虎征名活动”在中国虎园举行。活动主题为“关注候鸟保护，关爱华南虎，共享和谐生态”，重点开展“爱鸟护鸟”“保护华南虎”“禁止买卖象牙、虎骨、犀牛角、南方红豆杉及其制品”“科学防控野猪非洲猪瘟”等内容宣传。

2019年7月29—31日，由龙岩市林业局、市教育局主办，龙岩市申报世界地质公园领导小组办公室协办，福建梅花山国家级自然保护区管理局、福建梅花山华南虎繁育研究所、福建梅花山旅游发展有限公司承办的2019年“世界老虎日”科普宣传系列活动在中国虎园拉开帷幕。活动开展中小学生征文、少儿绘画涂鸦、幼虎征名颁奖、华南虎专题片播放、华南虎野化训练、万人签名等活动，参与人数2万多人，为“关注华南虎、关爱大自然”营造良好氛围。

责任编辑：袁发昌

工 业

综述

【工业生产】 2019年,上杭县规模以上工业企业实现产值828.16亿元,比上年增长23.3%;工业增加值增长10.9%,居龙岩市第二位。实现销售产值826.68亿元,工业产品产销率99.8%。2019年工业固定资产投资增速59.7%,居龙岩市第一位。先进制造业投资额增速100%,居龙岩市第一位。

2019年1月22日,上杭常青新能源三元前驱体生产项目奠基仪式
(县融媒体中心供图)

【重点项目建设】 2019年,上杭县列入龙岩市"重中之重"项目5个(紫金山环境安全整体提升工程、紫金铜业铜冶炼技改扩建项目、1月22日开工的三元前驱体材料生产项目、天甫电子半导体级电子材料项目和华润五丰农业生态循环产业园建设项目)。其中续列项目2个(紫金山环境安全整体提升工程、紫金铜业铜冶炼技改扩建项目)、新列项目3个(三元前驱体材料生产项目、天甫电子半导体级电子材料项目和华润五丰农业生态循环产业园建设项目),2019年计划总投资25.9亿元,实际完成投资额26.3亿元,占计划投资101.54%。

年内,上杭县实施16个省市重点技改项目,完成投资9.3亿元,占年度计划的120%,其中9个项目建成投产。

2019年,龙岩市技改投资工程包项目4个(福建紫金选矿药剂有限公司迁扩建项目、福建德尔科技有限公司年产3500吨含氟电子化学品项目、福建龙氟化工有限公司2万吨/年无水氟化氢生产线扩建项目、紫金矿业集团股份有限公司3万立方米/天含铜酸水环保处理系统项目),计划完成投资3.1亿元,实际完成投资4.23亿元。

2019年,省、市工业园区改造升级工程包(上杭工业园区改造升级项目、蛟洋工业区改造升级项目)计划完成投资3.03亿元,实际完成投资4.52亿元。

表7

2019年上杭县规模以上工业企业基本情况一览表

企业名称	企业类型	主要产品
龙岩市上杭县东顺生物质燃料有限公司	私营有限公司	生物质颗粒燃料生产
福建家友竹竹木有限公司	私营有限公司	竹制工艺品加工
龙岩傲农饲料有限公司●	私营有限责任公司	饲料生产

续表7

企业名称	企业类型	主要产品
龙岩市宝泰饲料有限公司	私营有限公司	饲料加工
福建省陆盛交通工程有限公司	私营有限公司	沥青混凝土加工
泰山石膏(龙岩)水泥缓凝剂有限公司	私营有限责任公司	水泥缓凝剂制造
福建龙岩龙嶂山实业开发有限公司	私营有限公司	瓶装饮用水制造
福建顶呱呱照明电器有限公司	私营有限公司	消防灯具生产
福建联福工贸有限公司●	私营有限责任公司	铜材生产
上杭擎荣农产品有限公司●	私营有限公司	芋头加工
福建省闽西天龙变压器有限公司	私营有限公司	变压器生产
上杭县中都三鑫木制品综合加工厂	私营有限公司	胶合板生产
紫金矿业集团股份有限公司■	股份有限公司	黄金冶炼
福建上杭恒驰硅业有限公司	私营有限公司	工业硅生产
上杭县双吉矿业有限公司	私营有限公司	萤石精粉加工
上杭富鑫达电子有限公司	私营有限责任公司	影视录放设备制造
龙岩市景凤再生能源发展有限公司	私营有限公司	生物质致密成型燃料生产
上杭县古田镇富康农林发展有限公司	私营有限公司	中药饮片加工(中草药材初加工)
上杭县下都鸿鑫石材厂	私营有限公司	建筑用石加工
龙岩市鸿航金属科技有限公司	私营有限责任公司	金属材料(铜锭)
龙岩鸿航卫浴有限公司	私营有限责任公司	阀门和旋塞制造、厨卫产品生产
福建铭麟工贸有限公司	私营有限责任公司	过硫酸钠制造
龙岩思康特种化学品有限公司	私营有限责任公司	氟碳传热工质生产
龙岩市锐美家装饰材料有限公司	私营有限公司	三聚氰胺塑料贴面板制造
福建德尔科技有限公司●	私营有限公司	电子级六氟化硫气体制造
上杭县鸿远机械制造有限公司	私营有限公司	铸件加工
上杭县东兴工贸有限公司	私营有限公司	机制纸制造
福建工航新型管业有限公司	私营有限责任公司	塑料板生产
瓮福紫金化工股份有限公司■	股份有限公司	生产磷酸二铵
上杭县福塔混凝土有限公司	私营有限公司	商品混凝土
上杭宸宏服饰有限公司	私营有限公司	服装制造
上杭县兰天木制品家具有限公司	私营有限公司	锯材加工
龙岩旗乾玻璃有限公司	私营有限责任公司	中空玻璃制造

续表7

企业名称	企业类型	主要产品
上杭华麟商品混凝土有限公司	私营有限公司	商品混凝土生产
上杭县旧县鑫田木业有限公司	私营有限公司	指夹板生产
福建亿瑞电力科技有限公司	私营有限公司	工业自动控制设备制造
福建上杭隆昌碳素材料有限责任公司	私营有限公司	石墨及碳素制品制造
上杭县宏发机械制造有限公司	私营有限公司	铸件制造
福建清景铜箔有限公司●	私营有限公司	铜箔生产
福建省金烨铜管配件有限公司●	私营有限责任公司	铜管延压加工
上杭县集龙服装有限公司	私营有限公司	梭织服装生产
上杭县龙鑫混凝土有限公司●	私营有限公司	商品混凝土制造
福建优创油脂有限公司	私营有限公司	食用植物油生产
上杭县恒冠包装有限公司	私营有限公司	塑料编织袋生产
大地生机(福建)农业发展有限公司	台资有限公司	果蔬制品加工
福建瓮福蓝天氟化工有限公司●	私营有限责任公司	无水氟化氢生产
上杭双胞胎饲料有限公司	私营有限公司	其他饲料生产
福建省上杭县紫金石灰材料有限公司	私营有限公司	熟石灰粉生产
福建优创农业发展有限公司	私营有限公司	蔬菜加工
福建省希望生物科技有限公司	私营有限公司	兽药生产
龙岩万福林化有限公司●	私营有限公司	松香生产
泰山石膏(福建)有限公司●	私营有限责任公司	石膏板生产
福建省上杭县名冠服装有限公司	台资有限公司	舞台服装制造
福建上杭金山水电有限公司	股份有限公司	水力发电
福建上杭亚达电子科技有限公司	私营有限公司	发光二级管(LED管)制造
福建兴朝阳硅材料股份有限公司	私营有限责任公司	金属硅生产
上杭县兴成工艺品有限公司	私营有限公司	铁制台灯制造
福建省上杭县儒溪茶业有限公司	私营有限公司	精制茶加工
福建上杭志成电子实业有限公司■	私营有限公司	电子器件制造
福建上杭能群建材有限公司	私营有限责任公司	水泥制造
福建龙氟化工有限公司●	私营有限公司	无水氟化氢生产
上杭县绿鑫农业发展有限公司	私营有限公司	茶叶加工
上杭县腾辉建筑材料厂	私营有限公司	重钙生产

续表7

企业名称	企业类型	主要产品
上杭县荣兴生物科技有限公司	私营有限公司	猪粪有机肥生产
上杭县儒溪槐猪有限公司●	私营有限公司	牲畜屠宰加工
紫金铜业有限公司▲	私营有限公司	阴极铜冶炼
福建汀水源油茶科技发展有限公司	私营有限公司	食用植物油加工
福建金山耐磨材料有限公司●	股份有限公司	钢球生产
上杭县恒发机砖加工场	私营有限公司	空心砖、页岩砖制造
福建上杭新九洲硅业有限公司	私营有限公司	金属硅制造
上杭县盛先纺织有限公司	私营有限公司	棉、化纤加工
福建朝阳矿业股份有限公司	私营有限责任公司	钨铁冶炼
福建省上杭润华纸业有限公司	私营有限公司	文化用宣纸
福建省上杭县汀江水电有限公司	股份有限公司	水力发电
福建紫金铜业有限公司■	股份有限公司	制造铜带
福建上杭太阳电缆有限公司	私营有限责任公司	通信系统设备制造
上杭县西南顺发机砖厂	私营有限公司	制造页岩砖
福建建润电子科技股份有限公司	股份有限公司	计算机外围电源线制造
上杭县浩丰工艺品有限公司	私营有限责任公司	木制橱柜生产
福建紫金选矿药剂有限公司	股份有限公司	生产萃取剂
上杭县云雾香茶叶发展有限公司	私营有限公司	茶叶加工
福建赣闽稀有金属有限公司	私营有限公司	钨铁冶炼
上杭县华良木业有限公司	私营有限公司	木板材加工
福建上杭太阳铜业有限公司■	股份有限公司	铜杆及下游产品制造
福建紫金贵金属材料有限公司●	股份有限公司	氰化亚金钾生产
上杭县紫金佳博电子新材料科技有限公司●	股份有限公司	键合金丝加工
上杭鑫昌龙实业有限公司	私营有限责任公司	光纤填充膏制造
福建微波通通信技术有限公司	私营有限责任公司	通信设备制造
福建柯宁环保装备实业有限公司	股份有限责任公司	移动环保公厕生产
上杭建润电子科技有限公司	私营有限公司	计算机外围电源线制造
上杭建润通信有限公司	私营有限公司	通信系统设备制造
福建省紫盈珠宝发展有限公司●	有限责任公司(港澳台法人独资)	珠宝首饰制造
紫金矿业集团黄金冶炼有限公司▲	股份有限公司	黄金冶炼
上杭县紫金恒星珠宝有限公司	私营有限公司	珠宝、首饰、矿石加工

注:标记“▲”为产值100亿元以上企业,标记“■”为产值5亿元以上企业,标记“●”为产值超亿元企业。

【工业经济运行】 2019年,上杭县列入省级工业新增长点项目9个,预期新增产值60亿元。全年新增产值172.8亿元,完成序时进度288%,列入市级工业新增长点17个,预期新增产值63.3亿元,全年新增产值173.4亿元,完成序时进度274%;列入县级工业新增长点项目17个,预期新增产值84.9亿元,全年新增产值173.5亿元,完成序时进度204.3%。

“双培育”工作 2019年,上杭县规模以上金铜产业实现产值799.6亿元,比上年增长24.4%,占年度目标114.2%。其中,列入市级重点培育的11家工业龙头企业实现产值785亿元,比上年增长24.9%。

三个100增长点工作 2019年,列入市级“三个100”工业新增长点项目11个,预期新增产值61.2亿元,全年实际新增产值173.1亿元,新增产值完成率282.8%。

龙头企业、高成长企业支撑作用明显 2019年,上杭县规模以上企业中紫金矿业集团股份有限公司,紫金矿业集团黄金冶炼有限公司、紫金铜业有限公司、福建紫金铜业有限公司、瓮福紫金化工股份有限公司、龙岩傲农饲料有限公司、上杭太阳铜业有限公司等7家省级龙头企业,4家省级高成长企业龙氟化工、清景铜箔、德尔科技、太阳铜业,合计实现产值781.2亿元,占全部规模以上企业总产值比重94.3%

规模工业企业培育进展情况 2019年10月,福建建润通信有限公司快报纳入规模以上企业统计。11月,上杭建润电子科技有限公司快报纳入统计。11月,组织福建富鑫达电子、宏拓机械、龙杭管业、百灵天地环保、联泰建筑机械等5家企业申报年报纳入规模以上企业统计。至2019年年底,组织旷远新能源、龙塔实业、百科交通、闽源塑料制品、贵福石灰材料、志裕铜业等6家企业申报年报纳入统计。全年新增规模以上工业企业15家。

落实技改政策 2019年,5个技术改造项目通过完工投产评价和奖励申报;福建上杭太阳铜业有限公司年产22万吨连铸连轧铜杆生产项目等2个项目获得省级工业企业技改专项转移支付资金;福建德尔科技有限公司年产3500吨含氟电子化学品等12家企业的项目获得市级补助资金。

【项目落地攻坚战役】 2019年,上杭县32个工业科技领域会战项目累计完成投资53.56亿元,占年度计划102%,完成开工项目15个,实现投产项目24个。

2019年,工业科技领域策划项目160个,计划总投资906.08亿元。上报市级评审谋划项目27个,其中通过市级专家评审8个,超额完成任务。

【生态环保攻坚战役】 生态环境保护攻坚战役项目完成情况 2019年,上杭县瓮福紫金磷石膏渣固体废物综合利用项目和紫金铜业有限公司铜冶炼资源综合利用及无害化处置项目超额完成年度计划投资任务,分别完成计划投资的106%和104.65%。紫金铜业有限公司铜冶炼扩产改造项目环保提升工程、上杭紫金山金铜矿智慧生态矿山提升项目、蛟洋工业区工业废水处理厂项目分别完成年度计划投资的100%、100.24%、100.49%。

发展循环经济和资源综合利用工作 2019年,按照省市工信部门工作要求,坚持工业绿色发展理念,以创建循环经济、绿色工厂、绿色园区、绿色设计产品和绿色供应链管理企业示范单位创建工作为抓手,指导工业企业大力发展绿色和循环经济。至年底,紫金铜业、瓮福紫金等被工信部评为国家级绿色工厂,福建德尔科技有限公司被省工业和信息化厅评为福建省第二批绿色工厂,上杭县蛟洋工业区管委会被省工业和信息化厅评为福建省第二批绿色园区。紫金铜业有限公司、福建龙氟化工有限公司、福建德尔科技有限公司等3家企业被评为福建省循环经济示范试点企业;上杭县志裕铜业被评为龙岩市再生资源回收利用示范企业。

【国企改革服务】 2019年,上杭县经贸系统国企改革服务中心(简称中心)管辖40个改制单位,各类人员1213人,全年筹措资金463万元,用于支付离退休人员、抚恤人员、内退定补人员和病故人员等的有关费用。

服务工作 2019年,中心继续走访慰问困难职工,为离退休、下岗职工答疑解惑,查找相关资料;协助县军人事务局做好跟踪落实国有企业下岗退役士兵社会保险接续工作;协助机关社保中心做好中心管理的离退休(退职)人员领取养老金资格认证工作、做好改革后退休人员(中人)待遇重算的准备工作;协助劳动社保中心做好特殊工种提前退休核实原件工作;为部分国有企业下岗失业人员出具相关证明办理计划生育家庭独生子女奖励扶助事宜;协助原油泵油咀厂(集资房)部分购房人员办理房产证,为其提供相关证明及材料;协助有关部门做好信访接待工作,全年接待来访人员390余人次,及时将矛盾化解在基层。

社会保障 2019年,为未退休事业人员调整养老保险单位缴费费率;每月为未退休事业编制人员申报及缴纳养老保险、医疗保险、职业年金及协助到退休年龄的事业编制人员办理退休手续等;协调解决老工伤人员医疗问题,为事业编制退休人员申报医疗补助,调整医保参保人员医疗缴费基数。

落实生活待遇 2019年,根据相关文件规定继续为伤残军人及因公伤残人员调整生活补贴及护理费。协助机关社保为事业编制离、退休人员调整基本工资。为年满70周岁及80周岁事业编制的退休人员申请高龄补贴。及时调整离休干部、“5·12”干部的生活补贴及高龄护理费,为生活不能自理的离休干部申请增加生活护理费。派员慰问去世的离退休人员家属,及时办理相关手续。对离休干部遗属进行信息采集,调整遗属定期定额生活困难补助费标准。每年对抚恤对象跟踪认证1次(80岁以上2次),确保资金安全发放。全年为22名离退休病故人员办理抚恤金及一次性困难补助并为已故人员中部分无经济来源家属办理救济金申报及发放工作。

■ 工业园区

【概况】 南岗工业园区 2019年,福建上杭工业园区(简称南岗工业园区)有落户企业134家,其中规模以上企业30家,实现工业总产值570亿元。全年新签约开工项目有睿畜电子科技(龙岩)有限公司、上杭三恒箱包制品有限公司、上杭缘和新材料科技有限公司、上杭竣杨基础材料科技有限公司、福建振杭机器人装备制造有限责任公司、福建恒富建设发展集团有限公司6家。其中睿畜电子科技(龙岩)有限公司、福建振杭机器人装备制造有限责任公司已入驻科创园进行企业孵化,上杭三恒箱包制品有限公司、上杭缘和新材料科技有限公司、福建恒富建设发展集团有限公司等正在前期准备工作,预计投资金额约2亿元。

蛟洋工业区 2019年,蛟洋工业区实现工业总产值285亿元,税收4.2亿元,利润10.3亿元,完成固定资产投资8.5亿元。新增志裕铜业、闽源塑料、龙杭管业等3家规模以上工业企业。年内,蛟洋工业区新签约铜盐及溴代烷烃系列产品项目、瓮福紫金年产5万吨磷酸二氢钾项目、瓮福紫金食品级焦磷酸钾项目、年处理10万吨精细多级粉煤灰项目(扩建项目)、年产600吨果酒项目、年产10万吨矿物油再生循环利用项目,含氟新能源材料生产7个项目;新开工年产4万吨食品级磷酸盐项目、AHF配套年产5万吨硅酸盐(钠、铝)联产5千吨氟化钠项目、上杭常青新能源三元前驱体生产项目、年产36万吨半导体级电子材料项目、紫金铜业40万吨扩建项目5个;新竣工年产4万吨食品级磷酸盐项目、利用磷石膏年产45万吨磷石膏粉项目、铜冶炼资源综合利用及无害化处置项目、紫金选矿药剂迁扩建项目、龙岩市市级环境应急物资储备中心建设项目、上杭昆润天然气下游利用工程、宇恒环保稀贵金属综合回收项目、上杭常青新能源三元前驱体生产项目、年产10万吨生物有机肥和2万吨农用微生物制剂9个项目。

【基础设施】 南岗工业园区 2019年,南岗工业园区完成各项工程用地约26.89公顷交地工作,迁移238座坟墓,完成杭永高速南互通、黄竹村、龙翔村等14户房屋等建(构)筑物拆迁补偿工作。其中,完成连塘里片区征交地26.89公顷。龙达路III期(腾达路至杭宁路)竣工通车;龙达路III期(杭宁路至江南路)完成水泥路面铺设,正在进行人行横道等周边配套设施建设;连塘里土地平整工程完成新增约40公顷工业用地。全年完成标准厂房建设1.2万平方米,正在实施建设标准厂房建筑面积5.2万平方米。

蛟洋工业区 上杭县蛟洋工业区21号路道路工程。总投资6.5亿元,道路长约7千米,路幅宽24米,设计时速50千米/小时。21号路西起苏康村村口接308线,东至坪埔苦竹山自然村接国道319线,将工业区主干道与319国道连接起来形成循环路,至2019年年底完成可研编制评审工作,上杭(蛟洋)金铜产业园区公共环境应急池。总投资约7460万元,项目包括2座公共应急池(2.8万立方米容积的梅坝片区应急池、3.2万立方米容积的下道湖片区应急池)、配套收集管道11千米、绿化面积2.3万平方米、进场道路约3200平方米。至2019年年底竣工。龙岩市市级环境应急物资储备中心。项目总占地面积为1万平方米,项目总投资2969万元。该项目是2019年县重点项目,一期总投资约为1500万元。该项目地处龙岩中心位置,且工业发展较多,龙岩市范围内发生任何应急事故都能够第一时间输送应急物资,及时救援,减少损失。项目于2018年12月开工建设,至2019年年底竣工。年内,园区规划建设体育中心项目,建设标准足球场、室内外运动场、办公服务楼等基础设施,为园区企业员工提供完善的健身公共服务;建设以仓储配送区、公共设施区、配套设施区、综合服务区相结合的化工物流园区,构建现代物流网络。

【生态环保】 2019年,南岗工业园区组织开展2018年度省安科院专家检查整改落实情况排查、有限空间、粉尘涉爆、危险化学品、隐患排查治理、消防安全等专项检查,检查范围覆盖全园区134家企业,形成检查记录200份,发现安全隐患234处,未发现重大安全隐患。组织召开县工业园区安全生产工作会议,分析园区安全生产形势,部署下一步环境保护工作;召开园区2019年第一季度防范重特大生产安全事故工作会议;召开县工业园区生产经营单位班组安全管理推进会议。开展"安全生产月"相关活动,开展房屋安全隐患排查整治专项行动,对园区企业环评手续办理情况进行全面排查,督促企业完善环保相关手续。做好第二轮中央环保督察迎检工作,安排专人整理迎检档案和巡查。

【科技创新】 2019年,南岗工业园区依托工业园区为载体,以创建省级高新技术产业园区为契机构建以政府为引导,企业为主体、市场为导向、产学研有机结合的技术创新体系。加快推进申报省级高新技术产业园区工作。上杭县省级高新技术产业园区规划面积5.8平方千米(环评报告规划面积13.35平方千米),市向省转报的上杭县创建省级高新区请示已批转省科技厅。省科技厅正对申报材料进行审查。

【招商引资、产业项目工作】 招商引资 2019年，蛟洋工业区推动以企招商，以商招商，在时代思康新型锂盐研发生产项目前期洽谈工作中，准备相关资料，为项目成功落地提供前期基础和要素保障。做好入园企业产前、产中、产后服务工作。为帮助企业深入了解各项优惠政策，创办政策解读会，每周邀请企业相关人员对省市县各种优惠政策进行解读，全年举办16期，帮助企业争取优惠政策资金补助超过1亿元，并将资金大部分落实到企业技改和扩产等项目。

产业项目有序推进 蛟洋工业区形成以紫金铜业为龙头的三条循环经济产业链，在利用主副产品发展工业经济的同时，尽量减少“三废”排放，使“三废”在园区内变废为宝。在拉长链条做强循环经济产业基础上，利用园区现有资源优势，打造新材料新能源产业。推动以企招商、以商招商，引入高新技术、高附加值、低污染项目落户园区，德尔科技氟化气体项目、思康有机氟/硅新型材料生产项目、铭麟工贸过硫酸盐系列项目、龙德六氟磷酸锂项目、紫金贵金属生产项目等一批高科技含量、高附加值项目相继落户园区并顺利投产。引进吉利集团、杉杉能源、宁德时代新能源等上市公司与本地企业合作，一批重大的新能源材料生产项目先后落户园区。这些企业投产后，产值可达300亿元以上。全年落地10个项目，都开工建设。其中：8个工业科技项目，均开工建设；1个城建环保项目竣工（环境应急物资储备中心项目）；1个能源领域项目开工（上杭县昆润管道天然气建设项目）。

【机制创新】 2019年，蛟洋工业区树立主动服务意识，建设园区优质软环境，以“有求必应、马上就办”的工作作风，创新工作机制，推进招商项目加快落地建设。以“产”招商。蛟洋工业区围绕市、县产业发展布局，以循环经济产业和含氟、磷等新材料产业为招商方向，推动以企招商、以商招商，引进吉利集团、杉杉能源、宁德时代新能源等上市公司与本地企业合作，一批重大的新能源材料生产项目先后落户园区。按“时”报批。工业区管委会针对项目开工时间和企业需求，倒排各项报批工作时间节点，安排2名领导干部与企业经办人员组成项目报批“三人组”，每天会商落实任务进度，前往各级相关部门跟踪协调审批进度，及时解决报批过程中的困难问题，仅用40天左右时间完成天甫半导体级电子材料项目、时代思康含氟新能源材料项目的林地报批工作，4个月内完成常青新能源项目的立项、林地土地报批、场地平基工程等工作。因“企”供地。蛟洋工业区面对没有“熟地”供应困境，勇于打破陈规，破解“供地难、供地慢”问题，采取“交毛地”的供地方式，由企业自行组织用地“三通一平”工作，县财政分期给予资金奖励。这种供地方式不但节省财政投资资金，提高供地效率，也帮助企业缩短项目建设工期，确保项目及时落地和高效建设投产。

【蛟洋工业园获批省第二批绿色园区】 2019年12月，蛟洋工业区获批福建省第二批绿色园区。蛟洋工业区贯彻“绿水青山就是金山银山”发展理念，围绕“资源节约型、环境友好型”的环保思路，最大限度减少“三废”排放。通过整体工业共生及基础设施共享，实现能源梯级利用、废弃物及副产品循环利用，基本实现企业环环相扣，初步形成绿色循环低碳产业体系。

■ 电力

【概况】 至2019年年底，上杭县开发水电站209处，装机20.1万千瓦，全县水力发电量7.99亿千瓦时。紫金铜业有限公司余热发电量0.13亿千瓦时，瓮福紫金化工股份有限公司自备电厂发电1.79亿千瓦时。全县总供电量20.57亿千瓦，总销售电量19.93亿千瓦时，比上年下降2.64%。购省网电量15.05亿千瓦时。线损电量0.64亿千瓦时，综合线损率3.11%。全社会用电量23.69亿千瓦时，用电量居龙岩市第二位，比上年增长1.42%；工业用电量18.19亿千瓦时，下降1.04%。全年用电科学调度运行稳定，未出现重大停电事故和安全事故。

【电网建设】 2019年，上杭县完成县域电网建设总投资1.52亿元，投资规模连续6年居龙岩市各县（区）第一位，服务好全县发展大局。着力优化网架结构，投产新建35千伏步云上福溪输变电工程、郭苎线改接、尧白线改造等一批重点项目，110千伏南阳变电站2号主变扩建项目力争春节前投入运行，电网供电可靠性进一步提升。解决重点区域用电需求，新建城区110千伏西郊变电站建设完成选址，正在开展项目前期的林、土地报批工作；蛟洋工业区新建110千伏梅坝变电站项目完成“三通一平”，正在办理降坡手续，待降坡工作完成后进场施工。提前完成新一轮农网升级改造，投资1.05亿元建设159个配电网项目，高故障线路、频繁停电、低电压等问题得以改善，服务好乡村振兴。

至2019年年底，220千伏变电站3座，主变5台，容量780兆伏安。110千伏变电站8座，主变14台，容量556兆伏安。110千伏输电线路17条，总长度246.97千米。35千伏变电站17座，主变28台，容量213.35兆伏安。35千伏输电线路43条，总长度427.51千米（含电缆）。10千伏公用线路128条，总长度2140.48千米。配变3393台，容量1159.58兆伏安；其中，公变2197台、容量675.63兆伏安，专变1196台、容量483.95兆伏安。

【充电桩建设】 至2019年年底，上

杭县投资1360万元，建设古田高速服务区充电桩8台，七峰山高速服务区充电桩8台，城区帝豪时代广场充电桩25台，古田镇游客集散中心停车场充电桩8台，江滨西路滨水停车场充电桩8台，古田会址动车站停车场充电桩6台，古田镇政府停车场充电桩5台，古田山庄停车场充电桩5台，总容量2684千伏。

【国网上杭县供电公司】 2019年，国网上杭县供电公司（简称县供电公司）完成售电量19.93亿千瓦时，比上年增长2.64%；主营业务收入10.09亿元，与上年基本持平；固定资产投资1.52亿元，增长10.95%；资产总额7.41亿元，降低0.68%；全员劳动生产率57.71万元/人·年。年度企业负责人业绩考核连续第四年居龙岩市第一。县供电公司继续保持国家电网公司文明单位，获评第十三届省级文明单位；供电公司党委获评国家电网公司红旗党委；“古田之光”共产党员服务队连续两届获国家电网公司优秀服务队。

落实重大决策部署 助力乡村振兴实施，投资1.05亿元、完成158个配电网项目建设，高故障线路、频繁停电、低电压等问题得以明显改善，提前完成新一轮农网升级改造。助力打赢脱贫攻坚战，组织31名中层及以上干部挂钩帮扶60户农村贫困户，落实慰问、帮扶资金11.4万元；向上级争取103万元资金，帮助挂钩贫困村蛟洋镇坪上村建成光伏发电项目，2019年成功脱贫。助力打赢污染防治攻坚战，新建古田山庄、古田会址动车站、古田农贸市场3个充电站、16台充电桩，完成电能替代电量1.17亿千瓦时，推进能源供给侧清洁替代和消费侧电能替代。持续优化电力营商环境，实施2轮工商业电价调整，每千瓦时电降价6.49分、降幅9.82%，节约企业用电成本749万元。

电力安全供应保持稳定 2019年，开展保障大电网安全、集体企业安全年、防风险保安全迎大庆等专项活动，整治设备隐患587处，安全基础进一步夯实。修订优化全员安全责任清单，组织625人次年度、季度安全责任述职，16人次严重违章专题安全述职；出台、实施安全生产经济奖惩措施，抓实各级安全责任。实行中层干部带队执规“日报告”机制，现场执规查纠违章621起；开展“两票三种人”安全技能竞赛；强化39类施工检修安全作业管控卡运用，现场安全得到有效管控。修订22个专项应急预案，完成大面积停电事件应急演练，成功应对强降雨、超强台风等自然灾害，完成庆祝中华人民共和国成立70周年、纪念古田会议90周年等重大活动的保供电任务。

电网运行效率稳步提升 2019年，实施变电运维管理专业提升专项行动，完成25座变电站运行环境、压板空开等规范化整治。实现变电运检一体化运作。深化输电线路无人机巡检作业，应用率居龙岩市第一；对20条输电线路实施交互式巡视，落实输电线路“三跨”、防雷等整治措施，故障次数比上年下降39.72%。创新应用“厂网通”移动端APP，检修停（复）电申请、业务咨询、技能培训等业务实现线上增值服务。率先开展主配网图模融合应用。古田等17座变电站新增投入全停快速复电技术。完成31条多故障线路综合整治，故障次数比上年下降34.12%，配网线路年度百千米故障率下降17.59%。

电网发展质量持续提升 2019年，坚持安全质量效率效益原则，突出问题导向，强化配网投资专项分析、滚动规划和投资方案审查，优化电网投资方向和结构，多措并举提高电网发展质量。投产35千伏步云上福溪输变电工程、郭芒线改接、尧白线改造，110千伏南阳变电站2号主变扩建等一批重点项目，网架结构进一步完善。完成新建110千伏西郊变电站选址、梅坝变电站三通一平，着力解决重点区域用电需求。彻底解决古田上郭车、下郭车、苏家坡1433户长期用电秩序不正常问题；推进步云乡自供区电网改造。1个项目获评省公司年度十佳优质工程，被推选为国网公司百佳优质工程；2个项目获评省公司季度十佳优质工程；1个项目部获评省公司季度优秀施工项目部。

优质服务工作不断深化 2019年，推广网上国网应用17377户，超额完成推广工作；智能交费预存比例提升至59.34%。实现高压业扩项目不停电作业送电83单，不停电接火率98.81%，减少客户停电时间。协同省能源公司深入紫金山金铜矿调研，精准找出电压骤降停机症结所在，帮助解决困扰多年的历史问题。提前完成10千伏塘梅线建设、蛟贵线全线改造，推进电力线路杆线迁移，保障常青新能源等重点项目落地实施。在古田建成全国首家乡镇级智慧能源服务站，全年服务投诉比上年减少56起，下降77.8%。

经营管理 2019年，推进多维精益变革，试点开展三级内部模拟市场建设。实行供电所分层分级及缺员组织绩效制度，树立公平的绩效及员工成长导向。清理长期挂账民营企业款项816笔、1626.88万元。增供扩销、开拓市场，签约市场化售电用户2家，实现售电量7400万千瓦时、综合能源营收145万元。开展反窃查违专项行动，查处窃电及违约用电用户34户，追缴电费及违约金23.33万元，综合线损率3.11%，比上年降低1.15个百分点。完成91项任期经济责任审计问题整改。清理账内、外物资和非计划领料，转储利库金额4169.94万元，库存金额压降至1315万元，比上年下降18.68%。

队伍建设 2019年，推进三项制度改革，管理人员能上能下、员工能进能出、收入能增能减基本实现。优化干部队伍建设，11名优秀年轻干部得到提拔重用，新提任干部全面推行任期制。新增16名职工通过中、高级职称评定，7名职工获取技师资格，22名职工取得配网无人机驾驶员资格证书。开展“两票三种人”安全技能竞赛、多旋翼无人机巡检劳动竞赛，组织参加通信运维、变配电运行、变电设备检修3个工种职业技能竞赛，着力培育高素质专业人才。深入推进创新创效，1个班组荣获全国质量信得过班组，2个班组获省质协质量信得过班组一等奖；2个QC项目荣获省质协一等奖，2个QC项目荣获省行协一、二等奖；调控中心《主配调图模融合　信息共享提功效》课题入选国网公司典型经验。

【上杭县汀江水电有限公司】　2019年，福建省上杭县汀江水电有限公司（简称汀江公司）完成发电量15183.35万千瓦时，为计划发电量11460万千瓦时的132.49%。实现销售收入5667.78万元，比计划销售收入3985万元增加1682.78万元。实现利润总额3167.36万元，比计划利润总额1600万元增加1567.36万元。归属母公司净利润1792万元，公司注册资本净利润回报率26%。全年主设备完好率100%，辅助设备完好率95%，实现年初制定的目标。

安全环保生产　2019年，汀江公司明确岗位安全工作职责，实行“管理到人、设备到人、责任到人”的安全责任制。每季度或重要节假日由公司主要领导带队进行安全检查，督促各电站落实安全大检查工作实施和整改工作。组织实施“安全生产隐患排查治理专项行动”和“安全生产月”等活动，制订具体实施方案，确保各项活动有组织、有保障、有落实。按照《企业安全生产主体责任规定》，公司主要负责人与各部门安全第一责任人，各部门安全生产第一责任人与本部门全体员工层层签订《安全环保责任书》，形成一级抓一级、层层抓落实，纵向到底、横向到边的安全环保管理网络。发放《安全应知应会》系列手册和安全警示宣教图片等安全资料80多份，利用安全生产例会、“安全生产月”活动和钉钉平台等载体转发安全学习文件、资料到各部门学习，使全体员工时刻受到教育、得到警醒。组织开展《电力安全工作规程》和安全技能培训，做好新入厂人员的安全学习教育和考核管理，建立员工安全培训教育制度和管理台账。各电站每月开展“事故预想”和“技术考问”活动，班组长和站领导对答题情况及时进行评价，提高职工的技术水平和应急处置能力。落实职工电工职业资格证和特种设备操作证的取证培训和复审工作，规范职工持证作业和提高上岗作业能力。完善日报、周报、月报的安全分析报告制度和设备异动管理制度，确保安全工作和设备消缺可防可控。建立《安全环保和劳动纪律督查制度》《安全生产目标考核制度》《电气连接部位测温制度》及管理台账；修订完善《防汛防台风应急工作预案》《主汛期防汛抗洪抢险工作办法》《闸门操作管理办法》；明确各部门和员工工作职责，确保有序开展防洪抢险工作。完成各电站生态环保下泄流量监控安装和日常运行情况跟踪管理，做好电站库区保洁工作。根据新《中华人民共和国安全生产法》及现场实际，建立和完善安全工器具定期检验规定、消防器材、防汛物资、急救药品、闸门启闭机、特种设备等管理台账，以及安全生产自查、劳动纪律自查等一系列管理制度，安全管理体系不断得到完善。加强经济责任考核，全年通报考核责任人员30人次50.5分。严格执行“二票”（工作票、操作票）管理制度。全年执行操作票1989份、工作票36份、应急抢修单3份，合格率100%。开展“防风险、除隐患、遏事故”为主题的安全生产月系列活动。制定“安全生产月”活动方案，细化活动项目和内容，在各电站生产现场、生活区等醒目位置张贴安全宣传挂图、悬挂安全宣传横幅，做好“安全生产月”活动的宣传发动工作。组织各电站生产一线、检修和中层管理人员分批次进行《电力安全工作规程》的培训和考试，对考试成绩优秀的员工进行了奖励，应考参考率100%，合格率100%。2019年，完成回龙电站大坝人行通道两侧增设防护围栏，濯溪口电站大坝护栏进行完善加固，各电站大坝增设安全警示标志、生产区域增设安全风险告知牌等安全标识标牌，完善清理损坏或杂草遮盖的警示标志，有效消除安全隐患、规避安全责任。

防汛抗台　组织开展春季暨汛前安全大检查活动。重点检查防洪抢险预案、防汛物资、引水渠主体、山体岸坡、压力前池、挡水堰坝、泄洪建筑物、启闭设备设施和备用电源，以及厂房和开关设备等进行排查，对排查的67项隐患提出整改要求和完成时限，在汛期到来之前得到全面整改落实。组织各电站到所在乡村人员密集场所开展防汛宣传，张贴和发放《关于防洪安全的通告》和防汛防台风安全知识宣传材料1000份。修订完善《防汛应急工作预案》和《主汛期防汛抢险工作办法》，规范防汛防台风应急工作预案的启动和实施办法。修订并报批各电站《水库大坝汛期防洪调度运用计划》和《水库防汛抢险应急预案》。节假日、双休日及时启动相应的应急响应级别，各电站实行24小时领导带班和运行人员值班制度，确保全员随时在岗在位做好防汛防台风应急准备。根据电站实际情况，制定出台防汛物资定额配置规定，在汛前全部补置到位。在出现持续性暴雨过程或台风到来前，公司领导亲自带队奔赴电站一线，检查防汛、防台风工作准备情况，实地踏看重点地质隐患点，要求各电站按“防大汛、抗大洪、抢大险、救大灾”目标，保持高度警惕，做好各项安全防范措施。全年汛期各电站设备未受到损失，保证电站安全度汛。

提高发电效率　各生产单位重视雨情信息，加强与上下游电站沟通，准确判断来水情况，做好提前腾空库容，拦洪截尾措施，保持高水位运行，运行人员做到“勤联系、勤调整、勤分析”，优化调节机组运行、科学做好水库调度，最大限度提高水能利用率和降低耗水率，提升发电效益。做好与县调、地调的沟通交涉，争取运行负荷，力争多发电；根据历年发电实际，细化各月发电量计划指标，将发电量与职工收入挂钩考核，激发公司上下增发电量积极性；各电站以电量计划执行和提高设备利用小时为着力点，对影响电量目标完成的各类因素进行分析，及时采取措施，确保电量抢发增发。利用机组停机时机，抓好拦污栅清理及设备维护。清理进水口拦污栅滞留垃圾，做好设备技改、机组检修、设备消缺工作。在最大限度利用降雨量来水前提下，保证机组正常维护检修，确保发电机组安全高效运行。

维护管理　面对所辖电站均投入运行 15 年以上、设备新旧不一、数量众多、点多面广、设备维护难度大等诸多困难，公司上下联动，群策群力，强化管理机制，努力保证设备健康、稳定运行。生技部门及时下达各电站年度、月度设备检修计划，逐一落实计划执行和完成情况，全年下达生产作业计划 343 项，生产例会布置工作任务 174 项，跟踪考核设备缺陷处理 298 项，对一时无法消缺的缺陷提出运行注意事项和防范措施，编制应急处理方案，有效防止设备故障扩大化。检修值班人员定期巡检排查隐患，对设备缺陷分析摸底，围绕小缺陷不过天，大缺陷抓到底的消缺原则，有效防止设备故障扩大化，全年办理工作票 112 张，处理缺陷 215 项，消缺率 96%，2019 年主要完成回龙电站#1 机组大修，机组润滑油泵技改，完成泄洪启闭设备及闸门检查维护，#2 泄洪闸门 4 个导向轮进行技改。完成石圳电站 2 号机组检修、4 号机机组中修，完成技术供水泵改造。全年各电站主设备完好率 100%，辅助设备完好率 95%以上。

挖潜增效　2019 年，应对智能化电站控制技术革新，完成濯溪口电站设备技改，该电站智能化控制设备运行实施，解决电站用工难及用工风险。寻求优质水电站资源项目，力争并购壮大企业规模。参与上杭县城关闸坝水电站竞拍的前期准备工作，到市中级人民法院、县自然资源局、水利局等部门、水电站现场，了解该电站及经营情况，对项目的可行性进行深入调研，对资金的拼盘进行计划，与银行方面进行深入的沟通，按照相关程序向股东、财政局、县政府上报参加竞拍的请示报告。主动拓展外部市场。2019 年，继续承接紫金矿业所属坝上电站，古田镇电力公司所属 4 座电站的运行管理工作，所承接的委托管理项目在安全生产、发电运行、管理方面取得较好的成绩。9 月，新增承接县水利局、临城镇所辖的 7 座公益性水库运行维护管理项目，水库管理各项工作正在有序推进。

参控股企业（电站）管理　公司发挥专业管理优势、技术优势，将各参控股企业（电站）和承包运行管理电站的各项工作纳入公司月度生产作业计划，对作业计划完成情况跟踪落实，统一规范管理。2019 年，着重理顺检修公司承接汀江公司直属电站维护检修服务关系，签订维修合同，对检修公司出台激励机制，调动检修公司人员积极性，检修公司承接并完成美西电站 3 号机组检修，涧头电站 1 号机大修，濯溪口 1 号机组大修，东留电站保护监控改造安装调试，苏家坡一级站 1 号机组技改等项目，取得较好的收益，检修公司逐步进入规范运行、业务稳定增长的良好发展阶段。针对公司所属电站的现状，继续对梅花山一级电站、双溪电站、细寨下电站采取承包管理模式，完善承包方案。

【福建上杭金山水电有限公司】

2019 年，福建上杭金山水电有限公司（简称金山水电公司）完成发电量 15650 万千瓦时，实现营业收入 5833 万元、利润总额 4640 万元、净利润 3479 万元，创造累计 3886 天的长周期安全生产纪录。

安全生产管理　2019 年，金山水电公司落实全员安全生产责任制，转化、完善《安全生产责任制管理办法》《安全生产考核实施细则》《生产安全事故管理制度》等多项安全生产管理制度，严格执行“两票三制”（工作票、操作票、交接班制度、设备定期轮换制度、巡回检查制度），推行“手指口述”安全工作法，构建安全风险分级管控和隐患排查治理双预防机制，全年开展安全大检查及专项安全检查 13 次，查出 43 处一般隐患，及时提出整改措施，落实责任人和整改期限，隐患整改率 100%；全面推行《全员安全生产积分制度》，实行每月考核、每季兑现，有效调动员工发现隐患、参与安全生产管理积极性；加强 1 号机组大修、2 号机组小修等生产现场安全监督，强化安全培训教育，开展“安全生产月”“环境安全月”活动，安全教育“人人过关”考试全员通过。全年实现无人身伤亡以及重大设备损坏事故，百万工时损工率为 0，安全生产累计 3886 天。

防汛发电两不误　2019 年，金山水电公司尽早部署防汛工作，备足防汛物资，组织全体员工开展防汛抢险应急演习和水库防洪调度运用计划推演，加强对水工建筑物及大坝左右岸山体边坡的巡视和监测，及时处理泄洪设备的缺陷隐患，确保安全度汛。生产人员密切关注流域气候趋势，准确预判雨水情，做好发电计划安排，科学调度水库，在确保安全前提下尽量把水位控制在接近规定的各阶段汛限值，抬高运行水头，降低耗水率，提高水能利用率，努力争取多发电。全年发电量比上年增长 81.45%。

设备管理　2019 年，金山水电公司加强设备台账管理，严格执行设备管理制度和“两票三制”，全年办理许可工作票 60 张，正确拟写操作任务票 32 张，累计正确操作 1650 项，全年无误操作；及时消除发电机组设备缺陷，更换高、低压储气罐和 1 号、2 号机组压油缸以及厂房风机等辅助设备，完成大坝位移、沉降和廊道扬压力观测系统及安全网络技改，安装洪水预警系统，年底组织完成1号机组大修、2号机组小修，保证机组的健康稳定运行。

员工教育培训　2019年年初，金山水电公司制定技术和安全教育培训计划，并按计划逐项实施。全年安全教育培训计划落实率、全员培训率、"三项岗位"人员取、换证培训率及合格率均达100%。针对生产人员对自动化及新保护装置等技术知识水平掌握参差不齐的实际情况，有针对性地请公司技术管理人员或厂家技术人员进行授课培训，并进行严格考核，员工业务素质得到提高。

■ 国有企业选介

【闽西兴杭国有资产投资经营有限公司】　2019年，闽西兴杭国有资产投资经营有限公司（简称国投公司）总资产394.42亿元，总收入6.45亿元，归属母公司净利润3.58亿元，上缴国有资本收益5.76亿元；国投公司总融资额54.6亿元，平均融资年利率4.32%。

融资方面　2019年，国投公司通过合法合规渠道筹措铁路建设初期资金，至年底，国投公司为铁路建设提供2.36亿元。

投资方面　2019年6月11日，国投公司投资5570万元的福建福光股份有限公司在科创板上市申请无条件通过审核，福光股份成为全国第四家、福建省第一家通过科创板上市委员会审核的企业。至2019年9月14日，国投公司与兴业全球基金管理有限公司合作成立的金额为1亿元的专户净值达到预期，9月17日基金分红1000万元。为优化区域创新布局，促进上杭县新材料产业发展，国投公司会同武岳峰资本、龙岩投资集团共同投资设立上杭鼎峰兴杭创业投资基金，通过市场化运作上杭县产业基金，基金总规模5亿元，将全额投资于上杭县内新材料及化工、金铜产业链延伸、氢能/储能等清洁技术相关领域的产业规模型成长期企业，通过发挥基金"输血、造血"功能，支持企业成长，带动上杭县新材料产业的发展。

承担社会责任方面　2019年，国投公司为县属国企提供担保28.36亿元，借款6.94亿元，有效化解县属国有企业资金难问题。国投公司继续做好上杭县企业应急基金运作，防范和化解工业企业资金链风险，维护企业和社会稳定，缓解工业企业融资困难。国投公司为上杭县第一中学教育基金会争取到由兴业全球基金支持的100万元慈善资金。

【上杭古田建设发展有限公司】　经营管理　2019年，上杭古田建设发展有限公司（简称"古田建发公司"）各景区旅游市场、酒店经营平稳有序，未发生一起安全责任事故。2018年10月31日，上杭县文化旅游发展有限公司成立。该公司与古田建发公司实行"两块牌子、一套人马"。为挖掘、整合文化旅游资源，开发更多文化旅游产品，提升景区层次，吸引更多游客，做大做强旅游产业，推动上杭县文化旅游业高质量发展服务。至年底，古田AAAAA旅游景区接待游客114.78万人次，比上年增长21.87%（其中接待预约团队、培训班4520多批，约21.21万人次），带动旅游综合收入1353.55万元，获福建省"十佳文明旅游企业""龙岩市三八红旗手""工人先锋号"及龙岩市"红色宣讲员"的称号。吴地红军小镇AAA景区全年接待游客7.6万人次，带动旅游综合收入191.55万元。苏家坡民俗小镇AA景区全年接待游客5.45万人次。上杭汀江绿道景区2019年被评为国家AAA级旅游景区，累计接待经游客服务中心（长岭驿站）进入景区的各地游客1.5万人次（以预约团队为主），进入景区观光游客超过20万人次，带动旅游综合收入65.33万元。才溪景区全年接待经游客中心进入景区的国内外游客7.4万人次，带动旅游综合收入11.02万元。古田山庄共接待住店客5.9万人次，接待重大会议80余场，实现营业总收入2395万元。

培训业务　2019年，古田建发公司下属子公司龙岩市圣地古田文化传播有限公司承接班次281批，总人数10827人次（其中接待中小学生研学实践教育班41批，7965人次），实现营收505.88万元，比上年增长51.3%。

项目建设　2019年，古田建发公司承接建设任务48项，其中：公司投资类项目6个，合同产值为4.5亿元；代建业务42项，合同产值1.23亿元。至年底，完成古田五龙村及星火北路道路改造工程、红军小镇提升工程、苏家坡主席洞木栈道二期、苎园苏维埃旧址维修工程、协成店周边环境整治工程、纪念馆红色旧址群改造项目、红古田剧场改造项目、古田山庄一期提升工程、曙光路段立面提升工程、古田农贸市场改造工程、古田AAAAA景区综合提升工程、瓦子街二期改造工程等项目的建设任务。正在实施龙岩市全国中小学实践教育营地项目、古田山庄二期建设工程、古田镇农村综合改革试点和AAAAA景区"一河两岸"核心区风貌提升工程项目、一台戏（"点亮古田，红动中国"古田情景剧场）等省市重点项目。

投融资工作　2019年，古田建发公司完成各金融机构新增流动资金贷款13070万元；完成各银行到期续贷衔接工作，续贷金额22580万元；完成农发行上杭支行吴地红军小镇项目和苏家坡项目的新增项目贷款授信3500万元（其中：已放款2000万元）；完成省农行龙岩市全国中小学研学实践教育营地项目和"一台戏"项目的新增项目贷款授信4亿元；完成省农行古田山庄二期项目的新增项目贷授信2.1亿元；根据市委五届八次全会提出的"一市两区三组团，五基地六产业七景区"发展思路，提升古田配套基础设施建设，配合做好旅游PPP（以政府与社会资本合作方式，实现文化、旅游、城建、体育、农业、商业等复合性文化产业开发、运营的创新模式）融资工作，至年底，古田红色旅游提升工程PPP项目总投资8.15亿元，上杭县全域旅游PPP项目（一期）项目总投资24.16亿元。

“三资”（资本、资产、资源）整合　2019年，根据《龙岩市国资委印发〈关于龙岩市古田圣地旅游投资开发建设有限公司的整合提升方案〉的通知》文件精神，古田建发公司持股40%（龙岩文旅汇金公司持股60%）参与整合龙岩市古田圣地旅游投资开发建设有限公司，作为古田梅花山文旅康养试验区综合开发主体。

【城市建设发展有限公司】　2019年，城市建设发展有限公司（简称城发公司）生产经营、创利能力、资产规模获得较快发展，全年实现营业收入约6423万元（其中城旺公司4172万元），实现利润总额1002万元。

项目建设　2019年，城发公司建设（或代建）项目108个，项目总投资58.51亿元，计划投资17亿元。新开工的项目有城区二环西路城市道路工程（二期）、水西小学建设工程、西环路（北环路至县医院段）道路改造工程等28个；竣工验收的项目有城南小学教学综合楼、罗星塔公园—龙翔大道绿化提升工程、江滨中路道路改造工程等31个；基本完成的项目有利民路、民富路道路改造工程、上杭县城北一路、金岗路道路改造、闽西古田光荣院建设项目等9个；累计完成项目建安产值8.5亿元。

资产运营　2019年，城发公司在资产运营和资产盘活中，针对各类保障性住房（经济适用房、廉租房）、安置地存在不同程度闲置情况，组织人员深入调查摸底，主动与相关主管部门沟通协调，制定上报并落实各类房产的盘活方案，减轻财政负担，确保建设资金及时收回。全年销售/拍卖21宗土地、262套住宅、35间车位/库及10间杂物间，价值13274万元，回笼资金15531万元（含2018年销售房产的银行按揭回款）。对于已配租配售的住房，及时办理房屋契税申报、合同备案、公维金缴交、银行按揭贷款申请及预抵押登记申请等相关手续。

自营业务　2019年，成立城发房地产开发有限公司，参与县域内房地产开发，8月取得原西门市场地块的开发，实现房地产领域的“零突破”。至年底，该地块已完成施工、监理招标。子公司福建城旺工程管理有限公司开展钢材、型钢、管材等各类建筑材料设备经营贸易，全年实现营业收入4172万元，净利润129万元，其中钢材、型钢贸易营业额3300万元，比2018年的营业额1800万元增加1500万元，增长83%；管材贸易营业额707万元，比2018年的营业额120万元增加587万元，增长4.89倍。子公司福建城航建设工程有限公司正办理施工资质，打造公司新的利润增长点。开展招标代理业务，2019年组织城区公园绿地提升改造工程、县医院整体搬迁建设项目红线外边坡支护工程等6个项目的招标，创造收入5.34万元。

新型城镇化和美丽乡村项目，至年底，完成审计乡镇14个，验收8个乡镇（茶地镇、溪口镇、稔田镇、太拔镇、湖洋镇、通贤镇、官庄乡、珊瑚乡）项目，全年拨付资金2975万元，自开工以来累计拨付资金约8580万元。

上杭城区水西小学建设场地　(2019年摄)　　(县融媒体中心供图)

【兴诚实业有限公司】　2019年，上杭县兴诚实业有限公司公司（简称兴诚公司）坚持一手抓好县委、县政府安排的各项工作部署，做好服务业发展“三比一看”竞赛活动，强化和改进国有资产管理，确保国有资产保值增值；一手抓好企业经济效益，拓展经营，延伸产业，增强发展后劲，相继成立贸易公司、物业公司、与县委党校合作成立教育培训咨询服务公司、组建财务公司、以市场化融资建设方式建设县教育培训基地项目等，实现公司又好又快发展。兴诚公司全年资产营业收入9648万元，实现利润726万元，国有资产保值增值率103%。

创新融资建设模式　2019年，县教育培训基地项目由兴诚公司按市场化进行融资建设，项目总投资2.6亿元，其中向银行融资1.8亿元，自筹配套8000万元。兴诚公司利用自身优质资产，主动与金融机构沟通联系，成功获得中国农业银行和农发行授信批复，贷款额度各1.8亿元，贷款期限分别为17年和15年，其中，中国农业银行贷款利率按同期同档次基准利率计算，农发行贷款利率按中国人民银行当月公布LPR利率计算。项目建设各项工作正在有序推进。2019年7月20日，在破解县教育培训基地建设融资难题，兴诚公司获上杭县机关效能建设领导小组、上杭县“大督查落实”工作领导小组通报表扬。

代理记账业务　2019年3月25日，兴诚公司组建上杭县兴诚财务管理有限公司，严格按照时间进度，高质、高效承接50家行政事业单位会计代理记账工作，完成2019年度的账目处理工作。

红色教育培训产业　2019年，兴诚教育培训公司与党校建立合作，年内承接来自江苏、广东、浙江等多个省、市、县培训班共110期，累计培训超过4500人次，营业收入874万元，实现利润146万元，提升上杭县干部教育培训事业发展，为上杭县第三产业发展作出新贡献。

项目投资　2019年，成功获得县城区内道路及公共停车场停车泊位所有权和经营管理权，推动兴诚公司成为"项目主体""建设主体""运营主体""资金主体"，壮大兴诚公司发展，

物业管理　2019年，兴诚物业公司配套公司资产管理，完善服务体系，外拓项目，在做好民政福利中心、市民服务中心等行政事业单位办公大楼物业管理服务的同时，主动参与县域行政事业单位办公大楼管理服务权的招投标，着力使兴诚物业公司发展为集政府办公楼、学校等多种业态于一体的物业管理公司，推动公司提质增效。

现金流业务　2019年，兴诚贸易公司作为兴诚公司的主要投融资平台，以保障资金使用安全、提高资金利用率为目标，对外拓展零风险贸易业务，全年实现年现金流量6000万元，年利润58万元。

开拓新市场　2019年，上航大酒店通过建立精细化的食堂运作机制，利用自身食堂管理资源优势，转变发展思路，主动"走出去"对接各金融机构食堂管理业务，开拓新的利润增长点，增强企业可持续发展能力。2019年7月承接县农商银行食堂管理业务。全年酒店营业收入增加14万元，利润增加5万元。

国有资产管理　2019年，兴诚公司完善内控制度，创新内部管理，健全绩效考核机制，实现全员全覆盖考核，确保人人有岗、岗岗创效。深入研究房屋（店面）的租赁价格市场调查结果及建议，按照"公开、公正、公平"和略低于周边市场价原则，合理定价。做好北环西路原县食药局办公楼等18处国有资产产权过户工作，提升并壮大国有企业资产。摸清现状，合理盘活闲置资产。围绕实现国有资产保值增值这一目标，盘活乡镇资产和无效资产，既可增加企业收益，又可消除长期闲置资产存在的安全隐患，实现社会效益、管理效益和经济效益同步发展。重视安全，全面排查安全隐患。年内，兴诚公司组织召开8次各类安全生产专题会议，部署新一轮隐患清零工作等各项工作，深入排查所辖消防设施设备、电梯设备、建筑施工、房屋安全、电路电线等领域，现场研究、提出隐患整改方案，对发现隐患实施清单销号管理，明确整改时限，确保兴诚公司及二个酒店安全生产"零"事故。

房屋类经营性国有资产管理　2019年，自接管县房管所以来，兴诚公司与县财政局、住建局、城市管理局、收储中心等单位沟通，围绕实现资产管理最大化、经营效益最大化、安全风险最小化目标，多次细化并修改县直管公房盘活方案。为加强公产房管理，对所有接管的公产房进行安全隐患排查，对急需加固维修的50处公产房进行修缮。

三产业务　2019年，配合县发改局和三产办做好龙头企业的培育工作；做好原县妇幼保健院的资产管理、县交通运输局松园路职工宿舍资产评估、过户工作；全面配合潭头大桥指挥部，做好原农场11437平方米农用地办证工作。

酒店经营　2019年，上杭客家开缘酒店和上航大酒店不断加大市场拓展力度，关注产品服务创新研发，争取酒店资产收益最大化；优化内部管理机制，强化资产管控，统筹规范各类成本支出；兴诚公司累计借给上杭客家开缘酒店和上航大酒店合计994万元，保障酒店正常营运。7月，上航大酒店主动作为，努力解决酒店资金需求，继续与县农商银行沟通对接，成功向上杭农商银行申请贷款3980万元，贷款期限3年，贷款利率为国家现行3年期基准率上浮15%。2019年，上航大酒店实现营业收入1430万元，客家开缘酒店实现营业收入2612万元。

脱贫攻坚战役　兴诚公司承担全县扶贫开发的投融资任务，全年按时、合规支付省、县易地扶贫搬迁地方政府债券资金、专项建设资金、专项贴息贷款等资金2214.5万元。

行政办公用房装修　2019年，兴诚公司克服无专业工程技术人员瓶颈，以建设优质工程为目标，加强项目组织，抓进度、抓质量、抓安全，把好预结算关，提高资金使用效能。领导多次带头监督项目实施的安全性和规范性操作，做好县工信科技局、紫金路防汛大楼、巡查办、县退役军人事务局等多处装修工程。

【工贸实业发展有限公司】　2019年，上杭县工贸实业发展有限公司（简称工贸实业公司）总资产17.71亿元，净资产2.07亿元，营业收入1.05亿元，国有资产增值保值率104%。其中工贸公司营业收入约5495万元；福建欣杭电子商务有限公司营业收入约4350万元；上杭县物资公司营业收入324.5万元；上杭欣杭物业管理有限公司营业收入251.2万元；龙岩市虹桥拍卖行营业收入39.3万元。

实业投资　2019年，工贸实业公司与"泉州南威软件股份有限公司"建立合作关系，共同实施"互联网+金铜产业"项目。注册上杭县智慧杭川科技有限公司，注册资金为3000万元，其中南威软件公司出资1800万元，工贸实业公司出资1200万元（省级补助1000万元，工贸公司实际出资200万元）。该项目5月完成签约和注册设立，6月28日揭牌开始运营。该项目的建设，构建以互联网、大数据、物联网等新一代信息技术为创新驱动力量的传统优势产业集群，大力

释放经济新动能，助力传统产业插上“互联网+”翅膀。依托区域化优势，提供金铜产业链服务平台，促进金铜产业发展，推进金铜产业转型升级、提质增效，形成金、铜、循环经济三条产业链条。年内，通过引进社会资本到上杭县投资办企业，撬动社会资本1800万元，为财政减轻配套资金2000万元，组建互利双赢的合资公司。

1000平方米钢结构标准厂房建设　2019年，为盘活闲置资产，节约成本，将原华丰机械厂闲置的4号厂房、6号综合楼1.3万平方米土地建设一栋1万平方米钢结构标准厂房，至年底，完成监理、建设工程招标事宜。

汽车租赁业务　2019年，工贸实业公司新增汽车租赁业务，主要服务对象为各企业、行政事业单位。至年底，汽车租赁部拥有9辆汽车。从7月开始运营至年底营业收入33万元。

服务县工业园区　2019年，工贸实业公司为工业园区管委会融资贷款4.15亿元。其中与本地、外地银行对接，置换中国银行8000万元贷款，向厦门国际银行融资贷款1000万元，泉州银行融资贷款2800万元，全额完成财政下达的融资指标，确保县工业园区以及企业发展资金需求。

民营企业

【概况】　2019年，上杭县产值前15名的民营企业实现产值83.02亿元，占全县规模以上工业总产值比重达10.02%，实现主营业务收入76.95亿元。产品主要涉及无氧铜杆、电线电缆、铜牌、电子源器件、无水氟化氢、水泥搅拌、含氟电子化学品、含氟精细化学品、松脂、电解铜箔、槐猪、饲料、精制油茶等行业。

表8

2019年上杭县规模以上民营企业(产值前15名)基本情况表

企业名称	法人代表	企业总资产(万元)	销售收入(万元)	从业人员(人)	主要产品经营业务
福建上杭太阳铜业有限公司	李云孝	5000	506167	195	铜材、铜杆、电线电缆生产与销售
龙岩傲农饲料有限公司	刘尉东	500	14019	55	饲料加工及销售
上杭龙鑫混凝土有限公司	陈炎如	1000	10523	65	混凝土搅拌生产与销售
福建上杭志成电子实业有限公司	梁耀荣	1200	68589	72	电子源器件及输配电及电线、电缆生产销售
福建联福工贸有限公司	郑义响	1500	11420	39	铜牌生产销售
福建龙氟化工有限公司	黄天梁	2000	36943	157	无水氟化氢、氢氟酸生产与销售
福建省金烨铜管配件有限公司	王洪秀	2300	15249	46	铜管配件生产与销售
龙岩万福林化有限公司	林建孝	2500	16158	50	松香、松脂加工销售
福建瓮福蓝天氟化工有限公司	冯胜波	1000	12643	51	无水氟化氢生产与销售
福建清景铜箔有限公司	陈　生	6000	21812	167	电池用高档锂离子电解铜箔
上杭县儒溪槐猪有限公司	陈大荣	3000	9402	60	槐猪肉生产与销售
上杭双胞胎饲料有限公司	廖济前	5789	8746	58	饲料生产与销售
上杭擎荣农产品有限公司	郑　锋	1000	12682	300	果蔬生产加工与销售
福建优创油脂有限公司	华　锋	5000	7959	41	茶油生产与销售
福建德尔科技有限公司	华祥斌	20000	17260	233	含氟精细化学品、含氟电子化学品生产销售

【民企对接】　2019年，上杭县上报龙岩市“签约一批”民企项目25个，新开工项目15个，总投资130.23亿元。2019年项目开工率85%。

责任编辑：钟梅娇

信息化建设

■ 数字信息

【概况】 2019年，上杭县数字信息化工作继续以提升“互联网+政务服务”、提升农村党员干部现代远程教育站点管理、推进协同办公系统的电子政务应用、县政府门户网站维护、政务公开与服务平台运维、网络安全、脱贫攻坚等重点工作等，上杭县信息化工作走在福建省、龙岩市前列。开展门户网站安全监测，不定期进行县直部门和乡镇子网站抽查检查，抽查情况全县通报，督促抓好整改落实，将整改情况及时向省、市汇报；做好视频会议系统运维管理，举办2期业务操作培训；做好县级中心机房安全保障、政务公开和政务服务系统、网络督查管理、OA内网邮件系统、协同办公系统运维、电子证照办理等。开展19期政民互动活动，问卷调查18期、意见征集21条；每月定期向省政府报送政府信息公开情况；按照推进“智慧上杭”建设行动计划，逐步推进项目的落实，完成总投资600万元的AR-VR红色教育试点项目建设。

【电子政务】 *政府网站建设与管理* 2019年，上杭县政府网站依托市级平台，县级门户全新改版。做好国务院对政府网站的每年4个季度的普查及省、市组织的网站季度检查，聘请专业网站测评公司对网站各项技术指标进行检查和测评，对普查、检查、测评出来的问题如涉及相关乡镇或部门，及时通知整改并做好工作督促督查。制定《上杭县政府网站内容保障工作实施办法》《上杭县网站运行管理暂行办法》《上杭县网站绩效考评办法》等运营管理长效机制。

县级资源中心信息安全管理 数字上杭县级中心机房是全县电子政务信息化核心，配备大量政务网核心硬件设备、软件以及大院内附属的互联网设施，承载着国家、省、市、县政务网(含政务内、外网)应用，包括上杭县政府门户网站平台(云平台)、上杭县网络督查系统(政务内网)、上杭县农村党员远程教育网络(互联网)，上杭县行政审批与电子督察系统(外网受理，内网办理模式)，以及上杭县数字化城市管理信息系统、上杭县公共资源配置中心系统等(政务外网)。中心机房配备网络防火墙3台、应用防火墙2台、链路负载均衡2台，入侵防御系统(IDS)1台、安全网关(SSL VPN)1台，安全隔离网闸1台、堡垒机1台、上网行为管理1台、漏洞扫描1台、抗DDOS攻击1台，安全硬件设备更加完备。基于云计算的电子政务公共平台(虚拟化平台)采用使用趋势科技无代理安全软件(Deep Security 9.0)，传统物理机平台采用卡巴斯基企业级安全解决方案，基本覆盖中心所有服务器与终端。完善安全管理制度，与福建信息科技有限公司签订安全服务合同，要求对方监测平台对上杭县政府门户网站群提供24小时在线安全监测服务，发现问题及时报告并处理，全年4次上门做机房全面安全检测服务，并出具书面报告；实行机房出入安全登记制度，无关或未经允许不得进入机房，做好机房日常值班安全巡查登记、机房报警系统与技术人员手机联网制度，将巡查情况及时处理并备案；完成对中心机房的升级改造。

政民互动 2019年，邀请县直部门主要领导或分管领导，开展网上访谈录播19期，依托上杭县人民政府网站平台，整合在线办事、行政审批系统、梳理行政职权和便民事项，打造高效、便民、线上线下相结合、“一站式”的政务服务专栏。政务服务专栏提供47个政府部门及企事业单位655项行政职权事项网上在线办理。公众只需通过互联网登录平台即可以办理相关事项，而且可以通过电脑、短信等渠道获取事项办理进度及相关情况。公众可通过政务服务平台实现全流程办理审批业务。县效能机关可通过电子监察系统进行效能监察，开展督查、督办、结果反馈。

政务数据汇聚共享 2019年，上杭县有56个部门(其中34个县直单位，22个乡镇)接入全流程网上办事大厅，县乡共梳理网上办事事项3403项，其中可以实现网上申报的3219项，全流程办事大厅上线至今共受理办件1241583件，办结1241169件，办结率99.97%。证照目录发布34家339类证照，其中证书157类，批文182类。为加快完成全流程办事大厅部署，上杭县组织开展三次数字证书申请工作，完成申请数字证书232枚，申请电子印章297个，推广网上办事，至年底，上杭县网办率42.63%，龙岩市第三，逐步实现统一受理、并联审批、实时流转、跟踪督办、信息共享服务，让群众“一趟

2019年9月18日，上杭县VR-AR红色文化教育主题体验馆开馆

（县数字办供图）

不用跑，最多跑一趟”。

工程建设项目审批制度改革 2019年，安排1名技术骨干负责上杭县工程建设项目审批管理系统建设工作，主动做好与市级对接工作，时刻关注系统建设进度，到龙岩市大数据局（数字办）、自然资源局学习对接项目建设有关工作。做好基础准备，做好证照目录发布和存量证照转换，指导部门完成政务数字政务和电子印章申请，申请证书232枚、电子印章297个，涉改单位全部完成，为工程建设项目审批提供基础支撑保障。配合县行政服务中心管委会，批量新增用于涉及工程建设项目审批协同人员账号。

协同办公系统建设与应用 2019年，继续做好市协同办公系统的应用推广工作，开展协调办公系统应用业务培训，组织全县接入应用单位集中培训2次，通过电话交流解疑51次以上，QQ群聊解答协同办公系统疑问及使用技术105条，全县所有接入协同办公系统单位基本能够操作应用。针对协调办公系统运用情况列入市对县一项重要考评指标要求，加强日常协调办公系统管理，督促所有单位一律在电子公文处理中使用协同办公系统，并及时关闭网站督查管理系统。

政务应用系统运行维护 2019年，对视频会议、网络督查管理、内网邮件、协调办公系统等进行专人专职运行维护工作。全年保障120余场次各级视频会议系统顺畅，组织2场次乡镇和县直相关单位视频会议系统操作人员业务技术培训。持续为内网邮件系统升级服务，对网络督查管理系统发布文件进行归档，内网邮件内存储优化升级扩容，满足当前电子邮件往来需要。举办协同办公系统应用业务培训，要求接入协同办公系统单位分管领导、具体收件人员掌握协同办公系统应用管理。

【远程教育】 2019年，上杭县做好站点设备运维管理，制定下发接收站点量化考核制度，县、乡镇、村签订设备使用管理和维护协议，明确各级的管理责任，实行站点定期开放制度，建立远程教育设备器材技术档案盒设备维修台账，做到规范操作和定期维护，及时做好登记备案。举办2期乡镇站点管理员维护技术培训，对一些陈旧设备做好登记。采取分级管理和归口培训原则，开展各级各类培训；围绕解决“三农”问题和建设社会主义新农村的大局，把提高农村党员干部和群众的科技文化素质，促进农村经济社会全面发展，作为培训工作的出发点和落脚点。

【部门信息化】 2019年，上杭县结合《上杭县“数字上杭”十三五专项规划（2015—2020年）》的建设内容，“智慧上杭”项目建设，牵头完成VR/AR+红色文化教育试点项目建设，至年底，基本完成项目建设，并通过专家组验收。协同公安局做好蛟洋工业园区智慧园区项目建设。会同县国土局做好上杭县地理信息数据会聚、部署工作，实现地理信息为全县各部门应用服务。推进互联网+金铜产业区域化链条化试点工作。

邮政

【概况】 2019年，上杭邮政部门完成业务总收入3696万元，比上年增长9.9%，龙岩市排名第二。

【普遍服务业务】 2019年，上杭邮政为委代办投递员、营业员人员发放秋冬装制服，对破损、陈旧信筒（箱）统一进行维护或更换，对日戳、印模、台牌、便民服务箱等普服用品用具进行更换和购置，共计投入9万多元。对中都、庐丰、通贤、步云、太拔、湖洋6个支局及北环路总部大楼进行装修改造，共计投入500多万元。加强投入的同时，强化服务质量，提升人民群众用邮满意度。其中古田支局在“纪念古田会议90周年”活动中，周到的服务得到新罗区适中镇林先生的高度好评，并于12月30日在今日头条刊登点赞，群众满意度得到提升。

【金融类业务】 2019年，上杭邮政金

融类业务收入 2254 万元，新增余额 1.25 亿元，完成率和增幅均排全市第二。

【邮务类业务】 报刊业务 2019 年，上杭邮政发挥点多面广平台优势，把邮路变成“连心路”。成立新时代文明实践志愿服务队，依托“连心信使志愿服务队”，全年投递报纸杂志 1312 万份。

函件业务 2019 年，通过《居民养老保险宣传手册》、“6·5”环境保护日、安全生产月等项目开发，加快函件转型升级。

集邮业务 2019 年，在古田会议会址旁边建设“古田红色邮政”主题邮局，开发“古田会议 90 周年”等系列红色文化集邮品，做好红色圣地的窗口和“喉舌”。上杭县邮集《雪》参加 2019 年世界级邮展获得大镀金奖，是龙岩市唯一参加世界邮展的作品。

渠道平台业务 2019 年，电商分销业务等渠道平台实现收入 135 万元。在农资分销、酒水配送等传统业务基础上，为方便群众办理税票，北环路支局及各乡镇支局与税务局合作开办代开税票业务，全年为群众代开税票 981 万元，北环路支局、古田支局、才溪支局与交警合作开办“警邮合作”项目，方便群众办理交管业务。主动融入地方经济，继续以农村电商精准扶贫为抓手，与古田苏家坡贵妃鸡合作开展农村电商扶贫，全年销售贵妃鸡和鸡蛋 10.4 万元。

寄递业务 2019 年，寄递业务实现收入 710 万元，全年投递包裹 150 多万件。其中“双十一”期间包裹进口量 14 万件，比上年增长 1.8 倍，出口量 8 万件，增长 1.2 倍，2019 年 8 月中旬法院项目启动合作运营，通过进驻法院驻点、成立专项送达小组、专人专车等形式提高法律文书的有效送达率。各邮政支局网点出售新型包装箱和绿色窄胶带，引导客户使用邮政绿色环保包装箱。

电信

【概况】 2019 年，中国电信上杭分公司（简称县电信分公司）深化转型升级，实现企业高质量发展。县电信分公司全年完成固定资产投资 1155 万元，全业务收入完成 7440 万元，净增天翼用户 1.7 万户，有线宽带 3680 户。

【信息化拓展】 2019 年，上杭县电信分公司完成上杭县“一品一码”大数据平台移动终端及网络建设；完成“平安城市”（十期）高清网络视频监控系统项目建设；拓展智能交通，签约一至四期维护、升级货物类采购项目。

【光网建设】 2019 年，上杭县电信分公司完成新建开通 0.88 万个 AP 端口，FTTH 通信能力达到 12.5 万个 AP 端口，FTTH 端口占用到达数 7.03 万户，端口利用率 56.5%。实现 FTTH 光纤覆盖行政村 331 个，行政村光网络覆盖率达 99.2%。

【无线网建设】 2019 年，上杭县电信分公司安排对弱覆盖区域基站建设，全年完成 71 个 4G 基站、7 个室分系统、7 个 5G 基站的开通，4G 覆盖面 95%。

【客户服务】 2019 年，上杭县电信分公司当日装、当日修完成率 99.32%、99.71%，全年完成 174 张客响建设工单，其中新增 526 条政企有线宽带（固定 IP）、16 条双端数字电路、社会面监控（公安监控）118 路、FTTB 用户光改 216 户。

【通信保障】 2019 年，上杭县电信分公司完成龙岩首届文化旅游发展大会、世界客属龙舟赛、中央电视台“心连心”文艺演出及纪念古田会议 90 周年纪念大会等重大活动期间的通信保障工作。

【网络安全】 2019 年，上杭县电信分公司针对网络结构、动环、光缆、自动保护倒换、备品备件、应急预案进行隐患排查，达到保障网络安全运行“业务不阻断、故障恢复快、无次生影响”目标，网络安全高效稳定运行。

移动

【概况】 2019 年，中国移动上杭分公司（简称上杭移动）拥有移动用户总数 23.8 万户，有 4G 移动通信站点数 1500 多个，5G 基站 4 个。家庭宽带网速实现全面提速，100M 带宽成为主流。

【大型活动通信保障服务】 2019 年，上杭移动完成上杭春晚、南阳花灯民俗节、上杭县第三届“三月三”畲族文化旅游节、纪念“五四”运动 100 周年文艺会演、中国闽西（上杭）第三届世界客属龙舟文化旅游节、中国旅游日福建分会场“全福游，有全福”主题活动、央视“心连心”艺术团古田慰问演出、纪念古田会议 90 周年大会等大型活动的通信保障任务，累计保障扩容 562 个小区，保障用户 14 万人次。

【农村信息化】 2019 年，上杭移动响应省委、省政府号召在村村通宽带战略目标的基础上，对 100 多个村进行补强覆盖，推广家庭智能组网，累计为 6.37 万户客户提供宽带服务，其中 5.4 万户使用互联网电视机顶盒业务。累计为 2696 户家庭用户提供安防产品服务，并为 5127 户家庭用户提供智能家居产品服务，累计开展 161 场惠农下乡活动，参与人数 410 人次，服务乡镇用户32万人次，以点带面推动农村信息化建设。

【网络建设】 2019年，上杭移动做好4G站点网络深度覆盖建设，优化2/4G信号质量，加强网络领先优势。率先完成永杭高速沿线移动信号覆盖，率先在古田开通5G基站，全年新增4G站点118个，存量4G站点达到1500多个，城区、乡镇集市实现深度覆盖，行政村、高流量农村区域以及赣龙高铁等区域实现有效覆盖。

【宽带服务】 2019年，上杭移动投入200多万元推进全县宽带网络覆盖建设，加强城区全覆盖的宽带扩容和乡镇集镇、密集住宅区宽带网络补强覆盖建设。上杭移动继续响应国家“宽带中国”战略方针，推进贫困和偏远山村通信基础设施建设，加快信息化普及和行业应用推广，为群众提供“用得上、用得起、用得好”的信息网络服务，让贫困地区插上互联网和信息化翅膀，贴近群众生活，做到便民、惠民。

【线路整治】 2019年是上杭县争创全国文明县城的第二年，上杭移动配合做好农村人居环境整治、美丽乡村建设和三线整治工作，组织施工队伍完成一级光缆迁改、驻地网线路迁改、整治百万米入户线等目标，完成城区振兴路、兰田路、丁家山路、水南村、北环路等街道、溪口、白砂、古田、南阳集镇沿街架空线缆整治。

【信息化建设】 2019年，上杭移动围绕县政府“智慧上杭·数字上杭”战略目标，为“平安上杭”项目提供900多条线路传输保障；为全县50多家单位提供超级短信、大数据城市名片业务服务，为政府宣传和推广“平安三率”“扫黑除恶”“文明城市”及生态环保做出重要贡献；为全县100多家单位提供地震预警终端业务服务；签订移动云上杭县医院云容灾项目；完成紫金矿业刚果金跨国专线建设；完成上杭县公安局平安城市九期项目、智能治安卡口续保项目及蛟洋1号线道路卡口监控及区间测速系统增补项目；完成古田、蛟洋5G基站的建设和开通；完成龙岩市首场5G直播；助力5G+泛在电力物联网项目应用。

联通

【概况】 2019年，中国联合网络通信有限公司上杭县分公司（简称上杭联通）深化实施聚焦创新合作战略，推进互联网化运营，发展速度、质量和效益得到提升，体制机制改革红利初步显现。全年完成主营业务收入增长1.2%，创新业务收入比上年增长113.53%。4G手机用户规模比上年增长1.52%。

【通信保障能力持续增强】 2019年，上杭联通加大网络建设投资，重点加大移动网基站特别是4G网络的建设力度，至年底，全县有3G基站458个，4G基站360个。移动信号实现全县行政村全覆盖，村庄覆盖率97%以上，国省道沿线覆盖率99%以上，高速公路、铁路沿线覆盖率100%。其中3G网络基本实现全县无缝覆盖，4G网络覆盖全县各乡镇镇区、重点行政村、铁路、高速沿线，网络口碑及网络能力得到大幅提升。在古田实施5G+MEC节点部署，带动网业联动。上杭联通实现城区内所有用户光纤到户，并全力开展乡镇宽带建设，至年底，除步云、珊瑚外，其他20个乡镇实现光纤网络全覆盖。

【客户满意度提升】 2019年，上杭联通营造放心、和谐消费环境，为提升用户感知，提供方便、快捷的通信业务需求。通过开通微信在线服务，营业厅内设自助缴费终端、手机营业厅等电子化服务平台，开通24小时客户服务热线“10010”和“10016”，拓宽业务办理通道，让客户办理业务更加方便。全年自营厅整体满意率99.8%，服务质量达标率99.4%。2019年，开展“走近客户、联通你我”送服务进社区和“三下乡”服务活动198场，智能家居智能组网服务满足客户多元化需求；全面推进提速降费提升用户感知，全网提速降费惠及用户达2.3万户。

【智慧城市建设助力】 2019年，上杭联通推进云计算、大数据、物联网、智能化业务的行业应用，在技术、业务、应用和产品上加大创新力度，依托福建联通东南研究院，在自主研发和系统集成上开拓出一条创新发展之路。2019年，参与公安局“情报、指挥、勤务”一体化实战平台的建设，助力指挥调度系统的全面升级强化，实现科技强警目标。承建的“智慧公交”全面建设和运行，为公交运营提供智慧“大脑”，成为文明城市建设的一张新名片。打造“智慧库区”建设，提升库区移民群众的经济文化生活水平。定制研发“智慧路长”管理平台，助力交通局实现“互联网+路长制”管理模式，促进农村公路监管网格化、信息化。由中国联通集团公司出资建设古田会址景区“5G+红色旅游+红色教育”项目，借助5GMEC边缘计算技术，依托AI人脸识别、3D全息影像、VR直播、AR景区导览等应用场景，促进景区信息化水平得到升华，增强景区营运管理能力。

责任编辑：钟梅娇

矿产　冶金

■ 综述

【概况】 上杭县是全国重要的贵金属生产基地，是福建省为数不多的稀有、有色和贵金属重要矿产地，矿产资源相对丰富，矿种较齐全，远景储量较大。至2019年年底，全县发现的矿种有金、铜、铀、钼、铁、锰、铅、锌、稀土、石灰石、白云岩、萤石、瓷土、矿泉水和地热等43个，查明矿点355处。金、铜及稀土资源量在全省具有较大的优势。全县开发利用矿种6个，主要有金矿、铜矿、建筑用花岗岩、建筑用砂岩、制灰用灰岩、萤石等。

【开发管理】 *矿产资源开发利用* 2019年，上杭县填报矿山开发利用数据的矿山27家，其中持有效采矿许可证矿山15家、采矿许可证到期矿山12家。参加开发利用统计的27家矿山企业中，国有企业2家、股份有限公司企业2家、私营企业23家。持有效采矿许可证的15家矿山企业中，生产矿山11家，筹建、停产矿山4家。全年矿山企业共有从业人员1916人，年产各类矿石量1946.47万吨，实现工业总产值37.4亿元，矿产品销售收入34.48亿元，利润总额10.41亿元。其中，紫金矿业紫金山金铜矿年产矿石1881万吨，工业总产值37.22亿元，利润总额10.38亿元，紫金山金铜矿工业总产值和利润总额分别占全县生产矿山的99.52%和99.76%。2019年，全县年产矿石量比2018年减少226.58万吨，下降11.64%；工业总产值增加12804.8万元，增长3.4%；利润总额减少363.71万元，下降0.34%。其中，紫金山金铜矿年产矿石量比2018年减少204万吨，下降10.85%；工业总产值增加1.26亿元，增长3.39%；利润总额减少365.54万元，下降0.35%。

采矿权出让 2019年，办理白云石矿、官庄朱堡制灰用石灰岩矿延续出让。公开拍卖出让蛟洋露灵通矿区建筑用花岗岩矿采矿权，矿业权出让收益266.28万元。

矿山生态环境恢复治理 2019年，督促紫金矿业做好紫金山金铜矿露采场终了边坡等裸露区域的生态环境恢复治理，确保中央环保督察转办信访件整改工作落实。督促技术单位做好废弃矿山的生态恢复治理情况详细调查，编制完成《福建省上杭县废弃矿山地质环境综合治理规划》。加大对矿山地质环境保护与治理恢复监管工作力度，督促采矿权人履行矿山地质环境治理恢复的企业主体职责，按照矿山地质环境保护与治理恢复方案进行“边开采、边恢复”。全县各持证生产矿山投入治理资金1583.58万元，完成生态恢复治理面积60.95公顷，超额60.95%，完成上级下达的年度治理任务。完成通贤大块里石场废弃矿山生态环境综合治理工程包年度任务。开展矿山生态环境恢复治理保证金退还工作，至年底全面完成财政专户中3067.49万元清理处置。

矿山安全生产与整治 2019年，落实安全生产“党政同责、一岗双责”规定和安全生产目标责任制，开展“安全生产月”及安全生产宣传教育活动、安全生产隐患排查整治、打击非法采矿行动，督促乡镇做好非煤矿山巡查检查，维护良好的矿业秩序和安全生产态势。全年开展无证矿山督查检查32次，出动146人次，立案查处1件。通过强力整治，全县无证非法采矿关闭率100%，矿业管理秩序趋于平稳。

创建龙岩世界地质公园 2019年，贯彻落实市委市政府有关创建龙岩世界地质公园专题会议精神，配合市申园办开展创建龙岩世界地质公园。制订下发创园宣传实施方案并加强宣传，步云地质小学完成改造提升方案，紫金山园区内部道路安全隐患完成排查，实施部分路段整治，紫金山国家矿山公园旅游公路已开工建设并完成40%路基工程量，紫金地质博物馆馆内原更新项目已按计划施工，地质公园展厅项目已完成设计大纲并进入百达公司设计阶段。

【地质勘查与储量管理】 *农业地质调查评价* 2019年，上杭县完成农业地质调查评价工作，并通过由龙岩市自然资源局等部门组织的专家评审，获评优秀级。在太拔镇发现集中连片富硒富锌土壤，以及部分优质的富硒富锌特色农产品，建议太拔镇开展1∶1万农业地质调查工作，为区内优质土地开发、土地利用规划和农产品种植结构调整、名优稀特和绿色农产品基地建设建设提供基础依据，提升耕地和园地开发利用价值。

【地质灾害防治】 2019年，上杭县加强地灾防治各项制度建设，加大地质灾害防治宣传力度，配合有关部门和乡镇开展防灾演习，提高群众群测群防意识。落实地质灾害防治责任，充实地质灾害应急队伍，加强地质灾害防治与监测。完成2019年地质灾害防治方案和全县地灾点汛期地质灾害防治转移预案，做好汛前地质灾害排查，设立警示牌、发放“两卡”，落实防灾责任。全县主要防范地质灾害隐患点44处，涉及矿山1个、办公场所1处和35个行政村106户641人。其中，滑坡41个、崩塌2个、泥石流1个，高陡边坡155个。做好汛期值班准备及汛期防灾材料配备，加强地灾隐患点和高陡边坡巡查监测。执行汛期双人24小时值班制度，做好地质灾害险情预警信息发布和险情速报，完成有关乡镇地灾点技术支撑工作，加强对地灾防治综合网络信息核查，全年发出预警信息1768人次。完成对紫金山金铜矿区地质灾害点32处巡查和核查，落实2019年乡镇地灾点和高陡边坡点核销申报工作。配合发改、扶贫、住建、应急等部门完成易地扶贫搬迁工程地质勘察和地灾隐患评估及危房改建地灾隐患排查工作。加强对矿山生活区、生产区和周边地区地质灾害隐患排查。全年未发生因地质灾害造成人员伤亡。

■ 金铜产业

【概况】 2019年，上杭县按照“抓龙头、搭平台、铸链条、建集群”的发展思路，推进“建链、延链、强链、补链”工程，加快产业转型升级，优化产业结构。是年，落户上杭县的金铜产业企业55家，其中规模以上企业34家，产值亿元以上企业19家，其中：百亿元以上企业2家，10亿~100亿元企业4家，5亿~10亿元企业1家。规模以上金铜企业实现产值803.4亿元，比上年增长24.5%，占上杭县规模以上工业总产值的97%。

2019年，新培育龙岩思康特种化学品有限公司、福建微波通通信技术有限公司、福建省紫盈珠宝发展有限公司、上杭建润通信有限公司、上杭建润电子有限公司、福建金山耐磨材料有限公司、福建富鑫达电子有限公司、福建百灵天地环保科技有限公司等8家规模以上企业，其中福建金山耐磨材料有限公司、福建省紫盈珠宝发展有限公司2家企业产值破亿元。

【金铜产业招商】 2019年，上杭县金铜产业重点在22万吨铜杆下游项目和铜精深加工项目方面做好招商工作。全年完成福建富鑫达年产300万条安防线材生产项目、福建三信创智光纤放大器生产项目、上杭建润通信年产300万箱网线、光纤及通讯光缆项目、上杭添龙电子年产1000万条手机连接线项目、上杭乐沪科技年产2000万条手机数据线项目等5个新签约项目，5G通信电缆及物联网终端天线、军工电缆组件生产项目、智能家居线束及安防工程电缆生产项目等2个项目竣工投产。

【龙岩市金铜产业项目对接会】 2019年8月8日，由龙岩市委、市政府，福建省工业和信息化厅联合主办，市工业和信息化局，县委、县政府承办，紫金矿业支持，瓮福紫金股份有限公司、上杭太阳铜业有限责任公司、北京安泰科信息股份有限公司、深圳市赛瑞产业研究有限公司、龙岩市金铜产业协会等协办的龙岩市金铜产业项目对接会在上杭县举行。中国工程院院士、中国瑞林工程公司有色金属冶金专家、江西科技学院名誉校长张文海，中国有色金属工业协会副会长尚福山，国务院发展中心国际技术经济研究所一室副主任官学源等科研院校专家和金融投资机构代表、新闻媒体记者，省、市、县有关部门领导以及行业企业负责人共450余人参加会议。会议期间进行金铜产业推介，发布《上杭县金铜发展指导目录》和《上杭县新材料产业发展规划及实施路线图》，举行龙岩市8月份“一月一签约”活动。尚福山和官学源分别作“当前有色金属产业现状及未来发展趋势”和“新材料发展趋势分析”主题报告，开展投融资“面对面”及产业招商“手拉手”对接活动，为企业搭建与国内知名企业、科研机构、投融资机构信息互通、交流对接平台，邀请海装上海局为参会企业进行参军实操辅导。此次活动成功签约项目27个，总投资68.05亿元，促成中和新材料与清景铜箔等10个产销合作意向，福州大学材料学院与福建紫金铜业高精度铜板带等4个技术合作意向，全方面宣传、推介上杭县金铜产业，推动金铜产业转型升级和创新发展，加快打造千亿产业集群。

【金铜产业发展指导目录编制】 2019年4月，上杭县组织中国有色金

2019年8月8日，龙岩市金铜产业项目对接会举行签约仪式

（县融媒体中心供图）

属工业协会、北京安泰科信息股份有限公司、深圳市赛瑞产业研究有限公司等机构专家，整合最前沿市场信息，解析金铜产业发展趋势，分析出适合上杭县金铜产业发展的16个领域和65个主要产品方向。7月，组织专家编制《上杭县金铜产业发展指导目录》，全面、精准的规划14个重点发展方向，策划88个重点招商项目，为今后产业向集群化、高端化发展指明方向。

【金铜产业集群窗口服务平台获评全省“十佳”平台】 2019年6月27日，福建省工业和信息化厅在三明尤溪举办2019年“中小微企业日”主题活动暨福建省中小企业公共服务平台网络服务能力提升培训会。会上，省工信厅对2018年度福建省中小企业公共服务平台成绩突出的平台进行表彰，龙岩市金铜产业集群窗口服务平台获得2018年度的福建省中小企业公共服务平台网络“十佳平台”殊荣。

■ 紫金矿业

【概况】 2019年，紫金矿业集团股份有限公司（简称紫金矿业）实现销售收入1360.98亿元，增长28.40%；实现归属母公司股东净利润42.84亿元，增长4.65%。至2019年年底，紫金矿业总资产1238.31亿元，较年初增长9.7%；净资产570.8亿元，其中归属母公司股东净资产511.86亿元，较年初增长26.52%。

2019年，紫金矿业股票价格逐步上扬，全年A股股价上涨52.49%，H股股价上涨37.59%，至2019年年底紫金矿业市值达到1.1亿元。

【A股增发】 2019年，紫金矿业完成近年来A股最大一笔公开发行，定价3.41元/股，增发23.46亿股，募集资金80亿元。这是在极具挑战的股票和矿业市场环境下，原本市场认为最困难的股本发行，却成为最幸运的发行之一，交易成为市场标杆。紫金矿业第一大股东闽西兴杭申购5亿元，陈景河董事长申购4092万元，紫金矿业员工以自有资金踊跃申购超过6亿元。共有27家机构投资者参与紫金矿业增发网下申购，覆盖公募基金、私募基金、保险公司、信托公司、券商自营、政府基金和同行。

【海外并购】 2019年，紫金矿业完成多起海外并购，以93.6亿元完成Nevsun100%股权收购。以2.4亿美元现金+1.5亿美元延期付款对价收购自由港勘探公司持有的CuAu72%的B类股份，从而100%获得塞尔维亚Timok铜金矿上下带矿的全部权益。

表9

2018—2019年紫金矿业资源储量情况表

矿　产	单位	2019年末	2018年末	增长率(%)
金矿	金属吨	1510.28	1355.62	11.41
伴生金矿	金属吨	376.59	372.35	1.14
金矿小计	金属吨	1886.87	1727.97	9.20
铜矿	金属万吨	5725.42	4952.11	15.62
银矿	金属吨	1860.64	1846.59	0.76
钼矿	金属万吨	67.71	67.85	-0.21
锌矿	金属万吨	855.83	836.61	2.30
铅矿	金属万吨	117.89	121.92	-3.31
钨矿	WO3万吨	7.02	7.44	-5.65
锡矿	金属万吨	13.97	13.97	—
铁矿	矿石亿吨	1.99	1.98	0.51
煤炭	亿吨	0.69	0.69	—
铂矿	金属吨	527.84	235.80	123.85
钯矿	金属吨	378.14	148.76	154.19

说明：2019年年底主要矿山保有资源储量汇总表（不含南美洲哥伦比亚武里蒂卡金矿）

公司以约每股3.98加元,共约10亿元人民币收购艾芬豪矿业公司48652282股,加上之前已持有艾芬豪116760354股普通股(约占9.8%权益),共持有艾芬豪矿业13.88%权益,成为其第二大股东。

公司基本完成大陆黄金全部股份收购工作,对价70亿元,获得哥伦比亚武里蒂卡金矿100%权益。该矿拥有黄金资源353吨,平均品位9.3克/吨,且其选厂建设完成88%,预计2020年一季度建成投产。

【项目建设】 2019年,塞尔维亚紫金波尔铜业克服融合过程中遇到的各种困难,实现由老国企向紫金矿业管理的平稳过渡,产量、利润指标同比都有显著增长,已经实现扭亏为盈,MS矿项目已经开工建设。

穆索诺伊公司二期湿法项目提前2个月达产达标。

多宝山铜(钼)矿二期扩建项目实现投产后首月全流程达产达标,铜钼分离项目实现产业化。

黑龙江紫金铜业年产15万吨铜冶炼项目点火试产、产出首批阳极铜板。该项目于2017年5月开工建设,2019年8月按期建成点火,9月开始投料,铜酸系统运行稳定,烟气、粉尘排放指标控制良好,水、电、气、暖保障有序,电解、选矿等工艺系统已做好生产准备,项目设计年产标准阴极铜15万吨、硫酸60万吨、黄金3吨、白银50吨。

厦门海峡黄金珠宝产业园开园,为厦门打造区域性黄金珠宝聚集区扣上关键的一环。产业园由紫金矿业黄金珠宝有限公司、厦门海投供应链运营有限公司、金洲(厦门)黄金资产管理有限公司联合建设,项目位于海沧出口加工区,总投资约4亿元,主要从事黄金精炼,并引进产业链下游企业加工、文创设计、商贸、展示等业务。

2019年6月30日,多宝山铜(钼)矿二期扩建工程(露采东扩)举行开工典礼 (紫金矿业供图)

【信息化建设】 2019年,紫金矿业信息化步伐加快,信息化队伍正逐步形成具备信息化自主研发、实施能力的团队,2019年自主开发完成9个中、小型应用项目,参与开发建设5个大型信息系统并获得源代码开发许可;紫金矿业在建重点自动化、信息化项目共52个,包括卡调系统、税务管控平台、资金管理系统等在内的上线试运行项目23个;紫金矿业在用或已投入运行的信息化项目36个;正在建设中的重点项目40个。完成紫金矿业网络安全架构的整体设计,构建终端安全防御体系,全球广域网建设成效瞩目,缩短管理距离。

【3年产量规划】 2019年,紫金矿业发布未来3年产量规划,计划到2022年,公司核心业务矿产金、矿产铜、矿产锌的产量区间为49~54吨、67万~74万吨、38万~42万吨,公司产品产量和业绩都将迎来"爆发式"增长,其中,铜的年复合增长率高达22%~26%。将资源优势转化为经济效益优势、特别是实现矿产铜产量翻番增长将成为未来3年紫金矿业的核心工作。Timok铜(金)矿、卡莫阿-卡库拉铜矿努力确保2021年投产并实现设计产能的30%,2022年实现设计产能的70%,2023年达产。

【换届工作】 2019年年底,紫金矿业完成七届董事会、监事会、党委换届。

七届董事会班子成员:执行董事、董事长陈景河,执行董事、副董事长蓝福生,执行董事邹来昌、林泓富、林红英、谢雄辉,非执行董事李建,独立董事朱光、毛景文、李常青、何福龙、孙文德。

七届监事会班子成员:主席林水清,副主席范文生,外部监事徐强,职工监事刘文洪、曹三星。

聘任新经营班子成员:总裁邹来昌,常务副总裁林泓富,副总裁林红英、谢雄辉、沈绍阳、龙翼、阙朝阳,财务总监吴红辉,总工程师蒋开喜,董事会秘书郑友诚。

七届党委委员:党委书记陈景河,副书记邹来昌、林水清,委员范文生、谢雄辉、郑友诚、龙翼、阙朝阳、吴红辉。

责任编辑: 钟梅娇

交通运输

综述

【交通运输业发展情况】 2019年,上杭县境内公路总里程3497.81千米,其中高速公路119.53千米(其中龙长线29.8千米、永武线53.6千米、蛟城线36.13千米),国道247.44千米(其中G205线78.27千米、G319线25.78千米、G358线74.74千米、G357线68.64千米),县道431.63千米,乡道1157.04千米,村道1542.18千米。

至年底,上杭县有运输企业46家,其中客运企业1家,旅游客运企业1家,出租汽车和公交运输企业1家,普货运输企业43家(其中4家同时兼营危货运输业务);客运站20家,港湾式客运站2个,农村候车亭203个;机动车维修企业70家;机动车驾驶员培训学校7家,其中汽车驾驶员培训机构6个(一级1家,三级5家),摩托车驾驶员培训机构2个(其中1家兼汽车驾驶员培训业务)。教学场地面积11.47万平方米(其中汽车培训教学场地1105万平方米,摩托车培训教学场地4200平方米),培训合格机动车驾驶员13803名。

2019年,上杭县有营运客车137辆3816座,其中:大型客车(31座及其以上)44辆2076座;中型客车(16座~30座)89辆1684座;小型客车(8座~15座)4辆56座;出租汽车9辆45座。全县有营运货车856辆1.6万吨(其中危险化学品运输车辆93辆,1872.41吨)。全年道路客货运输周转量67062万吨/千米,比上年增长8.64%。

【公共交通】 2019年,上杭城区有公交车32辆833座,5条公交线路全长62.6千米。5条公交线路共设停靠站170个,其中站亭32个,站牌138个(含临时牌16个)。

【内河渡口】 2019年,上杭县有内河渡口1个(涧头渡口),渡船1艘,渡工1人。

表10

2019年上杭县营业性车辆货运情况表

企业名称	类 别	货车辆数(辆)	吨位数(吨)	货运量(万吨)	货运周转量(万吨/千米)
福建紫金顺安物流有限公司	普货危货	57	1523	105	4153
福建上杭鸿运物流有限公司	普货	47	1400	124	4290
上杭县紫金物流有限责任公司	普货	22	607	47	2023
福建上杭宇泰物流有限公司	普货危货	29	940	94	3699
福建省上杭县闽杭物流有限公司	普货	41	1039	97	4137
福建省上杭县麒麟矿业建设有限公司	普货	19	540	24	998
福建省星星物流有限公司	普货	28	780	41	2134
福建沙金物流有限公司	普货	4	119	42	8
上杭县龙鑫混凝土有限公司	普货	17	349	26	1023
福建荣通达物流有限公司	普货	7	229	30	1036
上杭县欣诚物流有限公司	普货	17	433	13	862

续表10

企业名称	类　别	货车辆数（辆）	吨位数（吨）	货运量（万吨）	货运周转量（万吨/千米）
上杭县泓源物流有限公司	普货	1	2	1	302
上杭县顺安汽车运输有限公司	普货	158	1772	261	15838
上杭县顺发运输有限公司	普货危货	92	983	192	9375
紫金矿业集团股份有限公司	普货危货	11	47	5	198
福建省上杭县闽运物流有限公司	普货	11	348	24	953
上杭县顺联物流有限公司	普货	51	979	260	2683
上杭县福塔混凝土有限公司	普货	5	120	46	1633
上杭县诚德物流有限公司	普货	13	234	54	2030
上杭县联合物流有限公司	普货	16	582	49	1942
上杭县盛发物流有限公司	普货	79	930	94	1635
上杭县新顺安物流有限公司	普货	121	1829	215	5907
上杭县闽顺物流有限公司	普货	10	215	26	203
合计	856	16000	1870	67062	—

【交通领域重点项目建设】 2019年，上杭县完成交通领域重点项目建设投资24.36亿元，占年度投资计划的103.65%。

龙岩至龙川铁路（龙岩至武平段）建设项目　项目总投资71.5亿元，建设期2018—2023年。2019年计划完成投资4亿元，累计完成40080万元，占投资计划的100.2%。

永杭高速公路（上杭段）建设项目　项目总投资48.3亿元，建设期2017—2020年，2019年计划完成投资15亿元，累计完成15.6亿元，占投资计划的104%。

岩下山至古田五龙公路建设项目（古蛟快速通道一期）　项目总投资2.27亿元，建设期2017—2019年。2019年计划完成投资5000万元，累计完成5300万元，占投资计划的106%。

步云乡至古田镇道路升级改造项目　2019年计划完成投资6500万元，累计完成6950万元，占投资计划的106.92%。

茶地至太拔道路升级改造项目　2019年，计划完成投资2000万元，累计完成2000万元，占投资计划的100%。

上杭县国道205线才溪过境线项目（陂下至东坑段）　2019年，计划完成投资5000万元，累计完成5350万元，占投资计划的107%。

农村公路建设及道安工程　农村公路建设、危桥改造和生命防护工程。2019年，计划完成投资5000万元，累计完成5200万元，占投资计划的104%。下都“三产”道路拓宽硬化工程。2019年，计划完成投资5100万元，累计完成5100万元，占投资计划的100%。

县通乡二级公路升级改造工程　2019年，计划完成投资2.5亿元，累计完成2.65亿元，占投资计划的106%。

■ 公路

【农村公路养护管理】 2019年，上杭县公路养护公司按照“六个一”（路面平整、路缘清晰、标线醒目、标志完整、排水顺畅、绿化美化）要求对上杭县15条336.87千米县道进行常态化日常养护，每两个月对养护公司进行县道养护考核一次，每季度对乡镇开展乡村道养护考核一次。持续打造市级示范路“将军路”才庄线精品路线和县级旧白线、茶白线、大中线（茶地—中都）、临城线“四好农村路”示范圈。加快农村公路安全生命防护工程实施。2019年投入1500万元，完成206千米建设任务，投资380万元实施新临线玉女段、大中线三坪段、才涂线回龙段、合旧线太拔段边坡整治工作。探索县道日常养护管养分离新模式，实行县道市场化养护，2019年7月1日起，县道全部委托上杭公路分局养护。探索乡村道日常养护新模式。太拔镇探索出乡村道、河道、生活垃圾“三位一体”治理模式。精准扶贫，优先聘请有劳动能力的贫困户养护工。2019年，全县各乡镇共选聘乡村道养护工人466人，其中贫困户241人，占选聘养护工人数的51.7%。

【公路路政运政管理】 2019年，上杭县根据创建全国“四好农村路”示范县要求，做好农村公路执法巡查，开展路域环境整治工作。开展道路运输交通安全整治专项行动。与县交警大队联合开展道路运输交通安全整治专项行动，重点整治非法营运车辆、非法网约车及非法运输危险货物车辆，全年开展联合执法15次，查处超限超载运输违法行为19起。累计出动执法人员7626人次，拆除非公路标志557幅处，清理占路堆积物1465平方米，拆除违法建筑、搭棚13处约146平方米，拆除公路用地内有碍观瞻的设施19处210平方米，恢复被侵占的公路用地1327平方米；行政立案处罚车辆装载物掉落、遗洒案件47件，查处在公路用地范围内设置公路标志以外的标志案件3件，查处其他污染公路和影响公路畅通的活动案件3件，查处填塞公路边沟案件1件，查处损坏公路设施案件1件，查处指使车辆驾驶人超限运输货物案件88件。

【国省道公路养护】 2019年，龙岩市公路局上杭分局（简称上杭分局）完成工作量4472.64万元。

小修养护标准化　2019年，上杭分局全年完成修复边沟墙、新建水沟等结构物C20砼2562立方米，勾缝抹面130平方米，边沟盖板316.5米，道口接线163平方米，桥栏杆修复26米，桥涵检查通道修补612米，新建防撞墙41米等，投入资金176万元。班站实施五小工程，投入资金20万元，完成C20砼560立方米、轮廓标588根、道口标84根、勾缝抹面161平方米、涵帽20个等。组建水泥混凝土路面病害处治项目攻关小组，开展技术攻坚活动，对路面的裂缝、板角断裂、错台、露骨等水泥混凝土路面病害进行有效处治。在G205线湖洋路段选取部分病害路段，组织班站人员实施路面压浆处理，投入资金30余万元。对湖洋小桥水毁泡水路基下沉、石圳大桥桥头跳车进行路基注浆处理和湖洋站路面空鼓进行板底压浆处理，共注入水泥243吨。7月，龙岩市公路局在G205线湖洋段举行“高质量标准化养护路段”创建技术攻坚现场会，上杭分局获得技术攻坚竞赛团体第三名。

国道绿化养护　2019年，上杭分局加强对国道沿线种植的香樟、紫薇、红叶李等乔灌木除虫施肥管养，并对断垄乔灌木补植500余株。在G358线高质量养护段沟墙、空旷处喷洒狗牙根、波斯菊、金鸡菊混合籽，在沿线景点增加种植碧桃，提高沿线景观。投入化肥、农药资金30余万元对乔木的疏枝工作及枯枝病虫害进行处治，提高乔木通风采光，增强乔木抗病虫害能力。

公路防汛保畅通　2019年5—6月，受持续强降雨影响，上杭县境内国道发生多处溜方，路树倾倒路面，路面通行程度受到不同影响。上杭分局及时启动防汛应急预案，按照“先通后畅”的水毁抢修原则，及时组织人员、调度机械设备进行清理，确保道路畅通。分局严格落实24小时防汛值班制度，严格执行信息上报和突发事件处置等工作机制，确保突发事件能得到及时、有效处置。全年处置较大溜方造成道路短时中断G205线4处、G358线8处，其余国道溜方路段20余处，清溜方共计4万余立方米。

工程管理　2019年，上杭分局实施技术人员分片分项目具体负责模式，保证各个工程项目有专人负责，科学安排组织施工，确保按技术规范施工。加强施工现场管理，抓好工序控制管理，做好各道工序的质量自检。执行质量追究责任制度，提高工程管理人员责任心，确保各项工作按时完成。城关站于3月竣工投入使用，全年完成G205、G357、G319线水泥路面挖补工程，G319线、G205线水毁修复工程，G319线排水系统整治工程；G319线苏家坡挡墙加固工程、乡镇实施项目G357线庐丰集镇、稔田集镇沥青砼路面改造工程。

机械设备管理　2019年，上杭分局完善机电设备管理系统，保障防汛防冰灾应急机械设备及物资供应。执行“三定”和“三查”制度，做好机械的日常例保工作，委托辖区内具备汽修一级资质的企业定点集中实施二级以上保养及计划外维修，二级保养100%。加强机械运行成本监管，规范班站燃油管理。加强应急抢险（钢桥架设）队伍建设，5月组织5人参加龙岩市公路分局钢桥架设演练。全年供应各种物资104.7万元。

【国省道路政管理】 2019年，上杭分局深入开展形式多样的“路政宣传月”活动，创建路政标准化管理示范所，着力提升公路行业依法治路水平。全年上路927人次，217车次，纠正制止各类路政违章334起，查处损坏路产案件78件，办理路政审批7件，非公路标志年审案件10件，发放路政宣传材料5650份，信息报送27次，联合县交通综合执法大队等部门开展联合宣传和整治行动16次。收取路政赔（补）偿费57.31万元（其中损路赔补偿费32.15万元、占用费25.16万元）。

路产路权登记管理　2019年，上杭分局多措并举开展公路路产路权调查登记工作，至年底100%完成辖区内国道的路产路权登记工作。加强公路巡查车辆GPS视频采集系统的维护、管理和应用，利用车载GPS视频采集系统每季度开展路产路权管理信息视频采集。

公路路域环境整治　2019年，上杭分局加强与县交通执法大队等相关部门的联动机制，及时通报工作动态，开展交通执法大走访活动，重点对违章搭盖、占道堆物、污染公路进行联合查处，提升路容路貌。9月，对国道205线石门障路段上跨公路废弃使用灌溉渡槽进行了拆除，消除安全隐患。全年共计开展联合整治行动15次233人次，制止违章搭建5起，清除未经审批非公路标志51处，清除公路沿线占用公路、公路用地堆积物193处941方米，制止占用公路摆摊设点18处124平方米，铲除未经审批违章接线6起，查处制止滴撒漏污染公路32起，回收公路绿化用地18处190平方米。

【“四好农村路”全省、全国示范县创建】 2019年8月、11月上杭县命名为“四好农村路”省级示范县和全国示范县。

2019年，上杭县建立竞争机制，掀起农村公路建设热潮。用足用好上级“四好农村路”建设资金补助和撬动更多的社会资金，以县政府名义制定下发《2019年度农村公路建设实施方案》，调动乡镇、村两级的积极性，全年投资4.7亿元完成101条247千米农村公路建设。

太拔镇典型经验被省公路局发文推广。《福建省公路管理局关于推广漳浦县、上杭县太拔镇“四好农村公路”建设典型做法的通知》，将太拔镇“四好农村路”建设好典型经验在福建省推广。该镇是市级扶贫开发乡镇，通过组织镇村干部外出学习、成立村级理事会、推行干部驻村蹲点工作机制等举措，引燃广大干部群众决战决胜“四好农村路”建设激情，当地群众主动捐钱让地。至年底，太拔镇群众让地近6.67公顷、捐款62万多元，基本完成路面施工，完善附属设施。激发中都、下都、蓝溪、湖洋、临城等乡村群众捐钱让地、助力“四好农村路”建设热情，典型事迹被各级主流媒体宣传报道。官庄畲族乡人大主席团创新监督方式，把辖区内所有道路建设纳入监督范围，建立人大监督微信群，对交通建设项目全程监督，发现问题及时处理，加快“四好农村路”建设，保证道路建设的质量和安全。2018年，该乡被评为市级“四好农村路”示范乡镇，典型经验先后在上杭新闻、闽西日报、龙岩人大、福建日报及福建电视台等省、市、县主流新闻媒体报道。

【公路运输】 2019年，上杭县有客运班线52条，日发445班次。其中跨省班线5条，日发10班；跨地（市）班线7条，日发22班；跨县班线18条，日发149班次；县境内班线22条，日发264班。

【农村公路场站】 2019年，上杭县有客运站20个（其中上杭汽车站为二级站，南阳、官庄、通贤、湖洋、蓝溪、稔田、坪埔、蛟洋、中都9个客运站为5级站，才溪、旧县、古田、下都、太拔、溪口、庐丰、步云、步云虎园、泮境10个客运站为简易客运站），港湾式客运站2个（官庄、步云），有农村候车亭203个。

2019年9月22—24日，交通运输部复核组一行到上杭县现场复核“四好农村路”全国示范县工作 （县融媒体中心供图）

【农村客运事业发展情况】 2019年，上杭县农村客运班线通达乡镇22个，通达率100%，通达行政村331个，通达率100%。通过采取延伸班线和预约班车等方式实现全县100%行政村通班车目标。

■ 铁路

【铁路运输】 2019年，赣龙铁路上杭火车站运行完成货运装车16973辆，卸车175.36万吨，发送货物50.65万吨，接发列车数9742列；古田会址站接发列车25550列，比上年增长8.3%，发送旅客226356人，增长11.5%；紫金铁路货场年运量完成173.92万吨，增长2.14%。

【龙岩至龙川铁路建设】 2019年3月，龙岩至龙川铁路龙岩至武平段项目获得中国铁路总公司与福建省人民政府联合批复，8月国铁集团出具龙岩至龙川铁路龙岩至武平段站前工程施工图审核报告审查意见，9月28日龙岩至龙川铁路（龙岩段）控制性工程开工暨征迁动员会在古田镇新阳明山隧道左线进口召开，南昌局集团公司副总经理郭建光、福平铁路公司董事长彭光辉、中国铁设集团副总经理方天滨、龙岩市委书记许维泽、市委常委、常务副市长王龙、副市长谢海波、上杭县委书记傅藏荣等参加开工仪式，标志着龙岩至龙川铁路龙岩至武平段项目正式落地。

龙岩至龙川铁路龙岩至武平段项目全长92.6千米，其中龙岩至古田会址段利用既有赣龙铁路长28.3千米，古田会址至武平段新建正线长64.3千米，新建正线桥梁12.68千米，隧道长40.65千米，桥隧比82.89%，设古田会址（接轨站）、上杭北、武平3个车站。速度目标值为

250千米/小时，是截至2019年龙岩市速度等级最高的铁路。上杭段53.7千米，沿线经过古田、蛟洋、白砂、临城、湖洋，有桥梁34座9千米，隧道21座35千米，最长隧道为双髻山隧道长7667米，最长桥梁为汀江特大桥1682米。

龙岩至龙川铁路龙岩至武平段项目总投资85.6亿元（其中上杭段70亿元），是福建省第一条实行全额资本金建设的铁路，中国国家铁路集团有限公司出资15.3亿元，福建省省级出资36亿元，龙岩市4.9亿元，上杭县出资23亿元（其中建设资金16亿元、征地拆迁资金7亿元），是上杭县截至2019年投资最大的基础设施建设项目。

龙岩至龙川铁路龙岩至武平段采用工程总承包（EPC）模式建设，总承包单位是中国铁路设计集团公司，项目计划工期为四年，2023年9月建成。龙龙铁路初期计划每天开行8对列车，近期开行48对列车，远期开行66对列车，上杭到厦门2小时以内，上杭到广州、深圳2.5小时以内，上杭将迈入高铁时代。

龙岩至龙川铁路在上杭县城设站，暂定名上杭北站（开通时将争取赣龙铁路上杭站更名为蛟洋站，县城高铁站命名为上杭站）。初步设计批复上杭北站的站房规模为4000平方米，为考虑上杭县长远发展需要、为将来争取新的铁路接入创造条件，争取铁路部门支持，将站房规模扩大到1万平方米。至2019年年底，站房建筑设计方案确定，中信建筑设计院的“杭川福地、金瓯聚宝”设计方案，表现上杭是聚宝福地，建成后将成为上杭标志性建筑。

2019年9月28日，龙岩至龙川铁路（龙岩段）控制性工程开工暨征迁动员大会召开　（县交通运输局供图）

■ 交通管理

【道路旅客运输管理】　春运期间，上杭县投入客车116辆，总座位2666座，协议借调外援车辆24辆次，累计发班14523班次（其中加班175班，包车83班），运送旅客68236人次。高考期间，投入客车9辆、162辆次，接送考生2150人次。严格运输市场准入制度。全年许可1家客运站（九洲客运站），3条农村客运班线，新增更新客车26辆（其中农村客运车辆11辆）。因地制宜实施“村村通”客车工程。推进农村客运公交化改造和村村通客车工作，制定方案并呈报县政府审批。调整和延伸农村客运班线，发展“乡村的士”，增加行政村通班车。常住人口少的行政村，组织客运市场调查，掌握农村群众乘车需求和流量流向情况，引导企业开通周末学生班车、假日班车及隔日班车；偏远的行政村，继续开行预约班车。全县农村客运车辆61辆，农村客运班线21条，“乡村的士”7辆，全县除城区临江镇外的21个乡镇、331个行政村100%通班车。完成步云乡、古田镇、白砂镇、茶地镇、庐丰乡的综合运输服务站选址工作和南阳镇、官庄乡、才溪镇、旧县镇、白砂镇、茶地镇的一类港湾式客运站选址工作。做好各类资金补助申报工作。完成步云石坪港湾式客运站省级补助资金、新增（更新）12辆农村客运车辆省级补助资金、新购置安装45个农村客运车辆卫星定位装置省级补助资金、2018年度93辆农村客运车辆油补申报工作。

【道路货物运输管理】　2019年，上杭县完成总质量4.5吨及以下普通货运车辆道路运输证取消工作，加强运输企业营运车辆《车辆技术档案》的指导和监管。发展现代物流业。引导运输企业转型升级，培育现代运输服务业。落实好《龙岩市政府办公室关于加快现代服务业发展十五条政策措施的通知》优惠政策，全年落实市级补助资金2.58万元、县级补助资金6.04万元；落实好《上杭县加快现代服务业发展二十八条政策措施》优惠政策，兑现2018年度新入库规上企业3家，新增、回迁车辆227辆，补助资金206万元；落实《关于规范货物运输业管理暂行办法》《县政府第二十三次常务会议纪要》兑现补助资金97.28万元。加大县、乡、村三级物流节点建设力度。依托通世达、邮政等快递公司在县、乡、村设立网点和服务部。加强业务指导，规范服务行为。至年底，设立县级分理处2个，乡级20个，村级服务部331个。

【公共交通行业管理】　2019年，上杭县投资1450万元新购置新能源公交车27辆，8月投入运行，淘汰12辆老旧公交车。投资281万元新建15个智能公交站牌，新购9辆新能源出租车，更新老旧城区传统能源出租汽车。开通红古田公交专线，2月1日在古田

2019年8月6日上午，纯电动公交车准时驶出上杭公交首末站，同时智能公交系统已同步上线　　（县交通运输局供图）

镇开通古田会址站至龙岩市委干部学院公车线路1条，投入新能源公交车3辆。优化公交线路、更换城区公交站牌和新开通公交线路等相关工作。2019年，对城区1~4路公交线路进行延伸和优化，对城区公交线路和站点进行排查，更新城区194个公交站牌，做好L6、L7公交线路和站点设置、车辆购置等前期工作。2019年8月25日至11月25日，开展为期3个月的城区公交车运营服务质量专项整治工作，整治内容包括健全和落实各项规章制度、加强公交车运营管理、提高服务意识、加大车辆运营督查力度、加强运营安全保障工作5个方面，整治期间处罚9人，约谈12人。开展城市公交企业标准化管理达标测评工作。做好金山路公交首末站整体搬迁工作。配合龙岩市道路管理处开通龙岩至古田定制公交专线、停靠站点建设相关工作。

【机动车维修行业管理】　2019年，上杭县推广应用全国汽车维修电子健康档案软件工作，至年底14家一、二类机动车维修企业全部与全国汽车电子健康档案对接。加大《道路运输条例》《机动车维修管理规定》宣传力度，让广大机动车维修经营者更多了解机动车维修业实行备案制的意义和办理流程，全年下发宣传材料140份。

【机动车驾驶员培训行业管理】2019年，上杭县加强驾驶员培训机构上报培训学员监督管理，做好培训学员的3个学习科目及培训记录审核，全年培训摩托车驾驶员9107人，小车驾驶员4687人。从10月中旬开始，多次开展驾培行业专项整治行动，共联合出动8次、68人次，签发整改通知书8份，罚款5000元，发现存在安全隐患和驾校管理不规范等问题均得到整改。为提高全县机动车教练员职业道德和交通安全意识，强化源头管理，11月4—10日开展为期7天的教练员再教育培训活动，全县6家驾培机构参与，参训教练员达380人次。

【道路运输车辆动态监控管理】2019年，上杭县抽查道路运输车辆动态监督管理4075次/辆，抽查企业视频监控332次，并做好记录。及时督促企业做好当天临时停运车辆的上报工作，确保车辆在线率。结合企业安全生产检查，GPS监控人员对企业GPS在线情况、整改情况以及GPS软件应用情况进行现场督查。每日对违法违规（轨迹不达标、离线、疑似超速、疑似疲劳驾驶）车辆进行通报，全年发出限期整改通知书467份，全部落实整改。对“两客一危”（从事旅游的包车、三类以上班线客车和运输危险化学品、烟花爆竹、民用爆炸物品的道路专用车辆）的道路运输企业车辆动态监控情况进行年度考核、通报并督促落实整改反馈。

■ 交通安全

【交通运输安全管理】　2019年，上杭县开展多形式的安全生产宣传活动。3月，开展汛期安全生产大排查活动，及时修订应急预案，调整更新应急救援队伍、机械设备清单。4—6月，组织开展运输行业危险化学品专项整治行动、“安全生产月”系列活动、禁毒宣传月活动。做好扫黑除恶专项斗争和打击整治电信诈骗活动，做好中秋、国庆节安全生产工作，推进橙色隐患整改工作。继续督促企业做好车辆日检、车辆及场站消防工作，督促客运站落实“三步进站、六不出站”规定，并抽查客运站车辆出站前车辆安检等过程。全县客车、公交车、出租车、旅游包车、危货运输车、12吨以上重型货车均安装卫星动态监控系统，安装率100%，企业有专人负责，持证上岗。全年完成为民办实事项目道路隐患整治7处。

【水上交通安全管理】　2019年，上杭县县政府与水域乡镇政府签订年度安全责任书16份，督促乡镇与村签订责任书87份，村与渡工，船员签订安全承诺书60份，把安全生产责任分解到乡、到村和直接责任人，形成县、乡、村、船员四级安全管理体系。开展水上交通安全宣传、扫黑除恶、水上安全知识进校园活动，共发放各类宣传材料4710份。完成34组捞砂船舶、58艘渔业船舶和100余艘砂石运输船舶安全技术检验。组织海事执法人员与县交通执法大队联合执法，到各渡口码头和砂场巡查238人次，排查一般隐患7处，做好汛期和防台风期间安全生产工作。

【交通工程建设安全管理】 2019年，上杭县做好101条“四好农村路”建设项目的验收等相关工作，重点对县道古田至步云公路改扩建工程、金山电站至珊瑚乡旧路重铺和危桥改造等在建项目质量安全监督，开展“一月一督查”综合检查。做好完工农村公路项目交（竣）工前质量核验工作并配合省、市质监部门做好梅花山公路一期、快速通道等普通公路的验收工作。配合省、市质监部门做好国道G205才溪过境线、县道大中线（溪口段）、蓝溪镇沈田大桥、黄潭上村漫水桥的季度暨半年度、年度质量安全检查及信誉考核工作。

【寄递物流安全监管】 2019年，上杭县开展寄递物流安全管理执法检查185次，检查各类寄递企业185家次，出动执法人员555人次，发现一般隐患10处，整改10处，查处未安排具备专门技能的人员对快件进行全面安全检查案1件，查处不执行收寄验视制度案1件，与县烟草专卖局共同查处寄递渠道涉烟违法行为8起。加强寄递物流安全宣传培训，全年发放寄递物流安全宣传材料800多份，悬挂宣传横幅10条，组织、派员参加寄递物流安全培训8次，营造良好的寄递安全氛围。加强与公安、烟草、禁毒、反恐、市场监管等各部门的联勤联动，全年与各部门开展联合执法21次，形成落实寄递物流安全管理齐抓共管格局。强化专项整治，持续推进寄递渠道涉枪涉爆隐患集中整治专项行动、打击治理电信网络诈骗犯罪百日攻坚行动、扫黄打非等专项整治行动，圆满完成春节、“两会”、第二届“一带一路”国际合作高峰论坛、北京世界园艺博览会、亚洲文明对话大会，十一届少数民族传统体育运动会、国庆70周年等重大活动、重大节日期间上杭县寄递安全服务保障工作。

2019年3月19日中午，上杭县交通综合行政执法大队、上杭县公安局交警大队联合开展治理车辆违法超载超限专项行动　　（县交通运输局供图）

■ 综合交通行政执法

【综合交通执法队伍建设】 2019年，上杭县组织执法人员开展执法业务、技能等培训，组织执法人员参加全省交通综合行政执法队伍军事化培训、交通运输突发事件应急演练、开展案件办理培训、组织学习网约车执法管理学习培训，还组织执法人员参加民兵军事化训练，通过学习培训，不断提高执法队伍素质和执法能力。全年组织5批次共5人参加省交通执法总队等上级组织的各类业务培训。

【运政　路政执法】 2019年，上杭县出动执法人员7626人次，拆除非公路标志557幅处，清理占路堆积物1465平方米，拆除违法建筑、搭棚13处约146平方米，拆除公路用地内有碍观瞻的设施19处210平方米，恢复被侵占的公路用地1327平方米；行政立案处罚车辆装载物掉落、遗洒案件47件，查处在公路用地范围内设置公路标志以外的标志案件3件，查处其他污染公路和影响公路畅通的活动案件3件，查处填塞公路边沟案件1件，查处损坏公路设施案件1件，查处指使车辆驾驶人超限运输货物案件88件。

【水上交通执法】 2019年，上杭县查处未按照水上交通安全操作规则操纵、控制船舶案件3件，查处未保证船舶和船员携带符合法定要求的证书、文书以及有关航行资料案件2件。

责任编辑：钟梅娇

2019年4月8日，上杭县交通执法大队在2432k+050左侧拆除违章建筑（县交通运输局供图）

商贸　服务业

■ 综述

【概况】 2019年，上杭县继续扶持商贸流通业发展。至年底，上杭县电子商务法人企业210家，电商店铺数3648家。为规范上杭县住餐行业，8月初成立上杭县饭店协会，共45家会员单位。12月，由商务局牵头举行“上杭老字号”评选活动，总共41家申报主体参与申报评选，经专家联合评审确定首批“上杭老字号”11家。继续加强副食品调控基地建设，出台《上杭县2019年“菜篮子”工程建设实施方案》，共下拨49万元支持4家县级副食品调控基地进行项目改扩建，提高调控能力和基地抗风险能力。

【消费品零售】 2019年，上杭县全社会消费品零售总额完成103.7亿元，比上年增长10.6%，增速龙岩市排名第三；批发业商品销售额完成161.4亿元，比上年增长42.7%，增速龙岩市排名第一；住宿业营业额完成2.9亿元，比上年增长1.6%，增速龙岩市排名第二；零售业商品销售额完成87亿元；餐饮业营业额完成11.9亿元。

【进出口总额】 2019年，上杭县19家外贸企业出口40.3亿元，占全市出口总额的24%。全县11家外贸企业进口117.8亿元，占全市进口总额92.5%，出口总额和进口总额均位居全市首位。

■ 国内贸易

【副食品基地建设】 2019年，上杭县加强副食品调控基地建设，提高调控能力。年底，拥有省级副食品调控基地9家；同时支持4家省控基地申报省级重点副食品调控地。加强常年蔬菜基地保护区的管理。根据《上杭县常年蔬菜基地保护区(2017—2021)实施意见》要求，落实“菜篮子”镇乡长负责制，下拨54万元对临城等7个常年蔬菜基地保护区进行种植补助，采取有效措施解决乡镇在种植过程中出现的新情况、新问题，有效保障市场供应，加强应急物资储备管理。在年初与4家蔬菜储备企业、4家生猪活体储备企业、4家生活必需品储备企业和2家禽蛋储备企业签订储备合同的基础上，对应急物资储备企业全年分四批次进行督查管理，及时下拨企业储备补助金，确保储备企业生产、轮换正常运行，真正做到应急情况时能“调得出、用得上”。做好受灾商贸企业灾后重建和补助工作。指导上杭县鑫中合农业科技有限公司、上杭县水果批发市场和上杭县先鲜家庭农场等3家商贸企业开展灾后重建，支持受灾商贸企业积极开拓市场，培育新增长点，扩大消费项目的建设和资金的扶持工作，全年已下拨80万元支持受灾企业进行灾后重建和新增长点项目建设。

保障民生，实施差额补贴平价销售。2019年下半年以来，生猪价格飙涨，许多企业面临亏损局面，为稳定市场猪肉价格，保障民生。上杭县商务局会同发改局、财政局联合下发《关于启动2019年第二期政府差价补贴农副产品平价销售方案》的通知，从2019年10月1日至10月10日，依托龙岩润和购物广场有限公司、龙岩新华都购物广场有限公司泰阳店、福建永辉超市有限公司上杭时代广场店，执行猪肉类(瘦肉、五花肉、腿肉)每公斤补贴1元，蛋品类(鸡场蛋、鸭场蛋)每公斤补贴0.25元，共计补助3.1万元。

【商贸服务】 2019年，上杭县完善政策，培育限上企业。修改完善《上杭县人民政府关于印发加快现代服务业发展二十八条政策措施(修订)的通知》，出台《上杭县人民政府办公室关于印发上杭县促进电子商务发展实施意见的通知》。2019年申报39家企业，国家审核通过23家。

加强“老字号”品牌建设。以“传承、创新、发展”为宗旨，2019年12月由商务局牵头举行“上杭老字号”评选活动，总共41家申报主体参与申报评选，经专家联合评审确定首批“上杭老字号”11家。

开展技能竞赛。为营造“尊重劳动、崇尚技能、鼓励创新”的社会氛围，3月8日举办育婴师技能竞赛，提高育婴师技能水平；8月26—29日举办中式烹调师技能竞赛活动和月嫂技能竞赛活动，提高广大从业人员实践操作能力。

【市场流通】 *加油站地下油罐防渗改造* 2019年年底，上杭县建站15年以上的6家加油站全部完成改造；全县应改51家加油站防渗漏改造任务全部完成，龙岩市率先。

城乡农贸市场建设 2019年，上杭县南门轻机厂临时市场、上杭县城东市场、上杭县湖洋镇农贸市场、上

杭县下都镇农贸市场、上杭县古田镇农贸市场、上杭县旧县农贸市场建设项目已全面升级改造完成，合计投资2959万元，下拨补助资金80万元。

■ 对外经济贸易

【概况】 2019年，上杭县18家企业实现进出口总额22.5亿美元，其中出口完成5.8亿美元，进口完成16.7亿美元。全年新设外资项目4个，增资1个，总投资2856万美元。从出口地区看，出口市场分布在东南亚、欧盟和美国；从贸易方式看，外贸出口主要是一般贸易；从出口产品类型看，主要的出口产品为阴极铜、黄金、化工产品等。

【出口企业服务】 落实外贸政策 2019年，上杭县继续落实中央、省、市出台的各项外贸扶持鼓励政策，制定出台上杭县相应的配套扶持政策，调动企业进出口积极性，全年外贸进出口持续稳定发展。帮助企业争取各级扶持资金，帮助企业熟悉政策、争取政策、用好政策，最大限度发挥政策资金的引导及杠杆作用，不断拓展政策空间，增强出口产品的国际竞争力。

培育外贸经营主体 鼓励紫金黄金冶炼公司利用国内国外两个市场和两种资源，开展黄金加工贸易业务。加强与紫金矿业沟通，帮助企业分析判研开展加工贸易业务的可行性，协调解决企业实际困难和问题，并对企业实行“一企一策”“一事一议”，加大政策帮扶力度。

融入海丝核心区建设 2019年，深化与海丝沿线国家经贸往来和文化交流。支持紫金矿业在矿产资源开发、有色金属冶炼等优势产业到境外合理布局，支持紫金矿业对外投资的塞尔维亚紫金波尔铜业有限公司铜矿项目和刚果（金）姆索诺伊矿业简易股份公司铜矿项目。年内，紫金矿业通过下属子公司收购加拿大大陆黄金股份有限公司100%股权，收购金额10亿美元，对外投资影响显著。

【出口新主体培育】 2019年，上杭县鼓励企业走出国门参加境外展会。为企业申请兑现外经贸发展专项扶持资金。2019年，为紫金矿业、紫金铜业、龙氟化工、德尔科技等企业申请兑现支持生产型出口企业做大总量奖励资金1000多万元。促进外贸发展稳中提质。重视中美贸易摩擦最新进展，对全县外贸企业，特别是涉美出口企业进行逐一调查，并开展多次专题调研，发布预警信息，评估出口风险，指导企业积极应对，努力确保外贸进出口稳中增长。

■ 招商引资

【概况】 2019年，上杭县完成市对县签约项目49个，完成年度目标的175%，总投资200.43亿元；其中新开工项目41个，开工率83.67%；新竣工项目27个，竣工率55.10%。县对乡镇（县直部门）招商引资完成新签约项目100个，总投资181.43亿元；新开工项目73个，总投资122.22亿元；新竣工项目57个，总投资45.66亿元。2019年，上杭县继续做好园区基础设施建设、园区环保工作。完成龙达路III期腾达路至杭宁路、杭宁路至江南路建设，连塘里地块基本平整。标准化厂房建设工作正在有序推进。

【招商政策完善】 2019年，上杭县为提高招商引资质量和效益，促进产业转型升级提速增效，出台产业优惠政策《上杭县促进新材料产业发展十条扶持政策》《上杭县新材料产业引进高校毕业生支持办法（试行）》《上杭县加快文化旅游产业发展五条政策措施（试行）》，招商引资政策环境进一步优化。

【招商引资工作方式】 2019年，上杭县继续坚持领导带头招商，县委、县政府主要领导外出招商16次，主要前往北京、上海、香港、澳门、江苏、浙江、广东、四川等地，实现每月有党政主要领导外出招商活动。商务局小分队外出招商40多次。深入对接宁德时代、传化集团、新安集团、奥克斯集团、福耀玻璃、九牧卫浴等行业龙头企业和中科院宁波材料所、中物院成都科技中心等科研机构。

2019年，上杭县重点在铜精深加工、稀贵金属、循环经济等产业链上补链、强链。坚持“一月一签约”活动，4月30日举办龙岩市首届文旅产业大会，8月8日举办龙岩市金铜产业对接会，参加“9·8”厦洽会、“11·8”机博会等各项活动。引进总投资21.18亿元的宁德时代新型含氟材料、华润五丰“中央厨房”、国家电投综合智慧能源、武岳峰资本鼎峰兴杭基金等大项目、好项目。古蛟组团引进蓝家渡葡萄产业田园综合体、漫步云中园、“兵装集团古田国防教育基地”、“记住古田”大型红色文化主题情景剧等多个文旅康养项目。在新材料、文旅康养等产业链方面有较大突破。其中常青新能源项目实现当年投资、当年开工、当年投产，投产后预计年销售收入26亿元，年纳税1.5亿元。

【投资环境改善】 2019年，上杭县不断改革创新服务方式，提升要素保障水平，为企业落地开辟绿色通道、全流程服务，启用灵活方式为项目建设提供更加有力的支撑。“9·8”厦洽会期间上杭县与塞尔维亚共和国波尔市签订《上杭县和塞尔维亚波尔市友好城市关系意向书》，对外合作进一步拓展。

【山海协作和对口帮扶支援】 2019年，厦门同安区拨付给上杭县龙厦山海协作对口帮扶资金100万元，根据上杭县与厦门同安区签署的山海协作协议规定，资金主要用于扶持建设5个农村产业项目。

■ 电子商务

【概况】 2019年，上杭县电子商务法人企业数量210家，电商店铺数3648家。为助推全县农产品、地产品的网络销售，5月中下旬由县商务局主办，闽西职业技术学院协办，电商协会承办开展上杭本地产品与电商企业对接会，实现电商企业与农产品生产信息无缝对接，增加农户的了解渠道。12月5日，由县商务局主办，电商协会承办，在上杭县职业中专学校开展“如何利用抖音带货”为主题的电商培训会，利用抖音助推农产品上行。

【电商优惠政策】 2019年，上杭县为加快经济结构调整和转变发展方式，促进全县传统产业与电子商务的深度融合，继续沿用2018年上杭县出台的优惠政策，鼓励企业做大做强做大。主要政策有：支持创建电子商务平台。鼓励传统企业升级创建电子商务平台，对总部在上杭县的法人企业投资建设电子商务自主应用交易平台或第三方综合性服务平台，上线运行后年度网络销售额首次达到200万~500万元、500万元以上（含500万元）的，分别按其平台设备（含软硬件）的2%、3%给予一次性补助，单家企业只能申请补助一次，且补助上限为10万元。鼓励生产企业发展网络零售。鼓励企业以自主品牌为支撑，根据自身发展特点设立电子商务企业。对其剥离独立的电子商务法人企业，运行一年以上且网上年销售额首次达到200万~500万元（含200万元）、500万元以上（含500万元）的，分别给予一次性奖励2万元、5万元。支持推动传统百货、连锁超市、大中型批发市场等商贸流通企业，开展“线上市场”与“线下市场”良性互动的网络零售业务，对年网络销售额首次突破500万元，并成功申报入驻限上企业的，给予一次性奖励5万元；对住宿餐饮企业开展网络零售，年网络销售额首次突破200万元，并成功申报入驻限上企业的，给予一次性奖励5万元。支持“电商+扶贫”人才培训。鼓励各类社会资源以多种方式开展电子商务培训，对培训建档立卡贫困户20户以上，促使二分之一以上的贫困户得以就业（以缴纳一年以上社保为依据）的，给予培训机构2万元补助。电商企业聘用建档立卡贫困户一人，给予电商企业一次性补助2000元（以缴纳一年以上社保为依据）。通过政府购买服务及项目委托等形式，开展行业培训，经报县商务局同意，给予培训单位一次性补助2万元。鼓励企业做强做大。对2018年1月1日以后成功入驻限额以上的电商企业，除享受县级相关入驻奖励外，另外给予每家企业一次性奖励1万元，培育单位每成功培育一家奖励2万元。电商企业通过第三方平台销售上杭县农产品，年销售额达50万~100万元（含50万元）、100万~200万元（含100万元）、200万元及以上（含200万元）的，分别给予奖励5000元、1万元、2万元；电商企业通过第三方平台销售上杭县工业产品，年销售额达200万~500万元（含200万元）、500万元及以上（含500万元）的，分别给予奖励1万、2万元。每年开展一次优秀电商企业评选活动，评选优秀电商企业和优秀电商服务企业共10家，县财政给予每家企业奖励2000元。上行快递费补助。为鼓励农产品上行，对销售上杭县本地农产品的电商企业，年度网络销售额达50万元以上（含50万元）的，给予每单补助1元，单家企业每年补助上限为3万元。支持电子商务基地建设。鼓励电子商务园区、专业楼宇和专业村镇等电子商务基地建设。对使用面积达3000平方米及以上的电子商务园区和专业楼宇，企业入驻率60%以上且电子商务企业达30家及以上，网络年销售额达5000万元及以上的，给予产业园等管理机构一次性补助30万元；对使用面积2000平方米及以上的电子商务园区和专业楼宇，企业入驻率达50%以上且电子商务企业达20家及以上，网络年销售额达2000万元及以上的，给予产业园等管理机构一次性补助20万元；对电子商务专业村镇，电子商务企业达10家及以上，网络年销售额达1000万元及以上的，给予村镇管理机构一次性补助10万元。吸引电子商务企业入驻电子商务专业楼宇（园区）。对新设立或新迁入上杭县电子商务专业楼宇（园区）的电子商务企业，前三年免办公场所租金，第四、第五年办公场所租金减半。补助标准：每家企业办公场所面积不超过6平方米，月租金不超过8元/平方米。每年由电商产业园运营管理商汇总各入驻企业的面积及租金，报至县商务局审核后，由县财政统一支付。鼓励电商企业入驻福建“正统网”。对电商个体商户转型升级为电子商务企业、新设立电子商务公司和现有电子商务企业首次入驻“正统网”（福建省电子商务与服务外包统计公共服务平台），能按时上报相关统计报表，入驻一年内交易数量达到1000单及以上且交易金额达到20万元及以上的，给予电商企业一次性奖励1万元。“一事一议”政策。对国内前100强的电子商务企业、电子商务总部企业以及区域性、功能性总部法人企业在上杭县成立独立法人企业的，或对上杭县电子商务发展有重大影响的项目，实行“一事一议”政策。

■ 粮食流通

【粮食安全行政首长责任制落实】 2019年，龙岩市对县落实粮食安全行政首长责任制考核内容，包括增加粮食可持续生产能力等6个方面、14个重点考核事项、27年考核指标，分解到县直有关责任部门和配合部门。县粮食局自身承担13个牵头事项、3个配合事项的落实工作，加强部门沟通配合，掌握工作动态，及时召开县粮食安全行政首长责任制考核工作组成员单位会议，逐项落实年度考核目标任务。5月16日，省政府粮食安全省长责任制考核调研组暨省对市年度考核现场核查组，对2018年上杭县落实粮食安全省长责任制进行考核调研（现场核查），他们一行查阅资料和实地核查后，对上杭县粮食安全责任制落实工作给予肯定。10月29日，龙岩市政府发文，通报表扬上杭粮食安全工作，上杭县取得龙岩市第一名好成绩。

【粮食收购和最低保护价政策落实】

2019年，上杭县坚持抓早抓好抓实各级储备粮粮食订单收购工作，确保粮食收购顺畅、安全、平稳。至年底，全县累计收购各级储备粮订单粮食1.99万吨，全面完成2019年龙岩下达上杭县各级储备粮订单收购任务，粮食订单收购量居龙岩市第一。

订单粮食申报与落实　3月，组织粮食购销企业深入农业部门和主要产粮乡镇了解粮食生产计划情况，结合往年粮食生产与收购实绩，分析预判当年粮源情况，研究确定当年订单收购目标，向上申报粮食订单收购计划。2019年龙岩市下达上杭县各级储备粮订单计划收购指标19875吨（其中：省级储备10000吨，市级储备5500吨，县级储备4375吨），惠及粮农直接补贴477万元。上杭县继续安排县优质稻订单收购计划3000吨。在龙岩市下达粮食订单收购计划后，及时拟办《上杭县发展和改革局、上杭县财政局、农发行上杭县支行关于2019年上杭县储备订单粮食及优质稻订单粮食实行直接补贴的通知》，将粮食订单计划分解下达到产粮乡镇。组织粮食购销企业干部职工深入乡村协助乡镇分解下达到村、到户任务，并及时与农户签订收购合同，确保订单到户工作于夏粮登场前全面完成。在落实订单签订到村、组、户工作中，坚持公平、公开、公正原则，坚持向种粮大户、家庭农场、农村合作社等新型粮食生产主体倾斜，对订单落实到户情况在村级公开栏张榜公示，接受群众监督。到6月20日止，订单粮食全部落实到18个乡镇、144个村、34707户。

闽西南同济协作区合作　2019年，上杭县与厦门市发改委签订订单粮食1000吨晚籼稻谷协作协议，订单粮食经厦门方检测合格，已履约完成任务。

粮食收购准备　2019年，粮食购销企业及时做好清仓和移仓并库，通过边收边调腾库等办法，准备足够的夏粮、秋粮收购库容，保证满足全年粮食收购需要。安排几十万元维修及购置收购器材设备、用具和印制收购凭证材料。及时筹措收购资金。根据收购计划，及时向农发行申报粮食收购资金贷款计划4000万元，合理安排边收边调边销业务，及时回笼部分收购资金，确保及时兑付收粮款，不向卖粮农民“打白条”。

政策宣传　做好有关政策宣传工作，通过中国上杭—县粮储局栏目、村务公开栏和粮食购销站点公开栏等途径，宣传2019年粮食订单收购直接补贴政策和粮食收购最低保护价政策，让广大农民及时了解粮食订单补贴等有关优惠政策，做到粮食收购政策家喻户晓。在各个收购网点设立公示栏，将订单收购品种、质量标准、价格及补贴标准、“五要五不准”服务承诺等内容及时上栏公布，让农民明白收购政策，放心卖粮。要求各粮食购销企业贯彻落实国家粮食最低收购价政策［2019年生产的早籼稻（三等，下同）、中晚籼稻最低收购价格分别为每50千克120元、126元］。执行各级储备粮订单收购补贴政策（按省政府规定标准，对各级储备订单收购粮食，在按市场收购价进行收购的基础上，再予以每50千克12元直接补贴）；执行县优质稻订单收购补贴政策（优质稻订单在按市场收购价进行收购的基础上，再予以每50千克15元直接补贴）。在粮食收购期间对粮食购销企业执行上述政策情况加强督查，确保政策落到实处。

收购便民措施　结合粮食工作直接面向农村、面向基层农民群众特点，国有粮食购销企业从基层站点抓起，全系统改变官商作风，改变不良习惯，坚持为农民着想，为群众服务思想，不断优化服务意识，提高服务质量。除确保“五要五不准”要求和收购政策执行到位外，在收购期间上杭县推行固定收购网点坚持“早开门晚关门”收购，实行“五个一”（一幅欢迎问候标语、一张休息座椅、一杯解渴茶水、一块收购政策信息公开栏、一个从质检计量到结算付款便捷的收购程序）便民服务措施，为卖粮群众提供优良服务。

市场监管　在夏粮登场前召开粮食收购单位负责人座谈会，学习讨论《粮食流通管理条例》等政策法规，进行粮食收购业务培训，规范粮食收购行为。在粮食收购期间，组织粮食行政执法人员深入国有粮食收购点和个体收购点开展巡查监督，督促各粮食收购单位严格执行收购政策，按质论价，售粮款和直接补贴款全部通过“一卡通”形式及时兑现给农户，严禁发生“打白条”“以陈顶新”“转圈粮”套取差价和违规压等压价等行为，在粮储局和国有粮食购销公司设置举报箱和举报电话，以规范收购行为，有效维护卖粮农民利益。

【粮食购销】　2019年，上杭县入统粮食经营企业粮食总购进32736吨，比上年减少982吨，下降2.91%（其中：完成各级储备订单粮食收购19875吨，占计划的100%）；粮食总销售40111.6吨，比上年减少12.8吨，下降0.03%，主要原因是贸易粮业务下降。2019年，连续16年实现国有粮食企业收支盈余。

【粮食安全体系建设】 2019年，上杭县粮食承储企业继续常年开展仓库“一符四无”（账实相符，无虫害、无霉变、无鼠雀、无事故）粮仓活动，坚持保管员3天一小查、7天一大查、风雨随时查、每月站库会查制度，及时发现和消除隐患。4月、10月，组织开展春秋季全县粮油安全大普查，做到有仓必到，有粮必查，查必彻底，经普查鉴定，全县站（库）储粮粮温正常，粮情稳定，无高水分粮和高温发热粮，无霉变粮等，均达到“一符四无”标准，确保储粮安全。

2019年，县政府批准轮换县级储备粮4375吨，将2016年入储的4375吨县级储备粮，全部通过龙岩市五丰粮油交易信息服务有限公司电子竞价平台公开竞价出库，8月初夏粮一登场就开始组织当年地产粮新增入储和轮换入储，至10月全部入储到位。年底库存县级储备粮和动态储备油规模100%到位。在各级储备粮油管理上，继续做到专仓储存，专人保管，专账管理，地点落实，数量落实，品种落实，确保应急时调得动、用得上；继续执行县级粮食风险基金制度，年底县粮食风险基金累计到位862万元。

【粮食订单收购】 2019年，上杭县继续对省、市、县级新增和轮换等所需储备粮粮源实行“订单”形式收购。订单收购实行最低限价以上随行就市收购的同时，政府再给予卖粮户每50千克直接补贴12元，补贴资金按“谁用粮、谁拿钱”原则分别由各级财政支出；继续对国有粮食购销企业用于上杭“山田禾”粮食品牌经营粮源的优质稻实行订单计划收购，在最低限价以上随行就市收购的同时县财政再给予每50千克直接补贴15元；粮食均按最低限价以上随行就市收购。

【粮食购销市场化】 2019年，上杭县继续实行“三放开”（放开粮食购销价格，国有粮食企业继续按市场供求规律自行确定购销价格，自主经营，自负盈亏；放开粮食市场，实行粮食市场经营主体多元化，凡按规定取得经营资格的单位、集体和个体均可参与粮食购销经营；放开粮食零售市场，继续常年开放粮食集贸市场，鼓励农民自产自销粮食）政策。

【临城粮站迁建工程】 2019年，上杭县临城粮站迁建工程向县自然资源局规划部门申报项目设计方案，通过专家评审，完成项目施工图设计，现正处于图审阶段。

【仓储设施维修改造】 2019年，上杭县投资168万多元改造储备粮油仓储设施维修，其中功能提升20万元，维修改造148万元。至年底，完成土建和设备招标采购工作。

投资42万元购置粮食产业发展项目上杭县重金属快速检测设。至年底，完成招标采购工作。

【中都聚胜家庭农场被评为“福建省粮食安全宣传教育基地”】 2019年10月，上杭县中都聚胜家庭农场获福建省粮食和物资储备局、农业农村厅、教育厅、科技厅、妇联五部门联合授予的“福建省粮食安全宣传教育基地”，为龙岩市唯一的一家。

【军粮供应服务】 2019年，上杭县继续执行国家军供工作各项方针政策，执行国家和省、市军粮供应管理法规，贯彻落实《福建省军粮质量管理暂行办法》，根据军粮需求计划做好军粮筹措、调运和供应工作。对军供粮油质量严格管理，对入库军粮实行“一批一检一报告”制度，保证按时按质按量按品种供应军粮，并加强和改进供应方式、方法，不断改善供应条件，并在“八一”期间开展军粮供应回访和慰问工作，提高优质服务水平。

【国有粮食品牌建设】 2019年，上杭县继续打造国有粮食企业产业化经营品牌，重点做好省著名商标“山田禾”粮食品牌建设，国有粮食购销企业继续从生产、收购和加工三个环节提升质量，打造特色品牌。在生产环节通过基地示范带动生产优质稻。在白砂、官庄、泮境、中都等乡镇建立优质稻核心示范区133.33公顷，推广免耕抛栽、测土配方施肥等新技术示范，提高粮农科技水平，促进品种调优、增产增收，带动10个乡镇优质稻种植约0.67万公顷。在收购环节坚持验质把关提高收购质量。在收购网点公布质量标准，所有收购入库粮食首先按照国家标准验质把关，确保“山田禾”稻谷符合优质稻质量指标。2019年，经龙岩市粮油质量检测站监测，全县国有粮食购销企业收购的地产“山田禾”稻谷100%达到国标三等以上，其中80%达到国标二等以上。

【粮食流通监管】 2019年，上杭县全面完成省、市下达的早、晚籼稻谷收购环节质量安全抽查、生产环节、新收获粮食质量、品质测报和安全风险监测等原粮样品的抽样上送任务，全年抽样品100个，其中：中、晚季稻谷质量会检10个（全部合格），收购经营企业早、晚季质量安全样品8个（全部合格），质量调查15个（尚在检测中），定点监测8个（尚在检测中），中晚季疾控3个（尚在检测中），农户新收获早、晚籼稻风险监测49个[其中早籼稻1个重金属（汞）超标，该批稻谷未流入市场]，专项监测7个，国家安全监测2个，省级5个。2019年上杭县没有发现粮油质量安全事故。

【粮食监管】 2019年，上杭县继续执行《上杭县粮食局关于建立健全地方储备粮质量安全监管机制的实施意见》，明确质量安全主体责任、属地责任、监管责任和检查制度。强化对政策性粮食出库的检查，主要对县级储备粮轮换出库前的粮质检查，经检查轮换出库的粮质符合出库标准，并督促承储企业自觉履行出库义务，保证出库粮食质量符合要求。对轮换入库粮质的检查，经检查今年轮换入库的县级储备粮共4375吨，均符合入库粮质要求，保质保量按时完成全年县级储备的轮换工作。军供销售粮油质量监测，均符合销售标准。开展储备粮品质检测，抽查53个样品代表储备粮数量2.63万吨，经龙岩市粮油质量监督检验站检测，上杭县所有库点早籼稻谷和晚籼稻谷检测结果合格、宜存。完成省、市下达的早、晚籼稻谷收购环节质量安全抽查，生产环节、新收获粮食质量、品质测报和安全风险监测等原粮样品的抽样任务，共抽取原粮样品100份。年内，继续配合相关部门参与全县粮油食品市场的监督检查，保证粮油食品安全。2019年，开展"餐桌污染"专项检查14批次，产品全部合格。建立健全粮食质量安全管理制度，加强"一品一码"追溯体系建设工作。加强人才队伍建设，推荐2名业务骨干参加福建省粮食流通执法督查培训。

2019年，农业农村部公布第二批"国家农产品质量安全县"名单中，上杭县名列其中，成为龙岩市首个获得该荣誉的县(市、区)。

粮食行政许可　2019年，根据《粮食流通管理条例》及其相关规定，实行粮食收购准入制度，核发或年度检查审核通过粮食收购资格证11家(县粮食储备直属库、杭川粮食购销有限责任公司、汀江粮食购销有限责任公司、都瑞康米业有限公司、三晶粮食加工厂、峰面桥粮食加工场、永城粮食加工场、杭香粮食加工场、上杭福润粮油商贸有限公司、龙岩傲农饲料有限公司、上杭双胞胎饲料有限公司)。

粮食流通统计　2019年，县粮食局开展粮食流通统计，上杭县列入统计重点单位11家，其中国有粮食企业3家(县杭川粮食购销公司、汀江粮食购销公司、粮食储备直属库)，非国有重点经营单位8家(都瑞康米业有限公司、三晶粮食加工厂、峰面桥粮食加工场、永城粮食加工场、杭香粮食加工场、上杭福润粮油商贸有限公司、龙岩傲农饲料有限公司、上杭双胞胎饲料有限公司)。

骨干粮食厂店　2019年，为发挥粮食应急供应网络作用，继续完善定点骨干粮食加工厂和定点骨干粮店。正常情况下，骨干粮食加工厂和骨干粮店自主经营；异常情况下，骨干粮食加工厂按照政府要求，接受委托加工，以应紧急要求；骨干粮店继续承担协助政府平抑粮价、稳定市场供应任务。2019年，未发生异常情况，未启动应急预案。

■ 烟草

【烤烟生产】 2019年，上杭县种植烤烟面积1827.2公顷，烤烟种植户数2301户，签订烟叶产购合同3700吨。烟叶生产期间受连续多雨寡日照天气的影响，烟叶产质量有所下降，收购烟叶3274.2吨，完成计划任务的88.5%，上等烟比74.65%，比上年降低3.2个百分点；全县烟农售烟总收入1.05亿元(含各项补贴)，户均售烟收入4.56万元，实现烟叶税2083万元。

是年，县烟草分公司重点技术落实到位。狠抓"五大重点技术"(早生快发技术、中棵烟培育技术、成熟采收技术、优化结构技术和绿色生产技术)的有效落实，烟叶生长整齐度与均衡性有较大提高，各部位的烟叶生长发育充分，中棵烟苗架较明显。重点落实稻草回田面积508.93公顷；小壮苗培育技术落实到位，烟叶素质比往年有较大提升；"两次打穴"配施营养土深栽技术得到全面推广；推广使用水肥一体机，开展水肥专业化服务0.11万公顷(占比46%)；落实绿色防控技术，继续实现烟蚜茧蜂防治蚜虫100%，辐射服务大农业0.21万公顷；在龙岩市率先使用蠋蝽防治斜纹夜蛾等；连续实现废弃地膜集中回收100%，积极探索烟杆回收途径，完成6.67公顷烟杆回收，并制成生物质燃料颗粒返回再利用。

是年，县烟草分公司生产要素保护到位。积极与县政府沟通，将县政府回拨的烟叶生产专项基金用好用足，全年投入63.9万元对职业烟农开展机械覆土、机械培土、水肥一体化服务等具有针对性的扶持。全县扶持推广各类成熟农机具2158台/套，(电动抑芽器1441台，降低抑芽作业的劳动强度，也控制农药残留)。同时，集中投入资金118.5万元，为设施陈旧、阻碍生产、影响规模稳定的10处密集烤房群(115座烤房)开展统一的晾烟棚、隔热棚的改造维修，并推广编烟架700个、晾烟架280套等。

2019年，县烟草分公司生产创新成效突出。开展常规科研项目23个(含省公司项目9个)，市公司项目12个，县分公司自主课题2个。发挥县政府生产专项基金的作用，采取整县推进、分类实施的思路，全县落实"种采烤分一体化"单元数量163个，覆盖烟农2301户，种植面积0.18万公顷，密集烤房1416座。通过单元组织、烤师主导、组队开展专业化服务等，提高各阶段关键生产技术的到位率，也为种植大户解决请工难、技术落实不平衡等问题，在提高烟叶生产平衡度方面发挥重要作用。5月16日，国家烟草专卖局局长张建民莅临上杭实地调研，对上杭烟叶生产及烟草站管理给予高度评价。

2019年，县烟草分公司烟叶收购平稳有序。针对全年特殊气候条件下烟叶生产质量下降情况，为保护好烟农种烟积极性，促进全县生产规模的稳定，公司处理好保护烟农效益与工业利益的平衡点，全面推行烟叶精益收购，落实"三定一减"(定户定量定时，减少售烟次数)的售烟模式，"三定一提"(定员定岗定组别，提高等级纯度)的专业化分级模式，烟叶收购水平不断提升。落实优质服务，严把烟叶收购等级标准，严格执行收购政策，提高烟叶等级纯度，保证烟农收益，赢得烟农与工业客户的理解和支持，烟叶收购调拨工作平稳有序。

2019年，县烟草、气象、保险、银行等部门建立协作机制，健全保障体系建设。抓好大田保险工作，全县2301户烟农100%投保，种烟面积18272公顷100%投保，保险部门累计支付烟叶受灾理赔款46.04万元。做好防灾减灾工作，启动人影作业14次，发射消雹弹274发，减少灾害天气造成的烟叶损失。做好金融服务工作，与多家银行沟通，为烟农提供信贷服务，共发放烟农种烟贷款2206.2万元，解决生产资金短缺问题。稳定烟叶生产扶持力度，各乡镇相继制定扶持奖励政策。

2019年，县烟草分公司夯实基础设施。全县投入资金20万元，完成常规烟基项目1个。协调推进烟草援建水源工程建设。烟草水源工程批复项目4个，援建资金2.9亿元，竣工项目2个（下都镇烟区供水工程和庐丰畲族乡铁东水库供水及灌溉区改造工程，烟草援建资金7204.5万元），在建项目2个（旧县片区水源工程、锦绣水库项目）基本完工，进入水库蓄水阶段。泮境乌石水库项目、稔田马岌背水库项目申报审批。2019年，县烟草公司业绩指标及管理评价考核12项指标中业绩指标及管理评价加权考核、业绩指标考核、管理评价考核综合排名、烟叶生产等10项指标龙岩市排名前三。

上杭县烟草援建工程——旧县片区南山水库 （2019年摄）

（县烟草公司供图）

【卷烟销售】 2019年，上杭县销售卷烟12439箱，比上年增加9箱，条均价124.7元，增加3.82元/条。卷烟销售平稳增长，结构稳步提升。卷烟营销工作在“福建省零售户满意度调查报告”中获评福建省最高分。

2019年，县烟草分公司以品牌培育为途径，拓展客户获利渠道，实现稳销量提结构。通过细分不同销售时期、市场类型、消费群体和数据分析“四路径”，开展以宴席、自主、交通枢纽、酒店、旅游营销为主要形式的营销活动，融合文化、商务、终端、服务、队伍，形成符合上杭实际的品牌培育模式。全年销售古田品牌330箱，比上年增加96箱，增长41%，完成全年销售进度102%，排名龙岩市第一。

是年，县烟草分公司以终端建设为手段，改善客户经营环境，增强客户营销能力。全年新增35户普通终端，全县累计建成现代终端户380户，占客户总数18%，升级改造标杆店18户，标杆店125户。全县152个经营合作小组严格“九个一”标准打造。同时围绕集智能消费、文化传播、消费互动、自主宣传等特色，打造16个标杆自律互助小组，满足品牌展示、零售户交流、消费者体验等方面需求。推进文明吸烟环境建设。全年投入40万元，初步实现重点交通枢纽区域、AAAA级以上景区实现100%覆盖、人流密集区域实现有效覆盖。公司还与相关单位签订后续的管养维护协议，保证设施有效运行。

2019年，县烟草分公司成功布点非烟商品团购客户19位。拓展65位卷烟非烟经营一体化线下网点备选客户。客服中心协同海晟店开展非烟商品活动策略，面向零售终端开展海晟主推的茶、酒等非烟商品的宣传、推广，全年销售额达到36万元。

【烟草专卖管理】 2019年，上杭县烟草专卖局充分利用各类媒体开展烟草专卖法律法规宣传活动，发放宣传资料3200余份，接受咨询450余人次，举办烟农、零售户法律法规培训班，参加烟农、零售户1400余人次，全年查获各类违法案件81件，比上年增加11件，其中查处4万元以上大要案件7起；先行登记保存卷烟2977.6条（其中假烟530.4条，走私卷烟7.7条），比上年增加1936.3条，查获烟丝9060千克，刑拘4人，逮捕2人，判刑3人，罚没1.33万元。

是年，县烟草专卖局加强“两烟”内部监管工作。全年开展“一案双查”4次，取缔违法违规卖烟大户1户。对2019年烟叶产购合同签订面积与实际种植面积进行全面核查，确保烟叶产购合同的真实性。开展行政许可。全年办理专卖零售许可证236户、延续66户、变更34户、注销130户。

表 11

2019 年上杭县各乡镇烤烟生产收购情况一览表

乡镇	合同种植面积(公顷)	烟叶产量(收购量)(吨)	上等烟比例(%)
庐丰畲族乡	565.67	1055.3	77.3
蓝溪镇	240.73	461.6	75.4
太拔镇	18.53	54.2	79.2
稔田镇	138.27	245.6	74.1
溪口镇	123.73	187.1	76.1
茶地乡	20.47	34.1	63.4
蛟洋镇	20.00	34.7	72.0
古田镇	13.33	16.8	59.2
白砂镇	76.53	120.8	70.8
泮境乡	39.53	66.5	70.5
湖洋镇	88.87	144.7	74.1
临城镇	101.07	139.8	77.6
中都镇	40.73	119.1	70.2
下都乡	90.13	157.7	75.5
南阳镇	23.73	34.2	68.9
通贤镇	3.73	6.0	75.0
旧县镇	42.67	66.7	59.2
才溪镇	2.00	3.1	59.9
官庄畲族乡	157.47	293.2	73.2
珊瑚乡	20.00	33.2	65.8
合计	1827.19	3274.2	74.6

■ 供销合作

【概况】 2019 年,上杭县供销系统农副产品购进 48.78 亿元,占年计划 47.82 亿元的 102%;农产品市场交易额 6.84 亿元,占年计划 6.06 亿元的 112.95%;再生资源购进 3.01 亿元,占年计划 2.92 亿元的 103%。实现商品销售总额 93.8 亿元,占年计划 91.3 亿元的 102.77%。其中:连锁销售额 32.39 亿元,占年计划 32.2 亿元的 100.6%;消费品零售额 65.33 亿元,占年计划 62.82 亿元的 104%;售给农民的生产资料 3.19 亿元,占年计划 2.85 亿元的 111.97%。实现利润 2180 万元。

【农资冬储】 2019 年,上杭县供销合作社联合社(简称县供销合作社)组织全系统提前谋划农资货源,多方筹措资金储肥、储药。全县供销系统共储备化肥 10035 吨(实物吨,下同),完成计划 104%,其中:优质肥 4935 吨,小化肥 5100 吨,农药 150 吨,农药械 5.7 万件,农(地)膜 119 吨。超额完成储备任务。

【农资供应】 2019 年,上杭县供销合作社开展农资连锁配送经营,形成以农资配送中心为基地、21 个乡镇农资配送分部为支撑的农资经营服务体系,全年农资配送率 85%以上。全年销售各种化肥 93880 吨(氮肥 47688 吨、磷肥 21671 吨、钾肥 7013 吨、复合肥 17508 吨)。销售其他肥料 11139 吨。销售农药 1674 吨,销售农(地)膜 521 吨,销售农药械 1310 万元。

【农资信息服务】 2019 年,上杭县供销合作社发布供求信息 69 条,本地农产品市场行情 48 期,本地农资行情 49 期;撰写农产品市场动态分析文章 9 篇。

【农村合作金融服务】 2019 年,上杭县供销合作社创新与金融机构合作机制,与邮储、中成村镇银行联合推出“供销惠农贷”,开展助农信贷增信服务,破解新型农业经营主体和农户发展规模经营担保难、融资难、融资贵问题。全年为 75 户合作社、家庭农场、种养大户提供增信贷款 1391 万元,累计推荐发放贷款 3392 万元。

【农民专业合作社】 2019年,上杭县新发展农民专业合作社33家,全县发展农民专业合作社484家、入社成员29117人,成员出资总额11.88亿元,带动农民52002户,引导发展农民专业合作社联合社6家。培育国家级示范社11家,省级示范社12家,市级示范社26家,县级示范社32家。全县农民专业合作社共吸纳在册贫困户1036户,发挥示范社的示范带动作用,助力精准脱贫,有效促进当地贫困群众增收致富。

【惠农工程建设】 2019年,上杭县实施省级、市级、县级新网工程和惠农工程项目13个,累计安排项目资金403万元。初步形成县、乡、村三级农资、农副产品、日用消费品、再生资源、烟花爆竹等经营服务网络,全县共建设农资连锁经营网络64个,日用消费品连锁经营网络182个。

【供销仓储物流体系构建】 2019年,县供销合作社继续完善仓储物流建设,加快构建农村快递物流服务网络,逐步解决农产品上行“最初一公里”问题,带动全县特色农产品生产销售。加强上杭县通世达物流公司管理,建成2000平方米的集中分拣中心,实现22个乡镇快递服务站点全覆盖,建成城区服务网点32家,为城乡居民取递快件提供更便捷优质服务。全年完成快递收发926.6万件(其中:进港809.3万件、出港117.3万件),实现营业额1601.82万元。

【供销社基层组织建设】 2019年,上杭县恢复重建蓝溪、溪口、白砂3个基层供销合作综合服务社,完成古田、通贤、才溪、湖洋、泮境等5个基层供销社升级改造工作,增强为农服务功能。

2019年,按照“生产合作、供销合作、信用合作”的建设要求,完善为农服务体系建设,以直属企业经贸公司为牵头承办单位,负责全县新型城乡综合服务建设总体规划,引入厦门见福连锁经营模式,全年建设完成8家“红古田”综合服务社。

【“红古田”城乡供销综合服务社开业运营】 2019年6月5日,上杭县第一家“红古田”城乡供销综合服务社正式开业运营。“红古田”综合服务社以“供销·见福”便利店为依托,由上杭县供销社入股领办或投资创办,厦门见福公司提供货源供应和管理技术支持,以开展日用消费品和“红古田”品牌农产品经营为主,因地制宜综合开展电商代销代购、物流快递收发、合作金融业务代办等相关业务。至年底,服务社销售物资100万元。

■ 市场服务管理

【市场秩序及车辆监管】 2019年,上杭县市场服务中心(简称中心)各市场所制定详细的岗位职责,对管理任务进行分区划片,各自负责管辖区域的卫生、秩序和车辆管理,实行工作人员定点、定责、定岗工作制度。落实巡查加定点工作制度。市场实行每日一巡查,每月集中整治措施,通过日常巡查发现问题,及时整改。定期清理自产自销区域杂物,整治摊位经营户占用自产自销区域经营现象;合理引导和安置自产自销农户落实菜农一人两筐位置,杜绝菜农多占位置现象;禁止自产自销经营户在道路两旁及路口经营,引导其进入市场允许范围内摆放,保证市场周边道路通畅。整治市场周边占用道路和通道停车现象,规范车辆停放秩序,对乱停现象比较严重的路段用“禁止停车牌”进行提示,引导车辆进入停车场或停车位有序停放。针对东门市场人流量较多现象,在市场北区路口、东大门路口、大门外行道上规划网格线及停车位,解放路段设置禁停线。为确保市场服务管理长效化、常态化,各市场所实行错时上下班制度,采取定点值守、机动巡查相结合方式强化监管,确保市场外围秩序,较好地解决占道经营、交通堵塞问题。

【市场卫生管理】 2019年,上杭县市场服务中心加强卫生保洁管理,卫生保洁员每日对市场内、外及周边卫生进行全面彻底清扫、冲洗,做到市场垃圾即扫即清,即清即运,确保市场

2019年6月5日,上杭县第一家“红古田”城乡供销综合服务社开业

(县供销联社供图)

保洁到位，干净整洁。安排专人负责市场卫生监管，各责任区域人员协助监督，不定期组织巡查所辖片区的卫生清扫保洁工作，以书面整改通知的形式对巡查发现的问题督促承包人按要求进行整改，对整改不到位，反复出现的问题按合同要求进行扣款处罚，全年发现整改不到位现象4次，扣款处罚400元。

【市场安全监管】 2019年，上杭县市场服务中心与各市场管理所签订消防安全责任书，中心领导对所辖城区各类交易市场消防安全工作负总责；各市场所所长对所辖市场的消防安全工作具体负责，健全和完善消防安全管理机制，确保消防安全工作有计划、有落实、有监督、有检查。各所指定专门人员负责市场消防日常巡查、监管工作，向经营户宣传用电用火注意事项及安全措施，采取日巡查和月检查相结合措施，排查消防设施损坏、老化等安全隐患问题，并集中整治、及时维修整改巡查发现的问题。12月3日，中心专门邀请消防大队教官到中心开展消防安全知识培训讲座，提升全体干部职工的消防安全意识和防范水平。

年初中心和各市场管理所签订食品安全管理责任书，将食品安全工作与中心目标管理综合考评工作相挂钩，奖罚分明。建立食品安全经营户档案资料，通过食品安全主题宣传栏、发放宣传材料、召开食品安全培训会议等方式，对经营户进行食品安全相关知识及法律法规宣传教育。定期组织人员入店巡查三无产品和过期食品，要求商店经营户加强自查，发现不合格商品无条件下架处理，明确其食品安全管理责任和义务。非洲猪瘟防控期间，每天督促卫生员对肉摊进行冲洗和消毒；召集猪肉行业经营户召开非洲猪瘟专题会议，与猪肉行业经营户签订《农贸市场肉品经营承诺书》，肉摊经营户无“两证”（牲畜产品检验合格证、检疫检验合格证）者不得入场经营；每天安排专人收取猪肉两证，坚持做好猪肉检疫情况、“两证”的收集和登记猪肉检疫情况检查表；落实“肉品质量安全可追溯系统建设”在城区农贸市场的实施，督促猪肉摊经营户按规定使用溯源电子秤。

【市场综治平安建设】 2019年，上杭县市场服务中心不定期组织基层市场管理所干部职工开展市场安全工作的宣传、教育、培训，宣传有关安全生产的法律、法规和方针政策，增强全体干部职工的安全意识。中心继续开展扫黑除恶宣传工作，坚持“打防结合、预防为主”方针，加强日常巡查和防范，确保市场内没有赌博、偷盗、“两抢”、黑恶势力案件发生。市场管理人员始终贯彻“以人为本”的管理思想，帮助经营户解决实际困难。在日常服务管理工作中讲究方式方法，学会换位思考，克服简单粗暴做法，提供优质服务，避免与经营户冲突，构建一个文明和谐的经营环境。2019年，各市场没有发生打架、偷盗、“两抢”案件的事情。

【市场设施改造】 2019年，上杭县市场服务中心针对群众反映强烈的解放路西段有场无市、占道占路为市现象严重问题将原轻机厂改建为临时农贸市场，投资300多万元兴建镇南农贸市场并于2019年4月竣工投入使用。启用镇南市场，开展解放路沿街经营户摸底调查，张贴、发放和宣传镇南市场启用通告，引导流动摊贩入场经营；配合市场监管局片区大队对马路市场现象进行专项整治，依法予取缔解放路段未经审批的肉菜摊及临时交易摊点；做好市场规行划市、摊位安排等启用前期准备工作，镇南农贸市场启用以来，彻底解决自产自销农户在解放西路路边占道经营的现象，为周边居民生活提供便利，获得他们的高度赞赏。

2019年9月开始对城东市场底层禽畜行、宰杀行的照明、通风、排污、监控等系统进行升级改造，12月，完成改造并投入使用，解决城东市场底层禽畜行脏、乱、差等问题。为确保改造工程顺利进行，城东市场管理所工作人员做好前期工作，给经营户发放改造通知书，与经营户一对一、面对面沟通交流，收集经营户的改造意见和建议，做好经营户临时经营安置工作。改造工程于年底完工。

【市场摊（店）招投标】 上杭县市场服务中心在2019年的市场摊位招投标工作中，全体干部职工创新思维、做实做细做足前期准备工作。深入经营户走访了解情况，掌握相关信息，预防串标行为，坚决杜绝人情摊、人情费；在市场秩序管理、行业布局等方面广泛征求经营户的意见和建议，对市场个别行业布局进行合理规划、调整，制订详细的招投标方案；针对东门农贸市场蔬菜地摊不足导致占道经营管理方面，采取针对性的管理措施，严禁蔬菜经营户占用农户自产自销摊经营，将地摊场地控制在一定范围。各市场在摊位招投标期间，评选出“文明诚信经营户”“行业组长”，给予减免一个月的摊位租赁费鼓励政策，提高广大经营户“守法经营、诚信服务”的道德情操和从业观念。对特困户、残疾人、自产自销经营户等弱势群体经营户继续实行摊位费减免优惠政策，共减免摊位费8946元。2019年，“两费”收入完成预期目标，达到393万元。

【中心事业单位改革】 2019年，上杭县市场服务中心为推进从事生产经营活动事业单位改革工作，中心按照党中央、省、市、县等文件精神，做好改革前期准备工作。召开全体干部职工关于中心事业单位改革会议，解读改革文件精神，稳定员工思想动态，确保市场服务管理工作顺利开展；收集员工意见和建议，制订并上报《上杭县市场服务中心经营类事业单位改革实施方案》；做好改革前期中心资产、员工和市场情况统计摸底工作。

■ 服务业

【物流业发展】 2019年，上杭县新注册登记物流企业6家，年底全县实有物流企业115家（包括38个邮电支局、1家邮电代办所18家运输代理，其他58家物流快递公司）。主要业务包括普通货物仓储、专用货物运输、企业物流供应链管理咨询、经济信息咨询、代办货物托运、货物配送代理、代办火车、海运、空运运输的联络业务、自营和代理各类商品的进出口业务等，注册资本合计2.66亿元。

【居民服务业】 2019年，上杭县有持照居民服务业企业61家，从业人员529人，注册资金9458.4万元。其中2019年新开业12户，从业人员57人，注册资金1346万元。

表12

2019年上杭县新增物流企业情况一览表

单位：万元

名　　称	住　　所	经营范围（依法须经批准的项目，经相关部门批准后方可开展经营活动）	注册资本
上杭县领航物流有限公司	上杭县临江镇北环东路38号	国内货运代理；国际货运代理；物流代理服务；仓储代理服务；其他未列明运输代理服务；普通货物道路运输；大型货物道路运输；其他道路货物运输；运输货物打包服务；其他未列明道路运输服务（依法须经批准的项目，经相关部门批准后方可开展经营活动）	50
福建省上杭县明远物流有限公司	上杭县临城镇城西村竹子塘路41号	物流代理服务；国内货运代理；国际货运代理；仓储代理服务；其他未列明运输代理服务；装卸搬运（依法须经批准的项目，经相关部门批准后方可开展经营活动）	100
龙岩集千乘物流服务有限公司	龙岩市上杭县蛟洋镇坪埔村新村路50号	普通货物道路运输；国内货运代理；国际货运代理；装卸搬运；通用仓储（不含危险品）；包装服务；机构商务代理服务；其他一般旅店（经营接待旅客住宿的中小旅馆、宾馆、招待所、客货栈、车马店、浴池等，不含国境口岸）；职业中介服务；正餐服务（不含国境口岸）；其他未列明餐饮服务（不含国境口岸）；汽车修理与维护；日用杂货批发；汽车零配件零售；灯具、装饰物品批发；五金产品批发；建材批发；其他未列明的农牧产品批发（依法须经批准的项目，经相关部门批准后方可开展经营活动）	600
福建佰辉物流有限公司	上杭县临城镇南岗工业园黄竹村龙翔大道H6 1-1	物流代理服务；普通货物道路运输；货物报关代理服务；公路运营服务；运输货物打包服务；货物检验代理服务；其他未列明道路运输服务；其他未列明运输代理服务；仓储代理服务；通用仓储（不含危险品）；其他未列明的仓储服务（不含危险品）；其他未列明商务服务业；大型车辆装备修理与维护；其他机动车整车修理、总成修理、专项维修、各级维护和小修；机动车安全技术检测服务；其他未列明日用产品修理业；与商业保理相关的咨询服务；安全风险评估服务；汽车新车零售；汽车旧车零售；汽车零配件零售；摩托车及零配件零售；保险兼业代理（依法须经批准的项目，经相关部门批准后方可开展经营活动）	1000
福建锐宇物流有限公司	福建省龙岩市上杭县临城镇龙翔大道黄竹工业区H7-01地块	普通货物运输普通货物道路运输；危险货物道路运输；集装箱道路运输；冷藏车道路运输；大型货物道路运输；危险货物运输车辆维修；国际货运代理；国内货运代理；汽车租赁；集装箱租赁服务；仓储代理服务；物流信息咨询；代理销售保险产品；代理相关保险业务的损失勘查和理赔（依法须经批准的项目，经相关部门批准后方可开展经营活动）	1000
福建伟通物流有限公司	福建省龙岩市上杭县蛟洋镇坪埔紫金铜业大厦12楼	道路货物运输；其他道路运输辅助活动；货物运输代理；其他运输代理业；装卸搬运；其他农产品仓储；其他仓储业；铁路货物运输；其他铁路运输辅助活动；沿海货物运输；内河货物运输；贸易代理；其他贸易经纪与代理；再生物资回收与批发；建材批发；其他未列明批发业（依法须经批准的项目，经相关部门批准后方可开展经营活动）	1600

表 13

2019 年上杭县新增主要居民服务业情况一览表

单位：万元

名　　称	经营场所	注册资金
龙岩市福恩家政有限公司	上杭县临城镇龙翔村塘边路 9 号	500
上杭吉纽思托儿所服务有限公司	上杭县临城镇城东村丁家山上路 9 号	500
福建上杭怡馨家政有限公司	上杭县临城镇二环北路 2-25 帝豪大厦 8 号	100
龙岩市上杭县哥顿托儿所服务有限责任公司	福建省龙岩市上杭县临江镇和平路 65 号紫金酒厂保障房 3 号楼二层	60
上杭县王姐母婴护理服务有限公司	上杭县临城镇振兴路 77-3 号	50
福建省上杭县艾洁家政服务有限公司	福建省龙岩市上杭县临城镇城东村和平北路福源巷 43 号	50
上杭县爱心宝贝家政服务有限公司	福建省龙岩市上杭县临城镇振兴路 8 号	30
龙岩市上杭杭邦清洁服务有限责任公司	龙岩市上杭县临城镇富古村紫金北路 170 号 301 室	20
上杭县小弘星托儿所服务有限公司	上杭县临城镇西陂村吴陂路 10 号	15
上杭泮境托儿所服务有限公司	福建省龙岩市上杭县泮境乡老洋岗下路 25 号	10

表 14

2019 年上杭县新增主要个体餐饮业情况一览表

单位：万元

名　　称	经营场所	注册资金
上杭县洋驰酒店	上杭县下都镇集镇政通西路 23 号	100
上杭县石崖里农庄	上杭县湖洋镇上罗村段上路 42 号	95
上杭县蛟洋镇由美甜品店	福建省龙岩市上杭县蛟洋镇坪埔村金福路 11-2 号	50
上杭县豪樽品牛排馆	上杭县临城镇城北村北环中路 81-8 号二楼	50
上杭县江雅农家乐餐馆	上杭县临城镇黄竹村便民桥路 2 号	80
上杭县蛟洋镇东伟农家乐	福建省龙岩市上杭县蛟洋镇蛟洋村蛟龙路 150 号 101 室	60
上杭县浔茶饮品店	上杭县临江镇振兴路 7-1 号	70
上杭县南阳张昭农家乐	上杭县南阳镇南阳村黄麻凹路 17 号	70
上杭县古田镇楼满客餐馆	上杭县古田镇赖坊村 603 号	100
上杭县古田镇五龙溪餐厅	上杭县古田镇五龙村黄龙口路 3-1 号	60
上杭县外婆湾餐厅	上杭县临城镇城北村紫金路 29-9 号	50
上杭县古田镇张前清家庭农场	上杭县古田镇吴地村吴地路 21 号	90
上杭县东金大酒店	上杭县临江镇解放路 329 号三楼、四楼	50
上杭县蛟洋镇绿谷农庄	福建省龙岩市上杭县蛟洋镇蛟洋村中心坑路 23 号	80
上杭县潮人烧烤店	上杭县临城镇城东村北环东路 36-3 号	60
上杭县阿怀农庄	上杭县湖洋镇濑溪村上坊路 16-1 号	99
上杭县柚惑部落音乐餐吧	上杭县临江镇江滨路 36-2 号	70
上杭县古田镇景悦酒店	上杭县古田镇古田路 43 号	50
上杭县郎官第休闲吧	上杭县临江镇临江路 51 号	85
上杭县启航酒家	上杭县湖洋镇湖洋村三角塘路 40 号	99

【个体私营餐饮业】 2019 年，上杭县有持照餐饮业经营户 3234 户，从业人员 7031 人，注册资金 24705.51 万元，其中新开业 587 户，从业人员 1384 人，注册资金 5328 万元。

■ 旅游业

2019 年 6 月 29 日，上杭县才溪荷花文化旅游节开幕

（县文体旅游局供图）

【概况】 2019 年，上杭县旅游经济发展保持良好态势，游客接待量和旅游收入持续增长。全年接待游客 1025.97 万人次，比上年增长 20.3%；旅游总收入 87.38 亿元，增长 26.4%。

品牌创建 2019 年 8 月，湖洋镇文光村被评为四星级乡村旅游村；9 月，汀江绿道景区被评为国家 AAA 级旅游景区；9 月，才溪集镇被评为三星级休闲集镇；10 月，中都镇兴坊村被评为三星级乡村旅游村；11 月，湖洋镇上罗村、才溪村下才村、蛟洋镇蛟洋村于 11 月份被评为省级乡村旅游村。

宣传推介 年内，举办“情系上杭 梅花飘香”福建省第二届梅花节、“战地黄花分外香 古田油菜花开”文化旅游节、“乡约你，为荷而来”才溪景区荷花节、上杭蜜雪梨文化旅游节、木偶文化艺术节、龙岩市（上杭）森林旅游节、龙岩市农民丰收节、文化中都探寻之旅、溪口温泉文化旅游节等一系列乡村旅游活动。开展精准营销策略，3 月 12 日到南京举办“清新福建·全福游·有全福”系列之 2019 龙岩上杭（南京）旅游推介活动，并参加由市文旅局组团的文旅宣传推介活动，前往闽西南协同发展区（湖南、湖北）、南京、杭州、郑州开展文旅宣传推介，充分展示上杭县文化旅游良好形象；配合市文旅局承办龙岩市首届文化旅游产业发展大会、2019 中国旅游日福建分会场主题活动，制作《正在·上杭》等旅游宣传片，推介上杭县旅游资源，进一步打响“圣地红、生态绿、客家彩、黄金梦、乡村美”上杭旅游品牌；协助拍摄电影《毛泽东在才溪》、电视剧《绝境铸剑》、电视纪录片《寻根客家》，提升上杭县红色文化、客家文化知名度和影响力。

【红色旅游】 2019 年，上杭县红色旅游接待游客 561.1 万人次、比上年增长 29.36%，带动旅游综合收入 33.69 亿元、增长 24.23%。以古田旅游区、毛泽东才溪乡调查旧址景区为核心的上杭红色旅游精品景区重点围绕旅游、培训、研学三大品牌精心打造，红色旅游持续升温。

品牌宣传 2019 年，上杭县实施“走出去”战略，唱响“红古田”。开展“古田会议万里行”活动。在新疆昌吉、呼图壁举办“古田会议——党和军队建设史上的里程碑”展览；与茅山新四军纪念馆举办“古田会议——党和军队建设史上的里程碑”展览。举办纪念古田会议 90 周年展览。上杭县委、县政府，古田管理中心及古田会议纪念馆等单位在福建省海峡民间艺术馆共同主办“古田会议 90 周年红色文化展”；与中共龙岩市委统战部、福建省龙岩市海外联谊会、澳门闽西同乡总会在澳门共同举办“客家精神文化展”。

拓宽宣传渠道 2019 年，邀请人民日报社、央视等媒体和福建日报社、省电视台以及今日头条等 20 多批次中央省市核心媒体到古田实地采访报道，配合做好中央电视台“壮丽 70 年 奋斗新时代——记者再走长征路”、湖南卫视《直播红土地》、厦门卫视《闽南通》等栏目相关拍摄报道事宜。

【乡村旅游】 2019 年，上杭县以“乡约你，来上杭”为宣传口号的“月月精彩，福游上杭”乡村旅游系列活动在全县展开，全年举办各级各类节事活动 20 多场次，其中省、市、县级 15 次，直接参与活动的有 2 万多人次，间接吸引约 30 多万名游客参加各类乡村旅游活动。

2019 年 1 月 5 日，福建省第二届梅花节在上杭县湖洋观音井举行。图为开幕式现场

（县融媒体中心供稿）

年内，举办“情系上杭　梅花飘香”福建省第二届梅花节、“战地黄花分外香　古田油菜花开”文化旅游节、“乡约你，为荷而来”才溪景区荷花节、上杭蜜雪梨文化旅游节、木偶文化艺术节、龙岩市（上杭）森林旅游节、龙岩市农民丰收节、文化中都探寻之旅、溪口温泉文化旅游节等一系列乡村旅游活动。

【旅游规划】 2019年8月，上杭县启动全域旅游发展规划工作，预算规划经费90万元，经比选确定福建兴诚建设工程管理有限公司代理规划编制对外公开招投标工作。10月8日第二次招投标确定中标方为北京大地风景旅游规划设计有限公司中标，中标价60万元。11月8日，双方签订合同后该公司进驻上杭，对全县22个乡镇进行为期11天的现场考察。12月25日，召开全域旅游发展规划编制方案征求意见会，规划编制团队汇报初稿形成过程，各参会县直单位负责人提出修改建议意见。

【产业发展大会】 2019年，上杭县做好龙岩市首届文化旅游产业发展大会总牵头、总协调工作，把大会召开作为打造“文旅康养之城”品牌，加快转变文化旅游发展方式，实现高质量发展落实赶超的有力抓手。大会于4月29日至5月4日在古田召开，进一步提高古田的知名度和美誉度。其间，举行文旅康养产业投资项目签约仪式，上杭县上台集中签约汀江摩托艇运动基地项目、蓝家渡（步云）葡萄产业综合体项目、阿米妈妈文旅康养基地建设项目、上杭普陀山文化生态园项目、新民农业生态观光基地建设项目等5个项目，总投资16.7亿元。古蛟组团文旅项目集中开工8个，总投资8.1亿元。

【项目建设】 2019年，上杭县推进文旅提升重点项目建设。重点推进古田“一台戏、一个园”、古田华润绿色小镇、古田AAAAA景区综合提升等26个项目建设，全年完成投资14亿元。坚持以市场为导向，以项目为抓手，向上争取项目政策支持，

文旅产业重点项目　2019年，上杭县策划全域旅游PPP项目（一期）。注重加强与国开行和龙岩市文旅局工作对接，上杭县的4个包项目（分别为古田、才溪、城区、中都四大区域）列入龙岩市全域旅游PPP项目（一期）的子项目，上杭的子项目总投资24.16亿元，到2019年年底，完成发改批复、“两评一案”批复、省财政厅审核，以及进入财政部PPP项目库。开展以古田红色文化旅游区为龙头的全域旅游建设工作。推进古田AAAAA景区综合提升、古田红色特色小镇、古田全国中小学生研学实践教育营地、才溪AAAA景区提升等24个重点项目建设，其中列入龙岩市“七景区”方案的9个项目完成投资9.1亿元。组织参加第十二届文博会暨福建省旅游投融资推介会，上杭县古田儒溪有机茶文创园项目成功签约。

2019年4月29日，龙岩市首届文化旅游产业发展大会文化旅游（项目）推介会在上杭县古田镇举行　（县文体旅游局供图）

【旅游厕所建设】 2019年，上杭县旅游厕所建设任务15座，新建13座、改建2座，总投资368万元，主要分布在古田旅游区、汀江绿道景区，湖洋、太拔、稔田等乡镇。年底通过龙岩市检查验收并投入使用。

【旅游扶贫】 2019年，上杭县对照旅游扶贫工作要求，指导各旅游扶贫示范合作社和旅游扶贫示范户开展示范工作。在各乡镇、村以及参与示范工作的示范合作社、示范户共同努力下，经龙岩市局专家组抽查通过现场评定，全县有2家合作社被评为2019年度市、县级旅游扶贫示范合作社［馨琪花（龙岩）文化旅游发展有限责任公司、上杭庐丰金茶叶专业合作社］，各乡镇推荐的17户建档立卡贫困户，被评为市、县旅游扶贫示范户。

【行业管理】 2019年，上杭县开展星级饭店卫生乱象集中整治、旅行社租赁旅游包车治理、文旅市场专项整治、创城检查、“扫黄打非·护苗”校园周边文化市场专项检查等专项行动，联合县直相关部门开展春节、“五一”、“十一”等重要节前文旅市场安全检查，出动检查人员1044人次，检查文旅企业410家次，发现安全隐患50余处并责成整改到位，共受理举报投诉7起，查处案件3件，行政处罚金额1.6万元，投诉满意率和案件办结率达100%。强化行政审批管理，全县受理办件30件、其中既办件24件、承诺件6件，办结率100%。

在2019年10月22—23日龙岩市“七景区”导游员暨红色故事讲解员大赛中，县文化体育和旅游局获得团体第一名的成绩，导游员罗燕获得导游组服务技能比赛一等奖，毛泽东才溪乡调查纪念馆蓝琳秀、石凌英分别获得景区讲解员服务技能比赛一等奖、三等奖。

责任编辑：钟梅娇

金 融

■ 综述

【概况】 2019年,上杭县金融机构落实稳健货币政策,支持供给侧结构性改革,加大对国民经济重点领域和薄弱环节的支持力度,促进金融更好为实体经济服务,全县金融业发展稳中向好。至年底,全县银行业金融机构各项存款(本外币)余额为298.30亿元,比上年增加14.51亿元,增长5.11%;各项贷款(本外币)余额250.28亿元,增加30.05亿元,增长13.64%;各项存贷款(本外币)余额548.58亿元,增加44.56亿元,增长8.84%。全县银行业金融机构不良贷款余额12764万元,不良率0.5%。不良率处于福建省较低水平。

2019年,中国人民财产保险股份有限公司上杭支公司实现保费收入1.36亿元,比上年增长14.65%,赔款支出4338万元;中国人寿保险股份有限公司上杭县支公司实现保费收入1.86亿元,比上年增长5.74%,全年赔付支出3001.38万元。

【金融支持乡村振兴与发展】 2019年,上杭县建立龙岩市首个"金融支持乡村振兴示范点"。年底全县打造5个"金融支持乡村振兴示范点",通过创新金融产品和服务,提升"三农"金融服务水平,达到乡村金融服务更便捷、乡村金融产品更丰富、乡村信用环境更和谐、乡村金融服务更稳健、乡村居民获利更充分的乡居环境。创新推出农村党员创业致富"党员先锋贷"。充分发挥农村党员的带头致富先锋模范作用,助力农村党员创业致富,促进农村党建和农村经济融合互动、共同发展,至年底,共办理"党员先锋贷"42户,金额326万元。

表15

2019年12月末上杭县金融机构本外币存贷款情况表

单位:万元

行　　别	存款余额(本外币)		贷款余额(本外币)
	合计余额	其中:住户存款余额	
合计	2983035	1468964	2502828
农发行	28568	0	140934
工行	227195	137480	392562
农行	416559	217277	368269
中行	53045	23395	122993
建行	134013	84152	210943
上杭农商行	1132080	756812	545555
邮储银行	171607	152213	102926
紫金财务公司	622520	0	510499
兴业银行	155061	75387	74749
中成村镇银行	11268	9610	19320
龙岩农商行上杭支行	15120	12636	14079

说明:本表数据由县人民银行提供

■ 金融监管

【普惠金融发展】　打造福建省首个红古田现金服务示范区　2019年，上杭县实行“清单式管理”。制订工作实施方案，明确责任分工，明确创建目标和管理要求，以“清单式管理”形式分工落实和督导考核。建立财政贴补机制。在福建省首创政府对农村硬币自循环工作财政贴补政策，将上杭县340个农村小额现金支付便民点均列入贴补范围，根据硬币自循环工作点兑换量给予贴补，最低限额300元，最高补贴1000元，有效弥补农村地区现金服务短板。常态暗访监督，开展“神秘人”暗访3次，暗访发现问题2个，及时给予纠正；开展当地商铺和旅游景区问卷调查2次，调查显示群众对示范区网点现金服务满意高。经过全面评估考核，“红古田”现金服务示范区获人民银行总行评价小组优秀等级评价。

【金融助力民营小微企业发展】　2019年，上杭县出台《关于开展上杭县金融服务小微民营企业“双百”行动的通知》《关于金融助力民营小微企业发展十条意见》等多份意见指引，强化组织引领。

开展金融服务民营小微企业“双百”行动。在全县各金融机构中选派干部组成100个金融服务小组，上杭县工商联选取100家民营小微企业、经济组织作为服务对象，实行金融服务小组与服务对象结对帮扶，着力缓解企业融资难融资贵问题，提升金融服务水平。至年底，辖区内金融机构对25家民营企业办理授信金额6550万元、用信6030万元，25家民营小微企业融资需求满足率达80%。

【绿色金融发展】　2019年，上杭县印发《全面推进2019年绿色金融体系建设的工作意见》，建立绿色信贷重点支持项目企业名单，强化对节能减耗项目、新兴产业发展等的金融支持，探索构建辖区绿色金融产品体系。创新治污设备融资业务。推动工商银行上杭县支行贷款3000万元用于支持泰山石膏（福建）有限公司构建绿色循环体系建设贷款，首次尝试通过企业治污设备在工行内评后质押作为增信手段，贷款利率在同规模企业融资利率（LPR+53.5BP）的基础上下调43.5BP，每年可为企业节省利息支出13万元。

【金融服务实体经济】　2019年，中国银行保险监督管理委员会龙岩监管分局上杭监管组（简称县银保监组）引导辖区银行保险机构回归本源，优化配置金融资源，增加信贷供给，提升实体经济尤其是民营企业、制造业金融服务质效，推动经济金融良性循环协调发展。深化政银企担合作，针对“融资难、融资贵、担保难”难题，组织开展银企担融资洽谈、服务企业进园区、落实金铜产业项目对接等活动形式，解决小微、民营企业“融资难、融资贵”以及银企信息不对称等问题，引导银行机构形成对民营企业、小微企业、制造业敢贷、愿贷、能贷的价值取向。依托上杭农商银行信用乡村建设为龙头，以获福建省首个“农村金融信用县”为契机，带动上杭县社会信用文化建设，政银企担共建“服务实体、审慎合规、务实创新、良好操守”先进信用文化和践行“守信用、担风险、重服务、合规范”核心价值理念，巩固提升“信用上杭”建设成果。加大对民营企业、小微企业信贷支持，履行银行业机构社会责任，完成普惠金融目标任务，至年底，全县发放涉农贷款100683笔，金额148.32亿元，比年初增加16.62亿元，增长12.62%；小微企业贷款10667笔，金额57.63亿元，比年初增加3.1亿元，增长5.68%。督导辖区保险业机构发挥经济“减震器”和社会“稳定器”作用，强化保险业服务地方经济、助推脱贫攻坚和改善民生功能，至年底，由人保财险公司承保的“三农”综合险原保费收入1460.43万元（其中各级财政补贴617.46万元），保险金额214.96亿元；赔付支出1163.84万元。针对上半年上杭县暴雨洪涝灾害多发情况，各保险机构开辟绿色通道，做到应赔尽赔、应赔快赔，如期完成“5·18”暴雨洪涝灾害理赔工作，实现大灾期间“零投诉”。督促涉农银行业机构推广“家庭信用贷、惠农E贷、农贷通、供销社+”等特色产品和服务模式，加大重点贫困乡村、贫困户信贷资源倾斜力度，至年底，辖区银行业机构发放扶贫贷款户数1048户，金额3325.22万元。

【银行业信用风险防控】　2019年，上杭县银保监组坚持“真实反映，加快处置”总体思路，做实资产质量，加强对近年来新发放贷款劣变情况监测，确保上杭县不良贷款率不高于龙岩市平均水平。在整体防控基础上，充分发挥政银司协调机制，针对辖区个别信用风险压力较大企业不定期开展会商工作，年内，先后就某电子股份有限公司及关联企业1.8亿元贷款潜在风险劣变状况会同金融办组织6场信用风险防控专题会，召集相关银行、企业、担保机构多方会商，研究对策，协调各方稳妥推进该企业信用风险防控处置工作，完成市政府对上杭县年度信用风险防控考核计划。

【银行业法人机构监管】　2019年，上杭县银保监组对辖区两家农村中小银行业金融机构上杭农村商业银行和上杭中成村镇银行重点开展以下监管工作：开展机构监管评级和高管履职评价，提出初步监管意见。强化法人治理监管，列席两家法人机构董事会、股东大会和监事会，重点听取经营情况，公司章程修改、加强党的建设情况汇报，督促法人机构坚持“支农支小、小额分散”市场定位。明确“三长”（董事长、监事长、行长）案防责任，全年实现零案件。开展季度监管走访工作，累计提出监管意见20条。

2019年7月19日，上杭县政府与中国农业发展银行龙岩分行举行服务乡村振兴战略框架合作协议签约仪式 （县融媒体中心供图）

【银行保险业案件防控】 2019年，上杭县银保监组压实银行保险机构案防责任，督促银行保险机构落实银保监会关于开展金融机构案件警示教育活动要求，要求各机构主要负责人认识案防警示教育活动重要性，深刻剖析违法违规典型案件产生原因及危害，对典型案件进行通报、运用多种宣传手段开展宣传，加强案件警示教育活动威慑力。督促机构建立员工异常行为常态化排查机制，突出重点岗位、重点人员、重点领域、重要业务环节案防排查工作，督导银行保险机构组织开展“飞行检查”“突击替岗”等工作。抓机制建设，持续保持案防高压态势，压实机构案防主体责任，构建“不敢作案、不能作案、不想作案”长效机制，确保不发生案件。

【银行保险业消费者权益保护】 2019年，上杭县银保监组推进辖区银行保险机构建设“良好消保文化建设工程”，提升消保工作水平。针对近年来基层银行保险消保投诉有所上升趋势，督促银行业协会、保险同业联席会组织开展集中宣传教育活动。指导各银行保险机构运用营业网点、网络新媒体、现场宣传等渠道持续开展常态化宣教活动。强化行业协会调处职能，发挥现有资源优势，健全工作流程，完善调解平诉机制，全年处理龙岩银保监分局或“12345”平台交办信访投诉案件22件，有效化解各类矛盾和纠纷。

银行业

【中国农业发展银行上杭县支行】 2019年，中国农业发展银行上杭县支行（简称上杭农发行）遵循“稳中求进”工作总基调，牢牢把握高质量发展总要求，主动融入上杭革命老区科学发展、跨越发展大局。至年底，各项贷款余额14.09亿元，比年初增加1.12亿元，增长8.61%；各项存款余额2.97亿元，比年初减少1.31亿元，下降30.61%；中国农发重点建设基金余额0.82亿元。无新增不良和风险贷款，资产质量继续保持优良。

信贷支农成效 2019年，上杭农发行立足基层行业务发展实际、结合地方经济发展现状，围绕乡村振兴战略，为建设“四个上杭”持续发力。全年累计获批各项贷款184271万元，累计投放28211万元，累计收回17035.88万元。

做好粮油购销储业务，保障粮食安全。上杭农发行支持地方粮食储备，支持粮食收储、轮换工作，全程参与本年度县级储备粮轮换拍卖事宜。发放县级储备粮贷款1311万元，轮换县级储备粮437.5万千克；及时办理地方储备粮贷款展期2笔，金额3204.33万元。至年底，县级储备粮贷款4515.33万元，储备粮规模1630万千克。全年累计发放购销贸易企业早籼稻收购贷款4000万元，支持企业全面完成2287.5万千克订单任务。

推进创新转型发展，服务乡村振兴。上杭农发行沟通对接，强化政银企合作。2019年7月19日，龙岩分行与上杭县政府签订《服务乡村振兴战略框架合作协议》在未来五年意向上杭县乡村振兴战略有关项目、建设等提供100亿元授信额度，为上杭实施乡村振兴战略，推进上杭县域经济高质量发展注入金融活水。改善农村人居环境，促进上杭县城乡协调发展。全年获批长期贷款项目5个，审批金额18.4亿元，累计投放2.25亿元。其中上杭县旧县镇迳美村造福工程搬迁项目9亿元，累计投放2.05亿元、古田镇乡村振兴景区提升改造项目3500万元，累计投放2000万元等，加大基础设施补短板力度，实现上杭县城乡统筹发展。不忘支农初心，助力民营小微。累计发放福建省儒溪茶业有限责任公司农业小企业短期贷款400万元，有效满足企业生产经营流动资金需求，推动当地绿色农业持续发展。

围绕优质客户和优质项目，助推项目落地。上杭农发行加强与紫金矿业集团、兴杭国投公司等大型上市公司、国有企业合作往来，做到围绕客户谋发展，围绕现金流定项目，助推项目落地。2019年5月，发行闽西兴杭国有资产投资经营有限公司3亿元中期票据业务，获批紫金矿业集团股份有限公司甘肃省礼县罗坝镇易地扶贫搬迁住房工程项目金额2150万元，礼县罗坝镇徐李村、巩河村易地扶贫搬迁住房及附属工程项目金额3400万元。处于前期策划对接项目7个，拟贷金额约20亿元，分别是上杭县城区教育基础设施扩容PPP项目、上杭县生活垃圾焚烧发电PPP项目、上杭县扶贫旅游交通振兴工程包(一期)建设PPP项目、古田干部学院步云生态文明分院项目、步云国家生态旅游示范区提升工程、上杭县“退二优二”一期项目以及上杭县农村流通体系建设一期项目。

【中国工商银行股份有限公司上杭支行】 2019年,中国工商银行股份有限公司上杭支行(简称上杭县工行)本外币全部存款余额32.81亿元,比年初增加2.58亿元。其中:储蓄存款13.73亿元,比年初增加2.26亿元;公司存款4.79亿元,比年初减少3.52亿元;机构存款4.2亿元,比年初减少1.77亿元;同业存款10.09亿元,比年初增加5.61亿元。各项贷款余额39.24亿元,比年初增加4.51亿元。其中:公司贷款31.67万元,比年初增加2.73亿元;个人贷款7.57亿元,比年初增加1.78亿元。至年底,不良贷款余额350万元,比年初减少792万元,占贷款总额的0.09%,比年初下降0.23%。

是年,实现中间业务收入5057万元,实现拔备前利润(是指尚未扣除风险准备金的利润)13325万元,实现净利润9114万元,超额完成上级行下达的序时任务。

存款业务 2019年,上杭县工行推动存款全员营销,开展“行外吸金”营销竞赛活动,以大额存单、结构性存款和随心存等优势产品为切入点,吸引客户存款;由支行行长负责维护和走访紫金系列公司等存款贡献度高核心优质客户,为他们提供全方位服务,提高客户信赖度和综合贡献度;大力营销拆迁资金和代发工资业务,制定专项考核办法,发动全行员工动用各自社会关系,利用特色存款产品吸引客户;做好日常大额资金监测预测工作,要求客户经理与管户客户建立大额资金汇划提前沟通机制,掌握资金去向,加大资金挽留力度,切实起到稳存增存作用;在维护存量资金基础上,寻找新的存款增长点,制定目标客户,进行名单制走访,积极跟踪营销政府重点项目部账户和资金,做好住房公积金中心账户提升和营销拓展公维金账户。

贷款营销业务 2019年,上杭县工行创新金融产品,快速提升贷款份额。由支行行长负责紫金系列重点客户贷款营销,通过总、省、市、县四级联动,灵活运用债转股、银团项目提款、境外存量贷款错币置换和境内外发债等金融产品竭诚为他们提供全方位服务,解决资金需求;由分管行长主抓个人贷款营销,通过高层联动和与房地产营销人员加强沟通等方式,做好宏齐置业和江南名府等优质楼盘项目一手房按揭贷款营销工作;通过走访和召开中介机构座谈会等方式,扩大二手房交易市场份额;以房抵E分期、融E借和个人金融资产自助质押贷款等产品为抓手,做好个人消费贷款及个人经营性贷款维护和拓户工作;开展“大联动、大营销”活动,将具体营销目标落实到人,利用“房抵快贷”“票据池质押”“网贷通”“供应链”等产品,支持两个工业园区落户企业金融需求,加大对公司贷款支持力度;利用地方产业协会、园区推介会等时机和平台宣传工行普惠产品,在把握实质风险前提下,通过线上+线下营销,通过工行特色产品,发展普惠贷款业务;逐户走访贴现企业,介绍工行票据池业务,在贴现利率低环境下,灵活运用票据池质押开票功能,将企业票据贴现转化为票据质押业务,提升工行利息收入;一户一策,多措并举,强力清收和转化不良贷款。要求管户客户经理每月至少下企业2次,及时了解企业应收账款收回和存货积压情况,加强企业财务分析和资金回笼监督,对裸贷企业尽可能追加增信措施;通过走访人民法院和借款企业法人代表的朋友等及时了解企业民间融资情况,实现早预警,防止借款企业过度融资导致资金链断裂而使正常贷款或表外融资出现潜在风险;开展清收不良贷款专项治理活动,按处置预案一户一策加快处置,灵活利用电话催收、上门催收、批量转让、资产证券化及核销等多种手段进行清收转化,加强与法院联系,加快胜诉案件执行进度。

国际业务营销 2019年,上杭县工行发挥员工捕捉敏感信息能力,坚持“维存拓新并重,量质并举”发展思路,拓展国际业务,多项核心指标名列龙岩工行第一。全年办理国际结算14.06亿美元,占全龙岩工行84.45%;办理对公结售汇业务5.45亿美元,占全龙岩工行74.17%;办理跨境人民币业务23.62亿元,占全龙岩工行97.95%;外汇贷款净增额0.27亿美元,占全龙岩工行63.7%;实现外汇中间业务收入1362万元,占全龙岩工行79.42%,以上指标均名列龙岩工行第一。

票据融资业务 2019年,上杭县工行围绕“抓发展和控风险”两条主线,积极营销票据业务,取得良好效果,全年办理票据业务8.27亿元,位居龙岩工行第一。

党建和内控外防 2019年,上杭县工行树牢合规理念,强化责任意识,开展内控合规“压实责任年”主题活动,将合规文化建设融入经营发展与队伍建设之中;推进员工异常行为排查和案件风险排查,根植员工底线意识和风险意识,强化员工敬畏法律和遵守规章制度内生动力;开展案件警示教育活动,加强运营风险管理,强化“8+2”重点领域治理成效和回头看,实现无重大违规事件、无外部案件、无责任事故“三无”目标;聚焦从严治党和从严治行,围绕“守初心 担使命 找差距 抓落实”的总要求,开展“不忘初心、牢记使命”主题教育;深化党风廉政建设,集中开展形式主义、官僚主义专项治理,为支行业务发展提供坚实的纪律和作风保证;有效发挥党建引领作用,营造“比、学、赶、帮、超”活动氛围。

【中国农业银行股份有限公司上杭县支行】 2019年,中国农业银行股份

2019 年 5 月 29 日，县农行在古田镇开展“快农贷”支持乡村振兴整村推进工作试点 （县农行供图）

有限公司上杭县支行（简称上杭县农行）各项工作保持健康良好发展势头。获全省农行 2019 年上半年“创服务品牌”工作先进支行、全省农行深化老区苏区金融服务试点工作先进集体、全省农行“惠农 e 贷”业务先进单位。到年底，本外币各项存款余额 41.66 亿元，比年初净增 5.96 亿元，增幅 16.69%，本外币个人、对公存款存量、增量 6 项指标均居全县工、农、中、建“四行”第一，本外币对公、人民币存款增量市场份额分别为 177.17%和 68.83%，居工、农、中、建、农商行“四行一社”第一；本外币各项贷款余额 36.83 亿元，比年初净增 7.73 亿元，增幅 26.56%，增量市场份额 33.8%，居“四行一社”第一，本外币个人贷款存量、增量市场份额分别为 45.18% 和 51.79%，居“四行”第一；实现拨备前利润 1.46 亿元，拨备后利润 1.35 亿元，净利润 1.05 亿元。

县域经济和重点项目发展支持 2019 年，上杭县农行支持古田军民大联欢综合体、县教育培训基地等重点项目 6.1 亿元；支持福建省梅花山步云索道有限公司、瓮福紫金化工股份有限公司、福建金怡矿业集团有限公司、上杭县医院、福建清景铜箔有限公司、福建兴万祥建设集团有限公司等大中型企业发展 7.27 亿元，累计开立银行承兑汇票 4 亿元，办理票据贴现 1.04 亿元；开展小微企业大走访活动，召开小微企业座谈会，摸清全县小微企业资金需求，对小微企业给予优惠政策和措施，把支持小微企业作为一项重点工作抓好抓实，全年发放小微企业贷款 7144 万元，涵盖农业、建筑、商贸、建材、物流、医药、广告、纺织、生物科技、民生等行业。

重点金铜企业发展支持 2019 年，上杭县农行发放紫金矿业集团贷款 68.38 亿元，为紫金系客户办理黄金租赁 11.3 吨、国际结算量 20 亿美元、跨境人民币结算量 15.02 亿元、结售汇 5.4 亿美元、进口信用证 2.62 亿美元、国际贸易融资 2.3 亿美元，境内外联动支持紫金矿业“走出去”，办理内保外贷 1.31 亿美元，支持收购加拿大艾芬豪股票项目、刚果（金）卡莫阿铜矿建设 2 个项目。

老区苏区乡村振兴支持 2019 年，上杭县农行为加快金融服务老区苏区乡村振兴战略，从 5 月中旬开始在古田镇实施“快农贷”全镇推进工作，探索金融服务老区苏区乡村振兴途径、方法，在全省首创推出信用村信用户“惠农 e 贷”模式，通过新模式实现“惠农 e 贷”古田镇 21 个村全覆盖。在才溪、蛟洋、南阳、庐丰、官庄、湖洋等乡镇实施整村推进工作。在

2019 年 4 月 9 日，上杭县县长王波（中）到县农行调研 （县农行供图）

服务“三农”工作中，上杭县农行发扬老区苏区精神，抽调20多名精兵强将组成多个工作组，成立党员先锋队、“红土金穗”志愿服务队等，发挥党员骨干作用，每个组由1名班子成员带队，发扬“5+2”“白+黑”，放弃双休，连续作战精神，自带车辆、自带复印机等设备，白天进村入户调查，收集材料，晚上加班整理贷款资料上报审批，加快贷款投放进度。上杭县农行“快农贷”手续简、利率低、免担保、放贷快，线上与线下相结合，农户每10万元贷款每年可节省利息支出约5000元，全年3.05亿元贷款总量，每年可为老百姓节省利息支出约1525万元，有效平抑农村贷款利率水平，解决农民融资难、融资贵问题，使广大农户得到实惠，实现减支增收。至年底，上杭县农行“惠农E贷”授信3374户，授信额3.73亿元，用信2954户，余额3.05亿元，新增快农贷2.03亿元，惠及全县3000户农户，实现全县332个行政村全覆盖。

县委书记傅藏荣批示县农行工作 2019年2月23日，县委书记傅藏荣在《农行上杭支行关于2019年服务实体经济工作情况的报告》上批示：“农行上杭支行过去一年对上杭县实体经济和重点项目支持力度大、效果好、服务佳。感谢各级农行领导对上杭关心支持！希新的一年再接再厉，再创佳绩！”

县长王波批示县农行工作 2019年1月29日，县委副书记、县长王波在《农行上杭支行关于2019年服务实体经济工作情况的报告》上批示：“2019年，农行上杭支行在服务上杭经济社会发展上，尤其是在支持实体经济方面做出很大努力，取得显著成效。2020年，望继续努力，争取做出更大贡献。”

【中国银行股份有限公司上杭支行】 2019年，中国银行股份有限公司上杭支行（简称上杭中行），各项存款余额4.63亿元，比上年末减少3052万元；外币存款折合美元1256万美元，比上年末增加676万美元。各项贷款余额12.3亿元，比上年增加16219万元，其中公司贷款余额93182万元，比上年增加10517万元，个人贷款余额21775万元，比上年增加4080万元，不良贷款余额41万元，不良率0.03%，比上年降低0.06个百分点。

业务开展 2019年，上杭中行在本外币存款、投行业务、普惠金融业务、票据融资业务等方面亮点频现。外币存款取得突破。通过海外项目营销、黄金实货进出口等业务沉淀大额外币存款，外币存款比上年新增5557万元，四大行市场份额72.8%，较年初提升70.88%，排名第一。加强集团公司系列客户业务合作。在债券承销、跨境并购、黄金进出口实货交易、套期保值交易、外汇业务等方面取得较大突破，全年本外币存款、中间业务收入、跨境市场份额等指标实现较大增长。普惠金融提前超额完成全年任务。2019年“开门红”以来，支行高度重视普惠金融工作，围绕龙岩分行关于“做好普惠金融项目、助力普惠金融业务持续健康发展”的业务导向，深耕小微企业，服务实体经济。新增拓客4户，支行普惠金融定向降准口径贷款余额较年初新增3065万元，完成率排名第一。票据融资余额大幅提升。年内，在面临多个贷款大户大额还款情况下，拓展贴现客户，新增拓客4户，贴现累计放款15396万元，比上年增加11459万元。

个人金融业务 2019年，上杭中行个人金融资产大幅提升。借助负债产品极强的市场竞争力，成功营销私人客户转入资金7000万元，有效带动中行个人金融资产大幅提升。支行储蓄存款日均比上年新增5825万元，完成率116.5%，排名全辖第一。全量金融资产新增量排名全辖第二。加大贷款投放，支行加强与开发商、二手房中介机构和小微企业主联动，个人商业贷款、个人普惠金融贷款投放量与完成率均排名全辖第一。年内，私普惠金融贷款投放1352万元，完成分行投放任务的270%，投放量与完成率均排名全辖第一。

2019年，上杭中行重视内控案防管理，切实把内控案防工作落实到人并指定专人负责，从内控材料上报的时效性和质量上抓，注重对员工的内控合规培训和教育，将合规内控深入到日常工作中，内控案防绩效从上年的倒数第一提升到第三名。不断完善内控案防长效机制，做细做实内控案防基础工作，持续推进信用文化建设、“2019碧水蓝天”内控行动、“风险管理及内控有效性”全面排查整改、“巩固治乱象成果”、“合规建设三强化”等，早部署、抓排查，建机制、抓落实，促进稳健运行。

【中国建设银行股份有限公司上杭支行】 2019年，中国建设银行股份有限公司上杭支行（简称上杭建行）围绕省分行“双进双升”目标，推进“零售优先”“三大战略”，紧扣“高质量发展”这个根本要求，拓展“第二发展曲线”渠道，提升“三个能力”，推进各项业务稳健发展。至年底，一般性存款余额133808万元，其中对公存款余额49499万元，储蓄存款余额84309万元。各项贷款余额210900万元。2019年，中间业务收入快速增长，全年实现中间业务收入6464万元，全市排名第一。

小微企业发展支持 2019年，上杭建行加大对小微企业支持，提升获客和活客能力，金融科技云平台得到有效拓展，至年底，全行累计拓展悦生活云平台总场景数18户，交易笔数3717笔，交易金额566.84万元。住房租赁方面，完成养心源养老院房源发布192套，累计完成社会化房源发布1170间；落实推进建融家园APP的下载注册认证，全年新增下载注册认证2634个，计划完成率全市排名第二。普惠金融方面，改进对小型微型企业金融服务，加大对小微企业支持力度。至年底，共授信小微快贷247笔、授信金额8273万元，贷款余

额6201万元，比年初新增户78户，比年初新增贷款余额3567万元。

服务渠道拓展　2019年，上杭建行推进零售优先战略，构建零售客户分层分类经营体系。以网点为中心大力做好农村市场普惠金融业务，支持乡村振兴。加强与乡镇政府、装修建材店、供销社联系，结合各乡镇资源特点，拓展与居民生活息息相关餐饮、医院、酒店、加油站、日用百货、超市等交易频度高的商户，至年底，拓展裕农通307户，覆盖行政村281户，全市排名第一。加强代发工资业务拓展，公私联动，主动出击，重点做好农民工工资专用账户开立及代发协议签约，收集在建工程项目信息，有效促进代工客户规模，至年底，成功营销农民工工资专用账户50户，全市排名第一。

企业发展支持　2019年，上杭建行对公主要产品紫金中票发债7.5亿元；债券承销业务1笔、发行金额25亿元，县建行承销份额40%；办理债券投资业务，投资金额4.5亿元，期限为3年；办理掉期存款4笔，金额瑞士法郎2992.59万元；实现环球交易通新业务9笔，总金额2876.07万美元，折人民币2.01亿元；办理并购与重组财务顾问，实现中收15万美元；做到以资产业务、产品带动存款、中间业务收入。营销参与紫金矿业集团股份有限公司公开增发A股，11月21日募集资金8.44亿元成功落户县建行。瓮福紫金股份有限公司发放流动资金贷款人民币1亿元。申报紫金矿业集团综合授信172亿元。紫金铜业有限公司开立信用证17笔，总金额18090.44万美元，折人民币12.48亿元；办理环球交易通新业务9笔，总金额2876.07万美元，折人民币2.01亿元；办理掉期存款4笔，金额瑞士法郎2200万元，流动资金贷款发放4笔，金额2200万美元；信用证项下买方付息贴现3笔，金额2574万美元。瓮福紫金股份有限公司流动资金贷款1笔，金额1亿元，贴现办理5笔，金额500万元。

【上杭农商银行】　2019年，上杭农商银行（简称上杭农商行）坚守支农支小的初心和定位，夯基固本、创新转型、提质控险，着力打造“更亲、更近、更实、更快、更优”的农商银行，聚焦服务实体经济和支持乡村振兴，普惠金融服务覆盖面持续拓宽，服务质效有力提升，农村金融主力军地位得到巩固，各项业务保持稳中向好的良好态势，县农商行被评为“红色农信诞生90周年先进集体”，以全省农信系统A类行社排名第三的靓丽业绩，蝉联全省“十强十佳”称号，这是县农商行第十二次获评全省农信系统“经营管理十强”，第十次获评全省农信系统“业务增长十佳”。

“三农”工作　2019年，上杭农商行在信贷产品上力求实用、实惠，便民、利民，独特、优质的基础上，及时推出并推广“灵活卡”“惠林卡”“薪金卡”“公职卡”“拥军卡”“红古田·乡村振兴贷（卡）”等普惠金融卡专项。至年底，县农商行办理普惠金融卡27725张，授信金额32.51亿元，用信14.23亿元。为解决农户担保、融资难问题，县农商行向信用记录良好家庭推出惠民信贷产品——家庭信用贷，具有免担保、期限活、手续简，方便快捷，真正做到贷款免担保，用钱不求人的贷款业务。至年底，县农商行发放家庭信用贷款1412户、余额7494万元。为破解担保难问题，县农商行创新担保模式支持“三农”发展，探索家庭信用贷、林权抵押贷款、农房抵押、安居贷、烟农贷款、森宝鸡养殖贷款、林下鸡养殖贷款以及担保公司担保等新的担保方式等，有效解决农户“担保难”问题。

服务小微工作　2019年，县农商行支持小微企业发展，构建“银企命运共同体”，响应上杭打造千亿建筑产业号召，加大对绿色建筑产业的金融扶持，适时推出手续简、资费低、时效快、信誉高的“小微宝”“助建保”“助建贷”“银税贷”“福万通小微贷”“杭川农担贷”等系列产品，全年发放民营企业贷款户数120户、余额10.93亿元，民营企业贷款余额占企业贷款总额80.09%，发放普惠小微企业贷款17.18亿元，普惠型小微企

2019年11月22日，福建省委党史研究和地方志编纂办公室、龙岩市人民政府、福建省农村信用社联合社在红色圣地古田联合举办“纪念红色农信　践行初心使命”座谈会暨红色农信诞生地展览馆开馆仪式

（县融媒体中心供图）

业贷款完成“两增两控”（“两增”即单户授信总额1000万元以下（含）的小微企业贷款同比增速不低于各项贷款同比增速，贷款户数不低于上年同期水平。“两控”即合理控制小微企业贷款资产质量水平和贷款综合成本）的目标。县农商行配合当地政府“企业应急专项资金”运作，确保不抽贷、不压贷、不延贷，做到续贷资金规模不减，解决小微企业经营收入回款期与贷款偿还期不匹配和“融资难、融资贵、续贷难”的问题。全年办理无还本续贷贷款346笔，金额3.36亿元；办理应急资金还款业务27笔，金额2.51亿元，累计办理应急资金还款业务164笔，金额18.36亿元。县农商行参与梅花山文旅康养试验区建设，支持古田文旅康养产业，发放贷款6500多万元。

金融驻村工作　2019年，县农商行与县委组织部在全县联合启动“党建+金融助理”驻百村工程，全面开启助力脱贫攻坚、服务乡村振兴新征程。至年底，县农商行向全县22个乡镇、240个村派驻85名金融助理，实现金融助理驻村乡镇全覆盖。通过“党建+金融助理”驻村工程这个大平台，客户经理有工作抓手，上门营销意识不断增强，有效推动县农商行客户经理和农村广大干部群众的双向交流。通过推进金融产品和服务模式创新，满足乡村振兴多样化融资需求，提高小微企业和农户申贷获得率和贷款满意度，金融驻村工作得到人行总行充分肯定。2019年恰逢中华人民共和国成立70周年、古田会议召开90周年、红色农信诞生90周年，红色农信诞生地展览馆在古田隆重开馆，有力地宣传“共和国红色农信摇篮”的品牌形象。

网络金融、智慧商圈　2019年，上杭农商行推动福建省第三个福e购线下体验馆落地，拓宽上杭县特色农产品的销售渠道，推广“红色+互联网+金融+扶贫”的特色产业体系。福e购平台依托全省农信数千万的持卡用户、手机银行和微信用户，发挥平台用户优势，免费为贫困户、各地区具有地方特色的农土特产品推广销售，在资金扶持基础上，延伸支农助农链条，帮助农户解决销售难问题。推进农村支付场景搭建，打造智慧商圈、智慧旅游、智慧停车等智慧生活新模式，打造“红古田智慧商圈”，县农商行在古田片区投入500多万元，对古田动车站、游客中心、碧桃园、溪背立体停车场实施改造，打造全无人值守，无感支付的智慧停车。出资参与梅花山旅游公司建设景区票务、财务系统、智慧停车场等，打造智慧旅游。出资参与古田农贸市场改造，推动市场交易无现金化，推动上杭县古蛟片区广大新农村普惠金融建设。

扶贫攻坚、服务民生　2019年，县农商行落实扶贫小额信贷政策，对符合信贷条件且有信贷需求贫困户做到应贷尽贷，推广“担保金·扶贫贷”等扶贫贷款产品，撬动贫困户发展内生动力，至年底，发放扶贫贷款995户，贷款余额2981万元，全县97.56%扶贫贷款都由县农商行发放。发放生源地助学贷款。至年底，县农商行生源地助学贷款新增办理1016笔，新增授信金额728.75万元，累计发放生源地信用助学贷款5817笔、总金额7115万元，支持2760名贫困学子圆大学之梦。

【中国邮政储蓄银行上杭县支行】
2019年，中国邮政储蓄银行上杭县支行（简称邮储银行上杭支行）履行“肩负国企业责任，彰显大行担当”社会责任，坚持效益、质量、规模协调发展方针，外拓市场开发与营销，内抓能力建设和管理，至年底，全年收入5353.37万元，利润完成3753.36万元，完成率居龙岩市前列。各项存款余额17.16亿元，比上年增加2亿元；各项贷款余额10.29亿元，增加1.6亿元；发展普惠小微企业贷款1.16亿元，增加4559万元。

乡村振兴服务　2019年，邮储银行上杭支行践行普惠金融，坚持乡村振兴、服务小微、服务“三农”、精准扶贫战略定位，为解决农村生产资金问题，全年累计发放农村经营性贷款1824笔，金额2.27亿元。

【兴业银行上杭支行】　2019年，兴业银行上杭支行（简称兴业上杭支行）

2019年10月18日，兴业银行上杭支行前往紫金山金铜矿宣导金融知识，防诈骗小常识　（兴业银行上杭支行供图）

2019年10月18日，兴业银行上杭支行组织人员前往武平紫金项目部开立工资卡 （兴业银行上杭支行供图）

各项存款（人行口径）余额15.25亿元，比年初新增1.8亿元，增长11.8%，市场占比5.39%，比年初4.66%增长约7.3%，市场排名从第十名提升至第七名；各项表内贷款余额6.71亿元，不良贷款余额369万元，不良贷款比率0.56%，当年未新发生不良贷款。实现经济资本增加值1923万元，比上年增加123万元。

业务拓展　2019年，兴业上杭支行实现业务联动发展，为每位客户建立档案，分层分级营销，做到人盯人、人盯户；建立信息反馈及汇报制度，跟踪客户资金信息，集中力量，全力攻关。围绕城建、土地、财政资金链，做好吸收投标保证金、拆迁安置款、政府盘活存量资产等项目营销工作。全年跟踪拍卖土地、安置房，拓展保证金存款约2600万元，带动个人按揭业务发展，至年底，发放6720万元个人按揭贷款。兴业上杭支行抓住省政府出台《福建省工程建设领域农民工工资专用账户管理暂行办法》机遇，第一时间同住建局、人社局、项目业主单位沟通，摸清政策，主动作为，靠前服务，组织人员前往各项目现场为农民工开立个人结算账户，最大限度地给予企业、工人优惠及便利。

企业发展支持　2019年，兴业银行上杭支行重点支持省市县重点项目、本地建筑业、中小企业客户，通过项目贷款、工业厂房按揭贷款、流动资金贷款、科技贷、连连贷等产品支持企业发展。2019年5—12月，开展“行长进企业”活动，为企业送服务、送政策。了解企业生产经营情况、项目建设进展、融资需求情况以及企业困难，掌握企业、行业发展现状及融资对接情况，根据走访企业实际情况一户一策破解企业融资困局。

零售业务　2019年，兴业上杭支行推动零售业务发展，根据省分行下达计划指标制定《2019年上杭支行零售业务考核管理办法》，在县城各地营销拆迁资金，结合省分行开展跨年储蓄营销竞赛活动及各项专项指标竞赛，精心策划，通力协作，人人有计划有沙盘。对中高端目标客户上门服务营销、拓展有效代发工资户，通过兴业上杭支行理财吸引很多客户前来开立理财业务，增加品牌宣传力度，有效壮大个人基本客户群体。建立兴业上杭支行VIP客户层级分层分级营销，落实贵宾客户各项增值服务。至年底，实现储蓄存款5.49亿元，比年初新增0.93亿元；市场占有率4%，比年初3.63%提高0.37%。

社会责任　2019年，兴业上杭支行和县老年大学组织活动，为老年人宣讲防诈骗知识，让老年人理财意识和资金安全意识得到加强。

【上杭中成村镇银行股份有限公司】

2019年，上杭中成村镇银行股份有限公司（简称上杭中成村镇银行）坚持市场定位，以服务“三农”、服务“小微”为宗旨，以“抓发展、强风险、严管理、重保障”为抓手，砥砺前行，奋发进取，各项业务持续健康发展。至年底，各项存款余额11268.07万元，比上年增长61.92%，其中储蓄存款余额9610.38万元，增长151.43%；各项贷款余额19319.77万元，增长9.72%。被母行（成都农商银行）评为先进集体。

支农支小　2019年，上杭中成村镇银行坚持“支农支小、小额分散”经营理念，深耕“小贷市场”，坚持“走村入户、进区入铺”和“整村推进”特色发展策略，瞄准专业市场，紧贴政府发展规划，密切联系乡镇发展定位，跟进乡村振兴步伐，加大对专业合作社、家庭农场、农业产业化等新型农村经营主体信贷支持，对接特色产业，扎实做好增户扩面工作。至年底，户均贷款余额17.48万元，贷款集中度持续下降；涉农贷款余额17801.36万元，占全部贷款的92.14%；小微企业贷款余额16923.46万元，实现“两增两控”目标。

保险业

【中国人民财产保险股份有限公司上杭支公司】　2019年，中国人民财产保险股份有限公司上杭支公司（简称县人保财险）完成保费收入13689万元，增速龙岩市排名第二。其中，车险实现保费6052万元；商业非车险（不含“三农”综合保险）实现保费

3805万元;农险实现保费3832万元。全年累计赔款8198万元,缴纳税收1122万元。2019年,人保财险荣获省公司经营管理先进单位一等奖、非车险紫金集团国际业务荣获省公司创新项目优秀奖,市分公司经营管理先进单位一等奖以及市分公司车险工作、农险工作先进集体以及信息宣传工作先进单位一等奖。

车险业务 2019年,上杭县人保财险牵头行业落实"报行合一",加强车商团队和电商团队的建设与精细化管理,确保车险整体份额保持稳定。全年实现车险保费6052万元。

非车险业务 2019年,上杭县人保财险通过加强与政府各部门以及重要单位的良好沟通、合作,重抓重点项目承保,促进非车险业务发展。全力巩固续保抓好农村公路灾毁保险统保、健康扶贫保险、农房保险、学生险等续保项目,坚守存量业务不缩水。突出业务培新,成功拓展龙岩市荣安工程建设有限公司工程机械设备综合保险、古田至步云公路改造工程建筑工程一切险等3个保费规模超10万元以上中小型项目。拓展紫金海外业务,实现保费849万元。根据上级公司工作部署结合支公司实际制定手机销售竞赛方案,通过每周一通报、每月一评比、每会一点评方式大力拓展手机销售业务,实现保费225万元。2019年,商业非车险(不含"三农"综合保险)实现保费3805万元,比上年增长25.58%,占总体业务的27.79%。

险种业务创新 2019年,上杭县人保财险政策性农险业务累计保费2677万元,提供风险保障40亿元,支付赔款990万元。开办生猪价格指数保险,2019年全县12个乡镇134户140696头投保生猪价格指数保险,提供风险保障保额16039.34万元;开办肉鸡养殖保险,为412万羽,提供风险保障4696万元。签下全省兔养殖保险第一单,为上杭县古田镇养殖户游学平的9万只兔子提供风险保障270万元,保费13.5万元,支付赔款8.1万元。2019年农业产业险累计实现保费385.69万元,提供风险保障1.13亿元,支付赔款178.47万元。2018年,人保财险公司联合农办创新推出"扶贫保"农业保险项目,全省借鉴"扶贫保"农业保险项目经验推出产业扶贫保险。自推出至2019年8月,为全县6929户贫困家庭提供风险保障4.86亿元,累计支付赔款43万元。"扶贫保"农业产业保险成为助力闽西革命老区实现乡村振兴、贫困人员早日实现脱贫的重要举措。

"三农"保险业务 2019年,上杭县人保财险深耕"三农"保险,以农网激活为抓手提升"三农"站产能。争取政策支持。2019年,"三农"综合保险工作继续列入县政府为民办实事项目,列入乡镇目标管理考评,创造良好的政策支持环境。全年"三农"综合保险完成"三农"综合保险保费1460.43万元,累计提供风险保障21.5亿元,支付赔款1063.84万元。

【中国人寿保险股份有限公司上杭县支公司】 2019年,中国人寿保险股份有限公司上杭县支公司(简称中国人寿上杭支公司)以党的建设和转型升级为统领,提出"高歌猛进 成功上杭"发展愿景及2019年发展规划"12345"(确立一个目标、坚持两个统领、构建三个体系、树立四种文化、打造五型团队),主动抢抓发展机遇,不断提升公司核心竞争力和可持续发展能力,获2019年度省公司"双文明"竞赛优胜单位三等奖。全年实现股份总保费18566.48万元,比上年增长5.74%。公司全年新增627人,年末总人力796人。2019年,赔案件数3744件,赔案金额1381.04万元,比上年增长31.04%。

2019年9月,根据中国人寿龙岩分公司"三定"改革方案要求,中国人寿上杭支公司基本完成组织架构优化和人员调整,由原来的经理室、综合部、个险部、培训部、团险部、银保部、客户服务中心7个部门变更为经理室、综合部、营销发展部、收展发展部、个险培训部、团险部、银保部、客户服务中心8个部门。银保部保规队伍归并到收展发展部管理。

个险销售业务 2019年,中国人寿上杭支公司个险渠道持续推进分职场运作,落地"外勤主导、内勤督导、导师辅导"经营管理模式,将条件比较成熟的渠道条线分3个营业部、营销分2个营业部运作早会,统一出勤标准、早会制度、早会流程,处/部经理为出勤管理第一责任人,早会功能组以主管、导师为主,丰富早会内容,盘活销售队伍。大力推广周经营系统,在队伍内强化周经营系统,借助金竹1+1、公司方案等有利因素,持续推进每周保费和人力达成进度,打造稳定的周平台和月平台,提升管理成效。坚持扩量提质,队伍基础不断夯实,公司继续贯彻有效队伍扩张驱动业务发展的经营策略,全年举办签约培训班56期、举办创业启航班14期、举办创业晋阶班12期,晋升组经理37人,培养部经理5人,夯实队伍的基础。2019年,个险渠道实现长险首年期交保费2662万元,完成率103%;十年期以上保费2012万元,完率118%。个险渠道职能指标在综合性支公司中排名第一(全市第二)。

团险销售业务 2019年,中国人寿上杭支公司团险渠道围绕"大短险,大队伍,大发展"策略,整合公司资源,壮大业务总量全年实现大短险保费1023.68万元,比上年增长12.86%。其中,学生险,强力推广"一键保"新型拓展模式,抢抓市场先机,打好打赢学平险攻坚战,收取学生险保费398.41万元,比上年增长8%。计生意外险,调整承保方案,提升公司效益，反复做好计生协会的沟通和维护，承保为期三年的计生意外业务，收取保费203.5万元。通过与紫金集团合作，收取紫金意外险66万元。团险渠道还做好各项政保业务——新农合意外补充保险，女性安康保险，银龄安康保险，企业年金业务，残疾人保险以及健康险业务税优税延业务。

银保销售业务　2019年，中国人寿上杭支公司银保渠道坚持两手都要硬，统筹推进保规和客户经理两条线快速发展。其中，保规参照个险管理模式，坚持队伍驱动发展策略，借助各类平台、经理室面谈和自销等模式，在城区、乡镇、网点、社会团体开展理财沙龙、新产品推介、客户茶叙会等108场次。加强渠道与网点的沟通建设，开创各渠道多点开花良好格局，在城乡各网点搭建网点沙龙、客户答谢会63场次，实现代理期交保费277万元，取得良好经营效果。加强早夕会训练，搭建平台，拓展客户经理、保规团队自销潜能，营造积极向上团队氛围。重视早夕会经营管理，训练销售伙伴综合能力，激发活力与潜能，加强银保队伍凝聚力和战斗力。全年实现寿险新单期交保费671.66万元，比上年增长51.58%。

■ 证券业

【兴业证券上杭二环路证券营业部】
2019年，兴业证券上杭二环路证券营业部借助公司多元化业务平台，参与上杭县经济社会发展。至年底，累计实现托管资产270亿元，客户2万户。

投融资服务　2019年，兴业证券上杭营业部作为主承销商帮助闽西兴行国有资产投资经营有限公司发行25亿元的公司债券。

风险投资教育　2019年，兴业证券上杭营业部协同上杭县铜业局、龙岩市金铜业协会举办龙岩地区铜产业投资交流峰会，邀请公司研究院资深讲师王连庆、兴证期货研究员为龙岩地区铜相关企业、投资者分享宏观经济及铜企业风险管理经验分享。联合兴业证券古田投资者教育基地在营业部开展“小小金融家”活动，15名来自高中、大学在校生参加培训实习，这次活动为同学们普及金融知识，提示同学们远离校园贷，防范金融风险。联合上杭县金融办、兴业证券古田投资者教育基地走进古田中学，为古田中学教师们普及理财知识，揭示金融骗局中一些常见套路，谨防金融诈骗。定期开展投资者教育讲座，介绍科创板规则，普及投资理财知识，提高投资者防范风险能力。

社会公益活动　2019年，兴业证券上杭营业部、兴业证券慈善基金会、兴全基金共同发起成立“兴业证券—上杭县革命老区教育基金”，原始基金700万元，主要用于奖励优秀教师，培养优秀人才，提高办学水平，多角度促进上杭革命老区教育事业发展。11月，兴业证券通过基金专户分红向上杭县教育局捐赠100万元，用于上杭一中奖教奖学。

【华福证券有限责任公司上杭北环路证券营业部】　2019年，华福证券有限责任公司上杭北环路证券营业部（简称华福证券上杭营业部）围绕“诚信专业，创造价值”经营宗旨，坚持“规范经营，稳健发展”经营理念，全年实现营业收入1208.67万元，缴纳税收51.97万元。

华福证券上杭营业部经营范围为证券经纪；证券投资咨询；与证券交易、证券投资活动有关财务顾问；融资融券；证券投资基金代销；为期货公司提供中间介绍业务；代销金融产品；证券资产管理业务项目推介和承揽；证券承销与保荐业务项目推介和承揽。

投资者教育　2019年，华福证券上杭营业部提高客户服务水平、培养股民正确投资理念和专业知识，引导投资者更加重视自身权利，加强适当性管理，严格落实风险管理，防范非法证券活动；华福证券上杭营业部把投资者教育作为一项重要任务来抓，提升多样化、针对性的投资者教育工作，培育股民正确投资理念；营造防范打击非法集资活动的良好社会氛围；2019年4月，华福证券上杭营业部开展“春暖花开——投资策略报告会”，宣讲理财知识，传导非法证券防范意识；通过对员工的“客户适当性管理”培训，让员工通过对客户资料、交易数据、客户类别、客户交易行为、客户收入水平等进行多方面分析，对不同的客户，进行差异化服务与分类教育。

责任编辑： 林流裕

城乡规划建设

■ 城乡规划

【概况】 2019年,上杭县城乡规划工作以打造"客家古邑、山水杭川"为发展目标,通过抓规划、促建设,加强城乡规划编制和管理,城乡规划体系和城市功能完善,资源空间配置优化,人居环境质量和品位明显提升,规划的引导和综合调控作用逐步增强,为促进全县社会经济健康发展发挥积极作用。全年召开规委会会议3次,召开城乡规划咨询专题工作会1次,县委书记傅藏荣及在家四套班子领导、规委会顾问及专家、规委会成员单位、规划编制单位参加会议,为上杭城区各片区控制性详细规划出谋划策,共同勾勒城市未来发展的蓝图。

【专项规划编制】 2019年,上杭县编制完成《上杭县城绿地系统规划(2018—2030)》《福建省龙岩市上杭建筑小镇概念规划》《上杭县蛟洋镇总体规划修编(2018—2035)》《上杭县城市人民防空专项规划(2016—2030)》等6项规划。《上杭县城火车站片区控制性详细规划》《上杭大道东侧控制性详细规划》完成专家评审会。《上杭县城西部片区控制性详细规划》《上杭县城龙翔片区控制性详细规划》等控规通过中间成果汇报会。《上杭县瓦子街历史文化街区保护规划和老城单元控制性详细规划》基本完成编制待评审。

【乡村规划编制】 2019年,上杭县实施古田镇竹岭村、才溪镇下王村、通贤镇岭头村、旧县镇兰田村、中都镇兴坊村等5个市级新农村示范村规划和21个人居环境试点村规划编制,5个市级新农村示范村规划进行评审。《蛟洋镇总体规划修编(2018—2035)》、中都镇兴坊村等3个传统村落保护发展规划、古田山庄二期等15个地块控制性规划经县政府批复实施。对全县344个村(居)按不同村庄的发展现状、区位、资源禀赋等基础条件进行村庄分类,集聚提升中心村庄172个、转型融合城郊村庄79个、保护开发特色村庄89个、搬迁撤并衰退村庄3个、待定型村庄1个。

【国土空间规划】 2019年,上杭县启动国土空间规划编制工作。完成生态保护红线的评估,形成上杭县生态评估专题报告。完成土地利用总体规划数据库、林业规划数据库、生态保护红线、永久基本农田、城镇开发边界、分区单元界线、县城总体规划、乡镇总体规划等"一张图"平台空间数据入库工作。

■ 城乡建设

【城市基础设施建设】 2019年,上杭县城市基础设施建设投入19亿元。启动实施环城路一期工程、永杭高速上杭城区南互通接线工程、汀江大桥及接线工程(一桥两路)、三环路市政道路工程(二期)、二环西路城市道路工程(二期)、县医院整体搬迁(龙翔)周边道路建设工程、龙达路Ⅲ期道路工程建设,完成西环路二期及接线道路改造工程、西环路一期道路改造工程、二环西路城市道路工程(一期)、北环路西段道路完善工程、体育路建设项目、城北一路与金岗路(北环路至城北一路交叉口)道路改造工程、利民路与民富路道路改造工程、双拥路路面修复工程等建设。

永杭高速上杭城区南互通接线工程 项目位于上杭县临城镇黄竹村,占地面积226345平方米。路线全长1345米,其中,马势滩大桥南端至高速出口,接线长695米,路宽36米;马势滩大桥北端至国道357,接线长180米,路宽36米;马势滩大桥长470米,桥宽38米,总投资约32870万元。至年底完成项目南岸路基挖方、填方,北岸路基填方总量54%,桥梁桩基106根,承台20个,墩柱16个,高速出口至龙达路具备通车条件。

汀江大桥及接线工程(一桥两路) 项目总投资4.2亿元,分两期实施,一期建设汀江大桥及接线,路桥总长463米,其中桥梁长323米,宽32米,采用独塔单索面叠合梁斜拉结构;二期建设江滨路长786米,宽24米,立新路长505米,宽16米。目前完成一期的汀江大桥通车运行,二期接线工程桩基110根,承台(含梯道)36个,墩柱(不含梯道)完成36根。江滨路第二联现浇梁混凝土浇筑完成,南匝道第一联现浇梁混凝土浇筑完成。立新路路基填筑完成100%,污水管完成100%,雨水管完成100%,电力通讯管道完成100%。江滨路重力式挡墙施工完成,扶壁式挡墙施工完成江滨路路基完成80米,污水管道沟槽开挖完成。

三环路市政道路工程(二期) 新建道路全长765米,路宽40米,主要包括道路工程、给水工程、排水工程、强弱电管 线工程、燃气工程、交通工程,照明工程、绿化工程等。项目分一、二标段,项目总投资30527万元(含房屋征地拆迁费用)。至年底完成一标段工程建设;二标段工程路基填筑与雨污水管道铺设,实施垫层与路面混凝土浇筑。

二环西路城市道路工程(二期) 新建道路起于规划站前大道交叉口至规划龙翔大道交叉口,道路长770米,路宽40米;建设西陂西路从二环西路往南延伸,道路长537米,宽24米;配套建设给排水、绿化、照明、交通等附属设施,项目总投资9390万元(含房屋征地拆迁费用)。至年底完成路基填筑、雨污水管网铺设,正在实施垫层与路面混凝土浇筑。

县医院整体搬迁(龙翔)周边道路建设工程 新建杭兴路长347米,路宽40米;龙腾路长1203米,路宽30米;杭康路长439米,路宽20米;杭达路333米,路宽20米,项目总投资7921万元(含房屋征地拆迁费用)。至年底完成杭兴路的路基、雨污水管道、电力电讯管道敷设、5%水泥稳定层铺筑、人行道铺砖及路缘石安装;龙腾路涵管、污水管埋设;杭康路涵洞施工。

龙达路Ⅲ期道路工程 项目西起腾达路,终点东接江南路,道路长1315米,路宽24米,双向四车道,铺设水泥砼路面市政管线、交通标志标线、绿化、路灯、电力电讯等附属工程。项目总投资2200万元。至年底完成路面长1000米、人行道铺砖。

西环路二期及接线道路改造工程 新建实施北环路至二环路段、将军路丽水鑫城路段,全长约1200米,道路宽24米;实施雨污分流、强弱电下地,沥青混凝土路面,交通工程、照明及绿化等其他工程,项目总投资13500万元(含房屋征地拆迁费用)。至年底完成项目建设,并通车。

西环路一期道路改造工程 道路全长737米,其中西环路(江滨路至北环路段)长561米;解放路(西环路至县医院北门段)长176米;均铺设沥青路面,改造内容为人行道、雨污分流、强弱电下地,交通标志标线、路灯。绿化、消防等附属设施,项目总投资2703万元。至年底完成项目建设,并通车。

二环西路城市道路工程(一期) 道路长600米,路宽40米,配套建设给排水、绿化、照明、交通等附属设施,项目总投资6818万元(含房屋征地拆迁费用)。至年底项目完成建设,并通车。

北环路西段道路完善工程 项目建设内容为驷马桥至石门障大桥段道路长1.86千米,路宽36米,总投资9996万元(含房屋征地拆迁费用),至年底完成项目路面、人行道、雨污水与电力管网等建设,路灯安装及标识标线的划定。

体育路建设工程 道路全长349米,宽24米,总投资约8200万元(含房屋征地拆迁费用),2018年12月开工建设,至年底完成项目建设。

城北一路与金岗路(北环路至城北一路交叉口)道路改造工程 城北一路项目起点与杭川公园交叉,终点与金山路供销大厦交叉,道路长1212米,路宽24~31米;金岗路起点与北环路交叉,终点与城北一路交叉,道路长228米,路宽12~18米,配套建设给排水、人行道改造、强弱电下地、绿化、路灯、交通等附属工程,项目总投资4411万元。至年底完成沥青路面浇筑、给排水、人行道改造、强弱电下地、绿化、路灯和道路标识标线划定。

利民路与民富路道路改造工程:利民路改造长406米,路宽24米;民富路改造长110米,路宽4~6米;路面均敷设沥青混凝土,配套建设雨污分流、人行道改造、路灯、交通工程、绿化附属工程,项目总投资1414万元。至年底项目完成建设,并通车运行。

双拥路路面修复工程 改造项目起于东门大桥南桥台,终于汀江大桥段,路线长1.4千米,路宽12~36米,改造路面铣刨翻新并铺设沥青、路基处理、排水沟更新、标志标线、环境整治等,项目总投资958万元。至年底项目完成建设,并通车运行。

水西渡片区污水管网工程 项目铺设污水管网8102米,新建一座一体化污水提升泵站,建设规模为日处理0.35万吨,项目总投资2544万元。至年底完成铺设污水管网4千米。

南部新区污水管网工程 新建南部新区污水管网(管径DN300-DN1000)总长68.3千米(近期15.2千米,远期53.1千米),配套污水中途提升泵站3座,总投资1.55亿元。至年底完成铺设污水管网5650米,2

座泵站建设。

富古南片区污水管网提升改造工程　项目建设内容为铺设污水管总长度3千米，泵站1座。总投资1456万元，项目于2018年10月开工。至年底完成项目建设。

【天然气供应】　2019年，上杭县天然气散户总开户数2453户，实际散户安装完成2415户，完成工商业用户27户，完成庭院管29430米，完成主干管6320米。

【园林绿化】　2019年，上杭县园林绿化投入资金2113万元（不含汀江绿道），突出抓好城市公共绿地建设，提升城市绿化园艺水平，建成一批高标准、高质量的园林精品，形成绿化、美化、彩化、香化并举，点、线、面、轴结合的城市园林绿化系统。城区新增公园绿地16.06公顷；新增植行道树285株，行道树长度达49.49千米（含工业园区），道路绿化率100%。园林绿地面积588.32公顷，建成区绿地率38.42%；建城区园林绿化覆盖面积647.15公顷，绿化覆盖率42.27%。（建成区面积按15.31平方千米、人口按12.44万人算）。2019年园林所管护的绿地面积48.7万平方米，行道树约5380株，日常养护的主要内容包括：浇水，施肥，修剪，除草、绿地清洁卫生、病虫害防治，防涝防旱等。2019年，城区公共绿地施有机肥144吨，复合肥约49吨；修剪行道树约2300株；补种地被3840余平方米。

【上杭县获“国家园林县城”称号】　2019年12月，上杭县通过住建部综合评估，获得“国家园林县城”称号。

2013年，上杭县成功创建省级园林县城后，经过近6年时间的建设，上杭县在绿地建设、绿地管控、市政建设、节能减排、生态环境等方面都已经取得优异的成绩。初步建成以公园绿地为重点，道路绿化为网络、居住庭院绿化为依托的城市园林绿化体系，基本实现市民出行“300米见绿、500米见园”目标。2019年10月23—24日住建部创建国家园林县城核查专家组来杭核查，2019年12月30日住建部网上公示2019年国家园林县城系列拟命名名单，上杭名列其中，经过申报材料审查、达标审核、实地考查、综合评议等评审程序，2020年1月22日，上杭县被命名为国家园林县城。

【城区垃圾处理等设施建设】　2019年，上杭县生活垃圾焚烧发电项目选址上杭县临城镇土埔村现有无害化垃圾填埋场西北侧，占地面积项目6.67公顷。项目主要建设内容为生活垃圾焚烧发电厂、餐厨垃圾处理厂、场内“三通一平”配套工程及场外配套工程共4项建设内容，其中生活垃圾焚烧发电厂建设规模为日处理生活垃圾600吨，餐厨垃圾处理厂建设规模为日处理餐厨垃圾30吨。计划分两期建设，其中一期工程建设内容为300吨/日生活垃圾焚烧厂、30吨/日餐厨垃圾处理厂及场内配套，二期工程建设为新增300吨/日生活垃圾焚烧生产线。估算总投资37948.14万元。

至年底，完成项目可行性研究报告获得龙岩市发改委批复、项目环境影响评价报告书通过专家评审和通过县政府常务会议项目PPP实施方案、项目征地协议签订，完成项目PPP招标和林地土地报批工作。

【新农村建设】　2019年，上杭县实施省级“千村整治、百村示范”环境综合整治19个村、5个最美村落建设和集镇改造提升工程。特色小镇建设工作有序开展，古田“红色小镇”、通贤建筑小镇集镇道路景观提升改造及配套工程等乡镇特色定位。传统村落保护建设有序实施，争取2019年重点改善提升传统村落（院田村）省级“以奖代补”专项资金500万元；罗溪村、兴坊村列入2019年中央财政支持范围，争取中央补助资金600万元（每村300万元），全年争取市级补助资金110万元实施太拔镇坵辉村兴和堂、溪口镇石铭村敦仁堂等11处古民居、古建筑维修保护。推进人居环境整治建设，争取农村人居环境整治试点（才溪镇下王村）省级补助资金500万元，市级补助资金45万元。乡镇污水处理设施运行，县乡镇生活污水处理厂全面运行，争取乡镇污水处理设施运营补助资金32.95万元。落实厕所革命。2019年新建农村公厕19座，集镇公厕10座。启动农村生活垃圾分类试点工作。在古田、通贤、中都、才溪等4个乡镇推行农村生活垃圾分类试点。古田镇吴地、苏家坡村、通贤集镇分别于2019年12月30日、31日率先启动垃圾分类试点工作。

【危旧房“清零行动”】　2019年，上杭县落实省政府安排的危旧房“清零行动”，全县拆除2246幢29.96万平方米空心房和危旧房，实现危旧房安全隐患“清零”。实施老旧小区改造和物业小区的规范管理，改善人居环境和住房安全。落实农房整治工作，全年全县实施的21个农房整治试点村，采取整村推进形式，推进村庄住房建设管理和“危旧住房”“空心房”整治，统一实施平改坡，整体风格统一，提高整治效果。通过试点带动，以点带面，提升村庄建设管理水平。

■ 城区给排水

【供水管网改造】 2019年，上杭县完成对莒蒲塘、球楼山、奋斗窝、东方花园、购物中心、太平巷及北环西路等区域老旧管网改造，工程总投资约190万元，铺设DN63～DN300供水管道7.8千米，于2019年8月完成项目实施。推进中心城区北部新区供水管网改扩建工程，完成金岗山及驷马桥片区、二环西路一期道路、三环路二期道路等铺设DN100～DN200供水管道6.4千米，投资约780万元。实施水南路等供水管网改造工程，完成水南路等（石禾仓、水西路，水南村、东环小区）铺设DN63～DN800供水管网1千米，投资155万元。2019年，自来水公司实现总收入2400万元，比上年增长37.30%，其中：主营业务收入（水费）1314万元，增长11.36%；营业外收入1030万元，增长103.96%。实现利润（扣除折旧）787万元，比上年增长23.55%。全年供水量1535万吨，比上年增长11.47%。2019年，基本漏损率19.15%，比上年下降7.93%；2019年，产销差20.33%，降低7.5个百分点。全年水质达标率100%。

【供水管网维修】 2019年，上杭县加大管网巡查力度，利用夜间对未改造的旧城区和道路改造施工地段管网巡查和检漏测漏，加强数据判断分析，精准识别漏点。优化管道漏水处置流程，缩短发现漏点至抢修到位之间的时间差，提升抢修效率，确保在第一时间抢修到位。全年实施管网维护抢修3942次，其中DN100-800管29处，消防设施19处，未发生因抢修不及时、物资不足导致大面积、长时间停水事件。

【小区供水管道及供水设施“一户一表”改造安装】 2019年，上杭县完成碧桂园小区红线外给水工程、水文站给水入户工程、妇幼保健院整体搬迁建设项目给水工程、驷马桥A8永久性自来水接线工程、汀江绿道工程给水工程、建设工程质量安全监督站给水入户、志成电子职工宿舍楼给水入户工程、上杭县六〇四台迁址工程项目、柯宁环保装备实业有限公司、上杭县体育中心、上杭县实验中学、金山商业城E3和E8栋、黄竹幼儿园、解放路原轻机厂临时农贸市场、购物中心、电力公司宿舍楼户水表改造工程、龙洲公司上杭分公司家属区宿舍楼改造工程等项目供水管道改造，铺设供水管网3.67千米，改造户数344户，投资金额224.35万元。

【污水处理】 2019年，上杭县处理污水量1093.6万吨。全年进水、出水各项指标平均值为：BOD5（生物化学需氧量）：进水53.9毫克/升、出水4.5毫克/升；CODcr（化学需氧量）：进水164毫克/升、出水13毫克/升；NH3-N（氨氮含量指标）：进水25.2毫克/升、出水0.79毫克/升；TN（总氮含量）：进水35.2毫克/升、出水8.74毫克/升；TP：进水2.53毫克/升、出水0.64毫克/升；SS：进水154毫克/升、出水14毫克/升；PH：进水7.4毫克/升、出水7.0毫克/升。全年出水水质均达到《城镇污水处理厂污染物排放标准》GB18918—2002一级B标准。2019年各指标消减量为：BOD5（生物化学需氧量）54.059吨、COD164.9475吨、NH3-N26.727吨、TN28.9323吨、TP2.0687吨。

■ 城市管理行政执法

【综合执法体制改革】 2019年3月，上杭县对涉及城区两违建设、市容环卫、市政园林、市政公用、市场服务、综合执法等方面城市管理工作职能进行整合，组建上杭县城市管理局，为县政府工作部门，正科级。明确上杭县城市管理局主要工作职责及有关部门委托行使相关行政处罚权、部门职责分工等，确保职能优化明晰，形成统筹规划、统一管理、共同治理、各负其责的综合城市管理体系。城市管理局内设7个股室：综合股、装备财务股、人事与宣传教育股、政策法规股、市政园林管理股、市容环境管理股、违建与物业管理股；一个综合执法大队，3个片区执法中队，2个专业执法中队，1个综合执法中队，1个女子执法中队；4个下属单位：环境卫生管理所、路灯维护管理站、市政设施中心、园林管理所。

【违法占地违法建设综合治理】 2019年，上杭县城市管理局坚持“预防为主、防控结合”方针，对“两违”建设坚持“露头就打、出土就拆”，做到早发现、早制止、早拆除。全年全县开展县乡联合、重点项目执法172次，保障性施工89次，出动执法力量26214人次；共拆除“两违”1506宗，违章建筑面积120.54万平方米，处置面积120.48万平方米，达年度目标任务的236%；拆后腾出土地面积113.27万平方米，有效利用拆后土地面积98.54万平方米，有效遏制全县违法占用耕地、林地和为套取征迁补偿进行的违建、抢栽抢种等违法行为。是年，获龙岩市2019年度“两违”综合治理工作综合考评一等奖。

【市容市貌】 2019年，上杭县重点围绕“四城同创”工作，分片区建立网格精细化管理责任区域，按照创城测评体系要求，全面提升路段管理等级，确保市容管理无遗漏、无死角。全年开展大型占道经营整治活动40余次，出动执法人员2000余人次，清理乱堆乱放物品40余车；拆除不规范和破损户外广告、布幔条幅175块；立案查处112件，约谈“滴、撒、漏”污染路面单位主要负责人98起，行政处罚20起。2019年，通过全国卫生县城评选工作。

【环境卫生】 2019年，上杭县推进城区环卫一体化管理，对城区主次干道及背街小巷共计387万平方米道路清扫保洁面积及21座公厕、5座生活垃圾转运站实行精细化管理作业，做到垃圾日产日清，提升环卫保洁水平。加强城区生活垃圾无害化处理，全年收集清运生活垃圾4.4万吨，处理生活垃圾9.2万吨，处理垃圾渗滤液4.5万吨，处理后出水达到《生活垃圾填埋场污染控制标准》（GB16889—2008）排放标准排放。实施垃圾渗滤液社会化运营处理BOT项目，该项目2019年7月对外公开招标，8月签订政府采购合同，由中标方对渗滤液处理站增加日处理规模150吨的渗滤液处理系统，待新增渗滤液处理系统建成并组织验收合格后，渗滤液处理站的日常工作由中标方接管运营，逐步实现渗滤液处理日常监管和运营管理分离，提高渗滤液处理工作效率，降低处理成本。

【市场建设】 2019年，上杭县实行城东市场基础设施升级改造项目，改造项目总投资约330万元，8月5日完成立项，9月6日开工，12月3日竣工，改造总建筑面积5128平方米，通过对城东市场底层禽畜行、宰杀行的照明、通风、排污、监控等系统进行升级改造，解决城东市场底层禽畜行、宰杀行脏、乱、差等问题，改善市场经营环境。是年，实行解放路原轻机厂临时农贸市场建设项目，该项目总投资约336万元，1月14日完成立项，2月15日开工，5月17日竣工，总建筑面积1325平方米，通过对临时市场建设，有效解决群众需求。

【市政维护】 2019年，上杭县城区零星市政道路工程维护作业实行社会化运营管理，并采取“划区分片”管理模式。先后完成北环路、人民路、紫金南路、瓦子街、二环路等人行道透水砖、彩砖面、火烧板面修复，共计约1980平方米，更换及维修各类破损雨水检查井盖、水沟盖板71个、雨水箅79个。新增、修复东二环、北环路、上杭大道、东环路、峰右路等路段标线320平方米、标志牌45个。完成北环路（北大路至驷马桥段）、东环路、江滨路、人民路等排水设施排查，清理排水管沟3200米。

【园林养护】 2019年，上杭县围绕创建国家园林城市工作，全面提升城区园林绿化水平，做好城区公园、广场、道路等园林养护管理。至年底，建成区公园绿地面积193.16公顷，公园绿地服务半径覆盖率84.8%；建成区园林绿地面积557.29公顷，绿地率37.94%；建成区园林绿化覆盖面积603.5公顷，绿化覆盖率41.08%，初步建成以公园绿地为重点，道路绿化为网络、居住庭院绿化为依托的城市园林绿化体系。2019年管养城区公共绿地面积80万平方米，整形修剪行道树约5000株，修剪绿篱、草坪约16万平方米；种植部分的莳花更换四次约36万株。2019年度，上杭县获“国家园林县城”称号，是福建省本次唯一获此命名的县。

【路灯亮化】 2019年，上杭县引入“物联网+智慧路灯”社会化运营管理机制，由中国铁塔股份有限公司龙岩市分公司对上杭城市路灯、夜景的节能和智能化升级改造，建设一张覆盖上杭县主城区（32平方千米）的智慧物联专网和智慧物联网+照明管理平台，初步具备构建便捷高效的信息感知和智能应用基础网络设施及平台，提升城区路灯高效运转、监管。同时运用“智慧共杆”技术，实现路灯杆、监控杆、通信杆和交通指示牌杆等城市杆塔的多杆合一，在新建、改造道路率先应用实施，提升城市景观。全年完成维修路灯3614盏次，确保亮灯率96%以上。

责任编辑：王冬英

建筑和房地产业

建筑业

【概况】 2019年,上杭县完成建筑业总产值567.22亿元,比上年增长12%,总产值居全市第一,约占全市建筑业总产值的50%;上缴税收6.3亿元。在地建筑产值195.92亿元,比上年增长6.9%。继续落实《上杭县人民政府关于扶持我县建筑业持续健康发展的若干意见》、《上杭县人民政府关于进一步完善我县建筑产业持续健康发展扶持政策的若干意见》、《上杭县人民政府关于印发上杭县进一步促进建筑产业转型升级健康发展的十五条措施的通知》和《上杭县培育千亿建筑产业实施方案》,才溪建设集团特级资质申报工作取得突破性进展,申报材料于2019年12月30日报住建部受理。全年上杭县新增16家建筑施工企业,共有建筑施工资质企业176家(不包含5家预拌混凝土企业、7家施工劳务企业),其中:一级企业34家;二级企业115家;三级企业27家。

是年,对在建项目作业不规范,违反操作规程等内容进行严格治理、打击,促成规范从业、安全生产。全年开展建筑施工质量安全检查150次共计460人次,发出质量安全整改单150份。至年底,上杭县在建房屋建筑和市政公用工程质量安全处于受控状态。

【建筑市场整顿规范】 2019年,上杭县严格执行福建省住建厅《工程施工标准施工招标文件(2017年版)》、龙岩市住建局《龙岩市建筑施工企业信用综合评价体系评价标准》等招投标相关文件,全年备案审查依法公开招标文件49个,总投资11.97亿元。

【建筑市场拓展】 2019年,上杭县发挥"中国建筑之乡"品牌效益,通过强强联合、协作互补等形式,拓展市场空间,在巩固本地、广东市场及矿山市场的基础上,向更高、更大、更远的市场拓展。是年,省外产值385.12亿元,占总产值的67.9%。

房地产业

【保障性住房建设】 2019年,上杭县加快保障性住房配租配售步伐,实施购租并举政策,办理32家企业322套黄竹经济适用房租赁,配售黄竹小区、李家坪小区经济适用房共338套。

【房地产开发】 2019年,上杭县共实施江南名府1个新建项目,金域中央、山水蓝湾、宏盛园、荣誉国宾4个房地产开发续建项目。全年完成投资8.8亿元,商品房销售面积25.05万平方米,商品住宅销售1862套,新建商品住房平均销售价格6950元/平方米。

不动产登记

【不动产抵押登记】 2019年,上杭县不动产登记中心推进不动产抵押登记全程电子化系统建设,授权上杭农村商业银行营业部为不动产抵押登记便民服务点,实行抵押登记"全程网办",将登记服务场所延伸至农商银行网点,群众办理不动产抵押登记无需再到县行政服务中心不动产登记窗口,可就近直接前往农商银行网点办理,实现办事"不见面审批、一趟不用跑"。

【不动产统一登记】 2019年,上杭县推动"放管服"改革,提高办事效率,优化营商环境。推行"不动产转移登记与税务联办"一窗受理,推行"企业办理不动产登记"所有事项3个工作日办结,推行"无差别全科受理"政务服务及"互联网+不动产"高速办理模式,不动产登记所有事项通过"龙岩市智能不动产登记全程网办登记系统"("e龙岩"网)均可申请受理、办结,针对重症病人、行动不便人士及重点服务企业等特殊情况推行预约上门服务。全年登记发放不动产权证书6019本、不动产登记证明6495份,各类产权登记建筑面积92.13万平方米,土地使用权面积63.72万平方米,登记抵押金额30.48亿元,不动产信息查询20171件,不动产查封登记124件。不动产登记平均用时0.67天,全省排名第14位。办理"易地搬迁贫困户"宅基地使用权411户,完成比例69%,居全市第一。窗口工作人员16人次被评为"服务标兵""党员先锋岗"。

【不动产登记存量数据整合】 2019年,上杭县做好不动产登记存量数据整合工作,完成存量现势登记第二批数据成果汇交并通过自然资源部验收,质量评价为B2。启动林权存量数据整合工作。

责任编辑:王冬英

生态环境

■ 环境质量

【水环境质量】 2019年，上杭县汀江流域国、省控断面年度综合水质达标率为100%。国、省控断面李家坪、水西大桥、涧头自动站、南蛇渡大桥年度综合水质达标率均为100%。Ⅰ~Ⅲ类水质比例为100%，与上年持平，其中Ⅱ类水质占76.7%，Ⅲ类水质占23.3%。市控旧县河清陵塔断面（旧县河流域与连城交接）、黄潭河城头坪断面（黄潭河流域与新罗交接）水质达标率均为100%，Ⅰ~Ⅲ类水质比例为100%，与上年持平。饮用水源地水质达标率为100%。石禾仓、横滩取水点全年水质（每月监测1次）均符合《地表水环境质量标准》（GB3838—2002）Ⅲ类水标准；全县各个乡镇38个饮用水源地水质（一年监测2次）均符合《地表水环境质量标准》（GB3838—2002）Ⅲ类水标准。完成石铭电站等10个小流域断面监测，考核县的7个小流域断面Ⅰ~Ⅲ类水质比例为96.4%。重点乡（镇）水质考核结果，中都、下都、古田、蛟洋、稔田等5个镇8个断面年度综合水质均达到Ⅲ类水质考核目标。完成水功能区监测。完成5—12月国控与非国控水功能区监测，其中5个国控水功能区断面水质达标率均为100%，5个非国控水功能区断面Ⅰ~Ⅲ类水质比例为100%。

【大气环境质量】 2019年，上杭县城区环境空气中二氧化硫（SO_2）、二氧化氮（NO_2）、可吸入颗粒物（PM_{10}）、一氧化碳（CO）、细颗粒物（$PM_{2.5}$）日均值及臭氧（O_3）日最大8小时滑动平均值均符合《环境空气质量标准》（GB3095—2012）表1中二级标准限值，城区环境空气质量优良天数比例为99.7%，与上年持平，其中空气质量为优的天数比例为74.8%；空气质量为良的天数比例为24.9%。

■ 环境监管

【环境执法】 2019年，上杭县开展春节期间环境安全隐患排查工作、高（中）考期间噪声污染监管专项工作、饮用水水源地环境保护专项行动、“散乱污”企业及集群综合整治专项行动。建立健全各级网格化环境监管机制，明确突出生态问题的责任单位、巡查点位、巡查人员和巡查任务等，确保各突出生态环境问题巡查工作有序开展。严格落实“双随机”抽查制度，完成辖区内随机抽查任务84件，对随机抽查发现的环境违法行为进行查处，并将查处结果及时向社会公开。完成21家企业环境应急预案备案工作，并于12月开始将应急备案工作整合至省厅亲清服务平台。本着为群众解决问题的原则共受理群众举报投诉473件，件件有处理。共办理环境违法行政处罚案件42件，处罚款204.47万元，其中涉及查封扣押9起、实施限制生产5起、按日连续处罚1起、行政拘留3起、环境污染犯罪1起、行政复议案件2件、听证会5场。

【环境污染治理】 *水环境综合治理* 2019年，上杭县做好饮用水水源保护工作。开展横滩饮用水水源保护区划定方案调整工作，适当合理调整保护区范围，完善水源保护区矢量图，对新增的12个乡镇15个集中式生活饮用水水源进行保护区划定。根据《关于尽快对横滩饮用水水源地一级、二级保护区内存在环境问题进行整治的函》反馈问题，制定整改方案，细化整改措施，明确责任单位，完成横滩饮用水源地环境问题整治工作。完成全县81个乡镇级及以下集中式饮用水水源环境状况评估和基础信息调查工作。协同县自然资源局做好全县乡镇级及以上集中式生活饮用水保护区内违建项目清查工作。做好流域水质考评工作。配合做好“十四五”国控断面（上杭县两个为旧县河河口断面和黄潭河蓝溪大桥断面）设置相关工作。做好每月国、省、市控断面、县级饮用水源及乡镇交接断面水质情况通报，跟踪各断面水质情况，及时了解水质超标原因，落实整治措施。按要求对乡镇交接断面水质情况进行年终考评。做好涉水污染物排放工作。根据机构改革职责划转要求，衔接好入河排污口有关工作，配合开展入河排污口排查摸底和规范整治工作，收集整理入河排污口规范管理文件及设置审批材料，按要求做好入河排污口整治工作，补充相关审批手续。通过完善城镇污水管网、提高生活污水收集率、提升污水处理率等方式共削减化学需氧量698.47吨、氨氮212.69吨，完成2019年度削减目标要求。

大气污染防治 打好打赢蓝天保卫战。制订实施上杭县打赢蓝天保卫战三年行动计划实施方案，明确各部门职责，从10个方面37项措施保障打赢蓝天保卫战。调整高污染燃料禁燃区，将城区、古田镇、才溪镇中心敏感区划定为禁燃区，禁止使用高污染燃料，有效保障重点区域环境空气质量。会同县发改局、交通运输局等8个部门，制定上杭县柴油货车污染治理攻坚战行动计划实施方案，全面加强柴油货车等移动源污染防治工作。

做好污染物总量控制，实施精准减排治理项目，完成紫金铜业有限公司制酸尾气改造工程项目等3个省级、10个市级精准减排治理项目，实施紫金铜业有限公司实施环境集烟改造工程等。联合县住建、交通运输部门对上杭县非道路移动机械进行调查摸底，强化非道路移动机械污染治理。结合污染源普查对上杭县工业炉窑进行调查摸底，为工业炉窑治理专项行动做好前期工作。打好柴油货车污染治理攻坚战，会同县交通运输局对我县柴油车超过20辆的重点企业进行入户监督抽查，对企业车辆维护、燃料和车用尿素添加使用台账进行抽查，规范柴油货车的管理。成立专项检查组，按照"明察与暗查相结合、昼查与夜查相结合、工作日与节假日相结合""测管联运"的方式对蛟洋工业园区大气环境状况开展专项调查，分析当前存在的问题，提出有效整治措施。通过污染物减排、施工工地洒水、管控运输车辆滴撒漏等措施，多措并举，保障空气优良天数比例达到99.7%目标要求。推动强制性清洁生产审核。根据企业生产情况，下发通知督促各相关企业落实强制性清洁生产审核或验收相关要求，并完成年度清洁生产审核工作任务。

土壤污染防治　2019年，有序推进土壤污染防治各项工作。根据《福建省环境保护厅关于开展土壤污染风险防控试点工作的通知》（闽环保土〔2018〕8号）要求，编制实施《上杭县土壤污染风险防控试点工作实施方案》。全力推进农村生活污水治理工作。制订实施方案，将5558户三格化粪池新建改造任务分解至各乡镇，明确工作要求、技术规范及责任主体，及时下拨资金，要求各乡镇按照文件要求按时完成三格化粪池新建改造任务。规范化处理处置固体废物，全县一般工业固体废物综合利用率达99%。严格按照危险废物规范化管理"达标升级"要求，督促并指导辖区17家产生危险废物单位规范档案管理、完善储存设施和标识、严格执行转移五联单制度等，对危险废物实施全过程监管，确保环境安全。全面开展污染源普查，对工业源、规模化畜禽养殖场、生活源锅炉、入河排污口、集中式治理设施进行入户调查，并按时完成污染源普查数据的审核和档案资料归档工作。

【上杭县被命名为"第三批国家生态文明建设示范县"】　2019年，上杭县完成国家生态文明建设示范县创建工作。根据《国家生态文明建设示范市县管理规程》和《国家生态文明建设示范市县建设指标》要求，组织各有关单位报送40项建设指标佐证材料，通过国家生态文明建设示范县创建省级预审。11月16日，上杭县被生态环境部命名为"第三批国家生态文明建设示范县"。

【环境督察整改】　2019年，上杭县完成第二轮中央生态环境保护督察迎检、配合督察及边督边改工作。督察期间，收到中央督察组交办信访件37件，占全市255件的14.5%。推进第一轮中央环保督察反馈问题整改工作。上杭县第一轮中央环保督察反馈问题整改交账销号任务共11项，完成整改交账销号初步验收7项，其余小水电开发减水断流问题、城区污水收集不足问题、乡镇污水管网配套不足、乡镇垃圾简易填埋场等4个问题正按整改交账销号工作要求有序推进整改。推进中央生态环境保护督察交办信访问题整改。通过信访件生态云平台调度、现场督导核查以及召开专题会议研究推进等措施，督促、指导各信访件牵头整改单位全面推进信访件问题整改，做到件件有进展，确保整改取得良好实效。至年底，中央生态环境保护督察交办上杭县的38件信访件（第一轮余1件）办结37件，完成整改验收销号37件，办结、销号率均为97.37%。

■ 水土保持

【水土流失治理项目】　2019年，上杭县完成水土流失治理面积0.48万公顷（占任务131.3%），完成投资5886万元（占任务的127.41%）。审批水土保持方案19个，登记表备案36个。征收水土保持补偿费256.85万元，开展生产建设项目监督检查57次，检查项目46个，发出整改意见36份。自主竣工验收报备5件。

【万里安全生态水系项目】　2019年，上杭县实施5个安全生态水系项目，完成10.32千米项目建设，完成投资2442万元。其中，庐丰乡东西溪支流安全生态水系建设项目治理河长8.52千米，完成投资1262万元，完成河道清理8.52千米，新建护岸0.38千米，完成漫步道5.12千米，公园节点3个；茶地镇调和溪安全生态水系建设项目治理河长8千米，现已完成投资380万元，正在施工，完成挡墙1.05千米及部分护岸提升，河道清淤清障；中都镇中都溪安全生态水系建设项目治理河长8千米，完成投资510万元，湖心岛护岸施工长度400米，观景平台准备浇倒完成。湖心岛厕所主体完成。其他地方清表6千米，亲睦段护岸250米，存耕堂步道施工500米；汀江干流官庄段安全生态水系建设项目治理河长10千米，完成施工招标，准备签署施工合同，完成投资140万元；旧县河通贤段安全生态水系建设项目治理河长8.1千米，进行施工招标，完成投资150万元。

【中小河流治理项目】　2019年，上杭县黄潭河白砂镇中洋段治理工程。综合治理河长4千米，工程总投资2209.76万元，主体工程完工，组织完工验收。上杭县旧县河通贤集镇段治理工程。综合治理河长5千米，工程总投资2845.8万元，主体工程已完工，组织完工验收。黄潭河蛟洋集镇段治理工程。综合治理长度5.479千米，项目总投资按2538.21万元控制，正在加快主体工程的施工。黄潭河溪口集镇段治理工程。综合治理长度为5千米，项目总投资2500万元，施工单位已进场施工。

责任编辑： 王冬英

科学技术

■ 综述

【概况】 2019年,上杭县组织申报国家重点研发专项获立项1项支持经费379万元,组织申报中央引导地方专项获立项1项支持经费100万元,争取工业类省、市上级项目资金570.8万元,争取农社类省、市上级项目资金280万元。

【科技品牌建设】 2019年,上杭县新增省级众创空间1家,新增2家市级企业技术中心,新增3家省级企业技术中心,新增1家省级技术转移机构(福建紫金矿冶测试技术有限公司)。组织39家企业报名参加国家省市创新创业大赛,福建德尔科技有限公司荣获国赛二等奖(第三名),上杭县紫金佳博电子新材料科技有限公司获国赛优秀企业奖,5家企业入围国家决赛,约占福建省五分之一。

【高新技术企业培育】 2019年,上杭县有4家企业通过省市级科技小巨人领军企业认定。实施科技型、创新型企业培育计划,组织12家企业申报2019年国家高企通过认定9家,组织15家申报省级高企新增认定9家,认定国家科技型中小企业31家。

【科学技术奖励评审与表彰】 2019年,上杭县获2018年度省科技进步奖3项,由紫金铜业有限公司承担完成的“复杂稀贵金属物料精准分离关键技术与装备”项目获2018年省科学技术进步奖一等奖;由紫金矿业承担完成的“含铜酸性废水资源化利用关键技术与工业化应用”项目获2018年省科学技术进步奖三等奖;由福建省新华都工程有限责任公司承担完成的“露天金属矿深孔爆破安全高效开采关键技术研究”项目获2018年省科学技术进步奖三等奖。完成单位全市共5项,上杭县3项,占全市60%,获奖质量及数量皆居全市第一。

【科技兴农惠民】 2019年,上杭县深化科技特派员工作,聘任县科技特派员22人,选派市级科技特派员45名,团队科技特派员2个,上杭县市级个人科技特派员数和团队科特派员数均为全市第一;选派省科技特派员34人。科技特派员实现全县所有乡镇全覆盖。科技特派员工作由第一产业向第二、第三产业拓展,推进“三产”融合,引领和带动乡村振兴。

■ 知识产权保护

【概况】 2019年,上杭县知识产权保护工作成效显著,紫金矿业集团股份有限公司被确认为国家知识产权示范企业,福建紫金矿冶测试技术有限公司等3家企业被确认为福建省知识产权优势企业,福建清景铜箔有限公司等6家企业首次获得知识产权标准化管理体系认证企业。

【专利工作】 2019年,上杭县专利申请量1936件,专利授权量797件,其中发明专利31件,实用新型620件,外观设计146件,全县万人有效发明拥有量4.82件。落实专利奖励政策,兑现2018年度单位和个人授权国内外专利968件计289万元;兑现发明专利清零企业、购买发明专利配套奖励计5.6万元。是年,1家企业被确定为国家知识产权示范企业、3家企业被确定为福建省知识产权优势企业、4家企业被确定为龙岩市知识产权优势企业;1项发明获龙岩市专利奖一等奖,3项发明获龙岩市专利奖三等奖;6家企业首次获得知识产权标准化管理体系认证。

表16

2019年上杭县被确认的国家知识产权示范企业情况表

时　　间	单位名称
2019年12月	紫金矿业集团股份有限公司

表 17

2019 年上杭县被确认的福建省知识产权优势企业情况表

序号	时 间	单位名称
1	2020 年 1 月	福建紫金矿冶测试技术有限公司
2	2020 年 1 月	福建省新华都工程有限责任公司
3	2020 年 1 月	福建龙氟化工有限公司

表 18

2019 年上杭县被确认的龙岩市知识产权优势企业情况表

序号	时 间	单位名称
1	2019 年 9 月	福建紫金矿冶测试技术有限公司
2	2019 年 9 月	福建省新华都工程有限责任公司
3	2019 年 9 月	福建龙氟化工有限公司
4	2019 年 9 月	紫金铜业有限公司

表 19

2019 年上杭县获龙岩市专利奖项目表情况表

专利名称	专利号	专利权人	发明人	获奖等级
从银阳极泥中制备高纯金并富集银、铂和钯的方法	ZL201610683858.1	紫金矿业集团股份有限公司	衷水平 苏秀珠 吴健辉 王俊娥 林泓富 张焕然 熊家春 张永锋 刘建强 张宏宪 陈 杭	一等奖
密沟治理法	ZL201210285034.0	陈仁河	陈仁河 林新兰	三等奖
氟化氢生产中产生的废气和废水综合处理方法	ZL201510660736.6	福建龙氟化工有限公司	黄天梁 雷游生 李卫东 林庆鑫 邱秋生 张文晖	三等奖

表 20

2019 年度上杭县首次获得知识产权标准化管理体系认证企业情况表

序号	单位名称
1	福建清景铜箔有限公司
2	福建龙氟化工有限公司
3	上杭汉晶新材料科技有限公司
4	福建德尔科技有限公司
5	福建龙德新能源有限公司
6	优米耐(福建)智能科技有限公司

表 21

2019 年上杭县新注册地理标志证明商标情况表

序号	商标注册人	商标	类别	商品或者服务	商标注册证号	注册时间
1	上杭县种养协会	白砂香菇	31	新鲜香菇	33551046	2019.12.28
2	上杭县种养协会	南阳金橘	31	新鲜柑橘	33629425	2019.12.28
3	上杭县种养协会	上杭石潭鸡	31	鸡(活家禽)	21685194	2019.12.28

【商标品牌建设】 2019 年,上杭县新增商标申请 714 件,新增商标注册 736 件;推进商标助农工作,“上杭石潭鸡”“南阳金橘”“白砂香菇”于 2019 年 12 月 28 日成功注册地理标志证明商标。

【知识产权执法】 2019 年,上杭县强化知识产权监管执法,全年立案查处商标侵权案件 4 件(移交公安部门 1 件),罚没 7.08 万元。

■ 防震减灾

【概况】 2019 年 1 月,根据上杭县机构改革工作部署,上杭县地震办公室整体转隶至上杭县应急管理局。机构改革后,上杭县地震办公室把防震减灾工作与应急管理工作密切结合,把防震减灾宣传、地震应急避难场所建设等工作与县应急局相关工作密切结合,推动上杭县防震减灾机构改革和业务工作开展。2019 年,上杭县防震减灾工作以防灾减灾救灾为中心,以推动地震预警信息发布终端建设为重点,提高“地震监测预报、震害防御、应急救援”三大体系建设;开展防震减灾宣传工作,普及防震减灾法律法规和地震相关知识,提高全县人民的防震减灾意识和能力。2019 年,上杭县防震减灾工作得到省地震局通报表扬,获得龙岩市地震局“2019 年度全市县级防震减灾工作综合评比先进单位”称号。

【地震监测预警】 2019 年,上杭县推进地震预警信息发布终端建设工作,全县各级合计完成安装地震预警信息发布终端 332 家,完成总量排在全市前列,基本覆盖全县人口集中区域。及时更新“三网一员”队伍,加强全县地震宏观观测点和地震监测台站管理,不定期开展运行管理情况检查,及时做好数据上报和故障维修工作。是年,全县地震宏观观测点运行正常,地震监测台站维护良好。

【地震应急救援】 2019 年,上杭县地震办配合县住建等部门在杭川公园完成防灾避险公园建设 1 处,结合自然灾害避灾点建设,在白砂镇、庐丰乡各完成地震应急避难场所建设 1 处。4 月,组建“上杭应急志愿服务队”,把地震应急救援纳入志愿服务队培训内容,组织志愿服务队开展理论学习和技能培训两次,组织开展应急救援演练 3 次。7 月,上杭县应急局发函要求各乡镇、各单位结合自身实际,对照《上杭县地震应急预案》,及时修订本部门、本单位的地震应急预案,及时调整抗震救灾指挥部成员及联系方式。

【防震减灾宣传】 2019 年,上杭县地震办利用地震安全示范社区、地震科普馆、地震科普基地等平台开展防震减灾宣传工作,全年组织应急志愿服务队开展地震科普知识巡回宣传和地震应急演练进学校、乡镇、机关、企业等 30 余场,参与人数 3000 余人次。结合防灾减灾宣传周、唐山地震纪念日、国际减灾日等特殊时段开展宣传活动 15 场次。依托上杭县中小学生校外综合实践基地建设的防震减灾科普馆,全年组织学生参观、学习、体验模拟地震体验平台、地震预警系统演示平台、地震科普知识翻书系统等 6000 人次。2019 年 8 月 8 日 5 时 28 分,台湾海峡发生 6.1 级地震,对上杭县影响烈度达 2 度,部分楼层较高和较敏感民众有震感,无人员伤亡和财产损失。2019 年 9 月 4 日 20 时 40 分 39 秒,上杭县发生 1.1 级地震,震源深度 15 千米(北纬 25°04′6″东经 116°59′3″),民众无震感,监测仪器监测到相关数据。

责任编辑:袁发昌

教　育

综述

【概况】 2019年，上杭县有在校生73051人，其中在园幼儿21147人，小学在校生30648人，特殊教育学校在校生199人，初中在校生11992人，高中在校生6398人，职校在校生2667人。在职教师4992人。小学参加全省质量检测抽查名列全市前列；2019年中考全科平均分居全市第三，被评为龙岩市2018—2019学年度初中“五率”优秀单位；2019年高考高分段学生数名列全市前列，其中上杭一中理科状元丘睿翔原始分683分居全市第二名，全省第25名，全省500名以内有5人；2019年高考本科升学率72.23%，高于全省平均水平近10个百分点。上杭一中被省教育厅确定为示范性高中建设校。5月，接受龙岩市“教育强县”过程性指导评估。

【教育项目建设】 2019年，上杭县实施校园应急扩容工程，推进教育基础设施建设。

公办幼儿园建设　2019年，上杭县实施幼儿园扩容项目，新建官庄树人幼儿园，竣工并投入使用；新开工建设紫金幼儿园、水西幼儿园、黄竹幼儿园、立新幼儿园、中都中心幼儿园；启动新建第三实验幼儿园、才溪第二中心幼儿园、蛟洋华家幼儿园、官庄回龙幼儿园。扩大学前教育普惠性资源，认定上杭县新天地幼儿园、小香樟幼儿园、德新幼儿园、小牛顿幼儿园、白砂养正幼儿园等5所民办幼儿园为首批普惠性民办幼儿园。

小学扩容工程　2019年，完成黄竹小学和进校附小应急扩容项目，投入使用。启动紫金小学、水西小学、第三实验小学建设。对生源反弹明显的南阳、才溪、旧县、官庄等农村小学薄弱校进行扩容，增加学位容量。

初中提升工程　2019年，完成龙田中学教学综合楼、蛟洋中学教学综合楼、蛟洋中学教师周转房项目建设。新建古田中学教学综合楼、南阳中学教学综合楼、官庄中学学生宿舍楼、上杭五中教学综合楼建设项目。启动上杭三中教学综合楼等一批建设项目。

高中提升工程　2019年，完成上杭一中宿舍楼、上杭二中教学综合楼项目；上杭一中教研综合楼、上杭一中艺术馆项目主体封顶，装修扫尾。

教师“暖心工程”建设项目　2019年，投入1000万元，规划改建15所学校教师宿舍楼项目，面积11716平方米，改善289位教师住宿条件。

教育信息化项目　2019年，投入900万元推进信息化教学设备更新、数字资源平台服务采购、教育网络安全保障建设及中小学计算机网络教室设备维护，采购报纸杂志期刊库、数字化书法教学系统平台服务、小学区域阅读平台服务，采购教育网安全产品及软件升级设备和学校无线WF升级改造，保障教育网络安全建设工作。投入1000万元购置教学仪器设备、厨房设备、桌椅、音体美等器材，完善全县中小学教育基础设施设备。

【教师队伍建设】 2019年，上杭县增强师德师风建设、教师业务培训，提高教师业务水平。

师德师风　2019年，上杭县增强师德师风建设针对性、实效性，促师德、强师能，培养和造就具有苏区精神，听党话、跟党走、素质高、能力强、教绩优的教师队伍。组织开展“最美教师”寻访活动，弘扬尊师文化，引导社会各界感恩师恩、礼敬教师，2019年国庆实验小学温金娥老师受邀到北京天安门参加国庆观礼。提升师德师能，推进争做“著名苏区好老师”活动，做实“五个坚持”要求，对活动开展情况进行督查，查缺补漏。举办教师做题竞赛、同点异构命题征题和毕业班复习备考试题征集活动，以赛促训，引导全县教师深入钻研学科教学，主动参与教学研究。9月，官庄中心小学教师吴思禄获全国“模范教师”称号、福建省第二届“最美教师”。刘昀玉获“福建省第二届最美教师”提名奖。蓝溪梅永小学教师温丽萍入选全国乡村优秀青年教师培养奖励计划，全省入选8人，是全市唯一入选教师。

校级班子队伍　2019年，上杭县对全县中小学校（园）长进行绩效考评。根据《上杭县中小学幼儿园校（园）长绩效考评细则》，组织述职述廉、民主测评、按规定项目考评，激发校（园）长工作积极性、创造性。组织校园长参加各级各类培训，举办小学幼儿园校（园）长任职资格培训班，提升校长办学治校水平。

业务培训　2019年，上杭县举办“幼儿园园长任职资格培训”“新任教师岗前培训”“中小学骨干班主任培训”“小学语文、数学、英语骨干教师培训”“初中语文、数学、英语、历史骨干教师培训”“小学教研组长培训”“幼儿园骨干教师培训”“新高考培训”等35班次，累计培训中小学教师3100多人，提升教师的教育教学能力。组织中小学学科教师技能大赛、青年教师三字一画基本功训练考核与评优竞赛；组织举行城区小学综合学科（七科）教研联盟活动，参训教师1800人次；编发教师研修文章四期，

2019 年 8 月 24 日，上杭县举行新任教师岗前培训开班暨入职宣誓仪式
（县教育局供图）

刊发教育教学论文 530 多篇。组织开展教师教学技能大赛，在各校各学科开展初赛的基础上，推荐参加全市、全省教师教学技能大赛，共 43 名教师获市级奖，6 人次省级获奖，教师的业务素质和教学技能得到提升。抓好“中小学名师名校长培养工程”，是年，全县有 26 名教师被评为龙岩市第二届名师，4 名校长被评为龙岩市第二届名校长，组织评选县级名师、名校长。抓好“送培下乡”、“名师送教”活动和教师“岗位练兵”活动，着力提升教师专业素质能力。

师能提升　2019 年，上杭县推进争做“著名苏区好老师”活动，做实“五个坚持”要求，对活动开展情况进行督查，查缺补漏。举办教师做题竞赛、同点异构命题征题和毕业班复习备考试题征集活动，以赛促训，引导全县教师深入钻研学科教学，主动参与教学研究。

人才引进　2019 年，上杭县招聘新任教师 140 人，引进优秀高校毕业生 10 人到上杭一中、二中、职专从教，储备优质师资。

教师激励　2019 年，上杭县用好用活县委县政府 3000 万元教绩专项奖励金，增加教师的获得感。增加乡村教师补贴，2019 年 1 月起，全县乡村教师生活补助标准每人每月在 2018 年的标准基础上再增加 100 元，人均达 500 元/月。

【教育督导】　2019 年，上杭县加强学校督导检查、义务教育质量监测、乡镇教育督导考评等工作，提升教育督导质量和水平。

学校督导检查　2019 年，上杭县修订 2018—2019 学年中小学幼儿园教学质量绩效考评细则，将 2018—2019 学年中小学幼儿园素质教育目标管理、党建工作、校长绩效、争做“著名苏区好老师”活动考评整合成一次综合考评，既减轻基层负担，又推动工作落实。

义务教育质量监测　2019 年，上杭县教育系统各部门按时完成信息上报、动员部署、工作培训、测试工具准备、考前巡查等各项准备工作，并于 10 月 17 日完成 2019 年福建省义务教育质量监测各项任务。

乡镇教育督导考评　2019 年，上杭县做好 2018 年乡镇教育考评工作，修订《2019 年乡镇教育考评实施细则》，使乡镇教育考评结果更具权威性、导向性，推动乡镇党委政府依法履行发展教育的责任。

责任督学挂牌督导　2019 年，上杭县投入 46 万元，贯彻落实《福建省幼儿园责任督学挂牌督导实施办法》，在全市率先落实挂牌督导，在教育局机关和各基层学校选聘 99 位兼职责任督学，开展兼职责任督学的上岗培训，组织责任督学进校开展挂牌督导工作，实现全县中小学和所有经审批办证的幼儿园（含民办）责任督学挂牌督导工作全覆盖。

【招生考试】　2019 年，上杭县完成各项招生、考试工作任务，全年各类考试未发生违纪事件。全县高考报名 2801 人，其中：文史类报名 480 人，文科艺术类报名 158 人，文科体育类报名 83 人，理工类报名 1410 人，理科艺术类报名 25 人，理科体育类报名 63 人，高职招考报名 582 人。高考外语口试报考 1367 人。为响应党中央国务院关于全国高职扩招 100 万的号召，宣传动员退役军人、农民工、下岗职工及应往届高中毕业生参加高职扩招报名，参加高职扩招报名确认 698 人。是年，全县中考八年级报名考生 4073 人，九年级报名 3515 人。是年，古田中学、龙田中学暂停普通高中招生，上杭实验中学恢复普通高中招生。全县普通高中计划招生 2152 人，实际录取 2174 人。上杭职专计划招生 1000 人，实际招生超过 1000 人。1 月份，高中学考 8574 科次，6 月份高中学考 21347 科次。成人高考报名考生 731 人，全县参加自学考试考生 1090 人次，参加全国计算机等级考试考生 1461 人。

【素质教育】　2019 年，上杭县全面推进素质教育，在全县各校营造书香校园、墨香校园氛围，组织 72 名学生参加龙岩市学生规范汉字书写大赛，成绩优异，上杭县教育局被授予“优秀组织奖”。五育并举，开齐开足各门课程。要求各校严格按省颁课程开齐开足体育与健康课，组织学生参加“阳光体育运动”，保证在校学生每天活动 1 小时，全面增强学生体质。组织各校举办庆祝中华人民共和国成立 70 周年文艺会演及书画作品展，将素质教育工作落细落实。

是年,开展诚信教育活动,实验小学龚至铭等60名学生被授予2019年上杭县中小学生“诚信之星”称号,上杭三中陈海天和古田中小严晨悦两名学生被推选参加2019年龙岩市中小学生“诚信之星”评选,营造诚实守信、积极向上的良好社会氛围。召开“著名苏区好学生”暨“感动上杭·最美学生”表扬大会,蓝霆锋等368名学生被评为“著名苏区好学生”,上杭一中刘乔安和城东小学五(6)班学生钟希如获“感动上杭·最美学生”称号。根据春节、清明节、端午节、国庆节等不同节日的特点开展“我们的节日”主题活动,营造文明、和谐、健康的社会氛围。举办法治专题报告(讲座)50多场次,受教育学生15000人次,提高学生自我保护能力。组建一支由100多人组成的上杭县教育系统新时代文明实践“家校连心桥”家教讲座志愿服务队,全年组织举办家庭教育知识讲座100余场次,受益家长近3万名。开展“做一个有道德的人”、“扣好人生第一粒扣子”、学习争做新时代好少年、优秀童谣征集传唱、学习雷锋等主题实践活动,有效丰富农村未成年人文化生活,提升农村未成年人的道德素质。

【校园安全稳定】 2019年,上杭县做好校园及周边消防隐患排查整治,排查中小学及幼儿园火灾隐患120多处,督促整改火灾隐患120多处,开展消防安全宣传20余次,演练20余次。抓好交通安全隐患销号工作,构建车辆联网联控系统,校车入网率100%。做好校园食品安全工作和季节性传染病防控工作,省级平台学校食堂共注册177家,持证177家,共完成食品追溯信息录入数量478495笔,完成101家学校视频厨房建设,实现城区公立学校食堂100%明厨亮灶。开展心理健康教育活动,全县54所中小学校设立学生心理健康咨询室,配备近90名专(兼)职心理辅导教师。深入开展学校毒品预防教育工作,把毒品预防教育课程纳入学校整体教学计划,每学年在小学五年级至高中二年级开设4~6课时毒品预防教育课,利用重要时间节点,开展禁毒宣传活动,做到学校禁毒宣传教育覆盖率100%。加强舆情监测预判应对工作,加强舆情监测,完善应急预案和应急处置机制,维护教育系统安定稳定。

2019年5月29日,上杭县2018—2019学年度“著名苏区好学生”暨“感动上杭·最美学生”表扬大会召开 (县教育局供图)

【教育惠民】 2019年,上杭县落实义务教育阶段公办学校学生免费提供教科书、作业本政策,全年免教科书费524.6万元,受益学生42640人次,配送免费作业本总计127.95万元。继续落实义务教育免除学杂费和公用经费补助(含寄宿生公用经费补助及小规模小学公用经费补助)政策,全年下拨资金4087.7万元,受益学生42640人次。继续实行农村义务教育学校寄宿生“营养改善工程”全年下拨寄宿生营养改善补助费1079.9万元(其中建档立卡困难学生生活费补助下拨资金230.52万元),受益学生21222人次(其中建档立卡贫困学生2878人次)。全年发放普通高中国家助学金140.44万元,受益学生1276人次;发放学前政府助学金215.03万元,受益幼儿1469人次;发放中职助学金32.46万元,受益学生325人次;发放少数民族学生助学金33.8万元,受益学生676人次;发放建档立卡贫困大学生学费奖励资金130.8万元,奖励692人次。普通高中免学费补助资金1640.6万元,受益学生13117人次;中职免学费补助资金956.43万元,受益学生4523人次。落实资助全覆盖,是年,县财政补助在县外就读地未享受资助政策104人,补助资金8.66万元。大学生生源地信用助学贷款2356人,贷款总金额1696.21万元。

【社会助学】 2019年,上杭县设立“陈丕显教育促进会”,制定奖励办法,每年奖励优秀教师和优秀学生,9月6日,举行第一次颁奖仪式,发放奖教奖学助学金60万元。是年,成立“兴业证券—上杭县革命老区教育基金会”,12月29日,举行“优秀园丁”奖教金第一次颁奖仪式,结合师德和教绩,评选出15名优秀教师,其中高中7人、初中5人、小学3人,发放奖励金30万元。

学前教育

【概况】 2019年,上杭县在园幼儿

21147 人(3—6 岁 20060 人,3 岁以下 1087 人)。其中公办幼儿园(班)110 所(含独立设置的幼儿园 40 所,独立设置的幼儿班 7 个,小学附设幼儿园 21 所,小学附设幼儿班 35 个,与小学复式办班 3 个)在园幼儿 13492 人。民办幼儿园 51 所,在园幼儿 7655 人。学前三年幼儿入园率 99.1%,学前一年入园率 100%,毛入园率 104.46%。普惠性幼儿园就读 19555 人(含公办幼儿园就读 13492 人,普惠性民办幼儿园就读 6063 人)。在公办幼儿园就读的幼儿占比 63.8%;普惠性幼儿园就读的占比 92.47%;县级示范性幼儿园占比 35.7%。

【上杭县实验幼儿园】 上杭县实验幼儿园创办于 1934 年,占地面积 2969 平方米,建筑面积 4273 平方米;2019 年有教学班 15 个,在园幼儿 610 人,教职工 72 人(含交流教师)。有省骨干教师、省学科带头人、市名校长 1 人,省级骨干教师培养对象 2 人,先后有 2 人获得“全国优秀教师”称号,4 人获“福建省优秀教师”、省“巾帼建功”标兵等荣誉称号,1 人获得市杰出人民教师称号、4 人获得市教坛新秀称号、多人次获得市、县优秀教师、优秀班主任称号。是福建省示范性幼儿园、福建省首批保教基地建设园。先后获“全国优秀家长学校”“省级文明学校”“省首届文明校园”“省德育先进校”“省先进教工之家”“省巾帼文明岗”“省三八红旗集体”“省语言文字规范示范校”“市先进基层党组织”“市绿色学校”“市级餐饮示范单位”“县 AAAAA 平安校园”等称号。龙岩市餐饮服务食品安全示范单位,龙岩市总工会授予中国教育工会上杭县实验幼儿园委员会先进职工之家,新一轮 AAAAA 级“平安校园”称号,学校综治安全稳定工作目标管理考评一等奖,中小学、幼儿园素质教育督导评估和教育教学质量绩效考评一等奖、教职工排球比赛幼儿园组一等奖等。

【上杭县第二实验幼儿园】 上杭县第二实验幼儿园创办于 2014 年 9 月,占地面积 9150 平方米,建筑面积 5987 平方米,是一所市级示范性幼儿园。2019 年,有 18 个教学班,教职工 85 人,幼儿 739 人。专任教师队伍中有福建省名园长培养对象 1 人、龙岩市名师 1 人、龙岩市学科带头人 2 人、上杭县骨干教师 5 人。获龙岩市教育系统先进单位、龙岩市综治安全先进集体、龙岩市绿色学校、上杭县 AAAAA 级平安校园等荣誉称号。

■ 基础教育

【上杭县实验小学】 2019 年,上杭县实验小学有教学班 46 个,学生 2358 名,教职工 135 名。其中高级教师 11 人,省特级教师 1 人,省“十三五”教学名师培养人选 1 人,省级骨干教师 7 人,省级学科带头人 4 人,市名校长 1 人,市名师 15 人。学校倾心打造“雷锋文化学校”,12 月 3 日,举行福建省首家“雷锋学校”“学雷锋争做美德少年教育践学基地”授牌仪式暨雷锋铜像揭幕仪式,原福建省军区司令员、福建省委常委熊安东将军,雷锋杂志社总编、原解放军报社副总编陶克将军,雷锋杂志社顾问徐肖剑等出席授牌仪式。学校被省推荐参评全国文明校园,2019 年 10 月获 AAAAA 级“平安校园”荣誉称号,2019 年 8 月,获教育部新时代好少年主题教育活动我为祖国点赞“示范学校”荣誉称号,获上杭县 2018—2019 学年素质教育督导评优和教育教学质量绩效考核一等奖、2018—2019 学年教学质量管理考评一等奖。

【上杭县第二实验小学】 上杭县第二实验小学位于上杭县中心城区东二环路,占地面积 25059.2 平方米,建筑面积 14041 平方米。2019 年有 40 个教学班,在校学生 2011 人,教职工 125 人,其中省市县名师、教坛新秀或学科带头人 18 人,省市县骨干教师 23 人。

2019 年,获上杭县中小学、幼儿园素质教育督导评估和教育教学质量绩效考评二等奖、福建省第五批语言文字规范化示范校、上杭县 AAAAA 级“平安校园”、学校少先队大队被评为龙岩市优秀少先队大队、数学教研组被评为上杭县“五一先锋岗”、学校教学成绩获全县教学质量管理二等奖;获上杭县第三十二届中小学生田径运动会小学组团体总分二等奖、龙岩市“中华魂”(腾飞的祖国——改革开放四十年)主题教育读书活动“先进集体”奖、上杭县青少年儿童动手电子制作锦标赛小学电子百拼团体小学 B 组第一名、上杭县青少年儿童动手电子制作锦标赛小学电子百拼团体小学 A 组第三名、上杭县“进入新时代改革开新篇”第二十六届全国青少年爱国主义读书教育活动中获优秀组织奖、上杭县中小学生幼儿园书画摄影作品展评活动中被评为优秀组织奖、上杭县足球特色学校第三届小学女子足球联赛第三名、树叶实践工作坊在上杭县中小学生艺术实践工作坊展评活动中被评为一等奖。学校教师获县级以上表彰 26 人次、获县级以上单项奖励 86 人次。学生单项参赛获县级以上奖励 115 人次,学生习作在刊物上发表 6 篇,钟烨阳同学的读后感收入《书香伴成长》一书,由海峡出版发行集团出版。

【上杭三中】 上杭三中创办于 1999 年,是县直独立初中校,省级“文明学校”“普通初中示范校”“义务教育管理标准化学校”。2019 年有教学班 42 个,学生数 2024 人,正式在编教职工 181 人,其中高级教师 92 人,学校有各级各类名优教师 52 人次,其中省级名校长培养对象 1 人、省级骨干教师 3 人、市级骨干教师 36 人、市学科带头人 2 人、市级名师 12 人、市级名师工作室 2 个。2019 年 9 月被龙岩市人民政府授予“龙岩市教育工作成绩突出单位”的荣誉称号。

【上杭四中】 上杭四中始建于 1993 年,前身为临城二中,2003 年 3 月更名为“上杭四中”,升格为完中。2008

年通过省三级达标验收,2012年通过省二级达标市级验收。2014年9月,学校停招高中生。学校占地66700平方米,有教学班36个,学生1586人。有教职工168人,专任教师全部本科以上学历,其中,高级教师63人,一级教师64人。2019年中考柯云铮同学以682.4的总分成绩居全县第一名,131位同学被上杭一中录取,5人进入奥赛班。获龙岩市第一届文明校园奖;被遴选为"省义务教育教改示范校性建设学校";获上杭县中小学目标管理考核二等奖;获上杭县足球特色学校第四届初中男子足球联赛第二名;获上杭县AAAAA级平安校园;获上杭县第三十二届中小学生田径运动会初中组团体总分二等奖;获2019年龙岩市中小学生啦啦操联赛三等奖。

■ 高中教育

【上杭县第一中学】 上杭县第一中学创办于1912年,是福建省重点中学、一级达标学校、福建省首批示范性高中建设学校。校园占地面积88960平方米,建筑面积59715平方米,绿地面积31680平方米。2019年有教学班60个,学生2319人;有教职工276人,其中高级教师143人,教育硕士27人,福建省杰出人民教师1人、特级教师3人、正高级教师3人、省级教学名师1人、省级学科带头人6人、省名校长培养对象2人、省级学科带头人培养对象1人、省级骨干教师4人、市级骨干教师15人、市级学科带头人5人、市名校长1人,市名师12人、县名师5人;有1个龙岩市名校长工作室,8个龙岩市名师工作室。

2019年9月被授予"龙岩市教育工作成绩突出单位"称号。2019年10月,"533"智慧课堂教学改革案例被收录至由人民教育出版社出版的《全国基础教育信息化应用典型案例集》,2019年高考,邱睿翔683分,居全省前25名,被清华大学录取;居全省前500名5人;理科640分(全省850名前)以上13人,理科600分以上44人,成绩名列前茅;理科实验班平均分616.3分,全体同学均达到双一流高校录取分数线。学校被授予"福建省绿色学校""福建省师德建设先进集体""福建省教育系统先进集体""福建省文明学校""福建省文明校园""国家级语言文字规范化示范校""国家级团体心理辅导实验学校""福建省法制宣传教育先进单位""福建省五四红旗团委""福建省花园式单位""福建省先进基层党组织""中华诗教先进单位""福建省心理健康教育特色学校"等荣誉称号。

【上杭县第二中学】 2019年,上杭二中校园面积68558平方米,校舍面积44251平方米;高中教学班51个,学生2078人;在编正式教职工210人,其中正高级职称教师2人,高级职称教师95人,中级职称85人。学校有专任教师199人,省市级骨干教师、名校长(名师)、教坛新秀、学科带头人等38人。2019年,上杭二中在全县中小学素质教育目标管理综合督导评估中荣获高中组第一名,受龙岩市教育局、龙岩市人力资源和社会保障局"集体嘉奖"一次。

■ 职业教育

【概况】 2019年,上杭职业中专被授予全国职业院校数字校园建设实验校,福建省第四届"清海杯—黄炎培职业教育奖"优秀学校,省级语言文字规范化示范校,福建省第一批新型职业农民培训基地,龙岩市"教育工作成绩突出单位"等称号。以"墨斗文化"为特色校园文化的建设案例被教育厅推荐申报全国职业教育文化建设优秀案例。

【上杭职业中专学校】 2019年,上杭职业中专学校超额完成招生任务,有在校生2600多人,15个专业,68个班级。高职高考本科上线率8.9%,高于省2.6%的水平,专科上线人数634人,专科上线率99.7%,本专科上线率和录取率居全市第一。其中建筑专业108人参加高职高考,本科上线人数27人,上线率25%,全省前10名中占5名,建筑专业全省状元出自上杭职业中专。

2019年,上杭职业中专学前教育专业毕业生参加福建省幼儿教师招聘考试共入编28人,2019年,上杭职业中专学校新开设建筑装饰工程技术(3+2)专业和电梯工程(3+2)专业。2019年为建筑企业培训8000多人次。

■ 民办教育

【上杭县实验中学】 上杭实验中学位于上杭南部新城龙翔文化产业园,校园占地80000平方米,有教学班32个,其中初中部22个,高中部10个,学生1633人,专任教师137人,教职工151人。2019年,获上杭县"初中教学管理一等奖",有60位老师获县教学质量奖励,有126名学生在省、市、县各级、各类比赛中获奖。

【上杭县紫金中学】 2019年,上杭县紫金中学有教师69人,后勤、生管人员20人,其中硕士研究生学历22人,市级及以上级别名师21人。2019年期末全县初中学段质量检测,八年级总分全县排名前十名有6人,前五十名有23人,前一百名有43人;七年级前十名有9人,前五十名有35人,前一百名有75人。平均分、及格率、优秀率、优等生人数均获全县第一名。2019年,新校区建设工作全面推进。3月份,龙岩市教育局批准高中部的筹设;新校区建设工程完成用地征迁及规划设计,12月份进行施工阶段;学校做好高中管理人员、师资的招聘储备工作,为高中的开办奠定人力资源基础。学校被集团公司评为2019年度先进工作单位,林裕良获集团公司二等功,谢启芳获集团公司三等功,陈笑蓉获上杭县优秀教师称号。

责任编辑: 袁发昌

文化 体育

■ 文化活动

【概况】 2019 年,上杭县文化馆举办"墨香迎春""杭川清风""记忆杭川""声动龙岩""'红古田'杯庆祝建国 70 周年合唱节""'爱我中华 热舞岩城'广场舞大赛""武林大会""经典诵读""守家训、树家风"等"文化上杭 2019 群文十大活动";举办上杭县己亥年祭孔大典、十番音乐闹元宵活动、百姓闹元宵文艺演出;举办春节"墨香迎春"书画展、"文化和自然遗产日"非遗图片展、非遗培训班;承办"龙岩民俗展演狂欢节"民俗展演活动、"上杭县庆祝新中国成立 70 周年暨全国第七个法定老年节文体展演";协办"中国·闽西(上杭)第三届世界客属龙舟文化旅游节欢动杭城"歌舞晚会、"中国·闽西(上杭)第三届世界客属龙舟文化旅游节客家武林大会"大型武术展演活动、"中国·闽西(上杭)第三届世界客属龙舟文化旅游节客家民俗(非遗)"展演活动。

【文艺创作】 2019 年,上杭县客家木偶艺术传习中心利用上杭人民会堂开展"月月有戏",让艺术走进人民,统筹组织各级各类文艺演出,引进精品剧目大型赣南采茶戏《寻路》、福建省杂剧团杂剧专场"幸福启航";根据传统节庆创排演出"上杭春晚百姓闹元宵";为传承优秀传统文化举办客家木偶艺术专场晚会"多彩偶苑",国家级非遗闽西汉剧折子戏专场演出《古韵流芳》;为弘扬客家文化举办客家民俗文化展演《客韵悠悠千年梦》;为返乡大学生创业举办"青春心向党 建功新上杭"晚会;为志愿者举办的晚会"公益助建美丽杭川 喜迎祖国七十华诞"等 20 台戏,受益观众达 10 万余人次;开展"百村巡演"活动,百村巡演开展以来,走遍全县 22 个乡镇的村村寨寨,丰富和活跃乡村文化生活,对乡风文明建设和振兴乡村提供精神动力;创作演出大型红色情景剧《胜利从古田开始》,该剧成为上杭县"不忘初心 牢记使命"主题教育的活动之一,在上杭人民会堂、古田五龙民俗广场和红古田剧场上演,在广东五华、蕉岭等省外巡演 10 场,从 2010 年至 2019 年演出近 2000 场。

上杭县图书馆举办第二十四个世界读书日暨第四届上杭读书节文艺晚会——书香诗意满杭川,举办首届一年级新生开笔礼和首届少儿背古诗比赛。全年举办文化讲座 40 余场次,其中客家讲坛 12 讲,红色文化讲坛 6 讲,圣地书香课堂 4 讲。举办"伟大的征程——纪念改革开放 40 周年报纸收藏展""第二届素笺雅韵——清代、民国著名学者手札展""中华人民共和国成立 70 周年图片展"等展览 13 场。免费开办"七十二贤公益读经班"168 课;开展"儿童快乐家园"系列儿童读书与益智活动 16 场;开展"黎黎姐姐讲故事"儿童品牌节目 24 场;开展快乐星期天系列活动 10 场和"快乐周末"影视欣赏节目 86 场。

县文联开展"温暖之城 福乐万家"系列活动之义务写春联活动;举办"向劳动者致敬"上杭县文艺志愿服务队走进蛟洋工业区书画创作暨捐赠活动;举办"中欧"论坛"新春送福"书画雅集;协助做好中国文艺评论家协会文艺志愿服务小分队赴福建上杭县开展"我们的中国梦——文化进万家"主题慰问活动启动仪式工作等。服务乡村,举办"三月三"官庄、庐丰畲族风情乡摄影采风活动;举办龙岩市美术家协会才溪写生基地揭牌仪式;举办"家训书法进农家"文艺志愿活动;组织县内 20 位书法家到才溪镇为下王村、下才村、溪北村的 60 位村民送上精心准备的家训书法作品;举办"浓情墨香迎新春 书写对联送祝福"活动。

志愿工作 2019 年,县文联"致敬爱情"为金婚夫妇义务摄影活动;"家训书法进农家"义务书写家训书法活动两项文艺志愿服务项目。组织"花开沃土"文艺志愿服务队在开展"浓情墨香迎新春 书写对联送祝福"活动;举办珊瑚乡开展义务写春联活动;举办学雷锋志愿服务一条街活动,县文联"花开沃土"志愿服务队开展"文艺书籍进社区"赠送活动,向社区居民赠送文艺书籍 600 余册等等。

服务作者 2019 年,举办中国国家博物院研究员陈履生授课"走进博物馆"和中国文联全委会委员、中国摄影家协会理事梁达明"如何欣赏一幅摄影作品"的讲座活动;举办"墨香迎春"张泉清中国山水画作品展;举办"瑰宝寻梦——闽西文物保护单位影像志"胡家新摄影作品巡回展;举办福建文学杂志社回访"上杭读者俱乐部"暨"文学下基层"活动;协助做好中国美协走进福建古田革命老区慰问采风创作活动。

创作指导 2019 年 6 月,上杭作者李迎春加入中国作家协会。县作家协会主办第三届李辉选文学奖暨首届李辉选少年作家奖颁奖仪式;上杭作家李迎春创作的红色少年小说

《红星别动队》获评福建省首届福建文学好书榜优秀图书;李迎春中篇小说《失踪家族》在《福建文学》2018年第5期头条发表,并入选《小说选刊》2018年第6期佳作搜索;李迎春中篇小说《大名府》由福建省作家协会推荐参评第七届鲁迅文学奖,这是龙岩市作家作品首次参评该国家级奖项。廖旭霞国画作品获得“生态龙岩 红色闽西”全国中国画作品展优秀奖;谢天茂入选“生态龙岩 红色闽西”全国中国画作品展。通过加强指导力度,提升上杭县全体文艺作者的创作高度。

表22

2019年上杭县文联文艺创作成果一览表

作品名称	作　者	文艺门类	发表、出版、展览、演出获奖情况
纪念古田会议召开90周年、古田全军政治工作会议召开5周年长诗《落雪的和声——古田,1929》	李迎春	文学	由海峡文艺出版社出版发行
中篇小说《友谊路2号》	李迎春	文学	发表于《福建文学》2019年第3期,并重点推介
短篇小说《去天宫山》	李迎春	文学	《厦门文学》2019年第3期
短篇小说《纸农场》	李迎春	文学	获得第32届福建省优秀文学作品榜暨第14届陈明玉文学榜中短篇小说上榜作品
散文诗《你在城中央》	李迎春	文学	分别发表于《闽西日报》(2019.1.15山茶花副刊)、《福建日报》(2019.1.29武夷山下)
散文《五月禾花香》	熊永富	文学	发表在“学习强国平台”“我和我的祖国”优秀征文栏目
小说《万物春生》	林为攀	文学	第四届李辉选文学奖冠军奖
报告文学《红色圣地 薪火相传—今日红古田的故事》	温云远	文学	发表于2019年省《红土地》杂志第8期
书法作品	邹泉生	书法	入选广东省书法家协会等主办的第二届“清远米芾杯”全国书法大展
书法作品	邹泉生	书法	入选由人民政协报社、福建省美术家协会、福建省书法家协会、政协厦门市翔安区委员会、台湾两岸和平文化艺术联盟总会主办的第七届“海峡杯”全国书画作品展
书法作品	邹泉生	书法	策划纪念华嵒诞生337周年暨庆祝华嵒书画社成立一纪秋竹峰书画周年闽籍当代书画名家作品邀请展活动,《书法报》2019.11.13第44期总第1791期作专题报道
书法作品	邹泉生 钟贵炳 黄儒林 温文茂 邹泉生 吴 曦 杨华林 何育元 丘仰文 张家贤 唐中文 郭建强 郭秀红 龚新城	书法	龙岩市政协等主办的龙岩市政协“翰墨颂盛世·庆祝改革开放40周年”书画作品展

续表22

作品名称	作 者	文艺门类	发表、出版、展览、演出获奖情况
书法作品	邹泉生 郭胜初	书法	龙岩市总工会等主办的2019年 龙岩市第三届“中国梦·劳动美”——“紫金杯”职工书画摄影作品展三等奖
书法作品	邹泉生	书法	龙岩市政协等主办的龙岩市政协庆祝新中国和人民政协成立70周年书画精品展。
诗词书法作品	丘仰文	书法	入选全国金融系统“但愿人长久”金融书法家中秋诗词联书法作品展
书法作品	温文茂	书法	入选福建省第二届“守望兰亭”书法作品展
书法作品	张红星	书法	第二届“润德奖”纪念毛泽东主席《七律·人民解放军占领南京》创作发表70周年全国书法大赛中获银奖
书法作品	郭胜初	书法	龙岩市司法局、龙岩市文学艺术界联合举办的龙岩市“与法同行 普天同庆”法治美术书法摄影作品展
书法作品	郭胜初	书法	2019年龙岩市第三届“中国梦·劳动美”——“紫金杯”职工书画摄影作品展三等奖
美术	张文忠	油画	入选徐悲鸿画院油画院庆祝新中国成立70周年油画展暨第二届年度展
美术	廖旭霞	国画	获得庆祝新中国成立70周年福建省美术、书法精品展优秀奖
美术	钟德福	国画	入选第十三届全国美展
美术	何美玲	国画	入选“美丽乡愁、山水福建”全国中国画展
美术	谢天茂	国画	获得客都梅州、风眠故里全国中国画作品展入会资格奖
美术	吴添禄 何美玲 黄 榕 谢天茂 杨一家 廖旭霞	国画	龙岩市政协“翰墨颂盛世·庆祝改革开放40周年”书画作品展
唐诗六首	张红星	摄影	龙岩市第二届“中国梦·劳动美”——“紫金杯”职工书画摄影作品展中作品入选并获“网络人气奖”
夜龙巡村	郭华昌	摄影	中国摄影报 2019.2.1
游龙闹春	张华明	摄影	中国摄影报走进龙岩入选
汀州打石公	蓝善祥	摄影	中国摄影报走进龙岩入选
多彩畲乡	郭华昌	摄影	中国摄影报走进龙岩入选
朝霞映山城	蓝善祥	摄影	首届红古田龙岩风情全国摄影大展
铸就金色梦想	蓝善祥	摄影	首届红古田龙岩风情全国摄影大展
梅花山雾凇	简晓金	摄影	首届红古田龙岩风情全国摄影大展
美丽旧县	简晓金	摄影	首届红古田龙岩风情全国摄影大展
汀江冬游	陈金来	摄影	首届红古田龙岩风情全国摄影大展
绿水青山好去处	张 兴	摄影	首届红古田龙岩风情全国摄影大展
驿路梅花	张飞扬	摄影	首届红古田龙岩风情全国摄影大展

续表22

作品名称	作　者	文艺门类	发表、出版、展览、演出获奖情况
梦幻西普陀	张勋功	摄影	首届红古田龙岩风情全国摄影大展
黄金城	赖志妍	摄影	首届红古田龙岩风情全国摄影大展
摔跤	华彩文	摄影	首届红古田龙岩风情全国摄影大展
汀江暮鼓	陈道红	摄影	首届红古田龙岩风情全国摄影大展
汀江绿道	郭华昌	摄影	首届红古田龙岩风情全国摄影大展
晨曦	罗金香	摄影	首届红古田龙岩风情全国摄影大展
上杭摩陀寨风光	谢钦游	摄影	首届红古田龙岩风情全国摄影大展
璀璨铜都	彭绪荣	摄影	首届红古田龙岩风情全国摄影大展
雪韵梅花山	丘开勇	摄影	首届红古田龙岩风情全国摄影大展
畲族少女	王飞燕	摄影	福建民族宗教2019年第一期
刺瓜满满	蓝善祥	摄影	首届"发现永春"全国摄影大赛
歌曲《扬帆远航》	作词:李迎春	音乐	获省委宣传部、省文联主办的福建省"庆祝新中国成立70周年"歌曲征集优秀作品

【文化遗产保护】 2019年,上杭县完成《官田李氏大宗祠保护规划方案》及《官田李氏大宗祠维修保护方案》编制,防雷工程方案已批复;官田李氏大宗祠消防、临江楼安防、毛泽东才溪乡调查旧址群安防工程方案报审中。2019年,争取到位上级不可移动文物维修补助经费1408.14万元,包括蛟洋红军医院旧址、南阳黄腊坑红军医院旧址、溪口大洋坝红军医院旧址等12处革命旧址将得至修缮保护。完成全国重点文物保护单位临江楼、省级文物保护单位上登回龙阁、上杭文庙建筑群(大成殿)维修。完成临江楼消防工程。完成5处17点文物申报第八批全国重点文物保护单位申报工作。共14处文物公布为上杭县第十五批县级文物保护单位。完成9次36处文物安全检查工作,发现隐患3处,即时整改2处。将省级文物保护单位早康会址作为上杭县智慧消防监控试点,实现远程监控、监测、预警等功能,重点部位实现自动灭火功能。完成全国重点文物保护单位官田李氏大宗祠远程监控试点,与省文物局并网监控。完成全县各文物保护单位的安全制度牌统一设计,统一制作,统一放置工作。完成上杭县红色文化遗存调查,登记不可移动红色文化遗存172处,可移动文物红色文化遗存2334件。毛泽东才溪乡调查纪念馆、县博物馆、县族谱馆全年共提供讲解服务2330多批次,接待游客305万人次,征集藏品1478件(套),举办各类展览57场。毛泽东才溪乡调查纪念馆与上杭县文旅公司就景区游客管理模式、景区讲解服务管理模式、文创产品开发合作模式及"想当年"小剧场使用等进行了深入研究探讨,达成馆司初步合作意向。县博物馆顺利完成库房搬迁工作。县族谱馆启动客家祖地族谱申报"世界记忆工程中国名录"工作。

【文化设施建设】 2019年,上杭县图书馆(新馆)提升工程列入县社会事业领域项目,总装修面积1.8万平方米,2019年完成所有隐蔽工程。全民健身项目上杭县客家缘11人制和5人制足球场及门球场通过竣工验收。实施文体惠民工程,在城区建设5个城市书房(杭川书房)投入使用,新建妇幼保健医院百姓读书吧和登凯豪庭百姓读书吧;新增中都镇知行书院分馆、珊瑚乡爱溪书院分馆、通贤镇分馆、临江镇分馆和党校分馆。

■ 档案

【概况】 2019年,上杭县档案部门做好档案接收保管,档案查阅利用等工作。

档案接收保管　2019年,制定《县级涉改部门和单位档案处置方案》,加大监督指导和行业监管力度,开展县级涉改部门和单位档案处置工作,保证上杭县机构改革档案得到妥善管理与处置,确保机构改革档案的完整与安全。全年接收进馆45家单位,纸质档案2.3万卷,数字化副本120万页。

档案查阅利用　全年接待社会各界查档人员1152人(次),提供档案2480卷5240页。

国际档案日主题宣传 2019年，上杭县档案馆在瓦子街广场举行以“新中国的记忆”为主题的“6·9”国际档案日宣传活动。现场共发放宣传小册子、宣传单、宣传折页、宣传纸袋等近2000份，《上杭红色记忆——上杭革命历史档案选萃》《上杭汀江风情画册》《毛泽东才溪乡调查口述史》《长征中的闽西儿女》等档案书籍500多本，在“上杭档案网”进行宣传，利用移动公司短信平台、上杭网微信平台，群发档案法律法规等相关知识的短信、微信18000多条。

档案馆机构改革完成 2019年，制定印发《上杭县档案馆职能配置、内设机构和人员编制规定》(杭委办发〔2019〕12号)，县档案局(馆)承担的行政职能划入县委办，不再实行局馆合一，上杭县档案局在中共上杭县委办公室加挂牌子。县档案馆为县委直属事业单位，规格为正科级，核定事业编制11名，设馆长1名、副馆长2名，内设股室4个。

【“杭川记忆——上杭珍贵档案展”建成】 2019年，上杭县建成龙岩市最大的以档案为主题的展览大厅——“杭川记忆——上杭珍贵档案展”，展览分为“明清档案”“民国档案”“革命历史档案”“新中国成立后至1978年的档案”“改革开放后档案”5个部分，以图文并茂、“声、光、电”结合的方式，展现回顾毛泽东等老一辈无产阶级革命家在上杭进行伟大革命实践，创立丰富的中国革命正确道路理论，在二十多年革命斗争中，上杭人民坚定跟着中国共产党，为中国人民的解放事业前赴后继，百折不回，新中国成立后，特别是改革开放以来，上杭人民在建设中国特色社会主义道路上的努力探索，以及中共十八大后，上杭在经济发展、城乡建设、扶贫攻坚、民生福祉、环境保护等方面取得卓著业绩。至年底，共对外开放接待三明泰宁、永春档案馆和广东大埔档案馆，以及县委党史方志研究室等县内外人员参观展览。

■ 志鉴编纂

【概况】 2019年，中共上杭县委党史和地方志研究室做好志鉴编修工作，发挥志鉴存史资政功能。

《上杭年鉴(2019)》编纂 《上杭年鉴(2019)》翔实记载2018年全县各行各业实施创新驱动、产业兴县、人才强县“三大战略”，打好项目落地、脱贫攻坚、生态环保“三大战役”，围绕实现“四个率先”、打造“四个上杭”所取得的新成就、新经验、新面貌，重点反映全县的大事、要事、新事和特事，着力体现时代特征、上杭特色、年度亮点。新时代有新作为，为顺应新形势，在《上杭年鉴(2018)》获得福建省精品年鉴的基础上，启动实施全国年鉴精品工程项目，把提升上杭年鉴编纂质量，树立质量意识，打造精品年鉴，作为今后一个时期上杭县党史方志工作的核心任务，以推动上杭县年鉴事业转型升级。为确保按时保质保量完成今年的年鉴编纂工作，县委党史和地方志研究室组织起草《〈上杭年鉴(2019)〉编纂方案》，并由县委办公室予以批转。同时完成《福建年鉴(2019)》《龙岩年鉴(2019)》有关上杭概况、特色条目的编写和图片征集工作，并及时上报省、市。

参加方志编纂工作经验交流 2019年，根据中指组和省委党史研究和地方志编纂办公室的安排部署，上杭县委党史和地方志研究室派人参加《上杭年鉴(2019)》篇目指导培训和年鉴编辑培训等。

【《上杭年鉴(2018)》获评为全国二等年鉴】 2019年11月3日，在全国第三次年鉴工作会上，中国地方志指导小组对全国第六届地方志优秀成果(年鉴类)进行通报表扬。《上杭年鉴(2018)》通过层层筛选，从全国400余部综合年鉴中脱颖而出，获评二等年鉴，成为全国36部获此殊荣的县区年鉴之一。综合年鉴是一个地方的百科全书，编纂出版综合年鉴是党史方志机构的法定职责。《上杭年鉴》创刊20多年来，已连续编纂出版25部，累计字数1800多万字，全面、准确、系统地记载上杭改革开放及科学发展的伟大历程，成为各级各部门以及社会各界人士了解上杭、研究上杭的重要资料性文献。《上杭年鉴(2018)》设28个类目、175个分目、1008个条目，共70万字。

【《上杭县统计年鉴(2019)》出版】 2019年10月，《上杭县统计年鉴(2019)》出版发行，该书由县统计局、国家统计局上杭调查队承编，经龙岩市文化广电新闻出版局批准。该鉴是一部综合反映上杭县国民经济和社会发展情况的资料年刊，主要收录上杭县2018年和中华人民共和国成立以来重要年份经济社会发展的主要统计数据，以及全省各县市2018年的主要统计数据。全书内容涵盖县域经济、国民经济核算、人口与劳动力、固定资产投资、人民生活、财政、金融、保险、农业、工业、建筑业、交通运输、邮电业、国内贸易、外经、旅游、科技、教育、文化、体育、卫生、社会福利与其他社会事业、物价指数，各乡镇主要经济指标、中华人民共和国成立以来主要经济指标、全市各县(市、区)主要经济指标、全省各县市主要经济指标、全省苏区县市资料及附录等内容。在正文的前面附有主要指标的统计图，在大部分篇章的后面附有主要统计指标解释。

【乾隆二十三年《上杭县志》校注本重印出版】 2019年12月，清朝顾人骥总纂、唐鉴荣校注、县长王波作序的《上杭县志》(乾隆二十三年)校注重印本由线装书局出版发行。

《上杭县志》(乾隆二十三年)全书设13卷，记述有杭以来的典章文献、建置境域、山川里图等内容。其中保存上杭以至闽西大量地方文史资料。校注本对文字再进行规范，增加注释，使之成为一部明白易懂的县情教育读本，对推进上杭文化强县建设以及推动该县经济、旅游和海内外乡亲寻根谒祖发挥积极作用。至此上杭全面完成旧志点校工作任务。

【中国影像方志(上杭篇)在央视播出】 2019年12月25日,《中国影像方志——福建卷·上杭篇》在CCTV-10播出。该纪录片借鉴地方志的体例风格,通过影像记录上杭县独特的历史文化、社会发展、经济建设、生态文明等方面取得的巨大成就,展示上杭县丰富多彩的文化,讲述可歌可泣的上杭故事,彰显党史方志在宣传红色文化中的独特作用,被列入中宣部中华优秀传统文化传承发展重点选题。

■ 广播影视

【概况】 2019年,上杭县融媒体中心电视新闻在上级主流媒体上稿排名龙岩市第三。广播上稿居龙岩市第一、福建省第十,被评为全省十强县级台。纸媒方面,《福建日报》上稿居福建省第八、《闽西日报》上稿位列龙岩市第三。4月福建省广播影视集团授予中心2018年度"全省融媒体新闻协作先进县级台"称号,2019年4月福建日报社授予中心2018年度"十佳报道组"称号,2019年8月中心报送的作品《郭永富:父债子还尽显诚信美德》获福建新闻奖三等奖。

【新闻宣传事业建设】 2019年,上杭县融媒体中心新建融媒体指挥调度平台、融媒体演播制作平台、融媒体创作空间建设,拥有报刊、广播频率、电视频道、新闻网站、楼宇电视、微信、微博、客户端、抖音、手机报等各类媒体平台资源,并实现一次采集、多种生成、多元传播、融合发展的运作目标。在龙岩市率先入驻中央广播电视总台旗下的"央视新闻+"和5G新媒体平台"央视频",福建省广播影视集团旗下的"海博TV","学习强国"平台指定的上杭唯一供稿单位。

■ 体 育

【概况】 2019年,上杭县在体育设施建设,全民健身活动、竞技体育等方面取得长足进步。

2019年,上杭县实施中央集中彩票公益金转移支付地方支持全民健身设施项目"客家缘5人制足球场"投入使用。省为民办实事项目中都镇罗溪村、临城镇城西社区2个多功能运动场,临城镇城南社区门球场,临江镇镇南社区笼式足球场均已交付使用。县2018年为民办实事项目"8个示范点和30个薄弱村文体设施提升工程"完成器材安装投入使用。

至2019年年底,全县体育场地总面积112万平方米,人均场地面积2.99平方米,各类体育场地1296个。体育中心综合体育馆主体结构完成封顶,水上运动中心跳水馆完成跳水池和地下部分施工,开始地面工程施工。

2019年,开展全民健身赛事活动59项,组织全民健身培训100多场次,组织参加上级和兄弟单位举办的各项比赛、活动25场次。成功举办中国闽西(上杭)世界客属龙舟文化节、福建省青少年赛艇皮划艇锦标赛、上杭县片区农民文化体育节等大型赛事活动,上杭县汀江水域游泳邀请赛吸引全国各地游泳爱好者纷至沓来,在全县机关、企事业单位组织开展工间操活动。社会组织日益健全。加强各类体育协会的指导和管理,根据《全民健身赛事活动经费扶持办法(试行)》扶持各协会开展活动。12月,在全县各乡镇文化站挂牌全民健身指导站点,配备2名以上社会体育指导员,配发订制服装。

【竞技体育】 2019年,上杭县向上输送运动员共34人,其中市级31人、省级2人,国家级1人。当年参赛运动员获得世界大赛冠军1人次,亚洲大赛冠军1人次,全国大赛冠军12人次,省级大赛冠军15人次。承办好全市羽毛球、网球锦标赛。

【体育产业】 2019年,上杭县体育中心、全民健身中心等重点体育场地加快推进完善,乡镇健身步道等公共户外运动设施建设覆盖面扩大,世界客属龙舟文化旅游节等传统品牌赛事逐步形成以"赛"育"游",以"游"促"赛"的产业发展机制。城区范围内的汀江绿道、紫金公园步道、石壁寨登山步道、西普陀登山步道等体育健身项目,古田红色小镇、步云乡梅花山、湖洋镇观音井等体育休闲旅游项目,招商引进的上杭汀江摩托艇运动基地、水上乐园、体育创意园项目等特色体育项目,都为发展体育休闲旅

2019年7月12—15日,福建省青少年赛艇、皮划艇静水锦标赛在上杭举行
(县文旅局供图)

2019 年 9 月 25—28 日，中国闽西（上杭）第三届世界客属龙舟文化节在上杭举行　（县文旅局供图）

游产业有较大发展潜力和空间。2019 年，上杭县被评为福建省体育产业示范基地。

【2019 年福建省青少年赛艇、皮划艇静水锦标赛】　2019 年 7 月 12—15 日、19—22 日，由福建省体育局主办，龙岩市体育局、上杭县人民政府承办，上杭县文化体育和旅游局协办的 2019 年福建省青少年赛艇、皮划艇静水锦标赛分别在上杭县举行。来自福建省 9 个赛区共 500 多名选手参赛。

【中国・闽西（上杭）第三届世界客属龙舟文化旅游节】　2019 年 9 月 25—28 日，由福建省体育局、福建省文化和旅游厅、福建省海峡文化研究会、福建省客家研究联谊会、龙岩市人民政府主办，龙岩市体育局、龙岩市文化和旅游局、商务局、闽西客家联谊会、中共上杭县委、上杭县人民政府承办的“中国・闽西（上杭）第三届世界客属龙舟文化旅游节”在上杭县成功举办。此次龙舟文化旅游节包括第三届世界客属龙舟邀请赛、第二届东南地区海峡两岸（上杭汀江）公开水域游泳邀请赛、首届客家米酒文化博览会、客家美食节、欢动杭川大联唱、客家武林大会、客家民俗（非遗）展演、祭孔大典、“客韵悠悠千年梦”客家民俗文艺演出等系列活动，邀请上级领导嘉宾、参赛队伍等近 600 人参加。

【第十四届片区农民文化体育节】　2019 年 12 月 18 日，上杭县第十四届东南片区“农民文化体育旅游节”在蓝溪镇举行。该活动由蓝溪镇党委、政府主办，中都镇、下都镇、庐丰畲族乡、稔田镇、茶地镇、溪口镇、太拔镇等 7 个乡镇党委、政府共同协办。活动以“农村兴・农业旺・农民欢”为主题，主要包括文化踩街、开幕式、乡村旅游景点推介展、农民书画展、广场健身舞比赛、农运会比赛、民间文艺会演等活动。

2019 年 12 月 18 日，上杭县第十四届东南片区“农民文化体育旅游节”在蓝溪镇举行　（县文旅局供图）

表 23

2019 年上杭县运动员参加省以上运动竞赛成绩情况表

姓　名	项目	性别	代表单位	竞赛名称	时间	竞赛地点	参赛小项	成绩
林夏莲	划艇	女	中国	2019 年女子划艇世界杯	5 月	匈牙利	U18 组女子 500 米双人艇	二

续表23

姓　名	项目	性别	代表单位	竞赛名称	时间	竞赛地点	参赛小项	成绩
林夏莲	划艇	女	中国	2019年女子划艇世界杯	5月	匈牙利	U18组女子500米单人艇	三
林夏莲	划艇	女	中国	2019年女子划艇世界杯	5月	匈牙利	U18组女子200米单人艇	四
林夏莲	划艇	女	中国	2019年女子划艇世界杯	5月	匈牙利	U18组女子200米双人艇	三
林夏莲	划艇	女	中国	2019年世界青年锦标赛	8月	罗马尼亚	U18组500米单人划艇	二
林夏莲	划艇	女	中国	2019年世界青年锦标赛	8月	罗马尼亚	U18组200米单人划艇	三
林夏莲	划艇	女	中国	2019年皮划艇国际青年赛	8月	德国勃兰登堡	U18组女子500米双人划艇	二
林夏莲	划艇	女	中国	2019年皮划艇国际青年赛	8月	德国勃兰登堡	U18组女子200米双人划艇	三
林夏莲	划艇	女	福建	2019年皮划艇静水锦标赛	9月	北京顺义	U20组500米男女双人划艇	三
林夏莲	划艇	女	福建	2019年皮划艇静水锦标赛	9月	北京顺义	U20组500米女子双人划艇	二
林夏莲	划艇	女	中国	2019年国际划联皮划艇静水锦标赛	9月	北京顺义	女子单人划艇500米	一
林夏莲	划艇	女	中国	2019年国际划联皮划艇静水锦标赛	9月	北京顺义	女子单人划艇200米	二
龚晓锋	击剑	男	福建	亚洲青少年击剑锦标赛	3月	约旦	男子重剑团体	一
江美婷	水球	女	福建	亚洲第十届U17青少年女子水球锦标赛	5月	宝鸡	女子水球团体	四
范梦艳	羽毛球	女	福建	2019年全国羽毛球冠军赛	5月	陕西	女子团体	五
沈雅冰	羽毛球	女	福建	2019年全国羽毛球锦标赛	12月	安徽	女双	五
沈雅冰	羽毛球	女	福建	2019年全国羽毛球冠军赛	5月	陕西	女子团体	五
黄琼慧	羽毛球	女	福建	2019年全国羽毛球锦标赛	12月	安徽	女子团体	三
龚晓锋	击剑	男	福建	第二届全国青年运动会	8月	山西	体校组男子重剑团体	二
龚晓锋	击剑	男	福建	2018—2019年赛季全国击剑冠军赛(总决赛)	9月	上海	男子重剑团体	一
龚晓锋	击剑	男	福建	2018—2019年赛季全国击剑冠军赛(第一站)	9月	上海	男子重剑	一
徐　甜	击剑	女	福建	2019年全国击剑冠军赛	9月	上海	女子重剑团体	八
徐　甜	击剑	女	福建	2019年全国击剑总决赛	9月	上海	女子重剑个人	七
徐　甜	击剑	女	福建	2020年全国击剑总决赛	9月	上海	女子重剑团体	七
王威发	击剑	男	福建	2019—2020赛季全国击剑冠军赛(第一站)	12月	福州	成年男子花剑个人	三
王威发	击剑	男	福建	2018—2019年赛季全国击剑冠军(总决赛)	9月	上海	成年男子花剑团体	二

续表23

姓 名	项目	性别	代表单位	竞赛名称	时间	竞赛地点	参赛小项	成绩
王威发	击剑	男	福建	2018—2019 年赛季全国击剑冠军(总决赛)	9 月	上海	成人组男子花剑团体	八
王威发	击剑	男	福建	2018—2019 年赛季全国击剑冠军赛暨二青会预赛第一站	4 月	浙江	男子花剑团体	二
梁文希	击剑	男	福建	2019—2020 赛季全国击剑冠军赛(第一站)	12 月	福州	成年男子花剑团体	二
张 军	拳击	男	福建	2019 年全国自由搏击锦标赛	4 月	广东揭阳	男子 63.5KG	五
张 军	拳击	男	福建	2019 年中国自由搏击职业联赛年度总决赛	12 月	深圳宝安	男子 63.5KG	一
李琴娜	水球	女	福建	2019 全国女子水球冠军联赛	3 月	黄石	女子水球	五
李琴娜	水球	女	福建	第二届全国青年运动会	7 月	广东顺德	女子乙组水球	一
李琴娜	水球	女	福建	全国青少年水球冠军赛暨第二届全国青年运动会预选赛	3 月	广西南宁	女子乙组	二
江美婷	水球	女	福建	全国青少年水球冠军赛暨第二届全国青年运动会预选赛	3 月	广西南宁	女子甲组	六
江美婷	水球	女	福建	2019 全国女子水球冠军赛	5 月	宝鸡	女子水球团体	五
江美婷	水球	女	福建	2019 全国女子水球锦标赛	3 月	黄石	女子水球	五
江美婷	水球	女	福建	2019 全国女子水球冠军联赛	3 月	黄石	女子水球	五
江美婷	水球	女	福建	第二届全国青年运动会	7 月	广东顺德	女子甲组水球	六
陈怡轩	铁三	女	福建	第二届全国青年运动会铁人三项(二青会资格赛)第一站	4 月	江西德兴站	体校组乙组女子游跑两项	一
蓝权辉	铁三	男	福建	第二届全国青年运动会铁人三项(二青会资格赛)第一站	4 月	江西德兴站	体校组乙组男子超短距离	三
陈荣恒	铁三	男	福建	第二届全国青年运动会铁人三项(二青会资格赛)第一站	4 月	江西德兴站	社会组男子甲组短距离	二
池欣珏	铁三	女	福建	第二届全国青年运动会铁人三项(二青会资格赛)第一站	4 月	江西德兴站	社会组乙组混合接力	二
林子怡	铁三	女	福建	第二届全国青年运动会铁人三项(二青会资格赛)第一站	4 月	江西德兴站	社会组乙组混合接力	二
林子怡	铁三	女	福建	第二届全国青年运动会铁人三项(二青会资格赛)第一站	4 月	江西德兴站	社会组乙组女子游跑两项	四
池欣珏	铁三	女	福建	第二届全国青年运动会铁人三项(二青会资格赛)第一站	4 月	江西德兴站	社会组乙组女子游跑两项	五
张鸿明	铁三	男	福建	第二届全国青年运动会铁人三项(二青会资格赛)第一站	4 月	江西德兴站	社会组乙组男子游跑两项	六
郭雅妮	铁三	女	福建	第二届全国青年运动会铁人三项(二青会资格赛)第一站	4 月	江西德兴站	社会组乙组女子游跑两项	七
陈怡轩	铁三	女	福建	第二届全国青年运动会铁人三项(二青会资格赛)第二站	5 月	河南睢县	体校组乙组女子游跑两项	一

续表23

姓　名	项目	性别	代表单位	竞赛名称	时间	竞赛地点	参赛小项	成绩
蓝权辉	铁三	男	福建	第二届全国青年运动会铁人三项(二青会资格赛)第二站	5月	河南睢县	体校组乙组男子超短距离	八
阙鸿辉	铁三	男	福建	第二届全国青年运动会铁人三项(二青会资格赛)第二站	5月	河南睢县	社会组男子乙组短距离	八
林子怡	铁三	女	福建	第二届全国青年运动会铁人三项(二青会资格赛)第二站	5月	河南睢县	社会组女子乙组游跑	二
池欣钰	铁三	女	福建	第二届全国青年运动会铁人三项(二青会资格赛)第二站	5月	河南睢县	社会组女子乙组游跑	三
张鸿明	铁三	男	福建	第二届全国青年运动会铁人三项(二青会资格赛)第二站	5月	河南睢县	社会组男子乙组游跑两项	四
郭雅妮	铁三	女	福建	第二届全国青年运动会铁人三项(二青会资格赛)第二站	5月	河南睢县	社会组女子乙组游跑	五
阙鸿辉	铁三	男	福建	第二届全国青年运动会铁人三项(二青会资格赛)第三站	7月	嘉峪关	社会组乙组男子超短距离	二
郭雅妮	铁三	女	福建	第二届全国青年运动会铁人三项(二青会资格赛)第三站	7月	嘉峪关	社会组女子乙组超短距离	三
蓝权辉	铁三	男	福建	第二届全国青年运动会铁人三项	8月	山西芮城	体校组乙组男子超短距离	一
陈荣恒	铁三	男	福建	第二届全国青年运动会铁人三项	8月	山西芮城	社会组男子甲组短距离	一
张鸿明	铁三	男	福建	第二届全国青年运动会铁人三项	8月	山西芮城	社会组男子乙组游跑两项	三
阙鸿辉	铁三	男	福建	第二届全国青年运动会铁人三项	8月	山西芮城	社会组男子乙组超短距离	五
池欣珏	铁三	女	福建	第二届全国青年运动会铁人三项	8月	山西芮城	社会组女子乙组游跑两项	三
林子怡	铁三	女	福建	第二届全国青年运动会铁人三项	8月	山西芮城	社会组女子乙组游跑两项	四
郭雅妮	铁三	女	福建	第二届全国青年运动会铁人三项	8月	山西芮城	社会组女子乙组超短距离	五
陈怡轩	铁三	女	福建	第二届全国青年运动会铁人三项	8月	山西芮城	体校组乙组女子游跑两项	六
池欣珏	铁三	女	福建	第二届全国青年运动会铁人三项	8月	山西芮城	社会组乙组混合接力	一
林子怡	铁三	女	福建	第二届全国青年运动会铁人三项	8月	山西芮城	社会组乙组混合接力	一
林　鸿	激流	男	福建	第二届全国青年运动会激流皮划艇	5月	江西南昌	男子全能团体	一
郑桂鸿	赛艇	男	福建	第二届全国青年运动会赛艇	5月	江西南昌	男子乙组双人单桨2000M	三
郑桂鸿	赛艇	男	福建	第二届全国青年运动会赛艇	5月	江西南昌	男子乙组四人双桨2000米	五
郑桂鸿	赛艇	男	福建	全国青年赛U系列	5月	山东潍坊站	男子甲组四人双桨2公里	四

续表23

姓　名	项目	性别	代表单位	竞赛名称	时间	竞赛地点	参赛小项	成绩
郑桂鸿	赛艇	男	福建	全国赛艇锦标赛U20组	5月	北京顺义	男子四人双桨2000米	五
林夏莲	皮划艇	女	福建	第二届全国青运会奥运项目	4月	四川广安	女子乙组划艇500米单人艇	一
范秀玲	划艇	女	福建	2019年皮划艇静水锦标赛	9月	北京顺义	U20组500米女子4人皮艇	四
范秀玲	划艇	女	中国	2019年全国皮划艇静水青年锦标赛U暨列比赛	9月	北京顺义	女子甲组单人皮艇500米	八
范秀玲	划艇	女	中国	2019年全国皮划艇静水青年锦标赛U暨列比赛	9月	北京顺义	女子甲组单人皮艇200米	八
林隆彪	蹦床	男	福建	全国蹦床锦标赛	5月	天津	男子网上团体	三
廖罗凯	体操	男	福建	2019年第二届青年运动会	8月	山西	男子甲组鞍马	五
孔令威	体操	男	福建	2019年第二届青年运动会	8月	山西	男子乙组跳马	七
蓝鑫涛	蹦床	男	福建	2019年第二届青年运动会	8月	山西	体校乙组男子蹦床团体	四
蓝鑫涛	蹦床	男	福建	2019年第二届青年运动会	8月	山西	体校乙组男子双蹦床团体	六
蓝鑫涛	蹦床	男	福建	2019年第二届青年运动会	8月	山西	体校乙组男子蹦床个人	四
蓝鑫涛	蹦床	男	福建	2019年第二届青年运动会	8月	山西	体校乙组男子双蹦床个人	三
蓝鑫涛	蹦床	男	福建	2019年第二届青年运动会	8月	山西	体校乙组男子双人同步	二
陈嘉烁	蹦床	女	福建	2019年第二届青年运动会	8月	山西	社会俱乐部乙组女子蹦床团体	二
陈嘉烁	蹦床	女	福建	2019年第二届青年运动会	8月	山西	社会俱乐部乙组女子双蹦床团体	八
陈嘉烁	蹦床	女	福建	2019年第二届青年运动会	8月	山西	社会俱乐部乙组女子双蹦床个人	六
陈嘉烁	蹦床	女	福建	2019年第二届青年运动会	8月	山西	社会俱乐部乙组女子双人同步	二
陈嘉烁	蹦床	女	福建	2019年第二届青年运动会	8月	山西	社会俱乐部乙组女子蹦床个人	四
孔令威	体操	男	福建	2019年第二届青年运动会	8月	山西	体操总积分	五
孔令威	体操	男	福建	2019年第二届青年运动会	8月	山西	体操总积分	五
张姝婷	跳水	女	福建	2019年全国少年儿童跳水冠军赛	1月	湖南长沙	女子乙A组5米台	二
张姝婷	跳水	女	福建	2019年全国少年儿童跳水冠军赛	1月	湖南长沙	女子乙组跳台双人	三

责任编辑：王冬英

卫生健康

■ 综述

【概况】 2019年，上杭县有医疗机构29个，其中县直公立医疗单位4个（二级甲等综合医院1个、二级甲等中医医院1个），乡镇卫生院21个（中心卫生院6个），社区卫生服务中心1个，民营医院3个，个体诊所42个，口腔门诊部2个，村卫生所（室）378个，在岗乡村医生495人。全县开设床位2056张，工作人员3021人，其中卫技人员2129人。全县医疗业务用房13.64万平方米，生活用房7.26万平方米，医疗设备2.72亿元。全县医疗单位业务收入4.33亿元（医疗收入2.82亿元，药品收入1.51亿元），其他收入637万元。

【简政放权】 2019年，上杭县卫生健康局行政审批和公共服务事项67项，便民服务事项1项，全部进驻县行政服务中心统一办理。全年办理各类行政审批2095件，办理老年人优待证1686张。

【公立医疗机构改革】 *县公立医疗机构管理委员会进入实质性运行* 2019年，上杭县医管委发挥职能作用，修订《上杭县公立医疗机构工资总额构成核定办法（试行）》等系列政策文件，统筹推进县域公立医疗机构综合改革相关工作。是年，继续对县医院、中医院实行院长目标绩效年薪制，院长绩效年薪全部由县级财政承担。通过实行县级公立医院院长目标年薪制，落实县级公立医院管理自主权，履行公立医院法人治理责任，调动县级公立医院院长积极性和主动性，完成公立医院各项目标任务。

临床路径改革 2019年，上杭县级公立医院规范实施临床路径管理工作，将平均住院日、30日再住院率、再手术率、并发症与合并症等指标纳入监控范围，并列入对临床科室考评指标，促进合理检查、合理治疗、合理用药，缩短住院天数，使出院病人次均费用更趋合理。全年完成实施路径管理31710人次。

【医疗安全及质量管理】 2019年，上杭县加强医疗安全及医疗质量监管，开展医疗质量、院感管理检查，确保医疗安全工作职责明确、管理到位；强化医疗业务培训与演练，提升医疗服务能力和水平；开展医疗服务专项整治活动，规范医疗服务行为；加强麻精药品临床使用管理，杜绝麻精药品流入非法渠道；落实小型医疗机构医疗废物“小箱进大箱”制度，医疗废物集中无害化处置覆盖率100%；落实医疗机构未被污染输液袋（瓶）回收处置；开展医患矛盾纠纷排查，公立医疗机构医疗责任保险参保率100%。在全市率先出台实施《村卫生所个体诊所医疗责任保险统保工作实施方案》，拓宽基层医患矛盾纠纷化解渠道，发挥医疗责任保险辅助社会管理功能；落实建档立卡农村贫困人口大病救治政策，县定点医院开通绿色通道，实施“先诊疗后付费”和“一站式”结算服务；开展“平安医院”建设，坚决打击破坏医院工作秩序违法行为，营造和谐医疗服务环境。全年未发生重大医疗安全事故。

2019年，上杭县医院胸痛中心通过中国胸痛中心联盟评审认证，县医院临床路径管理举措与成效被市卫健委作为典型经验在全市交流。县医院肾内科、县中医院眼科被市卫健委评为“龙岩市县级重点专科”（全市5个）。

【疾病预防控制】 2019年，上杭县报告乙、丙类传染病2893例，其中，手足口病1653例，其他感染性腹泻219例，流行性感冒318例，流行性腮性炎51例，急性出血性结膜炎22例，风疹2例，病毒性肝炎208例，梅毒174例，活动性肺结核145例（其中新发涂阳54例），疟疾4例，淋病40例，痢疾23例，艾滋病29例，布病6例，伤寒+副伤寒13例，猩红热3例，麻疹1例，登革热1例，钩体病1例，传染病总发病率771.47/10万。全县接种免疫规划疫苗126226剂次，接种非免疫规划疫苗57287剂次。通过人口死亡信息系统监测显示全县居民报告死亡率803.2/10万。通过肿瘤登记直报信息管理系统显示全县报告新发恶性肿瘤2429例，发病居前五位恶性肿瘤依次是肺癌、肝癌、直肠癌、食管癌、结肠癌。

【医疗卫生人才引进】 2019年，上杭县面向社会公开招聘20名医疗卫生人员充实到医疗卫生机构。定向培养本科层次临床医学人才14名，专科层次医学影像技术人才4名，引进一流医科大学优秀毕业生3名，发放人才补助28.2万元，招聘4名特岗全科医生服务偏远乡镇卫生院，缓解乡镇卫生院人员不足问题。

【乡村医生队伍建设】 2019年，上杭县406家村卫生所(室)和个体诊所的乡村医生统一参加医疗责任保险，县财政给予补助，为乡村医生营造良好执业环境。

【家庭医生签约】 2019年，上杭县贯彻落实《龙岩市推进家庭医生签约服务十条意见》要求，制订工作方案，督查推进履约服务。全年全县签订家庭医生服务173965人，签约率46%；重点人群签订家庭医生服务115698人，签约率70%。其中，0~6岁签约22345人、65岁及以上老年人签约41769人、孕产妇签约2541人、慢性病签约53840人、严重精神障碍签约1460人、残疾人签约6583人、计划生育特殊家庭签约人数116人、建档立卡贫困人口签订家庭医生服务19024人，签约率100%，建档立卡贫困人口履约率100%。

【中医药工作】 2019年，上杭县新建基层中医馆3家。组织15名中医医术确有专长人员参加福建省中医医术确有专长人员医师资格考核。

公共卫生

【公共卫生体系建设】 2019年，上杭县加大农村及城区医疗卫生服务设施建设。实施才溪镇中心卫生院门诊病房综合楼和旧县镇卫生院整体搬迁业务用房建设，计划建筑面积11300平方米，计划投资3600万元；启动蓝溪、中都、溪口、通贤4个乡镇卫生院“暖医工程”建设，建筑面积3750平方米，投资934万元；继续推进县医院整体搬迁项目，完成投资近6亿元。启动上杭县医院古田分院(一期)建设项目。

【基本公共卫生服务均等化】 2019年，上杭县按照《国家基本公共卫生服务规范(第三版)》要求，规范实施15大类基本公共卫生服务项目。全年全县建立居民电子健康档案371985份，建档率99.45%；免费为城乡居民提供健康教育宣传咨询服务；建立预防接种证42025人，建证率100%；接受1次以上健康管理0~6岁儿童53959人，儿童健康管理率81.26%；孕产妇健康管理5309人，产后访视率93.25%；接受健康管理老年人40117人，老年人健康管理率68.69%；高血压患者规范管理34444人，规范管理率90.14%；2型糖尿病患者规范管理9371人，规范管理率87.46%；按照规范要求管理的严重精神障碍患者1812人，严重精神障碍患者规范管理率96.33%；管理肺结核患者151人，管理率99.34%；65岁以上老年人和0~36个月儿童中医药健康管理服务覆盖率45%；传染病报告率、报告及时率100%，突发公共卫生事件报告率100%；卫生计生监督协管目标人群覆盖率100%。

【爱国卫生工作】 2019年8月，上杭县创建国家卫生县城工作通过省级技术评估评审。步云、蓝溪、稔田、蛟洋、通贤和南阳6个乡镇创建省级卫生乡镇通过市级验收评估。步云乡上福村等84个村(居)创建省级卫生村创建工作通过评估命名。

【社会心理服务体系建设】 2019年，上杭县启动社会心理服务体系建设试点，县、乡、村三级成立工作组。建成县直单位干部职工心理健康咨询室3个、乡镇社会心理健康服务工作站6个、村(社区)心理咨询室或社会工作室建设任务105个、精神专科医院2个和乡镇卫生院心理健康门诊6个，改造完善中小学心理辅导室17个。

【妇幼健康服务】 2019年，上杭县推进妇幼公共卫生工作，农村妇女和城市已婚低保妇女“两癌”检查4600人，农村适龄妇女免费增补叶酸4166人；免费产前血清筛查1869人，超声初筛1437人；地中海贫血筛查2803对，其中基因诊断104对，产前诊断5例；婚前医学检查2538对、孕前优生健康检查2255人。上杭县妇幼保健院搬迁投入使用，2019年4月开放产儿科病房。引进福建上杭安儿宝健康管理有限责任公司进驻上杭县妇幼保健院，设立全县首家月子中心，2019年6月营业。

【卫生监督】 医疗卫生监督 2019年，上杭县有传染病防治被监督单位474家，其中医疗机构472家，疾控机构1家，单采血浆站1家；完成全县医疗卫生机构国家“双随机”监督任务25家，传染病防治双随机监督检查任务22家，医疗机构传染病综合评价86家。

公共场所卫生监督 2019年，对全县公共场所经营单位进行建档，建档率100%；完成公共场所卫生许可

195户，供水单位卫生许可1户；公共场所应监督户数388户，监督户数388户，覆盖率100%；完成年度公共场所“双随机一公开”监督和抽检任务数382户。

生活饮用水卫生监督　2019年，全县供水单位应监督户数35户，其中集中式供水单位26户，二次供水单位9户；监督覆盖率100%。完成本年度饮用水卫生“双随机一公开”监督和抽检任务数22户，实际监督22户检测22户，完成率100%，完结率100%。

学校卫生监督　2019年，全县完成80所学校日常卫生健康监督全覆盖，完成11所学校国家随机抽检监督工作和4所校外培训机构、9所托幼机构采光照明“双随机”抽检工作，监督80户次，发出《卫生监督意见书》68份。

放射诊疗卫生监督　2019年，全县有放射诊疗医疗卫生机构28家，其中医疗机构27家、疾控机构1家。有放射工作人员88人，均取得放射工作人员证和接受个人剂量监测。完成28家医疗卫生机构放射诊疗检查，放射诊疗许可、工作场所和个人防护、质量控制均比往年有较大改观。

餐饮具集中消毒服务单位的监督　2019年，全县工商登记有餐具、饮具集中消毒服务企业34家。各企业均落实“大数据”信息录入和实行“一企一码”可追溯体系建设工作。

■ 计生服务

【概况】　2019年，上杭县总人口545997人，育龄妇女129550人，已婚育妇103036人。出生6759人，出生率12.39‰，自然增长率7‰，政策内出生6165人，政策符合率91.21%。男性出生3684人，女性出生3075人，出生性别比119.8∶100。

【计划生育家庭扶助】　2019年，上杭县兑现各类计划生育奖励扶助、特别扶助17207人，发放各项奖扶金、救助金1197.06万元。县级计划生育家庭公益金按《上杭县计划生育家庭公益金管理办法（试行）》规定，对独生子女户、农村二女扎户及计划生育特殊家庭患有恶性肿瘤、白血病等30种重大疾病共救助82人，救助金额164万元。独女户、二女户中考加分389人。全县农村独女、二女户计划生育家庭22641人和特殊家庭137人免费享受城乡基本医疗保险，10847户农村独生子女家庭享受补助150元，财政共投入663.821万元。

【计生协会】　2019年，上杭县计生协会围绕党委政府人口目标，推进计生协会“六项重点任务”，深化生育关怀行动，打造民生服务品牌，全面完成省、市、县计划生育目标管理责任指标任务。8月，协会李华林被福建省人口与计划生育领导小组评为全省计划生育协会先进个人。

【计生宣传服务】　2019年，上杭县计生协会利用微信公众号新媒体，刊发有关相关政策宣传、协会信息；在三八妇女节、母亲节、“5·29”会员活动日、“7·11”世界人口日开展形式多样、内容丰富的宣传服务活动，发放宣传材料6000余份、提供政策法规咨询3000多人次。在国家、省、市、县新闻媒体载体等投稿，上报市级以上各类有关计生协会的优惠政策、典型事例、经验做法等信息163篇，被媒体刊登的有96篇，其中国家、省级23篇、市级14篇，县级28篇。

【生育关怀行动】　幸福工程项目　2019年，上杭县开展两批次“幸福工程——帮扶计生母亲行动”项目，发放帮扶资金117万元，帮扶35名贫困计生母亲走上致富路。

计生家庭意外保险工作　2019年，严格按照要求进行公开招投标，

2019年5月27日，上杭县计生协会在茶地镇举办“幸福工程——帮扶计生母亲行动”项目款发放仪式　（县计生协会供图）

2019 年 12 月 11 日，上杭县计生群众向上杭县计生协会赠送锦旗

（县计生协会供图）

确定承保的保险公司，在全县继续为符合条件的计生户免费办理“生育关怀——计划生育家庭意外伤害保险”。2019—2020 年度实施计生家庭意外伤害保险 18310 户，投入金额 91.55 万元。为女方年龄 45 周岁以上失独家庭 42 户 68 人免费办理住院护理险。

儿童早期发展教育项目工作　2019 年，继续开展儿童早期发展项目工作，建立儿童早期发展教育师资库，全县 17 个项目点下拨资金用于开展儿童早期发展教育工作，各乡镇根据师资库自行选择专家老师对所在乡镇 0~3 岁婴幼儿开展早教工作，惠及全县 1000 多名 0~3 岁婴幼儿。

青春健康教育项目工作　2019 年，按照《关于推进青春健康项目工作实施意见》的要求，巩固上杭一中、上杭二中、上杭溪口中心小学 3 个青春健康项目点，开展宣传讲座、专题辅导、演讲比赛等 6 次宣传活动，提高对学生青春健康问题的关注和重视，发挥青春健康教育服务基地作用平台，实现青春健康教育工作常态化。

金秋助学项目　2019 年，继续对全县家庭人均年收入低于当地平均水平（优先考虑享受低保或者农业部门建档立卡）计生家庭独女户或者农村二女户女孩当年度考取本一院校本一专业的女孩开展“生育关怀——金秋助学”活动，发放金秋助学资金 10.3 万元，资助金秋助学对象 27 名（其中 11 名省级金秋助学对象，3 名市级金秋助学对象，县级 13 名金秋助学对象），召开金秋助学座谈会，对当年度毕业的资助大学生进行回访，了解其就业情况。

其他计生家庭关怀项目　2019 年，上杭县开展对农村独女户、二女户减免“新农合”住院起付线，全年减免 379 人次，减免金额 23.95 万元；是年，为 2 户计生困难户申报安居工程，每户资助资金 6 万元；慰问 226 户各项生育关怀计生困难家庭，发放慰问金额 11 万元；对遇到突发事件、重大疾病、重大灾害等意外事故，或生产生活发生重大困难，以及独生子女家庭发生子女死亡或伤残的计生家庭实施紧急救助帮扶 29 户，每户 3000 元，发放金额 8.7 万元；开展生殖健康服务，对 6 户不孕不育治疗患者当年度治疗的进行补助，每户补助 3000 元，补助金额 1.8 万元。

■ 医疗保险

【城镇职工基本医疗保险】　2019 年，上杭县城镇职工基本医疗保险参保 5.09 万人；全年征收基金 2.6 亿元（其中，统筹基金 1.18 亿元，个人账户 1.42 亿元）；支出 2.09 亿元（其中，统筹基金 9328.95 万元，个人账户 1.16 亿元）。

【城乡居民基本医疗保险】　2019 年，上杭县城乡居民基本医疗保险参保人数 41.11 万人，参保率 99%。人均筹资标准 740 元（其中，个人缴费 220 元/人・年，政府补助 520 元/人・年），征收基金 3.04 亿元。全年补偿 888452 人次，补偿金额为 2.72 亿元；其中，住院补偿 78054 人次，补偿金额 2.13 亿元；普通门诊补偿 546536 人次，补偿金额 1034.4 万元；门诊特殊病种补偿 263862 人次，补偿金额 4860.05 万元。

责任编辑：袁发昌

社会生活

人口

【总人口与人口变化】 2019年年末，上杭县总人口524808人，比2018年末531041人，减少6233人，下降1.17%。

年末，全县出生7859人，出生率14.8‰，比上年减少1906人，下降3.6个千分点；死亡3365人，死亡率6.33‰，比上年增加523人，上升近1个千分点。人口自然增长率8.46‰，比上年下降4.62个千分点。

【人口结构】 2019年年末，上杭县总人口中男性270731人，女性为254077人，男女性别比（以女性为100）为106.6，男性比重比上年上升0.6个千分点，男女性别比例正常。

【城镇人口与农村人口】 2019年年末，上杭县城镇人口210166人，占全县总人口的40.05%，农村人口314642人，占全县人口的59.95%。

【家庭情况】 2019年年末，上杭县人口总户数151426户，户均3.47人。总户数比上年增加1692户，上升1.1%，户均人数比与上年基本持平。

【人口分布】 2019年年末，上杭县临江镇人口41248人（比上年减少1787人），占全县总人口的7.86%。其他21个乡镇人口483560人（比上年减少4446人），占全县总人口的92.14%。

表24

2018—2019年上杭县乡镇人口情况表

单位	总人口(人)			
	2018年	2019年	净增人口	2019年比2018年增长(%)
上杭县	531041	524808	-6233	-1.17
临江镇	43035	41248	-1787	-4.15
临城镇	61361	65053	3692	6.02
湖洋镇	30192	29570	-622	-2.06
珊瑚乡	8583	8567	-16	-0.19
官庄畲族乡	32774	32101	-673	-2.05
中都镇	17798	17312	-486	-2.73
下都镇	11382	11127	-255	-2.24
旧县镇	29783	29299	-484	-1.63
才溪镇	26720	26278	-442	-1.65
通贤镇	22888	22688	-200	-0.87
南阳镇	49105	48630	-475	-0.97
庐丰畲族乡	28096	27405	-691	-2.46
蓝溪镇	19887	19319	-568	-2.86

续表24

单位	总人口(人)			
	2018 年	2019 年	净增人口	2019 年比 2018 年增长(%)
稔田镇	25009	24524	-485	-1.94
茶地镇	8793	8610	-183	-2.08
溪口镇	12789	12346	-443	-3.46
太拔镇	19353	18845	-508	-2.62
泮境乡	6312	6082	-230	-3.64
白砂镇	26359	25810	-549	-2.08
蛟洋镇	26003	25664	-339	-1.30
古田镇	20394	20040	-354	-1.74
步云乡	4425	4290	-135	-3.05

■ 民族

【概况】 2019 年,上杭县有 2 个民族乡、40 个民族行政村、205 个民族自然村,少数民族人口 4.2 万人,有 18 个少数民族(以畲族为主),少数民族人口千人以上的村有 11 个。

【民族乡村经济社会发展】 2019 年,上杭县强化民族项目资金扶持。全年上报少数民族项目 64 个,争取中央、省、市、县级民族项目补助资金 719 万元,比上年增加 63 万元,实现逐年增长。

【民族乡村脱贫攻坚】 2019 年,上杭县为 3 个少数民族贫困村向上争取 110 万元的帮扶资金。至年底,全县 10 个少数民族贫困村及建档立卡贫困户均脱贫。

【民族团结创建活动】 2019 年,上杭县开展以“礼赞 70 周年,铸牢中华民族共同体意识”为主题的民族团结进步创建活动,承办龙岩市 2019 年中国农民丰收节暨第十二个民族团结进步宣传月活动、第二届东南地区海峡两岸公开水域游泳邀请赛活动。常态化举办“三月三”畲族文化活动,第三届“三月三”畲族文化旅游节在官庄举行。是年,古田苏家坡村被评为全国民族团结进步示范区,5 所民族中小学命名挂牌龙岩市民族团结进步创建示范学校。开展闽西畲族馆全国民族团结进步教育基地和全省少数民族传统体育运动项目龙舟赛训练基地申报工作。

【畲族文化研究会筹备成立】 2019 年 12 月,龙岩市畲族文化研究会成立,办公地址设在上杭,组成人员 80%以上是上杭籍,活动范围主要在上杭,龙岩市畲族文化研究会的成立将推动上杭县畲族文化传承和保护工作,提升上杭县畲族文化底蕴和内涵,推进畲族乡村经济文化全面发展。

【首次编印《闽西畲乡》画册】 2019 年,上杭县对闽西 51 个少数民族村进行首次集中展示,为了解和研究闽西畲族文化提供第一手有益资料。

【少数民族惠民政策落实】 2019 年,上杭县各级民宗部门深入民族乡村、中小学开展少数民族贫困家庭、贫困学生春节慰问活动,慰问贫困学生 52 名,贫困家庭 113 户,发出慰问金 7.71 万元。严格执行少数民族中考加分政策,全年为县内外 311 名符合条件的上杭籍少数民族中考生办理加分审核证明。争取福建省少数民族发展基金会和福建省政协民宗委助学金约 9 万元,帮扶贫困大学生 18 名。

■ 宗教

【概况】 2019 年,上杭县经依法登记的宗教团体 3 个,即天主教爱国会、基督教“三自”(自治、自养、自传)爱国运动委员会和佛教协会,经依法登记的宗教活动场所 73 处(其中佛教 66 处、天主教 3 处、基督教 4 处)。

【宗教工作管理机制健全】 2019 年,上杭县研究制定《上杭县宗教团体工作绩效考评办法》,在龙岩市率先实施宗教团体绩效考评。建立省、市、县三级民间信仰管理新机制,在省、市设立民间信仰活动场所联系点基础上,设立 16 处县级民间信仰活动场所联系点,发挥联系点的示范带动作用,规范引导民间信仰活动场所管理。健全完善三级宗教工作网络,梳理上报上杭县宗教工作县、乡、村三级网络联络员。调整上杭县民族宗教局工作分管领导和干部挂钩宗教活动场所机制，确保每个宗教场所安全责任有人领、法律知识有人送、民意信息有人转、困难问题有人帮。

【宗教工作督查整改纵深推进】2019年，上杭县牵头做好宗教工作督查整改“回头看”各项工作，会同县委统战部成立4个调研组，深入22个乡镇开展宗教工作督查整改“回头看”调研，推进各项整改工作任务落实。至年底，上杭县自查存在的19项问题，已完成17项整改任务，2项上杭县暂未发现此类情况。

【宗教政策法规宣传】 2019年，上杭县将有关宗教问题的理论和方针政策纳入中心组学习内容和党校教学内容。民宗局主要领导亲自为县委党校春季学期主体班近150名学员作“宗教政策法规”专题讲座。邀请福建省社会主义学院教研室副教授张耀影为县委学习中心组作“新时代中国的宗教工作形势和宗教政策”讲座，将《宗教事务条例》纳入2019年干部学法考试内容，开展以“宗教政策法规解读”为主题的县人民政府网站访谈，与网友现场交流互动。组织人员深入通贤镇、南阳镇等宗教工作重点乡镇及基督教堂、佛教场所开展宗教政策法规知识宣讲，广大干群和宗教界人士的宗教法治意识明显增强。组织编印《“四进”宗教活动场所宣传册》，下发至各宗教活动场所，持续引导宗教活动场所“四进”。至年底，上杭县已登记的宗教活动场所基本张贴了宪法、宗教事务条例、社会主义核心价值观及中华优秀传统文化的相关内容，其中有21家宗教活动场所竖起国旗。

【宗教活动场所安全排查】 2019年，上杭县抓好宗教活动场所“安全工程”和宗教安全稳定目标责任书落实，组织召开上杭县宗教界安全及法规培训和消防演练、开展“智慧消防”进场所的试点经验推广现场会、开展宗教领域安全维稳隐患大排查大整治。全年深入76家宗教活动场所（含基督教堂点）和民间信仰场所进行摸排，对发现的问题能立即整改的要求立即整改，不能立即整改的要求限期整改，下发整改通知书，并持续跟踪整改落实情况，确保全县宗教领域安全无事故。

【宗教服务引导】 2019年，上杭县指导宗教团体换届选举和内部管理，县佛教协会、基督教“三自”爱国运动委员会分别于9月、10月换届。协助宗教场所争取修缮经费、变更管理组织负责人、更换印章、登记证遗失补办等30多件。开展宗教界人士“暖心联谊”工程，连续2年对上杭县宗教团体秘书长以上人选共15人开展春节慰问，发放慰问金5100元。引导宗教正能量有效释放。组织开展宗教界扶持贫困大学生活动，筹集扶助资金4.2万元，帮扶贫困大学生42名。全年宗教界筹集资金10余万元开展敬老助残、高教助学、放生、帮扶贫困户等公益慈善活动，赢得社会各界广泛好评。

■ 人力资源

【高校毕业生就业】 2019年，上杭县人社局做好2019高校毕业生就业工作。至年底，招募“三支一扶”高校毕业生33人（其中省级13人，市级20人）。同时做好在岗“三支一扶”毕业生的年度及期满考核工作，协助做好大学生村官计划、志愿服务计划、服务社区计划等相关工作。做好大中专毕业生创业资助工作。做好省级资助项目申报工作，推荐申报5家，获得省级资助1家。引进高层次人才（ABC类）24名，引进工科类青年专业人才34名。

【行政事业单位年度考核】 2019年，上杭县人社局完成全县行政机关事业单位2018年度考核审核工作。考核对象9123人，其中优秀1498人，不称职（不合格）25人。

【机关事业单位人员工资审批】2019年，上杭县人社局按年度考核结果完成县机关、“参公”单位近2000人年终一次性奖金发放审批；协同财政完成近2000人机关未休假报酬，近8000个事业人员增发绩效总量兑现。完成全县8000余个事业单位工作人员考核正常晋升工资的审批和300余个教师、护士教护龄津贴调整工作。按照工资政策规定，做好2000多个事业单位工作人员职务晋升、职称聘任，特岗津贴、乡镇补贴等调整、岗位（技术等级）变动后增降工资和重新确定工资工作。

【人事制度改革】 2019年，上杭县推进事业单位人事制度改革。贯彻落实《事业单位人事管理条例》，解决专业技术人员职称评审和职务聘任矛盾，做好事业单位岗位聘用管理工作以及年度考核、学历更改等工作。全年推荐晋升卫生高级职务35人，审核卫生中初级职务报考327人，其中：中级114人，初级213人，审核报考会计师278人。推荐高级工程师16人。正高级教师2人，小学幼儿园高级教师16人，初级教师196人。高级讲师7人，讲师18人，高级农艺师3人，高级兽医师2人，高级会计师4人。高级经济师7人，一级播音1人，助理记者3人，副研究馆员1人，馆员2人，助理馆员3人。推荐农村中级实用人才5人。

【军转干部安置】 2019年，上杭县接收安置军队转业干部，全部安排到县直机关。贯彻落实国家和省的解困维稳政策，完善企业军转干部解困维稳长效机制，在春节和“八一”期间组织慰问部分生活困难的企业军转干部。

【退休人员管理】 2019年，上杭县办理退休手续189人（其中干部退休135人，工人退休54人），死亡抚恤45人，高龄补贴176人，护理费37人。

根据闽人社文〔2016〕277号文件精神，审批发放一次性补贴93人次。继续为各乡镇中心活动室统一征订《福建老年报》221份；重阳节期间，组织各乡镇退休干部专（协）管员进村入户慰问779名80周岁以上退休干部。对50名机关事业单位离休干部发放“庆祝中华人民共和国成立70周年”纪念章50枚。配合各涉老部门、各社区组织开展各项老年文体娱乐活动，下拨各乡镇、社区老干部活动经费5万余元。

■ 劳动就业

【概况】 2019年，上杭县组织“春风行动人力资源现场招聘会暨精准扶贫专场招聘会”系列招聘活动、“民营企业招聘周”“上杭县企业进乡村招聘活动暨就业扶贫招聘会”“上杭县秋季人力资源现场招聘会暨离校未就业高校毕业生就业服务活动”等14场招聘会，全县185家（次）企业参加，达成就业意向2244人，发放就业创业政策、社会保险政策、企业简介等宣传材料1.5万份。

【劳动就业与再就业】 2019年，上杭县城镇登记失业率2.71%；实现城镇新增就业2164人；促进下岗失业人员实现再就业1384人；共帮助384名城镇就业困难对象实现再就业。

【职业技能培训】 2019年，上杭县支持职业技能培训定点机构尤其是师资及相关设施、培训力量雄厚的省、市属职业技术院校帮助县推进职业技能培训工作开展。全年组织开展育婴员、保育员、电工等职业技能培训人4132人。取得职业资格证书2341人。其中，建档立卡贫困户培训1067人。

■ 社会保障

【概况】 2019年，上杭县社会保障服务中心（简称中心）被省总工会推荐为省“五一先锋号”。获县“不忘初心跟党走、牢记使命保平安”综治平安建设知识竞赛一等奖、县“壮丽70年·唱响新时代——经典歌曲大联唱（县直组）三等奖”。

2019年，中心将平台建设覆盖到乡镇、拓展至村，提升基层平台社保服务水平，让群众在家门口就可以办理人社业务。为镇、村、社区配备标准化的计算机、传真机、打印机、高拍仪、自主查询一体机、LED显示屏等信息化办公和宣传设备，形成基础设施建设比较完备、组织机构健全的劳动保障服务体系。全年投入130万元，组织白砂、珊瑚、庐丰、官庄、泮境、旧县和溪口等7个乡镇进行平台建设。县有115个村建立村级平台信息系统，全部开通正常使用，至年底共办理6856笔业务。

【基本养老保险参保扩面】 2019年，上杭县将城乡居民养老保险续保缴费率列入到县对乡镇的绩效考评指标内容，每周汇总各乡镇缴费进展人数，并通报给各乡镇主要领导，对完成情况相对落后的乡镇进行全县通报。全年养老保险参保扩面任务完成率472.58%，完成率居龙岩市第一。

【企业职工管理服务】 2019年，上杭县完成企业职工退休652人的审批工作。其中正常退休634人，特殊工种提前退休13人，因病提前退休5人，无力参保3人。根据职能严把职工档案审核关，对出生年月、参加工作时间、特殊工种等，坚持以档案记载为主，调查核实为辅，对档案记载不清的，经调查核实不符的不予呈报。开展《工伤保险条例》和《工伤认定办法》政策法规宣传，让广大群众了解工伤保险政策、工伤认定办法、工伤保险待遇及支付方式等内容。做好工伤申请受理，严格审核用人单位和职工个人提交的申报材料，严谨细致做好调查取证工作，了解受伤原因，完善工伤认定调查程序，确保每一起工伤认定的真实性、准确性。是年，依法作出工伤认定276人，较好维护和保障单位及职工的合法权益。

【企事业职工基本养老保险】 2019年，上杭县参加企业职工基本养老人数5.51万人，征收基金29424万元；离退休人数7799人，新增退休人员600人，支付离退休费20788.42万元。机关事业养老保险参保单位216个，参保职工覆盖人数达到10362人，基本养老保险费征缴收入35955.98万元，其中财政补助收入17281.09万元，机关事业制度人员缴纳职业年金8020.98万元；统筹退休人员5936人，按时足额发放养老保险待遇30392.15万元，代财政支付离休人员离休金、高龄补贴、护理费、特需经费、丧葬费、提前退休人员养老金、离休人员增发生活补贴、职业年金做实应缴支出总额2806.55万元。

【城乡居民社会养老保险】 2019年，龙岩市下达上杭县参保扩面人数38267人，其中2019年需完成9267人，到年底居民保完成扩面人数43794人，扩面完成率472.58%，居龙岩市第一。平均每月领取养老金人数73745人，发放金额1.39亿元，发放率100%。其中，领取丧葬补助金人数2186人，发放金额627.88万元。

【被征地农民社会保障】 2019年，上杭县被征地农民19109人，月平均发放人数5244人，共计发放被征地养老保障金1447.44万元。

【失业保险】 2019年，上杭县失业保险参保人数32883人，征收失业保险基金1057万元，为5368人次下岗失业人员按时足额发放失业保险金530万元，代缴医疗保险费145万元。

【工伤保险】 2019年，上杭县工伤保险参保单位2048家，参保人数60617人，合计征收基金1455.12万元；支付工伤保险待遇（含工亡支出）1119.94万元。

【就业辅助脱贫】 2019年，上杭县组织各乡镇劳动保障事务所到建档立卡贫困户家中了解掌握帮困扶贫人员就业情况，按照“不漏一户、不落一人”的要求做到“三清”（精准扶贫家庭劳动力资源底子清、家中人员就业履历培训信息清、培训意向就业意向清），并录入全省联网的公共就业信息台账。为扶贫基地、扶贫车间的招用建档立卡贫困劳动力发放扶贫补贴（上杭擎荣农产品有限公司20名；龙岩市绿谷优蓝生态农业发展有限公司20人，共计发放扶贫补贴4万元）。针对扶贫帮困人员在就业渠道、培训需求及创业支持等不同层面的需求，在职业技能培训和创业培训中以贫困帮扶人员为优先实施对象，做到“培训一人、就业一人、全家脱贫”，力争通过培训使每一个有培训愿望的精准对象至少获得一次技能培训机会，掌握一项以上专业技能，实现从“输血式”扶贫向“造血式”扶贫转变。

是年，组织开展育婴员、保育员、电工等职业技能培训人4132人，取得职业资格证书2341人。其中建档立卡贫困户培训1067人。

是年，按照市、县做好就业困难人员社会保险补贴工作文件精神，做好年度社保补贴工作，将建档立卡贫困户纳入就业困难人员范围，按个人实际缴纳养老保险或医疗保险金额的50%给予补贴，促进就业困难人员灵活就业。全年为4789人发放城乡居民养老保险缴费补贴23.95万元。

【无力参保和未参保高龄职工老年生活保障金发放】 2019年，上杭县人社局继续落实《福建省解决未参保高龄职工老年生活保障和特殊困难人员基本医疗保险的实施办法》，全年为全县14642名80周岁以上老年人发放高龄补贴1331万元。

【民办教师和电影放映员生活补贴代发】 2019年，上杭县代发1907名民办教师生活补贴299.7万元。代发60名电影放映员生活补贴34.5万元。

■ 社会救济

【城乡低保】 2019年，上杭县落实最低生活保障提标扩面工作，开展漠视侵害群众利益专项整治，完善城乡低保信息管理系统，健全低保家庭审批材料一户一档制度，严格按“精准认定、精准核对、精准建档、精准发放及精准管理”规范城乡低保业务，做好低保对象认定及复核工作，实行应保尽保，动态管理，社会救助水平稳步提升。全面实行城乡低保标准一体化，低保标准6960元/年，全年新增低保1358人，全县低保人数增至8264人，低保覆盖面从1.31%提高到1.59%。

【临时救助】 2019年，上杭县临时救助和“救急难”工作不断提升，全年临时救助1790户次，发放临时救助金442.57万元。上杭县临时救助资金使用率位居省市前列，工作经验做法作为全省4个典型县份之一在全省推广介绍。

【社会福利】 2019年，上杭县做好孤儿每月基本生活费的发放和孤儿系统日常管理工作，社会散居孤儿每人每月享受基本生活补贴900元，1—12月发放孤儿基本生活费28.17万元。做好困难残疾人生活补贴、重度残疾人护理补贴审批及发放工作，全年发放困难残疾人生活补贴530余万元、重度残疾人护理补贴620余万元。

全年救助站办理进站救助对象239人次，救助站街面巡查救助出动189人次，救助35人次，发放物品45份。

■ 基层自治组织建设

【村（居）组织】 2019年，上杭县民政部门指导全县344个村（居）委会修订村规民约和居民公约。换发全县344个村（居）全国统一社会信用代码证；开展村（居）委会换届选举“回头看”工作，督促指导村“两委”完成补选工作。

【城乡社区建设】 2019年，上杭县贯彻落实《关于加强乡镇政府服务能力建设的实施方案的通知》《关于进一步加强和完善城乡社区治理的实施意见》精神，开展乡镇政府服务能力建设，完成白砂镇朋新社区综合服务设施建设。做好7个高校毕业生服务社区2019年度招募和日常管理工作。

■ 老区扶贫建设

【概况】 2019年，上杭县验收22个革命基点村32条道路硬化53.59千米，补助资金267.95万元；验收23个革命基点村32条新开机耕路41.74千米，补助资金83.48万元。下拨82个革命基点村运转经费82万元、62个革命基点村建制村以奖代补项目帮扶资金运营收益223.2万元。

【“五老”人员扶持】 2019年，上杭县发放“五老”人员（老地下党员、老游击队员、老交通员、老接头户、老苏区乡干部）生活补贴147.5万元。

■ 社会事务

【婚姻登记】 2019年，上杭县办理内地居民结婚登记3365对，离婚登记1337对，补领婚姻登记证1188对，办理涉外婚姻登记35对等。

【殡葬管理】 2019年，上杭县继续实行免费火化制度。全年完成火化3071具，火化区火化率100%。红岭子公墓售出墓地478座。

是年，上杭县为加快推动殡葬改革，先后出台《上杭县开展殡葬管理专项整治工作方案》《上杭县全面推进农村公益性骨灰堂和公墓建设实施方案》等10余个重要政策文件，为全县殡葬改革提供重要的制度保障。农村殡葬设施不断完善，全县规划建设的10座乡镇公益性公墓和244座农村公益性骨灰堂进展全部竣工，基本实现全县殡葬设施全覆盖。县级公墓建设有序推进，各乡镇骨灰去向跟踪管理有效落实。城区丧事活动管理不断规范，城市文明水平逐步提升。殡葬领域难题积案化解工作稳妥有序，全年整治硬化大墓958个，活人墓207个。

【民间组织登记管理】 2019年，上杭县简化登记办理程序，对社区服务类、公益慈善类、行业协会商会类、科技类四类社会组织允许不需要业务主管单位前置审查进行直接登记。开展社会组织双随机抽查工作，按社会组织总数5%的比例，抽取检查单位33个。对管理不够规范的社会组织下发整改通知，进行限期整改。开展"三社联动"试点工作，在临江镇东南社区开展"守护希望 健康成长"青少年成长"三社联动"项目，探索社会组织参与社区治理新途径。

【区划地名界线管理】 2019年，上杭县开展第二次全国地名普查县级实地核对和库内检查验收。首次组织编纂《上杭县地名志》，重新编辑《上杭县政区图》《上杭城区图》《古田会议会址图》。开展不规范地名清理整治，推进地名管理标准化建设。古田镇被授予第一批福建省地名文化遗产"千年古镇"称号。推荐白砂镇碧砂村和茜洋村申评"千年古村落"。完成2019年度上杭县行政区域界线联检和平安边界共建工作。

■ 老龄事业

【概况】 2019年，上杭县政府制定出台《上杭县"十三五"社区居家养老服务补短板实施方案》《上杭县"十三五"老龄事业发展和养老体系建设规划的通知》等一系列政策文件，明确2018—2020年，县财政每年安排800万元专项资金，用于支持城乡养老服务设施建设和运营。乡镇敬老院转型升级。在龙岩市率先完成17所乡镇敬老院社会化运营改革试点工作。投入220万元，完成庐丰乡、中都镇、白砂镇、旧县镇、蛟洋镇敬老院居家社区养老服务照料中心四星级标准适老化改造。民建养老机构健康发展，上杭金秋老年公寓不断提升短期度假服务、休闲养生度假服务和旅居养老项目，发展成为集居住、养护、托管、保健、医疗、休闲、娱乐于一体的综合养老服务机构。在龙岩市率先兑现农村幸福院运营补贴政策（每年每个5000元），临城镇城东社区居家养老服务照料中心、中都镇都康村幸福院被评为五星级养老服务设施。

【"银龄安康保险"实施】 2019年，上杭县继续实施"银龄安康保险"工作。全年投入36.01万元，为全县80周岁以上的老人、60～79周岁的优抚对象和城乡特困供养人员18005人，每人投保20元，被投保对象意外伤害住院给予每人每日津贴20元，意外身故或伤残给予保险补助300元。

■ 关心下一代工作

【概况】 2019年5月，上杭县委调整县关工委领导班子成员，县委书记傅藏荣任名誉主任，县委常委、组织部长徐峰任第一主任，新增一位副处职级干部任常务副主任。建立"党建带关建"工作目标责任制度、领导协调制度、考评制度，健全完善"党政推动、关工委主动、党建带动、各方联动"工作机制，关心下一代工作进一步制度化、规范化、常态化。4月18日，县委常委会议研究"党建带关建"工作；5月10日，省关工委主任刘群英一行来杭调研县争当"著名苏区好学生"及"党建带关建"推动五好关工委建设工作，肯定县经验做法。本年，才溪镇关工委被评为全省基层"五好"关工委示范点；才溪镇关工委等14个关工委被评为全市关心下一代工作先进集体，袁永贵等25人被评为全市关心下一代工作先进工作者，蓝思煌等5人被评为全市关心下一代工作突出贡献者。

是年，编印《杭川关爱三十年》，全书分组织机构篇、凝心聚力篇、务实工作篇、榜样之光篇、经验交流篇5个篇章，307页，20多万字，收录图片102幅。县关工委、县委组织部、人社局联合发文表扬关心下一代工作先进集体50个、先进工作者100名、荣誉奖32名。10月12日，召开纪念县关工委成立三十周年座谈会。

【青少年思想道德教育】 2019年，上杭县关工委开展庆祝中华人民共和国成立70周年系列活动。县关工委联合县委离退休干部工委在城南幼儿园开展"重温革命故事，厚植红色基因"红色文化宣讲进校园活动。开展"新时代好少年"主题教育活动。联合教育系统关工委组织中小学生参加第22届全国青少年"新时代好少年——我为祖国点赞"演讲朗诵比赛，获省级一、二、三等奖各2人；紫金中学陈渝杭、巫文婧代表福建省参加全国总决赛，获全国二等奖。开展"中华魂"主题教育活动。联合县教育局购买《爱我中华》读本分发给全县中小学，举办"中华魂"（爱我中华——新中国成立七十周年）征文比赛，选送优秀征文作品179篇参评全国、省、市各级各类奖项。

【争当"著名苏区好学生"活动】 2019年，上杭县在全县中小学开展争当"著名苏区好学生"、争做新时代"著名苏区好老师"活动。5月29日，联合县教育局在城东小学召开2018—2019学年度"著名苏区好学生"暨"感动上杭·最美学生"表扬大会，表扬"著名苏区好学生"368名、"感动上杭·最美学生"2名。在全县教育系统开展传承红色基因，争做新时代"著名苏区好老师"学习教育活动，定期对学习教育活动情况进行督查,提升全县中小学教师的政治素质和专业素养。

【农村青年创新创业服务】 2019年,上杭县开展“讲政治、育新人、学科技、奔小康”活动,培养讲政治、有理想、爱农业、懂技术、会经营的新型职业农民和农村专业人才,打造“种子工程”升级版,助推农村青年创新创业。抓组织培训,联合农业农村局、老促会、老区办等部门举办蜜雪梨病虫害防治技术、养禽致富技术培训班2期;组织34位创业青年参加龙岩市绿茶类采制加工技术与产品质量提升、笋竹种植加工创新技术培训班;推荐6位创业青年参加县委组织部高层次人才外出学习。7月,举办农村青年创新创业交流学习培训会,创业青年互相交流、借鉴创业经验,相关部门负责人现场解读创新创业扶持政策。10月,促成组建成立以县委分管领导为组长,10个相关部门负责人为成员的“上杭县助推农村青年创新创业指导小组”,合力助推青年创新创业。

【法治宣传和关爱帮扶】 2019年,上杭县开展法制宣传教育进校园、进乡村、进社区活动,通过举办法制教育报告会、图片展等形式,增强青少年法制观念,筑牢思想防线。7月,聘请11位政法系统离退休老干部、在职政法干警担任法制教育报告员;10月,联合县委宣传部、县教育局、团县委开展法制宣传进校园活动,组织法制教育报告员、县委“星火讲师团”成员和红土青年法治行·新时代文明实践志愿宣讲队到上杭三中等6所学校举办法制宣讲,同期开展“上杭县典型交通事故案例巡回展”。加强特殊群体青少年关爱帮扶,协同社会各方力量关心爱护青少年,特别是“五失”青少年、留守儿童、残疾儿童、贫困青少年等特殊群体青少年。全年,发放县关心下一代助学金8.84万元,资助贫困学生141人。

【“四个共建”精神文明学校活动】 2019年,上杭县推进家校共建、村校共建、警校共建、企校共建“四个共建”精神文明学校活动,完善学校、社会、家庭三位一体教育网络。联合县教育局、妇联,组织家教报告员到湖洋中学等城乡中小学、幼儿园举办家庭教育专题讲座11场次。深化警校共建活动,联合教育、公安、消防、交通等部门,在上杭一中召开警校共建座谈会,就交通安全、法制宣传教育、日常管理等问题进行探讨,共建平安和谐校园,共创“零犯罪学校”。

■ 残疾人事业

【概况】 “互联网+残疾人工作”战略 2019年,上杭县开发的残疾人手机应用平台“启能通”里开辟“动态更新”栏目,通过手机APP入户调查的方式开展工作,取得完成及时、过程可控、信息如实的效果,为上杭县针对残疾人“精准施策”提供准确依据。8月,在福建省残疾人基本状况和需求信息数据动态更新工作培训班上,上杭县作了“以互联网思维提升残疾人信息数据采集质量和运用水平”的经验介绍。2019年,进行残疾人证二代转三代智能化换发工作。为使换证工作做好做实,县残联联合卫健、民政、司法等部门从2月开始,开展为期5个月的第二代残疾人证核查工作,有效避免“人情证”和“关系证”现象,同时全面核销假证,维护残疾人权益。县残联针对三代证智能化工作中上杭县残疾人口基数大、信息收集量大等因素,县残联以政府购买服务方式,以“互联网+”理念委托信息网络公司量身定制三代证换发的人工智能图像采集系统。申请对象可以足不出乡地完成换证,工作人员可以使用便携式系统拍照为残疾人提供上门办理服务,实现残疾人三代证办理“最多跑一趟”。此项工作获得省、市残联及其他市区残联的一致认可。8月,全省第三代残疾人证(智能化)换发工作推进会在龙岩市召开,与会人员参观上杭县制证中心;11月,三明市各县(市、区)残联工作人员到上杭县学习第三代残疾人证换发工作经验。

基层残联组织专项改革试点工作 2019年,上杭县被市残联确定为龙岩市的基层残联组织专项改革试点县。结合上杭县残疾人工作实际,因地制宜,创新方式方法,研究制定《上杭县残联组织专项改革试点实施方案》,以提升精准化服务水平,扩大服务联系覆盖面为目标,推进上杭县基层组织专项改革工作,为基层残联组织专项改革探索切实可行的工作新模式。

【残疾人康复】 2019年,上杭县为102名0~14岁残疾儿童康复训练实施补助,补助资金60.3万元。为207名精神疾病患者提供服药补助,每人每年补助600元,共补助12.42万元。为全县4600名残疾人提供精准康复服务,其中获得辅助器具656人,康复服务率97.33%,辅具适配率99.61%。为全县656名残疾人提供辅具适配服务,补助金额67.09万元。

2019年,上杭县作为龙岩市试点率先在福建省开展老年残疾人精准康复服务工作。通过招标,确定上杭县三新康复医院作为服务承接机构,对临江、临城、湖洋3个乡镇的105名60周岁以上肢体、智力残疾人实施康复服务。根据服务对象的残疾情况,予以肌张力保持指导、关节被动活动康复训练指导、康复咨询、陪护人员心理辅导和自我防护指导,同时还根据病情辅以针灸、推拿、按摩等中医康复服务,获得服务对象的一致好评,也为龙岩市全面铺开老年残疾人精准康复服务提供宝贵的经验借鉴。

【残疾人教育就业】 2019年,上杭县为15名学前在园家庭经济困难残疾儿童补助3000元/人,共45万元;扶助是年考上中等专业教育学校以上8名残疾人、8名低保户残疾人子女,继续扶助12名在校残疾人大学生,下达扶助资金5.4万元。

做好省残联、省财政厅关于扶持残疾人就业创业6个文件落实,2019年有83个残疾人享受自主创业补贴27.81万元,一家超比例安排9名残疾人就业(超额安排8人)补助奖励5.52万元,合计补助33.33万元;一家盲人按摩机构享受经营场所租赁补贴2.4万元。

组织参加招聘会　2019年2月12日,举办2019年"海西招聘—春风行动"暨春季大中专毕业生大型人力资源现场招聘会,22个乡镇召集106名残疾人参加现场招聘会。

实用技术培训　2019年,继续加强对残疾人职业技能培训和农村残疾人实用技术培训,5月举办一期盲人按摩培训,有20名残疾人参加盲人按摩培训;举办二期贵妃鸡养殖技术培训,有76名残疾人参加培训。

残疾人新增就业情况　2019年,核定按比例安排残疾人就业112人,征缴残疾人就业保障金600多万元。新增残疾人就业145人,其中城镇新增就业12人,完成率109.09%,农村新增就业133人,完成率99.25%。扶持100户农村贫困残疾人发展种植养殖及生产经营就业创业,每户补助3000元,下达扶持资金30万元。

【残疾人扶贫】　2019年,上杭县为20名建档立卡贫困户、18名低保户提供创业就业补助,每人补助5000元;扶持62户建档立卡户和38户低保户残疾人发展种植养殖及生产经营就业创业,每户补助3000元,下达扶持资金30万元;为185名建档立卡、低保残疾人提供托养服务,补助资金37万元;为100户残疾人实施家庭无障碍改造,其中建档立卡户、低保户家庭50户补助资金10万元;对有康复需求的残疾人建档立卡973人、农村低保残疾人692人,全部得到基本康复服务,基本康复率100%,全年为建档立卡户、农村低保户投入康复经费分别为28.88万元、29.19万元。

【残疾人社会保障】　2019年,上杭县做好残疾人社会保障工作。

两项补贴工作　2019年,共发放残疾人困难生活补贴4334人,涉及补助金39.01万元;发放重度残疾人护理补贴6283人,补助金47.42万元。

医疗救助　2019年,近1.7万名残疾人参加居民养老保险、1.8万名残疾人参加居民医疗保险,医疗救助8088人(其中一级残疾2313人、二级残疾5775人)。

"红土助残工程"项目　2019年,为23197名残疾人购买意外伤害险,每人30元,县级投入补助资金34.8万元,2019年1—8月共理赔701件197.34万元,9—10月共理赔93人114件24.43万元。

贫困残疾人大病救助和临时救助　2019年,为60名残疾人提供大病救助,发放补助资金13.46万元、为87名残疾人提供临时救助,补助资金4.58万元。

下肢残疾人提供燃油补贴　2019年为74名下肢残疾人提供燃油补贴19240元。

【残疾人文化体育】　2019年,上杭县做好残疾人文化体育工作。

文化　2019年,委托上杭县阳光公益协会开展残疾人文化进家庭"五个一"活动,至年底,组织9个乡镇的105名残疾人开展活动。7月15日,组织39名有文字功底的残疾人参加为期3天的文学培训。完善残疾人联合会"启能通"、官方网站和微信公众号建设,宣传残疾人政策,让残疾人足不出户知晓相关政策。"启能通"共转载、刊载7000篇文章,全年推送业务资讯90篇。

体育　1月12日,举办第二期"残健融合杯"残奥冠军走进上杭闽粤赣乒乓球团体邀请赛。推荐2名运动员参加福建省跆拳道、射箭项目集训,5月21日参加第十届全运会,其中温腾昌获得K44男子75公斤级跆拳道项目第五名,于8月5日入选国家队集训。

■ 慈善事业

【善款募集与支出】　2019年,上杭县慈善总会接收捐款826.5万元,继续实施多项"顺民意、贴民心、解民忧"慈善救助活动,累计支出善款952.9万元。

【慈善活动】　2019年,继续开展"慈善爱心屋"捐建工程,建成18栋慈善爱心屋;开展"金秋圆梦助学""跟踪帮扶助学"活动,资助80名贫困大学生,全年助学活动支出45.18万元;发放大病救助金88.75万元,帮助284名贫困家庭患者;支出16.34万元困难补助金,帮助困难家庭431户;开展"慈善春节送温暖"现场派送活动,在县江滨广场为城市低保户、特困户、贫困大学生等共计220户发放食用油等年货共计6万元。

2019年,资助客家缘上杭县图书馆新馆装修工程300万元;慈善助老支出11.4万元,资助中都镇仙村、庐丰乡横岗村、老干局老年活动中心等;启动"文明如厕"项目支出5.01万元,为实验小学等5所学校提供卫生纸。

2019年,关注公益事业,资助县中医院购买救护车一辆33.8万元;紫金公园"慈善茶屋",委托县阳光公益协会志愿者进行日常管理,每天下午3:00—5:00免费为市民准备茶水,日均受益500人次;中医义诊室"乐善堂"免费为786人次看病开处方,3次邀请省、市名中医前来为全县群众义诊。

2019年,开展定向助学、扶贫、敬老等项目共计支出333.01万元。

9月5日"中华慈善日",结合中秋佳节,为民政局养心园、县金秋老年公寓老人发放中秋月饼;为各乡镇发放宣传围裙共计3000条;在素食馆为群众提供600份素食;入户慰问重病患者5人。

■ 精神文明建设

【公民思想道德建设】 2019年，上杭县开展公益广告“十进”活动，在主次干道、建筑工地、高速公路出入口、企业服务窗口、宾馆饭店等重要路段、重点场所以图文并茂的形式实现公益广告全覆盖，让社会主义核心价值观“看得见、记得牢”，传递社会正能量，引领社会新风尚，熏陶提升上杭县市民素质。

“我们的节日”主题文化系列活动涵养社会主义核心价值观。在春节、元宵、清明、中秋、重阳、国庆等重大节庆日、纪念日开展丰富多彩的主题实践活动，把社会主义核心价值观融入人民群众的文化活动中。4月4日，由福建省委文明办、龙岩市文明委主办，中共上杭县委、上杭县人民政府承办的以“纪念新中国成立70周年——铭记历史圆梦中华”为主题的“我们的节日·清明”系列活动在上杭才溪举行。为庆祝中华人民共和国成立70周年，全县营造浓厚的爱国爱家氛围，通过组织向国旗敬礼、红色故事宣讲、童谣传唱等丰富多彩的活动向祖国70周年华诞献礼。在瓦子街广场举行以“上善汀江水，文明杭川人”为主题的上杭县新时代文明实践活动暨第二十五届城区精神文明共建活动，推动城区精神文明共建工作再上新台阶，为创建全国文明城市打下坚实的基础。

2019年，启动第二轮道德讲堂总堂活动，全年总堂共举办活动19场，通过总堂发挥弘扬传统美德、普及道德规范作用。道德讲堂成为推进文明城市创建工作的有效载体，各级文明单位通过举办“道德讲堂”活动，向干群宣传文明行为规范，劝导大家摒弃不文明行为，鼓励干部发挥带动作用，带动周边人一同加入到文明创建工作中来。

【道德模范和身边好人推荐评选】 2019年，上杭县培育和选树先进典型。上杭县白砂镇下早康村支委袁锡荣先后获龙岩市第二届“孝老爱亲”道德模范和福建省第六届“孝老爱亲”道德模范称号；上杭县官庄畲族乡官庄宾馆负责人陈易声荣获龙岩市第二届“见义勇为”道德模范称号；上杭县通贤镇通贤村村民阙银梅获龙岩市第二届“孝老爱亲”道德模范称号；曾晓珍入选4月诚实守信“福建好人”榜；郭胜初入选8月助人为乐“福建好人”榜。

2019年11月13日，上杭县举办首届新时代文明实践志愿服务项目大赛(图为十佳志愿服务项目颁奖现场) (县委文明办供图)

【全国文明城市创建】 2019年，上杭县全国文明城市创建着眼常态化长效化目标，坚持问题导向和效果导向相结合，在统筹协调、督促指导上下功夫推动文明城市创建提质增效。创城指挥部办公室定期召开联席会议，研究部署文明城市创建工作，协调解决创建工作中的困难和问题。持续开展“十整治十提升”工程，全面落实责任分解反馈机制、网格化管理机制、路段长负责制等13项机制；公开招聘县城市管理协管员112名，分布在城区各主要路段、校园周边、公园广场等人员密集处开展文明劝导，推动城市管理更加精细化。常态到城区各实地测评点和乡镇进行不定期暗访，重点围绕环境卫生、市场秩序、交通秩序等内容，对发现的问题已发放77份整改通知书，督促立整立改。

【新时代文明实践中心建设】 2019年，上杭县成立“县乡村”三级组织架构。全县建成新时代文明实践中心1个、实践所22个、实践站344个，志愿服务促进中心1个。

组建“3+N”志愿服务队伍 2019年，动员各种社会力量积极参与，组建由县级总队、各党委为支队、各支部为分队以及义工协会、阳光公益协会、微笑天使等社会公益组织，共有52个支队、近千支分队、8万多名在册志愿者组成的“3+N”志愿服务队伍，确保志愿服务队伍覆盖到全县各个阶层、各个群体。其中，总队、支队、分队分别由书记担任队长。

强化阵地平台建设 打造理论宣讲、社会宣传、教育服务文化服务、科技与科普服务、健身体育服务、乡风文明建设和暖心帮扶等志愿服务“八大平台”。设立“百个服务点”，在全县设立打造100个便民服务和集中宣讲点。用活县民情处理中心、“三农”服务中心、艺术中心、“12345”便民服务中心等“六大中心”，及时收

2019年12月6日，上杭县召开2019年度“最美家庭”揭晓表扬会
（县委文明办供图）

集汇总百姓诉求、所思所盼，根据群众需求策划生成志愿者服务项目。搭建“志愿汇”和“志愿云”网络平台，实现信息化管理。

开展新时代文明实践志愿服务　建立“一总部、十基地”的志愿者培训基地，每月开展一次志愿服务培训。围绕打造“爱满杭川”新时代文明实践志愿服务工作总品牌，紧密结合本地实际、百姓需求，按照“一月一主题”组织开展志愿服务活动。举办上杭县首届新时代文明实践志愿服务项目大赛，评选出十佳志愿服务项目、优秀志愿服务项目和优秀组织奖各10个。选送“素爱行动·让爱回家”关爱流浪人员和“蛟洋镇夜间流动讲堂”两个志愿服务项目参加福建省志愿服务项目大赛，分别获得金奖和银奖！

2019年，全县开展新时代志愿服务活动3884场次，参与志愿者10万多人次，直接受益群众109万人次。举办福建省新时代文明实践中心试点地区志愿服务培训班、龙岩市新时代文明实践中心推进会。

【群众性精神文明创建】　2019年，上杭县深化省级文明单位（校园）创建。组织对申报的第十四届省级文明单位（校园）进行初评，共向省文明委推荐省级文明单位（社区）28个，省级文明校园9个，省级文明村镇13个。

联合县妇联、县直机关党工委，寻找、培育“最美家庭”，全县评选出30户最美家庭。指导各乡镇开展“好婆婆”“好媳妇”等群众创评活动，培育婚育新风、尊老爱幼、绿色生活、夫妻和睦、邻里团结的良好社会风气。

【未成年人思想道德建设】　2019年，上杭县在清明、端午、“六一”等重要时间节点和重大节庆组织开展形式多样的主题教育活动。开展争当“新时代好少年”主题教育实践活动，梁林凤获省“新时代好少年”称号，雷梓源等11名学生获得首届龙岩市“新时代好少年”称号。加强乡村学校少年宫建设，联合县教育局、县财政局对上杭县21所乡村学校少年宫开展考核评估，对开展1个以上非物质文化项目的，经考核合格，给予2万元补助，全年下拨42万元补助资金。组建上杭县“舒心”心理健康辅导志愿服务队，利用未成年人心理健康辅导中心资源深入农村、社区、学校开展心理健康知识讲座7场，接受个案辅导100余人次，团体辅导9人次。组织开展“守护希望·点亮心窗”未成年人心理健康辅导志愿者培训，提升志愿者们心理辅导专业技能。

客家联谊会

【联谊工作】　2019年10月10日，接待厦门市客家经济文化促进会参访团23人一行，其中有客家研究专家学者、企业家、会员等，在上杭期间，参观客家族谱博物馆，开展客家历史、经济、文化学习和交流。10月11—12日，上杭县组团参加第二十五届世界客属石壁祖地祭祖大典，与来自海内外145个客属社团的客属嘉宾及本地宗亲1.2万人齐聚宁化祖地，寻根谒祖，共话发展，参加世界客属第二十五次公祭客家母亲河大典。11月4日，上杭县派员参加在武平县举行的第七届海峡两岸定光佛文化节。

【客家文化研究】　2019年，上杭县客家联谊会编辑出版《上杭客家》第二十期，主要收集上杭汀江及两岸的人文历史、风情风貌、传说故事等内容。版面包括特稿、汀江史话、汀江胜景、汀江故事、汀江诗画等五个方面。协同县政协文化文史和学习委与客家族谱博物馆编辑出版《祖宗的叮咛——客家族规家训选》。

2019年5月10日，上杭县客联会派人参加省客联会在南平举办的“2019年福建省《客家》杂志通讯员培训班”为期三天的学习。组织会员参加省客联会举办的“庆国庆.弘扬客家优秀文化”主题征文活动并上报18篇稿件参加此次征文比赛。利用县“客家讲坛”举办各种体现客家文化内容的讲座。

红十字应急救助

【人道救助】　2019年，上杭县红十字会发展自身职能，开展人道救助工作。

“红十字博爱送万家活动”　元旦、春节期间，上杭县红十字会先后深入临城镇龙翔村、旧县镇河东村、湖洋镇古楼村等3个村开展慰问活动,将上级下拨的价值3000元的“博爱送万家”慰问物资送到贫困户家里,受益困难群众10户。

“大病救助” 2019年,做好城乡困难居民红十字大病救助工作,做好大病救助宣传和申报工作。将“福万通少儿大病救助”“小天使基金”“阳光天使基金”申请宣传材料转发寄送至全县各村委会、各乡镇民政办、卫生院、县医保中心等单位,与上杭农商银行沟通联系,将“福万通少儿大病救助”列入每月例会议程,要求乡镇农商分行在营业厅张贴此文件,包片包村的员工进村入户时宣传文件精神,并通过红十字志愿者利用微信广泛宣传,做到符合条件的应有尽救。全年受理“小天使基金”申请3人,每人获3万元救助金;“福万通少儿大病救助基金”申请8人,每人获1万元救助金;天使阳光基金申请1人。开展募捐配套救助活动。向上杭农商银行募捐1.2万元,配套救助上杭县6名申请“福万通少儿大病救助基金”患者,每人2000元;向上杭县血浆站募捐1万元,慰问救助20名贫病困难对象,每人500元。

【应急救护】 2019年,上杭县红十字会普及应急救护知识,开展应急救护培训,做好应急救护工作。

普及应急救护知识 2019年,县红十字会结合工作实际,成立“救在身边.与爱同行”——红十字应急救护知识培训志愿服务队。围绕“一月一主题”,先后深入工业园区、旧县镇、蓝溪镇、上杭一中、县城瓦子街等乡镇和单位,对企业员工、乡镇包村工作队员、计生协管员、乡村医生、妇联主任和学生、群众等开展应急救护知识普及活动达15场次。与县直机关党工委联合下发《关于开展“在职党员学急救,危难时刻当先锋”培训活动的通知》的文件。共对县卫健局、市场监督管理局、交通局、水利局等23个单位进行应急救护普及培训。及时向县委组织部领导汇报,将红十字应急救护培训列入县委党校干部培训课程,培训学员120余名。依托上杭职专、实验小学2个体验式生命教育示范校和中小学生课外综合实践基地在青少年中普及应急救护知识,其中中小学生课外实践基地把应急救护知识培训纳入教学课程,每期不少于半天学习应急救护基本知识。全年开展普及培训达70场,培训8000余人次;

开展急救员培训 是年,针对高危行业和重点人群开展急救员培训工作,分别为县供电公司员工和上杭职专学生开展急救员培训2期,培训急救员118人。

【募捐筹资】 2019年9月7—9日为腾讯公益发起的第5个“99公益日”募捐活动。上杭县红十字会响应市红十字会发起的“爱过年 红色闽西”项目,建议把“99公益日”作为机关党员活动日的重要载体,与上杭县直机关党工委联合发出倡议,经过各捐赠单位、红十字志愿者及社会各界爱心人士的共同努力,全县有178个团队、8180人次参与捐赠,善款总额83376.8元(其中公众捐款78239.46元,腾讯公益配捐5137.34元)。募捐总量在福建省县级同行中位居第一。

力争紫金矿业支持 紫金矿业一直热心于公益事业,县红十字会利用区域优势,力争该公司支持。与该公司联合制定《关于在全县范围内开展群众性救护培训工作的实施方案》,2019年,该公司资助2万元用于红十字会应急救护培训工作。

投放红十字募捐箱 2019年5月,县红十字会在上杭农商银行股份有限公司古田支行新增设红十字募捐箱1台,在县民政局婚姻登记办、上杭县博物馆等场所投放红十字募捐箱共3台,全年募集善款3699元。

争取爱心商家赞助 2019年7月25日,“红十字应急救护百万培训八闽行”(龙岩站)暨上杭县“在职党员学急救 危难时刻当先锋”应急救护培训启动仪式在上杭县新时代文明实践中心举行,该活动得到上杭全程超市的支持捐赠到活动经费2700元。

【生命救助工程】 2019年,上杭县红十字会做好无偿献血、捐献造血干细胞、遗体(器官)的宣传、动员、服务等工作,通过出宣传栏、发放宣传折页等形式号召更多的人士参与到“三献”事业中来。全年全县登记志愿捐献遗体和器官8人,成功实现遗体捐献2例。春节前,县领导带领县红十字会工作人员看望慰问4名遗体捐献者家属,并送上每人500元的慰问金和价值500元的慰问品。

【人道传播】 2019年,上杭县红十字会讲好红十字故事传播红十字声音,7月,县红十字会选送红十字志愿者参加龙岩市第二届“与人道同行”主题故事演讲比赛。胡辛茹以《我家的红十字故事》为题材参加此次演讲比赛获二等奖。

【“红十字博爱驿站”创建】 2019年,上杭县红十字会根据《福建省红十字会 福建省财政厅关于建立红十字博爱驿站的通知》文件精神,按照“群众上门方便、人员相对集中”的原则,将“红十字博爱驿站”选择县城繁华地段步行街道瓦子街紫金南路29-101号店铺,面积约160平方米。按照“有会员和志愿者活动场地、有人道服务窗口、有应急救护体验场所、有人道宣传传播平台”等标准进行建设,总投资65万元,于2019年年底投入使用。

责任编辑:王冬英

乡镇概览

■ 临江镇

【概况】 2019年，临江镇实现社会总产值64.6亿元，比上年增长8.8%。其中第二产业产值实现57.6亿元，比上年增长8.6%，第三产业产值实现7亿元，比上年增长9.3%。固定资产投资完成3.1亿元，完成任务的110.8%，其中工业固投完成1.1亿元，完成全年任务的115.8%。实现财政收入1969万元。城镇居民人均可支配收入42288元，比上年增长8.5%。

【经济发展】 2019年，临江镇围绕推进高质量发展落实赶超任务，以项目攻坚为抓手，增强经济发展后劲。策划东南社区店下农家生态乐园建设项目、上杭县联泰建设年产3万立方米绿色建筑材料生产项目等11个项目并入库。全年签约5个项目、开工建设6个项目、竣工3个项目。新引进见见农业发展(福建)有限公司等10家企业，总投资3.3亿元。重点培育紫金金属有限公司成为龙头企业，培育锦鑫建材有限公司等4家企业为限上企业。2019年，规模工业实现产值1.36亿元，比上年增长0.36%；限额以上企业法人销售额完成47.17亿元，比上年增长2.57倍，限额以上社会消费品零售额完成9.37亿元，增长21.68%。引进外资0.8亿元。做好第四次全国经济普查工作，采取地毯式和销户式清查，严格入户现场登记，抓好登记审核，确保普查数据质量，5月底通过省、市、县经普办的检查验收。

2019年9月24日，临江镇在瓦子街举办上杭县新时代文明实践中心主题活动暨第26届城区精神文明共建活动 (临江镇政府供图)

【城镇建设】 2019年，临江镇突出以人为本，增进民生福祉，完善辖区基础设施。临江镇居家养老服务中心、镇西社区居家养老服务站提升工程及镇南五人制足球场建成并投入运营；各社区儿童之家、心理咨询室均建成并投入使用；实施杭小路、天后巷北段等15条背街小巷维修改造清淤工程；推进城区供排水、污水管网改造及城区线路电缆整治，保障居民和企业的生产生活需求；配合实施城区道路“白改黑”、主次干道交叉口改造提升等工程，配合做好城区公共停车场建设，有效缓解城区停车难问题；瓦子街二期维修保护项目有序推进。

【社会保障】 2019年，临江镇健全社会保障体系，组织居民参加2019年县新春供需见面会、“海西招聘——春风行动”大型现场招聘会和夏季人力资源现场培训，开展农村劳动力调查工作。推进城乡居民社会养老保险扩面缴费和城乡居民基本医疗保险缴费工作，完善残疾人、重点优抚对象、低保户、计生对象参保信息。推进低保提标扩面工作，对低保工作实施动态管理，做到应保尽保，全镇在册低保164户235人，其中，特困户29户30人，准时足额发放低保金。加大救助力度，全年受理县镇两级临时救助73件，发放救助金13.97万元。完成155名残疾人“两项补贴”申请审核工作。做好退役军人事务工作，悬挂“光荣之家”牌匾1417块，“八一”慰问困难优抚对象46人1.05万元。做好45户居民限价商品房、经济适用房和廉租房审核上报工作。

【惠民政策】 2019年,临江镇做好东南社区土地承包经营权确权登记颁证工作,完成农村集体产权制度成员身份确认2674人,保障农民合法权益。加大宣传力度,做好"三农"综合保险工作,参保率100%。兑现平安社区60周岁以上参加养老保险人员奖励金13.35万元、社区参加城乡居民基本医疗保险人员奖励金16.48万元;全镇守法家庭大病医保奖励金4.54万元。做好80周岁以上老年人高龄补贴发放工作,确保全覆盖、全到位;慰问百岁老人3名、80岁以上老人1390名。

【教育发展】 2019年,临江镇组织开展上杭县临江博士教育发展基金会2019年奖教奖学助学金发放活动,26名城区部分中小学优秀教师、29名被"双一流"院校录取临江籍学生、8名困难家庭大学生和30名表现突出的"临江好少年"获得奖励,发放奖教奖学助学金19.6万元。

【卫生事业】 2019年,临江镇落实计划生育家庭奖励扶助工作;做好健康社区的创建工作,提升居民群众健康意识和健康水平;开展公共场所卫生整治行动和除"四害"消杀灭工作;规范计生证明,推进网上办事,一站式办理,全年办理一、二孩生育登记307例。完善社区医疗卫生服务体系,建立居民电子档案31628份,建档率99.9%。

【生态建设】 2019年,临江镇全面开展房屋安全隐患排查整治专项行动,切实消除房屋安全隐患,加强房屋安全管理,完成入户排查3819户,排查出重大危险房屋86户,完成危房整治72户(栋)。加强河道巡查,及时处理巡查发现问题12个,综合执法2次。完成旱厕改造16座,填埋53座。美化提升居住小区(网格)31个,清理垃圾杂物等149处。落实环保网格化监管制度,配合做好第二次中央环保督察工作。做好大棚房排查及非洲猪瘟防控工作。

【平安建设】 2019年,临江镇创新社会治理服务,利用镇综治指挥中心信息化系统,打造"综治+N"管理服务平台,不断完善风险防控机制,主动迎击各类风险挑战,打好防范化解社会领域重大风险攻坚战,维护社会安全稳定与经济健康发展。2015—2019年,连续5年获评龙岩市"平安乡镇"。纵深推进扫黑除恶专项斗争,突出整治重点,围绕"治根"工作目标,持续在宣传发动、线索摸排和社区督导上强化措施,对区域性涉黑涉恶突出问题进行重点摸排,摸排线索24条。做好信访维稳和特殊人群、重点人员服务管理工作,严格执行首问责任制,谁接访谁负责跟踪到底,切实做好初信初访工作。年内,镇居两级调委会共排查调处各类矛盾纠纷67起,成功化解67起。办理"12345"便民服务、"e龙岩"随手拍和民情诉求件,办理诉求件84件,收集处理各类民情150件,全部得到妥善处理。重点整治区域性突出问题,坚持打、防、管、控并举,全面开展"红土安宁""盗抢骗"犯罪"黄赌毒"犯罪等各类专项整治行动,深入开展打击治理电信网络新型违法犯罪百日攻坚行动。落实镇领导包案化解、稳控责任,抓好重点人员服务管理工作。持续巩固平安建设成果,加大平安建设宣传力度,及时兑现"三个10%"平安惠民政策,创建平安和谐、文明幸福社区。全镇全年刑事立案141件,比上年下降9.62%;可防性案件立案48件,比上年下降27.27%;"八类"案件立案8件,破案8件,破案率100%;流动人口犯罪案前登记率93.33%。

【安全生产】 2019年,临江镇强化安全生产"红线"意识,落实"党政同责、一岗双责、齐抓共管、失职追责"要求,层层压实责任。开展临江镇安全生产隐患排查治理、危险化学品、烟花爆竹安全生产大排查大整治等专项行动。全年镇、居共检查企业351家次,发现隐患18处,整改18处,发放隐患整改通知书7份,整改7处。坚持汛期镇居两级领导带班和24小时值班制度,开展老城区危旧房、低洼地带等重点部位巡查,确保居民安全度汛。加大食品药品管理力度,购买居民食品安全责任险43035元,配合市场监督管理局城区所查处食品安全案件9起,药品安全案件10起,保障居民群众舌尖上的安全。

【文明创建】 2019年,临江镇开展全国文明城市、国家卫生县城、国家园林城市、全国文明村镇、省级卫生乡镇和卫生社区创建工作。倡导居民群众树立良好的环境卫生意识和公德意识,提升文明素养,做文明市民。开展"礼赞新中国,共创文明城"——上杭县新时代文明实践中心主题活动暨第二十六届城区精神文明共建活动,评选出10户"十佳文明家庭"、3个"文明小区"、20家结对共建工作先进单位。深化移风易俗,规范城区丧事活动,活动开展以来,未发现一例占用城区主街道搭设灵棚、摆放桌席、哀乐扰民、游街送葬的现象,文明治丧新风尚基本形成。推进新时代文明实践,打造志愿服务平台,登记在册志愿者2500多人。举办"我们的节日""一月一主题"、道德讲堂、公益大讲堂、禾雀花文化旅游节等各类新时代文明实践活动150多次,服务居民群众7万多人次。围绕"邻里守望 情暖社区"项目开展系列志愿服务活动,被县新时代文明实践中心评为"十佳志愿服务项目"。

■ 临城镇

【概况】 2019年,临城镇实现社会生产总值25.93亿元,比上年增长11.2%;固定资产投资5.2亿元;社会消费品零售总额3.73亿元,比上年增长44.6%;财政收入3517万元,比上年增长20%;农民人均可支配收入19283元,比上年增长10.8%。

【农业产业】 2019年，临城镇出台种粮大户扶持政策，培育百亩种粮大户6户、50亩以上种粮大户12户，全年粮食播种2400公顷，总产1.51万吨。果蔬种植稳步发展，其中蜜雪梨、红心柚增产显著。做好土地流转，引进蓝莓、台湾火龙果、百香果等大棚设施农业。发展家庭农场经济，全镇家庭农场286家、农民专业合作社31家。做好非洲猪瘟防控工作，生猪、家禽及渔业等养殖规模和产量保持稳定。

【工业经济】 2019年，临城镇有规上工业企业19家，实现总产值586.27亿元，全年新增规上工业企业4家。完成500万元以上固投项目18个，总投资5.2亿元；工业固投项目6个，投资1.57亿元；完成工业技改投资7490万元。“第四次经济普查”工作通过国家事后质量抽查。

【商贸流通】 2019年，临城镇打造商贸流通业“十百千”工程，全镇有限上企业20家，全年新培育2家；限上企业社会消费品销售额13.05亿元、零售额3.73亿元。围绕县产业方向精准招商，在全市首届文旅产业发展大会上，成功签约普陀山文化生态园和阿米妈妈康养医院2个上亿元项目。成功承办“乡约你·来上杭”上杭县九洲蜜雪梨采摘暨文化旅游节。

【征地拆迁百日攻坚】 2019年10月，上杭县征地拆迁百日攻坚大会战启动以来，临城作为上杭的主战场共涉及县级以上项目22个。经过“5+2”“白+黑”的艰苦奋战，完成房屋征迁8.49万平方米，土地征收149.2公顷，实现净地交付项目9个。金山湖片区14天完成109栋房屋及21公顷土地协议的签订，实现短时间净地交付，创造“临城金山湖”速度和“临城金山湖”精神。

【脱贫攻坚】 2019年，临城镇聚焦“两不愁三保障”（不愁吃、不愁穿、保障义务教育、基本医疗、住房安全），推进16个激励性产业扶贫项目，贫困户覆盖率达79.3%，产业保险实现全覆盖。推进教育扶贫，受益贫困学生235人次；实施健康扶贫，医保受益贫困户1364人，落实贫困户家庭医生签约服务，贫困妇女特种疾病保险实现全覆盖。完成13户易地搬迁贫困户不动产权证办理。

【生态环保】 2019年，临城镇落实河湖长制，开展河湖“清四乱”，取缔非法采砂点3处。加强网格化环保监管，开展流域水环境综合治理，持续开展生猪养殖污染“回头看”，巩固提升养殖业污染防治成果。开展辖区内流域水质监测检测，是年，境内各交接断面水质达Ⅲ类水以上。抓好中央环保督察交办信访件及反馈问题的整改和销号工作。

【“四好农村路”建设】 2019年，临城镇筹资2600多万元，完成20.48千米的“四好农村路”建设。其中玉女村玉玉线、新塘村玉新线、九洲村九迳线、西南村高深线等4条“四好农村路”建成通车，玉女村玉新线、土埔村上土线、塔老线等主体工程完工，在完善附属工程及安全标识标线。

【乡村振兴】 2019年，临城镇推进乡村振兴试点村——九洲村的基础设施建设，建成4个停车场共52个停车位、硬化果园路2.09千米、安装路灯110盏。投入700多万元实施同康村停车场及绿化硬化、土埔村农家乐、城南、黄竹村道路硬化等移民项目。投入20多万元实施土埔、新塘、黄竹等3个村18千米的标准化渠道建设。投入113万元实施玉女、新塘、九洲等8个村农村饮水安全提升工程，缓解季节性缺水、节假日高峰用水紧张等问题。汀江防洪工程（一期）水西段汀江干流及苦竹溪、丰云溪支流堤防工程全面完成。实施新丰村旧村复垦项目，新增土地0.31公顷。

【人居环境治理】 2019年，临城镇围绕“四城同创”，推进农村人居环境整治，开展危旧房屋拆除整治“清零行动”，拆除裸旧房、旱厕、空心房等1.85万平方米，新建改造三格化粪池851户，其中农户改厕274户，开展村庄清洁行动120多次，实施社区背街小巷改造4.68千米，新建12个村居221个停车位。落实垃圾处理收费制度，农村生活垃圾处理“村收集、镇转运、县处理”机制日益规范，农村环境更加宜居。

【惠农政策落实】 2019年，临城镇基本完成农村集体产权制度改革和农村土地承包经营权确权登记颁证工作，农村各项改革政策稳步实施。全镇发放各项涉农惠农补贴资金1341万元。其中，耕地地力保护补贴资金218万元，农业科技示范户及种粮大户补贴资金892万元，其他惠农资金231万元，补贴资金全部通过银行实行“一卡通”按时足额发放到户。

【社会保障】 2019年，临城镇推进镇社保服务中心和村居服务站标准化建设，提升社保服务水平。全镇新农保参保22194人，60周岁以上享受养老金待遇6943人，享受被征地农民养老补助2815人，80周岁以上享受高龄生活补助1211人，新型城乡合作医疗参保34030人，低保扩面新增71人，享受计生奖励扶助1588人。新建农村儿童之家17个。新增黄竹、土埔村幸福院，石砌、新塘、九洲、西陂、璜岗等5个村幸福院完成星级评定工作。城东社区成为县级首家运营老年人日间照料中心并通过省级五星级评审。成立镇村两级退役军人服务站，做好发放“光荣之家”牌工作。

【文明新风】 2019年，临城镇开设新时代文明实践所夜间讲习堂，深入各村居巡回宣讲理论政策、党纪国法，为实施乡村振兴、维护基层安定提供有力的思想保障。推动新时代文明实践志愿服务活动常态化开展。推进农村殡葬改革，实施20个村级公益性骨灰堂建设，开展“三沿六区”违建坟墓整治，规范城区丧事活动，10月以来，有29例治丧活动均做到丧事俭办，不扰民不占道不游街，文明殡葬理念渐入人心。

【社会治理】 2019年，临城镇推进“平安临城”建设，加大扫黑除恶专项斗争宣传力度，刊出《临城综治——扫黑除恶专刊》，开展“健康人生、绿色无毒”“健康临城、清新绿道”全民禁毒宣传月活动，利用汀江绿道太极拳交流展示大会开展反电诈集中宣传活动，开展禁毒、反电诈“清村扫楼、搜房巡山”全镇统一行动，实现禁毒、反电诈清查巡查常态化。全年全镇立七类黑恶案件5件，比上年下降58%；立电信网络诈骗案件34件，下降50.7%，群众损失数下降63%。开展“七五”普法和依法治理工作，抓好民情收集处理工作，落实领导干部信访接待及包案稳控化解机制，加强群众信访接待处置工作。提升“e龙岩”网上办件水平，全年处理“e龙岩”办件440件，满意率97.7%。弘扬“枫桥经验”，化解各类矛盾纠纷，全年调解各类矛盾纠纷152件，成功调解150件，实现“小事不出村、大事不出镇、矛盾不上交”。

【安全监管】 2019年，临城镇运用新媒体扩大安全教育宣传面，普及安全和应急知识，增强安全理念。开展烟花爆竹领域“打非治违”专项整治和安全生产隐患排查治理专项行动，检查企业330家，发现问题和隐患182处，全部要求落实整改。做好汛期安全度汛和禁火期森林防灭火工作，做好西郊、城北2处地质隐患点的治理，拆除深陂水库跨205国道渡槽，消除市级督办橙色安全隐患。开展物业管理法律宣传和消防安全宣传培训，落实节假日道路交通安全劝导，全年整治道路交通安全隐患4处，查纠不安全交通行为2100多起，交通安全违法行为明显减少。

■ 湖洋镇

【概况】 2019年，湖洋镇实现社会生产总值9.8亿元，比上年增长6.9%；实现工业总产值5.68亿元，增长7.2%；全社会固定资产投资9.75亿元，增长25%；财政收入1801万元，增长11.41%。农民人均可支配收入17052元，比上年增长8.9%。

【现代农业】 2019年，湖洋镇实现农林牧渔业总产值2.29亿元，比上年增长3.6%。完成粮食作物播种面积1904公顷，产量1.29万吨。烤烟种植面积88.87公顷，产量2894担，实现税收91.3万元。新增果树种植面积37.33公顷，产量2260吨。华润五丰农业生态循环产业园项目完成烤房冻库主体工程建设，黑水虻养殖场建设工程稳步推进，黑皮鸡枞出菇5062千克，鸡苗出苗103万羽。龙岩农业发展有限公司落户水埔村，流转耕地27.33公顷拟建设现代农业产业园。全年投入惠农资金1200万元。新增家庭农场8家，新增县级示范家庭农场4家，市级示范家庭农场1家。新建冷库2座，新建三田现代农业育秧中心1座。本年申请注册家庭林场7家。新增新型职业农民32人，发放新型职业农民贴息补助16万元。

【工业经济】 2019年，湖洋镇工业固定资产投资比上年增长61.3%，规模以上工业总产值增长59.7%。完成“五个一批”（谋划一批、签约一批、开工一批、建成一批、增资一批）目标，谋划新型水处理技术及其成套智能设备开发项目、中恒墙体新型建筑材料生产项目等项目16个；签约星汇包装年产6000吨包装材料加工项目、废石与建筑废弃物综合利用项目等项目11个；开工年产3000辆废旧汽车拆解回收项目、中兴泰纺织机械配件生产项目等项目12个，中兴泰纺织机械配件生产项目完成厂房主体工程建设和设备购置，在进行厂房装修；建成腾川环保废弃烟杆综合利用生产项目等项目5个，彦晖车业专用汽车、挂车生产项目在办理环境评估报告及施工许可证；增资年产15万立方米碎石项目1个；新培育上杭县龙塔实业有限公司1家规上企业。

【第三产业】 2019年，湖洋镇限上企业完成社会消费品销售额6.82亿元，比上年增长9.5%，其中完成零售额2.13亿元，增长17%。全镇16家限额以上法人企业社会消费品销售额完成5.5亿元，其中零售额完成1.4亿元。培育龙岩市狐鑫工贸有限责任公司等限上商贸企业2家。依托观音井百果园农业休闲游和上罗村心田自然体验基地自然体验游，做活乡村旅游。成功举办福建省第二届梅花节、龙岩市首届杭梅文化节和脐橙采摘节，全年吸引游客40余万人次，实现旅游收入9000万元。上罗村举办首届乡村自然艺术节，吸引游客超1000人。文光村被评为市级乡村旅游试点村，上罗村入围2019年最美村落建设试点村，被列为省级旅游特色村。

【生态环保】 2019年，湖洋镇严格落实河湖长制，持续开展河湖清洁行动，开展河湖“清四乱”问题排查。推进生活垃圾污水处理工作，建立完善“户分类、村收集、镇转运、县处理”垃圾处理模式，实现集镇垃圾压缩运转，做到日产日清。境内流域水质明显好转，全年各断面水质均保持在Ⅲ类以上。严控生猪养殖，落实生猪养殖污染防治长效监管机制。加大非洲猪瘟疫情防控和已关闭猪舍拆除及防复养工作力度，全镇各村散养生猪数量得到有效控制，保留的6户规模生猪养殖场全部完成标准化改造。落实环境监控网格化管理，加强镇村网格员“环保网格化监管APP”操作培训，确保将日常巡检案件及时录入平台。

【试点村镇培育】 2019年,湖洋镇文光村被列为省级乡村振兴试点村,湖洋镇被列为省级乡村振兴试点镇。实施文光村道路“白改黑”工程和绿化美化亮化工程,架设梅花景观路灯70盏,沿路种植15种观赏梅620棵。完成宏泉山庄路口积善亭及旅游公厕建设和景观小品打造。实施保种园提升改造工程,建设集游客接待、产品展示、文化宣传、电子商务于一体的三产运营中心。实施上罗最美村落一期建设项目,完成亲水健身步道1.2千米、戏水池、亲水平台、旅游公厕和40个停车位建设,完成游客接待中心建设和心田自然体验基地扩营工程,实施以黄花菜、树状月季和百日菊为主的花化工程,完成38栋房屋的立面改造及平改坡,面积近1万平方米。

【人居环境整治】 2019年,湖洋镇以上罗村最美村落建设和“千村整治、百村示范”人居环境整治试点村建设为抓手,拆除空心房64栋,4000余平方米,拆除危旧房80余栋,7000多平方米。推进“厕所革命”,加快三格化粪池建设,改造卫生厕所3500多户,无害化卫生厕所普及率99%。实施垃圾治理,配发分类垃圾桶500多个,配置垃圾清运车22辆,湖洋镇污水处理厂投入使用,建成5座农村生活污水处理设施。全镇党员群众3000多人次分别于春、夏、冬三季开展以清理陈年垃圾、塘沟为重点的家园清洁行动,村庄面貌整洁有序。

【基础设施建设】 2019年,湖洋镇继续实施集镇提升改造工程,新装33盏梅花路灯,新建1座公厕,全民健身中心项目建设有序推进。推进“四好农村路”建设,全镇筹集村民捐款80多万元,完成元丰村同心路、涧头村潭溪路和通桥村村池线建设,完成文新线、湖濑线路基建设和龙上线路面硬化工程。五坊村危桥改造项目建成通车。推进龙龙铁路湖洋段征迁工作。水利基础设施新修7条标准化水渠,完成4处水毁修复工程,完成元丰村饮水安全巩固提升工程,投入300多万元实施湖洋集镇供水工程和北部供水工程。

【脱贫攻坚】 2019年,湖洋镇实施蜜蜂养殖、黄花菜种植等激励性扶贫项目10个,覆盖22个村。落实健康扶贫,全镇建档立卡贫困人口均与家庭医生签约。建立长效机制,降低返贫率。

【社会事业】 2019年,湖洋镇实施国家基本公共卫生服务项目和重大公共卫生服务项目,建立居民健康电子档案,实行高血压、糖尿病患者健康管理机制,管理高血压患者2108人,全年随访8864人次,管理糖尿病患者445人,全年随访1980人次。开展全民健康活动,全镇设立自助健康检测点9个。推进社会心理服务体系建设,设立村级心理咨询室7个。加大免费孕前健康检查工作力度,孕前优生检查完成132人。成功举办湖洋中学50周年校庆,成立湖洋镇教育促进会,募集资金(含基金)约640余万元。教育事业再创佳绩,湖洋中学参加中考102人,录取到上杭一中13人,上杭二中16人,普高上线率52%。推进殡葬改革,完成镇级公墓和10个村级骨灰堂建设,公墓和村级骨灰堂投入使用,制定公益性公墓管理办法,建立长效机制,助推移风易俗。

【社会治理】 2019年,湖洋镇以综治宣传月活动为契机,以开展“群众安全感”调查为动力,举办形式多样的创建平安湖洋宣传活动,推进平安湖洋建设。开展扫黑除恶专项斗争,开展禁毒、反赌及打击治理电信网络诈骗和非法集资等专项整治活动。加强学校及周边治安隐患排查整治,有力维护校园的安全稳定。加强矛盾纠纷化解,全年镇、村排查矛盾纠纷94件,成功调解93件,调解成功率98.94%。实现“四无”(无民转刑案件、无非正常死亡、无群体性械斗、无集体上访)。开展安全生产责任体系建设,在辖区内打击和取缔5家无证非法经营烟花爆竹点,收缴各种烟花192件262个,鞭炮623串,规范1家有证经营户。严格落实防汛责任,开展巡查排查、人员转移和灾情处置工作,全镇汛期转移易灾群众90多人次。加强野外违章用火巡查、火源管理,加强森林防火储备库建设、强化扑火演练,全年未发生森林火灾。

■ 中都镇

【概况】 2019年,中都镇实现社会总产值21.96亿元,比上年增长6.9%。其中第一产业总产值4.84亿元,比上年增长7.8%;第二产业总产值4.44亿元,比上年增长7.5%;第三产业总产值12.67亿元,比上年增长6.3%。农民人均收入17910元,比上年增长5.6%。

【农业农产】 2019年,中都镇粮食生产稳步增长,实现农作物播种1800公顷,其中,早季水稻种植800公顷,晚稻900公顷。培育21户规模化种植水稻200公顷以上的水稻种植大户;种植烤烟63.73公顷,烤烟生产规模保持稳定。新种植蕉柑10公顷,茂谷柑、沃柑、脐橙53.33公顷,建成百香果、蕉柑、沙田柚、红肉蜜柚、优质稻、脐橙等“六个千亩基地”,逐步形成以上都片区优质稻、百香果规模种植的现代农业带,以中都片区千亩柚果、百香果种植加工基地为主的生态观光农业带。打造12公顷优质绿色水稻新品种展示示范片,推动优质稻米产业发展,实现年加工生产优质米3.5万吨。补助4203户耕地地力保护补助资金144.1万元。完成农村土地承包经营权确权登记工作,基本完成农村集体产权制度改革。组织农民群众参加县级农业发展相关培训班6期75人次,补助醉乡田家庭农场百香果标准化育苗基地建设50万元。

【产业招商】 2019年，中都镇出台《中都镇促进产业发展实施方案(试行)》，外出招商13次，完成5家公司的签约，引进花卉苗木种植、两岸特色稻米产业园等项目。开展“五个一批”项目建设，其中谋划非物质文化遗产展厅等项目8个，签约村级供水改造等项目7个，开工“千村整治、百村示范”等项目9个，竣工年产4万支吉他等项目11个，增资上杭县耐磨材料生产项目等3个。新培育上杭县飞腾贸易有限公司、绿城贸易有限公司等2家企业。

【项目建设】 2019年，中都镇投资1000万元完成涉及古基、睦邻、军联、陈和、仙村、由安等6条10.32千米“四好农村路”建设，投资1000万元实施安全生态水原工程项目，投资120万元完成蛟腾村、军联村等7个村的农村污水管网工程。投资300万元完成兴都路客运站至中杭石化加油站道路提升改造“白改黑”工程。投资350万元建设占地1万平方米的集镇生态湿地公园，配套建设公共厕所、休闲步道、栈道拱桥、路灯亮化等设施。

【乡村振兴】 2019年，中都镇推进一、三产业有机结合，主动融入全域旅游PPP项目产业发展布局，以家庭农场为抓手，以“农副产品+文化旅游”的方式带动农民增收，发展休闲农业、创意农业等新兴产业，拓展电子商务、网络互联等推动乡村旅游快速发展，新增家庭农场123家。围绕“产业兴旺、生态宜居、乡风文明、治理有效、生活富裕”的总要求，编制《农村人居环境整治一张图》。完成全镇285户三格化粪池新建及改造工程建设，新建3个旅游公厕。在全镇20个行政村推行垃圾保洁收费制度，实施农村生活垃圾分类减量治理。拆除“空心房”“裸旧房”29752平方米，实施“旧村复垦”及停车场、公园建设，花化绿化等项目，建成235个停车位。投资350万元完成公益性公墓和公益性骨灰堂建设，安置新增死亡人员骨灰64例，骨灰安置政策符合率100%，全镇未发生一起新建、改(扩)建坟墓案件。

【脱贫攻坚】 2019年，中都镇创新“党建+”脱贫模式，探索“支部+基地+贫困户”模式，实施蕉柑、百香果种植等一批激励性扶贫项目21个，带动贫困户152户551人，覆盖率83.48%；完成41户91人易地扶贫搬迁领证工作。帮助解决贫困户外出务工交通费，补助27人就业往返交通费4655元；解决贫困户就业难问题，提供公益性岗位，聘请15名贫困户为村道养护人员；全镇贫困户家庭医生签约率达100%。贫困户子女教育资助95人；做好2019年春节走访慰问，对242户贫困户发放春节慰问金70500元。发放农村低保金1843420元，特困补助金及护理金930516元。

【生态环保】 2019年，中都镇推进“河(湖)长制”和环保监管网格化工作，建立健全镇级河道专管员河道巡查制度，开展违法排污、非法采砂、非法电鱼等专项整治行动，制止非法采砂5起，非法电鱼、地笼网鱼行为11起，收缴电鱼工具3套，地笼8个。严格落实河道长效保洁机制，上都溪军联古桥和中都溪吉布电站两个断面水质稳定达标。扎实开展生猪养殖污染防治长效治理和非洲猪瘟防控工作。

【综治安监】 2019年，中都镇稳步推进平安中都建设。全年未发生一起重大刑事案件、精神病人肇事肇祸和吸毒贩毒违法案件。做好扫黑除恶专项斗争工作，通过微信公众号等新媒体宣传推介扫黑除恶教育知识，发放扫黑除恶宣传材料5000份、宣传品5000份。电信网络诈骗工作扎实推进，严格落实个人申请出入境审批制度，做好重点人员的摸排和外来人口的监管工作。做好矛盾纠纷化解工作，利用民情收集，收集群众关心关切的问题，及时反馈来信来访、“e龙岩”诉求件，将矛盾纠纷化解在萌芽状态。全年收集民情248条，处理信访、“e龙岩”诉求件120起，做到“小事不出村、大事不出镇”。2019年，由安村、古坊村等6个村获(市级还是县级请确定)平安村，中都镇获龙岩市2019年度平安乡镇，古坊村、古基村、蛟腾村、睦邻村、罗溪村、永联村、复兴村、陈和村、田背村获龙岩市2019年度平安村居。

【文化中都建设】 2019年，中都镇持续加大乡村民俗文化挖掘与宣传，依托新时代文明实践所活动，开展“月月有戏”文艺会演，举办中都诗词协会成立十周年活动。9月，做好厦门知青返乡50周年活动；9—10月，组织庆祝中华人民共和国成立70周年系列活动。11月，举办“文化中都探寻之旅”活动，这次文化探寻之旅，通过民俗表演和体验、文化长廊、中都历史文化古迹、农产品展销和百香果采摘等全方位展示中都民俗文化和农业经济，塑造文化中都的品牌形象。中都镇新时代文明实践所“我是宣传兵，文明在我心”志愿服务项目获县优秀志愿服务项目奖。

【文物保护与古村落建设】 2019年，中都镇加大对存耕堂、云霄阁、慕和堂等文物保护单位的抢救性保护维修，加强女子五枚拳、舞龙、舞狮等非物质文化遗产的保护和传承。向群众宣传古建筑保护的意义，调动群众参与其中。争取多方支持，向上级部门争取传统村落保护资金近1500万元，对慎修堂、三池堂、宏文馆、发韧堂等古建筑进行维修。

【社会事业】 2019年，中都镇完成古基村、田背村幸福院建设，亲睦村幸福院被评为2019年度四星级幸福院，都康村幸福院被评为2019年度五星级幸福院；建成农村儿童之家14个；完成全镇6个行政村社会保障服务村级平台建设，基层社保服务水平显著提升。殡葬改革工作扎实推进，教育事业进一步完善教学条件，完成中都中学学生宿舍楼建设和“全面改薄”项目，投资120万元完成中都中学校门及附属设施建设，投资450万元实施中都中心幼儿园教学综合楼建设，健全完善奖教奖学基金，全年奖励、资助教师、学生68人，2019年中考考入一级达标学校11人。

■ 下都镇

【概况】 2019年，下都镇全年实现社会总产值4.85亿元，比上年增长8%；财政总收入1150万元；全社会固定资产投资增长30.7%；农村居民人均可支配收入14620元，增长9%。顺利实现贫困乡镇脱贫“摘帽”，易地扶贫搬迁模式得到国家发改委充分肯定；第四次全国经济普查工作，代表全省通过国家事后质量抽查。

【农业产业】 2019年，下都镇实现粮食播种866.67公顷，总产0.56万吨。粮食安全生产稳中提质，建立吉安、保安2个百亩粮食产能区，吉安百亩粮食产能区被县评为“优质稻百亩连片核心示范片”。传统优势产业提质增效，种植柚果面积1266.67公顷、烤烟90.13公顷、网箱养殖1万余平方米、出栏生猪2.16万头。新兴产业蓬勃兴起，建立豪猪、黄杨树、乌兔、百香果、“香如蜜”、杜鹃花、紫薇花、食用菌等一批特色种养示范基地。林下经济快速发展，成功引进华润生态循环产业园林下养鸡项目。农业现代化不断发展，组建10个益农信息社，建立吉安水稻工厂化育秧基地及象栏村沙田柚配方施肥试验园。完成3个家庭农场柚果绿色食品认证。农村集体产权制度改革和农村土地承包经营权确权登记颁证工作基本完成，完成五丰、新寨、象栏、砂睦等4个行政村旧村复垦土地3.95公顷。“非洲猪瘟”防控工作扎实推进，生猪“菜篮子”工程得到有效保障。

【新兴产业】 2019年，下都镇乡村旅游与休闲农业有序开发，龙湖库区山水田园综合体开发项目持续推进，总投资800余万元的下都镇渔港码头建设项目有序建设，新寨湾原生态山水田园休闲度假区初具雏形。启动五丰村乡村振兴试点村建设，“布局美、环境美、建筑美、生活美”的宜居恬静五丰设计规划蓝图顺利通过专家评审。

【镇域经济】 2019年，下都镇新增策划重大重点项目8个，超额完成县下达目标任务的267%。其中，1个项目被列入省“五个一批”重点项目，2个项目被县列入2019年项目落地攻坚战役重点项目；实现新开工项目7个、新竣工投产项目3个。亿旺国策（福建）建设有限公司总公司落户下都，全年新签约项目8个、新开工项目8个、新竣工项目6个，分别完成县下达目标任务的400%、800%、600%。五丰石材加工企业就地环保整改恢复生产，成功培育2家“飞地”规模以上工业企业，完成县下达目标任务的200%，位居全县第一。服务业快速发展，限上贸易企业商品销售额和零售额增速分别位居全县第四和第一。

【基础设施】 2019年，下都镇总投资5000余万元的新寨南蛇渡至砂睦段“三产”公路全线贯通通车，“五大线”四好农村公路改造工程、璜溪道路拓宽硬化工程、新寨璜溪豪康环库生产道路拓宽硬化工程、豪康松树背危桥改造工程、长安桥危桥改造工程等顺利完工并投入使用。征地拆迁百日攻坚完成项目用地征迁703户4.86万平方米。路长制工作推进有力，全年养护县、乡、村三级公路65千米。农田水利设施不断升级，集镇供水管网改线工程、豪康人饮安全巩固提升工程、象栏佛坑小流域水土保持项目、保安机井及电灌站建设工程、新寨高标准农田护岸工程、家庭农场标准化果园道路硬化工程等一批在建农田水利工程全面竣工并投入使用；吉安、象栏人饮安全巩固提升工程和新寨机井建设工程有序实施，年底建成并投入使用。

【人居环境】 2019年，下都镇启动五丰村人居环境整治试点村建设，全面开展危旧房屋拆除整治“清零行动”，拆除“空心房”、危旧住房等3.7万平方米，完成五丰村旧村复垦土地3.15公顷。农村“厕所革命”全力推进，拆除旱厕17座，改建公厕2座、户厕34户、农户三格化粪池256户。集镇提升改造工程一期如期完工。农村垃圾治理实行垃圾处理第三方市场运营，新增购置转运车1辆、新建垃圾收集池2座、聘请农村保洁员27人，开展“村庄清洁行动”160余场次。建成15.1公里生活污水管网，采取微动力AO、三格化粪池等处理工艺，实现生活污水集中无害化处理。新建停车位120个。

【生态文明】 2019年，下都镇抓好中央生态环境保护督察组交办信访件及反馈问题的整改，全面完成69家保留养殖场标准化提升改造，拆除不达标生猪养殖场2家。网格化环保监测监管，聘请网格化环保专管员14名，实现环保监管全覆盖。“河（湖）长制”工作得到全面贯彻落实，龙湖库区、保安溪等流域水环境综合治理扎实有效，河流水质明显好转，交接断面水质达到Ⅲ类水标准，2名河长分别获评为全省“最美民间河长”和全市“最美基层河长”。生态环境保护有力有效，林地保有量、森林蓄积量、森林覆盖率等大幅提高，连续九年获全县森林防火责任考核一等奖。以“守住乡愁”为理念的文明象栏村新时代文明实践基地建设项目成效初显，沿溪历史文化步道、沿街文化墙等项目相继开工建设，美丽文明象栏逐步回归“童年”。

【脱贫攻坚】 2019年，下都镇实现贫困乡镇脱贫“摘帽”，全镇236户贫困户全部实现“两不愁，三保障”及人饮用水安全保障。健康扶贫全面铺开，家庭医生签约履约服务实现全覆盖，贫困人口大病专项救治报销比例90%以上。实施激励性产业扶贫项目12个，174户贫困户受益增收，产业扶贫覆盖率80%。“合作社+贫困户”帮扶模式成效初显，象牙坑种养专业合作社带动16户贫困户参与香菇种植。扶贫小额信贷和风险防范管理工作，全镇153户645万元信贷资金运转良好。易地扶贫搬迁精准惠民，顺利通过国家发改委易地扶贫搬迁监管巡查。

【利民生福】 2019年，下都镇城乡低保提标扩面，全镇114户283人享受最低生活保障，覆盖率居全县第一。养老服务完成镇敬老院社会化运营交接，砂睦、璜溪、豪康等3个村农村幸福院建成并投入使用。社保服务设立11个村社保业务全流程村级代办点，8978人参加新型农村合作医疗保险。3831人参加城乡居民养老保险，7662参加“三农”综合保险，参保率分别达95.01%、86.09%、85.44%。社会救助累计发放临时救助金95人次17.33万元。成立退役军人事务站，完成退役军人及其他优抚对象信息采集入库。

【社会事业】 2019年，下都镇10项为民办实事项目基本完成，群众幸福指数不断攀升。教育事业持续优质发展，2019届中考再创佳绩，一级达标上线率达46.4%，体育中考平均分位居全县第三名，教学成果位居全县农村学校前列。中心小学创新开发童谣样本课程，2个项目获评龙岩市科技创新大赛三等奖，30余篇教学论文入编县论文汇编。中学教育教学质量获评县优秀奖。农村教职工“暖心工程”有序推进，师生住宿条件和生活水平明显改善。成立下都教育发展基金会，筹集教育发展基金66.24万元。医疗卫生设施不断升级改善，下都卫生院综合大楼竣工并投入使用；建立居民健康档案8106份，举办14场健康知识讲座，开办健康教育专栏84期。文体事业挖掘红色文化遗存30余处，广场舞、腰鼓队、象栏船灯队等群体性文体活动有序开展，参加上杭县第十四届东南片区农民文化体育旅游节，获团体总分三等奖；新时代文明实践志愿服务深入开展，建立12个新时代文明实践站所，开展活动51场次。下都商会创建成功，“叙乡情、话发展、谋合作”的商业平台框架初步搭建完成。

【社会环境】 2019年，下都镇“平安下都”“平安和谐村”建设扎实推进，吉安、佛坑、保安等村获2018年度“平安村”称号。扫黑除恶专项斗争纵深推进，办结各类社会治安案件54件，办理交通违法案件1285件，全镇治安形势持续向好。“七五普法”工作深入开展，“一村一法律顾问”、闽粤边际司法联防联动机制、“雪亮工程”、综治中心建设及网格化服务管理机制日趋完善。应急救援管理体系不断健全，重点行业领域、重点区域安全监管不断加强，全镇安全生产形势稳定向好。治理餐桌污染整治行动、建设“食品安全放心工程”持续深入开展，新增食品安全“一品一码”全过程追溯91户，获“食品药品安全放心乡镇”称号。

■ 蓝溪镇

【概况】 2019年，蓝溪镇实现地区生产总值7.76亿元，比上年增长6%；财政总收入1038万元，下降0.95%；金融机构存款余额2.48亿元，增长17.5%；贷款余额1.25亿元，增长12.6%；农民人均可支配收入1.32万元，比上年增长5.3%。

【农业生产】 2019年，蓝溪镇全镇实现粮食播种1633.27公顷，总产1.19万吨。烤烟种植239.47公顷，收购烟叶48.75万千克，实现产值1510万元，烟叶税294.25万元。种植葡萄、柠檬、三红柚120公顷，新增种植青梅7500株。同时，利用闲置猪场养殖青泉雪鹅2500余羽、肉牛1000余头、黄羊200余只、黑豚7000余只，林下经济进一步发展，引导农民利用林间套种灵芝、竹荪等80公顷，友好型生态农业发展态势良好。

【二三产业】 2019年，蓝溪镇引进飞地限上批发企业龙岩市康华电子有限公司；飞地建筑业，新挂钩培育引进尚达建设、世纪宏鑫建设、金晟泽建设、恒庆达建筑、泰豪建筑等7家建筑企业。

【项目建设】 2019年，蓝溪镇沈田大桥、黄潭上村大桥接线工程，完成路基工程，路面硬化工程基本完成；镇卫生院职工周转房已开工建设；蓝溪镇开放式标准化足球场项目竣工并投入使用；“蓝湖线”工程路基基本完成；“溪蓝线”改造提升工程完成路基工程。

【基础设施建设】 2019年，蓝溪镇建设完成130个停车位，缓解交通堵塞问题；实施人饮提升工程，完成集镇自来水厂改造和载厚、龙丰、白水等村自来水官网改造工程；全长1.1千米的蓝溪村污水管网建设工程，已投资80余万元，完成85%的建设；新建冯石村石门至岐滩村路灯60余盏，60余万元。

【脱贫攻坚】 2019年，蓝溪镇共实施19个激励性产业扶贫项目，覆盖全镇12个行政村，带动贫困户199户733人，覆盖率73.01%。教育资助179名贫困学生；签约家庭医生993人，实现每季度入户随访；对15户贫困户的自接饮用水统一收集送检，实现全镇贫困户安全住房、医疗、就学、饮水“保障”全覆盖。

【生态环境】 2019年，蓝溪镇以治水、治大气、治土壤为重点严抓生态建设，扎实做好生猪养殖业畜禽污染治理。突出共建共享、启动垃圾收费,推进以生活垃圾治理为重点的农村家园清洁行动。

【民生保障】 2019年,蓝溪镇完成新农保参保8947人,其中2019年新参保1848人;享受农村最低生活保障129户286人,特困供养待遇103户105人。上报县级大病救助112人,拨付救助3.11万元;乡镇临时救助对象62人,拨付救助1.96万元。完成全镇光荣牌悬挂工作;发放居家养老服务手机492台;完成敬老院社会化运营移交工作;完成12个村级骨灰堂建设。完成94户"厕所革命"改造。

【村集体经济】 2019年,蓝溪镇因村施策,重点解决村集体经济收入薄弱问题,12个村集体经营性收入稳定增加,全面实现"消薄"。其中,收入10万元以上的村6个(载厚、白水、歧滩、黄潭、梅永、党坊),5万~10万元的村6个(蓝溪、沈田、岩华、冯石、湖里、龙丰)。

【人居环境建设】 2019年,蓝溪镇以点带面提升人居环境,鼓励村庄微景观打造,实施蓝溪村"千村整治、百村示范"工程,推进沈田村乡村振兴试点村建设,完成沈田村屋顶"平改坡"91幢1.8万平方米,空心房整治拆除39户4000余平方米。

【养殖业污染治理】 2019年,蓝溪镇开展拉网式排查,全年拆除违规生猪养殖场(户)36家、面积1620平方米。本年,获评为全县"2018年度生态环保攻坚战役成绩突出单位"。

【旧村复垦及未利用地开发项目】 2019年,蓝溪镇旧村复垦项目,竣工完成并经市、县两级验收通过14.67公顷。未利用地开发项目,通过市级验收完成2018年黄潭村1.28公顷及岩华村2公顷;2019年经县政府立项批复实施土地开发项目40公顷,其中白水村、龙丰村在实施中,实施规模6.67公顷。

【教育与文体旅游】 2019年,蓝溪镇做好黄潭村生态休闲旅游,探索挖掘各村旅游资源,发展电商+农户、订单+农业、休闲+体验等模式,引导柚子、柠檬、葡萄等产业健康发展。加速打造乡镇特色品牌,做好"蓝水谣"项目建设,争取形成旅游品牌、旅游带动经济的良好局面。举办上杭县第十四届东南(片区)农民文化体育旅游节,获综合评比第二名。开展奖教助学,发放奖金2.3万元,奖励133名优秀教师、学生。

■ 稔田镇

【概况】 2019年,稔田镇实现社会总产值22.88亿元,比上年增长9.23%;其中农林牧渔总产值5.14亿元,增长8.6%;工业总产值4.67亿元,增长9.6%;第三产业总产值13.07亿元,增长12.63%;财政收入1430万元,增长10.5%;完成固定资产投资3.4亿元,增长15.6%;农民人均可支配收入18561元,增长9.1%。

【现代农业】 2019年,稔田镇实现粮食播种1600公顷,总产2.2万吨;种植烤烟138.27公顷,产量25万千克,产值800万元;家禽存栏45万羽,出栏190万羽;生猪出栏4.8万头,存栏2.3万头;56家生产主体加入农产品质量安全生产可追溯体系,全年检测农产品4000余例;抓好畜禽动物疫病防控工作,非洲猪瘟防控工作成效明显。金花茶种植示范园区及加工基地,完成移植金花茶母树2000株、育苗3万株,完成道路硬化1.5千米、生态护岸工程500米,新建桥梁、配变、管理房、坝头各1座,完成科研楼主体工程及设备安装。福建田农智能温控大棚生产基地种植羊角椒7.33公顷,种植露天蔬菜5.33公顷,建成容积1000立方米保鲜冻库1座。蓉湖红肉蜜柚加工厂年加工柚子100万千克,扩容改建厂房3000平方米,新购置生产线1条。2019年,入选"全国重点产业乡镇示范建设"乡镇。全年新成立农民专业合作社2家,新增"三品一标"认证4个。

【工业生产】 2019年,稔田镇规模以上工业企业3家,产值7200万元,增长18%。稔田镇丰稔环保建设项目竣工投产,完成投资1200万,年产值达2900万元。景凤再生能源生产项目新建厂房500平方米,投入新增生产线、改良机器设备100万元,年产值达3600万元。集龙服装厂年加工服装5万件,实现产值770万元。

【服务业】 2019年,稔田镇培育龙岩国通贸易有限公司等限上企业16家。稔田镇东南片区特色农产品电商交易中心建设提升工程稳步推进,特色农产品展示厅投入使用,完成农产品初加工、分拣、包装于一体生产线安装,并投入使用。全镇有家庭农场350家,其中,新注册成立家庭农场50家。2019年,申报省级家庭示范农场3家、市级家庭示范农场2家、县级家庭示范农场7家。以红色文化、宗亲文化和休闲农业为主的乡村旅游业发展加快,对刘永生将军陈列馆等红色资源进一步挖掘,李氏大宗祠争创国家AAAA级旅游景区工作稳步推进。棚竹高省级家庭农场等乡村旅游示范点基础设施进一步完善。

【项目建设】 2019年,稔田镇引进福建丰稔环境工程有限公司等3家企业。策划乡村振兴、现代农业、生态建设、移民等"八大领域"项目41个,其中新开工项目7个。基本完成集镇提升改造工程,有序推进稔田大道人行步道改造(青峰顶段)、2.2千米稔田大道"白改黑"工程、文化健身广场及沿河路景观改造工程。完成稔田镇中心幼儿园教师周转房主体建设。完成儿童之家建设16个。开工建设祝田漫水桥。有力推进大型LED显示屏等9个移民后续项目,实施集镇排污工程项目建设。

【乡村建设】 2019年,稔田镇完成梅镇村"千村整治.百村示范"美丽乡村建设。枫山村列入2019年镇级人居环境整治试点村,拆除空心房3000平方米;完成农民公园景观瞭望平台建设,配套绿化种植2500平方米,文化墙粉刷4500平方米。完成祝田村、化厚村等15个村级停车场建设,新增210个停车位。全镇实施保洁收费制度。开展农村"危旧房""空心房"整治工作,拆除危旧房147栋、1.9万平方米;旧村复垦项目正有序推进。推进"四好农村路"建设,路面硬化3.6千米。农村饮水工程改造项目顺利竣工,集镇自来水厂新增水源一处,新建500立方米清水池一座,祝田、官田、大湖、连四4个村农村饮水安全建设项目进展顺利。稔汤公路征迁完成91%,12月底全面完成。

【生态环境】 2019年,稔田镇联合县相关部门进行2次综合执法,拆除违规复养、迁养、圈养的生猪养殖场22户。全镇32户保留猪场粪污综合利用100%,实行镇村干部挂钩、联系、巡查猪场制度,全年,镇村两级累计巡查1100余次。扎实推进"厕所革命",完成282户污水收集,新建三格化粪池130户。全面落实河长制工作,健全河道巡查制度,确保巡查实效;加大对河道排污、非法采洗砂、非法电鱼等违法行为的查处力度,做到发现一起、制止一起,有效保护河流生态环境,1—12月黄潭河稔田镇断面水质均达到Ⅲ类及以上标准(1月、3月、11月为Ⅱ类水)。完成集镇生活污水管网延伸扩容1700米。完成官田人工湿地工程建设。完成连四、梅镇、石牌10.67公顷林地补种,完成祝田等9个村森林抚育67公顷,有序推进造林绿化工程。

【脱贫攻坚】 2019年,稔田镇全面落实"两不愁三保障"(扶贫对象不愁吃、不愁穿、保障义务教育、基本医疗和安全住房),教育资助贫困学生79人,发放10万元补助金;家庭医生签约283户767人,签约率达100%;实施造福工程、危旧房改造、易地搬迁等项目完成贫困户住房安全认定工作;实施激励性扶贫项目14个,新增3个,全镇216户贫困户691人参与,受益贫困人口覆盖率90%。

【殡葬改革】 2019年,稔田镇完成18个村级骨灰堂建设并投入使用;加强骨灰跟踪管理,本年回迁骨灰任务76例,完成回迁73例,完成96%;新增死亡45例骨灰全部存放在村级骨灰堂;建立每周例会通报等"七项工作机制",有效推动殡葬改革工作落到实处。全年开展3次综合执法,制止违建2起,拆除违建3座,杜绝新增乱建坟墓现象。

【社会治理】 2019年,稔田镇开展扫黑除恶、涉麻制毒、电信网络诈骗等行动。加大突出信访问题的排查、化解,全年受理群众来信来访22起,办结22起;调处各类矛盾纠纷18件,成功18件,调处率100%。受理查处各类行政案件80件,立案刑事案件22件,破获刑事案件10件,无"民转刑"案件发生。"平安三率"位居全县前列。推进农村集体产权制度改革,完成农村土地确权登记发证工作。镇教育基金累计收到捐款310万元,年内首次发放10万元奖教奖学金,受益79人。全镇考入"985""211"高校17人,其中考入清华大学1名。开展新时代文明实践志愿服务活动。参加县第十四届东南片区农民文化体育旅游节,获团体二等奖、优秀组织奖。稔田中学获市"五率评比"二等奖、县教育教学督促评估一等奖。举办"情系桑梓,爱满稔田"首届百名稔商迎春座谈会。2019年,稔田被列为客家文化(闽西)生态保护区。

■ 茶地镇

【概况】 2019年,茶地镇实现地区生产总值2.69亿元,比上年增长4.23%;财政总收入1643万元,增长2%;500万元以上固定资产投资完成1.35亿元,其中工业投资2156万元。农民人均可支配收入17729元,比上年增长10%。

【农业产业】 2019年,茶地镇粮食播种面积993.33公顷,总产5460吨;烤烟20.47公顷、收购675担;蔬菜256.67公顷、百香果7.67公顷、新植脐橙18.67公顷;种植地栽香菇400万袋,林下种植灵芝3.33公顷。抓好国家、省级水稻新品种区试抗稻瘟病鉴定工作,承担国家华南、长江中、下游等2356个新品种抗病性鉴定工作。开展种植业农产品质量安全监管,维护农业生态安全环境,农残抽检620份,抽检合格率99%。继续抓好国家农民合作示范社上杭县茶米香农业专业合作社建设,促进全镇农业产业转型升级。举办第三届平安茶地采蜜节暨农产品展销活动。全面完成农村集体产权制度改革工作。

【项目建设】 2019年,茶地镇2个重大项目上杭县"智慧文博"项目签约落地、上杭县茶地镇全民健身中心建设项目开工。实施"四好农村路"建设,完成"茶泮线""茶高线""下上线""上陈线"4条"四好农村路"路基路面工程,全镇通行政村道路全部达6米宽。投资200余万元对茶白线沂溪段和大中线破损路面进行修复。茶地镇综合运输服务站建设,完成设计、报批。20个农村停车场148个停车位建设完成。集镇水源地基础设施建设项目完成。

【招商引资】 2019年,茶地镇加强与厦门信通慧安科技有限公司的沟通联系,引进企业福建信通慧安科技有限公司正式入驻县科创园。新培育限上法人企业1家,新引进建筑企业4家,至年底,全镇有建筑企业8家,实现建筑产值8988万元。

【脱贫攻坚】 2019年,茶地镇开展激

2019 年茶地集镇全貌　　（茶地镇政府供图）

励性产业扶贫，推行“政府+经营主体+贫困户”模式，依托辖区内特色种养业优势，实施香菇、灵芝、洛神花、玉米种植和花篮兔、番鸭、小龙虾、鱼等8个养殖激励性扶贫项目，行政村覆盖面达100%，贫困人口覆盖面达69.6%。教育资助61户63人，联合镇农技站、畜牧兽医站对贫困户开展玉米种植、小龙虾养殖等技术培训，公益性岗位帮扶建档立卡贫困户9人次。全年全镇所有贫困户实现“两不愁三保障”，2个贫困村183户全部实现脱贫摘帽。

【民生保障】　2019 年，茶地镇完善就业服务体系，统筹推进城镇就业，新增农村劳动力转移就业65人。城乡居民社会养老保险新参保缴费268人，其中贫困户16人。城乡居民合作医疗6450人，参合率98%。发放低保金60870元，特困补助和护理补助71322元。完成第二代残疾证的核查清理工作，发放残疾人护理和生活补贴共36万余元，创业补助3.3万余元。提升养老服务水平，完成千龙村幸福院建设，基本完成调和、翁基农村幸福院建设。

【生态环境】　2019 年，茶地镇加大生态环境保护力度，巩固养殖业污染防治整治成效，严厉打击生猪养殖复养行为，完善养殖业污染物信息档案，整改提升一批保留猪场。完善集镇污水收集管网建设。扎实推进农村“厕所革命”，茶地村、官山村、翁基村、久泰村三格式化粪池覆盖村庄常住户数90%以上。抓实抓细河（湖）长制工作，建立健全履职机制，压紧压实各级河（湖）长职责，组织开展河道淤塞、河岸垃圾和沿河搭建养殖、沿河污水排放等河道水环境问题摸排，加大河道采（洗）砂等违法行为巡查打击力度。实现黄潭河支流茶地调和溪断面黄竹墩下游每月水质监测达到Ⅲ类的目标。

【殡葬管理】　2019 年，茶地镇13个村按950个格位标准，新建改建完成公益性骨灰堂建设并投入使用。13个村均成立红白理事会，制定骨灰堂管理制度，聘请专门管理人员，完善骨灰堂道路、停车场等附属设施。本年，殡葬管理整治工作成效居全县前列。

【文明实践创新】　2019 年，茶地镇抓好新时代文明实践所和“五镇十村”示范点茶地村新时代文明实践站建设，依托人才优势，组建8支志愿服务队伍，常态化开展政策理论宣讲、文化惠民、科技普及、医疗保健、扶贫济困、综治平安等志愿服务，保证月月有活动。春节、“三八”妇女节、清明节等重要节假日，结合防汛等重要工作，创新开展多样志愿活动。开展先进人物典型示范志愿服务活动，成立全国劳模助力乡村振兴志愿服务队，以全国劳模陈进周为带头人，结合茶地劳模创新工作室和茶米香专业合作社开展新时代文明实践农技培训等志愿服务活动。2019 年，镇村新时代文明实践所、站共组织各类志愿服务活动132场次，受益人数7000余人。

【社会综合治理】　2019 年，茶地镇创建“平安茶地”，受理信访件6件，处理6件，信访件处理率100%；矛盾纠纷化解12件，化解率100%。做好全国“两会”期间及重大活动期间信访维稳及矛盾排查化解稳控工作，未发生非访、越级访、群体访事件。开展公共安全领域突出问题“大排查、大化解、大整治”攻坚行动。2019 年，连续3年被授予龙岩市“平安乡镇”称号，千龙村等6个村被授予2018年度龙岩市“平安村居”称号。开展非煤矿山、危险化学品、烟花爆竹、道路交通、三合一场所等为重点的隐患排查清零专项整治活动及安全生产大检查、督查24次，全年未发生安全生产事故。

■ 溪口镇

【概况】　2019 年，溪口镇实现地区生产总值7.43亿元，比上年增长7.2%；财政总收入1009万元，其中地方级收入312万元；完成500万以上固定资产投资1.9亿元；社会消费品零售总额4511万元，比上年增长37%；农村居民人均可支配收入18050元，比上年增长6.2%。

【农业产业】　2019 年，溪口镇流转土地33.33公顷，种植优质水稻826.67公顷，种植芦柑90公顷、早蜜柑20公顷，种植烤烟111.73公顷、收购烟叶18万千克，种植花生100公顷、百香果30公顷，新增家庭农场2家、新型职业农民20名。投资150万元实施

2019年11月30日，上杭县溪口温泉文体旅游节自行车越野赛
（溪口镇党政办供图）

灌洋溪小流域水土流失综合治理，投资932万元实施高标准农田建设。投入22.2万元新改建标准化灌溉水渠3.5千米，改善良田灌溉面积100公顷；开通石铭、大丰、锦坊、双华、大连、大洋坝等6个革命基点村机耕便道13.9千米。

【文体旅游】 2019年，溪口镇打造"K口"牌芦柑，以点带面，逐步带动乡村旅游开发。11月30日，由上杭县人民政府主办，上杭县新文明实践中心、上杭县文化体育和旅游局、上杭县农业农村局、上杭县残疾人联合会、上杭县融媒体中心协办，中共溪口镇委员会、溪口镇人民政府承办的"相约你来上杭"上杭县溪口温泉文体旅游节暨"K口"芦柑推介活动在溪口镇举办，推动乡村农业+旅游发展新格局。

【基础设施建设】 2019年，溪口镇投入1.2亿元按二级路标准拓宽改造大中线溪口段（大池—溪口）；投资476万元实施集镇改造提升（一期）工程，投资124万元实施大厚、大连、三溪、双华等4个村农村饮水安全改造提升工程，项目竣工投入使用；投资1645万元实施九灌线（九洲至灌洋）、大三线（大连至三溪）、连大线（连塘至大岭下）、勾新线（勾刀湾至新塘）等4条11.58千米"四好农村路"工程，已全面竣工；投资400万元实施双华至三溪道路拓宽硬化4.1千米，建成通车；完成总投资660万元的闽西红军医院旧址（福兴楼）维修及周边环境整治工程、投资120万元的大洋坝中方桥、大连洋头桥修缮工程；投资1393万元的黄潭河溪口集镇段治理项目建设，完成总工程量的70%；投资320万元实施陈屋村最美村落建设工程、投资120万元实施双华村"千村整治，百村示范"及乡村旅游基础设施建设项目；建成大连村幸福院并通过上级验收；投资24万元，在当丰、三溪、锦坊、大连、大丰、云山、大厚等7个村实施农村规范化停车场建设，新增15个停车场120个停车位。

【人居环境整治】 2019年，溪口镇整合涉农资金推进县级乡村试点村建设，以陈屋村列入人居环境试点村为契机，着力提升民生项目建设，开工建设大厚、大洋坝村文化墙和双华、陈屋村旅游公厕项目。完成投资93万元的陈屋、双华村河道清淤、生态护岸及投资35万元的大厚、大丰、云山村道路硬化工程。采取"拆除、粉刷、改建、保护"四项措施推进农房整治工作，完成68栋10986平方米"空心房""危旧房"拆除工作。

【脱贫攻坚】 2019年，溪口镇实行"政府+合作社+贫困户"模式，帮扶贫困户发展种植百香果、水果玉米、食用菌和养殖鸽子、家兔等12个激励性产业扶贫项目，通过政府提供发展资金、企业提供技术培训和销售渠道，为贫困户搭建脱贫增收平台，带动152户478人参与激励性扶贫项目，行政村覆盖率100%，贫困人口覆盖率75%。全年为152户贫困户发放产业帮扶资金53.59万元，为带动贫困户发展的经营主体发放资金13.06万元。贫困户就学就医难题得到较好解决，105名贫困户子女享受各类教育助学补助10.03万元，16名贫困人口享受临时救助资金1.43万元。小额信贷到期清收处置和续贷工作成效明显，收回到期小额信贷79万元，办理续贷101.5万元。

【招商引资】 2019年，溪口镇加强与福州、厦门等商会组织和外出乡贤的沟通联系，运用"飞地工业"政策，通过"亲情招商、产业链招商"，全年引进各类项目6个，总投资5.13亿元，利用客方资金4.04亿元，实际到资3.86亿元。全年新签约项目6个，新开工项目5个，在谈项目2个。同时，向外推介休闲观光、健康养生等现代农业、服务业产业融合发展项目，已有多家农业旅游开发公司和投资者前来洽谈合作事宜。

【环境保护】 2019年，溪口镇做好中央和省、市环保督察以及饮用水源保护专项督查反馈问题的整改工作，建立健全综合巡查监管机制，多措并举巩固养殖业污染整治攻坚成效。关闭和拆除生猪养殖场（舍）35处，总面积6895平方米。辖区内无牛蛙、红虫等影响生态环境养殖场。同时，加强对辖区内16家保留生猪养殖场、4家水产养殖场监管，确保达标排放。

开展河道专项整治行动，建立网格化一人一场巡查监管机制，动员社会力量参与河道清理管理和监督工作，强化河道专管员管理，加强巡查，及时清理，保护水环境。完成双华村（双溪铺段）生态护岸工程建设，境内流域水质明显改善，出境水质常年保持在Ⅲ类水及以上标准。全面清理整顿各村简易垃圾填埋场，恢复和保护原垃圾填埋场周边环境质量及生态平衡。健全"户分类、村收集、镇转运、县处理"的垃圾处理机制，生活垃圾保洁工作委托专业公司运营，实现镇村日常生活垃圾处理专业化、全天候、常态化保洁。

【殡葬改革】 2019 年，溪口镇投入 330 万元建成村级公益性骨灰堂 11 座，完成通路、通水及停车场等配套设施建设。倡导移风易俗，深化丧葬礼俗改革，引导群众将保留骨灰的方式从"入土"安葬转为"入室"安放，树立殡葬文明新风。

【民生社会保障】 2019 年，溪口镇城乡居民养老保险参保率 88.2%，城乡居民医疗保险参保率 97%。发放最低生活保障金 118 万元，实现应保尽保、动态管理；发放供养金 56 万元，保障五保、孤儿和困境人员基本生活；发放困难群众临时救助金 11.3 万元；发放残疾人护理补贴 12.9 万元、生活补贴 13.4 万元。组建镇村退役军人事务服务站，完成退役军人和其他优抚对象信息采集工作。加强农产品质量安全监管，农产品抽样检测合格率 98%以上。保障"三农"综合保险扩面提质，小额家财险承保率 107%，务工农民险承保率 90%，完成上年度续保任务。累计发放耕地地力保护补贴、农机具购置补贴资金 98.6 万元。发放 2018 年度新型职业农民贷款贴息补助资金 11.34 万元。拟发放社会化服务机耕补贴 3.63 万元。基本公共服务不断完善，投入 207 万元，建成卫生院门诊病房综合楼，7 月投入使用。新添置一批中医设备，改善医疗条件，提高医疗水平。教育工作有效开展，支持教育经费 22.3 万元；投入 110 万元，实施中心小学第二期"暖心工程"项目，改善师生教学住宿条件；全年累计 89 名师生获得县级以上奖励，3 个集体项目获奖。举办溪口中学建校 50 周年庆典。中考考入一级达标学校 12 人。

【社会治理】 2019 年，溪口镇镇、村矛盾纠纷排查调处机制更加健全，全年排查矛盾纠纷 70 件，调处 70 件，调处成功率 100%。受理上级批转信访件 5 件，办结 5 件；受理 e 龙岩平台投诉件 128 件，解决 128 件，解决率 100%。受理民情处理件 122 件，办结 122 件，办结率 100%。辖区未发生有重大影响的群体性事件和重大民转刑案件。开展法律服务工作，推进"一村一法律顾问"工作，为群众提供法律咨询 16 人次，提供法律援助 1 件，接受代理案件 3 件。加强对社区服刑人员和刑满释放人员的管控和帮教，全镇在册社区服刑人员 12 人，刑满释放人员 75 人，安置率和帮教率均达 100%，未发生重新犯罪。持续推进平安溪口建设，扫黑除恶专项斗争纵深推进，禁毒、打击电信网络诈骗、打击"盗抢骗"犯罪等专项行动扎实开展，全镇社会治安形势持续好转。锦坊、云山、大连等 3 个村被市综治委授予 2018 年度综治平安村称号。溪口镇被市综治委评为 2019 年平安乡镇。农村食品安全监管持续加强。安全生产责任制有效落实，道路交通、学校、烟花爆竹、消防、食品药品等领域实现安全生产大检查常态化，全镇安全生产形势保持稳定。

■ 太拔镇

【概况】 2019 年，太拔镇实现地区生产总产值 6.9 亿元，比上年增长 7.8%，其中农林牧渔业总产值 3.08 亿元，工业产值 2.8 亿元。实现财政收入 1662.56 万元，比上年增长 7%；农民人均收入 17817 元，比上年增长 9%。

【农业产业】 2019 年，太拔镇农作物播种面积 2596.07 公顷，以谷物和蔬菜为主。茶叶种植 167.4 公顷，主要以绿茶和青茶为主，水果种植 88.47 公顷，主要以梨、柑、橙、柚、桃、李、柿、柰、西瓜、枇杷、青梅等水果为主。辖区内共有 25 家保留猪场，年出栏生猪 26422 头，存栏 28536 头，能繁母猪 2323 头。

【基础设施建设】 2019 年，太拔镇投资 3000 万元，实施溪蓝线（太拔段）、张双线（张芬至汶水宫段）、大峦线梓东至白水村以及太田线（田增段）的"四好农村路"建设，改造总长 20 千米。实施泰拔大桥至太拔中学段道路建设，对全镇道路主路段实施 61 处错车道及安防设施建设，改善群众出行条件。

【农村人饮工程】 2019 年，太拔镇投资 200 余万元，对梓东、双康、崇厦、田增、张芬、彩霞、院田等 7 个村实施农村饮水工程建设，并制定人饮工程管理办法，推动农村饮水工程管护和水费收缴工作。

【宜居环境建设】 2019 年，太拔镇推进院田村"最美村落"及乡村振兴试点村建设，拆除烤烟房、旱厕、空心房约 1600 平方米，裸房整治完成 20 余栋，平改坡改造完成 2000 平方米，完成道路白改黑 1500 米，安装 104 盏路灯，完成污水管网铺设 1500 米，新建亲水平台、文化墙、休闲广场、知青亭等。推进崇厦村宜居环境试点村建设，拆除空心房 27 户 3000 平方米；推进村口景观点、崇厦村幸福院、停车场、人饮工程提升改造、平改坡等项目建设。推进"厕所革命"，新建集镇、大坑村 2 座公厕，及清源山旅游公厕，全镇 14 个村新建农厕 87 户。实施太拔、院田、张芬等 14 个村的农村停车场建设，新建停车位 173 个。

2019年太拔集镇全景　　（太拔镇政府供图）

【脱贫攻坚】 2019年，太拔镇实施17个激励性扶贫项目，打造六月芋、仿野生灵芝、洛神花种植等6个激励性产业扶贫典型示范项目，下拨产业扶贫资金150余万元。全镇16个村342户贫困户参与，行政村覆盖面100%，受益贫困户人口覆盖面72.2%。落实扶贫政策，贫困户享受住院报销174人次、医疗救助1382次，补助资金160.91万元。帮助县外就读学生申请办理教育资助，受益学生268人。推进产业扶贫保险，投保户数180户，总保额298390元。做好小额信贷发放和风险防范工作，全年有42户贫困户归还到期贴息贷款125万元。2019年4月，太拔镇摘帽退出市级扶贫开发工作重点乡镇。12月，寨背山村退出贫困村。

【生态环保】 2019年，太拔镇推进垃圾治理、河道保洁、道路管护“三合一”处理机制，完善节假日垃圾清运应急保障机制，实行垃圾收费制度，探索乡村垃圾分类机制，做好垃圾治理。推进水环境综合治理项目建设，推进网格化环保监管工作，全镇设立三级网格员3名，四级网格员16名。落实“河（湖）长制”，落实巡河、督察常态化机制，整治污水直排、垃圾乱倒、河岸违法建设等行为，维护河岸良好生态，全镇河湖水质全年达标。推进集镇污水延伸工程建设，完成上村、大坑、太拔村318户的三格化粪池改造处理。

【“四好农村路”建设】 2019年，太拔镇推进“四好农村路”建设，投资3000万元，完成3条20千米农村路项目建设。干部群众投工投劳、捐地捐款的做法，得到省市领导、主管部门肯定，并被省公路局、省交通运输厅当作经验交流。

【殡葬改革】 2019年6月1日，太拔镇16个行政村骨灰堂全部完成建设并投入使用，并落实纪念堂管理长效机制。11月，太拔村在全市民政工作暨殡葬改革推进会上作典型发言。

【社会治理】 2019年，太拔镇开展矛盾纠纷排查调解，全镇调解处理各类矛盾纠纷40起。高压开展禁毒工作，加强对登记在册吸毒人员的跟踪管理；坚持山场、林场、闲置养殖场、工厂（棚）、旧房屋等重点场所每月一次全面巡查，确保不出现涉麻制毒窝点。纵深推进扫黑除恶专项斗争。上报涉黑涉恶线索1条，查破涉黑涉恶类刑事案件3件，刑事拘留1人。开展防范电信网络诈骗宣传，摸排登记有出境记录及到云南广西边境等四类重点人员。全年全镇开展集中宣传活动11次，发放宣传材料8000份，发放宣传品2400份，悬挂横幅8幅。

■ 白砂镇

【概况】 2019年，白砂镇实现地区生产总值24.51亿元，比上年增长8.1%；财政总收入1938万元；完成固定资产投资2.95亿元，社会消费品零售总额1.26亿元；居民人均可支配收入18320元，比上年增长11.32%。

【农业生产】 2019年，白砂镇全年粮食播种面积1437.33公顷，实现粮食总产量1.17万吨，做好水稻良种补贴、耕地地力保护补贴发放工作，发放耕地地力补贴175.65万元；种植烤烟76.53公顷，收购烟叶2415担，实现烟农收入341万元，税收68.2万元；金花茶、仿野生灵芝、中药材及河田鸡等林下经济发展态势良好，蜜蜂、山麻鸭、跑山兔等养殖规模进一步扩大。投资8500万元的上杭槐猪白砂种群保护中心及育种扩繁场项目已竣工并投入使用，引进入驻原种槐猪500头；占地面积4万平方米的二期项目，主体工程实施中。康泰鑫天之印现代农业旅游项目前期有序推进，大金片农业综合体初步形成。

【招商引资】 2019年，白砂镇新签约康泰鑫农业开发有限公司等11家企业落户白砂。全年内联引资实际到资额1.69亿元。福建德锐新材有限公司参加第十七届中国·海峡项目成果对接会，签约新型矿物质防火纤维材料生产技术。是年，上杭白砂商会成立。

【项目建设】 2019年，白砂镇锦绣水库、傲农槐猪扩繁场、黄潭河中洋段治理工程等3个县重点项目被评为红旗项目。重点策划项目白砂新材料产业园转化落地,10 月启动第一期 66.67 公顷征地工作。锦绣水库完成大坝主体填筑封顶和 5.5 千米管网配套工程铺设。傲农槐猪扩繁项目一期工程已竣工投入使用,二期项目在实施主体工程。黄潭河流域中洋段治理工程已竣工验收。“三农”服务中心、中学道路改造建成使用。龙龙铁路征迁工作有序推进,中洋村住宅小区建设工程、白砂综合运输服务站等项目在实施前期工作。

【生态环保】 2019 年,白砂镇开展集镇垃圾填埋场整治,推行垃圾收费制度,投入 248 万元推行河道、道路、集镇及 22 个行政村环境卫生保洁一体化第三方运营。完成第二轮中央环保督察销号工作;完成新建户厕改造 127 户;完成军桥、塘丰三格化粪池的污水治理项目 311 户,开工建设军桥、梧田村水环境综合整治和下早康生态护岸工程,完成饮用水水源地保护红线划定及保护指示牌基础设施安装、人饮水质检测工作,做好碧沙等 7 个村申报绿盈乡村建设工作。持续开展河长制工作,强化环保网格化巡查和养殖场整治,辖区水生态环境持续改善,3 处乡镇交接断面水质均达到Ⅲ类水以内。淘汰落后产能,开展“散乱污”企业综合整治行动,严加防范地条钢生产,对辖区内铸造企业开展定期巡查。

【脱贫攻坚】 2019 年,白砂镇开展“两不愁三保障”问题排查,以实现贫困群众持续增收为目标,采用政府推动、金融撬动、产业带动和贫困户行动的方式,完成发放扶贫贴息贷款 79 户 152.9 万元。实施激励性扶贫项目 22 个,带动建档立卡贫困户 232 户 674 人,占贫困户总数的 71.25%。推行“支部+龙头+基地+贫困户”模式,创建大田山麻鸭、扶福跑山兔、塘丰绞股蓝、碧沙甜叶菊、茜黄黄金果等 5 大激励性产业扶贫基地。落实就业扶贫等政策,培训建档立卡贫困户 324 人次,外出务工贫困户 130 人次。全年开发村庄保洁员、生态护林员、护路员等乡村公益性岗位 66 个,聘用建档立卡贫困户 16 名。落实教育资助政策,建档立卡贫困户学生奖励资助按时足额发放,发放雨露计划 13 人次 3.9 万元。因地制宜策划脱贫攻坚项目库入库项目 54 项,3 个贫困村村财收入均达 19 万元以上。

【基础设施】 2019 年,白砂镇“四好农村路”完成丰碧线下早康至碧沙公路、丰碧线碧沙村环村公路、白庐线大田至大金科里公路、白砂中学道路连接线等 4 条道路改造,新茶白线梧田村连接线在实施路基工程;实施改造梧田天后宫桥、茜黄中桥。完成嫩洋、军桥、官洋、梧田、塘丰、上早康等 6 个村 7 个点的农村人饮工程巩固提升工程。官洋、白砂林场梧田工区水田开发项目完成市级验收,大金村土地整理项目(旱改水)完成县级验收,耕地开发项目在实施。

2019 年,上杭县黄潭河白砂镇中洋段治理工程 (白砂镇政府供图)

【殡葬改革】 2019 年,白砂镇开展殡葬改革专项整治工作,21 个行政村公益性骨灰堂均竣工并投入使用,骨灰堂管理制度逐步完善;投入 360 万元建设白砂公墓,第一期建成 400 个穴位,配套建设骨灰堂 1 座,文明治丧新风逐步形成。

【民生保障】 2019 年,白砂镇社会救助资金按时足额发放,有效保障困难群众基本生活,其中低保户 198 户 453 人,发放低保金 165.45 万元,低保覆盖面由 1.1%增长到 1.72%;特困人员(五保户)135 户 135 人,发放补助金 151.98 万元;发放临时救助资金 21.08 万元,救助大病患者 85 人,救助生活困难人员 12 人;核实残疾人 919 人,发放残疾人生活、护理补助金 54.39 万元;80 周岁以上 939 人,发放高龄补贴 106.22 万元;基本完成 2019 年度城乡医保和养老保险参保任务。完成嫩洋、梧岗、碧沙 3 个村幸福院建设;投资 48 万元的镇敬老院消防设施建设工程竣工并投入使用。开展灾后重建工作,9 户灾后重建户均搬入新居,共获得补助 34.2 万元。“三农”综合保险全年理赔 46.8 万元。

【社会事业】 2019 年,白砂镇持续加大教育投入,教育教学质量不断提升,中小学成绩居全县前列。卫计事业全面落实健康扶贫政策,实现贫困群众基本医疗保险、大病保险、家庭医生签约服务和健康扶贫保险全覆盖;建立居民健康档案 18691 人,合格建档率 100%。全年报销医保 220.4

万元。文体事业白砂镇《白砂镇志》完成编纂。社区学校客家木偶传习被中国成人教育协会评为“2019年终身学习品牌项目”；成功举办纪念早康会议90周年系列活动；新增“丁甘如将军故居”“修立堂”“德馨堂”3处县级文物保护单位；启动“白砂战斗遗址祝捷亭”建设项目。是年，早康会址、红色交通站接待游客132批，3660人次。扎实开展新时代文明实践活动，组建志愿服务队41支，“党群连心”志愿服务队助推重点项目建设，中洋村“头顶事”志愿服务项目获首届上杭县新时代文明实践志愿服务项目大赛“优秀志愿服务项目”，丰源村“爱满山村”志愿服务项目被上级媒体点赞肯定。

2019年7月24日，上杭县在蛟洋镇举办“星火映初心 蛟洋党旗红”纪念中共闽西一大召开90周年文艺晚会 （蛟洋镇政府供图）

【平安建设】 2019年，白砂镇坚守安全生产红线和底线，落实安全生产责任制，开展安全生产隐患排查，辖区内未发生重大安全事故。开展综治平安建设，推进扫黑除恶专项斗争，摸排涉黑涉恶线索2条，上级转办线索4条，上报涉乱线索2条。持续开展禁毒工作，辖区实现涉案制毒“零发案、零窝点”。加大防范电信诈骗、电信网络新型违法犯罪宣传、巡查和打击力度。开展矛盾积案排查化解；摸排社会安定隐患问题7件，其中销号5件。全年未发生进京赴省非正常上访、越级访和到市集体访、异常访。

■ 蛟洋镇

【概况】 2019年，蛟洋镇实现经济地区生产总产值244.48亿元，比上年增长9.38%；工业总产值215.41亿元，比上年增长7.24%；农业总产值12亿元，比上年增长7.2%；财政总收入1974.32万元，比上年增长2.3%；农民人均纯收入19676元，比上年增长11.32%。

【工业经济】 2019年，蛟洋镇规模以上工业总产值215.41亿元。完成策划项目23个，签约项目17个，开工项目10个，竣工项目5个，增资项目3个。引进市外资金项目7个，实际到资11.5亿元。培育规模以上工业企业3家。福建天甫厦化、常青新能源、时代思康等项目落地开工。

【农业经济】 2019年，蛟洋镇实施粮食播种面积1192.27公顷，蔬菜种植面积1766.8公顷，果树种植面积142.13公顷，茶叶种植面积70.2公顷。落实烤烟生产面积20公顷，收购烟叶3.9万公斤。生猪存栏4.2万头，禽存笼164万羽，兔存笼8.26万只，牛羊存栏3597头。

【服务业】 2019年，蛟洋镇限上批发零售住宿餐饮企业销售额15.8亿元，比上年增长21.2%，其中，限上法人企业零售额增长45.08%。新培育限上批发零售住宿餐饮法人企业2家（上杭县宏润液化石油气有限公司、福建永丰伟业贸易有限公司）。

【红色文化产业】 2019年，蛟洋镇完成纪念中共闽西“一大”召开90周年活动，编制《中共闽西“一大”史料汇编》《纪念中共闽西“一大”召开90周年论文汇编》，蛟洋红色文化影响力进一步扩大；蛟洋村被评为2019年“乡村旅游村”；到蛟洋参观旅游的游客与日俱增，月平均接待游客量超过4000人次，蛟洋红色旅游不断升温。

【项目建设】 2019年，蛟洋镇完成《上杭县蛟洋镇总体规划（2018—2035）》（修编）。投资4000万元完成2019年度“四好”农村公路建设约18千米，涉及的华家、贵竹、丰年、塘厦、达理、东乾、陈坊、再兴、再嘉村全面完成，农村路网得到有效改善。完成下道湖安置地水电路基础设施建设，农户房屋框架基本建好，正在装修，农历年底可入住。完成黄潭河集镇段治理工程建设3000米，涉及塘厦、秋竹、丰年、蛟洋、崇头、坪埔等6个村，河道周边生态景观焕然一新。蛟洋红色AAAA级景区创建，完成蛟洋文昌阁展陈改版、集镇国省道沿线环境整治等项目，新建新时代文明实践广场，完成蛟洋红军医院修缮工程。

【民生项目】 2019年，蛟洋镇完成再嘉渡改桥项目。完成集镇、桃源、塘厦、丘坊、再兴、沈坊等6个点农村饮水安全改造提升工程。完成标准化渠道建设6千米、电灌站建设2座。完成农村停车场（位）建设项目300

个。完成贵竹、再兴、中村村农村幸福院建设。投入280万元完成蛟洋镇敬老院暨蛟洋镇居家社区养老服务照料中心改造建设项目,11月投入运营。投入650万元完成25个村村级公益性骨灰堂建设。完成再嘉村补充耕地0.73公顷、邹坑村高标准农田建设35.1公顷,共新增耕地0.96公顷。完成达理村高标准农田10公顷。投资200万元完成邹坑村基本农田生态防护工程。完成坪埔、梅坝、中村、杨梅坑、陈坊等村电力线路改造及塘梅线、蛟贵线(一期)10千伏电力线路建设项目。完成蛟洋卫生院医技综合大楼、蛟洋中学教学综合楼(一期)及蛟洋中学教师宿舍周转房建设。

【服务园区力度加强】 2019年,蛟洋镇主动对接蛟洋工业区、对接企业,及时协调解决矛盾纠纷、保障项目供地用地需求,完成福建天甫电子材料、常青新能源(一期)、时代思康含氟新能源材料生产项目(一期)用地征迁工作,实现净地交付,其中常青新能源项目实现当年开工竣工投产。推进蛟洋工业区扩园征迁工作,完成土地征收49公顷。

【乡村振兴】 2019年,蛟洋镇围绕"产业兴旺、生态宜居、乡风文明、治理有效、生活富裕"的总要求,推进乡村振兴贵竹试点村人居环境整治,完成"空心房"整治6000平方米,裸房整治8栋,农户改厕10户、停车位建设30个、竹篱笆870米,绿化、花化1800平方米,完成村部、大礼堂改造提升等,贵竹村村容村貌得到全面提升。

【生态环境】 2019年,蛟洋镇抓好中央、省环保督查反馈问题整改工作。支持配合做好全国第二次污染源普查和划定生态保护红线工作。开展水流域环境综合治理,重点抓好养殖业污染治理、水质提升,落实"河(湖)长制"和环保网格化管理工作,境内森坑、坪埔断面水质持续改善,基本达到水质功能区要求。加强农村污水垃圾治理,继续开展家园清洁行动,推行垃圾收费和村规民约制定工作。完成小和、贵竹等村三格化粪池污水集中处理项目303户,新建三格化粪池132户。完成人工造林、更新面积16.87公顷,森林抚育29.33公顷,森林覆盖率79.93%。

【村企共建】 2019年,蛟洋镇通过搭建乡村振兴"村企共建"平台,为村企牵线搭桥,实现25个村有22家企业参与共建。紫金铜业、瓮福紫金等企业积极到所挂钩村开展共建活动。

【脱贫攻坚】 2019年,蛟洋镇基本解决贫困户"两不愁三保障"问题。做好贫困户"两不愁三保障"核查、易地搬迁办证以及小额信贷续贷等工作,完成贫困户易地搬迁办证18户,25个村实施激励性扶贫项目28个,贫困人口覆盖率75.5%;贫困大学生就学资助71人次,雨露计划贫困户家庭职业教育学生申报34户,发放补助资金23.6万元;新增贫困户2户3人实现脱贫,贫困村坪上村脱贫摘帽。

【社会保障】 2019年,蛟洋镇发放各类补助金1119.2万元。其中,惠农资金254.78万元;低保金488人约202万元,五保金和护理补贴167人约192万元,残疾人补助470人约48万元,临时救助96人次约20万元;失地农民待遇710人190万元,高龄津贴880人100万元,灵活就业人员社保补贴31人10万元;计生奖扶补助2954人102.42万元。城乡居民养老保险参保人数13530人,城乡居民基本医疗保险参保21050人。职业技能培训170余人,其中贫困户54人。

【教育事业】 2019年,蛟洋镇教育教学工作再创佳绩。蛟洋中学2019届初中毕业生考取上杭一中36人,位居全县农村中学第一,并获上杭县2018—2019学年初中学校教学质量考评二等奖,龙岩市初中教学质量"五率"评比(农村组)三等奖等奖项;蛟洋中小获龙岩市教育工作成绩突出单位、2018—2019学年中小学幼儿园绩效考核暨素质教育目标管理评估一等奖等奖项。

【社会综合治理】 2019年,蛟洋镇按照"有黑扫黑、有恶除恶、有乱治乱"要求,加大宣传、排查、打击力度,开展扫黑除恶专项斗争,广泛营造宣传氛围,悬挂张贴横幅、标语500条,发放宣传材料1.2万份,发放宣传品2200份。上报涉黑恶线索1条,协助破获全县首例涉套路贷违法犯罪案件,抓获嫌疑人3名。开展禁毒、反电信网络诈骗、农村赌博等整治工作,做好社区服刑人员、严重精神障碍患者等重点人群的管控,排查调处矛盾纠纷,持续推进"平安蛟洋"建设。全年,受理调解矛盾纠纷73件,调解成功73件,调解率100%,没有发生民转刑案件。达理等8个村被评为2018年度平安村,发放平安村奖励金38.47万元。开展各类安全生产检查313次,排查整改隐患19处。查处各类交通违法行为9168起。全镇安全生产形势总体稳定向好。

■ 古田镇

【概况】 2019年,古田镇实现地区生产总值30.07亿元,比上年增长8.56%;财政总收入3658.68万元;完成固定资产投资9.02亿元,占年度目标任务的132.64%;完成工业固投1.79亿元,占年度目标任务的145.5%;实现规模以上工业企业总产值0.96亿元,实现限额以上法人社会消费品零售额10337.9万元,比上年增长28.07%;农民人均纯收入18863元,比上年增长8%。

【现代农业】 2019年,古田镇实现粮食播种面积1233.33公顷,其中水稻播种面积966.67公顷;蔬菜播种面积

1040公顷，新植果茶种植面积30公顷；做好2019年水稻良种补贴、耕地地力保护补贴发放及水稻配方施肥推广示范工作，引进超级稻组合8个、优质稻组合6个，推广水稻配方施肥566.67公顷；开展农机化技术培训和指导服务，落实26台农机购置补贴政策，实现机耕面积1246.67公顷；完成农村土地承包经营权确权登记颁证；基本完成农村集体产权制度改革；做好畜牧水产工作，全镇家畜存栏15773头，家禽存栏846423羽。建立益农信息服务社16家，新增家庭农场5家、专业合作社1家。开展毛竹病虫害监测防治，在景区周边实施药物生物防治0.11公顷；完成全镇森林资源“二类调查”，通过市、县检查及省级复核，完成更新造林1.2公顷、森林抚育49.07公顷。做好12个村85.13公顷的储备补充耕地核查；完成大棚房图斑整改；完成竹岭村旧村复垦新增耕地0.32公顷，其中水田0.11公顷；稳步实施苎园村、外洋村、新生村、苏家坡村4个村整乡推进高标准农田建设项目128.86公顷，可新增耕地7.12公顷。

【二、三产业】 2019年，古田镇新签约年加工4万件竹制品生产线项目、红古田文化传播基地项目、建材批发市场建设项目、世诺集志红色文化创意园等项目；新开工乡土田园综合体、天锐古田太空农庄等项目，总投资额1.13亿元；新竣工古田红色基因传承基地、年产精密机械配件15000吨生产项目等，总投资额6.39亿元。推进文化旅游产业发展提升行动，以红色文化旅游产业体系为培育核心，辐射带动多元化发展，构建成“红+N”产业体系。吴地社区承接党性教育培训班324批次、中小学研学班54批次，培训达27337人次，接待游客达5万人次。古田景区游客接待量和旅游综合收入呈持续增长态势，全年接待游客490万人次，承接对外培训19万人次，带动旅游综合收入28亿元。全域旅游PPP申报项目获得市政府批复。2019年，古田镇被省民政厅、省文化和旅游厅确认为第一批福建省地名文化遗产“千年古镇”。

【项目建设】 2019年，古田镇开展征地拆迁促重点项目落地百日攻坚大会战。完成全国中小学研学教育营地、“一台戏”“一个园”、古步线改造提升、古田干部学院二期、省农商行古田党校、“一河两岸”、龙岩至龙川铁路古田段等项目征迁。推进红色教育宾馆、上杭县医院古田分院等项目征迁，创造征地拆迁“古田速度”。全年完成项目土地征收69.76公顷。完成池田快速通道、梅花山路一期公路、闽西光荣院、古田溪安全生态水系建设、古田红色基因传承基地、梅花山水库应急加固工程等项目建设。推进全国中小学研学教育营地、“一河两岸”、全国农村综合性改革试点试验项目、古田山庄二期、西山下垃圾中转站等项目建设。实施镇区改造提升，完成五龙村环路、星火北路“白改黑”工程；完成古田农贸市场提升改造；完成协成店周边环境提升工程；完成红四军政治部、司令部旧址周边、五龙村邓家坊快速通道沿线、大吴地绿色小镇、曙光路沿线等重点区域坡屋面改造53户、立面改造35户；完成苎园村苏维埃政府旧址修缮和苏家坡村“树槐堂”木栈道二期工程、主席洞山环山工程建设。实施纪念古田会议召开90周年筹备项目，完成古田“三个入口”景观提升、夜景工程和红色文化元素提升；完成高速出口沿线店招更换62块、古田大道沿线及景区周边遮阳篷更换8600个。

【脱贫攻坚】 2019年，古田镇紧盯“两不愁三保障”标准，开展脱贫措施“回头看”，开展覆盖全镇6463户农户核查1次，覆盖全镇229户建档立卡贫困户核查2次。海军福建基地某部队与赤坑村结对共建，捐赠对口帮扶资金95万元。完成创业农户及贫困村致富带头人培训5人，创新成立红古田贫困户感党恩志愿服务队，创新筹建红古田扶贫爱心超市，实施第二、第三批贵妃鸡养殖，果树认管，富硒红米种植等10个激励性扶贫项目，全镇参与激励性扶贫产业贫困户累计达108户345人，覆盖率达63.2%。完成小额信贷逾期催收工作。

【生态环保】 2019年，古田镇开展生猪养殖污染防治“回头看”工作，发放责令限期关闭通知书8份；拆除生猪养殖场6家，面积2652.18平方米，强制关闭猪场13家面积1325平方米；开展“散乱污”企业的摸排与整治工作，摸排各类企业53家；完成4680户三格化粪池入户调查摸底；完成1000头以上养猪场(5家)在线监控或视频设施项目安装选址。强化河道整治。实现安全生态水系建设项目完工验收。完成河道整治8.34千米，建设沿河步道2.5千米，为群众提供良好的休闲场所。完成28家水电站最小生态下泄流量监测系统安装；组织引导群众放生鱼苗3万余尾。做好汀江水流域治理项目，完成苏家坡村、文元村、洋稠村生态防洪堤建设，总投资108万元。2019年，古田镇交接断面和重点乡镇交接断面水质均达Ⅲ类水标准，达标率100%，乡镇集中式水源地水质达标率100%。淘汰落后产能，拆除2条地条钢生产线。本年古田镇获“‘清新福建·气候福地’首批避暑清凉福地”称号，通过省级森林城镇验收。

【基础设施】 2019年，古田镇完成古田溪生态水系建设、洋稠村水土保持工程建设并通过上级验收；完成五龙村、外洋村、吴地村、石笋村、集镇水厂等农村饮水安全巩固提升工程，梅花山大坝应急加固工程、集镇自来水厂过滤池升级改造工程。完成上郭车村、下郭车村农网改造，郭车—苎园35千伏线路开断接入古田变工程等7个电网改造项目；推进龙岩上杭

35千伏苎园变10千伏新生线赤坑支线改造工程和苏家坡村农网改造。完成竹岭村吉口、竹下2个自然村道路提升和安全护栏，岭下至竹下沿溪步行绿道建设；完成赤坑村神上线、上模线、新生村连中线、吊吊线、外外线等5条"四好农村路"（建好、管好、护好、运营好农村公路）项目建设；完成荣屋村、溪背村等10个村251个农村停车场建设，并通过上级验收。完成苎园村、大源村等8个村级公益事业建设一事一议项目。

【美丽乡村建设】 2019年，古田镇被列为省级乡村振兴特色镇，吴地社区、竹岭村、苏家坡村被列为省级乡村振兴试点村。苏家坡、文元、金湖、赖坊、五龙、溪背6个村通过省级卫生村复核。有力推进镇村清洁行动，全年投入保洁经费380余万元。抓好"空心房""危旧房"拆除，全镇拆除农户旧房、闲杂房等21800.96平方米。完成铁路沿线环境综合整治坡屋面、立面改造85户，铁皮房拆除26户6000多平方米，绿化美化800平方米。

【社会治理】 2019年，古田镇倡导文明新风。推进殡葬改革专项治理工作，完成18个村公益性骨灰堂建设并投入使用。扎实推进"两违"整治。全年组织拆违行动165次，出动执法人员5405人次，拆除违法建筑面积6.3万平方米，清理违法抢种、抢栽占地面积4.2万平方米。深化"平安古田"创建活动，强化重点领域（行业）以及涉金涉众型矛盾问题的排查化解，建立健全社会稳定风险评估机制，扫黑除恶专项斗争纵深推进，发动全民参与。电信网络诈骗专项治理、涉麻制毒专项治理深入推进，有序开展各项工作。推进"七五"普法工作，加大全面普法力度。全年排查调处各类矛盾纠纷61起，成功调解58起，正在调解3起，调处率100%，调解成功率95.08%。严格落实主体责任。做好强台风强降雨防御和森林防火工作。强化生产经营主体防控意识，落实非洲猪瘟防控各项措施。做好安全生产监督管理工作，加强对校园周边、烟花爆竹、餐饮民宿、重点项目工地、油气燃气等领域行业的管控排查。全年未发生重大刑事案件，全镇安全生产形势稳定提升，食品药品安全形势持续向好，民族工作和谐发展，宗教领域管理更加规范，苏家坡村被命名为全国民族团结进步示范单位。2019年12月，古田镇被评为全国乡村治理示范乡镇，古田市场监督管理所被评为全国市场监管系统优秀市场监管所。

【民生事业】 2019年，古田镇做好异地居住离退休人员领取养老金资格认证和就业困难人员社保补贴发放。做好计划生育家庭奖励扶助工作，发放计生奖励扶助495人32.02万元，发放金秋助学25人7.5万元。落实低保扩面政策，确保符合条件人员全部纳入保障范围。重新审核认定农村特困人员和最低生活保障户，现有农村低保户159户276人，全年发放12万元；农村特困人员91户95人，全年发放12万元；发放残疾人两项补贴91人，全年发放11万元；发放社会救济49户11万元，确保农村特困群体的基本生活。完成敬老院社会化运营改革试点，完成古田镇居家社区养老服务照料中心建设。民政办邱榕生被评为全国民政系统劳动模范。完成第二代中华人民共和国残疾人证核查工作，发放第三代残疾证525人；实施贫困残疾就业创业扶持和种植养殖生产经营补助，补助4.5万元。

南阳镇

【概况】 2019年，南阳镇实现全镇社会总产值72.6亿元，比上年增长11%；农业总产值3.11亿元，增长5.12%；工业总产值43.2亿元，增长15.5%；财政总收入1550万元，增长5.5%；农民人均可支配收入18607元，增长7.9%。

【农业经济】 2019年，南阳镇实现早稻播种面积800公顷、中稻186.67公顷、晚稻800公顷，全年粮食收购任务1000吨，完成2100吨。依托174家家庭农场和16家农业专业合作社，逐步形成槟榔芋、金橘、高山茶等农业特色产业带。发放农业耕地地力保护补助金244.9万元、强农惠农资金74万元、农业生产社会化服务扶持资金10.59万元、农机补贴资金15万余元，惠及农户9800余户。

【工业经济】 2019年，南阳镇工业园区企业落户28家，其中规模企业7家，亿元企业5家。引进菲雅那吉他生产线、邦胜泰达年产1000万件宜家用品等5个招商项目，总投资5.32亿元。本年，被认定省"五个一批"谋划项目7个，签约项目4个，开工项目3个，投产项目3个，增资项目1个，居全县前列。新增国家固定资产投资项目库项目10个，其中5000万元以上项目3个，投资2.14亿元。

【建筑产业】 、2019年，南阳镇东一建设、荣添建设、弘泰阳建设、大润建设、华启建设、龙嘉辰建设、世纪宏鑫建设等7家建筑企业回迁南阳，至年底南阳镇注册的建筑资质企业增至19家。南阳籍企业家创办的资质建筑企业总数达42家，其中一级资质企业12家、二级资质企业13家、三级资质企业17家，产值超亿元企业17家。

【第三产业】 2019年，南阳镇官余村陈丕显故居确定为龙岩市文化旅游精品线路"名人故居文化之旅"景点，入选市级"不忘初心、牢记使命"主题教育基地，接待参观游客1万多人次。完成新杭加油站、盛鸿贸易2家限上服务企业入库工作。完成限上法人企业零售额比上年增长40.12%、销售额增长24.85%。

【脱贫攻坚】 2019年,南阳镇上杭县擎荣农产品有限公司的槟榔芋种植、优田农业的百香果、田伯伯家庭农场的蜜蜂养殖等20个激励性产业扶贫项目,实现经营主体帮带贫困户345户1380人脱贫致富。激励性产业扶贫项目覆盖95%行政村,贫困户覆盖率73.6%。打造上杭擎荣农产品有限公司、龙岩市泰盛工贸有限公司、上杭翁氏食品有限公司等"就业扶贫车间"5个,吸纳贫困户劳动力就业113人。全镇落实就业帮扶439户948人,落实就学资助275户346人。

【美丽乡村建设】 2019年,南阳镇推进双溪村、官余村省级乡村振兴试点村和马洋洞村省级美丽乡村试点建设。"以点带面"实施农房整治行动,完成房屋安全排查整治15285户、危旧房屋拆除16010平方米、屋面改造3000平方米、外墙粉刷5000平方米。实施"厕所革命",基本完成南阳、新联、罗坊、茶溪、南坑、官余和马洋洞等7个村污水处理设施,完成宏福公园和马洋洞村公厕新建。

【生态环保】 2019年,南阳镇开展河道巡查1350次,河道清淤8次。常态化开展"清四乱"行动,对全镇已关闭拆除生猪养殖场实行日常巡查常态化,对保留猪场实行"一场一策",做好提升改造并加强监管。境内断面水质监测结果全面达标,保持在Ⅲ类水以上。实行生态环保领域领导干部挂钩企业制度,强化企业主体责任,提升企业环保意识,生态文明建设上新台阶。

【社会保障】 2019年,南阳镇落实农村低保458户934人,发放低保金387.09万元,核实五保对象120人,发放五保金148.68万元。临时救助232户232人,发出救助资金34.07万元。对133人开展自然灾害救助,发出救助资金3.92万元。完成全镇20个村退役军人服务站建设,为重点优抚对象免费体检66人次、慰问86人次,发放"光荣之家"荣誉牌匾842个。完成2019年城乡居民基本医保基金征缴40681人,60周岁以上待遇领取发放6723人,80周岁以上高龄补贴发放1119人。完成新型农村养老保险精准扩面1968人,续保缴费10103人。完成计生家庭意外保险参保540户1745人,发放"幸福工程"扶助款9万元,奖扶资金37万元,惠及584人。

【社会事业】 2019年,南阳镇"金橘子圆梦·知青山海互动志愿服务项目大赛"获"首届上杭县新时代文明实践优秀志愿者服务项目"。完成17个村儿童之家建设,实施黄腊坑红军医院旧址维修工程。镇级公益性公墓一期建设穴位615个并投入使用,11个村级公益性骨灰堂建成投入使用。完成龙田中学教学楼二期、第二中小学生宿舍楼、豪东小学学生宿舍楼建设。

【基础设施建设】 2019年,南阳镇完成建设罗联公路二期(联义段)、南坑村道路、黄豪线二期(豪东小学至豪东村幸福院)拓宽改造。完成黄联线黄坑大埔段破损路面重铺、罗旧线等7条道路22个错车道建设。完成罗联线、国下线临崖临水路段整治和神墩桥、汤坊桥危桥改造项目。完成252个停车位建设。投资304.8万元,完成黄坑、罗坊、新联、联义、南坑、官余、豪东、南岭等8个村的农村饮水安全提升工程项目,惠及人口2.14万人。投资48万元,完成南阳、朱斜、南岭等6个村的标准化渠道项目建设,完成射山、豪东村电灌站建设,投资23.86万元,覆盖灌溉面积21.67公顷。实施南坑、官余、涂坑等6个村2.47公顷旧村复垦项目和黄坑村4.33公顷旱改水项目。总投资200余万元,完成集镇农贸市场提升改造建设。

【上杭县陈丕显教育促进会】 2019年3月20日,陈丕显教育促进会成立。2018年10月,陈丕显教育促进会由上杭籍老一辈无产阶级革命家陈丕显亲属和上杭县政府、南阳镇政府共同倡议发起筹建,筹集基金1000万元。8月27日,南阳镇举行2019年上杭县陈丕显教育促进会颁奖仪式,发放奖教奖学助学金342人次30.42万元,奖励优秀教师138人,优秀学生123名,资助贫困学生50名。

通贤镇

【概况】 2019年,通贤镇实现社会总产值12.73亿元,比上年增长11.5%;财政总收入2435万元,其中本级税收1851.2万元,上级补助收入629.94万元;农民人均可支配收入17904元,增长9.5%。

【现代农业】 2019年,通贤镇农村集体产权制度改革取得实效,集体成员身份确认及折股量化工作全面完成,全镇13个村股份经济合作社建设稳定推进。特色农业朝多元化、产业化、品牌化发展,通贤乌兔全年出笼50.8万只,产值5500万元;同福源肉鸽出栏乳鸽10万羽,培育种鸽6000对,实现产值270万元。规模种养更加丰富,全镇流转土地106.67公顷,种植槟榔芋40公顷、三红柚20.87公顷、中药材18.07公顷、茶叶23.33公顷、烤烟5.33公顷、生姜7.33公顷,嫁接红美人2公顷,新植脐橙4.53公顷,规模种植包菜、萝卜、花菜等蔬菜2公顷,养殖蜜蜂400箱。新增县级示范家庭农场2家、新型职业农民13名。完成秀坑村、文坑村高标准农田建设项目14.2公顷,完成岭头村"同福源鸽场"等3宗设施农用地备案手续。完成森林病虫害监测及防治175.2公顷、森林抚育196公顷、造林绿化59.67公顷。发放惠民耕地地力保护补贴100.13万元,受益农户4310户。举办农产品展销活动,展出特色农产品20多种。

【建筑业】 2019年,通贤镇对接市、

县产业发展项目建设年工作，牵头促成举办“红色历史，绿色未来”中欧（龙岩·上杭）建筑工业化论坛，持续深化“两基地三中心”和上杭建筑小镇绿色装备式建筑产业园区项目建设，“两基地三中心”成功挂牌落户上杭工业园区。召开通贤镇2018年度建筑业表扬大会，表扬优秀建筑企业31家，优秀建筑企业人才44人，兑现奖励417.26万元。完善村级招商引资奖励措施，引导建筑企业回乡发展，本年新引进福建世纪宏鑫建设有限公司、福建济成建设有限公司、福建通贤建设工程有限公司、福建广俊建设有限公司、福建省杭兴建设有限公司等5家建筑企业。全镇有建筑企业40家，其中辖区注册建筑企业15家，资质企业22家，全年可实现建筑业总产值35.78亿元。

【项目落地】 2019年，通贤镇完成总投资1553万元的上杭县旧县河通贤集镇段治理工程，硬化防汛道路1300米，安装护栏1700米。投资572万元的2019年国家水土保持重点建设工程完成总投资95%，新建上村生态护岸1600米、人行步道1500米、礤头生态公园。完成投资2000万元的集镇提升改造项目，实施振兴路三线下地、沿街立面改造158户1.68万平方米、种植行道树260棵、沿街夜景亮化82户、国道沿线市政工程2000米。投资1813万元，完成秀坑水口至南阳官余（通南线）、上村至松树岗（通汉线）、文坑至水竹凹（文高线）、岭头至岭和（岭岭线）、秀坑至南阳联义（秀联线）、大东至岭下（大大线）等6条“四好农村路”建设。实施集镇水厂扩容提升工程，新建三池一体化净水设备一座，日处理能力1800吨，新建500立方米的清水池一座，铺设PE配水管线长1.18万米，解决集镇及周边通贤村、周源村、曹邱村、东里村4个村人饮用水紧张问题。完成障云村、岭头村、秀坑村3个村饮水安全提升工程；完成通贤村、文坑村、周源村、礤头村等4个村的渠道标准化建设5500米，受益灌溉良田56.67公顷。新建集镇公厕2座、农村公厕1座、旅游公厕1座，新建农村停车场21个，停车位145个。通贤村最美村落“六个一”项目完成竣工验收，拆除“空心房”8360平方米。上村村、岭头村、通贤村、汉溪村、东里村等5个村2019年“一事一议”项目已竣工验收。

【脱贫攻坚】 2019年，通贤镇突出抓好激励性产业扶贫项目的筛选、培育，按照就近、自愿、可行原则，动员贫困户参与激励性产业扶贫项目，新增种植三红柚、水果玉米等激励性产业扶贫项目7个，总数达14个。下拨激励性产业扶贫资金57万余元，受益贫困户247户957人，实现项目行政村覆盖率100%，贫困户覆盖率84.17%，每户每年可增收5000元以上。深入开展建档立卡贫困户“两不愁三保障”突出问题核查工作，覆盖全镇343户1137名贫困户，全面检视问题，查找短板，巩固提升脱贫质量。

通贤镇上村村“四好”农村路(2019)　　（通贤镇政府供图）

【生态环保】 2019年，通贤镇完成152户三格化粪池建设，超额完成上级下达任务，实施礤头村、通贤村、周源村农村生活污水治理设施建设。推进镇村保洁制度改革，公开招标有资质、有实力、有经验、有管理水平的保洁公司，实行环卫“一体化”管理模式，提升保洁质量。探索实施垃圾分类收集管理，开设集镇、通贤中学、通贤中心小学、培才村4个“垃圾分类奖励兑换超市”，完成地埋式垃圾分类桶建设190个、地面垃圾分类桶10组、专项垃圾分类桶260个及垃圾分类宣传点30处，率先完成集镇及村庄生活垃圾分类设施建设工作。继续推行村级垃圾收费“1:1”配套奖励政策。全面落实“河长制”工作，加强河道日常巡查及集镇集中饮用水水源地巡查，全年镇域交接断面水质保持Ⅲ类水标准以上，达标率100%。总投资1173万元的通贤镇安全生态水系项目11月下旬开工建设。礤头村被列为2019年“千村整治、百村示范”村，通贤村被列为人居环境整治示范村，岭头村被列为省级乡村振兴试点村。

【社会事业】 2019年，城乡居民基本医疗保险、城乡居民社会养老保险、三农综合保险参保率90%以上，全年发放低保金130余万元，救济金24.72万元，重度残疾人补助41.2万元，养老金610万元；完成第二代残疾人证核查620人。成立通贤镇退役军人服务站、村级退役军人服务站，受理退役军人来访15件。加大奖教奖学力度，全年发放“红土同心”奖教奖学助学金30万元。举办通贤中学50周年校庆活动，成立通贤教育促进会筹集社会捐资450万元。通贤中学中考再创佳绩，考上上杭一中24人、上杭二中17人，一级达标学校录取率29.93%，居农村中学前列。12个村“儿童之家”完成建设并投入使用。通贤卫生院新设中医理疗科，新添置全自动生化仪，医疗服务水平进一步提升。殡葬改革成效显著，新建镇公益性公墓——岭头“天福陵园”，一期工程竣工验收并投入使用；通贤村、秀坑村骨灰堂完成升级改造，文坑村、大东村、培才村、障云村、礤头村等9个村骨灰堂完成建设，实现村级骨灰堂全覆盖。整合镇新时代文明实践活动所、县图书馆和新华书店资源，投资60多万元完成通贤镇“新时代·智空间”项目建设。成功举办情系通贤践行社会主义核心价值观身边好人表扬暨“五一”文艺会演、上杭县首届素食文化旅游节、庆祝中华人民共和国成立70周年红色通贤演讲比赛。

【社会治理】 2019年，通贤镇排查化解矛盾纠纷47起，成功调解46起，调解率100%、成功率98%；受理各类刑事案件28件，破案8件；查处治安行政案件80件，未发生重大群体性事件和“民转刑”案件。纵深推进“扫黑除恶”专项斗争、打击治理电信网络新型违法犯罪专项行动、禁毒巡查，加大平安“三率”、扫黑除恶、防毒防骗等相关知识宣传普及力度，发放宣传品8000余份。

■ 才溪镇

【概况】 2019年，才溪镇实现地区生产总产值49.2亿元，比上年增长8.4%；建筑业总产值57.1亿元（含镇外），增长9.9%；农林牧渔业总产值2.4亿元，增长2.23%；镇财政收入2132万元，增长8.3%；完成固定资产投资3亿元；农民人均可支配收入19911元，增长8.1%。连续两届获省级“文明镇”、全市“四好农村路”示范乡镇等称号。

才溪新景（2019） （才溪镇政府供图）

【农业生产】 2019年，才溪镇实现粮食播种400公顷，种植经济作物100公顷。因地制宜发展特早熟蜜柑、双华李、槟榔芋、百香果等适合本地的高优品种，在岭和村新种植纽荷尔脐橙70亩，发展林下养蜂产业，全镇养蜂专业户130户，养蜂4200箱。培育新型职业农民，成立9个益农信息社。落实水稻保险、农技、农机购置补贴等各项强农惠农政策，发放农业补贴125万元。基本完成农村集体产权制度改革和农村土地承包经营权确权登记颁证工作。全力做好非洲猪瘟防控和农产品质量安全工作。

【旅游业】 2019年，才溪镇依托丰富的红色资源，围绕“红色+绿色”打造教育体验旅游亮点。举办“乡约你·为‘荷’而来”2019上杭县才溪荷花文化旅游节、第四届葡萄采摘节等。完成电影《毛泽东在才溪》拍摄，完成高速出口景观门楼、光荣亭景观墙等红色才溪印象景观文化长廊主要节点建设，与福建光泰建设有限公司洽谈才溪军事教育基地项目。全年接待游客143万人次，实现旅游总收入1100余万元，比上年增长5.9%。

【建筑业】 2019年，才溪镇发挥才溪“建筑之乡”品牌优势，鼓励支持建筑企业申报、晋升资质，多方位引进优秀建筑人才，培育更多优质建筑企业，才建集团申报国家特级资质企业已通过初步认定。才建、同源获得市政府授予的“建筑施工企业突出贡献奖”。同时，加强与才溪外出企业家的沟通对接，引进新的建筑企业回乡注册，持续兑现落实建筑业扶持政策，延伸产业链，壮大建筑业，探索绿色建筑和建筑工业化发展道路，带动农民就业。全镇在杭注册三级以上资质建筑企业41家，其中一级资质建筑企业3家。建筑业税收也成为镇财税收入的主要增长点和重要支撑点。

【招商引资】 2019年，才溪镇实施以商引商，瞄准重点区域，积极对接华润集团等知名企业，彰显区位优势、成本优势、服务优势，打好亲情牌、乡愁牌，促动在外本土企业家回乡创业。引进福建光泰建设、福建中鑫鸿顺建设、福建富雷贸易、福建通元广告4家企业，完成税收181.3万元，引进资金1.75亿元。本年，申报培育限上企业上杭县紫盈贵金属材料有限公司，至年底，全镇共有限上企业10家。

【项目建设】 2019年，才溪镇投资

9900万元国道G205才溪过境线改造项目开工，签订征迁协议450户、面积16.28万平方米；投资1030万元总里程10千米的4条"四好农村路"有序推进，其中下荣线、陈背线完成，隔镇线、才涂线基本完工；投资110万元完成集镇鹅公桥改造项目。投资7200万元南山水库项目封坝蓄水；完成下王、岭和、才溪等村人饮工程改造，推进投资450万元的集镇人饮改造提升项目，同时与县自来水公司等单位对接，探索城镇供水一体化建设试点；投资430万元完成才溪、中兴村等6个村粮食产能项目及荣石、下才、溪北村等农综项目；投资497万元的回龙片区才溪灌片节水配套改造项目基本完成。完成总投资810万元的水环境综合整治提升一期、二期工程，以及投资80万元的电网建设；推进投资1100万元的卫生院综合大楼建设项目、投资900万元的上才小学教学楼及周边配套路网改造、投资500万元的全民健身中心项目、投资250万元的集镇电缆改造等项目。

【乡村建设】 2019年，才溪镇贯彻落实中央乡村振兴战略重要部署和省委省政府《农村人居环境整治三年行动实施方案》要求，推进下王村人居环境整治提升试点项目建设，投资1200万元，完成村部广场、村口村尾景观节点、主干道亮化，以及沿河游步道绿化、房屋立面改造和平改坡等项目建设。实施"厕所革命"，完成新建改建三格化粪池、户厕416户。开展房屋安全隐患排查整治7869栋，排查出存在重大安全隐患房屋52栋，整治49栋。开展危旧房"清零"行动，拆除危旧房80户6500平方米。强化国土资源管理，做好地质灾害防治，完成下才等6个村入户调查工作，完成全镇14个村前期不动产测量，保持"两违"管控高压态势，制止或拆除违法占地建房23宗。强化镇区美化、绿化、亮化建设，投入300万元用于卫生保洁、农村生活垃圾污水治理、绿化养护、景区景观和电力设施维护等。推进垃圾分类工作，全镇设置14个垃圾分类宣传点；启动下王村垃圾干湿分离处理工作，处理设备安装完成。

【生态环境】 2019年，才溪镇做好第二轮中央生态环境保护督察迎检工作。抓好生猪养殖业污染治理，组织集中执法2次，依法关闭拆除禁养区内猪场11户，强制拆除关闭复养猪场9户，面积1000余平方米，消减生猪130头。加大农村饮用水水源地的保护力度，全面推行河(湖)长制和"清四乱"行动，落实网格化巡查管理机制，交接断面水质稳定达到三类及以上标准。强化生态资源保护，做好森林防火工作，种植生态景观林15.47公顷、完成珍贵树种造林10公顷。溪北村成功创建为省级"森林村庄"。

【脱贫攻坚】 2019年，才溪镇聚焦"两不愁、三保障"，全面提高脱贫质量。全镇78户贫困户参与小额信贷，贷款199万元。推进教育扶贫，补助115名贫困农户家庭子女21万元。推进健康扶贫，实现贫困户医疗商业保险投保和家庭医生签约全覆盖。举办激励性产业扶贫培训班5场次，新增葡萄、黄豆种植，豪猪、肉兔、土鸡养殖等5个激励性产业扶贫项目，惠及5个村105户364人，增收35.8万元；产业扶贫保险承保率达100%。全市第一期激励性扶贫培训班在红庄葡萄园开展现场教学，得到与会领导的充分肯定。

【精神文明建设】 2019年，才溪镇以"凝聚民心、服务群众、传播文明、助力振兴"为宗旨，提升乡村振兴的重要推动力量和软件基础。组织庆祝中华人民共和国成立70周年活动，举办主题演讲比赛、文艺巡演、书友分享会、体育比赛等。移风易俗持续深化，完善《才溪镇关于深化移风易俗工作的实施方案》，对革除宴席铺张浪费、丧事大操大办、赌毒禁而不绝、婚嫁"天价"彩礼、添丁酒("煎汤")、公共场所吸烟等陈规陋习作出倡导，村风民风明显好转。殡葬改革有序推进，全年制止违法建坟2起，拆除坟墓3座。坚持疏堵结合，完成投资400万元的镇级公益性公墓建设和投资210万元的陈坑、黄竹等5个村级公益性骨灰堂建设，基本实现公益性公墓和骨灰堂全覆盖。文明实践扎实有效，深入推进新时代文明实践示范镇建设，完善实践所文化大礼堂、红色讲堂、文明驿站等功能室，成立新模范、筑之梦等6支志愿服务队伍，有志愿者1300余人，开展"践行新时代生态文明、共筑新才溪绿色生态"等志愿服务活动33场次。

【民生事业】 2019年，才溪镇才溪小学被评为"福建省义务教育管理标准化学校"，四坊小学被授予福建省首个"全国红军小学国防教育示范校"称号，才溪中学被授予"龙岩市课改实验基地校"称号，才溪中学、才溪小学被获评为"文明校园"。卫生健康全面落实两孩政策，做好计生政策宣传、孕前优生健康检查等服务工作，举办早教培训6次，落实计生奖扶对象409人，补助计生户意外伤害保险371户，兑现各项奖扶补助资金45万元。着力打造"健康才溪"，家庭医生签约服务工作有序推进，卫生院各项设施、设备位居全县乡镇卫生院前列。社会保障新建大贵村幸福院，完善敬老院消防设施，探索敬老院公建民营模式，委托第三方专业机构管理。完善儿童活动场所，建成农村儿童之家12个。发放低保金212万元，养老金738万余元，救灾救助及临时救助资金22.8万元，失业人员社保医保补贴7.5万元。拥军优属完成退役军人信息采集，入户悬挂退役军人光荣牌，为退役军人提供免费体检，做好优抚对象身份确认，解决好优抚对象"三难"问题。

【社会治理】 2019年，才溪镇深入推

进“七五”普法和“平安才溪”建设，健全社会治安防控体系，持续深化扫黑除恶专项斗争，依法打击毒品、网络电信诈骗、非法集资等违法犯罪活动，深化信访积案、特殊人群、重点人员的排查和管控，有力维护公共安全。开展普法活动26场，发放宣传材料26000余份，受理法律援助案件18起，完成社区矫正11人，调处矛盾纠纷案件77起，调解成功率达100%。才民、下才等7个村被评为市级平安村。严格落实食品安全“四个最严”要求，开展农产品质量和食品检测1300余例，食品药品安全形势保持稳定。

■ 旧县镇

【概况】 2019年，旧县镇实现社会总产值24亿元，比上年增长4.35%，其中农林牧渔总产值7.8亿元，增长4%，工业总产值8.2亿元，增长2.5%，第三产业8亿元，增长6.67%；实现财政收入2850万元；农民人均纯收入18550元，比上年增长6%。

【农业生产】 2019年，旧县镇粮食播种面积1040.33公顷，总产14727吨，种植百香果43.33公顷，槟榔芋58.13公顷，生姜、花椰、包菜30.27公顷；土地流转面积300公顷；兑现耕地地力保护补贴110万元；存栏生猪2470头、牛752头、羊385只，家禽62.63万羽；养鱼面积19.2公顷，生产夏花32万尾、春花34万尾，渔业产量427吨；封山育林1858.2公顷，森林抚育89.27公顷，电力走廊防火林带抚育11.87公顷。

【经济发展】 2019年，旧县镇限额以上法人企业零售额比上年增长45.13%，增速位居全县第二；限额以上法人企业销售额完成增速35.63%，增速位居全县第二；固定资产投资完成3.41亿元，其中工业固投完成2.44亿元。招商引资2.08亿元，其中，市外资金1.85亿元，新引进外转内企业项目3个，完成内联引资项目1个。完成第四次全国经济普查工作任务，并通过国家事后质量抽查。2019年，旧县镇被龙岩市政府评为“经济普查成绩突出集体”。

【项目建设】 2019年，旧县镇迳美村整村搬迁项目签订征迁协议609户，708栋房屋，约27万平方米，剩余17户30栋房屋未签约，拆除房屋697户计26.6万平方米，林地、耕地、菜地和旱耕地全部征收完毕；旧县片区烟区水源工程新坊水库项目完成投资1982万元，基本完成大坝主体建设，完成主管铺设8.1千米，支管铺设1.1千米；铁东水库项目完成引水隧洞对砌，铺设管道12千米；卫生院整体搬迁项目已开工，在桩基浇筑；农民体育公园项目完成项目征地、设计工作；旧县小学教学大楼建设项目完成地基浇筑；集镇农贸市场项目已开工建设；梅溪村二期土地开发项目通过市级验收，完成2.33公顷优质水田开发；龙溪村小溪口公园建设完工。

【脱贫攻坚】 2019年，旧县镇聚焦“两不愁三保障”，落实每季度入户随访制度。实施激励性扶贫项目16个，受益贫困户229户831人。产业扶贫帮助贫困户211户712人发展产业项目，覆盖率84%。教育扶贫贫困学生140名；落实健康扶贫保障，实现贫困户健康扶贫医疗商业投保和“家庭医生”签约履约全覆盖。巩固住房安全保障，完成贫困户住房安全认定305户，不动产权颁证34户。扶贫小额信贷94户189万元。

【生态环保】 2019年，旧县镇完善镇、村两级河道监管巡查制度，投入21.5万元用于河面污染物清理打捞，清理河道垃圾2413立方米，处理涉河违法违规问题18个、查处群众投诉线索13条，旧县河交接断面水质常年保持Ⅲ类以上。做好第二轮中央环保督察迎检工作，对存在问题及时整改到位。坚持“治旧控新”原则，从源头上治理畜禽养殖污染；严格生猪养殖治理，关闭生猪养殖场1.2万平方米。实施农村“一革命四行动”，投入350万元用于推动人居环境整治，拆除旱厕125座，新建改造三格化粪池511户，新建公厕2座。开展“危旧房清零行动”，拆除危旧房、空心房等172处1.5万平方米。全面推广“村

旧县碧沙村口主题公园（2019） （旧县镇政府供图）

收集、镇转运、县处理”垃圾处理模式，以兰田村为示范，推行垃圾收费制度。治理生活污水，建成生态氧化塘6处，铺设沟渠3千米。

【社会事业】 2019年，旧县籍学生考取一本大学21人，旧县中学考取一中14人，二中17人，教学成果位居全县农村学校前列。定期对高血压患者、糖尿病患者、重性精神障碍患者开展检查，发放健康教育宣传资料4000余份，开展健康讲座12次，接受健康咨询3980人次，接待门诊病人5万余人次。实施两孩生育政策，免费（孕前优生）健康检查198人。开展农村实用技术培训、就业培训15期300余人次，新增城镇就业600人次、转移农村劳动力450人次。农村合作医疗参保2.47万人次，参保率92.5%。上报县级大病救助68人，救助15.5万元，乡镇临时救助12人，救助4800元。发放居家养老服务手机1080台。完成敬老院社会化运营移交工作。镇级公墓建成准备启用，农村公益性骨灰堂建成18座，启用16座，总投资614万元。

【社会治理】 2019年，旧县镇深化开展平安创建，扎实做好各类矛盾纠纷调处化解工作，全年受理“12345”平台诉求件117起，办结117起，满意度100%；受理信访件21件，办结21件；收集民情249条，办结249条；调处矛盾纠纷86起，法律咨询21件，调处率100%。本年，旧县镇在公众安全感测评中居全县第一、全市第十一。落实安全生产责任制，组织对重点行业、重点领域安全大检查17次，参与检查人员64人次，涉及单位和场所33家，排查发现隐患11处，完成整改11处。夯实工作责任，加强超市、饭店、学校周边等重点区域的监管，切实保障居民饮食安全。扎实推进食品安全追溯体系建设，提升群众食品安全满意率。2019年，旧县镇开展食品安全领域专项检查6次。

【精神文明建设】 2019年，旧县镇开展文明村镇、文明单位创建活动，围绕中心工作开展重点主题宣传，全年“慢城旧县”微信公众号推送信息150期，200余篇文章，其中原创110余篇，阅读总量5万人次以上。发放各类宣传资料10万余份，多次更新205国道、旧白公路沿线4处大型广告牌内容，为旧县经济文化社会发展营造浓厚的宣传舆论氛围，擦亮“美丽旧县”名片。本年，旧县镇组建成立镇志愿服务支队1支、志愿服务分队20支，志愿者共2771人，设计开展志愿服务项目25个。

庐丰畲族乡

【概况】 2019年，庐丰畲族乡实现地区生产总值8.94亿元，比上年增长8.76%；完成500万元以上固定资产投资3.15亿元，增长16%；社会消费品零售总额9600万元，增长25%；本级财政收入200万元，增长63.93%；农民人均可支配收入17821元，增长9.1%。

【现代农业】 2019年，庐丰畲族乡粮食生产面积2510公顷，总产量超过1.74万吨；种植烤烟面积565.67公顷，收购烟叶2.11万担，实现产值3424.1万元；现代农业种养基地——畲乡米业有限公司建成，成功流转土地1000亩66.67公顷，“保姆式”全程社会化服务模式有效实现小农户和现代农业发展有机衔接，切实带动农民增产增收；发展国家烟草行业示范合作社1家，市级示范合作社2家，市级农业产业化龙头企业1家，县级示范家庭农场6家，补助20余万元扶持两家市级示范合作社发展林业产业；扶持金花茶、畲药、蜜柚、杨梅等特色种植，一批有规模、效益好、潜力大的种植产业建成落地。

【文旅产业】 2019年，庐丰畲族乡围绕乌米饭、麦芽糖、豆豉、豆子酥等当地特色食品，打造“庐丰老味道”品牌，发展庐丰特色餐饮业。发挥畲乡特色优势，整合省级非遗树叶吹奏、五梅拳，市级非遗香灯龙，以及舞狮、花棍舞、畲族武术等资源；举办“三月三”畲乡文化节、承办龙岩市2019年中国农民丰收节暨第十二个民族团结进步宣传月活动，吸引游客1.2万人次。扶洋村农民树叶吹奏队在全国树叶吹奏邀请赛上获银奖，在全省第六届音乐舞蹈节上获得文化创意一等奖、表演二等奖；丰济村“种玉堂”舞狮队代表全市参加省少数民族运动会演出获得银奖。

【项目建设】 2019年，庐丰畲族乡开展“产业发展项目建设年”活动，聚焦征地拆迁促重点项目落地百日攻坚大会战，突出项目强力拉动作用。7月，获评由县委、县政府颁发的成绩突出单位；省“五个一批”工作完成，谋划项目6个，签约项目4个，开工项目3个，投产项目1个，增资项目1个；县新时代新担当新作为“大督查大落实”集中开竣工仪式中，柯宁环保产业研发生产项目、年产500万双航空袜子生产项目、新德里畲乡柚子湾农旅综合体建设项目入选全县集中开竣工仪式。

【招商引资】 2019年，庐丰畲族乡成立庐丰商会，开展精准招商、定向招商，利用“三月三”畲族文化节民俗节庆、农民丰收节等活动，主动融入粤港澳大湾区，发挥各地庐丰商会桥梁纽带作用。新签约上杭县宇航袜业有限公司、构建一站式农业产业链综合服务平台、福建省如丰建筑工程有限公司、福建紫磊贸易有限公司、润圣商贸有限公司、龙岩市农业发展有限公司等；华润祖代鸡养殖项目通过国家海关选址审核，新入库线上企业欣文贸易有限公司、凡路贸易有限公司。

【基础设施建设】 2019年，庐丰畲族乡投资2000余万元建设“四好农村路”工作。实施总长达14千米含杨桐线等5条村道和1条庐铁线(庐丰至扶洋段)乡道晋级改造建设;新建6个村共14个错车道,有效解决群众出行难的问题。全年完成2个万里安全生态水系建设项目。汀江城区段安全生态水系项目完成市级复验,东西溪段安全生态水系项目申请市级复验。巩固完善人饮提升工程。投入186万元实施上坊等9个村人饮提升工程,着实解决群众重点时段喝水难的困扰。庐丰综合运输服务站建设稳步推进。项目正在进行预算财审,12月底可开标并开工建设。

【人居环境】 2019年,庐丰畲族乡做好集镇环境综合整治提升工程,提升集镇品味。投入240万元完成95户沿街立面改造和集镇路段"三线下地";投入530万元实施全长1.3千米的集镇道路"白改黑"工程;完成人行道透水砖2.6千米改造。推进停车场建设。投入120万元完成上坊、中坊等9个村停车场建设,新增停车位190个,缓解停车难问题。推进立英村"千村整治、百村示范"示范村建设、丰乐村人居环境整治提升试点村工作,丰乐村"空心房"整治拆除226户3.9万平方米;开展危旧房屋拆屋整治"清零行动",拆除危旧住房等共260户2.5万平方米;推进农村"厕所革命",新建改造三格化粪池414户、户厕145户,新建横岗、立英公厕共2座。落实推动各村垃圾收费制度,全乡垃圾收费共收取28.5万元,收费户数5799户,平均覆盖面85.85%,乡级财政配套补助23.89万元,真正实现垃圾治理工作村民"共建共享"。探索保洁外包新模式。通过购买服务实现道路清扫保洁及垃圾清运一体化,提高垃圾的提前处置效率,使全乡的环境卫生形成市场运营、政府把关、村民监督、全体动员的良好局面。

【生态文明】 2019年,庐丰畲族乡抓好中央生态环境保护督察反馈问题的整改。拆除生猪养殖场65户、面积5800余平方米。落实"绿水青山就是金山银山"发展理念。推进汀江流域水环境综合治理,完成水环境综合整治项目验收,做好乡、村流域水环境整治;制定本辖区流域水体达标或水质提升方案,完成年度整治任务,水质得到明显改善,确保断面水质长期稳定在Ⅲ类以上水质标准。抚育高速景观林59.2公顷,三坪村林分修复69.8公顷,火烧迹地19.13公顷,防火林带抚育52.47公顷,封山育林1333.33公顷。稳步推进殡葬改革。铁峰村、扶洋村的公益性骨灰堂投入使用,乡级公墓一期377个穴位建设完工。

【脱贫攻坚】 2019年,庐丰畲族乡省级贫困村扶洋村通过脱贫退出验收,无新增贫困、无因病因灾因学返贫现象。开展激励性扶贫项目,采取"政府+经营主体+贫困户"的经营模式,实施金花茶、优质稻、玫瑰茄等种植项目和河田鸡等养殖项目共14个激励性扶贫项目。落实市内外教育资助政策享受情况,教育资助126户132人(学前教育26人,义务教育54人,高中教育14人,中职教育7人,高等教育31人)。全乡建档立卡贫困户城乡居民基本医疗保险、大病医疗保险参保率100%,费用由财政统筹支出;乡财投入36840元为全乡18~60周岁贫困劳动力614人购买务工险,投入27020元为全乡贫困人口1351人购买小额意外险;"家庭医生"签约履约服务全覆盖。贫困人口大病专项救治报销比例达90%,经各项医疗补助补偿后,目录内个人自付住院医疗费用超过2900元部分,报销比例达100%。

【惠民事业】 2019年,庐丰畲族乡举办庐丰民族中学50周年校庆庆典活动,成立庐丰民族中学奖教助学基金会,基金207万元,全年发放奖教助学基金17万元。实施"互联网+分级诊疗"项目升级改造,与县医院建立医联体,全乡医疗技术水平和服务能力稳中有进;完成免费"两癌"筛查502人次,设置自助式健康监测点,健康服务进一步提升。完善便民服务中心软硬件建设;发放低保补助、临时救济等补助资金171万元,落实各项惠民利民政策;投入46万元实施立英、章金农村幸福院建设,已建农村幸福院运行机制逐步完善。

【文明实践】 2019年,庐丰畲族乡抓好新时代文明实践所和"五镇十村"示范点丰济村新时代文明实践站建设,投入14万元在乡便民服务中心二楼改建涵盖青年活动室、读书吧、休闲活动中心等多功能一体的新时代文明实践所及独具畲乡特色的文化广场好人好事榜和核心价值观香灯龙;组建新时代青年党员说服务队、乡风文明倡导队等5支志愿服务队伍,常态化开展志愿服务,保证月月有活动;全年,乡村新时代文明实践队伍共开展志愿服务活动65场次,受益人数达2万余人。

【社会治理】 2019年,庐丰畲族乡被市级评为"2018年平安乡镇"。"平安三率"宣讲成效显著,扫黑除恶专项斗争纵深推进,创建"红土畲乡保卫队",推进禁毒、打击治理电信网络诈骗等专项行动;动态摸排跟踪重点人员,各类重点人员实现零脱管零漏管,为综合治理奠定坚实基础。深入开展"七五"普法,开展法治宣传活动56场,受理法律援助20起;成立访调对接室,新建乡村心理咨询室4个;落实"枫桥经验",开展矛盾纠纷排查化解,全年受理群众来信来访11起,办理11起,办结率100%;排查调处各类矛盾纠纷96起,调处成功96起,化解信访积案1件。落实安全生产"一岗双责"制度和企业主体责任,做好防汛、森林防灭火、道路交通、校园周边等重点领域安全,安全生产形势持续稳定。开展食品药品安全专项整治,加大食品药品安全巡查、监管力度。高质量推进退役军人服务保障体系,实现乡、村退役军人服务机构全覆盖。健全民情收集处理机制,做好e龙岩和“12345”政府便民服务热线答复工作,答复率100%。完善工作网络,严格落实宗教工作责任制要求,加强巡查排查,宗教领域和谐稳定。

■ 泮境乡

【概况】 2019年,泮境乡实现社会生产总值7.63亿元,比上年增长5%;固定资产投资0.66亿元,其中工业技改项目完成0.24亿元;实现限上法人企业销售总额9.04亿元,增长28.59%,零售总额3.24亿元,增长26.81%;财政收入752.7万元;农民人均可支配收入16752元,增长9.4%。

【农业经济】 2019年,泮境乡粮食播种面积稳定在433.4公顷以上,总产量2366吨;烤烟种植面积39.53公顷,收购烟叶1330担,实现产值198万元;做好动物疫病防控工作,落实非洲猪瘟管控措施,全年未发生重大动物疫病。特色产业花生种植60公顷,产量45万千克,产值在300万元以上。举办泮境乡第三届花生品鉴节暨产业扶贫评优活动。农业基础设施完成泮境村、祖加村、彩霞村、元康村的标准化渠道建设;完成总投资约220万元黄潭河灌区建设项目预审。设立乡金融助理工作站及彩霞、定达、泮境、祖加村金融助理工作站,宣传金融、存贷款知识,做到金融服务不出村,有效助推乡域经济的发展。

【项目攻坚】 2019年,泮境乡谋划户外拓展亲子培训基地和养殖粪污资源化利用、医养结合中心3个项目;新签约龙岩泰信科技和众鑫建材2个有限公司;新开工集镇改造提升、农村停车场建设、四好农村路等5个项目;定达村污水管网工程、各村公益性骨灰堂等4个项目实现竣工;元康村幸福院、泮茶线B段2个项目实现新增资。实现外联引资龙岩泰信科技有限公司和众鑫建材有限公司2个项目。成功培育上航医药连锁公司纳入限上企业和微波通通信技术有限公司纳入规上企业。

【乡村建设】 2019年,泮境乡持续提升农村公路网,实施“四好农村路”建设,完成集镇到院康村道路提质建设工程,实施集镇到罗家山B段路面改造、白庐线泮境到定达段道路改造、白庐线彩霞段道路建设。完成6条道路18个错车道建设。人居环境持续优化,实施集镇改造提升工程,完成新丰路道路改造和统一店招工作,完成集镇河道清淤。新增各村农村停车位143个,新增复垦耕地1.24公顷。拆除危旧房90户4300多平方米、整治拆除“空心房”84户4300多平方米。定达村人居环境整治试点工作推进,实施祖加村“千村整治、百村示范”项目建设。

【生态环境】 2019年,泮境乡水环境综合治理全面加强。完成第二次全国污染源普查工作,做好水源地保护区巡查整改。全面落实“河(湖)长制”和最严格水资源管理制度,持续实施“清新水域、洁净蓝天、清洁土壤、绿满青山”四大提升工程,重点强化养殖业污染长效防治管理及河湖流域水质综合治理、入河污染源防控、河湖巡查保洁,做好乡镇交接断面水质检测工作,全年溪流基本保持三类水质。村庄三格化粪池建设有序推进,完成105户三格化粪建设任务,实施祖加孔桥三格化粪池集中收集处理项目。持续深入推进“厕所革命”,实施定达村污水管网建设。

【脱贫攻坚】 2019年,泮境乡实施激励性扶贫项目9个,受益贫困户75户307人,行政村覆盖率100%。完成2019年信贷任务,未出现逾期贷款。教育扶贫11人符合雨露计划补助条件已享受补助,教育资助149人。强化健康扶贫保障,实现全乡在册贫困户城乡居民基本医疗保险、大病保险、精准扶贫医疗叠加保险、健康扶贫保险全覆盖。

【社会治理】 2019年,泮境乡平安建设工作扎实推进,群众安全感、满意率调查居全县第三,全市第19名。纵深推进扫黑除恶专项斗争工作,建立健全打击黑恶势力滋生蔓延的长效机制。禁毒、打击电信网络诈骗、打击农村赌博等专项行动扎实开展。“七五”普法全年开展各类形式法律宣传30余次。做好“一村一法律顾问”工作,努力打通法律服务“最后一公里”,让群众享受身边的法律服务。设立乡村两级信访评理室8个,建立健全“访调对接”工作机制,全年乡村两级评理室调处纠纷25起。

【社会事业】 2019年,泮境乡继续加大对教育的投入,完成6个村“儿童之家”建设。成功举办第三届泮境古驿道越野徒步等全民健身活动。完善乡村卫生服务网络和卫生服务体系建设,设立乡村两级退役军人事务服务所站,新建元康村幸福院。建立健全社会保障体系,纵深推进全乡社会保险从制度上全覆盖到人员全覆盖,新型农村合作医疗参合率90.98%,农村最低生活保障制度实现低保户“应保尽保”。移风易俗有序推进,殡葬管理改革成效初显,完成5个村的公益性骨灰堂建设和2个村骨灰堂修缮工作并投入使用。多措并举开展“三沿五区”墓地排查整治,严禁乱建违建现象发生,全年未发生违规乱建坟墓情况。

■ 步云乡

【概况】 2019年,步云乡实现地区生产总值3.14亿元,比上年增长8.6%;财政收入733万元,增长28.8%;完成固投1.81亿元,完成全年任务的106%;社会消费品零售总额完成0.84亿元,比上年增长28.15%;农林牧渔总产值1.36亿元,增长13%;农村居民人均可支配收入约14929元，增长0.9%。

【农业经济】 2019年，步云乡实现粮食播种面积292.73公顷，总产2148吨；推广绿肥种植45.33公顷，商品有机肥带动面积39.33公顷，辣椒、大白菜、生姜等蔬菜种植面积200公顷；加快农产品品牌培育，发展绿色农产品，"绿野蔬菜专业合作社"获无公害农产品商标认证，蛟潭高山茶叶重新申报绿色食品商标认证，推动鑫叶家庭农场按标生产，支持申报"三品一标"认证；建立种植业农业科技示范户20户；基本完成农村集体产权制度改革和农村土地承包经营权确权登记办证工作。

【文旅康养产业】 2019年，步云乡重点开发绿色生态资源并使之辐射到周边的村落，着力开发旅游休闲和生态养生等，打造康养休闲避暑清凉福地的绿色生态旅游区。一方面是打造全国重点的地学旅游、地质研学、自然教育基地，培育发展步云乡村特色旅游产业，加快推进步云森林康养产业基地、步云境内交通路网建设。另一方面是打响生态品牌，7月获首批"清新福建·气候福地"避暑清凉福地称号。进一步擦亮这块牌子，动员全乡力量真抓实干，全面抓好生态建设各项工作。

【为民办实事项目】 *农网改造项目* 2019年，总投资2850万元，上福、马坊、兴隆村作为实施农网改造项目试点村，完成上福村农网改造98%，安装263个电表。

步云乡至古田镇（步云至竹岭段）公路工程 完成项目征迁，土地征收面积11.67公顷，屋征收面积6180.54平方米，坟墓8座，已净地交付。完成路基挖方51万立方米，占合同量83.8%；完成路基填筑33万立方米，占合同量77%；完成改沟0.5万立方米，占合同量62%。

集镇提升改造项目 完成步云桥水景观、红色（翡翠）公园、2号停车场建设。

人居环境整治项目 马坊村人居环境整治提升项目，完成"空心房"拆除9000平方米，木质篱笆围架600米、柴火架25个。上福村"千村整治、百村示范"项目基本完成。

农村人饮工程提升项目 在桂和村，梨岭村、上福村实施人饮续建工程，总投资235.46万元，获上级补助资金97.1万元，项目实施初步通过验收。

古炉村高标准农田建设项目 完成古炉村高标准农田建设，并通过验收。

持续推进殡葬改革 总投资400万元，全乡10个村级公益性骨灰堂全部竣工12月25日前投入使用。

交通基础设施提升工程 投资2000万元新建4条"四好农村路"共13.3千米，完成路面硬化并通过交通局初步验收。投资260万元改造大岭下桥、兴隆桥，大岭下桥按照计划有序施工，兴隆桥改造完成招标。投资40万元新建错车道50个，全部完成，并通过交通局初步验收。

上杭蓝家渡（步云）葡萄产业田园综合体项目 投资8.29亿元，项目征迁工作完成，土地征收面积7.85公顷，坟墓16座。已聘请设计机构进行项目规划设计，形成设计初稿，在调整论证。

完善乡村基础设施建设 使用蛟潭等8个村2017年旧村复垦项目村级补助资金140万元，改善项目村的基础设施建设。

【乡村振兴】 2019年，步云乡推进马坊村省级乡村振兴试点村建设，开展危旧房屋拆除整治"清零行动"，拆除"空心房"、危旧住房等9000平方米。农村"厕所革命"推进，拆除旱厕33户，新建改造三格化粪池，户厕130户，新建公厕1座；简易垃圾填埋场按照要求完成整治；新建农村停车位145个。开展集镇改造项目，实施集镇停车场、水环境综合整治、新建红色公园等，其中四角亭地面构筑物、景观池主体、翡翠广场透水砖、路灯安装、水上长廊瓦片铺设基本完成，开展人居环境整治，对约5000平方米闲置空地进行花化绿化，完成云福新村"三通一平"。完成上福村下村桥头至云福新村道路硬化工程、马坊村坎头组道路基及硬化工程等5个村2019年村级公益事业建设一事一议项目，财政奖补资金88万元。

【生态建设】 2019年，步云乡落实"河（湖）长制"，争取各类生态补偿资金，开展流域水环境综合治理，巩固提升污染防治成果，做好河道内及沿岸垃圾清理、入河排污口整治、畜禽养殖粪便污染等工作，2019年以来交接断面水质检测均达到Ⅱ类水质；饮用水水质均达标；植树造林33.33公顷，森林覆盖覆盖率89.3%。

【脱贫攻坚】 2019年，步云乡实施6个激励性产业扶贫项目，参与贫困户25户，实现有劳动力的贫困户参与项目全覆盖。开放公益性岗位20个，实现贫困户就近就业24人。教育资助贫困学生19人，实现贫困户家庭医生签约履约服务、健康扶贫保险、医院救助全覆盖。

【社会保障】 2019年，步云乡建立健全城乡低保救济机制，全年纳入特困对象14户14人，低保对象34户77人，发放临时救助2万元。完善农村养老设施建设，投资30万元的马坊村幸福院投入使用，享受智慧养老服务老年人151人。建立乡村两级退役军人服务站，为112名退役军人悬挂光荣牌。开展残疾人等级核查暨第三代残疾证换证工作。建成马坊、梨岭、桂和、金屏4个村级儿童之家。

【新时代文明志愿服务】 2019年，步云乡文明实践站（所）开展志愿小小兵、手拉手护河、文艺轻骑兵、禁毒巡查等志愿服务活动100余次，服务群众4000余人。2月举办"梅花山首届民俗元宵晚会”，9月承办2019年“文化科技卫生集中服务三下乡”活动。本年，“情系童心　相伴成长”志愿服务项目，获上杭县首届新时代文明实践志愿服务项目大赛三等奖。

【社会治理】　2019年，步云乡做好对重点人员的稳控工作。加强对严重精神障碍患者的管控联络和数据统一，建立信息台账，定期进行跟踪走访，确保及时沟通反馈。对刑满释放人员实施安置帮教，落实管控措施，跟踪行踪去向，掌握家庭情况及其个人思想动态，确保防患未然。全年未出现重新犯罪。开展重点涉稳信访事项排查工作。由各村每周摸排并处置本村矛盾纠纷，全年化解2项，稳控3项，信访件1件。开展扫黑除恶专项斗争工作。利用乡政府、派出所及各乡直办单位的LED宣传屏、横幅、微信群等，深入广泛宣传。设立扫黑除恶专项斗争工作专项资金50万元，安排举报奖励金10万元，印发宣传材料4600多份，发放“平安三率”宣传单1600份、宣传品陶瓷杯1300个，宣传品雨伞3000把，张贴海报90张，悬挂横幅40多条。开展安全生产大整治，投入资金45万元用于道路交通安全、在建项目安全、“五小企业”生产安全、消防安全、危化品管理、森林防火等安全生产整治工作，消除辖区内安全隐患，安全生产形势稳定。本年，联合福建省梅花山旅游发展有限公司、步云索道有限公司举办“安康杯”步云索道应急救援演练。

【上福村获省级旅游特色村称号】　2019年，福建省、市旅游协会贯彻中央乡村振兴战略和福建省委、省政府决策部署，按照“产业兴旺、生态宜居、乡风文明、治理有效、生活富裕”的总要求，持续推进乡村旅游“百镇千村”创建工作，推进新时代乡村旅游发展。根据省旅发委的工作部署和要求，组织开展乡村旅游特色村评定工作。步云上福村获评为福建省乡村旅游特色村称号。

【上杭蓝家渡(步云)葡萄产业田园综合体项目落地步云乡古炉村】　2019年，上杭蓝家渡(步云)葡萄产业田园综合体项目落地步云乡古炉村，该项目由北京莱恩堡酒庄与香港燕传奇健康产业集团投资建设，项目规划面积496.21公顷，项目总投资82900万元，核心区规划面积269.66公顷，建设内容包括蓝家渡精品葡萄庄园、福建酿酒葡萄试验研究基地、葡萄产业种植基地、生态康养中心、竹里水韵运动景观带。发展上以葡萄酒产业为依托，通过“+旅游”的方式，联动农产品种植、加工与教育、文化、康养等产业综合发展，实现三产融合、推动老区产业升级。

【步云乡获福建省首批“清新福建·气候福地”避暑清凉福地】　2019年，由福建省气象局、福建省文化和旅游厅，福建省气象学会、福建省旅游协会在南平举行“清新福建·气候福地”首批避暑清凉福地发布会暨气象文旅论坛。“清新福建·气候福地”分为“避暑清凉”“气象景观”“气候养生”“滨海度假”等系列。根据综合评审，步云乡被授予首批避暑清凉福地。

【古田干部学院生态文明分院项目落地】　2019年，古田干部学院生态文明分院项目落地步云乡马坊村，项目征迁建设用地17.33公顷，计划投资34000万元，将建成龙岩市践行生态文明建设及教育为主题的功能性学院，依托古田干部学院，为步云建设发展引流。至年底项目征迁工作全面完成，实现净地交付，土地征收面积16.33公顷，房屋征收面积975平方米，坟墓97座，花棚1.8公顷。发放征迁资金1142万元。

■ 官庄畲族乡

【概况】　2019年，官庄畲族乡实现社会生产总值23.5亿元，比上年增长9%；其中农业总产值3.61亿元，增长8%；规模以上工业总产值1.1亿元；完成500万元以上固定资产投资4.84亿元；限上企业销售额1.7亿元；财政总收入2650万元，农民人均可支配收入17500元，比上年增长11%。

【现代农业】　2019年，官庄畲族乡稳定粮食种植面积，流转土地573.33公顷，种植水稻1800公顷，新增3.33公顷以上规模水稻种植大户2户。烤烟种植157.47公顷、槟榔芋120公顷、朝天椒33.33公顷、绞股蓝18公顷，脐橙特色种植26.67公顷。举办龙岩市第三届油茶博览会。扶持新型农业经营主体，新增县级家庭示范农场3家，培育新型农民30人。推进水稻生产全程机械化试点建设，成为全县水稻制种、农机社会化服务排头兵。

【项目建设】　2019年，官庄畲族乡谋划项目9个、总投资5.5亿元，签约项目10个，开工项目7个，竣工项目7个，增资项目4个。完成省重点项目宇恒环保稀贵金属综合回收项目竣工投产。市重点文旅签约项目新民生态观光基地、县重点项目文旅康养综合体“氧生谷”康养中心建设项目开工建设。推进建筑行业“引凤回巢”，全乡有建筑企业6家，建筑产业年可实现总产值3亿元以上。被上杭县委评为产业发展项目建设年6项行动突出集体。

【服务产业】　2019年，官庄畲族乡策划服务业项目5个，重点攻坚建设商贸服务业项目2个，完成年度投资3800万元。特色农副产品销售渠道，实现交易额500万元。

【“四好农村路”建设】　2019年，官庄畲族乡投入1720万元实施总长6.5千米的官贵线、树曾线、七璜线等4条“四好农村路”建设，完成官贵线、树曾线、树人村路口至顶塘等3条“四好农村路”建设，七璜线完成路基建设；完成蕉坑石子凹桥、树人樟子角桥危桥改造。1月23日，全国政协副主席、交通运输部党组书记杨传堂率调研组到官庄畲族乡调研“四好农村路”建设管理和交通扶贫等工作，给予高度评价。官庄畲族乡代表县迎接“四好农村路”全国示范县复核和省级示范县现场评估。

【乡村建设】 2019年，官庄畲族乡完成集镇东环路改造提升工程。推进滨江绿道德康段建设，环汀江生态休闲绿道初步形成。实施乡村停车场建设工程项目，新增停车位259个。推进新风村“千村整治、百村示范”省级示范村、朱堡村人居环境整治提升试点村工作。开展危旧房屋拆屋整治“清零行动”，拆除面积居全县前列。实施官庄、福泉、贵和等13个村旧村复垦6.86公顷，占全县立项任务约40%，通过市级验收5.43公顷。实施土地综合整治项目，新增耕地面积12.33公顷。推动“厕所革命”，拆除改造旱厕93座，新建三格化粪池、户厕108户，新建公厕2座。

【生态环境】 2019年，官庄畲族乡推进汀江流域水环境综合治理，拆除生猪养殖场46户、面积6000余平方米。完成上杭县城区水源地（七里、曾泗）生活污水处理项目，保障福泉、回龙、红石等6座污水处理厂高效运转，治理农村生活污水。打造市河长制示范河段“汀江官庄段”和民间河长、百姓护河队伍示范点“巾帼护河、民间河长、生态警务室”，开展“保护生态、美化汀江”公益放生活动，放生鱼类10万余尾，汀江水生态环境得到改善，境内断面水质稳定在Ⅲ类水以上。

【乡风文明建设】 2019年，官庄畲族乡完成乡级公益性公墓（一期）和贵和、朱堡、龙牌、七里等4个村级公益性骨灰堂建设，出台乡公益性公墓管理办法，加强公墓日常规范化管理。持续开展新时代文明实践活动，建成畲乡新时代文明实践所，打造新时代文明实践“官庄样板”，完成畲族文化体验中心“畲韵工坊”建设，创办畲族文化研学夏令营，评选表扬第五届“最美畲乡人”，推进新时代文明实践示范乡建设。

【脱贫攻坚】 2019年，官庄畲族乡贫困村新民村达脱贫标准。实施绞股蓝种植、“莴苣+槟榔芋”种植等18个激励性产业扶贫项目，实现18个行政村全覆盖，受益贫困户197户774人。全市2019年第一期激励性扶贫现场培训班到官庄畲族乡实地考察，得到一致肯定和好评。推进教育扶贫，资助贫困学生174人。落实建档立卡贫困户就业帮扶，招聘乡村道路养护员8名、村级保洁员10名、河道保洁员2名，其他岗位2名。注重致富带头人和创业贫困农户培育，新增创业贫困农户16人。

【教育事业】 2019年，官庄民族中学考上上杭一中人数连续2年居全县前列；投入1200万元建设官庄中心小学福泉分校（南派希望小学）和树人幼儿园投入使用；官庄民族中学、官庄中心小学、树人小学被授予“龙岩市民族团结进步创建示范学校”。官庄中心小学吴思禄老师被省教育厅、省总工会评为福建省第二届“最美教师”，作为福建省20位“全国模范教师”的唯一代表，前往北京出席全国教育系统先进集体和先进个人表彰大会。

【社会治理】 2019年，官庄畲族乡深化“平安乡村”创建活动，纵深推进扫黑除恶专项斗争，被评为龙岩市2019年度平安乡镇。开展禁毒、打击治理电信网络诈骗等专项行动，深化重点人员跟踪管理。开展矛盾纠纷排查化解，受理群众来信来访94起，办理94起，办结率100%；排查调处各类矛盾纠纷79起，调处成功79起，化解信访积案2件。健全民情收集处理机制，完成e龙岩和“12345”政府便民服务热线答复率100%。做好防汛、森林防灭火、道路交通、校园周边等重点领域安全，安全生产形势稳定，9月11日在全市森林防灭火工作会议上代表上杭县进行典型经验发言。

【“三月三”畲族文化节活动】 2019年4月7日，上杭县第三届暨官庄畲族乡第十届“三月三”畲族文化旅游节活动在官庄畲族乡滨江绿道、官庄天后宫举行，来自市、县统战、民宗部门代表，挂钩官庄畲族乡省市县有关单位，畲家企业商会代表、上杭县干部群众等参加活动，成功打造集樟树群、滨水公园、天后宫、福泉井、福泉公园于一体的畲乡风情旅游精品线路。

■ 珊瑚乡

【概况】 2019年，珊瑚乡实现社会生产总值5.2亿元，比上年增长7%；完成固定资产投资2.2亿元，增长22.22%；乡本级财政收入95.68万元，增长38.5%；农民人均纯收入17052元，增长8.9%。

【农业生产】 2019年，珊瑚乡实现粮食播种0.56万公顷，总产0.24万吨；上珊瑚、华竹村新增土地流转26.67公顷，发展种植仙草、绞股蓝、洛神花等经济作物。新增农民专业合作社2家、家庭农场5家、新型职业农民2名。农业生产经营扶持兑现各类扶持资金36万元。

【项目建设】 2019年，珊瑚乡完成春园线（华竹春风亭至竹子笼）道路提升改造工程、庙坝老市场至原中学道路提升改造工程、庙坝二号桥改造工程；新临线（珊瑚集镇至金山电站段）公路改造工程项目基本建成；珊瑚至武平中堡公路提升改造工程完成路面扩宽硬化。农村公路养护管理机制改革稳步实施，管养分离、公司化

珊瑚乡横滩水源地(2019)　　（珊瑚乡政府供图）

专业养护道路新机制有效推行,13 条 31.8 千米农村公路养护质量进一步提升。农村规范化停车场建设继续实施,新增农村停车位 75 个。完成标准化灌溉水渠建设 3.6 千米,改善农田灌溉面积 100 公顷;开工建设回龙灌区杨梅山右干渠修复工程项目。启动农村安全饮水提升工程建设,推行“政府主导、群众参与、网格管理、村民自治、智能收费、阶梯水价”农村安全饮水建管新机制,完成下珊瑚村凹下片区人饮工程建设,彩坑村人饮改造工程顺利实施,开工建设上珊瑚村人饮扩容改造工程。新建才溪至珊瑚电力联络主干线,彩坑村电力线路改造工程有序实施。

【脱贫攻坚】 2019 年,珊瑚乡实现脱贫摘帽。全年发放贫困户产业帮扶资金 52.029 万元,实施洛神花、百香果、绞股蓝种植、黑皮鸡枞菌栽培、种牛养殖和河田鸡养殖等 6 个激励性项目,带动全乡 132 户 443 人参与,覆盖全乡贫困人口的 81.58%。贫困户住房和就学就医难题,完成贫困户住房安全鉴定,解决安全住房问题 85 户 192 人,发放建房补助 281 万元,完成易地搬迁对象宅基地发证 22 户,拆除易地搬迁对象危旧房屋 2 座;75 名贫困户子女享受各类教育助学补助资金 8.34 万元,实现贫困学生的教育资助“一个不漏”;贫困户家庭医生签约服务 100%全覆盖,发放医疗救助援助资金 44.22 万元。贫困户就业参加职业技能培训 29 人,完成 10 名创业农户精准培训,发放 7 名“雨露计划”对象补助资金 2.1 万元,推行外出务工人员交通补助政策。小额信贷到期清收处置和续贷工作,收回到期小额信贷 271 万元,办理续贷 33 万元。

【生态环境】 2019 年,珊瑚乡危旧房屋拆除整治“清零行动”取得实效,利用防汛减灾契机,集中拆除危旧房屋 40 栋 2150 平方米,村容村貌明显改善。华竹九华铺农村人居环境整治提升试点工程稳步实施,完成华竹溪流域治理、村部环境提升、文化墙、农村公厕等项目建设,完成 21 户 6000 多平方米裸房整治和 35 户 3000 多平方米“空心房”“危旧房”拆除,开工建设雨污分流和集中、分散、单户型生活污水分类处置和村中道路提升工程项目。集镇垃圾填埋场整治和横滩水源一级保护区生活污水处理,完成设施排污管道延伸、村庄环境整治、水土流失治理、道路拓宽、防护墙及错车道建设等提升工程,全面落实河长制工作,境内河流出境水质达到或优于Ⅲ类水标准,生态环境质量进一步提升。

【民生事业】 2019 年,珊瑚乡城乡居民基本医疗保险、城乡居民社会养老保险参保率 95%以上;发放低保金 85.88 万元、特困补助 76.1 万元、临时救助金 6.11 万元、残疾人补助 23.77 万元。乡敬老院实行统一委托社会化运作管理,集中托管养老人员 17 人,供养人员的生活质量和入住积极性持续提高。推进殡葬管理改革,公益性公墓一期建设基本完成,5 月启用,成为全县首个投入使用的乡镇。教育事业中心小学毕业班成绩位居全县农村中小第五名;高考喜创佳绩,上一本线 9 人、二本 18 人。卫生院修缮工程竣工验收,举办市第二医院、县妇幼保健院医疗下乡义诊活动。

【社会治理】 2019 年,珊瑚乡平安建设深入推进,获评为市级“平安和谐乡”。群众“安全感”满意率调查活动有序开展,创新出台“您为平安珊瑚点赞、我为和睦家庭充值”奖励政策,兑现话费奖励 13 人次 850 元。扫黑除恶专项斗争纵深推进,禁毒、打击电信网络诈骗、打击“盗抢骗”犯罪等专项行动扎实开展,全乡社会治安形势持续好转。乡、村矛盾纠纷排查调处机制更加健全,排查矛盾纠纷 21 件,调处 21 件,调处成功率 100%。受理市、县批转信访件 2 件,办结 2 件;受理 e 龙岩平台投诉件 29 件,解决 29 件,解决率 100%。受理民情处理件 53 件,办结 53 件,办结率 100%。成立乡、村退役军人服务站,完成退役军人和其他优抚对象信息采集工作。安全生产责任制有效落实,道路交通、学校、烟花爆竹、消防等领域实现安全生产大检查常态化,全乡安全生产形势保持稳定。

责任编辑：蓝晓东

人物·荣誉

■ 福建省劳动模范

陈道先

陈道先 1989年出生，2019年4月，被福建省总工会授予福建省“五一劳动奖章”。

2011年，技校毕业成为一名铜矿选矿工人，经过半个月的培训定岗紫金山铜二厂隔离泵岗位。“当时在精尾系统岗位学习知识的时间不到20天，就从入职新手转变为尾矿输送岗位主操手。”陈道先在一次次实践中学习和提升，在一次次应急中总结和反思，点滴积累、聚沙成塔，从“技术小白”到“主操能手”仅经历一年时间。2012年，陈道先通过竞聘到铜二厂调度室，此时的他已不再满足于常规的设备操作，“我们的工作不仅仅只是做好日常设备的巡查维护、工艺的控制调节，还要为提高生产效益，减少人员劳动强度多想办法、出点子。”紫金山铜矿二选厂投产后，精矿输送管道电磁浓度计探头常被矿浆糊住，难以精准检测矿浆浓度，管道多次因矿浆浓度过高而产生堵塞，需要人工进行疏通。一旦发生堵塞，至少需要割七八次管道，疏通了再焊回去，严重影响生产。在与技术人员充分讨论后，陈道先提出的“精矿输送管道防堵报警系统改造建议”予以实施，大大减少了精矿输送管道堵塞的概率，减轻岗位人员工作量。工作以来，他先后提出“尾矿隔离泵补水系统改造”“渣浆泵轴封水技改”“磨机中空轴、喷射油废油回收合理化建议”等各类合理化建议、技改优化项目等近百条，多次在生产中得到运用，在保持生产设备稳定运行、优化工艺控制、防范安全环保风险、减轻人员劳动强度等方面作出积极贡献。

陈道先的工作能力得到领导及同事的肯定，2016年，他被抽调到中国黄金集团内蒙古分公司乌山选矿厂学习；学习回来后立刻投入铜三厂开厂试机、岗位人员培训、设备知识再学习等工作中，天天盯在岗位上，每天都最后一个离开车间，最晚一个到食堂，食堂阿姨还为此“埋怨”“天天都是你吃饭最迟”。

2016年，身为班组长的陈道先，肩上所承受的不单单是生产上的重担。

陈道先首先创新考核机制，反其道而行，根据成员的表现采取加分激励的考核方式，让员工更多地享受劳动所获得的成就感，让一个个实实在在的激励，成为推动班组各项任务稳步完成的重要抓手。“采用公平、可量化的绩效考核加分制度，付出了才有奖励，没付出想要得到奖励，员工自己也会觉得不好意思。”陈道先讲道。“创造的唱歌、喊口号等‘七步法’班前会对激发大家的工作热情、提醒安全注意事项，作用很大，生活需要仪式感，工作也同样需要。”推行“七步法”之初，员工端坐在排班室里感觉很是别扭，经常“噗嗤”一声笑出来，于是，陈道先带领班组成员利用下班时间拉练，历经一个多月，如今进入会议室，12名员工笔直地分坐在会议桌两侧，精神饱满，双手分放膝盖。班组建设既要有“硬”的制度挺在前头，也要有“软”的关怀留住人心。“作为兵头将尾，是班组建设的‘压舱石’，必须要让员工安安心心地工作。”矿业是艰苦的行业，远离繁华的都市，甚至远离妻儿老小，无法照顾家庭，如果家中有特殊情况，员工难免会情绪波动，心生离职念头。“有问题、有心事，是人之常情，可总有办法解决”。陈道先把化解员工的后顾之忧作为凝聚人心的一道“秘诀”。翻开一本本陈放在值班室柜子里的谈心册子，12名班员的家庭情况、近期工作状态、心理状态等内容记录其中。谁情绪低落，他主动多承担工作任务，适当降低员工劳动强度，给员工一段缓解调节时间。问题解决了，思想包袱放下了，情绪理顺了，“工作起来个个都是骨干。”谈到班组管理，陈道先流露出自豪感。

表25

2019年上杭县获国家、省或省主管部门与省人力资源和社会保障厅联合表彰的先进单位名录

（按获奖时间先后排名）

获奖单位	奖励名称（全称）	颁奖单位	颁奖时间
上杭县才溪镇人大主席团	全省人大系统先进集体	福建省人民代表大会常务委员会办公厅、福建省人力资源和社会保障厅	2019年1月
上杭县教育局	教育新闻宣传先进单位	中国教育报刊社	2019年1月
上杭县人民法院	全省优秀法院	福建省人力资源和社会保障厅、福建省高级人民法院	2019年1月
上杭县公安局古田派出所女警巡逻服务队	全国五一巾帼标兵岗	中华全国总工会	2019年2月
上杭县公安局古田派出所女警巡逻服务队	全国五一巾帼奖状	中华全国总工会	2019年2月
上杭县公安局古田派出所女警巡逻服务队	全国学雷锋活动示范点	中共中央宣传部	2019年2月
上杭县婚姻登记中心	全国民政系统先进集体	人力资源社会和社会保障部、民政部	2019年3月
上杭县公安局古田派出所女警巡逻服务队	全国三八红旗集体	中华全国妇女联合会	2019年3月
上杭县公安局	2017—2018年国家级节约型公共机构示范单位	国家机关事务管理局、国家发展改革委、财政部	2019年3月
上杭县公安局古田派出所女巡逻服务队	全国三八红旗集体	中华全国妇女联合会	2019年3月
上杭县城市管理行政执法局女子中队	福建省三八红旗集体	福建省妇女联合会	2019年3月
紫金山金铜矿第三选矿厂选矿车间技术组	全国工人先锋号	中华全国总工会	2019年4月
瓮福紫金化工股份有限公司	福建省五一劳动奖状	福建省总工会	2019年4月
上杭县残疾人联合会	全省残联系统先进集体	福建省人力资源和社会保障厅、福建省残疾人联合会	2019年5月
上杭县白砂国有林场	福建龙岩现代林业科技示范园区	国家林业和草原局	2019年5月

续表25

获奖单位	奖励名称(全称)	颁奖单位	颁奖时间
上杭县公安局古田派出所	2017—2018年度青年文明号创建活动成绩突出单位	公安部	2019年7月
上杭县烟草专卖局	《定量双施肥开沟覆土一体机的研制》课题获中国烟草行业第三十届优秀质量管理小组成果发布会二等奖	中国烟草总公司	2019年7月
上杭县住房和城乡建设局	全省住房城乡建设系统先进集体	福建省人力资源和社会保障厅、福建省住房和城乡建设厅	2019年7月
上杭县商务局	全省商务系统先进集体	福建省人力资源和社会保障厅、商务厅	2019年9月
上杭县农业农村局	农业农村部关于命名第二批国家农产品质量安全县(市)的通知	农业农村部	2019年10月
上杭县司法局	“七五”普法中期先进县	全国普法办公室	2019年11月
上杭县白砂国有林场	第四届“中国林业产业突出贡献奖”单位	国家林业和草原局	2019年11月
古田镇苏家坡村	全国民族团结进步示范区	国家民族事务委员会	2019年12月
上杭县官庄畲族乡	2019年度全省民族宗教系统信息宣传工作先进集体	福建省民族与宗教事务厅	2020年1月

表26

2019年上杭县获国家、省或省主管部门与省人力资源和社会保障厅联合表彰的先进模范人物名录

(按获奖时间先后排名)

获奖人姓名	籍贯乡镇	所在单位	奖励名称(全称)	颁奖单位	颁奖时间
蔡永华	临城镇	上杭县人大常委会	先进工作者	福建省人大常委会办公厅、福建省人力资源和社会保障厅	2019年1月
吴思禄	官庄畲族乡	上杭县官庄中心小学	全国模范教师	教育部	2019年1月
吕荣海	蛟洋镇	上杭县农业农村局	2019年“两刊”全国通联工作先进个人	中国农技推广杂志社、中国植保导刊杂志社	2019年1月
李逢昌	庐丰畲族乡	上杭县水利局	全省水利系统先进个人	福建省人社厅、福建省水利厅	2019年1月
傅锦华	白砂镇	上杭县公安局	2018年度刑事案件现场勘查工作成绩突出民警	公安部“三打击一整治”专项行动办公室	2019年2月

续表26

获奖人姓名	籍贯乡镇	所在单位	奖励名称(全称)	颁奖单位	颁奖时间
张清梅	溪口镇	上杭县第二实验小学	福建省三八红旗手	福建省妇女联合会	2019年2月
梁永英	中都镇	上杭县聚胜家庭农场	福建省三八红旗手	福建省妇女联合会	2019年2月
杨　鑫	蛟洋镇	上杭县公安局	全省“禁毒2018两打两控”暨“飓风肃毒2018”会战行动成绩突出个人	福建省禁毒委员会办公室	2019年3月
梁永英	中都镇	上杭县聚胜家庭农场	全国巾帼建功标兵	中华全国妇女联合会	2019年3月
李世文	太拔镇	上杭县民政局	全省民政系统先进工作者	福建省人力资源和社会保障厅、福建省民政厅	2019年4月
陈道先	旧县镇	紫金山金铜矿第三选矿厂选矿车间磨浮运转一班	福建省五一劳动奖章	福建省总工会	2019年4月
林夏莲	官庄畲族乡	全国皮划艇(净水)国家队	体校乙组女子500米单人划艇第一名	中华人民共和国第二届青年运动会组织委员会	2019年4月
林夏莲	官庄畲族乡	全国皮划艇(净水)国家队	2019年国际划联皮划艇净水女子划艇世界杯第三名	中国皮划艇协会	2019年5月
陈文明	旧县镇	上杭县住房和城乡建设局	全省住房城乡建设系统先进集体	福建省人力资源和社会保障厅、福建省住房和城乡建设厅	2019年7月
赖永生	临江镇	上杭县总工会	全省工会系统先进工作者荣誉称号	福建省人力资源和社会保障厅、福建省总工会	2019年7月
李华林	太拔镇	上杭县计划生育协会	福建省计划生育协会先进个人	福建省人口与计划生育领导小组	2019年8月
吴思禄	官庄畲族乡	上杭县官庄中心小学	福建省第二届“最美教师”	省教育厅、省总工会	2019年8月
钟加樟	官庄畲族乡	上杭县庐丰畲族乡党委	全国民族团结进步模范个人称号	中华人民共和国国务院	2019年9月
吴思禄	官庄畲族乡	上杭县官庄中心小学	全国模范教师	人力资源和社会保障部、教育部	2019年9月
林新英	临江镇	上杭县人民法院	全国维护妇女儿童权益先进个人	中华全国妇女联合会	2019年12月
王安麒	太拔镇	上杭县农业农村局	农业农村部关于表彰全国农业农村系统先进集体和先进个人的决定	农业农村部	2019年12月

表 27

■ 2019 年上杭籍在外副处级以上干部名表(已知)

地 域	姓 名	籍贯	工 作 单 位	职 务
福州	王安林	太拔	福建华电金湖电力有限公司	副总经理
	王家新	才溪	团省委	处长
	邓清华(女)	中都	省老龄委	处长
	孔祥统	旧县	福建省烟草局	副局长
	石建基	官庄	省地矿局科技处	副处长
	石家泉	官庄	省林业厅办公室	副主任
	卢红珍	太拔	省人大办公厅秘书处	副处长
	叶双瑜	中都	福建省第十三届全国人民代表大会华侨委员会	委员(副部级)
	包定贞	庐丰	福州市环保局	处长
	冯利辉	白砂	省粮食局	副局长
	朱勇茂	湖洋	省林业厅	处长
	伍文才	泮境	闽江学院教育技术中心	副主任
	刘 升	稔田	省电力集团公司人事处	处长
	刘富祥	稔田	省地质矿产勘查开发局	副总工程师
	江 涌	旧县	原省电子商务厅	副厅长
	江景祥	旧县	省煤田地质局	机关纪委书记、机关党委专职副书记、机关工会主席
	许定成	稔田	省林业厅	副处长
	孙婷婷(女)	泮境	省财政厅	巡视员
	杨 辉	溪口	鼓楼区委常委	副处
	李 良	稔田	环境报社驻福建记者站	站长
	李 彪	稔田	省工商局	副处级
	李占新	庐丰	省纪委监察一室	主任
	李岩峰	中都	省汽车集团	经理
	李柏然	稔田	福州港务局	副处级

续表27

地　域	姓　名	籍贯	工　作　单　位	职　务
福州	李树荣	临江	宁德核电有限公司	副总经理
	吴佐昌	泮境	省投资开发总公司	主任工程师
	吴德生	临城	省政府办公厅	处长(正处级)
	邱　淮	临江	省高速公路指挥部	副总指挥(副厅)
	邱文芬	中都	省国土资源厅	处长
	邱文君(女)	蛟洋	省交通厅	处长
	邱文贵	才溪	省建设银行	处长
	邱汀萌	中都	省水利厅	副厅长
	邱兴平	中都	省电力培训中心	总经理助理、办公室主任
	邱应龙	才溪	福建农林大学	纪委书记(副厅级)
	邱宏荣	中都	省委保密局	调研员
	邱金文	下都	省高速公路办公室	主任
	邱学林	中都	省司法厅	办公室主任
	邱建春	中都	省环保局	副处长
	邱胜斌	中都	海峡姐妹杂志社	总编
	邱新煌	下都	省外经贸委	处长
	何光辉	中都	省教育器材处	处长
	邹永增	蛟洋	国网福建省电力有限公司	组织部主任(副处级)
	邹德章	蛟洋	省电力集团监察部	副主任
	张一鸿	太拔	省发改委	处长
	张玉杭	下都	经济信息杂志社	副社长
	张忠发	湖洋	省民族宗教厅	处长
	张宝荣	官庄	福州市鼓楼区	政法委书记
	张健生	古田	省银监局	局长
	陈大凤	临江	省电力集团电力培训中心	副处级
	陈少强	旧县	农发行省分行	党群工作处处长
	陈东进	古田	省农机监理所	所长

续表27

地　域	姓　名	籍贯	工　作　单　位	职　务
福州	陈良万	旧县	省协和医院	党委书记
	陈金玉	中都	省电力集团兴闽公司	总经理
	陈金辉	溪口	省委办公厅	处长
	陈建华	官庄	省财政厅	副处长
	陈建辉	临城	省农林大学农艺学院	副书记
	陈俊文	临江	省建行总务部	副主任
	陈衍希	庐丰	省物价局	调研员
	陈添贵	珊瑚	省委宣传部(省委文明办)	部务会成员、文明办主任
	陈满玉	古田	省农办	副处级
	范美先	蓝溪	福州市政协	副主席
	范焕谦	蓝溪	农林大学	处级
	林才生	湖洋	省发改委信息中心	副主任
	林小红	才溪	省工商局	副处长
	林文生	才溪	厦门市委、海沧区委、台商投资区党工委	常委、书记(正厅级)
	林建红(女)	才溪	福建中烟	党组成员、纪检组长
	林锡能	官庄	省海洋渔业局	局长(正厅级)
	罗　毅	稔田	福州铁路分局	副处长
	罗景生	临城	省电力勘测设计院	副总
	郑光辉	下都	江夏学院	团委书记
	郑熙林	白砂	省纪委党风政风监督室	副主任(正处级)
	官福元	古田	海峡人才市场办公室	副处长
	钟文琪	官庄	东南大学研究生院	常务副院长
	钟生元	茶地	省联通公司党群部	主任(正处级)
	钟红英	茶地	福建省文学院副院长、法人代表	副处级
	钟昌辉	官庄	省住建厅	副巡视员
	修兴高	才溪	福州市委	常委、纪委书记
	袁文洪	白砂	省交通厅办公室	副主任
	袁宁林	白砂	省纪委五室	副处长

续表27

地　域	姓　名	籍贯	工　作　单　位	职　务
福州	袁忠贤	白砂	省农业厅	处长
	袁定清	白砂	省淡水水产研究所	所长
	袁俊华	临城	省文明办	处长
	袁超洪	白砂	省委政法委	副书记
	莫晓龙	临江	省工商银行	处长
	徐　莹(女)	临江	省煤炭总公司	处长
	高才彬	茶地	福建省信访局	副处级干部
	高榕芳	蓝溪	省卫生厅	副处级
	郭守尧	蛟洋	省科技厅	处长
	郭忠瑞	中都	国家电网福建电力	副主任
	郭彩庭	中都	省社会主义学院	处长
	黄　平	南阳	省发改委交通处	副处长
	黄　宁	南阳	省革命历史博物馆	副馆长
	黄　晞(女)	才溪	省高速公路有限公司	总会计师(副厅级)
	黄从珍	南阳	省高级人民法院民事审判第三庭	庭长(正处级)
	黄文巧	临江	福州市财政局投评中心	主任
	黄东才	南阳	省残联	处长
	黄国荣	蓝溪	省检察院二处	处长
	黄承源	临江	省经贸厅	处长
	黄琪玉	稔田	福建省人大常委会	副主任
	曹　华	南阳	省妇幼保健院	党委书记、副院长(主持工作)
	曹柱盛	才溪	省移民发展中心	处长
	曹桂元	官庄	省人民银行	处长
	梁华琪	珊瑚	省农村信用联社	处长
	梁建华	临江	省国税局	副处长
	梁富俊	湖洋	省农业银行	处长
	傅　林	太拔	省自然资源厅宣教中心	副主任
	傅志林	蛟洋	福州海关	关长(正处级)

续表27

地　域	姓　名	籍贯	工　作　单　位	职　务
福州	傅柒生	蛟洋	省文物局	局长(副厅)
	傅盛阳	蛟洋	省保监局	处长
	傅焕松	白砂	中国航油集团陆地石油公司	党委书记
	曾传红	下都	省检察院	处长
	温连忠	茶地	省电力集团电力培训中心	处级
	温林才	蓝溪	省公安厅警保处	副处长
	游孙权	才溪	省政府办公厅科教文卫处	副处长
	谢小建	临江	省侨联	副主席
	蓝　峰	庐丰	福建警察学院	纪委副书记
	蓝　新	官庄	省投资集团监察室	主任
	蓝仰金	官庄	福州市住房公积金管理中心	主任
	蓝其贤	官庄	福建警察学院	副厅级
	蓝昌萍	官庄	省移民发展中心	副处长
	蓝建强	官庄	中国工商银行福州分行	行长
	蓝思仁	官庄	省农林大学	校长
	蓝思忠	官庄	省委办公厅机关党委	书记
	赖永文	湖洋	省人民银行	处长
	赖学舜	临江	省林业厅	处长
	赖树钦	湖洋	省地质工程勘察院	副院长
	赖海榕	古田	福建师范大学	常务副校长(副厅级)
	阙　华	通贤	省质量技术监督局产品质量监督处	处长
	阙凤南	通贤	福州市商务局流通业发展处	副处长
	廖小军	古田	省政协	副秘书长
	廖元芳	临城	福建师范大学	团委书记
龙岩	丁荫豪	临江	市信访局	副局长
	丁勇明	临江	市政协经济委员会	调研员
	马祖钧	太拔	龙岩学院马克思主义学院	副教授
	王治国	古田	市药监局卫生监督所	所长
	王建威	泮境	市人民银行	行长

续表27

地域	姓名	籍贯	工作单位	职务
龙岩	王思水	才溪	市审计局	党组成员、副局长
	王俊峰	太拔	福能美伦集团龙岩公司	董事长
	王焕安	才溪	市住建局	纪检组长
	邓　颖	中都	市发改委、市铁路建设办公室	党组成员、调研员，主任
	邓加煌	中都	市检察院	三级检察官（正处）
	邓振春	中都	市人大常委会	副主任
	吕东兴	临城	市防汛办	主任
	朱元清	中都	市工商局	副调研员
	朱启承	蛟洋	福建省龙岩龙净环保股份有限公司	总经理助理（副处级）
	刘广祥	官庄	市供销社	主任
	刘友洪	临城	市政协	副主席
	刘建生	稔田	市财政局	调研员
	江勋善	旧县	市信访局	局长
	许敏强	太拔	龙岩市财政局纪检组	常务副组长
	杜振荣	太拔	龙岩监狱	纪委书记
	杨建明	太拔	市发改委	党组成员、二级调研员
	杨锦荣	中都	市政协办	副调研员
	李　英（女）	临江	市中院	庭长
	李卫堂	太拔	市公安局	副调研员
	李小平	稔田	市委组织部	副部长、正处级组织员
	李永涛	庐丰	市对台办	副主任
	李华桥	旧县	市政府办公室	副调研员
	李红莲（女）	庐丰	市政协科教文卫体委会	主任
	李善昌	白砂	市经济技术开发区	党工委书记
	李新春	茶地	市政协	副主席
	李新涛	稔田	市国土资源局	党组副书记、副局长
	李耀华	稔田	龙岩市政府驻京联络办	主任
	吴寿勤	茶地	市档案局	局长

续表27

地　域	姓　名	籍贯	工　作　单　位	职　务
龙岩	邱　文	太拔	龙岩市交通发展投资集团公司	常务副总经理
	邱　雨	太拔	市政协	室主任
	邱　泓	太拔	市政协	室副主任
	邱开先	临城	市工商局	副调研员
	邱兴和	中都	农发行龙岩分行	行长
	邱赠东	蓝溪	市气象局	副局长
	宋晓红	临江	龙岩学院财务处	处长
	张永柏	蛟洋	市农科所	副书记兼纪检书记
	张旭东	古田	(龙岩市政协常委、农工党龙岩市委会主委)龙岩市公路建设管理处	主任(副处级)
	张寿应	蓝溪	市卫计局	副局长
	张秉阳	白砂	市发改委	副主任
	张前茂	古田	连城县纪委监委	副处级
	张炳生	古田	市检察院	处长
	张镇源	蛟洋	市公安局国保支队	政委(副处级)
	陈开炎	溪口	市贸促会	会长
	陈日耀	珊瑚	龙岩市中级人民法院民一庭	庭长(正处级)
	陈庆荣	蛟洋	龙岩监狱	监狱长(正处级)
	陈亨祥	珊瑚	市公安局	副调研员
	陈杭芹	南阳	龙岩市委巡察三组	组长
	陈明生	旧县	市政府办	主任
	陈建民(女)	临江	市老干局	副局长
	陈俊明	太拔	市委办	副主任兼档案局长
	陈清如	南阳	市交通局、市路桥投资建设公司	副局长、总经理
	陈道龙	旧县	市路桥投资公司	总经理
	范伯群	蓝溪	市人社局	副局长
	范奎文	临江	市委办	副秘书长
	林　旭	临城	市经信委	主任

续表27

地 域	姓 名	籍贯	工 作 单 位	职 务
龙岩	林 浩	湖洋	市政协社会法制与民宗委	副调研员
	林庆洪	旧县	市土发集团	董事长
	林炘能	官庄	市交通局	副局长
	林祝荣	泮境	市建设局	副局长
	林燕琼(女)	临江	市水利局	副处级干部
	卓杭胜	才溪	市委改革办政研室	副主任
	罗发信	南阳	市人大常委会农村经济委员会	主任
	罗茂华	蓝溪	国家统计局龙岩调查队	党组成员、副队长
	罗招福	白砂	市疾病预防控制中心	主任
	郑 林	白砂	市司法局	纪检组长
	郑田基	下都	市统计局	副局长
	郑庆辉	下都	市统计局	总统计师
	郑贵豪	下都	市审计局	局长
	郑锦兴	蛟洋	市财政局	局长
	饶华昌	白砂	市交通局	副局长
	袁伟天	白砂	市城乡规划局	副局长
	郭 泓	太拔	建行龙岩分行	纪检组长
	郭希恒	临江	市科技局	副局长
	唐明丰	蓝溪	市人寿保险公司	副总经理
	黄才裕	通贤	市委党校	校委、办公室主任
	黄华凤(女)	茶地	龙岩市委巡察一组	组长(正处级)
	黄华祥	临江	市体育局	局长
	黄庆辉	中都	市政府	副市长
	黄金炳	南阳	市公安局	纪检组长
	黄爱勤	通贤	市行政服务中心管委会	副主任
	黄斌元	临江	市人寿保险公司	副总经理
	黄新远	南阳	新罗区	副区长、公安局局长
	黄福清	南阳	市政协	主席

续表27

地　域	姓　名	籍贯	工　作　单　位	职　务
龙岩	黄德周	南阳	市公安局、新罗分局	副调研员、局长
	曹义荣	通贤	龙岩一中	党委书记、校长
	曹晓东	南阳	市政府办	副调研员
	傅　炜	白砂	市国税局	副调研员
	傅文辉	白砂	市机要局	局长
	傅宗源	白砂	市食品药品监督管理局	副调研员
	曾仲春	庐丰	市残疾人联合会	理事长、调研员
	曾纪昌	步云	龙岩古田红色资源保护与发展管理中心	副主任
	曾尚仁	旧县	市退役军人事务局	副局长
	温　永	茶地	龙岩市九三学社主委、市自然资源局	局长
	温仁枚	南阳	市气象局	副局长
	温文良	南阳	市应急管理局	副局长
	温文学	南阳	市农业局	党组成员、副局长
	温有宏	蓝溪	闽西监狱	副监狱长
	温伟民	白砂	市地税局稽查局	局长
	温华清	南阳	省农资集团闽西公司	总经理
	温寿春	蓝溪	市教育局	
	温连富	茶地	市政协办公室	主任
	温能全	茶地	龙岩工贸发展集团有限公司	副董事长、总经理
	谢小东	临江	市水利局	副局长
	谢今扬	临江	市工商银行	纪检书记
	谢永华	旧县	新罗区委	常委、组织部长
	谢松华	旧县	市纪委驻市教育局纪检组	组长
	蓝永洪	庐丰	市人寿保险公司	副总经理
	蓝永琳	庐丰	市人民银行	原行长
	蓝茂昌	庐丰	市劳动和社会保障局	调研员
	蓝尚进	官庄	市社科联	主席
	蓝尚信	官庄	市民宗局	副局长

续表27

地　域	姓　名	籍贯	工　作　单　位	职　务
龙岩				
	蓝建英(女)	官庄	市民宗局	副局长、调研员
	蓝建亮	官庄	市总工会	党组成员(副处级)
	赖兆生	湖洋	龙岩电信公司	副总经理
	赖建红	南阳	市中院审判委员会	委员、执行局局长
	赖剑锋	古田	市安监局	副局长
	赖桂林	临城	295地质大队	队长(正处级)
	雷日东	临江	市移动公司	副总经理
	阙占光	通贤	市信访局	副局长
	阙朝阳	通贤	市人大常委会	副主任
	廖松福	古田	市中级人民法院民三庭	庭长(副处级)
	廖德槐	古田	市人大常委会	副主任
省内其他市县	马水清	步云	长汀县	县长
	方　刚	临江	武平县委	常委、总工会主席
	邓永辉	中都	三明市财政局	局长
	丘权文	庐丰	三明市信访局	局长
	兰思义	官庄	长汀县	县委常委、副县长
	李　敏	稔田	安溪县政府	副县长
	李朝阳	庐丰	三明市水利局	副局长
	李耀平	太拔	厦门市思明区社会发展研究中心	主任
	吴文华	通贤	中国民航厦门空管站党	委办公室主任、机关第一党委书记
	邱征华	中都	厦门海关缉私局	处长
	邱春才	庐丰	永安监狱	副监狱长
	邱春泉	庐丰	厦门市检察院	副调研员
	邱树生	蛟洋	冶金地质总局厦门地质勘查院	副院长(正处级)
	邱拱东	茶地	厦门市人大办公室	主任(副厅级)
	何佰星	中都	厦门市环保局	局长
	邹荣生	蛟洋	厦门市集美区住建局	局长、党组书记(正处级)

续表27

地　域	姓　名	籍贯	工　作　单　位	职　务
省内其他市县	张文旗	太拔	厦门市委宣传部	纪检组长
	张如春	溪口	漳平市政府	副市长
	张利有	官庄	漳平市委	常委、人武部部长
	张明海	蛟洋	中国人民财产保险公司厦门分公司	副总经理兼纪检书记(国企副厅)
	张学滨	古田	永定区政府、龙岩市公安局永定分局	副区长,党委书记、局长、督察长
	张翠香	太拔	永泰县政府	副县长
	陈俊雄	官庄	连城县人民政府	副县长
	陈善秋	旧县	宁德市广电网络集团	总经理
	范启德	庐丰	厦门市集美区委	常委、统战部长
	罗武先	太拔	省水利厅驻京办	主任
	罗梓源	临城	三明市政协	副主席
	饶兴权	中都	厦门市同安监狱	副监狱长
	袁友珠	蛟洋	厦门大学化工学院	副院长(正处级)
	郭建刚	临江	闽侯县纪委	书记
	黄文洲	太拔	厦门建发集团	董事长
	黄文斌	南阳	漳州市地震局	副局长
	黄煌辉	古田	思明区市场监督管理局莲前市场监督管理所	所长(副处级)
	曹春荣	通贤	三明市二轻局	局长
	傅旺隆	蛟洋	泉州市农业局农办系统党委	专职副书记(正处级)
	傅衍华	太拔	武平县纪委	书记
	温梅英	南阳	长汀县人大	副主任
	温惠榕	泮境	泉州市纪委	书记
	温普华	茶地	厦门市翔安区委	常委、组织部部长(副厅)
	谢树峰	古田	厦门人民银行	副处级
	谢复兴	蓝溪	三明市人大人事代表委	主任
	蓝明尚	官庄	三明学院	党委书记
	蓝贵兴	庐丰	厦门市政府	副秘书长
	蓝福传	庐丰	厦门市集美区委政协	秘书长
	廖伟平	蓝溪	武平县政府	副县长

续表27

地　域	姓　名	籍贯	工　作　单　位	职　务
省外	丁建隆	临江	广州地铁总公司	书记
	王小宝	古田	宁波市政府督察室	主任(正处级)
	王永尧	太拔	中石化	高级工程师
	王治平	古田	中国石油大学财务处	副处长
	王德琳	才溪	中核集团产业开发与国际合作部	主任
	邓汉万	中都	国家电网公司(北京)	一级职员(正处级)
	石　玲	临江	国家科技部(英明)	正处级
	石树梅	官庄	民进中央办公厅	副主任
	丘玉昌	太拔	南方医科大学	副教授
	丘春有	太拔	中集集团多式联运公司	总经理
	丘海鹰	茶地	北京中钢科技发展有限公司	经理(正处级)
	包洪文	庐丰	海南省统计厅	厅长
	刘喜荣	临城	国家投资发展银行	副行长(副部级)
	江　影	临江	浙江同济科技职业学院	党委书记、教授级高级工程师(副厅级)
	江建华	临城	广州市南沙区建设局	副局长(正处级)
	江敬荣	庐丰	西藏自治区边坝县	县委常委、副县长
	李　明	古田	人民大会堂	副厅级干部
	李　英	茶地	北京市中级人民法院党群部	主任(正处级)
	李万榔	稔田	湖南省委督办	专员
	李小熹	庐丰	广东佛山市政府	调研员
	李春荣	中都	北京市政府政策研究室	副主任
	李留霖	太拔	广东省湛江市廉江市委	常委、组织部部长
	李善邦	茶地	厦门华侨大学集美华文学院	副院长(副处级)
	肖世杰	临江	国家电力有限公司	厅级
	肖雪生	官庄	广发信德投资管理有限公司	总经理、投委会主任
	吴　锋	茶地	北京市信息产业部	处长(正处级)
	邱　萍	临江	浙江省烟草专卖局	党组书记、局长
	邱廷省	茶地	江西理工大学	副校长

续表27

地　域	姓　名	籍贯	工　作　单　位	职　务
省外	邱康生	临城	江西上饶市卫生局	党委书记(正处级)
	邱淮元	白砂	北京市邮政快递公司	总经理
	邱瑞坤	通贤	兴业银行北京分行	副行长、协会常务理事
	何玮鹏	庐丰	国家核电技术公司国际部	副主任
	何牧林	临城	中国路桥工程有限责任公司财会部	副总经理兼财务共享中心副主任(正处级)
	张顺金	太拔	紫金矿业投资部(澳大利亚矿业冶金学院)	总经理、高级工程师
	张洪钦	临城	广州军区海军医院高干科	主任(副师级)
	张颂辉	太拔	中国兵器工业集团	正处级
	张敬樑	古田	中纪委信息中心	厅级
	陈　敏	临江	国家发改委	副处长
	陈云贤	临江	广东省人民政府	党组成员
	陈伟华	临江	解放军八一羽毛球队	副厅级
	陈宏锋	庐丰	河北省石家庄市高邑县	县长
	林晓军	官庄	中国民生银行上海分行	副行长
	林锦珍	官庄	中国冶金科工集团公司	职工董事兼人力资源部部长
	胡副钦	珊瑚	中国华电集团发电运营有限公司办公室	主任(正处级)
	袁友庆	蛟洋	中国电政市政建设集团有限公司	副总经济师(正处级)
	郭庆齐	临江	中央财政部	正处级
	郭雄彬	临江	浙江省能源与核技术应用研究院	院长
	黄乃昌	南阳	国家安全部中国麦克唐纳集团公司中方首席代表	正厅
	黄发有	通贤	山东省作家协会	主席
	黄坤明	通贤	中央政治局、中宣部、中央文明办	中央政治局委员、中央书记处书记、中央宣传部部长,中央精神文明建设指导委员会办公室主任
	曹昌桥	南阳	外交部	正处
	龚堂华	溪口	民政部	党组成员、纪检组长

续表27

地 域	姓 名	籍贯	工 作 单 位	职 务
省外	傅小锋	蛟洋	甘肃省科技厅	副厅长
	傅维雄	太拔	中国华电集团驻港办	主任
	傅富强	蛟洋	国务院	总理秘书助理(副处级)
	曾 胜	临城	永安市人大	党组书记、主任
	游劝荣	稔田	湖南省检察院	党组书记、检察长
	蓝永洪	庐丰	中国人寿保险北京总公司个人业务部	副总经理
	蓝发钦	官庄	华东师范大学金融与统计学院	副院长
	蓝启彪	官庄	北京人艺戏剧博物馆	馆长(副处级)
	蓝建洪	官庄	深圳市水务局东部水源管理中心	主任(正处级)
	蓝荣和	官庄	中国水利水电第十六工程局有限公司	副总经理兼海外事业部总经理
	赖先云	临江	国家税务总局广西壮族自治区税务局	副厅级
	赖贵盛	庐丰	市政府驻上海办事处	主任
	廖仁兴	古田	中海油集团	副处级

表28

2019年上杭县获评高级职称人员名单

(按确认时间排序)

姓 名	性别	单 位	专 业	任职资格	确认时间
张玉柱	男	上杭县下都中心小学	道德与法治	高级教师	2019.7.22
曾兴俊	男	上杭县城东小学	道德与法治	高级教师	2019.7.22
何东魁	男	上杭县城西小学	语文	高级教师	2019.7.22
温建荣	男	上杭县城东小学	语文	高级教师	2019.7.22
黄翠琳	女	上杭县教师进修学校附属小学	语文	高级教师	2019.7.22
陈德长	男	上杭县南阳中心小学	语文	高级教师	2019.7.22

续表28

姓　名	性别	单　　位	专　业	任职资格	确认时间
张桃英	女	上杭县城东小学	数学	高级教师	2019.7.22
张团和	男	上杭县溪口中心小学	数学	高级教师	2019.7.22
钟阳藩	男	上杭县实验小学	数学	高级教师	2019.7.22
李濂旺	男	上杭县溪口中心小学	数学	高级教师	2019.7.22
张春萍	女	上杭县第二实验幼儿园	幼教	高级教师	2019.7.22
袁丽珍	女	上杭县教师进修学校附属幼儿园	幼教	高级教师	2019.7.22
王有文	男	上杭县特殊教育学校	特殊教育	高级教师	2019.7.22
傅卫琼	男	上杭县第一中学	高中信息技术	高级教师	2019.7.22
赖美英	女	上杭县第一中学	高中生物实验	高级教师	2019.7.22
温永银	男	上杭县第一中学	高中物理	高级教师	2019.7.22
黄文发	男	上杭县第五中学	高中语文	高级教师	2019.7.22
丘伟雄	男	上杭县稔田中学	初中语文	高级教师	2019.7.22
林一松	男	上杭县第三中学	初中语文	高级教师	2019.7.22
钟伟球	男	上杭县官庄民族中学	初中语文	高级教师	2019.7.22
陈富声	男	上杭县官庄民族中学	初中数学	高级教师	2019.7.22
邓文柱	男	上杭县蛟洋中学	初中道德与法治	高级教师	2019.7.22
曾尚锦	男	上杭县第二中学	高中地理	正高级教师	2019.4.9
丘银生	男	上杭县第二中学	高中政治	正高级教师	2019.4.9
林一剑	男	上杭县城市建设发展有限公司	路桥	高级工程师	2019.8.9
李　健	男	福建紫金铜业		高级工程师	2019.5.29
黄金成	男	上杭县太拔农业技术推广站	农学	高级农艺师	2019.8.14
王庆祥	男	上杭县步云农业技术推广站	农学	高级农艺师	2019.8.14
邱建钧	男	上杭县临城农业技术推广站	经作	高级农艺师	2019.8.14
许建康	男	上杭县蓝溪镇畜牧兽医水产站		高级兽医师	2019.8.14
刘德连	女	上杭县第二中学	会计	高级会计师	2019.8.27
袁亚鸿	男	上杭县医院	会计	高级会计师	2019.8.27
郭　玲	女	闽西兴杭国有资产投资经营有限公司	会计	高级会计师	2019.9.5
李　斌	男	上杭职业中专学校		高级讲师	2019.11.22
黄德锋	男	上杭职业中专学校		高级讲师	2019.11.22
丘新芳	女	上杭职业中专学校		高级讲师	2019.11.22
黄宜鑫	男	上杭职业中专学校		高级讲师	2019.11.22
黄梅英	女	上杭职业中专学校		高级讲师	2019.11.22

续表28

姓　名	性别	单　　位	专　业	任职资格	确认时间
包小平	男	上杭职业中专学校		高级讲师	2019.11.22
邱群锋	女	中共上杭县委党校		高级讲师	2019.7.1
张富春	男	上杭县中医院	小儿内科	基层主任医师	2019.11.26
钟福杭	男	上杭县医院	病理科	基层副主任医师	2019.11.26
廖晓东	男	上杭县临城镇卫生院	消化内科	基层副主任医师	2019.12.16
王有能	男	上杭县官庄畲族乡中心卫生院	肾内科	基层副主任医师	2019.12.16
王家富	男	上杭县才溪中心卫生院	普通外科	基层副主任医师	2019.12.16
刘建京	男	上杭县中医院	普通外科	基层副主任医师	2019.12.16
曾葆春	女	上杭县妇幼保健院	小儿内科	基层副主任医师	2019.12.16
范永忠	男	上杭县疾病预防控制中心	传染性疾病控制	基层副主任医师	2019.12.16
黄小斌	男	上杭县古田镇中心卫生院	放射医学	基层副主任医师	2019.12.16
薛美华	女	上杭县疾病预防控制中心	营养与食品卫生	主任医师	2019.11.26
李春林	男	上杭县医院	耳鼻喉(头颈外科)	副主任医师	2019.11.26
李炳康	男	上杭县临江社区卫生服务中心	眼科	副主任医师	2019.11.26
赖新连	女	上杭县医院	临床医学检验临床基础检验技术	副主任技师	2019.11.26
洪德高	男	上杭县医院	心血管内科	副主任医师	2019.12.16
丘茂荣	男	上杭县中都镇卫生院	骨外科	副主任医师	2019.12.16
陈志刚	女	上杭县中医院	皮肤与性病	副主任医师	2019.12.16
黄志芳	女	上杭县中医院	妇产科护理	副主任护师	2019.12.16
刘丽英	女	上杭县医院	护理学	副主任护师	2019.12.16
肖美招	女	上杭县中医院	内科护理	副主任护师	2019.12.16
蓝小珍	女	上杭县中医院	妇产科	副主任医师	2019.12.16
林乐泉	女	上杭县医院	妇产科	副主任医师	2019.12.16
罗六金	女	上杭县妇幼保健院	妇产科	副主任医师	2019.12.16
钟卫文	男	上杭县医院	放射医学	副主任医师	2019.12.16
池华升	男	上杭县中医院	中医骨伤	副主任医师	2019.12.16

责任编辑：钟梅娇

附　录

附一

■ 上杭县副科级以上负责人名录

【县党委委员】

书　记　傅藏荣
副书记　王　波　邱伟勤
常　委　黄和芳(2019.5 免)
胡长松　徐　峰
张毓章　罗小洪
张北阳　肖光喜
蔡铭泉(2019.5 任)
阙生华(2019.5 任)
委　员　王尧华　王安麒
丘禄民　吕丁武
刘开元　刘实民
李德强　张庆林
陈丽琴　陈晓明
林英峰　钟立新
洪炳龙(2019.7 调出)
袁　静(2019.5 调出)
徐卫清　郭夏媛
黄从廷　黄庆锋
梁八生　温文达
蓝玉华　赖永生
赖育忠(2019.5 调出)
戴宇明
候补委员　丘小林　林云志
黄清春　黄裕珍
龚泽祥(2019.5 调出)
廖新强

【县党委所属机构领导成员】

办公室
主　任　赖育忠(2019.5 免)
廖新强(2019.5 任)
副主任　谢宝开(2019.12 免)
刘俊轩　李　兴
机要局(挂牌)
局　长　黎克森
台港澳工作办公室(挂牌)
主　任　郑志宾(2019.5 任)
保密委员会办公室(挂牌)
主　任　池卫英
档案局(挂牌)
局　长　(缺)
巡察工作领导小组办公室
主　任　吴传旺
副主任　张唐玉　林　谦
巡察一组
组　长　李胜千
副组长　林　希
巡察二组
组　长　池伟升
副组长　杨进汉
巡察三组(2019.3 设立)
组　长　(缺)
副组长　(缺)
组织部
部　长　徐　峰
副部长　丘禄民　刘华春
郭建芬(2019.5 任)
邓玉蓉(兼)
部务会成员　陈兴昌
蓝秀英(2019.5 任)
非公有制企业和社会组织党工委(挂牌)
书　记　徐　峰(2019.5 免)
刘华春(2019.5 兼)
人才工作领导小组办公室
主　任　郭建芬
专职副主任　(缺)
公务员局(挂牌)
局　长　林日泉(2019.5 免)
丘禄民(2019.5 兼)
宣传部
部　长　张北阳
副部长　丘晓武　张锋育
新闻出版广电局(挂牌)
局　长　(缺)
县政府新闻办公室(挂牌)
主　任　(缺)
统一战线工作部
部　长　罗小洪
副部长　胡　冲　丘方玲
政府侨务办公室(挂牌)
主　任　(缺)
政法委员会
书　记　张毓章
副书记　李英荣　陈永文
机构编制委员会办公室
主　任　李怀玉
副主任　林玉民(2019.5 免)
华麟琳
事业单位登记管理局
局　长　刘学雄
台湾工作办公室(2018.12 不再保留)
副主任　刘萍英(2019.5 免)
县直机关工作委员会
书　记　徐　峰
常务副书记　刘荣生
副书记　凌德兴(2019.5 任)
专职委员　凌德兴(2019.5 免)
县直机关武装部
部　长　赖瑞平
老干部局
局　长　邓玉蓉
副局长　傅针峰　黄　勤
离退休干部工作委员会(挂牌)
书　记　邓玉蓉
副书记　邱文勇
精神文明建设办公室
主　任　邱永南

副主任 （缺）

精神文明建设指导委员会办公室（挂牌）

主 任 邱永南（2019.5 任）

档案局（馆）（2019.3 不再实行局馆合一，档案局在县委办公室加挂牌子）

局（馆）长 赖建杭（2019.5 免局长职务）

副局（馆）长 钟玉生（2019.5 免副局长职务）

党校

校 长 徐 峰

常务副校长 李兰香

副校长 邱安业 丘景霞

党史和地方志研究室

主 任 刘昌发

副主任 （缺）

法院党组

书 记 洪炳龙（2019.7 免）

曾学明（2019.7 任）

专职副书记 罗洪崖（2019.5 免）

副书记 郭晓华

检察院党组

书 记 戴宇明

专职副书记 刘伟东

副书记 李彪麒

政府办公室党组

书 记 温如坤

发展和改革局党组

书 记 邱禄炎

教育局党组

书 记 黄从廷

工业信息化和科学技术局党组（2019.1 设立）

书 记 廖新强（2019.5 免）

何应锋（2019.9 任）

民政局党组（2019.5 撤销）

书 记 傅绍武（2019.10 免）

司法局党组

书 记 刘 勇

财政局党组

书 记 李德强

人力资源和社会保障局党组

书 记 傅林增

自然资源局党组（2019.1 设立）

书 记 张庆林

副书记 钟立新

住房和城乡规划建设局党组（2019.1 更名为住房和城乡建设局党组）

书 记 吕丁武

交通运输局党组

书 记 李文龙

农业农村局党组（2019.1 设立）

书 记 王安麒

水利局党组（2019.5 撤销）

书 记 李德林（中都籍，2019.10 免）

文体广电新闻出版局党组（2019.1 撤销）

副书记 陈道红（2019.5 免）

文化体育和旅游局党组（2019.1 设立）

书 记 钟育发

卫生健康局党组（2019.1 设立）

书 记 罗忠亮

应急管理局党组（2019.1 设立）

书 记 范杭荣（2019.9 任）

审计局党组

书 记 黄荣太

市场监督管理局党组

书 记 黄庆锋

副书记 黄琼芳

统计局党组

书 记 丘佳良

城市管理局党组（2019.1 设立）

书 记 张福新

供销合作社联合社党组

书 记 李德林（太拔籍）

水电站库区移民开发局党组（2019.5 撤销）

书 记 罗开雄（2019.5 免）

商务局党组（2019.5 撤销）

书 记 林云志（2019.10 免）

工商业联合会党组

书 记 胡 冲

总工会党组

书 记 赖永生（2019.12 免）

林荣焕（2019.12 任）

妇联党组

书 记 陈丽琴

法学会党组

书 记 李英荣

团县委党组（2019.5 撤销）

书 记 刘开元（2019.5 免）

公安局党委

书 记 徐卫清

副书记 林友文

李红震（2019.2 免）

袁建阳

黄启亮（2019.2 任）

国有资产监督管理局党委（2019.1 撤销）

副书记 饶岩生（2019.5 免）

县委办机关党委（2019.5 设立）

书 记 廖新强（2019.5 任）

副书记 郑志宾（2019.5 任）

宣传部机关党委（2019.5 设立）

书 记 丘晓武（2019.10 任）

副书记 黄晋锋（2019.5 任）

政府办机关党委

书 记 温如坤

副书记 袁秀芳

教育系统党委

书 记 黄从廷

副书记 范英平（2019.5 免）

袁友南

经济信息科学技术局机关党委（2019.5 更名为工业信息化和科学技术局机关党委）

书 记 廖新强（2019.5 免）

何应锋（2019.9 任）

副书记 黄文学（2019.5 免）

罗寿荣（2019.5 任）

农业局机关党委（2019.5 更名为农业农村局机关党委）

书 记 王安麒（2019.5 免，2019.5 任）

副书记 蓝仰林（2019.5 免，2019.5 任）

张寿英（2019.5 免，2019.5 任）

自然资源局机关党委（2019.5 设立）

书 记 张庆林（2019.5 任）

副书记 谢元胜（2019.5 任）

袁卫群（2019.5 任）

林业局机关党委（2019.5 撤销）

书 记 张庆林（2019.5 免）

副书记 谢元胜（2019.5 免）

国土资源局机关党委（2019.5 撤销）

书 记 钟立新（2019.5 免）

副书记 游宝堂（2019.5 免）

住房和城乡规划建设局机关党委（2019.5 更名为住房和城乡建设局机

关党委)
书　记　吕丁武(2019.5免，2019.5任)
副书记　陈志光(2019.5免)
邱耀民(2019.5免，2019.5任)
张曲华(2019.5任)

交通运输局机关党委
书　记　李文龙
副书记　罗伟宏　林东珍

卫生和计划生育局机关党委(2019.5更名为卫生健康局机关党委)
书　记　黄庆锋(2019.5免)
罗忠亮(2019.5任)
副书记　李朝淋(2019.5免)
廖惠珍(2019.5免)
饶岩生(2019.5任)
江　燕(2019.5任)

文体广电新闻出版局机关党委
(2019.5更名为文化体育和旅游局机关党委)
书　记　钟育发(2019.5免，2019.5任)
副书记　陈道红(2019.5免，2019.5任)
凌文育(2019.5任)

市场监督管理局机关党委
书　记　黄庆锋(2019.5任)
副书记　黄琼芳　黄涛元

发展和改革局机关党委
书　记　邱禄炎
副书记　巫旺明
廖惠珍(2019.5任)

法院机关党委
书　记　洪炳龙(2019.7免)
曾学明(2019.7任)

检察院机关党委
书　记　戴宇明

水利局机关党委
书　记　李德林(中都籍)
副书记　伍志勇

财政局机关党委
书　记　李德强
副书记　王毕明
刘贞寿(2019.5任)

人力资源和社会保障局机关党委
书　记　傅林增
副书记　伍宪芳
郑红和(2019.5任)

民政局机关党委
书　记　傅绍武
副书记　吕周烈

城市管理行政执法局机关党委(2019.5更名为城市管理局机关党委)
书　记　黄伟香(2019.5免)
张福新(2019.5任)
副书记　郑驾基(2019.5免)
刘桃英(2019.5任)
张尚平(2019.5任)

税务局机关党委
书　记　黄京容(2019.12免)
翁远星(2019.12任)
副书记　翁远星(2019.12免)
王世才(2019.12任)

紫金矿业集团股份有限公司党委
书　记　陈景河
副书记　邹来昌　林水清
范文生(2019.12免)

国网福建省上杭县供电公司党委
(2019.5更名为国网福建省电力有限公司上杭县供电公司党委)
书　记　郭建滨
副书记　陈秀丽

烟草专卖局机关党委
书　记　范启福
副书记　黄启斌

上杭工业园区党委
书　记　刘桃英(2019.5免)
赖永跃(2019.5任)
副书记　罗五星

蛟洋工业区党委(2019.5设立)
书　记　龚富先(2019.5任)
副书记　罗子豪(2019.5任)

瓮福紫金公司党委
书　记　陈少平(2019.9免)
邱祖军(2019.9任)
副书记　邱祖军(2019.9免)
林明英

光源矿业公司党委
书　记　胡建杭
副书记　李松柏

县医院党总支部
书　记　黄锦坤

【社会团体领导成员】

总工会
主　席　罗小洪
副主席　赖永生(2019.12免)
林荣焕(2019.12任)
张志锋(2019.12任)
严银英　陈文生(兼)
郭　健(2019.12挂职)
林日泉(2019.12兼)
朱丽萍(2019.12兼)

共青团县委
书　记　刘开元
副书记　张　茜
张　晨(2019.12任)
范媛媛(挂职)
罗华琼(兼职)
赖吉辉(兼职)

妇女联合会
主　席　陈丽琴
副主席　胡　胜(2019.12免)
朱丽萍

科学技术协会
主　席　伍加禄
副主席　李建辉

归国华侨联合会
主　席　郭胜初(2019.12任)

工商业联合会(总商会)
主　席(会长)　蓝春金
专职副主席(副会长)　马　剑

残疾人联合会
理事长　傅建勇(2019.9免)
李　波(2019.9任)
副理事长　黄华琳

文学艺术界联合会
主　席　温云远(2019.12任)

红十字会
会　长　(缺)
常务副会长　刘家辉(2019.5任)

计划生育协会
会　长　(缺)
常务专职副会长　卢亮森
专职副会长　刘家辉(2019.5免)
廖雪荣(2019.5任)

社会科学界联合会

主　席　罗世远

【乡镇党委领导成员】

临城镇党委

书　记　黄裕珍(2019.9 免)
丘小林(2019.9 任)

副书记　傅友文　李树兴

蛟洋镇党委

书　记　丘小林(2019.9 免)
李德坤(2019.9 任)

副书记　赖树龙　吴如粮
邱能柱(挂职)

古田镇党委

书　记　邱伟勤(2019.9 免)
黄裕珍(2019.9 任)

副书记　李德坤(2019.9 免)
华　娟(2019.9 任)
高晓娟
张定卿(2019.9 结束挂职)
丘增旺(2019.2 挂职，2019.12 结束挂职)
邱安业(2019.12 挂职)

才溪镇党委

书　记　温文达

副书记　陈天旺(2019.9 免)
丘增旺(2019.12 任)
丘祥舜(2019.12 免)
邱朗音(2019.12 任)

南阳镇党委

书　记　詹秋生

副书记　沈来发　王如永
钟树铭(挂职)

临江镇党委

书　记　林荣焕(2019.9 免)
黄通明(2019.9 任)

副书记　赖　群　田秋香
李　兴(2019.12 挂职)

湖洋镇党委

书　记　龚泽祥(2019.5 免)
柯振祥(2019.9 任)

副书记　华　娟(2019.9 免)
张定卿(2019.9 任)
谢恩逢

白砂镇党委

书　记　曹永忻

副书记　郭丽蓉(2019.12 免)
高美玲(2019.12 任)
邓建康

庐丰畲族乡党委

书　记　钟加樟

副书记　蓝尚荣
罗建生(2019.5 免)
陈建洲(2019.12 结束挂职，2019.12 任)

稔田镇党委

书　记　黄清春

副书记　龚南萍(2019.9 免)
吴福田(2019.9 任)
王汉锋
陈标钦(2019.7 结束挂职)

旧县镇党委

书　记　马浩泉

副书记　吴福田(2019.9 免)
高德星(2019.12 任)
李　凌
康宝富(2019.7 结束挂职)

中都镇党委

书　记　郭夏媛

副书记　吴瑞能　蓝仰宗
李　斌(2019.12 结束挂职)

官庄畲族乡党委

书　记　蓝中健

副书记　蓝　俊
钟杭星(2019.5 免)
蓝启芳(挂职)

蓝溪镇党委

书　记　卢启泉

副书记　谢开平　廖伟平

太拔镇党委

书　记　何应锋(2019.9 免)
郭东亮(2019.9 任)

副书记　郭东亮(2019.9 免)
林小丽(2019.9 任)
邱日荣
温有斌(2019.7 结束挂职)

溪口镇党委

书　记　李　波(2019.9 免)
曹昌星(2019.12 任)

副书记　曹昌星(2019.12 免)
谢宝开(2019.12 任)
张树华
陈汀文(挂职)

通贤镇党委

书　记　梁兰珍

副书记　林志坚　王永威

下都镇党委

书　记　张福新(2019.5 免)
袁晓芳(2019.9 任)

副书记　袁晓芳(2019.9 免)
丘祥舜(2019.12 任)
李禄明

茶地镇党委

书　记　黄通明(2019.9 免)
陈天旺(2019.9 任)

副书记　李俊业
高美玲(2019.12 免)
李　镇(2019.12 任)

珊瑚乡党委

书　记　阙镔锋

副书记　梁尚荣　吴家锋

洋境乡党委

书　记　柯振祥(2019.9 免)
郭丽蓉(2019.12 任)

副书记　张九功　黄庆华

步云乡党委

书　记　范杭荣(2019.9 免)
龚南萍(2019.9 任)

副书记　杨进学　钟育庆

【县政府领导成员】

县　长　王　波

副县长　阙生华　王尧华
袁　静(2019.5 免)
卢家荣　徐卫清
蓝玉华
张邓平(2019.5 任)
邱禄炎(2019.12 任)
林谷丰(挂职)
王海东(2019.9 结束挂职)
郭谦斌(2019.12 结束挂职)

【县政府所属机构领导成员】

办公室

主　任　温如坤

副主任　张定卿(2019.9 免)

何升东　曾柏涵
高德星(2019.12免)
丘佳涛(兼职)

机关效能建设领导小组办公室(挂牌)
主　任　温如坤(兼)
专职副主任　江莉生

县人民政府外事办公室(2019.3挂牌)
主　任　温如坤(2019.5兼)

外事侨务办公室(挂牌,2018.12撤销)
主　任　袁秀芳(2019.5免)

发展和改革局
局　长　邱禄炎
副局长　郑永苏(2019.5免)
廖忠元　袁思成

粮食局(挂牌,2018.12撤销)
局　长　郑永苏(兼,2019.5免)

粮食和物资储备局(挂牌)
局　长　郑永苏(2019.5任)

政府投资项目评审中心
主　任　谢新标

重点项目开发建设管理办公室
主　任　温华胜(2019.12免)
陈钦贤(2019.12任)

第三产业办公室
主　任　(缺)

经济信息科学技术局(2018.12不再保留)
副局长　池宝发(2019.5免)
刘开香(2019.5免)
陈冬华(2019.5免)
杨加银(2019.2结束挂职)

工业信息化和科学技术局
局　长　廖新强(2019.5免)
何应锋(2019.9任)
副局长　张伟林(2019.5任)
陈冬华(2019.5任)
池宝发(2019.5任)
刘开香(2019.5任)

国防动员委员会支前办公室(不再挂牌)
主　任　张伟林(2019.5免)

卫生和计划生育局(2018.12不再保留)
副局长　林　雄(2019.5免)
陈开新(2019.5免)
唐良丰(2019.5免)

卫生健康局
局　长　罗忠亮
副局长　林　雄(2019.5任)
陈开新(2019.5任)
唐良丰(2019.5任)

疾病预防控制中心
主　任　王寿联

卫生监督所
所　长　陈清章

教育局
局　长　黄从廷
副局长　温利平(2019.5免)
李春生　曹永标

教师进修学校
校　长　高四华
副校长　赖茂忠

电大工作站
站　长　蓝　海

民族与宗教事务局
局　长　邱年春
副局长　蓝开喜(2019.5任)

公安局
局　长　徐卫清
政　委　林友文
副局长　江建权　汤春康
丘有良　陈文亮
督察长　徐卫清
副督察长　丁勇先
政工室主任　黄启亮

指挥中心
主　任　罗占峰
教导员　李聪伶(2019.5免)
李忠辉(2019.7任)

国内安全保卫大队
队　长　简彧明(2019.7免)
王碧辉(2019.7任)
教导员　张敬乔(2019.2免)
赖伟平(2019.2任)

刑事侦查大队
队　长　陈文亮(2019.2免)
陈金华(2019.2任)
教导员　赖兆龙(2019.2免)
张元铭(2019.2任)
专业队队长　黄　弦(2019.2任)
张添宁(2019.2任)
饶明芳(2019.7任)
张家福(2019.7任)
胡晓勇(2019.7任)
陈文海(2019.7任)
范金荣(2019.7任)

交通警察大队
队　长　张春生
教导员　赖喜勤

治安管理大队
队　长　石建锋(2019.2免)
王常胜(2019.7任)
教导员　刘　平

法制大队
队　长　李维东
教导员　傅文辉

经济犯罪侦查大队
队　长　江小芳(2019.2免)
傅文新(2019.7任)
教导员　田承维(2019.2任)

出入境管理大队
队　长　阙国忠
教导员　何晓亮

网络安全保卫大队
队　长　丘禄荣(2019.2免)
曾伟芳(2019.2任)
教导员　曾伟芳(2019.2免)
赖兆龙(2019.2任)

禁毒大队
队　长　陈金华(2019.2免)
康宝富(2019.7任)
教导员　傅文新(2019.7免)
陈标钦(2019.7任)

警务保障室
主　任　林清辉

看守所
所　长　陈　栋
教导员　杨意焜(2019.7任)

拘留所
所　长　何家昌(2019.2任)
教导员　阙善金(2019.1免)
梁建东(2019.7任)

城关派出所
所　长　江亮亮(2019.2免)
石建锋(2019.2任)
教导员　赖伟平(2019.2免)
张敬乔(2019.2任)
副所长、警务队长　张文添
警务队长　孔　葵(2019.7免)
蓝耀亮(2019.7任)

孔繁裕(2019.7任)

城郊派出所

所　长　丘有良(2019.2免)

江小芳(2019.2任)

教导员　田承维(2019.2免)

李小生(2019.2任)

副所长、警务队长　谢瑞春(2019.7任)

警务队长　张利荣(2019.2免)

郭　湛(2019.7任)

林文强(2019.7任)

湖洋派出所

所　长　王碧辉(2019.7免)

温有斌(2019.7任)

教导员　(缺)

中都派出所

所　长　李小生(2019.2免)

刘双存(2019.7任)

教导员　(缺)

下都派出所

所　长　刘双存(2019.7免)

林　泉(2019.7任)

教导员　(缺)

珊瑚派出所

所　长　曾昭能(2019.7免)

周　勇(2019.7任)

教导员　(缺)

官庄派出所

所　长　王常胜(2019.7免)

郑孝斌(2019.7任)

教导员　(缺)

南阳派出所

所　长　张家福(2019.7免)

马文林(2019.7任)

教导员　黄增彩(2019.7免)

姚　锋(2019.7任)

通贤派出所

所　长　袁国斌

教导员　(缺)

才溪派出所

所　长　郑新明(2019.2任)

教导员　郑新明(2019.2免)

旧县派出所

所　长　康宝富(2019.7免)

教导员　李清文(2019.7免)

林桥生(2019.7任)

步云派出所

所　长　何家昌(2019.2免)

教导员　(缺)

古田派出所

所　长　江亮亮(2019.2任)

教导员　郑志泉(2019.5免)

童建强(2019.7任)

副所长、警务队长　林滢瑛(2019.7任)

警务队长　林桥生(2019.7免)

杨　鑫(2019.7任)

蛟洋派出所

所　长　张元铭(2019.2免)

王光建(2019.7任)

教导员　郭　强

警务队长　范大春(2019.7任)

白砂派出所

所　长　钟振华

教导员　王志强(2019.7免)

泮境派出所

所　长　梁建东(2019.7免)

曾昭能(2019.7任)

教导员　(缺)

茶地派出所

所　长　温志勇(2019.7免)

李洪兴(2019.7任)

教导员　(缺)

溪口派出所

所　长　陈冠赟

教导员　黄增彩(2019.7任)

太拔派出所

所　长　温有斌(2019.7免)

石筱渝(2019.7任)

教导员　(缺)

庐丰派出所

所　长　曹茂昌(2019.2免)

刘　懿(2019.2任)

教导员　张正锰(2019.7任)

蓝溪派出所

所　长　童建强(2019.7免)

温志勇(2019.7任)

教导员　(缺)

稔田派出所

所　长　陈标钦(2019.7免)

张禄宝(2019.7任)

教导员　张禄宝(2019.7免)

蓝忠彪(2019.7任)

紫金山派出所

所　长　张朝进

教导员　江忠诚

公安局森林分局

局　长　(缺)

教导员　吕卫南

临城森林派出所

所　长　(缺)

教导员　(缺)

稔田森林派出所

所　长　钟龙生

教导员　(缺)

中都森林派出所

所　长　袁汉洪

教导员　(缺)

溪口森林派出所

所　长　赖洪勇

教导员　(缺)

古田森林派出所

所　长　张世武

教导员　(缺)

才溪森林派出所

所　长　林加雄

教导员　唐祖祥

白砂森林派出所

所　长　江锦煌

教导员　(缺)

民政局

局　长　傅绍武

副局长　张华灿　黄　林

革命老根据地建设办公室(挂牌)

主　任　张秉仁

老龄工作委员会办公室(2018.12撤销)

主　任　傅绍武(兼,2019.5免)

司法局

局　长　刘　勇

副局长　张尚平(2019.5免)

周文隆(2019.5任)

罗华堂

临城司法所

所　长　何龙仁

蛟洋司法所

所　长　邱能柱

古田司法所

所　长　林文剑

才溪司法所
所　长　陈秋英
南阳司法所
所　长　钟树铭
临江司法所
所　长　李　雯
湖洋司法所
所　长　张荣锋
白砂司法所
所　长　江崇荣
庐丰司法所
所　长　陈建洲(2019.12免)
稔田司法所
所　长　邱鹏玉
旧县司法所
所　长　张晓琼
中都司法所
所　长　李　斌(2019.12免)
官庄司法所
所　长　蓝启芳
蓝溪司法所
所　长　(缺)
太拔司法所
所　长　钟煜升
溪口司法所
所　长　陈汀文
通贤司法所
所　长　傅剑锋
下都司法所
所　长　陈家煌
珊瑚司法所
所　长　(缺)
茶地司法所
所　长　俞加河
泮境司法所
所　长　廖勤英
步云司法所
所　长　(缺)
财政局
局　长　李德强(2019.12免)
副局长　罗庆荷　邹昌霖
谢琴英(2019.5任)
总会计师　罗巨先
人力资源和社会保障局
局　长　傅林增
副局长　林日泉　黄立彪
机关事业单位社会保险管理中心
主　任　朱庆平(2019.2任)
自然资源局
局　长　钟立新
副局长　林南桥(2019.5任)
廖均兴(2019.5任)
丘　剑(2019.5任)
华伦钟(2019.5任)
丘文清(2019.5任)
阙水冰(2019.5任)
康有富(2019.5任)
国土资源局(2018.12不再保留)
副局长　廖均兴(2019.5免)
丘文清(2019.5免)
康有富(2019.5免)
黄兆洪(2019.5免)
不动产登记局(挂牌)
局　长　廖均兴(兼)
国土资源执法监察大队
队　长　林光明
土地收购储备中心
主　任　(缺)
不动产登记中心
主　任　陈道宏(2019.2任)
林业局(2018.12不再保留)
副局长　华伦钟(2019.5免)
丘　剑(2019.5免)
林南桥(2019.5免)
国家森林公园管理处
主　任　黄胜生
森林防火指挥部办公室
主　任　杨　军
住房和城乡规划建设局(2018.12更名为住房和城乡建设局)
局　长　吕丁武
副局长　李　鹏(2019.5免，2019.5任)
阙水冰(2019.5免)
张　军(2019.5免，2019.5任)
人民防空办公室(挂牌)
主　任　(缺)
城市管理局
局　长　张福新
副局长　曾德胜(2019.5任)
肖亮平(2019.2任)
古田镇综合执法大队
队　长　李德才
交通运输局
局　长　李文龙
副局长　王文威(2019.5任)
孔喜春(2019.2任)
傅国庆(2019.5挂职，时间1年)
陈开伟(2019.10挂职，时间1年)
国防动员委员会交通战备办公室(不再挂牌)
主　任　王文威(2019.5免)
运输管理所
所　长　(缺)
交通综合执法大队
队　长　(缺)
农业局(2018.12不再保留)
副局长　阙师坤(2019.5免)
丘敏祥(2019.5免)
曾纪华(2019.5免)
曾德胜(2019.5免)
总畜牧(兽医)师　赖　燕
农业农村局
局　长　王安麒
副局长　曾纪华(2019.5任)
阙师坤(2019.5任)
丘敏祥(2019.5任)
扶贫开发领导小组办公室(挂牌)
主　任　王安麒(2019.5兼)
县委实施乡村振兴战略领导小组办公室(挂牌)
主　任　(缺)
农村工作领导小组办公室
主　任　王安麒(兼)
副主任　曾纪华　丘敏祥
曾德胜(2019.5免)
农业机械管理站
站　长　张力辉
农业开发办公室
主　任　钟华祥(2019.5免)
扶贫开发中心
主　任　陈盛华(2019.2任，2019.12免)
农业综合执法大队
队　长　(缺)

水利局
局 长 李德林(中都籍)
副局长 钟先茂 兰建利
防汛抗旱指挥部办公室
主 任 伍慧群
水土保持委员会办公室
主 任 林小英
商务局
局 长 林云志
副局长 刘志强 丘晓燕
文体广电新闻出版局(2018.12 不再保留)
副局长 胡小涌(2019.5 免)
李迎春(2019.5 免)
陈春连(2019.5 免)
文化体育和旅游局
局 长 钟育发
副局长 陈春连(2019.5 任)
胡小涌(2019.5 任)
李迎春(2019.5 任)
文化市场综合执法大队
队 长 钟华荣(2019.5 任,2019.12 免)
袁柏林(2019.12 任)
审计局
局 长 黄荣太
副局长 周文隆(2019.5 免)
徐世栋
袁立南(2019.5 任)
总审计师 黄先华
退役军人事务局
局 长 张春华
副局长 郭伟龙
双拥共建领导小组办公室(挂牌)
主 任 张春华(2019.5 兼)
安全生产监督管理局(2018.12 不再保留)
副局长 袁庶斌(2019.5 免)
谢步开(2019.5 免)
应急管理局
局 长 傅晓刚
副局长 谢步开(2019.5 任)
袁庶斌(2019.5 任)
梁伟龙(2019.5 任)
郑启能(挂职)
县人民政府安全生产委员会办公室(2019.3 挂牌)
主 任 (缺)
地震办公室
主 任 廖明东
统计局
局 长 李焕昌
副局长 李水玉 李茂荣
信访局
局 长 丘佳涛
副局长 梁伟龙(2019.5 免)
胡 胜(2019.12 任)
国有资产监督管理局(2018.12 不再保留)
副局长 谢琴英(2019.5 免)
刘贞寿(2019.5 免)
市场监督管理局
局 长 黄庆锋
副局长 傅松英 沈占辉
梁顺兴 罗寿光
郭兆华
市场监管专员 黄建军
食品药品监督管理局(挂牌,2018.12 撤销)
局 长 沈占辉(兼,2019.5 免)
食品安全委员会办公室(挂牌,2018.12 撤销)
主 任 梁顺兴(兼,2019.5 免)
质量技术监督局(挂牌,2018.12 撤销)
局 长 罗寿光(兼,2019.5 免)
知识产权局(挂牌)
局 长 傅松英(2019.5 兼)
执法大队
队 长 陈志林
城区监管所
所 长 詹晓麟
政治指导员 邱文光
城郊监管所
所 长 蓝开喜(2019.5 免)
张振林(2019.5 任)
政治指导员 (缺)
古田监管所
所 长 刘文辉
政治指导员 (缺)
蛟洋监管所
所 长 黄杭军(2019.10 任)
政治指导员 谢林烽(2019.10 免)
才溪监管所
所 长 张振林(2019.5 免)
张 毅(2019.5 任)
政治指导员 张 毅(2019.5 免)
庐丰监管所
所 长 蓝晓春
政治指导员 郭启仁
蓝溪监管所
所 长 廖龙昌
官庄监管所
所 长 黄杭军(2019.10 免)
谢林烽(2019.10 任)
上杭工业园区管委会
主 任 赖永跃
副主任 顾正海
蛟洋工业区管委会
主 任 龚富先
副主任 罗子豪
陈少东(2019.2 任)
沈显锋(2019.2 挂职,2019.12 结束挂职)
李碧渊(2019.12 挂职,时间 2 年)
行政服务中心管委会
主 任 曾小勤
副主任 廖志新
丘佐民(2019.5 挂职,时间 1 年)
行政学校
校 长 (缺)
常务副校长 李兰香
地方志编纂委员会(2018.12 整合到党史和地方志研究室)
副主任 李近荣(2019.5 免)
旅游事业局(2018.12 不再保留)
副局长 钟华荣(2019.5 免)
旅游发展中心(2019.8 旅游事业局更名为旅游发展中心)
主 任 钟华荣(2019.12 任)
供销合作社联合社
主 任 李德林
副主任 李培东
钟华祥(2019.5 任)

水电站库区移民开发局(2019.3 更名为水利水电移民开发中心)

局　长　罗开雄

副局长　邱瑜成　黄河裕

　　　　林绍进

铜业局(2019.3 更名为金铜产业发展中心)

副局长　丘立平

　　　　王悦新(2019.2 结束挂职)

才溪纪念馆

馆　长　王志灯(2019.2 任,2019.12 免)

副馆长　王志灯(2019.2 免)

　　　　李维泉(2019.2 任)

铁路建设办公室(2019.3 更名为铁路建设发展中心)

主　任　(缺)

农村党员干部现代远程教育网络中心

主　任　陈海荣(2019.2 任)

融媒体中心(2019.3 设立)

主　任　(缺)

副主任　黄梅华(2019.10 任)

　　　　林斯乾(2019.10 任)

　　　　陈盛华(2019.12 任)

广播电视台(2019.3 挂牌)

台　长　(缺)

烟草专卖局(公司)

局　长(经理)　范启福

副局长　陈建良

副经理　黄启斌　高友峰

国家统计局上杭调查队

队　长　刘新明

副队长　曹贵盛

上杭县税务局

局　长　黄京容(2019.9 免)

　　　　叶　平(2019.9 任)

副局长　陈　斌　赖月文

　　　　翁远星　廖如升

　　　　谢晓红　谢万胜

　　　　吴晓雄

人民银行上杭县支行

行　长　范友善

副行长　郭　骅　余　力

　　　　黄际林

中国银行保险监督管理委员会龙岩监督分局上杭监督组

主　任　郭洪清

副主任　梁在东

农业发展银行上杭县支行

行　长　钟茂祺

副行长　蓝英明　郭　媛

中国农业银行股份有限公司上杭县支行

行　长　詹全沐

副行长　高　波　丘振富

　　　　李新福　袁茂源

工商银行股份有限公司上杭县支行

行　长　傅清华

副行长　罗丽春　郑　琳

建设银行股份有限公司上杭支行

行　长　孔祥梅

副行长　陈川福　郑　宁

中国银行股份有限公司上杭支行

行　长　陈淼晶(2019.8 免)

　　　　傅　燊(2019.8 任)

副行长　刘耀微

上杭农村商业银行股份有限公司

董事长　廖桥生

行　长　张晓毅

监事长　曾秋华

副行长　张学铭　林桂珍

　　　　林胜基

兴业银行股份有限公司上杭支行

行　长　江　帆

副行长　何炜英

中国人寿保险股份有限公司上杭县支公司

经　理　朱昌浩

副经理　郭秀红　吴荣槐

中国人民财产保险股份有限公司上杭县支公司

经　理　雷喜先

副经理　丘丽红

中国邮政集团公司福建上杭县分公司

总经理　张新炉

副总经理　傅增寿

中国邮政储蓄银行上杭县支行

行　长　钟　健

副行长　邱　婷　阙钱煌

中国电信股份有限公司上杭分公司

总经理　连天翔

副总经理　陈　鹏

中国移动通信集团福建有限公司上杭分公司

总经理　廖志松

副经理　李文明　徐金焰

中国联合网络通信有限公司上杭县分公司

总经理　廖耿宇

龙岩市公路局上杭分局

局　长　傅剑敏

副局长　赖伟强　黄良春

　　　　王华生

气象局

局　长　林逢春

副局长　邱华英　胡思明

水文局

局　长　项和杰

副局长　华兆勋

【乡镇政府领导成员】

临城镇政府

镇　长　傅友文

副镇长　丘有德(2019.12 免)

　　　　阙辉财　廖吕红

　　　　严开锋

　　　　郭振民(2019.12 任)

　　　　吕开斌(2019.2 挂职,2019.12 结束挂职)

科技副镇长　张　智

蛟洋镇政府

镇　长　赖树龙

副镇长　伍传熙(2019.12 免)

　　　　王汉善　黄庆鹏

　　　　廖春荣(2019.12 免)

　　　　李碧渊(2019.12 任)

　　　　刘凤英(2019.12 任)

　　　　沈显锋(2019.02 挂职,2019.12 结束挂职)

科技副镇长　蓝锦荣(2019.12 免)

古田镇政府

镇　长　李德坤(2019.9 免)

　　　　华　娟(2019.9 任)

副镇长　罗国森

　　　　张国发(2019.12 免)

华德昌(2019.12任)
赖 媛
何能顺(2019.12挂职,时间2年)
科技副镇长 钟德庆
郑一鸣(聘任)

才溪镇政府
镇 长 陈天旺(2019.9免)
丘增旺(2019.12任)
副镇长 周维奎(2019.12免)
王志灯(2019.12任)
张志强 黄森发
徐毅强
魏雪霞(2019.2挂职,2019.12结束挂职)
科技副镇长 邱国安(2019.12免)
王瑶漪(2019.8聘任,时间3年)

南阳镇政府
镇 长 沈来发
副镇长 蓝宁平 张 洁
陈锦华(2019.12免)
陈文明(2019.12任)
张 炜(2019.12任)
张 楠(2019.12挂职)
科技副镇长 袁柏林(2019.12免)

临江镇政府
镇 长 赖 群
副镇长 邱灿贤 丘文栋
胡碧田(2019.12免)
刘亮生(2019.12任)
张 晴(2019.12挂职)
科技副镇长 (缺)

湖洋镇政府
镇 长 华 娟(2019.9免)
张定卿(2019.9任)
副镇长 何其来
郭振民(2019.12免)
温寿雄
张文涛(2019.12任)
郭辉明(2019.12挂职)
科技副镇长 陈钦贤(2019.12免)

白砂镇政府
镇 长 郭丽蓉(2019.12免)
高美玲(2019.12任)
副镇长 钟攀华(2019.12免)
曾 智 袁 洪
雷永朗(2019.12任)
科技副镇长 罗何英

庐丰畲族乡政府
乡 长 蓝尚荣
副乡长 陈仁河(2019.12免)
周万寿 张定豪
卢钦龙(2019.12任)
王 霏(2019.2挂职,2019.12结束挂职)
科技副乡长 邱万翔

稔田镇政府
镇 长 龚南萍(2019.9免)
吴福田(2019.9任)
副镇长 赖长才 何永兴
卢钦龙(2019.12免)
廖玉文(2019.12任)
袁正平(2019.2挂职,2019.12结束挂职)
科技副镇长 张斌荣

旧县镇政府
镇 长 吴福田(2019.9免)
高德星(2019.12任)
副镇长 陈连生 胡文进
李云龙
赖祥生(2019.12挂职)
科技副镇长 曹盛鑫

中都镇政府
镇 长 吴瑞能
副镇长 兰伟雄(2019.12免)
吴 斌
李俊禄(2019.12任)
王 蕾(2019.12挂职)
科技副镇长 张志玲

官庄畲族乡政府
乡 长 蓝 俊
副乡长 蓝昌九(2019.12免)
胡华新(2019.12免)
周小平(2019.12任)
蓝彩辉(2019.12任)
王俊生(2019.02挂职,2019.12结束挂职)
科技副乡长 钟栋标(2019.12免)
张良宾(2019.05结束挂职)
陈永滨(2019.12挂职,时间1年)

蓝溪镇政府
镇 长 谢开平
副镇长 温清平 陈震平
黄榕芳(2019.2挂职,2019.12结束挂职)
科技副镇长 (缺)

太拔镇政府
镇 长 郭东亮(2019.9免)
林小丽(2019.9任)
副镇长 郑晓明 李华先
科技副镇长 李耀生

溪口镇政府
镇 长 曹昌星(2019.12免)
谢宝开(2019.12任)
副镇长 蓝满英 李辉祥
科技副镇长 吴福填(2019.2免)

通贤镇政府
镇 长 林志坚
副镇长 黎树发(2019.12免)
刘成达(2019.12免)
刘文贵(2019.12任)
科技副镇长 巫伟峰

下都镇政府
镇 长 袁晓芳(2019.9免)
丘祥舜(2019.12任)
副镇长 刘发源(2019.12免)
陈济明(2019.12免)
马 斌(2019.12任)
邱佑城(2019.12任)
科技副镇长 (缺)

茶地镇政府
镇 长 李俊业
副镇长 吴福昌
陈 伟(2019.12免)
孔令权(2019.12任)
科技副镇长 陈华盛

珊瑚乡政府
乡 长 梁尚荣
副乡长 陈耀钦(2019.12免)
范秋香(2019.12免)
蓝思奇(2019.12任)

吴　剑(2019.12任)

科技副乡长　阙文靖

洋境乡政府

乡　长　张九功

副乡长　谢毕锋

廖雪荣(2019.2免)

伍传熙(2019.12任)

科技副乡长　巫珍珍

步云乡政府

乡　长　杨进学

副乡长　张志雄

傅秋兰(2019.12免)

刘成达(2019.12任)

科技副乡长　张敬平

【县十七届人大常委会领导和常委会委员】

主　任　梁八生

副主任　张跃龙(2019.12免)

李维广　蔡永华

刘如才

李德强（2019.12任）

委　员(按姓名笔画排列)：

卢海苗　丘律行　丘禄民

华祥斌　刘荣善　刘鉴滨

严银英　巫寿全　李　兴

杨平娥　邱伟华　何丽珍

陈曾见　林建文　罗友良

罗庆明　罗德洪　周祺隆

胡　胜　黄文金　黄尔昌

曾昭春　蓝立英　蓝德荣

廖金钦

【县人大财政经济委员会】

主任委员　刘如才

副主任委员　刘荣善

委　员(按姓名笔画排列)：

丁晓蓉　丘律行　罗永洪

徐世栋　蓝立英

【县人大社会建设委员会】

主任委员　李维广

副主任委员　林建文

委　员(按姓名笔画排列)：

严银英　李　兴　罗庆明

胡　胜　曾昭春

注：2019年12月23日，上杭县第十七届人民代表大会第四次会议通过上杭县第十七届人民代表大会设立社会建设委员会

【县人大常委会所属机构负责人】

办公室

主　任　廖金钦

副主任　罗友良　刘复浩

监察和司法委员会

主　任　曾昭春(2019.12任)

副主任　刘鉴滨(2019.12任)

财经委员会

主　任　刘荣善

副主任　丘律行

农经委员会

主　任　罗庆明

副主任　陈碧英

教科文卫委员会

主　任　黄尔昌

副主任　林桂兰

代表联络委员会

主　任　丘伟华

城建环保委员会

主　任　蓝德荣

副主任　林桂兰

民族宗教与外事侨台委员会

主　任　林建文(2019.12免侨台委员会主任)

罗友良(2019.12任)

副主任　陈曾见(2019.12免侨台委员会副主任2019.12任)

信访室

主　任　卢海苗

注：2019年12月31日上杭县第十七届人民代表大会常务委员会第二十九次会议通过县人大常委会法制委员会更名为县人大常委会监察和司法委员会。

【乡镇人大主席】

临江镇　周祺隆

临城镇　郑荣华

湖洋镇　范志军

中都镇　李德善

下都镇　罗宝生

庐丰畲族乡　李金玉

蓝溪镇　赖林松

稔田镇　何发平

茶地镇　温寿玉

溪口镇　黄国威

太拔镇　曾宪琪

泮境乡　江　勇

白砂镇　赖建亮

蛟洋镇　张进云

古田镇　华伦斌

步云乡　游明德

旧县镇　张鹏善

才溪镇　王瑞华

通贤镇　邱文魁

南阳镇　黄兆平

官庄畲族乡　石树辉

珊瑚乡　林亮标

【政协上杭县十二届委员会领导及常委会组成人员】

主　席　林英峰

副主席　阙春林　黄晓兰

胡金祥

傅晓刚(2019.12任)

常　委(按姓氏笔画排序)：

王锦红　包晓冬　朱丽萍

刘开香　刘华春　刘学雄

李春生　邱加宏　邱年春

邱廷有　张　兴　张　茜

张可贵　陈国铭　林　威

林红英　罗庆荷　胡　冲

胡春英　饶兴阶　袁晓帆

郭秀红　郭洪清　黄学流

黄金林　曹贵盛　傅建勇

谢步开　蓝春金　蓝赞玉

阙师坤　阙招秀　廖志新

秘书长　黄其华

【政协上杭县所属机构负责人】

办公室

主　任　黄其华

副主任　张前富(2019.10任)

提案委

主　任　(缺)

副主任　兰丽英

经济科技与台港澳侨联络委

主　任　陈　华

副主任　梁世庆

教育卫生体育委

主　任　郭建强

副主任　陈德金

文化文史和学习委

主　任　胡春英

副主任　温云远

社会法制与民族宗教委

主　任　梁　俊

副主任　刘加茂

农业和农村委

主　任　（缺）

【县纪委负责人】

书　记　胡长松

副书记　陈国铭　丘树金

常　委　陈丰贤　袁元勤

林小丽（2019.9免）

黄立明（2019.3任）

【县监委负责人】

主　任　胡长松

副主任　陈国铭　丘树金

委　员　陈丰贤　袁元勤

黄炳养

黄立明（2019.3免）

张选增（2019.3任）

【县纪委监委机关室（部）负责人】

办公室

主　任　罗国鹏

组织和宣传部

部　长　王　平（2019.3任）

党风政风监督室

主　任　黄晓明（2019.12任）

张前富（2019.12免）

信访室

主　任　罗晓宇（2019.3任）

案件监督管理室

主　任　李晓丹

第一纪检监察室

主　任　曾庆炎

第二纪检监察室

主　任　丘建东

第三纪检监察室

主　任　陈俊华

第四纪检监察室

负责人　李伟华

第五纪检监察室

负责人　赖华寿（2019.6县纪委常委会议通过）

第六纪检监察室

负责人　杨天海

案件审理室

主　任　陈国銮

【县纪委派驻纪检组负责人】

驻县委办公室纪检组

组　长　黄寿标

常务副组长　郑建强

驻县委组织部纪检组

组　长　蓝秀英

常务副组长　赖晓东

驻县委宣传部纪检组

组　长　蓝梅英

常务副组长　黄开棠

驻县委统战部纪检组

组　长　蓝海洲

常务副组长　蓝福辉

驻县人大常委会机关纪检组

组　长　朱　凌

常务副组长　陈洪源

驻县政协机关纪检组

组　长　丘生贤（2019.12任）

郭胜初（2019.12免）

常务副组长　李晓娟

驻县政府办公室纪检组

组　长　孙贵飞

常务副组长　丁　轶

驻县卫计局纪检组

组　长　阙寿洪

常务副组长　吴红兰

驻县教育局纪检组

组　长　谢子书

常务副组长　郑建梅

驻县财政局纪检组

组　长　丘生贤（2019.12免）

常务副组长　黎树发（2019.12任）

袁立南（2019.5免）

驻县住建局纪检组

组　长　陈小斌

常务副组长　黄兴环

驻县农业局纪检组

组　长　李维汉

常务副组长　杨文荣

驻县发改局纪检组

组　长　阙碧文

常务副组长　张　皓

驻县公安局纪检组

组　长　丁勇先

常务副组长　江华富

驻县人民法院纪检组

组　长　赖建华

驻县人民检察院纪检组

组　长　林　轼

县直机关纪工委

书　记　陈芳芳

【乡镇纪委负责人】

临江镇纪委

书　记　高赠金（2019.12任）

廖邓旎（2019.12免）

临城镇纪委

书　记　刘晓建

湖洋镇纪委

书　记　李　丹

中都镇纪委

书　记　包东星（2019.12任）

魏安剑（2019.12免）

下都镇纪委

书　记　阙晓明

庐丰畲族乡纪委

书　记　邱朗音（2019.12免）

蓝溪镇纪委

书　记　陈　涵（2019.12任）

高　芳（2019.12免）

稔田镇纪委

书　记　黄晓明（2019.12免）

茶地镇纪委

书　记　高　芳（2019.12任）

高赠金（2019.12免）

溪口镇纪委

书　记　温祺华（2019.12免）

太拔镇纪委

书　记　梁秀霞

泮境乡纪委
书　记　温祺华(2019.12任)
　　　　刘艳萍(2019.3免)
白砂镇纪委
书　记　涂健顺
蛟洋镇纪委
书　记　林伟程
古田镇纪委
书　记　洪小军
步云乡纪委
书　记　刘翔飞
南阳镇纪委
书　记　陈　燕
通贤镇纪委
书　记　温红金(2019.3任)
才溪镇纪委
书　记　丘惠华
旧县镇纪委
书　记　林富仁
官庄畲族乡纪委
书　记　邱小珊(2019.12任)
　　　　马　斌(2019.12免)
珊瑚乡纪委
书　记　阙癸东(2019.5免)

【乡镇监察组负责人】

临江镇监察组
组　长　高赠金(2019.12任)
　　　　廖邓旎(2019.2任，2019.12免)
临城镇监察组
组　长　刘晓建(2019.2任)
湖洋镇监察组
组　长　李　丹(2019.2任)
中都镇监察组
组　长　包东星(2019.12任)
　　　　魏安剑(2019.2任，2019.12免)
下都镇监察组
组　长　阙晓明(2019.2任)
庐丰畲族乡监察组
组　长　邱朗音(2019.2任，2019.12免)
蓝溪镇监察组
组　长　陈　涵(2019.12任)
　　　　高　芳(2019.2任，2019.12免)
稔田镇监察组
组　长　黄晓明(2019.2任，2019.12免)
茶地镇监察组
组　长　高　芳(2019.12任)
　　　　高赠金(2019.02任，2019.12免)
溪口镇监察组
组　长　温祺华(2019.2任，2019.12免)
太拔镇监察组
组　长　梁秀霞(2019.2任)
泮境乡监察组
组　长　温祺华(2019.12任)
　　　　刘艳萍(2019.2任，2019.3免)
白砂镇监察组
组　长　涂健顺(2019.2任)
蛟洋镇监察组
组　长　林伟程(2019.2任)
古田镇监察组
组　长　洪小军(2019.2任)
步云乡监察组
组　长　刘翔飞(2019.2任)
南阳镇监察组
组　长　陈　燕(2019.2任)
通贤镇监察组
组　长　温红金(2019.3任)
才溪镇监察组
组　长　丘惠华(2019.2任)
旧县镇监察组
组　长　林富仁(2019.2任)
官庄畲族乡监察组
组　长　邱小珊(2019.12任)
　　　　马　斌(2019.2任，2019.12免)
珊瑚乡监察组
组　长　阙癸东(2019.2任，2019.5免)

【县人民检察院领导成员】

检察长　戴宇明
副书记　刘伟东
副检察长　李彪麒　郭鸿麒　钟汉桥
纪检组长　林　轼
党组成员　林伟红
政治部主任　杨春燕
检委会专职委员　李建红　谢祥明

【县人民法院领导成员】

院　长　洪炳龙(2019. 免)
　　　　曾学明(2019.7任)
副院长　郭晓华　丘福琴
党组专职副书记　罗洪崖(2019.6免)
纪检组长　赖建华
审判委员会专职委员　李维贵　田承于
古田法庭庭长　王彬芳

附二

文件目录

表 29

2019 年中共上杭县委主要发文目录

文件名称	文　号
关于 2018 年党政领导综治平安建设责任书落实情况的报告	杭委〔2019〕2 号
关于召开 2018 年度县委常委民主生活会的报告	杭委〔2019〕3 号
关于上杭县地方政府隐性债务化解工作的报告	杭委〔2019〕4 号
关于表扬上杭县 2018 年度突出贡献企业及金融服务地方经济发展优秀单位的通报	杭委〔2019〕5 号
关于成立县委落实全面从严治党主体责任工作领导小组的通知	杭委〔2019〕6 号
关于县政府工作部门党组(部门党委)设置调整的通知	杭委〔2019〕7 号
关于表彰上杭县 2018 年“三大战役”先进集体和先进个人的决定	杭委〔2019〕8 号
关于表扬上杭县 2018 年度农业农村、三比一看、双培育成绩突出单位和个人	杭委〔2019〕9 号
关于 2018 年度上杭县实施乡村振兴战略工作情况的报告	杭委〔2019〕10 号
关于成立“古蛟组团”工作领导小组的通知	杭委〔2019〕11 号
关于印发《进一步深化改革扩大开放的若干措施》的通知	杭委〔2019〕12 号
关于 2018 年度党委(党组)意识形态工作责任制落实情况的报告	杭委〔2019〕13 号
关于进一步加强全县巡察机构和队伍建设的通知	杭委〔2019〕14 号
关于印发《2019 年县委、县政府为民办实事项目》的通知	杭委〔2019〕15 号
关于 2018 年度县委常委民主生活会情况的报告	杭委〔2019〕17 号
关于印发《上杭县产业发展项目建设年活动实施方案》的通知	杭委〔2019〕18 号
关于上杭县 2019 年重点项目年度工作目标任务安排的通知	杭委〔2019〕19 号
关于严厉打击治理电信网络诈骗犯罪工作的通知	杭委〔2019〕20 号
关于继续挂钩帮扶我县的请示	杭委〔2019〕22 号
关于推荐“人民满意公务员集体”和“人民满意公务员”的报告	杭委〔2019〕23 号
关于成立“古蛟组团”规划建设领导小组的请示	杭委〔2019〕25 号
关于纪念中共闽西“一大”召开 90 周年活动相关事宜的请示	杭委〔2019〕26 号
关于成立古蛟组团建设管理委员会的通知	杭委〔2019〕27 号
关于完善“古蛟组团”建设管理体制机制的请示	杭委〔2019〕28 号
关于在古田建设重点项目的请示	杭委〔2019〕29 号
关于印发《中共上杭县委常委会 2019 年工作要点》的通知	杭委〔2019〕30 号
关于调整县直部门(单位、企业)党委设置和理顺党组织隶属关系的通知	杭委〔2019〕31 号
关于推荐袁静等同志作为进一步使用人选或副处级干部人选的报告	杭委〔2019〕32 号
关于县直单位党组(部门党委)设立调整的通知	杭委〔2019〕33 号

续表29

文件名称	文　号
关于2018年科级干部年度考核等次评定的通知	杭委〔2019〕34号
关于直接参与或服务县重点项目建设及专项重要工作的科级干部2018年度考核单位评定的通知	杭委〔2019〕35号
关于表彰全县优秀共产党员、优秀党务工作者和先进基层党组织的决定	杭委〔2019〕37号
关于召开龙岩市金铜产业项目对接会的请示	杭委〔2019〕38号
关于印发《上杭县2019年脱贫攻坚战役实施意见》《上杭县2019年生态环境保护攻坚战役实施方案》的通知	杭委〔2019〕39号
关于表扬上杭县2018年度领导干部带头策划重大项目工作成绩突出单位和个人的通报	杭委〔2019〕40号
关于印发《上杭县乡镇重大民生实事项目人大代表票决制工作的实施办法》的通知	杭委〔2019〕43号
关于贯彻落实市委许书记来杭调研“五个突出”指示要求的通知	杭委〔2019〕45号
关于开展紫金矿业集团股份有限公司党委、纪委领导班子和领导成员及国有产权代表期间考核工作的通知	杭委〔2019〕47号
印发《关于开展“不忘初心、牢记使命”主题教育的实施方案》的通知	杭委〔2019〕48号
关于上杭县2019年度党政领导生态环境保护目标责任书上半年履行情况的报告	杭委〔2019〕49号
关于印发《2019年度上杭县绩效管理工作方案》的通知	杭委〔2019〕51号
批转《县总工会关于召开上杭县工会第十九次代表大会的请示》的通知	杭委〔2019〕52号
关于2018年度绩效考评情况的通报	杭委〔2019〕53号
关于中共上杭县委教育工作领导小组组成人员任职的通知	杭委〔2019〕54号
关于紫金矿业集团股份有限公司第七届董事会、监事会组成人员人选的批复	杭委〔2019〕58号
关于请求协调中电科集团继续委派干部到我县挂职的请示	杭委〔2019〕59号
关于印发《上杭县贯彻中国共产党党务公开条例(试行)工作方案》的通知	杭委〔2019〕61号
关于补选个别出缺县人大代表的批复	杭委〔2019〕62号
关于推荐李德强等同志作为提任副处级领导职务人选的报告	杭委〔2019〕63号
关于2019年度计划生育工作情况的报告	杭委〔2019〕64号
关于补选个别出缺县人大代表的批复	杭委〔2019〕65号
批转《上杭县妇联关于召开上杭县妇女第十八次代表大会的请示》的通知	杭委〔2019〕69号
关于推荐邱禄炎同志作为提任副处级领导职务人选的报告	杭委〔2019〕70号
关于推荐上杭县第十七届人民代表大会代表候选人建议人选的通知	杭委〔2019〕72号
关于增补上杭县第十二届政协常委、委员人选的批复	杭委〔2019〕73号
关于增补上杭县第十二届政协委员人选的批复	杭委〔2019〕74号
关于召开县委常委会专题民主生活会的报告	杭委〔2019〕75号
关于县委常委会“不忘初心、牢记使命”专题民主生活会情况的报告	杭委〔2019〕76号
关于紫金矿业集团股份有限公司第七届董事会、监事会、经营班子组成人员人选的批复	杭委〔2019〕77号
关于推荐表扬上杭县“党管武装好书记”的请示	杭委〔2019〕78号

续表29

文件名称	文　号
关于2019年党政领导平安建设(综治工作)责任书落实情况的报告	杭委〔2019〕80号
关于启用中共上杭县委审计委员会等44枚印章的通知	杭委办〔2019〕1号
关于印发《2018年度县委常委民主生活会工作方案》的通知	杭委办〔2019〕2号
关于做好机构改革中档案工作的通知	杭委办〔2019〕4号
关于印发《县委常委班子落实省委巡视组巡视整改意见专题民主生活会整改方案》的通知	杭委办〔2019〕5号
关于做好节假日期间值班工作的通知	杭委办〔2019〕6号
关于认真做好县人大代表建议意见和政协提案办理工作的通知	杭委办〔2019〕7号
关于印发《上杭县2019年督查检查考核年度计划》的通知	杭委办〔2019〕8号
关于印发《县委常委班子2018年度民主生活会整改方案》的通知	杭委办〔2019〕9号
关于印发《2018年度县委书记抓基层党建述职评议有关问题整改工作方案》的通知	杭委办〔2019〕10号
关于印发《上杭县2019年城建项目实施方案》的通知	杭委办〔2019〕11号
关于发放2018年度乡镇和县直单位综治平安建设奖金的通知	杭委办〔2019〕12号
关于印发《"红土先锋"党建品牌拓展提升工作方案(试行)》的通知	杭委办〔2019〕13号
关于印发《上杭县2019年统战工作要点》的通知	杭委办〔2019〕14号
关于印发《上杭县进一步加强重点人员范围管理八项机制》《上杭县公共安全领域突出问题大排查大化解大整治攻坚行动实施方案》的通知	杭委办〔2019〕17号
关于转发《2019年县委政法工作要点》的通知	杭委办〔2019〕18号
关于印发《2019年全县党建工作要点》的通知	杭委办〔2019〕21号
关于印发《上杭县社会心理服务体系建设试点工作实施方案》的通知	杭委办〔2019〕22号
关于印发《上杭县从事生产经营活动事业单位改革工作实施方案》的通知	杭委办〔2019〕23号
关于印发《上杭县2019年集中整顿软弱涣散村(社区)党组织工作方案》的通知	杭委办〔2019〕24号
关于印发《上杭县征地拆迁促重点项目落地百日攻坚大会战实施方案》的通知	杭委办〔2019〕25号
关于印发《上杭县农村人居环境整治三年行动实施方案》的通知	杭委办〔2019〕26号
关于分解落实推动高质量发展重点工作任务的通知	杭委办〔2019〕27号
关于印发《上杭县"平安乡镇、村(社区)"考评奖励办法》《上杭县综治平安建设考评奖励办法(修订)》的通知	杭委办〔2019〕28号
关于印发《市委整治形式主义、官僚主义机动式巡察发现问题的整改方案》的通知.doc	杭委办(2019)29号
关于学习宣传贯彻党的十九届四中全会精神的通知	杭委办(2019)30号
关于印发《县委常委会"不忘初心、牢记使命"专题民主生活会整改方案》的通知	杭委办〔2019〕31号
关于印发《上杭县扶贫领域巡察"回头看"发现问题的整改方案》的通知	杭委办〔2019〕32号
关于2020年县委、县政府领导信访接待日安排的通知	杭委办〔2019〕33号
关于印发《2019年上杭县领导干部带头策划重大项目工作方案》的通知	杭委办〔2019〕59号
关于印发《上杭县乡村振兴战略规划(2018—2022年)》的通知	杭委发〔2019〕1号
关于印发《中共上杭县委常委会议事规则》的通知	杭委发〔2019〕2号

续表29

文件名称	文　号
关于印发《中国共产党上杭县委员会工作规则》的通知	杭委发〔2019〕3号
上杭县全面加强生态环境保护坚决打好污染防治攻坚战实施办法	杭委发〔2019〕4号
关于印发《上杭县打赢脱贫攻坚战三年行动计划》的通知	杭委发〔2019〕5号
关于深入学习贯彻习近平总书记在参加十三届全国人大二次会议福建代表团审议时重要讲话精神的决定	杭委发〔2019〕6号
关于印发《中共上杭县纪律检查委员会、上杭县监察委员会机关职能配置、内设机构和人员编制规定》的通知	杭委办发〔2019〕1号
关于印发《中共上杭县委办公室职能配置、内设机构和人员编制规定》的通知	杭委办发〔2019〕2号
关于印发《中共上杭县委宣传部职能配置、内设机构和人员编制规》定的通知	杭委办发〔2019〕3号
关于印发《中共上杭县委统战部职能配置、内设机构和人员编制规定》的通知	杭委办发〔2019〕4号
关于印发《中共上杭县委政法委职能配置、内设机构和人员编制规定》的通知	杭委办发〔2019〕5号
关于印发《中共上杭县委机构编制委员会办公室职能配置、内设机构和人员编制规定》的通知	杭委办发〔2019〕6号
关于印发《中共上杭县委精神文明建设办公室职能配置、内设机构和人员编制规定》的通知	杭委办发〔2019〕7号
关于印发《中共上杭县委巡察工作领导小组办公室职能配置、内设机构和人员编制规定》的通知	杭委办发〔2019〕8号
关于印发《中共上杭县委老干部局职能配置、内设机构和人员编制规定》的通知	杭委办发〔2019〕9号
关于印发《中共上杭县委县直机关工作委员会职能配置、内设机构和人员编制规定》的通知	杭委办发〔2019〕10号
关于印发《中共上杭县委党史和地方志研究室职能配置、内设机构和人员编制规定》的通知	杭委办发〔2019〕11号
关于印发《上杭县档案馆职能配置、内设机构和人员编制规定》的通知	杭委办发〔2019〕12号
关于印发《上杭县人民政府办公室职能配置、内设机构和人员编制规定》的通知	杭委办发〔2019〕13号
关于印发《上杭县发改局职能配置、内设机构和人员编制规定》的通知	杭委办发〔2019〕14号
关于印发《上杭县教育局职能配置、内设机构和人员编制规定》的通知	杭委办发〔2019〕15号
关于印发《上杭县工信科技局职能配置、内设机构和人员编制规定》的通知	杭委办发〔2019〕16号
关于印发《上杭县民政局职能配置、内设机构和人员编制规定》的通知	杭委办发〔2019〕17号
关于印发《上杭县民族与宗教事务局职能配置、内设机构和人员编制规定》的通知	杭委办发〔2019〕18号
关于印发《上杭县司法局职能配置、内设机构和人员编制规定》的通知	杭委办发〔2019〕19号
关于印发《上杭县财政局职能配置、内设机构和人员编制规定》的通知	杭委办发〔2019〕20号
关于印发《上杭县人力资源和社会保障局职能配置、内设机构和人员编制规定》的通知	杭委办发〔2019〕21号
关于印发《上杭县自然资源局职能配置、内设机构和人员编制规定》的通知	杭委办发〔2019〕22号
关于印发《上杭县住房和城乡建设局职能配置、内设机构和人员编制规定》的通知	杭委办发〔2019〕23号
关于印发《上杭县交通运输局职能配置、内设机构和人员编制规定》的通知	杭委办发〔2019〕24号
关于印发《上杭县水利局职能配置、内设机构和人员编制规定》的通知	杭委办发〔2019〕25号
关于印发《上杭县农业农村局职能配置、内设机构和人员编制规定》的通知	杭委办发〔2019〕26号
关于印发《上杭县商务局职能配置、内设机构和人员编制规定》的通知	杭委办发〔2019〕27号

续表29

文件名称	文　号
关于印发《上杭县文体旅游局职能配置、内设机构和人员编制规定》的通知	杭委办发〔2019〕28 号
关于印发《上杭县卫生健康局职能配置、内设机构和人员编制规定》的通知	杭委办发〔2019〕29 号
关于印发《上杭县退役军人事务局职能配置、内设机构和人员编制规定》的通知	杭委办发〔2019〕30 号
关于印发《上杭县应急管理局职能配置、内设机构和人员编制规定》的通知	杭委办发〔2019〕31 号
关于印发《上杭县审计局职能配置、内设机构和人员编制规定》的通知	杭委办发〔2019〕32 号
关于印发《上杭县市场监督管理局职能配置、内设机构和人员编制规定》的通知	杭委办发〔2019〕33 号
关于印发《上杭县城市管理局职能配置、内设机构和人员编制规定》的通知	杭委办发〔2019〕34 号
关于印发《上杭县统计局职能配置、内设机构和人员编制规定》的通知	杭委办发〔2019〕35 号
关于印发《上杭县人民政府信访局职能配置、内设机构和人员编制规定》的通知	杭委办发〔2019〕36 号
关于印发《上杭县金铜产业发展中心职能配置、内设机构和人员编制规定》的通知	杭委办发〔2019〕37 号
关于印发《上杭县教师进修学校职能配置、内设机构和人员编制规定》的通知	杭委办发〔2019〕38 号
关于印发《毛泽东才溪乡调查纪念馆职能配置、内设机构和人员编制规定》的通知	杭委办发〔2019〕39 号
关于印发《上杭县水利水电移民开发中心职能配置、内设机构和人员编制规定》的通知	杭委办发〔2019〕40 号
关于印发《上杭县铁路建设发展中心职能配置、内设机构和人员编制规定》的通知	杭委办发〔2019〕41 号
关于印发《上杭县融媒体中心职能配置、内设机构和人员编制规定》的通知	杭委办发〔2019〕42 号
关于印发《上杭县旅游发展中心职能配置、内设机构和人员编制规定》的通知	杭委办发〔2019〕43 号
关于印发《全面实施预算绩效管理工作方案》的通知	杭委办发〔2019〕44 号
印发《关于加强乡镇政府服务能力建设的实施方案》的通知	杭委办发〔2019〕45 号
关于印发《上杭县进一步提升城市化水平的十八条政策措施（试行）》的通知	杭委办发〔2019〕46 号

表 30

2019 年上杭县人大常委会发文目录

文件名称	文　号
关于接受刘福娣辞去县十七届人民代表大会代表职务请求的决定	杭常〔2019〕1 号
上杭县人大常委会 2019 年工作要点	杭常〔2019〕2 号
关于进一步提升上杭县城市化水平的决议	杭常〔2019〕3 号
关于接受袁静辞去上杭县人民政府副县长职务的请求的决定	杭常〔2019〕4 号
关于批准 2018 年县本级决算的决议	杭常〔2019〕5 号
关于批准 2019 年县本级预算调整方案的决议	杭常〔2019〕6 号
关于确定上杭县人民法院人民陪审员名额的决定	杭常〔2019〕7 号
关于接受洪炳龙辞去上杭县人民法院院长职务请求的决定	杭常〔2019〕8 号
关于上杭县人民法院副院长曾学明代理上杭县人民法院院长的职务的决定	杭常〔2019〕9 号

续表30

文件名称	文　号
关于接受刘先袤辞去龙岩市第五届人民代表大会代表职务的请求的决定	杭常〔2019〕10 号
关于许可对县十七届人大代表谢桂香采取刑事强制措施的决定	杭常〔2019〕11 号
关于召开上杭县第十七届人民代表大会第四次会议的决定	杭常〔2019〕12 号
关于接受范杭荣等辞去上杭县第十七届人民代表大会代表职务请求的决定	杭常〔2019〕13 号
关于补选个别上杭县第十七届人民代表大会代表的决定	杭常〔2019〕14 号
关于批准 2019 年县本级预算调整方案的决议	杭常〔2019〕15 号
关于批准 2018 年和 2019 年土地储备专项债券资金用途调整方案的决议	杭常〔2019〕16 号
关于接受谢桂香辞去县第十七届人民代表大会代表职务请求的决定	杭常〔2019〕17 号
关于补选个别上杭县第十七届人民代表大会代表的决定	杭常〔2019〕18 号
关于县人大常委会法制委员会更名为县人大常委会监察和司法委员会的决定	杭常〔2019〕19 号
关于接受张跃龙辞去上杭县第十七届人民代表大会代表职务请求的决定	杭常〔2019〕20 号
关于做好 2019 年重点督办代表建议办理工作的通知	杭常综〔2019〕1 号
转发《关于我县新材料产业发展情况的调研报告》的通知	杭常综〔2019〕2 号
上杭县人大常委会主任会议提请审议《上杭县人民代表大会常务委员会关于进一步提升上杭县城市化水平的决议(草案)》的议案	杭常综〔2019〕3 号
报送《关于进一步提升上杭县城市化水平的决议》备案审查的报告	杭常综〔2019〕4 号
转发《关于全县人民调解工作情况调研报告》的通知	杭常综〔2019〕5 号
转发《关于赴广东学习人大预算联网监督工作情况的考察报告》的通知	杭常综〔2019〕6 号
关于印发《2019 年度上杭县人大及其常委会讨论决定重大事项议题》的通知	杭常综〔2019〕7 号
关于省人大常委会党组书记、副主任张广敏来杭调研情况的报告	杭常综〔2019〕8 号
转发《关于乡镇卫生院医技质量和水平情况的调研报告》的通知	杭常综〔2019〕9 号
关于省人大常委会党组书记、副主任张广敏来杭调研讲话精神贯彻落实情况的报告	杭常综〔2019〕10 号
转发《关于全县未成年人保护工作情况的调研报告》的通知	杭常综〔2019〕11 号
关于提请审定上杭县人民法院副院长曾学明代理上杭县法院院长职务的议案	杭常综〔2019〕12 号
关于刘先袤代表辞去龙岩市第五届人民代表大会代表职务的报告	杭常综〔2019〕13 号
转发《关于我县财政专项资金预算绩效管理情况的调研报告》的通知	杭常综〔2019〕14 号
转发《关于财政教育专项资金分配和使用情况的调研报告》的通知	杭常综〔2019〕15 号
转发关于检查《中华人民共和国教师法》及《福建省实施〈中华人民共和国教师法〉办法》实施情况的报告的通知	杭常综〔2019〕16 号
转发《关于全县扫黑除恶专项斗争工作情况的调研报告》的通知	杭常综〔2019〕17 号
关于印发《上杭县第十七届人民代表大会第四次会议筹备工作方案》的通知	杭常综〔2019〕18 号
关于补选个别县第十七届人民代表大会代表的通知	杭常综〔2019〕19 号

续表30

文件名称	文　号
转发《关于上杭县家庭农场发展情况的调研报告》的通知	杭常综〔2019〕20号
关于补选上杭县第十七届人大代表候选人名单的批复（下都）	杭常综〔2019〕21号
关于补选上杭县第十七届人大代表候选人名单的批复（蛟洋）	杭常综〔2019〕22号
关于补选上杭县第十七届人大代表候选人名单的批复（太拔）	杭常综〔2019〕23号
关于补选上杭县第十七届人大代表候选人名单的批复（步云）	杭常综〔2019〕24号
关于补选上杭县第十七届人大代表候选人名单的批复（茶地）	杭常综〔2019〕25号
关于2019年县人大常委会重点督办代表建议满意度办理情况满意度测评结果的通报	杭常综〔2019〕26号
关于补选上杭县第十七届人大代表正式候选人名单的批复（下都）	杭常综〔2019〕27号
关于补选上杭县第十七届人大代表正式候选人名单的批复（茶地）	杭常综〔2019〕28号
关于补选上杭县第十七届人大代表正式候选人名单的批复（蛟洋）	杭常综〔2019〕29号
关于补选上杭县第十七届人大代表正式候选人名单的批复（太拔）	杭常综〔2019〕30号
关于补选上杭县第十七届人大代表正式候选人名单的批复（步云）	杭常综〔2019〕31号
关于补选个别县第十七届人民代表大会代表的通知	杭常综〔2019〕32号
关于当选上杭县第十七届人大代表名单的批复（步云）	杭常综〔2019〕33号
关于当选上杭县第十七届人大代表名单的批复（太拔）	杭常综〔2019〕34号
关于当选上杭县第十七届人大代表名单的批复（茶地）	杭常综〔2019〕35号
关于当选上杭县第十七届人大代表名单的批复（下都）	杭常综〔2019〕36号
关于当选上杭县第十七届人大代表名单的批复（蛟洋）	杭常综〔2019〕37号
转发《关于城区园林绿化工作情况的调研报告》的通知	杭常综〔2019〕38号
关于补选上杭县第十七届人大代表候选人名单的批复（临江）	杭常综〔2019〕39号
关于补选上杭县第十七届人大代表候选人名单的批复（泮境）	杭常综〔2019〕40号
关于补选上杭县第十七届人大代表候选人名单的批复（溪口）	杭常综〔2019〕41号
关于补选上杭县第十七届人大代表正式候选人名单的批复（临江）	杭常综〔2019〕42号
关于补选上杭县第十七届人大代表正式候选人名单的批复（泮境）	杭常综〔2019〕43号
关于补选上杭县第十七届人大代表正式候选人名单的批复（溪口）	杭常综〔2019〕44号
关于当选上杭县第十七届人大代表正式候选人名单的批复（临江）	杭常综〔2019〕45号
关于当选上杭县第十七届人大代表正式候选人名单的批复（泮境）	杭常综〔2019〕46号
关于当选上杭县第十七届人大代表正式候选人名单的批复（溪口）	杭常综〔2019〕47号
关于补选龙岩市五届人大代表选举结果的报告	杭常综〔2019〕48号
关于提请审定将县人大常委会法制委员会更名为县人大常委会监察和司法委员会的议案	杭常综〔2019〕49号
关于县人大常委会领导工作分工的通知	杭常综〔2019〕50号

续表30

文件名称	文　号
关于张选增等职务任免的通知	杭常人〔2019〕1号
关于张邓平任职的通知	杭常人〔2019〕2号
关于罗洪崖免职的通知	杭常人〔2019〕3号
关于李伟华免职的通知	杭常人〔2019〕4号
关于曾学明任职的通知	杭常人〔2019〕5号
关于何应锋等职务任免的通知	杭常人〔2019〕6号
关于王昌玉等任职的通知	杭常人〔2019〕7号
关于印发上杭县第十七届人民代表大会第四次会议公告的通知	杭常人〔2019〕8号
关于组织市人大代表参加市五届人大三次会议的通知	杭常办综〔2019〕1号
关于印发《2018年度县人大常委会党组民主生活会工作方案》的通知	杭常办综〔2019〕2号
关于印发《2018年度县人大常委会机关科级党员领导干部民主生活会工作方案》的通知	杭常办综〔2019〕3号
关于召开2018年度县人大常委会机关科级党员领导干部民主生活会的请示	杭常办综〔2019〕4号
关于召开县十七届人大常委会第十九次会议的通知	杭常办综〔2019〕5号
关于开展2019年课题调研的通知	杭常办综〔2019〕6号
关于召开县十七届人大常委会第二十次会议的通知	杭常办综〔2019〕7号
关于拟选调县人大民主与法制政策研究中心干部的请示	杭常办综〔2019〕8号
关于召开县十七届人大常委会第二十一次会议的通知	杭常办综〔2019〕9号
关于召开县十七届人大常委会第二十二次会议的通知	杭常办综〔2019〕10号
关于召开十七届人大常委会第二十三次会议的通知	杭常办综〔2019〕11号
关于召开十七届人大常委会第二十四次会议的通知	杭常办综〔2019〕12号
关于设立县人大常委会预算联网监督中心的请示	杭常办综〔2019〕13号
关于机构改革中县人大及其常委会有关机构等设置的请示	杭常办综〔2019〕14号
关于召开县十七届县人大常委会第二十五次会议的通知	杭常办综〔2019〕15号
关于组织县十七届人大代表视察的通知	杭常办综〔2019〕16号
关于请求追加县人大机关2019年度缺口经费的报告	杭常办综〔2019〕17号
关于召开县十七届人大常委会第二十六次会议的通知	杭常办综〔2019〕18号
关于请求将县级人大代表履职等经费列入2020年县级财政预算的报告	杭常办综〔2019〕19号
关于印发《关于上杭县人大代表活动经费管理使用的意见》的通知	杭常办综〔2019〕21号
关于召开县十七届人大常委会第二十七次会议的通知	杭常办综〔2019〕22号
关于召开上杭县人大常委会机关"不忘初心、牢记使命"专题民主生活会的请示	杭常办综〔2019〕23号
关于召开县十七届人大常委会第二十八次会议的通知	杭常办综〔2019〕24号

续表30

文件名称	文　号
关于召开上杭县第十七届人民代表大会第四次会的通知	杭常办综〔2019〕25 号
关于《上杭县法院生态环境审判工作报告》的审议意见	杭常审〔2019〕1 号
关于《上杭县检察院公益诉讼工作报告》的审议意见	杭常审〔2019〕2 号
关于 2018 年度县属企业国有资产管理情况报告的审议意见	杭常审〔2019〕3 号

表 31

2019 年上杭县人民政府主要发文目录

文件名称	文　号
关于印发上杭县瓦子街二期维修保护工程实施方案的通知	杭政〔2019〕1 号
关于上杭县 2018 年度第十一批次城市建设征收土地方案的通告	杭政〔2019〕2 号
关于上杭县 2018 年度第十二批次城市建设征收土地方案的通告	杭政〔2019〕3 号
关于上杭县 2018 年度第十三批次城市建设征收土地方案的通告	杭政〔2019〕4 号
关于公布实施《福建省上杭县矿产资源总体规划（2016—2020 年）》的通知	杭政〔2019〕5 号
关于上杭县 2018 年度第十四批次城市建设征收土地方案的通告	杭政〔2019〕7 号
关于印发上杭县统筹整合涉农资金推进乡村振兴实施方案的通知	杭政〔2019〕8 号
关于表扬 2017-2018 年度冬春水利建设突出贡献乡镇和突出贡献个人的决定	杭政〔2019〕9 号
关于表扬奖励 2018 年度见义勇为先进个人的决定	杭政〔2019〕10 号
关于印发上杭县铁东水库饮用水水源地突发环境事件应急预案的通知	杭政〔2019〕11 号
关于上杭县石禾仓饮用水水源地突发环境事件应急预案的通知	杭政〔2019〕12 号
关于上杭县 2018 年度河湖长制工作考评结果的通报	杭政〔2019〕13 号
关于 2018 年度重大动物疫病防控工作考评情况的通报	杭政〔2019〕14 号
关于 2018 年度渔业安全生产目标责任制考评结果的通报	杭政〔2019〕15 号
关于北环路西段道路完善工程的通告	杭政〔2019〕16 号
批转县教育局等单位关于 2019—2020 学年中小学幼儿园（含职业中专、特殊教育）教师增补工作意见的通知	杭政〔2019〕17 号
关于上杭县 2019 年度第二批次城市建设征收土地方案的通告	杭政〔2019〕18 号
关于印发《上杭县深入实施“双培育”和“三大增长点”行动实施方案》的通知	杭政〔2019〕19 号
关于上杭县 2019 年度第一批次城市建设征收土地方案的通告	杭政〔2019〕20 号
关于印发《上杭县土壤污染风险防控试点工作实施方案》的通知	杭政〔2019〕21 号
关于印发上杭县 2019 年地址灾害防治方案的通知	杭政〔2019〕22 号
关于“紫金中学项目及周边收储用地”等六大片区用地收储红线范围内禁止新建建筑物和抢种作物的通告	杭政〔2019〕23 号

续表31

文件名称	文　号
关于表扬2018年度防汛保安目标管理成绩突出乡镇的通报	杭政〔2019〕24号
批转县教育局关于上杭县2019年初中、小学、城区公办幼儿园招生工作意见的通知	杭政〔2019〕27号
关于大中线溪口镇九曲岭路段抢修期间实行封闭施工的通知	杭政〔2019〕28号
关于县道合旧线太拔桥实行交通封闭的通告	杭政〔2019〕29号
关于紫金中学项目红线范围内禁止新建建筑物和抢种抢栽的通告	杭政〔2019〕32号
关于表扬2018年度优秀建筑施工企业的通报	杭政〔2019〕33号
关于调整县政府领导成员工作分工的通知	杭政〔2019〕34号
关于授予临江镇等6个乡镇"食品药品安全放心乡镇"荣誉称号的通知	杭政〔2019〕35号
关于公布第十五批县级文物保护单位及其保护范围的通知	杭政〔2019〕36号
关于上杭县2019年度第三批次城市建设征收土地方案的通告	杭政〔2019〕38号
关于印发《上杭县促进新材料产业发展十条扶持政策(试行)》的通知	杭政〔2019〕39号
关于印发上杭县城市建设项目征收集体土地留用地货币补偿实施办法的通知	杭政〔2019〕40号
关于印发《上杭县县本级财政投资评审管理办法》的通知	杭政〔2019〕42号
关于印发上杭县统筹推进县域内城乡义务教育一体化改革实施方案的通知	杭政〔2019〕43号
关于印发龙岩至龙川铁路上杭段工程建设项目用地征迁工作实施方案的通知	杭政〔2019〕44号
上杭县人民政府关于调整高污染燃料禁燃区的通告	杭政〔2019〕45号
关于印发上杭县加快文化旅游产业发展五条政策措施(试行)的通知	杭政〔2019〕46号
关于认定2019年度上杭县新型职业农民的通知	杭政〔2019〕47号
关于公布县本级规范性文件清理结果的通知	杭政〔2019〕48号
关于印发加快现代服务业发展二十八条政策措施(修订)的通知	杭政〔2019〕49号
关于2018年上杭县政府信息公开工作情况的报告	杭政办〔2019〕1号
关于统筹推进2019年国土绿化工作的通知	杭政办〔2019〕2号
关于印发上杭县2019年新春大型人力资源暨高校毕业生现场招聘会工作方案的通知	杭政办〔2019〕3号
关于加强政府性投资项目勘察设计预算编制、招标代理等单位服务质量管理的意见	杭政办〔2019〕4号
关于保障2019年"两节"期间生产稳定运行有关措施的实施方案	杭政办〔2019〕5号
关于印发上杭县2018—2019年度冬春水利建设实施方案的通知	杭政办〔2019〕6号
关于印发县直涉改单位办公用房调配工作方案的通知	杭政办〔2019〕7号
关于进一步加强清理拖欠民营企业中小企业账款工作的通知	杭政办〔2019〕8号
关于进一步做好促进就业工作的通知	杭政办〔2019〕9号
关于2019年春节旅游市场安全检查情况的通报	杭政办〔2019〕10号
关于坚持厉行节约加强财政收支管理工作的通知	杭政办〔2019〕12号

续表31

文件名称	文　号
关于加快推进现代农作物种业促进绿色农业发展的实施意见	杭政办〔2019〕13号
关于2019年县政府工作报告分解抓落实的通知	杭政办〔2019〕14号
关于印发中共上杭县人民政府党组2018年度民主生活会整改方案的通知	杭政办〔2019〕15号
关于开展中华人民共和国残疾人证集中核查清理工作的通知	杭政办〔2019〕16号
关于印发上杭县房屋安全隐患排查整治专项行动方案的通知	杭政办〔2019〕17号
关于切实做好2018年度遥感影像涉及相关用地整改查处工作的通知	杭政办〔2019〕19号
关于下达2019年上杭县固定资产投资指导性计划的通知	杭政办〔2019〕20号
关于加快推进易地扶贫搬迁旧宅拆除利用及办理农村宅基地使用权证的通知	杭政办〔2019〕21号
关于确定县政协2019年重点提案的通知	杭政办〔2019〕23号
关于印发上杭县深化行政事业单位会计管理体制改革实施意见的通知	杭政办〔2019〕25号
关于印发2019年度县政府系统重点调研安排的通知	杭政办〔2019〕26号
关于印发上杭县2019年最美村落建设、农村停车场建设实施意见的通知	杭政办〔2019〕27号
关于进一步加强和规范招标投标工作的意见	杭政办〔2019〕29号
关于下达2019年补充耕地任务的通知	杭政办〔2019〕30号
关于下达全县2019年水土流失综合治理任务的通知	杭政办〔2019〕31号
关于上杭县严重精神障碍患者救助工作实施办法的通知	杭政办〔2019〕32号
关于印发上杭县农村饮水安全工程建设与运行管理实施细则的通知	杭政办〔2019〕33号
关于印发上杭县农业发展贷款担保管理办法(试行)的通知	杭政办〔2019〕34号
关于印发上杭县创建“四好农村路”示范县实施方案的通知	杭政办〔2019〕35号
关于印发上杭县惠企政策对县窗口组建工作方案的通知	杭政办〔2019〕36号
关于印发上杭县铁路沿线环境综合整治专项行动方案的通知	杭政办〔2019〕37号
关于印发上杭县提升城市供水水质三年行动方案的通知	杭政办〔2019〕38号
关于印发《上杭县工程建设项目审批制度改革实施方案》的通知	杭政办〔2019〕39号
关于印发上杭县2019年“千村整治、百村示范”环境综合整治实施方案的通知	杭政办〔2019〕40号
关于印发上杭县农村道路旅客运输班线通行条件联合审核机制及细则的通知	杭政办〔2019〕41号
关于印发上杭县推进乡镇便民服务中心“无差别全科受理”工作实施方案的通知	杭政办〔2019〕42号
关于印发2019年县人大常委会重点督办代表建议办理工作方案的通知	杭政办〔2019〕43号
关于核拨2018年度项目策划前期经费补助的通知	杭政办〔2019〕44号
关于印发2019年县委、县政府为民办实事“农村儿童之家建设”项目实施方案的通知	杭政办〔2019〕45号
关于2018年度消防安全工作目标责任考评情况的通报	杭政办〔2019〕46号
关于印发2019年上杭县普通高考安全工作方案的通知	杭政办〔2019〕47号

续表31

文件名称	文号
关于进一步完善企业策划落地项目竞赛活动实施方案的通知	杭政办〔2019〕49号
关于印发上杭县道路交通安全综合整治三年专项行动实施方案的通知	杭政办〔2019〕50号
关于印发上杭县城镇小区配套幼儿园专项治理工作实施方案的通知	杭政办〔2019〕51号
关于印发上杭县开展批而未供与闲置土地处置专项行动工作方案的通知	杭政办〔2019〕52号
关于做好防汛转移避险人员生活补助工作的通知	杭政办〔2019〕53号
关于电力管线工程占用及挖掘道路实行"一窗式"联合办理的通知	杭政办〔2019〕54号
关于印发《上杭县精神卫生事业发展行动计划(2019—2020年)》实施方案的通知	杭政办〔2019〕56号
关于印发《上杭县开展消费扶贫助力打赢脱贫攻坚战实施方案》的通知	杭政办〔2019〕57号
关于印发项目用地农用地转用与土地征收报批提速增效实施意见的通知	杭政办〔2019〕58号
关于印发《上杭县2019年"产业发展项目建设年"活动协调推进机制》《上杭县2019年产业发展项目建设年活动绩效管理考评办法》《上杭县项目积分制管理办法》的通知	杭政办〔2019〕59号
关于开展省"五个一批"项目工作的通知	杭政办〔2019〕60号
关于印发上杭县遏制与防治艾滋病"十三五"行动计划实施方案等三个文件的通知	杭政办〔2019〕61号
关于印发《上杭县农村公益性公墓管理办法》和《上杭县农村公益性骨灰堂管理办法》的通知	杭政办〔2019〕62号
关于进一步做好"三农"综合保险工作的通知	杭政办〔2019〕64号
关于印发上杭县豁免登记场所管理办法的通知	杭政办〔2019〕65号
关于印发《上杭全面推行行政执法公室制度、执法全过程纪记录制度、重大执法决定审核制度实施方案》的通知	杭政办〔2019〕66号
关于印发上杭县2020年度国家重点生态功能区县域生态环境质量监测、评价与考核工作实施方案的通知	杭政办〔2019〕67号
关于做好2020年度城乡居民基本医保基金征缴工作的通知	杭政办〔2019〕68号
关于印发《上杭县住宅小区物业管理暂行办法(试行)》的通知	杭政办〔2019〕69号
上杭县人民政府办公室关于进一步规范财政资金借款管理的通知	杭政办〔2019〕70号
关于请求拨付协同办公系统上杭县县乡两级开发部署及运行维护经费的请示	杭政办〔2019〕71号
关于进一步理顺惠企政策资金拨付工作职责及业务流程的通知	杭政办〔2019〕72号
关于印发上杭县城乡供水一体化三年行动方案的通知	杭政办〔2019〕73号
关于兑现2018年度促进工业创新转型提质增效奖励和补助资金的通知	杭政办〔2019〕74号
关于印发上杭县农村生活垃圾分类处置实施方案的通知	杭政办〔2019〕75号
关于分解落实2019年度市对县粮食安全行政首长责任制考核工作任务的通知	杭政办〔2019〕76号
关于请求将县委常委会议室等4个会议室视频会议系统改造资金列入财政预算的请示	杭政办〔2019〕77号
关于印发《进一步做好易地扶贫搬迁后续扶持工作的实施意见》的通知	杭政办〔2019〕78号
关于印发《"不忘初心,牢记使命"主题教育征求意见建议责任分解落实方案》的通知	杭政办〔2019〕79号

续表31

文件名称	文　号
关于印发2019年城乡民生基础设施建设实施方案的通知	杭政办〔2019〕80号
关于印发上杭县2020年松材线虫病防治攻坚方案的通知	杭政办〔2019〕81号
关于印发上杭县职业技能提升行动实施方案(2019—2021年)的通知	杭政办〔2019〕82号
关于废止《进一步加强和规范招投标工作的意见》的通知	杭政办〔2019〕83号
关于印发《中共上杭县人民政府党组“不忘初心，牢记使命”专题民主生活会整改方案》的通知	杭政办〔2019〕84号
关于印发上杭县民宿管理办法的通知	杭政办〔2019〕85号
关于完善全县烟花爆竹安全管理工作的通知	杭政办〔2019〕86号

表32

2019年政协上杭县委员会发文目录

文件名称	文　号
关于开展2018年度乡镇政协工委工作考评工的通知	杭协办〔1〕号
关于请求及时拨付县政协十二届三次会议经费的报告	杭协办〔2〕号
关于开展科技、文化、卫生“三下乡”活动的通知	杭协办〔3〕号
关于印发《2018年度县政协机关科级党员领导干部民主生活会会议方案》的通知	杭协办〔4〕号
关于开展“我县宗祠现状及保护与利用”专题调研的通知	杭协办〔6〕号
关于2019年政协提案办理实行跟踪督办任务分解安排的通知	杭协办〔7〕号
关于开展深化“放管服”改革，推动高质量发展调研工作的通知	杭协办〔8〕号
关于召开十二届政协第9次常委会暨持续打造最美村落助推乡村振兴视察现场会的通知	杭协办〔9〕号
关于开展“持续打造最美村落助推乡村振兴”调研活动的预通知	杭协办〔10〕号
关于开展“增强普法宣传实效 全力打造法治社会”专题调研的通知	杭协办〔11〕号
关于开展“持续打造最美村落助推乡村振兴”调研活动的通知	杭协办〔12〕号
关于开展激励性产业扶贫工作视察的通知	杭协办〔13〕号
关于开展农家书屋建设利用情况视察的通知	杭协办〔14〕号
关于开展“传统村落保护与开发利用”情况调研活动的通知	杭协办〔15〕号
关于将县客家联谊会事业编制划转到县政协委员联络培训服务中心的请示	杭协办〔16〕号
关于开展“我县宗教工作情况”专题视察的通知	杭协办〔17〕号
关于开展县政协19002号重点提案督办工作的通知	杭协办〔18〕号
关于开展“物流产业发展情况”视察活动的通知	杭协办〔19〕号
关于召开县十二届政协第10次常委会议的通知	杭协办〔20〕号
上杭县政协2019年组织部分委员赴昆山市委党校参加学习培训的通知	杭协办〔21〕号
关于开展城区公共体育场地设施规划和管理使用情况视察的通知	杭协办〔22〕号

续表32

文件名称	文　号
关于开展“全县推行河(湖)长制情况”视察活动的通知	杭协办〔23〕号
关于开展县政协2019年重点提案督办调研的通知	杭协办〔24〕号
关于县政协机关在第二批主题教育前开展先学先改“四个一”行动工作方案的通知	杭协办〔25〕号
关于开展我县中医事业发展情况专题视察的通知	杭协办〔26〕号
关于开展“加大我县妇女儿童活动场所建设”专题视察的通知	杭协办〔27〕号
关于召开县政协2019年重点提案办理协商会议的通知	杭协办〔28〕号
关于开展我县城区小学、公办幼儿园课后服务活动情况专题视察的通知	杭协办〔29〕号
关于开展“重点招商项目签约落地情况”调研活动的通知	杭协办〔30〕号
关于开展城区民办学校办学情况视察的通知	杭协办〔31〕号
关于成立县政协机关巡察工作协调领导小组的通知	杭协办〔32〕号
上杭县政协办公室关于开展提升我县教育教学质量专题调研的通知	杭协办〔33〕号
关于印发《政协上杭县委员会重点提案遴选与督办实施办法》的通知	杭协办〔34〕号
关于召开我县打造客家文化品牌促进文旅融合发展专题协商会议的通知	杭协办〔35〕号
县政协十二届四次会议提案征集工作的通知	杭协办〔36〕号
关于印发《上杭县政协常委会关于重点提案办理评价工作操作办法》的通知	杭协办〔37〕号
林主席挂钩白砂帮扶资金转入县政协请示	杭协办〔38〕号
黄晓兰挂钩白砂帮扶资金转入县政协请示	杭协办〔39〕号
开展2019年委员述职登记工作的通知	杭协办〔40〕号
县十二届政协第11次常委会议的通知	杭协办〔41〕号
关于召开县十二届政协四次会议的通知	杭协办〔42〕号
县十二届政协四次会议筹备工作方案的通知	杭协办〔43〕号
关于组织开展“紫金山矿区开发及生态修复治理情况”视察活动的通知	杭协办〔44〕号
关于2019年县政协重点提案办理情况满意度测评结果的通报	杭协办〔45〕号
事业聘任决定	杭协办〔46〕号
县十二届政协第12次常委会议通知	杭协办〔47〕号

附三

■ 统计资料

表 33

2019 年上杭县国民经济主要指标一览表

指　　标	单位	本月	比上年同月增长(%)	本月止累计	比上年同期增长(%)	增速排名
一、地区生产总值	万元	—	—	4024642	8.6	1
#第一产业	万元	—	—	552016	3.7	1
第二产业	万元	—	—	1717036	9.4	2
第三产业	万元	—	—	1755590	9.1	1
二、农林牧渔业总产值	万元	—	—	923902	3.7	1
三、规模以上工业总产值	万元	—	—	—	—	—
#规模以上工业增加值	万元	—	—	—	10.9	2
全社会用电量	万度	19131	5.5	230735	-2.6	—
#工业用电量	万度	14928	6.0	174299	-4.2	—
四、建筑业总产值	万元	—	—	5672221	12.0	7
#在地建筑业总产值	万元	—	—	1959217	6.9	6
五、固定资产投资	万元	—	—	—	14.0	2
#工业投资	万元	—	—	—	59.7	1
房地产投资	万元	—	—	88017	-20.1	7
六、财政总收入	万元	—	—	392436	5.6	2
#地方财政收入	万元	—	—	273773	4.3	5
财政总支出	万元	—	—	501119	9.4	5
#财政八项支出	万元	—	—	364785	10.0	7
七、社会消费品零售总量	万元	—	—	1037106	10.6	3
1.批发零售业销售额	万元	—	—	2486468	28.2	1
#批发业商品销售额	万元	—	—	1614271	42.7	1
零售业商品销售额	万元	—	—	870797	7.9	5
2.住宿餐饮业营业额	万元	—	—	147991	9.4	7
#餐饮业营业额	万元	—	—	118918	6.8	7
住宿业营业额	万元	—	—	29073	21.6	2
八、金融机构人民币存贷款余额	万元	—	—	5211772	10.2	6
金融机构人民币存款余额	万元	—	—	2961632	8.8	5
金融机构人民币贷款余额	万元	—	—	2250140	12.0	5
九、外贸出口总值(上月数)	万元	—	—	—	—	—
实际利用外资(验资口径)	万元	—	—	589	-69.0	7
十、城镇居民人均可支配收入	元	—	—	42288	8.5	4
城镇居民人均消费支出	元	—	—	26750	10.2	4
十一、农村居民人均可支配收入	元	—	—	18444	9.9	4
农村居民人均生活消费支出	元	—	—	13980	8.9	4

说明：1.规模以上工业企业指年主营业务收入(产品销售收入)2000 万元及以上的法人工业企业；2.地区生产总值、农林牧渔业总产值、城镇居民人均可支配收入和农村居民人均可支配收入为季度指标；3.地区生产总值、农村牧渔业总产值、规模以上工业增加值按当年价格计算，增速按可比价计算

索　引

说　明

一、本索引为内容分析索引。

二、本索引按汉语拼音字母(同音字母按声调)顺序排列。

三、每一词条后的数字表示该词条所在页码;页数后字母 a、b、c 分别表示所在页码的左、中、右栏。

四、本卷中“特载”“年度关注”“大事记(2019 年)”“附录”不列入本索引检索范围。

C

D

J

Y